정신건강

Mental Health

장연집
강차연
손승아
안경숙

공저

도서출판
피린마음

머리말

주변의 급변화는 우리들로 하여금 수많은 변화의 수용과 함께 최적의 적응을 요구한다. 이때의 적응은 일방적이다. 왜냐하면 인간이 세상에 적응을 해야 하는 것이지, 세상이 인간에게 적응을 해주는 것은 아니기 때문이다.

본 교재는 급변화하는 세상 속에서 최적의 적응을 하고, 자신이 삶을 주도적으로 이끌어 가도록 하기 위해 정신건강에 관하여 기초적인 측면에서부터 최신의 정보까지를 통합하여 다루고 있다.

세계보건기구에서는 신체적 측면의 건강, 정신적 측면의 건강, 사회적 측면의 건강, 영적 측면의 건강을 정의하면서 이들 각각이 건강하고 이들 간의 조화로움이 필요하다고 말한다. 본 교재에서는 윤리 도덕적 측면의 건강 역시 중요하다고 보아 이를 건강정의에 추가하여 다루고 있다. 그리고 이들 측면은 상호 연결되어 있다고 본다. 모든 측면이 중요하지만, 그중에서도 정신건강의 측면을 중심으로 건강 전반에 걸쳐 다루어 놓고 있다.

오늘날 대학교 신입생을 대상으로 통상적으로 이루어지고 있는 정신건강 연구 보고에 의하면, 매년 신입생의 30% 정도는 정신건강에 적신호가 켜진 상태로, 이들을 정신건강 전문인들로부터 전문적인 도움을 받아야 할 대상으로 보고 있다. 그러나 문제는 이들 중 일부만이 정신건강 전문인들에게 도움을 청하고 있다는 것이다. 게다가 건강한 70% 역시 현대의 경쟁적인 풍토와 주변 환경의 급변화로 인해 건강한 상태의 유지를 위해선 자기관리가 필요하다고 본다. 물론 정신건강을 위한 자기관리가 혼자서 건강해지겠다고 하여 반드시 지켜낼 수 있는 것이 아니긴 하다. 건강한 가족, 건강한 사회, 건강한 국가도 뒷받침되어야 한다고 본다. 어쨌든 이들 중 기본이 되는 것이 개인의 자기관리로 이는 평생 중요시되는 부분이라고 본다.

이에 오늘날 대학인들이 올바로 생각하고 판단하며 행동하도록 하고, 스스로 스트레스 관리를 잘 하며, 더 나아가 자신의 삶에서 스스로 리더가 되고 행복을 느끼며, 그리고 감사한 마음을 가지고 살아가도록 하기 위해 다양한 전공에서 정신건강 강의를 개설해 놓고 있다. 정신건강을 수강하는 사람은 행복한 사람이다. 그리고 이 강의를 이끌어 가는 담당교수나 강사 역시 행복한 사람이라고 생각해본다. 그 이유는 정 신건강에서 다루어지는 내용이 자신의 과거, 현재를 토대로 미래를 더욱 건강하게 이끌어 가도록 이끄는 통찰과 변화의 계기를 많이 제공해 주기 때문이다.

내가 건강하고, 가족과 친구가 건강하며, 나아가 이웃과 사회가 건강하다면, 얼마 나 기쁜 일인가? 게다가 국가가 건강하고, 전 세계까지도 모두 건강하다면, 이는 분명 축복이다. 이와는 정반대로 주변이 온통 썩어가고 있고, 내 가족도 그렇게 되어 가고 있다면, 자신도 마찬가지로 썩어가도록 내버려두겠다는 사람은 거의 없을 것이다. 대 부분은 나만이라도 심·신·영(Body, Mind, Spirit)을 건강하고 바르게 이끌어, 세상 의 맑은 샘물이 되어야겠다고 생각할 것이다. 만일 내 가족원이 모두 아픈 상태에 있 다고 하면, 누구든 이들을 병원으로 데려가고자 할 것이다. 그리고는 나만이라도 정 신을 차려 집안과 가족을 지원하고 살려 내려고 최선의 노력을 기울일 것이다.

오늘날은 과거에 비해 훨씬 잘 먹고, 잘 입고, 여행도 많이 하고, 좋은 차를 타고, 편리해진 집에 살며, 새로운 첨단 소재의 개발로 흥미로운 것들을 많이 접하면서 살 아가고 있다. 이같이 물질적인 풍요로움이 있는 반면, 인간관계의 측면에서는 서로 에게 실망하여 예전에 비해 덜 나누고 이기적이고 경쟁적이 되어 가며, 점점 더 불안 하고 우울하며 소외감을 더 느끼고, 심지어는 컴퓨터와 시간을 보내는 것은 좋으나 사람들과 함께 보내는 것이 여러 가지 면에서 귀찮다고 느끼는 사람도 많아져 가고 있다. 과거 그 어떤 시기보다도 가장 풍요로운 이 시대이지만, 한국의 자녀 출산율은 극단적으로 낮아져, 세계적으로 출산율 최저의 국가로 자리하고 있다. 그 이유는 아 이를 키우는 것이 너무도 힘들고 돈이 많이 들어 부담이 되기 때문이라고 하는데, 왜 한국인에게만 다음 세대를 갖는 것이 그토록 힘이 드는 것일까? 물질과 정신 그리고 영적인 측면은 조화와 통합을 이루어 하나가 되어야 함에도 불구하고, 오늘날 우리 가 너무도 물질적인 부분에만 가치를 두어 그렇게 된 것은 아닌가?

흔히 미래에 가장 중요시 될 것은 첨단과학과 인간심리에 관한 부분이라고들 말 한다. 현대인이라면 누구든지 전자에는 이미 많은 관심을 기울이고 있어, 굳이 설명 을 하지 않아도 우리 모두가 중요함을 잘 알고 있다. 반면 후자의 부분이 매우 중요 한 요인이 된다는 것을 주지하고 있는 사람은 많지 않다. 오늘날 이미 많은 사람들이 인간관계를 그리 중요시 여기지 않는다는 것은 쉽게 발견할 수 있다. 우리의 내면은 인간존중보다는 인간혐오로 가득 차 있을지 모른다. 어제의 친구가 오늘에는 사기와 모함을 하는 존재로 둔갑하여 우리의 앞을 가로막고 있기도 하고, 친절을 베풀었더 니 배반으로 답을 하기도 한다. 대부분이 극소수의 친구를 가지고 있으면서도 이런 일을 반복하고 있다. 만일 자신과 매우 가깝게 여겨지는 대상이 있으면 그 대상에게 넘치도록 집착을 하여 문제를 만들고, 그렇지 않다면 신경조차 쓰지 않아 거들떠보 지도 않는다. 주변을 보면 주된 것과 지엽적인 것이 온통 뒤바뀌어 있어, 제대로 올바른 마음을 가지고 살아가는 사람들이 오히려 바보처럼 보이기도 하고 모함을 받기도 한다. 그러나 주변이 온통 혼돈스러워도, 자신만은 반듯하게 살아가려고 최선을 다하는 사람들 때문에 그래도 이 세상은 굴러가는 것 같다.

느닷없이 일어난 9.11테러, 인도양의 쓰나미, 태안반도의 석유 누출사고, 원목초교의 소방 사다리 고장사고, 대구 지하철 참사, 자동차 접촉사고, 성폭력, 아동학대, 부모의 이혼과 별거 그리고 재혼 등 우리의 주변에서 일어나고 있는 각종의 테러, 예상치 않은 자연재해, 크고 작은 사건들과 사고들은 모두 현대인의 삶에 엄청난 스트레스를 일으켜, 시시탐탐 자아가 약한 사람들의 정신건강이 황폐화되도록 이끄는 원인으로 작용하고 있다. 대형 사고뿐만 아니라, 사소한 스트레스도 누적되면 정신건강의 유지 증진에 좋을 것이 없다.

사소한 자극을 받아도 쓰러지는 사람이 있는가 하면, 전쟁이나 테러와 같이 아무리힘든 역경을 겪더라도 이를 꿋꿋이 이겨내어 인간 승리라는 단어를 쓰고도 남을 만큼생활을 건강하게 이끌어가는 복원력이 높은 사람들도 있다. 전자의 경우는 정신건강전문인들의 개입과 치료가 요망되는 대상인 반면, 후자의 경우는 2000년대를 맞이하면서 등장한 긍정심리학으로 인해 정신건강전문인들이 그들의 강점이 되고 있는 원인을 찾아내어 우리 모두가 배울 수 있도록 심화된 연구를 진행해가고 있다.

정신건강을 위협해 오는 수많은 자극에 대해 어떻게 대처하고 어떻게 스스로의정신건강 관리를 잘 할 수 있을까? 정신건강상에 위해함이 왔을 때에는 어떤 도움을청할 수 있을까? 그리고 어떻게 살아야 정말 행복하고, 삶의 마지막 단계인 죽음에대해서는 어떤 태도를 가져야 하는가? 본 교재는 현대인들에게 도움이 될 정신건강의 기본개념들, 인간발달, 건강한 성격과 개인성장, 스트레스의 이해, 일상생활에서의 긴장감소법, 스트레스 관리로서 자기 훈련법 및 명상법, 대인관계와 의사소통, 사랑만들기, 자기 리더십, 직업과 적응, 정신건강 전문인들이 다루는 전통적인 심리치료의 접근법, 극심한 스트레스를 다루어주는 감정뇌 중심의 새로운 심리치료 접근법, 사랑, 행복, 감사, 몰입, 복원력 등과 같은 긍정심리학의 개념들을 다룬 웰빙의 심리학, 성장의 마지막 단계인 죽음이라는 주제를 웰다잉하기 위해 다루어 놓음으로써최신의 심리학적 흐름 위에서 정신건강을 다루어 놓고 있다.

본 교재는 20년 이상 정신건강 강의를 통해, 대학인들에게 필요하다고 보이는 주제를 다룸에 있어 꾸준히 변모해 오고 있는 새로운 패러다임의 수용을 통합하여 관련 주제를 최대한 업그레이드 시켜 다루어 놓고 있다. 이에 본 교재가 다음과 같은네 가지 측면에서 동일한 이름의 다른 교재들과 구별될 수 있는 특수성과 경쟁력을가지고 있다고 본다.

첫째, 세계보건기구는 건강을 신체적, 정신적, 사회적, 영적인 측면에서의 총체적인 안녕의 상태라고 정의 내리고 있다. 그러나 한국인의 정신건강을 다룰 때에는 윤리 도덕적 측면의 건강을 보완시켜 다루는 것이 현 시점에서는 요망된다고 보고 이를 함께 다루고 있다. 그리고 정신건강에서 다루는 영적인 측면의 건강이란 정의는 종교적인 접근을 통한 의미도 있겠으나, 본 교재에서는 자신의 신념 또는 한계를 초월하고 극복하여 삶의 의미를 탐색하려는 경향성 그리고 자기를 뛰어넘는 더 큰 무엇인가와 연결되기를 원하는 인간의 욕구라는 의미로 접근하고 있다. 오늘날 건강을 이처럼 다양한 측면으로 다루어 보려는 것은 건강이 단지 질병이 없으면 건강하다라는 소극적 건강상태보다는 적극적이고 세부적으로도 접근하고 통합적인면에서도 조화와 관심을 기울이기 위해서이다.

둘째, 심리학의 전통적인 흐름은 크게 세 가지인 정신역동적 접근, 행동주의적 접근, 인본주의적 접근으로 나누어볼 수 있다. 그러나 본 교재에서는 심리학의 주된 기둥을 크게 네 가지로 인지하고 이끌어 가고 있다. 즉 과학적 심리학은 심리학이란 학문의 근원을 뒤로한 채 보이지 않는 세계의 것을 다루는 데는 폐쇄적이어서 눈으로 확인할 수 있는 보이는 세계의 것에 집착해 왔다. 그러나 이같은 흐름은 제4세력 심리학으로 자리매김해가고 있는 초개인 심리학의 출현으로 인해 그간의 심리학의 지평을 보다 넓혀가고 있다. 초개인 심리학은 동양과 서양의 종교적이고 전통적인 지혜를 과학적 접근으로 통합해서 다루어 놓은 접근으로, 특히 지혜, 명상, 영성 등에 집중하고 있으며, 통합심리학의 면모를 갖추어 가고 있다. 본 교재에서는 초개인심리학을 인지하고 있으나 이에 대해선 주류심리학에서 전폭적인 수용을 하기까지 기다리면서 깊이 있게 다루지는 않고 있다. 그리고 2000년 벽두에 나타난 긍정심리학은 제3세력 심리학인 인본주의적 접근을 보다 더 확장시켜 놓은 심리학으로, 기존의 심리학이 부정적인 문제행동을 중심으로 질병 패러다임에 익숙해져 왔다면, 이는 정상인을 대상으로 인생에서 진정 가치로운 것들과 최고의 선, 행복이 무엇이고, 그 의미를 찾으려는데 노력을 기울이면서 사람들의 강점과 미덕을 보다 강조하고 격려한다. 또한 예방과 성장추구의 패러다임을 부각시키고 있는 바, 이는 행복을 다루는 웰빙의 심리학이라고 인지하고 이를 다루어 놓고 있다.

셋째, 기존의 심리치료는 인지적 측면을 중요시하는 신피질 중심의 인지뇌 및 좌뇌를 자극하는 것에 집중되어 있다. 그러나 최근에는 정서적 측면에 많은 관심을 기울이면서 변연계 중심의 감정뇌, 우뇌에 보다 많은 관심을 기울이고 있다. 이에 본 교재에서는 기존의 심리치료 접근법뿐만 아니라 새로운 심리치료 접근법을 간략하게 다루어 놓고 있다.

특히 현대인의 우울, 불안, 두려움, 공포 등과 같은 스트레스성 질환을 변연계 중심의 감정뇌를 자극하는 심리치료를 통해 극복해 내려는 접근법은 최근의 일이다. 현대의 각종 대형 사고나 심리적 외상 그리고 예기치 못한 각종의 사고로 인한 외상후 스트레스 장애를 다루는 데 탁월한 감정뇌, 그리고 우뇌를 자극하고, 인간의 정신속에 자리하고 있는 자기치유 메커니즘을 활용하면서 다루는 안구운동 만감소실 및 재처리과정이라는 EMDR 심리치료를 소개해놓고 있다. 그러나 최신 심리치료 기법을 반드시 다루어야 하는 전공이 아닌 경우에는 이들을 개괄적 수준에서 간단히 다루고 넘어갈 수도 있다.

넷째, 정신건강이란 교과목은 모든 대학에서 교양과목과 동시에 전공과목으로 개설해 놓고 있다. 앞으로 사회에 진출할 대학인이 정신건강 강의를 통해 자신의 강점과 제한점을 찾아보고 바로잡는 기회를 가져보도록 본 교재에서는 타 교재와 달리 최신의 리더십을 다루어 놓고 있다. 이는 자기 주도적인 삶을 살아가기 위해 노력하는 젊은이들에게 삶에서 행복을 맞이하는 계기를 마련해 주도록 하기 위함이다.

이 같은 노력 위에 만들어진 본 교재는 정신적으로 건강한 70%의 대학인에게는 정신건강의 유지와 증진의 측면을 접하도록 하고, 정신적으로 도움이 필요한 30%의 대학인에게는 정신적 측면의 건강 중 특히 예방 및 심리치료의 측면을 접해 보도록 이끌면서, 정신건강에서 다루어져야 할 최신의 주요 주제를 모두 다루어 보려는 최선의 노력을 기울이고 있으며, 이들 내용을 현실적으로 적용할 수 있도록 가능한 쉽게 구성하고자 노력하였다.

이에 본 교재는 심리학 전공자들뿐만 아니라 아동학, 유아교육학, 사회복지학, 정신의학, 심리치료학, 표현예술치료학 등과 같은 다양한 전공에서 최신의 심리학 트랜드도 동시에 접해볼 수 있도록 노력을 기울여 보았다. 곧 사회에 나갈 중요한 시기에 있는 젊은이들이 신체적, 정신적, 사회적, 영적, 윤리도덕적 측면의 건강을 모두 조화롭게 이루어 건강하고 행복한 삶을 살아가기를 희망하면서, 본 교재를 준비해 가는 동안 집필진 모두는 조금만 시간이 더 주어지고, 지면이 조금 더 넉넉했더라면 보다 좋았을 것이란 아쉬움을 가져본다. 많은 노력을 기울였지만 본 교재의 부족한 부분이나 미숙한 측면이 있어 지적을 받는다면 이는 온전히 저자들의 책임이다. 이에 대해서는 교정의 기회가 마련된다면 최대한 반영하고자 하며, 앞으로도 정신건강의 발전을 위하여 관심과 연구를 지속해나갈 것이다.

본 교재를 출간하기까지, 원래 계획한 시간에서 너무 많이 늦추어졌다. 그리고 이제는 더 이상 늦출 수가 없는 상황이 되어 부족하지만 출간을 하게 되었다. 저자들의 책이 꼭 필요하다고 하시면서, 침묵으로 그리고 믿음을 가지고 기다려주신 파란마음의 황호철 사장님과 편집진 모두에게 깊은 감사의 마음을 전한다.

2008. 8.
저자대표 **장 연 집**

차례

CHAPTER 01 정신건강의 기초

정신건강의 기초

1 정신건강의 의미

1 현대지식사회와 정신건강

지난 세기부터 오늘날의 지식사회에 이르기까지 현대인들은 수많은 변화 속에서 적응하며 살아가고 있다. 이러한 엄청난 변화는 사회, 문화, 경제, 그리고 전반적인 생활 속에서 일어나고 있다. 과학의 발달은 마이크로(micro; 백만분의 1)나 나노(nano; 십억분의 1)의 개념에서 이제는 피코(pico; 일조분의 1), 펨토(femto; 천조분의 1), 아토(atto; 백경분 1)의 개념으로 나아가는 시대로 접어들게 했다. 또한 사이버 시대에서는 생활주기가 급격히 빨라져 2030년이 되면 11주의 간격으로 생활의 변화를 갖게 될 것이라는 예측도 있다. 따라서 삶을 지속해 나가고, 더 나아가 보다 나은 삶을 살기 위해 인간은 복잡다단한 현실에서 부단히 노력하며 스스로의 정신건강을 살펴야 하는 커다란 과제를 안고 있다. 그러나 자신이 갖고 있는 역량에 비해 지나치게 압도적이고 거대한 여러 사건들 속에서 자신을 바로 세우며 사는 일은 쉬운 일이 결코 아니다. 많은 경우 적응의 실패로 인해 대인관계나 학업 및 진로, 그리고 보다 근본적으로 긍정적인 자존감 형성에 어려움을 갖고 있어 전문적인 도움을 필요로 하는 사람들이 점차 늘어가고 있다. 때문에 보다 건강하고 행복한 삶을 사는 일은 현대인들의 궁극적인 삶의 화두가 된다.

세계보건기구(WHO)는 건강을 신체적, 정신적, 사회적 안녕(well-bieng)이 완전한 상태로서 단순히 질병이 없는 것이 아니라고 정의 내리고 있다. 이런 맥락에서 정신건강은 정신적 안녕과 직간접적으로 관련된 다양한 활동을 의미한다. 현대사회는 잘 사는 방법에 대해 관심이 많다. 과거에는 경제적인 측면을 강조하여 부의 축적이 잘 사는 것의 척도가 되었지만, 오늘날에는 경제적인 부와 더불어 삶의 질을 중요하게 추구한다. 2003년 후반부터 '웰빙'이라는 말이 중요한 이슈로 대두되고 있는 것은 그만큼 사람들이 삶의 질을 추구하기 때문이라고 할 수 있다. 웰빙이란 사전적 의미로는 '복지·안녕·행복'을 뜻하며, 우리말로는 '참살이'라고 번역되어 사용되기도 한다. 물질적인 풍요에 치우치는 첨단화된 산업 사회에서 육체와 정신의 건강하고 조화로운 결합을 추구하는 새로운 삶의 방식이나 문화 현상으로 볼 수 있다. 웰빙은 다양한 개념을 포괄하여 자의적으로 정의할 수 있지만, 결국 물질적 가치나 명예보다는 건강한 심신을 유지하는 삶을 행복의 척도로 삼는 것이다. 여기에는 하루하루를 바쁘게 살아가는 현대인들에게 다시 한 번 자신을 돌아보게 하고 인생의 지혜를 배움으로써 새로운 나를 발견하도록 하는 느림보 철학을 비롯하여 마음챙김 명상의 움직임도 포함된다.

또한 정신건강은 모든 개개인이 자신에게 가능성이 있음을 깨닫고, 일상의 스트레스에 대처할 수 있으며, 생산적이고 풍요롭게 일할 수 있고, 자신이 속한 지역사회에 기여할 수 있는 상태를 의미한다. 따라서 정신건강 활동은 복지의 증진, 정신장애의 예방, 그리고 정신장애를 겪는 사람들에 대한 치료와 재활을 모두 포함하고 있다.

다시 말해 인간은 신체적 존재이면서 동시에 정신적이고 사회적인 존재로서 이 세 가지 영역이 상호작용하며 유기적인 관계를 맺고 서로에게 영향을 준다고 볼 수 있다. 그리고 이러한 상호작용은 건강의 측면에서도 동일하게 적용되는 현상이다. 오늘날 신체질환의 상당부분이 심리적 원인을 갖고 있으며, 사회적으로 문제가 되는 여러 현상들 역시 정신적 불균형에서 비롯된다는 점을 부인하는 사람은 없을 것이다. 이른바 성인병은 현대인에게 고통을 주는 가장 큰 질병으로 비만, 당뇨, 암, 심혈관질환 등이 있는데, 이러한 성인병의 원인은 유전이나 기질적 소인을 들 수도 있지만, 가장 큰 원인은 심리적 부적응의 결과로 일어나는 자기조절능력의 부족이나 스트레스라고 한다. 그렇기 때문에 신체적인 건강은 정신적이고 사회적인 건강과 분리할 수 없는 중요한 건강 요소이다.

그러나 이 세 가지 영역에 더해 현대인들이 중요하게 받아들이고 다루어야 할 영역들이 있다. 현대사회를 살고 있는 인간들이 앞서의 신체적, 정신적, 사회적 건강을 조화롭게 총제적으로 이루기 위해서는 이들의 근간이 될 수 있는 윤리도덕적이고 영적인 영역에서의 건강이 중점적으로 다루어져야 할 것이다.

지금까지 우리가 이해해온 윤리도덕에 대한 개념은 상당히 왜곡되어 있는 부분이 있다. 대부분의 사람들은 윤리나 도덕을 이야기할 때 이를 관습적이고 관행적이며, 윗사람에 대한 복종을 포함한 당위적인 가치들과 관련된 것으로 오해하는 경향이 있기 때문이다. 그러나 윤리적이고 도덕적인 삶이란 사람들과의 관계에서 선을 베풀고 측은지심을 가지며 진실하게 사는 것으로서, 인습을 뛰어넘은 사랑과 친절함에 뿌리를 두고 있다. 따라서 윤리도덕적으로 건강한 사람은 다음에 나올 영적인 행복과 깨달음을 얻게 된다.

한편 영적인 건강에 대한 개념은 진정한 자기와 신성과의 관계에 초점을 둔다. **영성(spirituality)**이란 개개인의 마음속에 자리하고 있는 신성으로, 이를 통해 자신의 내부에서 가장 심오하고 의미심장하며 인간이 할 수 있는 가장 중대한 발견을 한다. 그러나 현대인들은 지나친 물질주의 사상으로 인해 인간이 갖고 있는 최고의 잠재력인 신성을 등한시해옴으로써 고통을 겪으며 살고 있다. 따라서 보다 건강하고 행복한 삶을 살기 위해서는 신체적, 정신적, 사회적, 윤리도덕적, 영적 건강이라는 다섯 가지 접근들을 통합적으로 다루어야 할 것이다. 이에 대해서는 후반부에서 보다 자세히 다룰 것이다.

2 정신건강의 개념

정신건강이라는 용어는 일상생활에서 자주 사용되고 있다. 그러나 학문적 접근에 따라 그리고 사회문화적 상황에 따라 조금씩 초점을 달리하고 있기 때문에 정신건강에 대한 개념이 그리 단순하지가 않다.

사전적 개념에서 살펴보면, '정신'이란 육체나 물질에 대립되는 영혼이나 마음, 사물을 느끼고 생각하며 판단하는 능력 또는 그런 작용, 마음의 자세나 태도, 사물의 근본적인 의의나 목적 또는 이념이나 사상 등을 가리키는 말이다. 정신은 어떤 의미에서는 감각, 지각, 감정, 기억, 욕구, 여러 형태의 추론, 동기, 선택, 인격적 특색, 무의식 등으로 반영되는 것으로, 흔히 인간만의 고유한 것으로 간주되고 있다. '건강'이란 정신적으로나 육체적으로 아무 탈이 없고 튼튼하거나 그런 상태를 말한다. 또한 인간이 주위 환경에 계속적으로 잘 대처해 나갈 수 있는 신체적, 감정적, 정신적, 사회적 능력의 정도를 의미한다. 이러한 맥락에서 볼 때 '정신건강'은 정신이나 심리적 상태와 기능에 초점을 맞춰 건강을 설명하는 개념으로, 정신적으로 장애가 없고 사회적으로 잘 적응하며 자신의 능력과 기능을 발휘하여 자기실현과 함께 생활에 대한 만족과 행복감을 경험하는 상태라고 할 수 있다.

정신건강은 활동 영역에 따라 치료와 예방의 차원에서 이루어지는 소극적 개념의 정신건강과 정신건강의 유지 및 증진이라는 적극적 개념의 정신건강으로 구분될 수 있다. 소극적 정신건강은 정신장애의 증상을 파악하고 이해하도록 해주며, 초기에 장애가 있는 사람들을 발견하여 치료할 수 있도록 여러 정보들을 제공하여 정신장애를 감소시키는 임상활동이 초점이 된다. 반면 적극적 정신건강은 정신적인 적응을 증대시키고 정신건강문제에 대해 올바른 이해와 자세를 갖도록 지도하고 안내하며, 여가를 효율적으로 사용하도록 돕거나 창조적으로 자신을 표현할 수 있는 기회를 제공하는 교육적 활동이 주 초점이 된다.

질병이 생겼을 때 이를 제대로 치료하는 것도 물론 중요하지만, 무엇보다도 정신 건강 관리에 있어 큰 비중을 차지하는 것은 예방이다. 한 예를 들면, 조선시대에 이름난 명의가 있었는데, 세상 사람들 모두 그 명의가 최고라고 칭송하였다. 그러나 정작 본인은 자신이 제일 뛰어난 명의가 아니라고 하면서 정말 명의는 자신의 형들인 또 다른 의원들이라고 하였다. 사람들이 그 이유를 묻자, 3형제 중 막내였던 자신은 사람들이 아파서 왔을 때만 그 병을 진단하고 정확히 처방을 해서 그 병이 낫도록 해준다고 하였다. 하지만 둘째 형인 의원은 사람들이 병이 막 생기는 상황에서 이를 재빨리 알아채고 치료를 함으로써 병이 더 커지지 않도록 해주고, 첫째 형인 의원은 사람들이 건강한 상태에서 더 이상 병이 걸리지 않도록 미리 예방해준다고 하였다. 따라서 첫째 형과 둘째 형은 이미 크게 자라난 큰 병을 기적처럼 치료해주는 눈에 보이는 효과를 보여주지 않기 때문에 사람들에게 대단하다는 느낌을 주지는 못하지만, 그들이야말로 진정한 명의라고 하였다.

이러한 관점은 신체적 질병에만 해당하는 것이 아니다. 정신적 질병도 마찬가지이다. 크게 문제가 되어서야 치료를 하고 개입을 하는 것보다는 문제가 커지기 전에 빨리 다루어주거나 또는 아예 문제가 생기지 않도록 미리 예방하는 것이야말로 사회경제적인 측면에서뿐만 아니라 심리적 측면에서도 중요하다.

또한 정신건강은 정신질환이나 정신장애라는 진단적 관점에서 접근하기도 하고, 일상생활에서 겪는 여러 삶의 문제를 비롯하여 보다 높은 차원으로 삶의 질을 향상시키기 위한 목적으로 접근하기도 한다.

학자들에 따라서도 정신건강 개념 및 조건과 관련해 다양하게 접근하고 있다. 우선 정신건강을 내적 안정성으로 본 맥킨니는 행복감, 활동성, 사회성, 통일성, 조화성, 현실세계에의 지향적응성, 자기책임성 등의 일곱 가지 요인을 정신적으로 건강한 사람의 특성으로 들었다. 또한 펜톤은 정신건강의 조건을 통일성과 일관성, 자기인정, 사회적 인정의 네 가지로 들고 있으며, 야호다는 자아정체감, 자아실현, 통합력, 자율성, 현실지각능력, 환경적응능력의 여섯 가지로 들고 있다. 이 외에도 정신건강에 대한 여러 개념들이 있지만, 캐롤(Caroll)은 대체적으로 다음과 같은 공통점을 제시하였다.

첫째, 자기존중과 타인존중이다. 자신을 사랑하고 타인을 사랑하고 개개인의 존재에 대해 인정하고 존중할 줄 아는 사람은 정신적으로 건강한 사람이다. 자신에 대해서는 부정적인 시각을 갖고 있으면서 타인을 무조건적으로 따르고 복종한다거나 아니면 자신의 주장만을 옳다고 여기고 타인을 무시하는 것은 조화로운 인간관계를 맺지 못하게 한다. 또한 자신과 타인 모두에 대해 비관적이거나 비판적인 시각을 고집하는 것도 건강하지 못하다. 건강한 정신을 가진 사람들은 자신에 대한 애정은 물론 타인에 대해서도 인간적인 존중의 태도를 보인다.

둘째, 자신과 타인이 갖고 있는 장점과 한계점에 대한 이해와 수용이다. 인간은 완벽한 존재가 아니다. 누구나 부족한 점들을 갖고 있고, 더불어 누구나 자신만의 장점을 갖고 있다. 이러한 전제를 수용하고 이해하는 것이야말로 건강한 삶을 사는 지름길이다. 현실을 객관적으로 바라보고 이를 있는 그대로 받아들이는 자세는 분노나 실망, 위축감, 오만과 같은 부정적 감정을 덜 느끼고 오히려 삶의 충만함과 행복감을 고스란히 느끼게 해준다. 뿐만 아니라 정확한 현실인식을 토대로 바람직한 문제해결과 대처행동을 할 수 있게 된다.

셋째, 인간의 모든 행동에는 인과관계가 있음을 이해하는 것이다. 모든 행동에는 그 행동이 일어나게 된 원인이 있다는 것을 이해하고 수용한다면 그 행동에 대해 다른 사람을 탓하지 않는다. 어떤 상황이 벌어진 상태에서 그 이유를 제대로 알고 있을 때와 왜 그런 일이 벌어졌는지 알지 못한다거나 다른 이유를 생각할 때의 각각의 결과를 생각해보면 매우 상이한 결과를 예측해볼 수 있다. 또한 자신의 행동은 자신이 선택한 결과임을 이해하는 것도 스스로의 책임을 인정하고 수용함으로써 건강한 삶을 살 수 있도록 도와준다.

넷째, 자기실현에 대한 동기를 이해하는 것이다. 인간은 저마다 자신만의 욕구를 충족시키기 위해 노력한다. 가장 기본적인 생존의 욕구를 충족시키는 것에서부터 잠재력을 끌어내어 자신이 할 수 있는 그 이상을 해내고자 추구하는 것에 이르기까지 다방면에서 인간은 수많은 노력을 기울인다. 수많은 욕구들 중에서도 가장 높은 수준에 있는 자기실현의 욕구를 알아차리고 이를 위해 노력한다는 것은 하위의 욕구들, 즉 안전함, 애정과 소속감, 자존감과 같은 욕구들을 어느 정도 해결했음을 의미한다. 그렇기 때문에 인간으로서 더 성장하고 발전할 수 있게 해주는 자기실현이라는 욕구를 인식할 수 있게 되는 것이다. 따라서 자신의 역량을 충분히 발휘하고 성취하고자 한다는 것은 보다 성숙하고 건강한 정신의 소유자가 갖는 태도이다.

따라서 오늘날의 정신건강은 정신적인 장애뿐만 아니라 건강한 정신을 갖고 적응적으로 사람들과 관계를 맺고 자신의 일을 성공적으로 성취하며 자신의 삶에 대해 만족감과 행복감을 갖고 살 수 있는 데 그 목적이 있다고 하겠다. 그리고 정신건강을 유지하고 증진하는 것은 특정한 연령대에만 국한되는 것이 아니라 태내기에서부터 노인기에 이르기까지 지속적으로 이루어져야 할 전생애적인 과정으로 보아야 할 것이다.

2 정신건강에 대한 동·서양의 관점

정신건강이라는 용어 자체는 서양문화적 관점에서 비롯되었다. 서양문화권에서는 주로 과학적 관점에서 정신건강 문제에 접근하고 있다. 따라서 어떤 원인이 정신건강의 문제를 일으켰는지 밝히고 이를 토대로 문제를 치료하려고 한다. 또한 서양문화권에서는 정신도 물질현상의 하나로 받아들이기 때문에 정신병리적 입장을 취하는 의학이 주된 관심사로 논의되어 왔다. 따라서 정신의학이나 심리학 역시 분석적이고 양적인 차원에서 정신건강을 다룬다. 결과적으로 서양문화권에서의 정신건강은 과학적 설명과 치료방법을 통해 인간의 정신건강을 관리하고 예방하는 소극적 의미의 정신건강의 입장을 취하고 있다.

반면 눈에 잘 보이지 않는 인간의 정신가치에 더 많은 관심을 가지고 있었던 동양문화권에서는 병리적 측면보다는 건강한 정신이나 성격을 오랫동안 심도깊게 다루어왔다. 즉 질병중심적이고 눈에 보이는 현상에 초점을 맞추기보다는 눈에 보이지 않는 정신의 가치를 고양시키고 고취하는 질적인 측면에 초점을 맞추고 있기 때문에 적극적 의미의 정신건강의 관점을 갖고 있다.

1 서양 문화와 장애적 접근

히포크라테스
출처: www.speakwell.com

고대 유럽에서는 히포크라테스(Hippocrates) 등 그리스 학자들 중에서 정신장애를 초자연적 현상이 아니라 두뇌의 장애가 원인이라고 보고 식이요법이나 약물치료를 통해 신체를 자연상태와 같이 되도록 만들어야 한다는 점을 강조하였다. 플라톤(Plato)도 인간의 생각과 행동에는 문화적 요인이 중요한 영향을 주며, 따라서 정신질환은 사회적인 도덕적 분위기와 신체적 건강에서 유래될 수 있다고 보았다. 또한 로마시대에도 정신건강을 위해 정신질환자들을 감금하거나 격리시키기보다는 이들을 즐겁게 하여 정신적인 긴장을 감소시켜야 한다는 주장이 있었다. 하지만 정신질환에 대한 상당한 합리적인 이해에도 불구하고 이후 구체적이고 실제적인 과학적 진보는 이루어지지 못했다.

중세시대로 넘어오면서는 종교적 영향으로 인해 기존에 있었던 최소한의 과학적이고 논리적인 사고가 사라지면서 정신질환자들을 마귀에 씌웠거나 악령에 사로잡힌 대상으로 보기 시작하였다. 이러한 움직임은 15세기까지 지속되었는데, 특히 정신질환자들을 고문하거나 처형하는 등의 비인간적인 행위가 있었으며, 미신에 의한 마술적인 방법들을 치료에 사용하였다. 이후 르네상스 시대의 인간성 존중이라는 개념이 확산되면서 이러한 비과학적이고 비인간적인 태도가 사라지고 과학적으로 정신질환을 바라보게 되었다. 이러한 움직임의 대표적인 사건으로는 1792년 프랑스 비세트르 병원의 의사인 피넬(Pinel: 1945~1826)이 정신병자들을 쇠사슬에서 해방시킨 것이다. 또한 이탈리아의 빈센토 치아르골(Vincento Chiarugol; 1739~1822),

영국의 윌리엄 투크(William Tuke), 미국의 벤자민 러쉬(Benjamin Rush) 등은 선구적인 정신과 의사로서 환자들을 인도적으로 치료하는 데 앞장섰다. 이러한 변화 속에서 19세기 말경에는 정신의학, 생리학, 심리학 분야의 과학적 발전과 더불어 정신질환 및 정신장애에 대한 새로운 관점이 나오게 되었다(조대경 외, 1984).

20세기에 접어들면서 시그문트 프로이트(Sigmund Freud; 1856~1939), 칼 구스타프 융(Carl G. Jung; 1875~1961), 알프레드 아들러(Alfred Adler; 1970~1937), 오토 랭크(Otto Rank, 1884~1939), 카렌 호나이(Karen Horney; 1885~1952), 에릭 에릭슨(Eric Erikson; 1902~1994) 등은 정신분석학과 관련 학문의 심리치료 전문가들로서 인도적 치료의 발전에 획기적인 기여를 하였다. 이들의 공헌은 정신장애와 정서장애를 포함해 개인이 보이는 행동들을 개개인의 모든 요인과 환경적 요인들 간의 복합적인 상호작용이 만들어낸 결과라고 보았다는 점이다. 이러한 정신역동적 관점은 생물학적인 원인뿐만 아니라 가정과 사회적 환경에서도 일어날 수 있다는 점을 주장함으로써 질병의 예방이나 치료가 가능하게 하였다.

클리포드 비어스(1876~1943)
출처: www.encarta.msn.com

오늘날의 정신건강 운동에 있어 가장 활발하게 발전시키고 체계를 이룬 나라는 미국이라고 할 수 있다. 특히 1909년 미국의 실업가인 클리포드 비어스(Clifford W. Beers; 1876~1943)는 정신장애로 인해 3년간 자신이 직접 경험한 정신병원에서의 체험을 바탕으로 "A Mind That Found Itself"라는 책을 출간하였다. 이를 계기로 미국 내에서는 당시 일반인들이 정신질환에 대해 갖고 있었던 인식을 전환시키고 새로운 관심을 불러일으키게 됨으로써 정신병원의 시설을 개선하고 정신건강운동의 기폭제가 되었다. 또한 이 책은 하바드 대학의 심리학과 교수였던 윌리엄 제임스(William James)와 정신과 의사였던 아돌프 메이어(Adolf Meyer)에게 많은 영향을 주어 미국 정신의학회가 결성되는 데 토대를 제공하였다. 특히 메이어는 정신장애를 예방하고 최적의 정신건강을 유지하고 촉진하기 위해 관련 현장전문가들이 학교, 여가시설, 교회, 교도소 등의 기관과 사회복지기관들의 서비스를 조정하고 협조하도록 함으로써 미국의 현대적 정신건강운동의 기초를 마련하였다(Lin, 1995).

1차 세계대전의 군인들
출처: http://www.vellorewoods.ps.yrdsb.edu.on.ca/
grassroots/25

1차 세계 대전 때에는 전쟁참여군인이나 귀환병들의 정신건강에 관한 이슈가 대두되면서 미국에서 정신위생위원회가 생기게 되었고, 이후로는 활동영역이 정신질환 및 정신장애의 치료와 예방을 위해 보다 넓어지게 되었다. 그리고 최근에 이르러서는 환경에 적절히 적응하지 못하는 사람들뿐만 아니라 건강한 사람들의 정신건강 유지 및 증진에도 관심을 기울이면서 정신건강의 범위는 모든 인간의 행복한 삶의 질 추구라는 주제로 확장되고 있다.

이상으로 살펴보았을 때, 서양 문화권에서 바라보는 정신건강이란 성공적으로 적응하는 것과 사회적인 성취를 건강의 지표로 삼고 있음을 알 수 있으며, 따라서 정신적으로 건강하지 못하다는 것은 적응실패와 사회적 무능감 또는 열등감과 관계가 있다고 할 수 있다. 의학적 모델로 이해되는 서양적 관점의 정신장애 기준은 개인이 적응실패와 사회적 역기능적 문제를 갖고 있는 것으로 정의된다. 이러한 정신장애의 대표적인 진단체계로 현재 널리 사용되고 있는 정신장애의 진단 및 통계편람(DSM)이나 국제질병분류체계(ICD)를 종합해 보면, 정신장애의 준거로 주관적인 고통 호소, 심리사회적 기능상실, 사회적 규범에서 벗어나는 행동, 감각기능 이상, 그리고 인지기능 이상의 5가지를 들고 있다(김광웅, 2007).

2 동양 문화와 정신고양적 접근

건강하지 못한 측면에 초점을 두고 건강함을 정의하는 서양과는 달리 동양 문화권에서는 정신적으로 고양되고 인격적으로 완성된 상태를 규정함으로써 정신건강을 정의하고자 한다. 동양에서의 정신탐구는 수천 년 전부터 불교, 도교, 유교 등의 분야에서 이루어져 왔는데, 불교에서 말하는 해탈(解脫), 깨달음[覺], 열반(涅槃) 등의 개념이나 유교에서 말하는 군자(君子)의 개념, 그리고 도교에서 말하는 도(道)의 경지, 선 사상에서 추구하는 선험적 지혜인 선(禪)의 경지는 모두 인간의 정신적 가치와 윤리성이 최고로 실현된 상태를 의미하며, 이러한 상태에서만이 인간은 진정한 자유를 얻고 참다운 나를 찾을 수 있다. 참 자유나 참 나를 찾는 것은 있는 그대로 존재하

부처(좌). 공자(중앙). 요기(우)

도록 두거나 또는 어떤 일에 대해 집착하지 않고 억지로 행하지 않는 태도를 가질 때 가능해진다. 그리고 이러한 궁극적 경지는 모든 인간이 자기노력에 의해 이를 수 있다고 가정하고 있다. 또한 우리나라도 퇴계 이황과 율곡 이이 등의 성리학에서 추구하는 성인의 경지가 오늘날의 정신건강의 최고 상태를 의미한다고 할 수 있는데, 이에 대해서는 이 장의 후반부에서 좀 더 자세히 다루기로 하겠다.

요즈음에 와서는 서양의학이나 과학에서 동양철학적 관점을 통합하여 인간을 이해하고 정신건강의 증진을 추구하려는 시도가 이루어지고 있다. 제4심리학 흐름이라고 할 수 있는 초월심리적 관점에서 보면 동서양의 사상들이 많이 접목되고 있는 것으로 보이나 아직까지는 심오한 동양사상의 본질을 충분히 다루지 못하고 있는 실정이며, 이에 대해서는 앞으로 더 발전된 동서양 사상의 통합적 관점이 제시될 것이라 생각한다.

3 정신건강과 이상

앞서 언급한 것처럼, 정신건강이란 개인이 자신의 능력을 최대한 발휘하면서 환경에 적응하고 나아가 독립적, 건설적, 자주적으로 생활해나갈 수 있는 상태에서 이루어진다. 이러한 정신건강상태는 인간이 발달과정에서 겪게 되는 외적 내적 요인에 의해 영향을 받을 수 있다. 특히 오늘날처럼 복잡다단한 환경 속에서 살아가는 현대인들이 신체, 심리, 사회, 도덕, 영성적인 측면에서 균형과 조화를 이루며 살아간다는 것은 쉬운 일은 아닐 것이다. 비록 학자들마다 건강과 불건강, 정상과 이상을 구분하는 기준에 대해 다양한 규준과 조건들을 제시하고 있지만, 종합적으로 볼 때 다음과 같은 기준들로 분류해볼 수 있다.

1 통계적 관점

통계적 관점에서는 평균이라는 개념으로 건강과 불건강을 구분한다. 즉 평균으로부터 얼마나 이탈되어 있는가가 규준이 되는 것이다. 지능, 키나 몸무게, 학업성적, 기타 심리적 기능과 같은 인간 행동특성들을 대규모로 수집한 뒤 이를 수량화된 그래프로 그려보면, 대부분 정상분포곡선을 보인다. 정상분포곡선은 가운데의 평균값에 많은 수가 밀집되어 있고 평균으로부터 양극단으로 멀어질수록 수가 적어진다. 일반적으로 가장 많이 적용되는 정상의 범위는 ±1 표준편차로, 전체 사례수의 약 68%에 해당한다. 이럴 경우 나머지 32%는 비정상 또는 이상에 속하며 양극단으로 각각

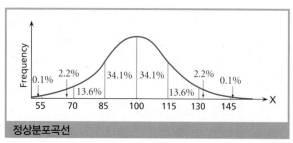

정상분포곡선

출처: http://www.hawcc.hawaii.edu/math/Courses/Math100/Chapter4/
Notes/Exercises/Prac431.htm

16%씩 분포한다. 그러나 적용하는 표준편차에 따라 정상과 이상의 구분기준은 달라질 수 있다.

이러한 통계적 관점을 통해 인간의 정신건강의 여부를 판단하는 것은 한계를 가질 수 있는데, 예를 들어, 지능의 경우 ±2 표준편차를 적용했을 때 하위 2%에 속하는 집단은 정신지체군이며 상위 2%는 영재군이다. 이 때 영재군이 정상적인 범위에서는 벗어나지만 불건강하다고는 볼 수 없을 것이다. 또한 외눈박이 나라에서는 두 눈을 가진 사람이 정상이 아니라고 보는 것도 통계적 관점에 의한 결과이기 때문에 양적으로 많다고 해서 건강하거나 정상이라고 보는 것에는 어려움이 있다.

2 발달적 관점

인간은 정자와 난자의 수정에서부터 시작하여 태내에서 계속적인 발달을 하며, 출생 후에도 신체, 언어, 인지, 정서 등 여러 영역에서 형태적으로나 기능적으로 분화발달을 지속한다. 발달은 연령에 따라 각각의 발달단계의 특징을 갖고 있으며, 이를 발달과업이라고 한다. 연령은 발달수준을 나타내는 하나의 지표로서 행동을 판단하는데 있어 중요하다. 언어, 인지, 운동, 사회성, 정서 등이 성장해나가는 일반적인 속도와 순서는 무언가가 잘못되었을 가능성을 평가하는 발달기준의 역할을 한다. 따라서 발달적 관점에서는 인간이 자신이 속한 발달단계에 맞게 이러한 발달과업을 성취하였는지 또는 적정한 발달수준에 도달했는지가 정상과 이상의 기준이 된다. 예를 들어 만 2세 유아가 두 단어 정도로 의사소통을 한다면 이는 지극이 건강하고 정상적인 현상이지만, 만 7세가 넘은 아동이 여전히 한두 단어만으로 자신을 표현한다면 언어발달에 있어 문제가 있는 것으로 볼 수 있다. 또한 만 1살의 유아가 떼를 쓰고 우는 행동은 그 나이에 자주 나타날 수 있는 행동인 반면, 초등학교 5학년 아동이 자신의 욕구를 통제하지 못하고 소란을 피우는 행동은 좀 더 신경을 쓰고 다루어야 할 행동이 된다.

표 1-1에는 정상과 이상을 구분해주는 9가지 행동지표가 제시되어 있다(Wicks-Nelson & Israel, 2003). 정상적인 발달을 하지 못하거나 발달이 지연되는 것은 무언가가 잘못되었다는 징후이다. 또한 일정기간 동안 연령에 맞는 행동을 하지만 이후로는 더 나아가지 못하는 경우가 있고, 발달규준에 맞는 행동을 하다가 더 이전의 행동으로 퇴행하기도 한다. 연령기준에 맞는 행동이라고 해도 너무 빈번하게 또는 너무 드물게 나타나거나, 너무 강하거나 아니면 충분히 강하지 못하거나, 너무 오래 또는

표 1-1 ● 이상 또는 비정상을 나타내는 행동지표들

- 발달지연
- 발달적 퇴행
- 행동의 빈도가 극단적으로 높거나 낮음
- 행동의 강도가 극단적으로 높거나 낮음
- 행동상의 문제가 일정시간 지속됨
- 행동의 급작스런 변화
- 상황에 부적절한 행동
- 여러 가지 복합적인 행동들
- 정상과는 질적으로 다른 행동

너무 짧게 지속되거나, 부적절한 상황에서 나타나거나 한다면 문제가 있다는 판단을 내릴 수 있다. 이 외에도 규준과는 질적으로 다른 행동을 보이는 경우도 있다.

3 임상적 관점

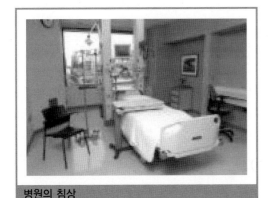

병원의 침상

출처: http://images.main.uab.edu/mediarelations/
siteadmin/releaseimages/unlimited/big

'**임상(臨床)**'이라는 말은 사전적 의미에서 병원의 침대를 의미한다. 따라서 임상적 관점에서는 의학적으로 나타나는 증상들을 기준으로 건강과 불건강을 구분한다. 병원에 가면 의사나 간호사로부터 문진을 받거나 간단한 검사를 통해 평상시와는 다른 점이 있는지 찾아낸다. 이를 통해 어떠한 증상들이 나타났을 때 '건강하지 못한 상태' 라든가 '질병이 있다' 는 진단을 받게 된다.

4 사회문화적 관점

인간은 자신이 속해 있는 사회나 문화 속에서 태어나 그 사회나 문화가 기대하고 요구하는 규범과 가치들을 따르며 살아간다. 이러한 규범과 가치들에 부합하지 않을 때 정상의 기준에서 벗어난다고 할 수 있다. 오늘날은 지구촌 사회라는 말을 할 정도로 상당히 보편적인 가치와 규범을 따르고 준수하며 살고 있긴 하지만, 더 세부적으

눈접촉

출처: http://www.sparxmedia.co.za/
schwarz1.htm

이슬람 여성

출처: http://www.flickr.com/photos/
noturordinaryconsort/1363870340

로 살펴보면, 하위문화나 사회계층의 차이에 따라, 세대에 따라, 사회적 상황에 따라 건강하고 건강하지 못한 기준이 다른 경우가 많다. 즉 각각의 소사회나 하위문화는 저마다의 규범과 가치를 갖고 있기 때문에 한 사회에서는 수용되는 행동이 다른 사회에서는 수용되지 않고 일탈하는 것으로 보기도 한다. 그 사회나 문화에서 수용되고 적합하다고 판단되는 행동들은 정상적인 것으로 보고 그렇지 못하면 불건강하거나 이상한 것으로 보게 되는 것이다.

예를 들어 서구 문화권에서는 상대방의 눈을 똑바로 쳐다보고 이야기하는 것이 지극히 정상적인 것으로 간주되지만, 동양 문화권에서 이러한 행동은 다소 건방지거나 예의가 없는 것으로 받아들여질 수 있는 것이다. 또한 특정 문화에서는 여성이 가족 이외의 다른 남성과 이야기하거나 차를 마시는 것은 법적으로 문제가 되는 행동이 되기까지도 한다.

이상으로 살펴보았듯이, 정신건강과 불건강, 정상과 이상은 다양한 관점에 따라 그 기준이 매우 다양하고 광범위하다. 어느 한 관점만을 갖고 정신건강의 여부를 구분한다는 것은 무리이며, 인간은 보다 총체적이고 통합적인 존재이기 때문에 적응력의 강도나 적응방식 등 다양한 측면에서 살펴볼 필요가 있다. 따라서 건강과 불건강, 정상과 이상에 대한 개념은 보다 본질적인 것, 즉 있어야 할 것이 있는지, 목적에 부합되는 상태인지 등의 가치적이면서도 기능적 수준의 측면을 동시에 감안하고 언급해야 할 것이다(장연집 외, 1999).

4 정신건강의 기초요인

정신건강은 정신적 측면의 건강만으로 완성되지 않는다. 인간은 복잡하고 총체적인 존재이기 때문에 진정한 정신건강을 위해서는 신체적, 정신적, 사회적, 윤리도덕적, 그리고 영적인 측면에서의 건강이 다학제적으로 함께 마련되어야 할 필요가 있다.

1 생물학적 접근

근세의 철학자들은 한때 사람의 마음과 몸은 서로 다르다는 심신 이원론을 주장한 적이 있다. 사람의 마음은 머리 속에 있고 그것은 몸과는 다른 형태를 취하며 영혼은 죽으면 몸에서 분리되어 밖으로 빠져 나간다는 것이다. 그러나 최근에 와서는 심신 일원론이 더 지지를 받고 있는데, 이 이론은 마음과 몸은 일체라는 것이다. 심신 일원론은 마음과 몸은 서로 분리되어 있는 것이 아니고 상호 연관되어 있다고 본다. 그래서 마음, 즉 정신은 신체기관을 움직이고 또 반대로 신체기관은 여러 가지 감각 정보를 뇌(즉 마음)에 전달해서 서로 유기적으로 기능한다는 것이다.

의학과 신경생리학 기술의 발달로 뇌와 중추신경계를 통해 메시지나 자극이 전달되는 과정에 대한 지식을 증가시켰다. 이는 정신분열증이나 우울증 같은 정신장애에 영향을 줄 수 있는 신경화학적 과정의 변화에 대한 이론을 끌어냈고, 염색체 구조에 대한 유전학과 전자 현미경 같은 방법론적인 발달 역시 유전적 이상을 확인하는 능력을 증가시켰다.

최근에 뇌 신경생리학 및 뇌 생화학 연구자들은 정신병자의 신경전달물질과 호르몬이 정상인과 다름을 밝혀내어 우리의 정신 상태에 따라 뇌의 기능과 그 생화학적 변화가 다름을 입증했다. 뇌 기능상의 취약성이 정신질환에 직접적 원인이 될 수 있

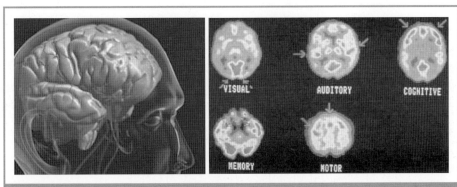

뇌와 뇌-행동 관계

출처: http://www.csbmb.princeton.edu/CSBMB/html/overview.shtml

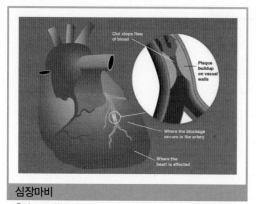

심장마비
출처: http://www.pyroenergen.com/articles/heart-attack.htm

다고 보는데, 정신기능은 유전의 영향, 특히 지능은 50~70%가 유전에 의해 결정된다고 주장한다(Baddeley, 1990). 앞으로 뇌의 기능을 보다 자세히 연구하기 위해서는 의학자와 심리학자가 공동으로 연구할 필요가 있음을 암시한다.

정신신체질병은 정신적인 스트레스가 신체적 증상으로 나타나는 병으로, 이 병은 바로 심신 일원론을 지지하는 대표적 병이다. 즉 직장에서 스트레스를 많이 받는 사람, 가정에서의 문제가 많은 사람은 고혈압, 뇌졸중, 심장마비, 암 그리고 당뇨병에 걸린다는 사실이 입증되고 있다. 이러한 성인병은 약물치료만 가지고 그 효과를 보기 힘들다. 이 병은 정신과적 문제로 생겼기 때문에 심리적 치료가 병행되어야 한다. 위궤양, 습진, 피부종양, 기타 심장병은 정신적 질환이 신체적 증상으로 나타난 것이다. 또 정신적 스트레스가 많은 사람에게 갑자기 신체마비가 오고 언어장애가 오는 수가 있다.

이렇게 신체와 정신이 서로 밀접한 관련성을 갖고 있다는 주장은 정신적 문제로 인해 신체질환이 야기된다는 연구결과들뿐만 아니라 신체질환이 심리적 요인에 의해 더 좋은 효과를 얻을 수 있다는 여러 연구에서도 지지되고 있다. 예를 들어, 수술 전에 환자에게 수술에 관해 미리 잘 설명하면 마취가 쉽게 되고 또 그 후유증에서 일찍 벗어난다는 연구결과가 있다. 말기병 환자도 환자의 의지에 따라 극복되는 사례가 있다.

존스 홉킨스 대학의 그래브스(Graves, 1991)의 연구에 의하면, 유년기 때 부모의 분노를 어떻게 이해하고 해석했는가에 따라 암 발병률에 큰 영향을 끼쳤다는 보고가 있다. 놀라운 것은 이 연구가 50년 동안 진행되었으며, 부모의 분노가 감정폭발의 분노였다고 유년기 때 생각했던 사람들은, 50대 중반에 암 발병률이 현저하게 높아졌다는 사실이다. 반면에 부모의 분노가 사랑의 분노였다고 해석했던 사람들은 암 발병률이 현저하게 낮았다고 한다. 또 루섹과 슈왈츠(Russek & Schwartz)는 500명의 자녀들을 대상으로 하여 부모와의 관계와 그들의 건강상태를 조사하였다. 부모와의 관계는 유년기 때 수집하였고 건강상태는 35년 뒤 이 자녀들이 중년이 되어 어떤 병을 몇 명이나 앓고 있는지 조사하였다. 그 결과, 부모와의 관계가 안 좋으면 안 좋을수록 심장병, 고혈압, 당뇨병과 각종 중독들에 시달리고 있는 발병률이 높았다는 것이다. 이는 유년기에 아이들이 부모의 사랑을 듬뿍 받으면 아이들은 자신들의 건강을 더 잘 지키고 관리할 수 있다는 점을 시사한다.

2 심리적 접근

빌헬름 분트(1832~1920)

출처: http://portrait.kaar.at/
Weltanschauung/
image24.html

인간의 행동과 사고에 대한 정신적 접근은 과학적인 심리학 연구를 통해 이루어져왔다. 심리학의 아버지인 빌헬름 분트(Wilhelm Wundt, 1832~1920)는 의식을 구성하는 요소를 연구하였다. 그는 과학적 측면을 강조하면서 의식을 이해하기 위해서는 구체적인 접근이 가능해야 한다고 주장함으로써 행동주의가 시작되었다. 파블로브(Pavlov)에서부터 스키너(Skinner)나 반두라(Bandura)에 이르기까지 행동주의 심리학은 정상적이거나 병적인 불안은 많은 조건화된 학습에 의해 생애동안 영향을 받을 수 있고, 학습이나 조건화 또는 행동수정을 통해 정신건강을 증진 유지시킬 수 있음을 시사하고 있다.

그러나 행동주의 심리학이 갖고 있는 한계로 인해 의식과 무의식, 본능, 자아, 초자아의 구조적 이론과 심리성적 발달단계를 설명한 발달이론을 통합하여 인간을 이해하고자 하는 정신역동적 이론이 등장하게 되었다. 프로이트에 의하면 출생부터 사춘기까지의 심리성적 발달단계(구강기, 항문기, 남근기, 잠복기, 생식기)를 만족하게 밟아 나갔는지의 여부에 따라 정신건강에 영향을 미치는 불안 수준과 내용이 결정된다고 하였다.

이후 신프로이트 학파라고 할 수 있는 대인관계이론에서는 정신건강이나 정신장애는 개인과 사회 간의 상호작용에 따른 것임을 강조하고 있다. 대표적 학자로는 호나이(Horney), 설리반(Sullivan), 프롬(Fromm) 등이 있다. 불안이나 신경증적 행동의 원인과 지속상태는 개인과 사회 혹은 대인관계의 상호작용의 결과로 보았다. 특히 설리반은 개인생활에 의미를 부여하고 타인에 대한 지각과 태도를 강조하고 있는데, 정신적으로 건강한 사람은 현실적으로 타인과 통합적인 관계를 맺고 행동한다는 것이다. 프롬은 사회적 힘과 그것이 개인에게 주는 영향에 대해 보다 초점을 맞추고 있다. 인간이 가진 욕구는 사회적인 것이며, 이 욕구를 타인과의 생산지향적이고 만족스러운 관계 속에서 순차적으로 충족시켜나가는 것이 건강하다고 보았다. 또한 동서양의 종교, 철학, 심리학, 과학 등 사상의 진리가 하나라고 주장한 켄 윌버(Ken Wilber)는 명상과 수행이라는 실천적 수련을 통해야만 감각과 이성의 눈을 넘어 통합적 진리를 깨닫는 관조의 눈을 가질 수 있다고 보았다. 이는 궁극적인 영성과 자기초월의 영역으로 들어갈 수 있는 길이 된다.

한편 매슬로우를 중심으로 한 인본주의 이론에서는 체험, 선택, 창의성, 자기실현을 핵심개념으로 놓고 이러한 특성이 정신건강과 관련되어 있다고 보았다.

3 사회적 접근

아동과 사회: 사회화 과정
(저자: 엘킨 프레데릭, 1998)

출처: http://www.ecampus.com/
　　bk_detail.asp?isbn=0075573180

정신건강에 대한 사회문화적 관점에서는 인간행동이 그 행동이 행해지는 환경의 영향을 받는다고 보고, 정신건강과 인간행동을 이해하는 데 있어 개인을 중심으로 한 미시적 차원에 그치지 않고 개인을 둘러싼 환경요소, 즉 사회제도와 문화와의 관계에서 이해하는 거시적 차원의 접근에 관심을 둔다.

이 접근에서는 정신장애를 이해하고 정신건강을 촉진하기 위해 사회화 과정을 탐색하는데, 사회화란 개인이 이러한 제도적 집단에서 행동을 습득하고 자기 및 집단에 대한 태도를 발전시키며, 집단 내에서의 자신의 역할을 수행하고 희망에 따른 행동상의 동기부여를 훈련 받는 과정, 또는 감정적 욕구의 만족을 습득하는 과정을 말한다. 대표적인 개념으로는 낙인이론과 집단적 관습을 들 수 있는데, 낙인이론은 사회가 사회적 규범을 설정해 놓고 그에 맞지 않게 행동하는 사람들을 부정적으로 판단하고 다면서 정신적 문제가 있는 사람들이라고 낙인찍는 것을 말한다. 또 집단적 관습은 사회 집단원 상호간의 조화로운, 비교적 항구적이고 안정되며 균질적이고 공식적인 양식으로서 사회제도를 형성해 낸다. 따라서 집단적 관습이나 규범, 가치 등에 동조하지 않고 그 사회가 요구하는 역할을 배우는 데 실패하게 되면 사회적으로 일탈되거나 부적응적인 행동을 함으로써 문제가 있는 사람으로 낙인찍히게 되는 것이다.

4 영적 접근

최근 인간의 건강과 질병을 바르게 이해하고 이를 적절히 다루기 위해서는 기존의 생물, 심리, 사회적 모델에서 영적 차원에 대한 고려가 반드시 필요하다는 주장이 나오고 있다(전겸구 외, 2000). 고대 희랍시대부터도 플라톤은 인간의 정신을 설명하면서 영적인 측면을 언급했고, 융도 인간에게 내재되어 있는 신성 혹은 영적인 면을 주장했다. 그리고 최근에는 초개인주의 심리학(transpersonal psychology)에서 영적인 면이 인간의식의 기본구조라는 점을 강조하면서 자연과 신성에 속하는 영성이 인간의 삶에 깊이 관여한다고 주장하고 있다(Wilber, 1997).

영성(spirituality)은 인간의 마음속에 자리한 신성으로서 개인적 자아를 넘어서 인류, 영혼 및 우주 등 넓은 측면까지 확대된 경험을 의미한다(Assagioli, 1969). 영성은 종교에서 말하는 신앙심과 유사한 부분이 있긴 하지만, 종교를 넘어선 개념이다. 영성 또는 영적 안녕의 구조는 수직적 차원과 수평적 차원으로 설명할 수 있는

영성: 우주원리와의 합일
출처: http://www.aafp.org/fpr/990700fr/2.html

데, 수직적 차원은 인간이 질병과 고통, 상실 등과 같은 삶의 위기에 어떻게 대처하고 자신의 삶을 어떤 관점으로 보는지와 관련 있다. 수평적 차원은 인간의 삶에 대한 만족감과 삶의 의미 및 목적에 관계되는 것으로 실존적 안녕이라고도 한다.

인간의 적응이나 정신건강과 관련해 영적 차원의 중요성은 매우 중요하다고 볼 수 있다. 영적 안녕 수준이 높을수록 적극적으로 대처하고, 현상을 긍정적으로 해석하며, 정서를 더 잘 진정시키고, 타인으로부터 정서적 지원을 더 많이 추구하며, 반면에 체념과 자기비판은 하지 않는 것으로 보고되고 있다(서경헌 외, 2004). 또한 영적 안녕 수준이 높은 청소년의 경우 불우한 가정환경에도 불구하고 삶의 의미와 목적을 추구하고, 삶에 대해 행복을 느끼며, 자신의 존재에 만족하고 자신을 가치 있게 여기며, 장래에 대한 긍정적인 믿음을 가지고 있기 때문에 위험한 경로에 빠지지 않는다.

■■■ **5 윤리도덕적 접근**

인간의 욕구는 무한하지만, 타인과의 공동의 노력에 의해 욕구를 자제하고 타인을 배려해야만 하는 존재이다. 오늘날 사회의 근간을 이루는 윤리도덕이 땅에 떨어지고 지나친 물질적 가치추구로 인해 인간본연의 모습이 사라짐으로 인해 인간들의 정신은 피폐해지고 있다. 인간의 본성을 되찾고 성숙하고 건강한 정신을 영위하기 위해서는 왜곡된 윤리도덕성을 되찾을 필요가 있다.

윤리(倫理)라는 말은 사람으로서 마땅히 행하거나 지켜야 할 도리이며, **도덕(道德)**이란 말은 사회의 구성원들이 양심, 사회적 여론, 관습 따위에 비추어 스스로 마땅히 지켜야 할 행동 준칙이나 규범의 총체를 의미하며 윤리와 같은 개념으로 사용되기도 한다. 도덕은 외적 강제력을 갖는 법률과 달리 각자의 내면적 원리로서 작용하며, 또 종교와 달리 초월자와의 관계가 아닌 인간 상호 관계를 규정한다. 이 때 도(道)는 합의적인 배려로 평화적인 관계를 이루는 것이고, 덕(德)은 일방적인 배려로 유화적인 관계를 이루는 것이다. 그리고 도는 사회윤리성이 강하고 덕은 가정윤리성이 강하다.

동양에서는 노자(老子)의 무위(無爲)자연사상과 유가(儒家)의 대통일국가(大統一國家)의 이상이 맞서오다 후기에는 유가 사상이 대세를 이루게 된다. 반면 서양에서는 소크라테스(Socrates)가 제자들과 함께 평등하고 귀족적인 이상 국가를 논하면서 현재 서양 사상의 뿌리인 배분주의 사상의 터를 잡았다. 그런 속에서 서양인들의 실

노자(老子; ?~?)
출처: http://www.alienazioni.com/
credits/credits.htm

공자(孔子; B.C. 552~479)
출처: http://www.flickr.com/photos/
16090957@N06/1796784140

질적인 생활문화는 회교적 또는 기독교적 종교윤리에 깊이 의존함으로써 인간 자체만으로는 인격을 실현하는 데 부족한 존재라는 바탕인식을 조성하게 된다. 그리하여 종교에 의존하지 않은 인간관은 이기주의나 대립주의 투쟁주의적 인간관으로 발전하여 왔다. 반면 동양에서는 공자에 이은 주자 사상 등 다분히 관념적이고 심성적인 흐름을 일관되게 유지하면서 그것을 생활 윤리화하려는 경향을 고수함으로써 동양인들의 정신문화에 지대한 영향을 미친다. 이러한 차이가 결과적으로 현실의 서양식 정신문화와 동양식 정신문화의 큰 격차로 나타나게 되었다.

오늘날 우리는 유교 문화의 폐해만을 말하는 경향이 있지만 유교 문화의 좋은 점들을 간과해서는 안 된다. 또한 민주주의 문화 그만의 좋은 점이 있지만 그렇다고 모순조차 무차별 수용할 수는 없는 일이다. 유교사상과 민주주의사상을 객관적으로 보고 양자를 조화롭게 수용하기 위해선 인간 본래의 이념 윤리를 사실적으로 이해함으로써만 가능하다.

유교에서 말하는 건강한 윤리도덕적 측면을 지닌 성인의 인격적 특성은 다음과 같다(김성태, 1994). 첫째, 성인과 같은 인격은 노력으로 수양을 거듭해서 하늘의 이치를 깨닫고 이를 본받음으로써 가능하다. 둘째, 인격이 본래 지닌 모습은 마음의 평온성과 안정성이다. 셋째, 성인의 인격적 특성은 하나에 주의집중하여 전념하는 것이다. 그러나 이는 어느 한 가지에만 고착되는 것이 아니라 당면하는 순간마다 그 일에 전념하고 대상이 사라지면 마음이 다시 고요하고 맑은 원래 상태로 돌아간다. 넷째, 성인이 지닌 인격적 특성은 공정하고 객관적인 관점에서 현실을 있는 그대로 받아들이고 판단하며 처리하는 것으로서 어떤 편견이나 집착이 없는 상태에 있다. 다섯째, 성인의 인격에는 초월적 태도가 있다. 즉 자신에게 속박되지 않고 벗어나 자신을 객관적으로 바라봄으로써 참된 자신을 찾아갈 수 있다. 이러한 성인의 인격은 인본주의 접근에서 보는 자기실현한 사람의 특성과도 매우 유사함을 알 수 있다.

▶▶ 자유롭게 토론해 봅시다

❶ 정신적으로 건강하게 산다는 것은 어떤 상태이며, 이를 위해서 어떤 노력들이 필요한지 토론해 봅시다.

❷ 동양 문화권과 서양 문화권에서 바라보는 건강의 특징은 무엇이며, 그 차이는 무엇인지 토론해 봅시다.

❸ 건강과 이상을 구분짓는 나만의 기준에는 어떤 것들이 포함되는지 토론해 봅시다.

❹ 현대사회에서 윤리도덕적 건강과 영적 건강이 강조되어야 하는 이유가 무엇인지 토론해 봅시다.

CHAPTER 02 인간발달과 정신건강

CHAPTER 02

인간발달과 정신건강

인간이 삶에 어떻게 적응해 가는지를 알기 위해서는 한 개인의 전반적인 발달 (development)에 관하여 아는 것이 중요하다. 발달은 생명이 시작되는 수정의 순간에서부터 죽음에 이르기까지 전 생애를 통해 이루어지는 모든 변화의 양상과 과정을 의미한다. 그리고 발달적 변화의 과정에는 신체 및 운동기능, 지능, 사고, 언어, 성격, 사회성, 정서, 도덕성 등 인간의 모든 특성들이 포함된다. 여기에는 양적으로 증가하고 기능이 숙달되면서 유능해지며 구조가 점차 복잡해지는 긍정적인 변화와 더불어 양적으로 감소하고 기능과 구조가 쇠퇴하는 부정적인 변화가 모두 포함된다. 일반적으로 아동기와 청소년기 발달은 긍정적인 변화로 보고, 중년기와 노년기의 발달은 부정적인 변화라는 시각이 있어 왔다. 그러나 오늘에 와서는 노년기에도 문제해결능력이나 추론능력과 같은 영역에서 긍정적인 발달이 계속 이루어지고, 각 연령마다 저마다의 독특한 발달현상들이 있다는 믿음이 우세하다. 따라서 인간이 정신적으로 건강한 삶을 살기 위해서는 전 생애에 걸쳐 이러한 발달 양상과 과정이 어떻게 이루어지는지 살펴볼 필요가 있다. 또한 생태학적으로 환경이 인간발달에 주는 영향력을 이해하는 것이 필요하다.

인간발달은 발달심리학의 또 다른 명칭으로서, 발달이 이루어지는 양상을 기술해 주는 현상기술에 대한 접근과 연령에 따라 발달적 변화가 일어나는 원인과 그 과정을 이론화하는 발달기제에 대한 접근으로 구분해볼 수 있다.

현상기술적 접근(phenomenal description)의 목적은 사람의 연령이 변화함에 따라 여러 발달영역의 심리적 특성들이 변화해가는 양상을 기술하는 데 있다. 예를 들어, 아동이 처음으로 말을 하게 되는 시기는 언제이며, 또래관계에서 협동을 하거나 상대방의 입장을 고려하게 되는 시기는 언제인가? 청소년이 자아정체감을 획득하는 과정은 어떠한가? 성인이 되면 진로와 사랑에서 어떠한 양상을 보이는가? 노년기에 접어들면서는 기억이나 삶의 통합이라는 과제에서 어떠한 변화를 보이는가?

이러한 수많은 발달현상에 대한 연구를 통해 우리는 여러 심리적 특성들이 정상적으로 발달하는가의 여부를 확인할 수 있는 규준을 얻을 수 있다. **규준(norm)**이란 어떤 심리적 특성의 발달에 있어서 특정 연령집단을 대표하는 전형적인 행동양상 또는 수행수준을 의미한다. 일반적으로 규준은 연령집단을 대표해줄 수 있는 표집에서 얻은 평균치를 통해 얻을 수 있다. 따라서 규준은 특정 연령단계에 있는 개인의 발달수준의 정상성 여부를 판단하는 중요한 기준이 되며, 각 연령단계의 발달적 규준들을 비교함으로써 연령간 발달양상의 차이도 알 수 있게 된다.

한편 **발달기제적 접근(developmental mechanism)**은 특정한 발달영역에서의 변화가 왜 일어나는지, 어떻게 일어나는지에 대한 것으로서 기술된 현상의 기저과정을 설명해준다. 현상기술연구가 실증적인 자료를 통해 발달양상을 보여준다면, 발달기제 연구는 그러한 현상이 일어나는 보다 근원적인 요인과 과정에 대해 이론적으로 추론을 한다. 예를 들어, 4세 아동과 10세 아동이 타인의 입장을 고려하는 것에 차이가 있다면 그 이유가 무엇인지에 대해 생득적 이론, 학습이론, 인지발달이론, 정신분석이론 등 다양한 이론적 관점을 통해 설명할 수 있다.

이 두 가지 접근방식은 인간의 발달과정을 보다 깊이 이해하기 위한 중요한 자료가 된다. 특히 발달기제 접근은 각 연령단계에 있는 사람들에게 보다 바람직한 발달적 변화를 촉진시킬 수 있는 요인과 과정을 찾는 데 크게 기여할 수 있다. 본 장에서는 현장기술적 접근을 통해 연령별로 발달과정을 살펴보고 이를 정신건강 측면에서 함께 논의하고자 한다.

1 연령별 인간발달과 정신건강

1 태내기 발달과 정신건강

태내기는 인간발달의 최초의 단계로 남성의 정자와 여성의 난자가 결합하여 수정되는 순간부터 한 개체의 생명이 시작된다. 따라서 이 시기에 형성되는 신체적 구조와 기능은 한 개인의 신체 및 행동발달의 기초가 된다. 또한 출생 전 태아의 발달 상태는 출생 후 성장과정에 큰 영향을 주기 때문에 태내에서부터 올바르게 성장하는 것이 중요하다.

태아는 수정 후부터 280일 동안 어머니의 체내에서 자라면서 여러 신체기관이 형성되고 기능이 시작되며, 기관의 크기와 무게가 급속히 증가한다. 태내발달은 다시 난체기, 배아기, 태아기의 세 단계로 구분된다.

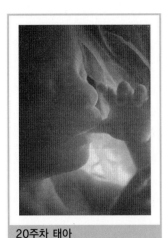

20주차 태아

출처: http://www.world-net.net/
home/sakirk/pregnancy

배포기(Germinal period)는 수정이 된 후 수정체가 나팔관을 거쳐 자궁벽에 착상할 때까지의 2주간의 시기이다. 수정 후 36시간 내에 수정란은 급속하게 세포가 분열되기 시작해 1주일이 지나면 약 1~150개의 세포가 된다. 수정란은 세포분열을 거듭하면서 난관 내부의 섬모운동과 난관의 수축작용으로 자궁 속으로 내려온다. 수정체가 자궁벽에 착상이 되면 어머니 몸과의 밀착된 의존관계가 시작된다.

배아기(Embryonic period)는 수정 후 약 2~8주로, 이 기간에 중요한 신체기관과 신경계가 형성된다. 초기의 3~4주경의 배아는 크기가 약 0.7cm이다가 이 시기의 끝 무렵이면 사람의 형태를 대체로 갖추게 되며, 무게는 약 0.9g, 키는 약 2.5cm가 된다. 또한 심장과 뇌 등 순환계와 신경계가 기능을 시작하며, 신체기관 외에도 태내발달에 중요한 역할을 할 양수 주머니, 태반, 탯줄 등도 발달한다. 배아기 동안에 각 기관이 급속하게 형성되는 만큼 바람직하지 못한 환경의 영향에 가장 민감하게 반응한다. 따라서 어머니의 질병, 영양결핍, 약물 등은 배아기 발달에 치명적인 영향을 주어 자연유산이나 발달장애로 나타날 수 있다.

마지막 **태아기(Fetus period)**는 수정 후 약 3개월부터 출산까지의 시기이다. 이 기간 동안 배아기에 형성된 각 기관의 구조가 더욱 정교화되며, 기능이 보다 원활해지는 등 빠른 발달을 보이게 된다. 근육발달도 급격히 이루어지며, 출생 후 몇 년이 지나서야 완성되지만 중추신경계도 이 시간 동안에 빨리 발달한다. 태아기가 시작되는 13~24주 사이의 태아의 크기는 30cm 정도이고 무게는 0.8kg이다가 끝날 무렵인 25~38주에는 약 50cm와 3.4kg으로 증가한다.

4개월 말경이면 장기의 기능이 좋아지고 외관이 발달하며, 모체는 태동을 느낀다. 5개월에는 빨기, 삼키기, 딸꾹질 등의 반응이 나타나며, 5개월 말경이면 손톱과 발톱이 생기며 솜털이 나기 시작한다. 6개월 된 태아는 태지의 분비가 이루어지고 태아의 심음을 들을 수 있으며, 눈의 기능이 발달하여 깜박일 수 있게 된다. 7개월 된 태아는 뇌의 사고력이 발달하기 시작한다. 수정 후 28주를 흔히 생존가능연령이라 부르는데, 7개월경부터 태아는 스스로 호흡할 수 있는 조건과 기능을 갖추기 때문이다. 8개월 된 태아는 머리를 아래로 내리는 자세가 되고 청각이 완성된다. 9개월 된 태아는 신생아다운 모습을 갖추기 시작하고 폐, 신장기능이 성숙된다. 10개월이 되어서 몸의 균형이 잡히고 4등신이 되며, 병에 대한 면역력을 갖게 된다.

인간의 성장발달을 태어난 이후의 영아기부터로 보는 것이 아니라 세상에 태어나기 이전의 태아기까지로 확대시켜서 인식하게 되면서 태교의 중요성이 강조된다. 태교란 임신 중에 태아에게 좋은 영향을 주기 위해 임산부가 지켜야 할 규제로서 임신

후 출산까지의 모든 일에 대해 조심성을 가지고 나쁜 생각이나 거친 행동을 삼가며 편안한 마음으로 말이나 행동을 할 때 태아에게 정서적, 심리적, 신체적으로 좋은 영향을 준다고 생각하는 태중교육을 말한다.

태아는 어머니의 자궁 안에서 끊임없이 성장, 발육해 나가기 때문에 태아기에 임산부가 나쁜 경험을 하게 되면 직접적으로 태아의 발육에 문제가 일어나게 된다. 특히 임신 3~4개월에 임산부가 강한 스트레스를 받으면 태아의 신경발달이 손상을 입을 가능성이 높은 것으로 알려져 있다. 임신 6개월 후부터는 어머니의 정서적 메시지에 의해 인격이 형성되어 가며, 7~8개월에는 의식이 나타나기 시작한다. 임산부가 강한 스트레스를 받게 되면 신경 호르몬이 과잉분비되어 이것이 태아의 뇌와 신경계에 영향을 미치는 것으로 알려져 있다.

태교

따라서 태아가 건강하게 자라기 위해서는 어머니의 역할이 매우 중요하다. 태교의 형태는 여러 가지가 있는데, 음악태교, 시각태교, 태담, 식생활 태교, 태교 운동 등이 있다. 어머니가 태교를 위해 갖추어야 할 몇 가지 기본적인 정서 상태와 생활태도를 살펴보면, 태아의 뇌를 '미지의 우주'라고 믿고, 규칙적인 생활습관을 가지며, 뱃속의 아기에게 해줄 이야기를 생각해보거나 매사에 탐구적이고 긍정적인 자세를 유지하는 것이 필요하다. 또한 남편이나 주변 사람들과 좋은 관계를 갖고 도움을 받을 수 있는 것도 중요하다. 무엇보다도 태아의 정신건강을 위해서는 부부가 진심으로 서로 사랑하며 아기를 원하는 안정된 상태에서 태아를 환영하는 마음으로 태내에서 길러야 할 것이다(김영숙 외, 1998).

2 신생아기 발달과 정신건강

(1) 영유아기 발달과 정신건강

출생 직후부터 1개월까지를 신생아기라고 한다. 태아가 모체의 자궁 내에서 의존생활을 하다가 출생 후 새로운 환경에 적응하는 시기이다. 인간의 전체발달에서 아주 짧은 기간이지만 출생과 함께 완전히 새로운 환경을 경험한다는 의미에서 매우 중요한 단계라고 할 수 있다.

신생아기에서 요구되는 가장 급격한 생리적 변화는 태생기 순환에서 독립적인 호흡으로 전환하면서, 자궁 외의 생활로 적응하는 과정이다. 따라서 이 기간은 일생 중 어느 시기보다도 취약한 시기이기 때문에 신생아가 주변 환경 변화에 잘 적응할 수 있도록 양육자의 세심한 관찰과 함께 특별한 보호와 처치가 필요하다.

출생시 뇌의 무게는 350g으로 성인의 1/4이다. 신생아기에는 뇌와 신경계의 피하층이 발달하여 초기의 반사행동을 조절하며, 또한 신생아의 기본정서와 원시적인 운동 및 감각조절은 척수뇌간의 발달 및 대뇌반구의 분화에 의해 이루어진다. 아직 사고와 문제해결 같은 고차원적 기능을 수행하는 피질세포들은 잘 발달되어 있지 않기 때문에 신생아기의 대부분의 신경기능은 원시적인 반사작용이다. 그러나 신생아기의 반사운동기능은 신경기능의 이상 유무를 확인하는 데 중요한 단서가 된다.

반사운동은 특수한 자극에 의해 불수의적으로 일어나는 운동반응을 의미한다. 대부분 생득적이며, 유형에 따라 수개월 동안 유지되다가 소실되거나 아니면 평생 유지되는 것도 있다. 반사는 크게 생존에 필요한 생존반사와 이후에 의식적인 운동으로 발전하게 되는 특수반사로 구분된다.

생존반사에는 입에 닿는 것은 무엇이든지 무의식적으로 빠는 흡인 반사, 이물질이 기도나 코에 들어가 자극하면 재채기나 기침을 하는 기침 반사, 손에 잡힌 것을 꽉 쥐고 놓지 않는 파악 반사 등이 있다. 특수반사에는 손으로 아기의 어깨를 받치고 몸을 지탱하면서 갑자기 머리를 떨어뜨리거나 급격한 자극을 가하면 등을 펼치고 손바닥과 손가락을 활짝 편 채로 무엇을 포옹하듯이 팔을 벌리는 모로 반사, 발바닥의 외면을 가볍게 긁거나 자극하면 엄지발가락은 굽히고 나머지 발가락은 부채처럼 펴는 바빈스키 반사, 갑작스러운 큰 소리에 팔꿈치를 굽힌 채 손은 주먹을 쥔 상태로 팔을 벌려서 무엇을 끌어안으려는 놀람 반사 등이 있다.

신생아는 주로 감각을 통해 대상의 성질을 인지하고 환경의 자극에 반응한다. 따라서 감각기관의 발달은 신생아 지각발달의 초기 단계로 인지발달과 운동능력 발달에 큰 영향을 준다. 감각기능에 비하면 운동기능은 아주 원시적이고 미숙한 상태이며, 생후 첫 해 동안에 서서히 발달한다. 또한 자극과 행동이 직접 결부되어 의식적인 조정이 불가능하기 때문에 전신운동을 보이지만, 점차적으로 부분운동을 한다. 전신운동은 출생 후 10일 동안 가장 활발하며 이 때 신체 전체가 산발적으로 움직인다. 생후 2~3주가 되면서 빠르게 발달하는데, 생후 1개월이 되면 턱을 바닥에서 들 수 있다. 운동 횟수는 아침에 가장 활발하고 정오에 가장 적다. 또한 어두운 곳에서는 운동량이 많은 반면 밝은 광선에서는 감소한다. 깨어 있을 때는 수면시보다 9배 정도 운동량이 증가하며, 남아가 여아보다 더 활동적이다.

신생아의 정서는 생후 2주부터 나타난다. 그러나 생후 1~2주까지의 정서는 미분화된 초기의 상태로 막연한 흥분상태에 불과하며, 대체적으로 불안정하고 격렬하며 변화가 많은 편이다. 공포정서는 큰소리가 나거나 자기

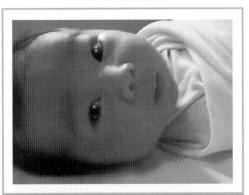
신생아

를 돌보아 주는 사람이 없을 때 주로 일어나며, 공포반응은 갑자기 놀라고 호흡이 빨라지면서 눈을 감거나 손을 꽉 움켜쥐고 입술이 파래진다. 분노는 배가 고프거나 욕구충족이 안 될 때 또는 신체운동이 억제당했을 때 주로 많이 나타난다. 공복이나 신체적인 불편함 때문에 울 때는 울음소리가 크지 않지만, 급격한 환경의 변화에 의해 불쾌감을 느끼게 되면 너무 격분하여 제대로 울지 못한다.

신생아의 정신건강을 위해 가장 먼저 할 수 있는 일은 분만실 환경의 재구성이다. 태어나자마자 지금까지 머물렀던 조용한 자궁에서 벗어나 온 몸으로 외부 자극들을 고스란히 겪어야 하기 때문에 분만실의 온도나 빛이 자극적이지 않도록 할 필요가 있다. 따라서 아기를 돌보는 사람이 애정을 갖고 수유나 목욕, 기저귀 갈기 등을 한다면 신생아의 정신건강에 좋은 영향을 줄 수 있다. 또한 신생아에게 되도록 불쾌한 경험을 하지 않도록 하고, 온 가족이 태어난 아기를 환영하고 축복해주는 것이 중요하다.

(2) 영아기 발달과 정신건강

영아기는 생후 1개월에서부터 약 2세까지로, 이때의 발달은 유전적 특성과 생활환경요인에 의해 전체적으로 발달이 빠르게 진행된다. 영아기 전반부에는 감각기관이 발달하고 후반기에는 지능과 운동능력이 발달하면서 자신의 신체를 조절할 수 있다. 또한 언어가 발달하기 시작하고 사람들과의 의사소통도 가능하게 된다. 영아기 말기에는 인지가 현저하게 발달해서 공간과 시간으로부터 대상을 분리할 수 있으며, 자아와 타인과의 관계도 인식할 수 있다.

영아기는 일생 중에서 신체발달이 가장 급속하게 이루어지는 시기이며, 성장속도는 초기 6개월 동안이 가장 빠르다. 특히 출생 후 첫 1년은 신체와 뇌의 발달이 빠르게 진행되면서 키는 약 20cm 증가하고, 몸무게는 약 7kg이 늘어나며, 뇌의 크기도 출생시의 2배로 성장하게 된다. 이 시기의 모든 성장과 발달은 일정한 순서에 따라 진행되지만 성장속도는 영아에 따라 차이가 있다. 신체발달은 머리에서 발끝으로 발달하는 **두미의 원리(Cephalo-caudal principle)**와 몸의 중심부에서 말초부로 발달하는 **근원의 원리(Proximodistal principle)**에 따라 성장한다. 따라서 두뇌와 몸통이 먼저 상장하고 다음에는 팔과 다리, 그리고 손과 발의 순서로 발달이 진행된다.

신체발달과 마찬가지로 운동발달은 일정한 순서와 기본원리에 의해 진행된다. 영아기 운동발달은 크게 팔과 손으로 물체를 쥐거나 만지는 조직기능과 자신의 몸을 움직여서 장소를 이동하는 이행운동의 두 가지 발달이 있다. 또한 감각과 지각의 발달은 출생 직후부터 시각과 청각, 미각 등 기본적인 지각능력이 거의 발달되어 있으며, 또한 대부분의 지각능력은 생후 1년 동안에 거의 완성된다. 이는 이후 인지발달의 근거가 되는데, 출생 직후의 반사행동과 선천적 지각능력으로 환경을 탐색하여 개념을 형성해 나가다가 출생 후 1년 정도가 되면 감각적 경험과 대상개념을 통해 세상을 인식하고 사물을 이해할 수 있다.

영아기 언어의 발달은 크게 두 단계로 구분한다. 첫 단계는 언어 이전의 발달기간으로, 분화되지 않은 울음소리에서부터 의미있는 첫 단어를 말할 때까지의 1년 동안을 의미한다. 두 번째 단계는 언어획득기간으로 단일언어의 사용에서부터 완전한 단어를 말할 수 있게 되는 생후 1년에서 영아기 말기까지의 기간을 말한다. 영아는 출생 후 9개월경이 되면 성인의 목소리를 모방한 언어를 사용할 수 있고, 1세 말경에 이르면 대부분의 영아들은 하나의 단어로 의사소통할 수 있다. 2세경이 되면 두 마디 문장을 말하면서 차츰 성인의 말을 따라하게 된다. 이 때 나타나는 영아의 전반적인 언어특징은 첫째, 이해 언어가 표현 언어보다 많고 사용하는 언어의 대부분이 모방을 통해 획득된 것이다. 둘째, 자기중심적 언어의 특징이 있으며, 셋째 사물에 호기심을 갖고 계속된 질문을 통해 자신의 어휘와 문장구조를 발전시킨다.

영아의 정서는 내적 감정이나 욕구, 생리적 충동의 표현으로 언어능력이 부족한 영아에게 매우 중요한 역할을 한다. 영아기의 정서에는 두 가지 기능 또는 목적이 있다. 첫째, 영아의 정서표현은 자신의 상태를 양육자에게 알림으로써 영아를 돌보게 하기 위한 기능이다. 둘째, 영아기의 정서는 특정 자극에 대해 특정한 행동을 하도록 하는 동기를 부여하는 기능이다. 즉 분노는 공격행동에 동기를 부여하고 공포는 회피행동의 동기를 부여한다.

기쁨과 슬픔 같은 단순한 정서는 출생시부터 존재하지만, 복잡한 정서는 연령이 증가함에 따라 점차 분화된다. 따라서 출생시 자극에 대한 막연한 흥분만 나타나던 정서는 출생 3주부터 분화되기 시작하여 먼저 불쾌 정서가 나타나고, 영아기가 되면서는 정서가 급속하게 발달해서 3개월이 되면 불쾌와 만족으로 분화되고, 6개월부터는 불쾌정서가 분노, 혐오, 공포로 분화된다. 그리고 12개월이 되면 쾌정서인 만족에서 분화된 애정과 의기양양이 나타난다. 또한 2세경이 되면 자의식이 발달하면서 비교적 복잡한 정서가 표출되는데, 부끄러움이나 당황스러움, 수치심이나 자부심 등이다.

영아의 바람직한 정서발달을 위해서는 적당한 자극과 함께 안정된 환경을 조성해서 신체적인 불편을 덜어주고, 영아의 욕구가 만족될 수 있도록 사람과 관심으로 보살펴야 할 것이다.

영아기는 성격발달의 기초가 되는 전 단계이다. 따라서 성격이라는 용어 대신 기질이라는 용어를 사용한다. 기질은 인성의 핵심요소로서 영아기에 특이하게 나타나는 반응양식이다. 기질은 한 인간의 행동을 특징짓는 기본적인 정서나 각성의 표현으로 유전에 기초한 상태를 의미한다. 따라서 기질은 타고난 생물학적 요인을 기초로 환경과의 상호작용을 통해 독특한 행동양식으로 나타난다. 토마스와 체스(1977)는 영아의 기질차원을 활동수준, 규칙성, 접근/회피성, 적응력, 반응의 시발점, 반응의 강도, 기분/감정상태, 주의산만, 주의집중/지속성으로 구분하였다. 이를 통해 영아가 나타내는 반응을 토대로 순한 기질과 까다로운 기질, 천천히 반응하는 기질로 유형을 분류해볼 수 있다. 이러한 기질적 특성은 생의 초기 환경적 경험이나 부모의 양육방식에 따라 변화될 수 있으며, 영아들은 각자의 특성에 따라 독자적인 양육을 요구한다.

영아기의 사회성발달의 초기 형태는 울음과 미소, 안구운동으로 생후 2~3개월이 되면 자기를 돌보아주는 사람에게 시선을 고정하거나 미소를 짓는 등의 사회적 반응으로 나타난다. 이러한 관계 형성은 영아가 경험하는 최초의 인간관계이다. 이때부터 영아는 사람에 대한 흥미를 나타내며, 특히 어머니와의 관계에서 깊은 애정과 의존의 관계를 형성한다.

사회성발달의 기초는 영아기에 형성되는 자아인식의 발달과 영아와 어머니와의 애착관계 발달, 그리고 영아가 애착대상과 분리될 때 나타나는 낯가림이나 분리불안에 대한 반응이다. 그러므로 어머니와 잘 형성된 애착관계는 영아가 앞으로 사회의 일원으로서 살아가는 데 중요한 사회성 발달과 대인관계발달의 기본요인이 된다.

에인스워스(1913~1999)
출처: www.davidsonfilms.com

애착(attachment)은 '특정한 두 사람 간에 형성되는 애정적인 유대관계'로 정의되며, 주로 양육자인 어머니나 아버지가 애착의 대상이 되고 점차 다른 가족이나 친구에게로 확대된다. 에인스워스(Mary Ainsworth, 1978)에 의하면 애착형성은 4단계에 걸쳐 이루어진다. 첫째, 전 애착단계(출생~3개월)에서 영아는 아직 애착이 형성되지 않았기 때문에 낯선 사람과 혼자 남겨져도 별로 개의치 않는다. 둘째, 애착형성단계(4~6개월)에서 영아의 애착반응은 몇 사람의 친숙한 성인에게 한정된다. 따라서 친숙한 사람이 나타나면 미소를 짓고 좋아하며 그가 떠나면 슬퍼한다. 영아는 자신이 필요할 때 양육자가 언제든지 반응할 것이라는 신뢰감을 발달시킨다. 그러나 친숙한 양육자와 다른 사람을 구별할 수 있음에도 불구하고 자신을 혼자 남겨두고 떠나도 분리불안을 보이지는 않는다. 셋째, 애착단계(7개월~2세)에서 영아는 양육자에게 분명한 애착을 형성하며, 애착대상에게 능동적으로 접근하거나 접촉을 시도한다. 따라서 이 단계에서는 애착대상이 떠나면 분리불안을 보인다. 넷째, 상호관계 형성단계(2세 이후)에서 영아는 사회적 관계에 대한 기본이해를 획득함으로써 양육자와 협력관계를 형성할 수 있으며, 인지능력의 증대로 양육자가 다시 돌아올 것을 알기 때문에 분리불안을 보이지 않고 기다릴 수 있다.

불안정한 애착은 영아의 기질적 문제도 영향을 주긴 하지만, 기본적으로는 어머니 자신이 정신적으로 불안하고 양육에 일관성이 없을 때 형성되기 쉽다. 불안정한 애착을 갖게 되면 영아들은 그렇지 않은 영아들에 비해 정신적, 행동적 문제를 가질 가능성이 높아진다.

　이렇듯 건강하고 안정된 애착관계를 형성하기 위해서는 부모의 애정이 주된 요인이 되는데, 특히 영아가 울거나 주의나 관심을 요구하는 신호를 보낼 때 민감하게 반응해주는 것이 중요하다. 애착을 형성하는 데 있어서는 애착이 반드시 영아와 어머니와의 관계에서만 이루어져야 하는 것이 아니라 자극을 주고 반응하는 애정의 질에 의해 더 좌우된다.

　영아기 후반부가 되면 영아는 부모로부터 배변훈련을 통해 외적 통제를 처음으로 경험하게 된다. 배변훈련은 개인차로 인해 그 훈련시기가 다르지만 생후 18개월 경에 시작하는 것이 좋다. 심리학자들은 배변훈련이 인간의 성격에 많은 영향을 미친다고 보아왔는데, 특히 프로이트는 배변훈련을 지나치게 엄격하게 시킬 경우 항문기적 성향, 즉 지나치게 인색하거나 결벽성을 가진 성격으로 발달하기 쉽다고 하였다. 또한 에릭슨은 엄격한 배변훈련으로 자율감 대신 수치심을 갖게 되거나 외부의 통제에 대한 무력감으로 발전할 수 있다고 보았다. 따라서 배변훈련은 영아가 신체적으로 괄약근이 충분히 발달하고 준비가 되었을 때 시작하는 것이 바람직하며, 영아에게 긴장감이나 불안을 주지 않고 여유 있게 기다려주면서 하는 것이 정신건강 유지에 도움이 된다.

(3) 유아기 발달과 정신건강

유아기는 2세부터 6세까지를 말한다. 유아기는 발달의 가속화, 가변성, 결정적 시기로 초기경험과 환경이 이후의 지적, 성격발달 등 인간발달에 지대한 영향을 미치며, 대인관계, 문제해결능력, 창조성 등을 비롯한 인간성의 기초가 다져지는 시기이다.

　유아기로 접어들면서 턱뼈가 확대되고 치아가 발달되어 유아의 얼굴은 전형적인 어린이의 얼굴로 변화하고, 팔과 다리가 길어져 이동성도 증가된다. 5세가 되면 키는 출생시의 약 2배인 103cm 정도가 되고, 몸무게는 출생시의 5.4배인 16.7kg이 된다. 유아기의 신체발달은 개인에 따라 차이가 크지만, 유전적인 요인, 환경적인 요인, 균형있는 영양공급 등의 세 요인이 조화를 이룰 때 촉진된다.

　운동기능에서 대근육 발달은 체중 중심이 신체 하부로 옮겨가면서 운동기술이 증가한다. 2~3세 사이에 달리기를 시작하는데, 잘 달리지만 방향을 바꾸지는 못한다. 그러나 5세가 되면 달리는 중에 방향을 바꿀 수 있으며, 갑자기 멈춰도 넘어지지 않는다. 한편 소근육 발달은 대근육 발달보다 쉽지 않다. 그러나 유아기 전반에 걸쳐 눈과 손의 협응과 소근육 통제가 급속히 발달하기 때문에 손의 사용이 점차 정교해진다. 3세경에 엄지와 검지로 작은 물건을 집을 수 있지만 아직 서투르다. 그러나 4세가 되면 구두끈을 매거나 선을 따라 가위로 오리는 것이 가능해진다.

이 시기 유아의 인지발달은 피아제(Jean Piaget, 1896~1980)의 인지발달의 네 단계 중 두 번째에 해당한다. 이 단계에서는 논리적인 조작이 불가능하기 때문에 전조작기라고 부른다. 전조작기의 사고는 경직되어 있고, 한 번에 한 가지 측면만을 고려하며, 사물을 외관만으로 판단하는 특성이 있다. 전조작기는 다시 전개념적 사고기(2~4세)와 직관적 사고기(4~6세)로 구분된다. 전개념적 사고기의 유아는 대상을 상징화하고 내면화하는 과정에서 성숙한 개념을 발달시키지 못한다. 이 시기의 사고는 정신적 표상능력이 생기면서 상상놀이나 지연모방이 가능해지는 상징적 사고, 타인의 관점을 고려하지 못하는 자기중심적 사고, 생명이 없는 대상에게 생명과 감정을 부여하는 물활론적 사고, 모든 사물이나 자연현상이 사람의 필요에 의해서 만들어졌다고 생각하는 인공론적 사고, 한 특정한 사건으로부터 다른 특정 사건을 추론하는 전환적 추론의 특성을 보인다.

피아제(1896~1980)

직관적 사고란 어떤 사물을 볼 때 그 두드러진 속성을 토대로 사고하는 것으로 전체와 부분의 관계를 정확히 파악하지 못하고, 과제에 대한 이해나 처리방식이 직관에 의해 좌우된다. 따라서 외양이 바뀌어도 그 속성이 변하지 않는다는 보존개념, 전체와 부분이나 상위유목과 하위유목 간의 관계를 이해하는 유목포함, 사물을 순서대로 나열하는 서열화 개념이 아직 발달하지 않은 상태이다.

언어발달에 있어서도 사고발달과 맥을 같이 하는데, 영아기보다는 더 효율적으로 의사소통할 수 있지만, 사고의 자기중심성 때문에 사회화된 언어를 능숙하게 구사하지는 못한다. 이 시기의 언어특징을 보면, 주격조사를 주격의 명사형태와 상관없이 사용하는 등의 과잉일반화가 나타난다(예, "양말이가 없어"). 또한 부정적 개념을 말할 때 단어나 구절 앞에 '안' 자를 붙이는 경향이 있다(예, "나는 안 학교 가").

정서발달을 살펴보면, 유아의 정서적 특징은 네 가지로 요약해볼 수 있다. 첫째, 유아의 정서는 경과시간이 짧다. 유아의 정서는 보통 2~3분 계속 나타났다가 갑자기 멈추는데, 이러한 현상은 유아가 성인과는 달리 그들의 정서를 외적 행동으로 남김없이 표현하기 때문이다. 둘째, 유아의 정서는 강렬하다. 따라서 유아의 정서는 폭발하듯 표현된다. 셋째, 유아의 정서는 변하기 쉽다. 따라서 유아의 정서는 돌발적이고 극단적으로 변하는 경향이 있다. 넷째, 유아의 정서는 자주 나타난다. 유아는 성장하면서 여러 가지 상황이나 경우에 적응하는 능력이 발달하므로 성인보다 정서를 표현하는 횟수가 많다. 다섯째, 유아의 정서적 반응의 유형은 대체로 비슷하나 학습과 환경에 의해 점차 개별화된다.

유아 자신을 한 개인으로 점차 인식하게 되면서 자신에 대해 긍정적 혹은 부정적 개념을 형성하기 시작하는데, 자신을 하나의 독립체로서 인식하고 자신의 몸을 스스로 조절한다는 것을 깨닫게 됨으로써 자기의 일을 스스로 잘 할 수 있다는 생각을 갖게 된다. 그리고 자신의 신체의 변화를 다른 사람과 비교함으로써 몸에 관심을 갖게 되고 신체적 자기의식을 갖게 된다.

부모자녀관계

출처: http://kr.blog.yahoo.com/captolong/
1019965

이 시기에는 스스로에게 부여하는 가치와 자존감이 발달하게 되는데, 이는 부모의 양육태도에 따라 차이를 보인다. 유아는 부모나 주위 사람들에 대한 동일시 과정을 통해 가치태도 및 행동기준을 내면화하게 되는데, 이것은 유아가 속하고 있는 사회나 문화집단의 규칙과 기준을 학습하는 사회화 과정이다. 이 때 중요한 것이 부모와의 긍정적인 인간관계이다. 부모의 양육태도와 부모와 유아의 관계 등 가정적 환경은 유아가 자신과 세계를 긍정적으로 받아들이고 세상을 안전하고 살아갈 만한 곳으로 지각하며 희망을 갖고 살아갈 수 있는 힘을 길러주는 데 결정적인 역할을 한다. 따라서 부모가 민주적인 양육태도를 갖고 따뜻한 애정과 더불어 부드러운 통제를 제공할 수 있는 것이 중요하다.

특히 가정은 인간의 삶이 시작되고 인간형성의 가장 중요한 사회화가 이루어지는 원초적인 생활공동체로서 기본적인 생활양식, 행동양식, 가치관 등이 형성되고 부모 형제와의 상호관계를 통해 성격과 행동발달에 직접적인 영향을 준다. 오늘날의 가정은 핵가족화, 취업여성의 증가, 가족구성원의 해체 및 변형 등과 같은 형태적 변화에서부터 상보상조의 기능 저하, 양육기능 저하, 가족 관리의 변화와 같은 기능적 변화에 이르기까지 많은 변화가 일어나고 있다. 이렇듯 시대의 변화에 따라 가정의 기능이 축소되고 단순화되는 것 같지만, 실제로 아동의 건강한 심신의 발달을 이루기 위해서는 하나의 정신사회적 기본 단위로서 그 중요성은 더 커졌다고 볼 수 있다.

부모자녀관계는 부모의 양육유형과 밀접한 관계가 있다. 상호작용의 적합성 여부를 결정하는 중요한 요인으로는 부모의 애정과 통제를 들 수 있는데, 이는 아동기 부모자녀 상호작용의 주축이 되는 차원들이다. 일반적으로 자녀에게 자유를 허용하지만 적절한 한계가 있으며, 자녀의 고집에 굴복하지 않고 필요할 때는 엄격하게 규제를 가하며, 확고한 훈육과 부모로서의 애정이 잘 결집될 때 대인관계에 자신감이 있으며, 자아존중감이 높고, 정서적 안정성이 있으며, 사회적으로나 인지적으로 유능한 자녀를 길러내는 것으로 보인다. 반면에 부부관계가 원만하지 않거나, 자녀를 필요 이상으로 과보호하고, 일관성이 없거나, 아니면 지나치게 엄격하거나 도덕수준이 높은 경우에는 자녀의 발달과 정신건강에 바람직하지 못한 영향을 준다.

따라서 효율적으로 자녀를 양육하기 위해서는 공정하고 합리적인 방식을 적용하여 자녀가 부모의 통제를 받아들이기 쉽도록 하고, 안정적이고 애정적인 행동기준을 마련하고 모범을 보임으로써 신뢰감을 하며, 자녀의 발달수준에 맞는 민감하고 반응적인 요구를 통해 자녀가 자신의 행동에 책임을 지고 자신이 유능한 존재라는 느낌을 갖도록 하여 자존감과 자율성 발달을 촉진할 필요가 있다.

정신건강에 있어 중요한 또 한 요인은 또래 간의 사회적 행동이다. 아동은 성장하면서 가족과는 다른 형태의 또래라는 집단과 접촉하게 된다. 또래집단은 아동의 사회화 과정에서 매우 중요한 역할을 하며, 특히 현대에는 맞벌이가정과 외동이 가족, 조기교육의 증가로 인해 가족과 지내는 시간이 적어짐으로써 가족이나 형제의 영향보다는 외부환경에 의해 사회적 성장이 이루어지는 경향이 높기 때문에 더욱 중요하다고 할 수 있다.

대체로 3~5세가 되면 또래들과 서로 가까이 지내면서 놀이를 하는데, 사회적 교류로써 이러한 경험을 통해 유아는 만족과 욕구불만을 겪는다. 이는 다시 유아의 사교적 행동이나 이타적 행동, 공격적 행동에 영향을 주는 역할을 한다. 또 유아는 자신이 타인보다 열등하거나 남들에 비해 자신의 대우가 좋지 않거나 불공평한 대우를 받는다는 생각이 들면 열등의식을 형성하게 되고, 이를 보완하기 위한 행동을 하게 되는데, 이것이 유아에게서 나타나는 경쟁의 심리과정이다. 또한 또래관계는 부모의 격려와 훈련, 조언 등이나 기타 가족환경에 의해 영향을 받을 수 있다. 학대나 부모의 불화나 이혼, 비일관적 훈육 등과 같은 부정적인 환경은 아동으로 하여금 공격적으로 행동하게끔 하거나 낮은 사회적 지위를 갖도록 영향을 줄 수 있다. 따라서 교육기관 등에서 유아의 또래관계가 원만하게 형성될 수 있도록 유아의 입장에서 이해하고 수용하는 환경이 마련되어야 할 것이다.

또래와의 놀이

3 아동·청소년기 발달과 정신건강

(1) 아동기 발달과 정신건강

아동기는 6~12세까지로, 이 시기 아동은 외적 성장과 더불어 정서를 내면화시킨다. 또한 초등학교에 입학하기 때문에 학령기라도고 부른다. 아동기에는 많은 행동이 형성되고, 신체 및 심리적 의존상태에서 차츰 벗어나게 된다. 이 시기는 성장잠재기로서 유아기나 청소년기에 비해 성장속도는 느리지만 상당한 성숙을 이루고 운동기술이 발달된다. 또한 정서적으로도 보다 분화되어 정서표현방식이 달라지고 또래 집단에의 애착이 형성되어 사회적 관계가 확대된다.

우선 아동기의 신체발달을 살펴보면, 아동기는 영아기나 유아기에 비해 성장속도가 매우 느리기는 하지만, 신체기관의 성숙으로 인해 시야나 두뇌개발이 활발해지는 시기이다. 유치가 빠지고 영구치가 자라게 되며, 더 튼튼하고 더 빠르고 잘 조절된 신체를 유지한다. 전체적 모습은 성인과 유사해져서 몸통이나 팔, 다리가 가늘어지고 가슴은 넓어지며 키에 대한 머리 크기의 비율이 성인과 비슷하게 된다. 이때의 운동능력은 이미 가지고 있는 기술이 더 정교해져서 균형과 협응의 발달이 두드러진다. 특히 남아와 여아 간의 운동기능과 능력에 차이를 보이는데, 남아의 경우는 5세부터 17세까지 기술이 증가되는 반면, 여아는 13세경에 최고치에 도달했다가 쇠퇴하거나 같은 상태를 유지한다.

이 시기 아동의 인지는 기존의 문화를 받아들여 학습함으로써 현저한 발달을 나타낸다. 생활공간도 가정에서 학교, 사회로 확대되며, 가족 이외의 친구들을 사귀게 되며 집단생활을 하게 되면서 세상에 대해 흥미를 갖고 지적 생활이 복잡다양하게 된다. 점차 자기중심성에서 벗어나 다른 사람의 관점을 고려하는 능력이 커진다. 피아제는 인지발달적 관점에서 아동기를 구체적 조작기에 해당한다고 하였다. 이 시기가 되면 아동은 사건과 사물 사이의 원칙이나 관계를 이해하고 이용할 수 있다. 구체적 조작기에 나타나는 중요한 능력은 탈중심화이다. 또한 앞서 유아기에서 아직 획득되지 못했던 보존개념이나 서열화, 유목포함 개념에 대한 이해가 발달한다. 따라서 아동기에는 외부자극을 인지하여 의미있는 지식으로 전환시키는 심리적 과정인 지각조직을 분화시킬 수 있게 되면서 논리적 방식으로 지각정보를 구성해나갈 수 있다. 이러한 능력은 아동이 읽기를 하거나 셈을 이해하거나 창의적인 예술작업을 하는 능력이 점차 증가하는 데서 찾아볼 수 있다.

한편 아동기에서는 언어를 지적인 의사소통도구로 인식하고 학습도구로 인식할 정도로 언어능력이 현저하게 발달한다. 때때로 문법적 오류를 범하기도 하지만 유아기 때의 특이한 어법을 사용하지 않는다. 말의 길이도 길어지고 문장은 복잡해져서 비교적 의미있는 생각을 할 수 있게 된다. 언어능력은 이해(읽기·듣기)와 표현(쓰기·말하기)으로 구분할 수 있으며, 문자 언어와 구두 언어로 나누어 표현하는데, 아동기 초기에는 이해와 구두 언어가, 후기에는 표현과 문자 언어가 발달한다. 특히 아동기에는 **대상 참조적 의사소통기능(Referential communication skills)**이 발달한다. 즉 아동이 대화하는 상대방의 연령, 성별, 이해 정도, 사고방식 등과 같은 것을 알고 이런 여건에 맞게 자기언어를 선택조절해서 구사하는 것이다. 이는 탈중심화 능력발달의 기본이 된다. 이 같은 기능은 아동의 사회성 발달과도 영향을 주고받게 되면서 계속 발달된다.

유아기의 정서가 미분화된 직접표현이라고 한다면, 아동기의 정서는 불쾌감정을 스스로 억제하고 분화된 간접표현이라고 할 수 있다. 즉 내면화된 정서로 발달되어 가는 것이다. 아동기에는 공포보다 분노가 더 자주 나타나는데, 욕망이 좌절되거나 실수했을 때나 놀림을 받거나 야단을 맞았을 때 나타나기 쉽다. 아동기의 공포는 처음에는 시각적이고 청각적인 대상이나 구체적이고 직접적인 자극에 의해 일어나지만, 점차 상상적이고 가상적인 공포, 즉 걱정과 근심의 형태로 나타나는 경향이 있다. 애정의 정서는 주변 사람들로부터 사랑을 받음으로써 발달된다. 즉 부모 자녀 간의 애정관계가 원만하지 못하면 문제행동이나 부적응 행동을 하여 애정을 추구하는 한편, 부모의 애정이 지나치게 익애적이면 사회성 발달을 지연시키고 자율성을 저해하는 결과를 일으키기도 한다. 또한 질투는 사랑하는 사람, 또는 사랑받고 싶은 사람을 타인에게 빼앗길 때 혹은 자기의 능력으로는 도저히 불가능하여 타인에게 압도당할 때 일어난다. 따라서 아동의 정서적 성숙을 촉진하기 위해서는 아동이 처해 있는 외부 상태만 살피는 것보다는 욕구수준이나 자아구조와 같은 내부 상태를 파악하는 것이 필요하다.

이 시기 아동은 정서적으로 자신을 통제하고 자기의 사회적 역할을 인식하며 또래들과 잘 어울리는 방법을 배워야 한다. 부모의 강력한 영향에서 벗어나 친구들과의 놀이나 친구들로부터 인정받는 것에 민감해지며, 학교 수업과정에서 지적 성취도 아동의 자아성장에 막대한 영향을 준다. 이 때 아동은 자신의 한계를 인식하고 성인의 요구에 적절히 반응하고 자신의 행동을 통제함으로써 일상생활에서 부딪치는 다양한 사회적 상황에 나름대로 적절하고도 효율적인 적응방법을 익힐 수 있다. 그러나 실패를 거듭하거나 가정이나 사회에서 부정적인 피드백을 받게 되면 아동은 부적절감이나 열등감을 갖게 된다. 따라서 부모와 교사 등 주변의 성인들은 아동을 격려하고 지지하고 인정해줌으로써 자존감을 고취시켜주는 것이 바람직하다(김영숙 외, 1998).

아동기에는 비공식적인 또래관계와는 달리 교육기관에서의 경험을 통해 유능한 사회구성원이 되는 데 필요한 지식과 기술을 전달받는 경험을 한다. 아동이 교육기관에서 보내는 시간이 점차 증가하고 있는 만큼 교육기관의 물리적 환경이나 교사와 아동의 상호작용은 아동의 발달과 정신건강에 중요한 영향을 주기 때문에 교실공간의 배치와 구성, 교구의 다양성 및 활용성, 소음이나 조명의 적절성, 주변 환경의 균형성 등은 중요한 물리적 환경 변인이 된다. 대표적으로 좁은 실내공간은 아동들의 공격성 증가와 밀접한 관련이 있다. 교육기관 주변의 유해환경은 아동으로 하여금 비행이나 문제행동을 일으키게 할 가능성이 높은 것으로 보고되고 있다. 이외에도 학부모 참여 기회를 확대하고, 자율적인 학생자치활동을 강화하는 것은 아동들을 위한 바람직한 환경이 될 수 있다. 또한 교사의 학급운영기술이나 교사의 교수의 질, 그리고 교사가 아동에게 보이는 태도나 행동에 의해서도 아동은 많은 영향을 받기 때문에 아동을 보는 교사의 시각이 고정되어 버리면, 교사가 지나치게 엄격하고 융통적이지 못한 방식으로 아동을 대하면, 장기적으로 볼 때 아동의 동기와 학습에도 바람직하지 못한 영향을 미칠 수 있다. 따라서 교사는 자신이 편견을 갖고 있는 것은 아닌지 수시로 점검하고, 각 아동의 장점을 찾아 길러줄 수 있도록 노력할 필요가 있다.

오늘날 TV와 컴퓨터는 현대생활의 일부가 되었으며, 아동의 지적 발달과 사회적 발달, 그리고 일상생활에서 중요한 비중을 차지하며 막대한 영향을 미치게 되었다. 모방심리와 상상력이 강하고 감수성이 예민한 아동이 이들 매체로부터 받는 영향은 그 어느 시기보다 크다. 매체가 아동의 여러 발달영역에 미치는 영향은 긍정적 및 부정적 측면을 모두 갖고 있다.

TV가 주는 영향에 대한 연구들은 주로 아동의 인지발달과 친사회성, 그리고 공격성 차원에서 많이 다루어져왔다. 인지발달이나 사회정서발달을 촉진하기 위해 개발된 여러 TV 프로그램은 확실히 아동의 어휘능력이나 읽기능력을 증진시키고, 다양한 정보를 전달해줌으로써 학습에 도움을 주고, 기억력을 증진시키며, 애정적이고 협조적이며 사려 깊은 친사회적 행동성향이 발달하는 데 도움을 주는 것으로 밝혀졌다. 그러나 이러한 촉진효과는 단순히 아동에게 프로그램을 시청하게만 하는 것이 아니라 성인이 아동과 함께 시청하면서 관련내용에 대해 주의를 기울이고 그 가치와 중요성을 적절히 설명할 때 더 크게 나타나는 것으로 보고되고 있다.

한편 TV의 부정적 영향은 장기간 TV를 시청할 경우 신체건강에 문제가 생기고, 수동적으로 정보를 받아들이는 자세를 길러줌으로써 지적 호기심과 능동적인 탐구심 및 창의력 발달이 저하되며, 성 역할에 대해 고정관념을 갖게 되거나 폭력성을 학습할 수 있다는 점이다. 또한 대인관계나 일상생활에서의 사회적 활동에 참여하는 비율이 떨어진다는 점도 TV가 갖는 부정적 영향이다. 특히 TV 폭력물에 노출됨으로써 형성된 공격성의 경우에는 이러한 성향이 청소년기와 성인 초기에 이를 때까지 지속되는 경향이 있다는 점에서 심각한 문제를 야기할 수 있다.

최근에는 가정에서뿐만 아니라 공공교육기관에서도 학습도구의 일환으로 인터넷이나 기타 컴퓨터 이용이 정착되어 있다. TV와 마찬가지로 컴퓨터 역시 자아개념이

출처: http://blog.daum.net/hwanm15/11786119
http://homepages.wmich.edu/~h5burley

나 사고능력, 추론능력, 문제해결력을 증진시키며, 놀이자극의 매개자 역할을 하고, 적절히만 사용한다면 사회적 상호작용 및 협동을 증진시키며, 성 고정관념을 타파하는 등 아동발달에 긍정적 영향을 주는 측면이 있다. 따라서 교육환경에서 이러한 긍정적 효과를 활용하여 컴퓨터 보조학습을 시행함으로써 아동의 학업성취와 학습태도를 높이고 있다.

그러나 지나친 컴퓨터 사용이나 공격적이고 파괴적인 내용의 인터넷 게임에 중독되거나 하게 되면 생활리듬에 불균형을 초래하고 신체활동이 제약되어 건강에 문제가 생길 수 있고, 주변사람과의 관계경험이 제한되어 외톨이가 되거나 심지어 지적발달이 저하될 수도 있다. 또한 부정적 정보에 노출되어 정서적으로도 지장을 받게된다. 따라서 TV든 컴퓨터든 초기부터 성인들이 아동의 매체 사용에 있어 적절한지도와 교육이 필수적이다.

(2) 청소년기 발달과 정신건강

청소년기는 12~13세에서 22~23세까지에 해당하는 시기로, 학자에 따라 성적 변화의 징후에 따라 시작하기도 하고, 자신의 존재의미에 대한 의문에서 시작하기도 한다. 또는 관념과 이상의 형성과 더불어 시작하기도 하고, 집단의 규범준수를 통해 또래집단으로부터 수용받고자 하는 사회적 욕구에서 시작하기도 한다.

사춘기에 접어들면서 급격한 신체 성장이 이루어지는데, 개인차는 있지만 성장 급증기 동안 성인이 된 후의 키의 98%가 자라는 것으로 보고되고 있다. 사춘기의 신체발육과 성적 발달의 성장률은 해가 갈수록 가속화되는 경향이 있다. 이는 생활수준이 높아지면서 건강, 영양, 심리적 보살핌 등에서 보다 좋은 환경적 요인이 작용하기 때문인 것으로 보인다.

사춘기에는 성호르몬의 분비와 더불어 성적 발육이 시작되는데, 역시 개인차는 있지만 발달순서는 비교적 고정적이다. 여아의 경우 유방의 발육이 가장 먼저 시작되고, 이어 음모가 자라기 시작하며, 신장과 체중의 급증이 나타나고, 마지막으로 초경이 있게 된다. 남아의 경우에는 고환의 발육이 먼저 시작되고, 음모가 자라며, 고환의 발육이 계속되다가 음경이 커지고 몽정이 있고, 신체발육의 급증이 있은 후 변성이 나타나고, 마지막으로 체모가 자란다. 사춘기 성장은 대체로 2년 동안 계속되며, 난자와 정자를 배출할 수 있게 되면 성장이 완성된다.

사춘기의 신체적 변화는 여러 가지 심리적 변화를 수반한다. 특히 성숙 속도가 지나치게 빠르거나 늦은 경우에는 심리적 부적응을 경험할 수 있다. 그러나 신체적 성숙이 심리적 적응에 미치는 영향에 관한 최근까지의 연구들을 살펴보면 연구마다 일치하지 않는 결과들이 보고되고 있어 조기성숙의 긍정적 부정적 영향에 대해 결론을 내리는 것에 주의해야 할 것으로 보인다.

피아제에 의하면 청소년기의 인지발달단계는 형식적 조작기에 해당한다. 이는 인지발달의 마지막 단계로 성인기까지 지속된다. 형식적 조작사고의 일반적 특징은 주어진 문제를 해결하는 방안에 대해 체계적으로 가설을 설정하고, 그 검증을 통해 결론을 도출하는 가설 연역적 사고의 발달양상을 보인다. 이를 통해 청소년기 사고의 특징을 살펴보면, 첫째 청소년들은 여러 현상에 대해 가설을 설정할 수 있으므로 구체적이고 실재론적인 아동기 사고의 한계에서 벗어나 가능성에 대해 생각할 수 있다. 가능성에 대한 가설설정능력은 물리적 사태에 대한 과학적 사고에 국한되는 것이 아니라 사회, 정치, 종교, 철학 등 전 영역에 걸쳐 이상주의 형태로 확장된다. 이러한 청소년기 이상주의는 자신의 관념에 대한 집착과 이를 달성하기 위한 추구, 자신의 관념과 일치하지 않는 것들에 대한 비판으로 나타나게 된다. 보다 나은 사회를 만들기 위해 기존의 사회를 파괴하고 개혁하고자 하는 성향은 형식적 조작 사고에서 기인하는 것이다. 둘째, 청소년기 사고의 특징은 여러 명제간의 논리적 추론을 다루는 명제적 사고를 가능하게 한다. 명제적 사고란 'A이면서 동시에 B', 'A이지만 B는 아님', 'A도 아니고 B도 아님'과 같은 세 개의 명제를 바탕으로 가설을 설정하고 논리적으로 추론해나가는 능력을 의미한다. 셋째, 청소년기 가설 연역적 사고의 발달은 추상적이며 융통성 있는 사고를 가능하게 한다.

청소년기에서는 가시적인 외적 준거에 의해 쉽게 자신을 평가하고 수용하던 아동기의 구체적 조작적인 자아에서 벗어나 보다 추상적이고 내재적인 자아를 탐색한다. 많은 변인들을 체계적으로 탐색할 수 있는 형식적 조작 사고의 발달로 인해 청소년기에는 자신을 탐색하고 기술하며 평가하는 영역이 아동기에 비해 훨씬 세분화된다. 따라서 학업능력에 대한 자아인지뿐만 아니라 직업적 유능성, 운동능력, 외모, 사회적 수용도, 교육관계, 낭만적 호소력, 행동 등 많은 영역에서 자아를 인지할 수 있게 된다.

사춘기의 과업: 나는 누구인가?

출처: http://www.flickr.com/photos/23177224@N02/2431061053

이렇게 영역별로 다양하게 분화되어 때로는 서로 모순되는 하위 자아들에 내적 일관성을 부여하여 하나의 자아로 통합해나가는 중요한 과정이 청소년기에 이루어진다. 이러한 통합 과정은 일반적으로 일시적인 혼돈과 부정적인 자아평가를 거치게 된다. 가장 혼돈을 느끼는 시기는 15~16세를 전후하는 시기로, 이 시기가 지나 후기로 가면서 자아통합이 이루어지기 시작한다.

한편 가능성에 대한 가설설정능력의 발달로 인해 청소년기에는 자아에 대해서도 일종의 가설을 설정하게 되는데, 이상적 자아는 청소년기 특유의 자아양식이다. 이상적 자아는 때로는 아동기까지 지녀온 실제적 자아와 괴리를 낳게 되기도 하는데, 이 두 자아간의 적절한 괴리는 실제적 자아수준을 높여주는 동기적 기능을 갖기도 하지만, 지나친 불일치는 부적응의 한 지표로 볼 수도 있다.

자아가 여러 하위영역에서 여러 형태의 혼돈을 겪으면서 점차 안정되고 통합된 자기평가에 도달하게 되는 것을 자아존중감이라고 하는데, 이러한 자기평가는 중요한 주변 사람들이 주는 평가에 의해 영향을 많이 받는다. 즉 여러 하위영역에서 자신이 중요한 역할을 수행하고 있다고 타인이 믿어준다고 인지할 때 높은 자아존중감을 갖지만, 그렇지 못할 때는 자아존중감이 낮아진다. 그리고 이러한 자아존중감은 자아정체성이라는 개념과도 연관이 있다. 즉 긍정적인 자기평가와 부정적인 자기평가 간의 갈등과 이를 극복해가는 과정과 더불어 상반되는 자아들을 통합하여 한 사람의 성인으로서 보여줄 일반적인 자아를 형성하는 과정이 정체성 위기이다. 따라서 자아정체성 탐색과정에서 자신의 가능성의 발견과 함께 자신의 한계를 인정하고 수용함으로써 객관적인 자아정체감을 확립하게 되는 것이다.

이전의 심리학자들에 의하면 청소년기는 아동기까지 지속되던 부모에 대한 의존과 동일시로부터 벗어나 자율성과 책임감을 획득해야 하는 시기이다. 또한 청소년기의 부모자녀관계는 부모로부터 독립하려는 청소년들의 욕구와 이러한 자율성을 인정하지 않으려는 부모의 상반된 욕구 사이에서 일어나는 필연적인 갈등을 수반한다. 그러나 최근의 학자들은 청소년기가 반드시 부모로부터 자율성과 독립을 획득해야 한다기보다는 부모와 안정된 애착관계를 유지하며, 의사결정능력이 부족한 분야에서는 부모로부터 계속적인 조언을 받는 것이 도움이 되는 시기라고 보고 있다. 특히 청소년기의 부모에 대한 애착은 사회적 유능성, 정서적 적응, 자아존중감, 신체적 건강 등 여러 측면에서 건강한 삶을 촉진하는 요인이 된다. 따라서 부모자녀관계에 있어 안정된 애착과 신뢰의 유지는 청소년기의 긍정적인 심리적 발달에 중요하다. 또한 부모자녀 간에 일어나는 가벼운 갈등은 오히려 심리적 발달에 긍정적인 영향을 미칠 수도 있다. 이러한 갈등을 해결해 나가는 과정에서 들이는 노력은 진정으로 부모로부터 독립하여 성인으로 이행하는 과정을 촉진시켜 주는 힘이 된다.

따라서 아동기 발달에서 언급되었던 부모의 양육 방식은 청소년기 발달에서도 밀접한 영향을 미치는데, 부모가 명확한 행동기준을 제시하면서 동시에 적절한 정도의 자율성을 부여하는 것은 청소년으로 하여금 적극적이고 책임감 있으며 독립적으로 행동하도록 이끌어주며, 자아존중감과 학업성취에도 긍정적인 영향을 준다.

청소년기의 친구관계는 단순히 놀이친구를 필요로 하는 아동기와는 달리 서로 내면을 깊이 이해하고자 하는 욕구가 있으므로 아동기보다 훨씬 큰 의미를 갖는다. 연령이 증가함에 따라 청소년들의 사회적 네트워크도 확대되고, 따라서 친구관계의 범위와 크기도 확장된다. 이 시기의 친구집단은 상호응집성이 높은 단짝 집단과 몇 개의 단짝 집단이 모여 형성되는 교류 집단으로 구분될 수 있다. 청소년기에 우정을 형성하는 데에는 흥미, 성격, 신체적 특성, 태도, 가치, 행동의 유사성이 가장 큰 요인이 되며, 이러한 유사성이 빈번한 상호작용을 통해 더욱 강화되면 우정이 형성되고 지속될 수 있다.

청소년기의 친구관계가 갖는 특징은 다른 연령집단에 비해 강한 소속감을 갖는다는 것이므로, 이 시기에 집단 동조압력에 의해 집단의 바람직한 가치규범에 동조하는 것은 성인기 집단에서의 사회생활을 준비하는 데 도움이 되지만, 그렇지 못할 경우에는 비행과 같은 문제행동을 유발할 수 있다. 또한 친구집단 안에서 차지하는 역할과 지위는 청소년기 자아존중감 형성에 중요한 요인이 된다. 각종 운동이나 사회적 활동에 있어 친구집단 내에서 지도자가 되는 청소년들은 높은 자아존중감을 획득하는 반면, 사회적 기술과 지도성이 낮은 청소년들은 낮은 자아존중감을 형성하게 된다.

청소년기의 가장 흔한 정신건강문제는 불안과 우울로, 이는 진로선택의 갈등이나 시험불안, 폭력적 행동, 가출, 여러 가지 약물중독이라는 어려움을 야기시킬 수 있다. 이러한 청소년기의 정신건강을 위해서는 국가적 차원에서의 예방사업이 필요하며, 비행이나 약물중독에 대한 치료 프로그램이 개발, 보급되어야 하고, 더불어 원만한 가정교육이 이루어질 필요가 있다. 그리고 사회적으로 청소년들에 대한 관심과 애정의 사회분위기가 조성되는 것이 중요하다.

4 성인 · 중년기 발달과 정신건강

(1) 성인기 발달과 정신건강

청소년기가 끝나는 22~23세경부터 약 40세까지가 성인기 또는 성인전기에 해당한다. 이 시기는 한 사람의 성인으로서 사회적 역할을 시작하는 시기이다. 따라서 직업을 선택하고 결정하는 일은 이 시기발달의 주요 과업이다.

성인기는 신체적으로 가장 건강한 시기로서, 다른 시기에 비해 만성적 질병이 가장 적게 보고되고 있다. 그러나 청소년후기부터 성인초기인 20대 중반까지 흡연, 음주, 약물흡입 경향은 급격히 증가한다. 성인기 동안의 생활방식이 중년기나 노년기의 건강상태를 결정한다고 할 수 있다. 실제로 성인기에 흡연과 음주를 통제하는 등 좋은 생활습관을 형성하는 일은 성인후기의 건강유지에 필수적이다.

한편 성인기는 이성과의 성관계가 확립되는 시기이다. 오늘날에는 혼전 성관계가 급격히 보편화되며, 성관계 대상의 수도 증가하는 경향이 있다. 또한 성인기에 도달하면 그 비율이 많지는 않지만 동성애가 개인의 성행동의 양상으로 확립되게 된다.

성인기의 인지발달의 특징은 형식적 조작 사고가 강화되고 공고화되는 시기이다. 보다 다양하면서 적합한 가설을 설정하고, 관련변인을 보다 체계적으로 찾아내고 분석하며 비교하고 통합할 수 있게 되면서 보다 유능한 문제해결능력을 갖추게 된다. 또 다른 관점으로 성인기의 인지양상을 살펴보면, 성인기를 직장이나 사회, 크게는 생태적 맥락 내에서 발생하는 여러 가지 복잡한 문제들을 해결하고 적응해 나가야 하는 시기로 보고 있다. 따라서 청소년기의 논리적이며 가설중심적인 사고로부터 현실에 대한 실용적인 적응방략을 탐색하는 실제적인 문제해결사고에로의 변화과정을 의미한다고 볼 수 있다. 즉 논리적 사고 기술과 현실에 대한 실용적 적응 기술이 동시에 요구되는 것이다. 청소년기와 구별되는 또 다른 성인기의 사고의 특징은 현상을 양극화하는 이분법적 사고의 경향이 있는 청소년기 사고와는 달리 타인들의 관점과 견해의 다양성을 수용하면서 다면적이고 상대적 사고로 대치된다는 점이다. 즉 지식과 의견에 대해 절내성을 부여하는 것이 아니라 시대상황적 맥락에 따라 바뀔 수 있다는 진리의 상대성을 이해할 수 있게 된다.

에릭슨은 성인기의 특성을 친근성 대 고립감의 위기로 표현하고 있다. 친근성이란 결혼대상으로서 애정을 나눌 수 있는 사람 또는 사회생활에서 우정을 나눌 수 있는 사람들과의 친근한 관계를 포함한다. 이 시기에 친근성을 획득하지 못한 사람들은 지나치게 자의식적

결혼과 이혼

출처: http://www.servantsnews.com/sn9705/s70501.htm

직장의 하루

이며 자신의 사회적 행동과 적응에 대해 걱정하고 불안해하기 때문에 원만한 사회적 상호작용을 이루지 못함으로써 고립감에 빠져들게 된다.

성인기의 중요한 발달과업에는 진로가 포함된다. 일생동안 지속할 직업을 선택하고 주어진 업무에 충실히 종사하는 일은 성인기의 성공적인 발달여부를 결정하는 중요 요인이다. 성인기부터 이후 중년기와 노년기 동안의 진로발달은 선택, 적응, 유지, 은퇴의 네 과정을 거친다. 성인초기에 직업이 선택되면 대부분의 사람들은 자신의 직업에 적응하고자 노력한다. 직업이 요구하는 새로운 역할에 자신을 맞추어가는 적응과정은 성인기 발달의 핵심과제이다. 얼마나 빨리 안정적인 직업을 획득했는지, 어느 연령에 안정적인 유지단계에 들어섰는지가 진로발달의 성공여부를 가늠하는 기준이 될 수는 없다. 진로계획이 궁극적으로 어떤 가치를 지닌 목표를 향해 삶을 살 것인가 하는 문제와 관련되어 있기 때문이다. 일반적으로는 '경제적으로 풍요로운 삶'과 '철학적으로 의미있는 삶'으로 구분해 볼 수 있는데, 물질적 가치관이 만연되고 있는 현대에는 경제적으로 풍요로운 삶을 지향하는 경향이 높다.

성인기를 생애 발달적 접근으로 살펴보면, 결혼, 실직, 이혼, 배우자의 죽음 등 일상에서 경험하는 여러 생활 사건들이 가치관, 태도, 성격 등 개인의 심리적 특성에 영향을 준다는 것을 알 수 있다. 그러나 생활사건 자체의 경험이 직접적으로 개인에게 영향을 주기보다는 개인이 속해 있는 생태적 맥락 내의 여러 요인들이 매개 또는 중재역할을 하면서 개인의 궁극적인 적응에 미치는 영향을 강조한다. 예를 들어, 이혼이라는 생활 사건을 경험하지만, 가족이나 친구의 정서적 지지나 이혼을 경험하는 나이, 경제적 상황, 자녀의 유무 등에 따라 이혼에 대처하는 방식이 달라진다는 것이다. 또한 사회문화적으로 개인이 속해 있는 사회가 이혼에 대해 갖고 있는 가치나 태도에 따라서도 대처방식은 달라질 수 있을 것이다.

(2) 중년기 발달과 정신건강

연령을 정확히 구분하기는 어렵지만 중년기는 대체로 40대부터 60~65세까지라고 볼 수 있다. 중년기는 최초로 쇠퇴의 징후가 나타나며 개인적인 삶은 줄어들고 다음 세대로의 전수를 생각하는 시기이다.

중년기에 가장 뚜렷하게 쇠퇴하는 두 가지 감각기능은 시각과 청각이다. 시각의 감퇴는 노안과 망막의 민감성 저하로 나타나며, 청각의 경우에는 40세경에 고음에 대한 민감성의 감퇴가 먼저 나타나고, 50대에는 저음에 대한 감퇴가 시작된다. 또한 신체구조와 기능의 변화로 인해 건강이 약화될 수 있다. 60세쯤이 되면 키가 2cm 가량 줄어든다. 피부탄력이 줄고 주름과 흰머리가 생기며 체중이 느는 것은 보편적인 중년기의 신체변화 특징이다. 이 시기의 건강상태는 정서적 안정성 및 성격유형과 밀접한 관계가 있다. 개인의 성격과 적응유형이 중년기의 수명과 직결되는 대표적 질환인 심장병이나 고혈압, 암의 발병률과 밀접한 관계가 있다는 것은 널리 알려진 바다. 따라서 중년기 동안 직업이나 인간관계에 적극적으로 관여하고 스스로 통제감을 가지며, 삶에서 발생하는 여러 문제와 위기를 적극적인 도전으로 받아들이는 사람들이 좋은 건강상태를 유지할 수 있다.

중년기에 나타나는 성적 변화 중에는 여성의 폐경이 대표적이다. 폐경은 보통 40대 후반에서 50대 초반에 나타난다. 이를 전후하여 여러 갱년기 증상이 나타나는데, 얼굴의 홍조, 식은땀, 만성적 피로감, 메스꺼움, 심장박동의 증가는 대표적인 신체적 증상이다. 이와 더불어 우울, 초조, 불안정 등의 심리적 증상들도 나타난다. 이러한 갱년기 장애는 심리적인 문제보다는 성호르몬 불균형에서 오는 것이므로 치료를 통해 극복가능한 것으로 밝혀지고 있다. 남성 역시 남성호르몬 분비의 감소로 인해 성욕감퇴와 함께 심리적인 의욕감퇴, 불안, 초조 등의 갱년기 장애를 경험하는데, 실제 남성호르몬의 감소 정도는 미미한 것으로 밝혀져 남성 갱년기 장애의 증상들은 생리적인 것이라기보다는 쇠퇴를 지각하는 심리적 반응에서 비롯된 것으로 보인다.

중년기의 인지발달에는 몇 가지 특징이 있는데, 첫째 중년기 지능의 일률적인 감퇴는 없다는 것이다. 지능의 감퇴 여부는 교육경험, 사회문화적 배경 등에 따른 개인차가 크며, 과제에 따라서도 차이를 보인다. 둘째, 중년기에는 유전적 요인에 의해 결정되고 뇌신경 성숙에 따라 발달하는 유동적 지능은 감퇴하며, 이로 인해 정보처리속도가 떨어지게 되는데 이는 신경원의 정보전달기제의 쇠퇴에서 비롯된다는 것이다. 셋째, 후천적 경험이나 학습에 의해 습득되는 결정성 지능의 감퇴여부는 교육수준, 직업, 문화적 배경에 따라 차이가 있다는 점이다.

중년기에 들어서면 많은 사람들이 기억력 감퇴를 호소하는데, 실제로 50세 이후에 저장되어 있는 기억정보를 활성화시키는 데 필요한 시간은 20~50세 때 필요한 시간보다 60% 가까이 증가한다. 그러나 실제로 기억능력의 감퇴가 일어나는 영역은 별로 없다. 따라서 기억능력의 감퇴로 느껴지는 것은 모두 정보처리시간이 길어지는 데 기인하는 것으로 보인다. 한편으로는 기억과제의 연습량의 부족도 원인일 수 있다. 이전까지는 교육적 경험이 지속되지만 중년기에는 형식적 교육을 받을 기회가 적으므로 연습량이 줄어들어 기억감퇴가 일어난다고 생각해볼 수 있다.

중년기에 속하는 사람들은 같은 직종에 상당기간 종사해왔으므로 전문가로서 그 직종의 전문적 능력을 획득하게 된다. 전문가란 특정 분야의 지식의 학습에 많은 시간과 노력을 투자한 결과 형식적인 규칙이나 절차를 적용하기보다는 획득된 경험을 바탕으로 상황에 대해 직관적으로 반응하는 사람들이다. 이들은 문제해결도 정확하지만 빠르고 효율적이다. 이러한 전문성의 증가는 중년기 인지발달을 특징짓는 중요한 준거가 된다.

이 시기는 인생의 복잡하고 불확실한 상황에 대해 뛰어난 통찰력과 판단력을 가능하게 하는 전문적 지식으로서 지혜를 갖추는 시기이기도 하다. 근래 들어 지능의 본질과 중요성에 대한 인식이 추상적 사고와 교과학습 중심의 지적 능력에서 실제 삶의 맥락에 활용가능한 실용적 능력으로 옮겨감에 따라 지혜는 성인기 지적 능력의 중요한 측면으로 받아들여지고 있다. 지혜를 구성하는 요인들이 객관적 지식, 방략적 지식, 삶의 맥락에 대한 지식, 삶의 불확실성에 대한 지식, 삶의 상대성에 대한 지식임을 볼 때, 지혜란 추상적인 철학적 개념이 아니라 측정과 개발이 가능한 성인기 인지적 능력의 한 측면임을 알 수 있다. 동서양을 막론하고 지혜는 삶의 의미를 이해하는 것과 밀접하게 관련되나, 동양에서는 삶의 의미의 직접 경험적 지식을 강조하는 데 비해 서양의 지혜는 지적 능력과 추론의 역할을 강조한다.

빈둥지 증후군

출처: http://www.flickr.com/photos/
craft-dabbler/1363870376

중년기에는 자식들이 집을 떠나고 직업에 대한 회의가 들면서 우울이나 스트레스로 인한 불안 등이 생길 수 있다. 또한 자신을 비난하고 낮은 자존감으로 인해 정신건강상에 문제가 생길 수 있다. 중년기 위기를 경험하는가의 여부는 그 개인이 살고 있는 생태적 환경의 영향을 크게 받는다. 중년기의 시기에는 연로한 부모와의 사별, 장성한 자녀들과의 이별 등 그동안의 인간관계의 끈이 상실되는 시기이며, 동시에 직장이나 삶의 터전에서 자신의 현실적 한계를 좀 더 구체적으로 체험하게 되는 꿈의 끈이 상실되어지는 경험들을 보편적으로 경험하는 분노와 우울감의 시기이다. 그러나 이 에너지가 파괴의 에너지로도 혹은 우리 의식의 각성과 성숙을 촉구하기 위한 성숙의 에너지로도 활용될 수 있다. 즉 인간의 삶에서 만나게 되는 이 피할 수 없는 중년의 위기를 창조적으로 활용하면 새롭게 자기를 발견하는 창조적 에너지로 바뀌게 된다.

중년기를 성장과 치유의 창조적 시기로 보낼 수 있기 위해서는 중년기의 위기감의 증후들에 민감해질 필요가 있다. 이때 겪는 우울의 감정이나 분노, 상실감의 고통들과 직면하는 용기가 필요하다. 즉 감정을 존중할 필요가 있다. 이때 가장 필요한 도움은 친밀함의 관계이다. 배우자나 친구들과의 친밀한 관계는 중년기의 위기적 감정들을 성숙의 에너지로 전환시키는 데 중요한 자원이 된다. 따라서 주변에 이러한 인적 자원들이 있는 것은 큰 도움이 된다. 한편 직업이나 여가, 교육 등의 평생교육의 필요성을 인식하고 이를 시행하는 것과 같은 사회적인 차원에서의 지지도 중년기의 위기를 슬기롭게 극복하고 보다 창조적으로 인생을 살아가는 데 도움이 된다.

5 노년기 발달과 정신건강

일반적으로 60~65세부터를 노년기라고 한다. 오늘날에는 인간의 수명이 길어져 노년기도 노년전기와 노년후기로 구분하고 있다. 젊은 노인이라는 말에서도 알 수 있듯이 많은 노인들은 여전히 건강하고 활동적이다. 그러나 후반으로 가면서 대부분의 노인들은 신체 및 정신적 기능쇠퇴를 필연적으로 경험하게 된다. 노화는 노년기 발달을 특징짓는 현상이다.

여러 가지 신체적 노화현상이 일어나는데, 등이 굽고 팔, 다리, 얼굴의 지방은 감소하고 턱과 몸통의 살은 늘어나 체형이 바뀌게 된다. 체모도 줄어들고 피부건조와 주름, 나이반점이 나타난다. 뇌의 무게는 노년기까지 약 10%가 감소하는데, 주로 뇌세포 손상 때문인 것으로 알려지고 있다. 뇌세포의 손상은 세포수의 감소보다는 위축으로 인해 나타난다. 또한 신경전달기제의 둔화로 뇌기능이 느려지며, 이로 인해 정보처리 속도가 떨어진다. 수면에도 변화가 와서 전체수면시간이 줄어들며 자주 잠에서 깨어나는데, 노인의 1/3이 불면증을 호소한다. 감각기능의 손상도 두드러져서 시각적 예민성이 급격히 감소되고, 시감각 능력의 변화로 시지각 감퇴가 일어난다.

노화과정

출처: http://vienna-doctor.com/DE/Anti-aging.htm

최근에는 노년기 인지발달 관점의 변화로 인해 노년기 특유의 긍정적 인지능력을 식별하려는 목적으로 연구들이 이루어지고 있다. 특히 성인기와는 질적으로 다른 노년기 특유의 유능성은 추상적이고 가설 연역적인 형식적 조작사고 모형으로는 설명할 수 없는 부분이다. 따라서 개인의 내적 삶과 경험에 바탕을 두고 있어 주관적이고 직관적인 노년기 사고를 객관적이고 추상적이며 합리적인 사고 모형으로 해석하거나 진단하는 것에는 무리가 있다. 노인이 몸담고 있는 일상의 삶이라는 사회문화적 맥락 내에서 인지발달을 고려한다면 노년기는 인지적으로 매우 풍요하며 보다 발전된 문제해결 사고를 갖는 단계라고 볼 수 있다. 그리고 노년기의 지적 능력의 감퇴는 주로 반응속도의 둔화가 주요인이라고 보고되고 있다. 그러나 변화양상에서 개인차가 매우 큰 것은 건강, 성격, 교육수준, 문화적 환경, 검사에 임하는 태도 등 여러 가지 개인적 특성에 의해 결정된다.

노년기에는 분명한 기억감퇴가 일어나는데, 그 원인으로는 중추신경계의 손상 등 생물학적 요인, 주의능력의 결함과 정보를 처리하는 전반적인 인지적 역량의 감소, 그리고 경험, 동기, 성격, 문화적 요인들을 들 수 있다.

노년기 인지적 변화와 관련해 관심의 대상이 되고 있는 현상이 노인성 치매이다.

치매는 기억상실, 대화의 산만성, 장소와 시간의 인지상실, 성격 변화 등 여러 측면에서 심리적 기능의 파괴를 가져온다. 모든 치매는 가벼운 망각단계에서부터 일반적 혼돈단계를 거쳐 기억력 파괴단계를 거친다. 알츠하이머는 전체 치매의 2/3를 차지하는 장애로, 뇌의 피질부 특정 부위의 신경원에 퇴화가 일어나 수상돌기가 얽히거나 경색되는 뇌의 장애이다. 이외에 파킨슨 병도 치매와 근육손상이 함께 나타나는 노년기 질병이다.

1세기 전까지만 해도 노인은 한 마을의 존경받는 존재였다. 그러나 근래 들어 노인은 신체적으로 쇠약하고 병들고 추하며 인지적 기능은 감퇴되고 사고는 고착되었으며 책임있는 직업을 감당할 수 없는 존재로 간주되어 왔다. 노년기에 대한 이러한 사회전반의 부정적 관점은 노인들 스스로가 자신을 무능한 존재로 받아들이게 해 의존적인 삶을 살도록 하였다. 즉 노인에 대해 부정적인 편견을 갖는 생태적 풍토가 노년기 적응과 발달에 부정적 영향을 주는 것이다. 만약 사회의 풍토가 노인을 유능하고 중요한 대상으로 보고, 노인에 대해 현명함과 지혜, 자기통제력을 가진 존재로 보면서 관점을 달리한다면 노년기의 삶 역시 적응적으로 변화할 수 있을 것이다.

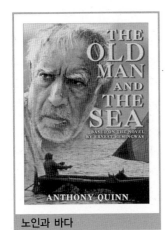

노인과 바다

출처: http://www.seelotus.com/
gojeon/oe-kuk/novel/images/
noin-ba da.gif

노인들은 죽음과 직면해 자신이 살아온 삶을 되돌아보면서 삶을 다시 살 수 없다는 무력한 좌절감에 빠지기보다는 삶에 대한 통합성, 일관성, 그리고 전체성을 느끼려고 노력한다. 지혜는 노년기의 지적인 힘일 뿐만 아니라 중요한 심리적 자원이다. 지금까지 살아온 인생을 그대로 받아들이면서 피할 수 없는 죽음을 겸허히 받아들이고 자신의 인생의 불완전함을 인정하는 것은 통합감을 이룬 노인들의 특징이다. 그러나 바라던 삶을 살지 못한 것에 대해 후회하고 절망하며 죽음의 공포에 빠지게 되기도 한다. 따라서 노인들에게는 자신의 생을 뒤돌아보고 새로운 시각으로 자신의 경험과 행동을 봄으로써 살아온 인생을 나름대로 정리하고 이러한 재평가를 통해 자아통합감을 갖는 것이 필요하다.

2 인간발달의 생태학적 관점

인간발달을 이해하기 위해서는 발달이 일어나는 환경적인 맥락을 고려해야 한다. 발달의 생태학적 접근방법에서 브론펜브레너(Bronfenbrenner)는 발달적 영향을 알기 위해서는 반드시 환경과 인간의 상호작용, 인간의 신체적·사회적 장면, 이들 장면과의 관계에서의 개인의 상호작용, 그리고 이 전 과정이 어떻게 사회에 의해 영향을 받았는지 살펴보아야 한다고 하였다. 왜냐하면 실제 생활환경에서 성장하는 인간에게 자연적으로 발생하는 발달과정을 연구함으로써 좀 더 확실하게 인간발달을 이해할 수 있기 때문이다.

1 생태학적 관점과 인간발달

브론펜브레너(1917~2005)

출처: http://www.news.cornell.edu/
stories/Sept05/Bronfenbrenner.
ssl.html

"인간발달 생태학이란 능동적으로 성장하고 있는 인간과 발달 중에 있는 개인이 살아가고 있는 인접한 장면들의 변화하는 속성간의 점진적인 상호적응 과정을 과학적으로 연구하는 학문이다. 이때 점진적인 상호적응 과정은 인접한 장면들간의 관계와, 그 장면들이 끼어 있는 더 큰 맥락에 의해 영향을 받는다."

(Bronfenbrenner, 1979)

생태학적 체계이론에서는 인간발달을 사회문화적 관점에서 이해하고 있다. 인간행동을 성장하는 개인과 환경 사이의 상호작용의 산물이라고 보며, 개인의 특성은 고립되어 존재하는 것이 아니라 환경과의 상호작용을 통하여 의미를 갖고 표현된다고 본다. 따라서 인간은 스스로 결정하고 선택할 수 있는 능동적이고 유목적적인 존재로서, 환경으로부터 반응을 만들어낼 뿐만 아니라 외부 환경을 창출하고 일생을 통한 심리적 성장과정에 영향을 줄 수 있는 잠재력을 갖고 있다. 또한 생태학적 이론에서는 발달을 개인, 가족, 사회, 그리고 역사적 시간에 걸쳐 일어나는 상호작용적 과정이라고 보는데, 특히 역사적 맥락이 특정 시점의 개인과 환경 사이의 교류를 형성하는 데 중요한 영향을 미친다고 보고 있다.

따라서 인간의 발달은 진공상태에서 이루어지는 것이 아니라 가족, 이웃, 국가라는 여러 환경 속에서 이루어지며, 가족구성원, 친구, 친척, 종교단체, 학교와 직장 등의 영향을 받는다. 또한 대중매체나 인간이 속한 사회문화뿐만 아니라 세계 곳곳에서 벌어지고 있는 사건에 의해서도 영향을 받는다. 더욱이 오늘날처럼 외부자극과 인간관계가 다양하고 복잡한 환경 속에서 개개인들은 과거 어느 때보다도 주변 환경과의 상호작용에서 끊임없이 막대한 영향을 받으며 살고 있기 때문에 정신건강 측면에서 이러한 요인들을 반드시 다루어야 할 것이다.

2 생태학적 체계이론의 구조

생태학적 체계이론에서는 다양한 체계수준에서 이루어지는 개인들 간의 관련성을 강

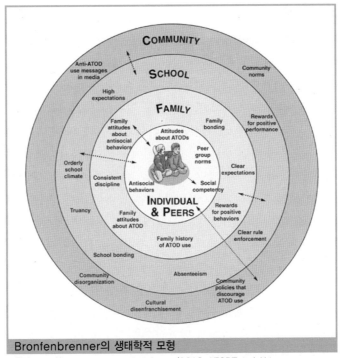

Bronfenbrenner의 생태학적 모형

출처: http://www.dmhmrsas.virginia.gov/OSAS-ATODTutorial.htm

조한다. 브론펜브레너는 아동발달에 초점을 맞추어 생태학적 모형을 창안하였지만, 그의 모형은 아동뿐만 아니라 청소년과 성인기에도 적용해볼 수 있다. 그는 인간발달과 관련된 환경체계를 조직화하는 틀을 제공하였는데, 구체적으로 살펴보면 다음과 같다.

(1) 미시체계

미시체계(Microsystem)는 개인에게 직접적인 영향을 주는 체계로서 인간과 사회 사이의 직접적인 관계를 말한다. 여기에는 아동이 살고 있는 집의 크기, 근처의 운동장, 학교도서관의 장서의 크기 등과 같은 물리적 특성뿐만 아니라 가족, 친구, 학교, 이웃이 포함된다. 이 미시체계 내에서 아동과 부모, 교사, 친구 간에는 대부분 직접적인 상호작용이 이루어진다. 이 때 아동은 환경의 영향을 받는 수동적인 존재가 아니라 환경을 구성하는 능동적인 주체이다. 인간이 발달하고 변화하는 것처럼 미시체계의 환경도 매일 매순간 변화한다. 미시체계는 항상 사람들에게 영향을 주고, 변화하는 일상경험은 물론이고 성숙과정 때문에도 끊임없이 변화한다. 미시체계는 아동의 일생에 있어 가장 절실하고 지대한 영향을 끼친다. 건강한 미시체계는 호혜성에 기반하고 있기 때문에 부모와 자녀가 서로의 합리적인 요구를 받아들이고 존중하면 이 체계의 질은 높아질 수 있다.

(2) 중간체계

중간체계(Mesosystem)는 미시체계들을 연결시키는 체계로 미시체계들이 중복되어 생기는 대인관계를 의미한다. 즉 아동을 둘러싸고 있는 두 가지 이상의 환경에서 일어나는 과정과 연결성을 말한다. 예를 들어, 아동의 읽기학습능력은 학교에서 경험하는 학습활동뿐만 아니라 가정에서 읽기학습활동을 얼마나 제공했느냐에 의해서도 좌우된다. 중간체계는 한 개의 미시체계와 또 다른 미시체계 사이의 연결 관계를 말하기 때문에 어떤 하나의 미시체계에서 일어나는 사건들은 다른 미시체계에서 일어나는 개인의 행동과 발달에 영향을 준다. 중간체계들 간의 관계가 원활하지 못하게 되면 문제가 발생할 수 있는데, 예를 들어 또래집단에서는 음주, 흡연, 폭력행동을 영웅시하고 격려하는 반면, 부모나 교회는 이러한 행동을 부정적으로 받아들일 수 있다. 즉 미시체계들이 제각기 다른 가치관을 표방할 때 잠재적인 위험이 뒤따를 수 있는 것이다.

중간체계의 상호작용은 서로 다른 환경에서 서로 다른 역할을 수행한다는 의미를 내포하고 있다. 집에서는 아들이나 딸로, 학교에서는 친구나 학생, 직장의 동료, 애인 등 사회에 참여하는 기회가 많아질수록 다양한 사회적 역할을 하게 되고 다양한 대인관계를 형성하게 된다.

(3) 외체계

인간은 부모가 자신의 삶을 영위하는 장면, 특히 아동이 직접적으로 접하지 않는 장면(예, 부모의 직장)과 아동의 접촉이 제한된 영역(예, 부모의 친구, 친척)에 의해서도 영향을 받는다. **외체계(Exosystem)**의 요점은 아동의 행동이 수많은 비직접적인 변인들에 의해서 영향을 받는다는 것이다. 예를 들어, 부모의 직장에서 자녀양육을 위해 근무시간을 조절해주거나 육아수당을 지급해줄 경우 부모역할 수행에 도움을 주어 부모-자녀 관계가 증진되고 결국 아동발달에 긍정적인 영향을 주는 것이다. 또한 활발한 친인척간의 교류와 지원, 교회출석 등은 외체계의 예방적 요인이 될 수 있다. 반면 부모가 다른 지역으로 전근을 가거나 해고를 당하게 될 경우에는 자녀의 미시체계와 중간체계에 심각한 영향을 줄 수 있다. 학교정책을 결정하는 교육제도나 장기간의 빈곤은 외체계의 요인들로서 부모의 통제권이 미치지 못하는 요인들이다.

(4) 거시체계

거시체계(Macrosystem)는 매일 매일의 일상적인 활동이 아닌, 아동이 속한 사회나 하위문화의 이념 및 제도로써 사회문화적 규범 같은 체계를 말하며 아동에게 간접적 영향을 준다. 앞의 세 가지 체계를 포함하는 신념체계 또는 이데올로기라고 할 수 있다. 규칙, 규범, 기대, 가치, 역사 등이 여기에 속하며, 한 사회와 다른 사회가 다른 이유는 이 거시체계가 다르기 때문이다. 거시체계는 일반적으로 다른 체계보다 안정적이지만, 때로는 사회적 변화에 따라 변할 수도 있다. 예를 들면, 국가의 IMF 체제로의 변화나 전시체제로의 변화 등이 해당된다.

거시체계는 개인과 직접적인 관련은 거의 없지만, 가장 근본적으로 중대한 변화를 초래한다고 할 수 있다. 사회관습과 유행을 통해 가치관이 표현되는 것도 거시체계에서 일어나는 일이다. 예를 들면, 언론을 통해 사회적 여론이나 관심을 환기시키거나 의학적 지식을 전달하여 건강관리에 영향을 주기도 한다. 또한 아름다움이나 성역할에 대한 기준을 제시하기도 한다.

(5) 시간체계

시간체계(Chronosystem)는 전생애에 걸쳐 일어나는 변화와 사회역사적인 환경을 포함한다. 이 체계는 인간이 성장함에 따라 겪게 되는 외적 사건이나 내적 사건이 구성요소가 된다. 즉 부모의 죽음이나 심리적 변화 등을 들 수 있다. 시간체계는 생애에서 일어나는 단일사건의 영향에 국한하지 않고 시간의 경과와 더불어 연속적으로 일어나는 사건들이 누적되어 미치는 영향을 다룬다. 예를 들어, 부모의 이혼이 아동의 이후 성장에 미치는 영향이라든가 이사나 전학을 한 경우, 부모의 사별로 인한 가족구조의 변화 등 환경이 안정적이지 못할 때 아동이나 청소년기, 나아가 성인이 된 후에 미치는 영향은 시간에 걸쳐 진행된다.

이상으로 살펴보았듯이 하나의 체계가 다른 체계에 속해 있고, 또 서로 연계되어 있는 일련의 환경 구조들은 환경의 다양한 층들이 보여주는 풍부함과 깊이를 알 수 있게 해준다. 그리고 이러한 환경적 영향의 수준과 상호연계성들은 인간의 정상적 발달특성뿐만 아니라 아동학대나 방임, 그리고 많은 문제들을 이해하는 핵심요인이 된다.

또한 성인중기와 노년기의 발달적 변화를 받아들이는 관점이 어떠냐에 따라 이후 삶의 의미가 달라진다. 누군가에게는 중년기가 상실의 위기인 반면 또 다른 누군가에게는 인생의 결실기일 수 있다. 또한 노년기의 쇠퇴도 관점에 따라 죽음을 향한 절망의 과정일 수도 있지만, 삶의 지혜와 통합을 향한 영원한 성장의 과정일 수도 있다.

삶의 의미를 결정하는 데 있어 사고, 태도, 생활양식 등 개인의 내재적 특성이 중요하게 작용하는 것은 분명하지만, 몸담고 살아가고 있는 시대사회적 풍토에 따라서 삶을 바라보는 개인의 생각과 태도가 달라질 수 있다는 점을 유념할 필요가 있다.

▶▶ 자유롭게 토론해 봅시다

❶ 어린 시절 애착형성이 성장 이후 인간의 정신건강에 어떤 방식으로 영향을 주는지 토론해 봅시다.

❷ 인간의 노화는 무엇을 의미하는지, 그리고 성공적인 노인기를 위해 무엇을 준비해야 하는지에 대해 토론해 봅시다.

❸ 인간은 혼자 살아가는 존재가 아닙니다. 그런 측면에서 인간 유기체와 상호작용하는 환경의 여러 요소들에 대해 토론해 봅시다.

CHAPTER 03 건강한 성격과 개인성장

CHAPTER 03

건강한 성격과 개인성장

성격에 대해서는 학자마다 다양한 수많은 개념들이 있다. 인간의 본성, 심신의 관계, 유전과 환경의 역할 등에 대한 뜨거운 논쟁은 수세기 동안 계속되어오고 있으나, 이를 완전하게 한 마디로 정의 내리기는 쉽지 않다. 그러나 일반적으로 성격의 정의를 사전에서 찾아보면 '각 개인이 가지고 있는 독특한 성질' 또는 '각 개인을 특징짓는 지속적이며 안정적인 일관된 행동 양식' 이라고 정의되어 있다. 이를 토대로 성격에 대한 견해에서 나타나는 몇 가지 공통점은 다음과 같다. 첫째, 사람마다 각각 생리적, 환경적 요소가 다르듯 성격에 있어서도 차이가 있다. 둘째, 성격은 일관성과 지속성이 있어 성격적 특성에 따라 고유하고 일관된 반응양식을 나타낸다. 셋째, 성격적 특징은 대인관계에서 나타나는 개인의 인상이다. 넷째, 성격은 환경에 적응하는 반응양식을 결정해주는 생리적, 정신적 측면이 있다. 다섯째, 성격은 성장함에 따라 형성되며, 환경이나 학습 등의 조건에 따라 변화될 수 있다.

본 장에서는 인간의 본성이나 성격에 대한 여러 학자들의 견해를 이론별로 살펴봄으로써 인간에 대한 다양한 심리학적 기본개념들과 그 개념들이 인간의 적응과 어떻게 관련되는지 알아보고 건강한 적응을 위한 여러 전략들을 알아보고자 한다.

1 심리학의 주요접근

인간을 이해하기 위한 과학적인 심리학적 접근은 19세기 말부터 시작되었다고 볼 수 있다. 심리학의 전통적인 흐름을 살펴보면, 제1세력으로 인간의 마음을 병리적 측면에서 주목한 정신역동적 접근, 제2세력으로 인간을 생물 기계론적으로 본 행동주의적 접근, 제3세력으로 인간의 잠재적 가능성에 주목하고 자기실현을 지향하는 인본주의적 접근 3가지이다. 최근에는 이에 더해 제4세력으로서 동서양의 종교적이고 전통적 지혜를 과학적 접근으로 통합하여 지혜, 명상, 영성 등을 다루고 있는 초개인주의 심리학(transpersonal psychology; 자아초월 심리학)적 접근이 대두되고 있다. 본 장에서는 특히 정신건강의 이해에 주요한 대표적인 심리학적 접근을 건강한 성격과 관련지어 살펴볼 것이다.

1 정신역동적 접근

정신역동적 접근은 프로이트(1856~1939)의 정신분석이론에서 출발하여 그의 제자인 융(Jung), 그리고 자아의 중요성에 초점을 둔 에릭슨(Erikson)으로 연결되는 자아심리학의 이론들까지 폭넓게 포함한다. 이들의 이론들을 정신역동이론이라 하는 이유는 이론들이 대부분 인간의 무의식적 동기와 내면적인 힘, 그리고 그 힘들의 갈등에 초점을 두기 때문이다. 학자들의 이론에 따라 주요초점과 병리의 출발점은 서로 다르지만, 대부분 정신이 행동을 어떻게 자극하는지, 그리고 정신과 행동이 개인의 사회 환경과 어떻게 서로 영향을 주고받는지를 강조한다는 점에서 모두 정신역동이론이라 할 수 있다.

(1) 프로이트의 정신분석이론

프로이트(1856~1939)

출처: http://psych.wisc.edu/henriques/resources/Images.html

프로이트(Sigmund Freud; 1856~1939)는 정신분석이론의 창시자로서 인간이 행하거나 생각하거나 느끼는 모든 것에는 의미와 목적이 있으며, 인간의 모든 것들은 자연법칙에 따라 결정되어 있다고 가정하였다. 그는 당시까지의 심리학 연구가 의식만을 다루고 있었던 것에 반해 정신적 과정에 무의식의 개념을 부각시킴으로써 인간이해에 지대한 공헌을 하였다. 그에 의하면 인간의 정신에서 의식영역은 정신생활의 작은 부분에 지나지 않으며, 그 밑에 빙산의 아랫부분처럼 생명의 거대한 하층인 훨씬 큰 무의식의 영역이 존재하여 인간의 의식적 사고와 행위를 통제하고 있다. 무의식의 영역에는 인간의 성, 공격성, 억압된 분노와 같은 감정이 숨어 있으며, 생물학적 충동과 사회규범 간의 정신역동적 투쟁이 가장 격렬하게 일어난다.

① 성격의 구조
프로이트는 성격은 원초아(Id), 자아(Ego), 초자아(Superego)의 세 가지 요소로 구성되어 있으며, 이 세 요소의 역동적인 상호작용을 통해 성격이 나타난다고 보았다.

원초아(Id)는 출생시부터 존재하는 생물학적 충동으로, 성격의 가장 원시적 체계로 자아와 초자아가 분화되어 나오는 모체이다. 이는 전적으로 무의식의 지배를 받고 외부세계와는 아무런 연결이 없으므로 진정한 정신적 현실이라고 말할 수 있다. 원초아는 긴장으로 인한 힘의 증대를 견뎌내지 못하여, 외적 자극의 결과나 내적 흥분으로 유기체의 긴장수준이 올라가면 긴장을 즉각 발산하여 안정된 낮은 에너지 수준으로 돌아가도록 작용한다. 이러한 긴장해소의 원리를 쾌락원리(pleasure principle)라고 부른다. 흥분을 감소시키고 쾌락을 성취하기 위하여 원초아는 반사작용과 일차적 과정을 이용한다. **반사작용(reflex reaction)**은 재채기나 눈깜박임 같은 생래적이고 자동적인 반응들이며, **일차적 과정(primary process)**은 긴장을 제거해 주는 물체의 영상을 떠올림으로써 긴장을 감소시키는 작용을 한다. 꿈은 일차적 과정 사고의 좋은 예로서, 꿈에서는 현실과 논리가 사라지고 기상천외의 모순된 사건들이 일어난다. 이러한 종류의 사고는 논리적이지도 조작적이지도 성숙하지도 않으며, 이러한 일차적 과정 자체로는 긴장을 해소하지 못한다. 따라서 새로운 2차적인 심리적 과정(secondary process)의 발전, 즉 자아의 구조가 형성되기 시작한다.

자아(Ego)는 성격의 조직적, 합리적, 현실지향적인 체계이다. 그것은 적당한 대상과 방법이 발견될 때까지 본능적 충동들의 충족을 지연시킨다는 점에서 현실원리(reality principle)에 따라 작용한다. 현실원리의 목적은 욕구 충족을 위해서 적합한 대상이 발견될 때까지 긴장해소를 보류하는 데 있다. 이 때 자아는 지각, 학습, 기억, 현실검증 등을 포함하는 **이차적 과정(secondary process)**을 사용한다. 이는 현실적인 사고로서, 자아는 이차과정에 의해서 욕구충족을 위한 계획을 짜며, 그 계획이 효과적인지를 알기 위해서 행동으로 검토해 본다. 자아의 목표는 원초아를 만족시키는 것이지만, 현실의 요구라는 맥락 안에서만 목표를 이행하게 된다.

성격의 세 번째 구조인 **초자아(Superego)**는 자아로부터 발달하는데, 이것은 사회의 전통적 가치와 이상의 내적 표본이며, 부모나 주요 양육자의 말과 행동을 통하여 아동에게 제시되는 사회의 이상 및 가치들이다(social principle). 이러한 이상 및 가치들은 체계적 보상 및 처벌을 통해서도 아동에게 내재화된다. 처벌되는 것은 초자아의 두 하위체계 중의 하나인 양심과 결합되며, 또 행동을 승인해 주고 보상해 주는 것은 초자아의 다른 체계인 자아이상과 결합되는 경향이 있다. 양심은 개인들로 하여금

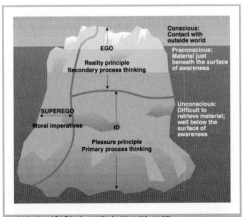

정신의 지형학적 모델과 구조적 모델

죄책감을 갖게 하고, 자아이상은 긍지와 가치감을 갖게 한다. 요약해서 말하면, 초자아의 일은 원초아로부터 용납할 수 없는 충동들을 차단하고, 효율성이 아닌 도덕성 쪽으로 가도록 자아에게 압력을 넣고, 완성을 추구하도록 하는 것이다.

건강한 성격발달을 위해서는 이 세 요소들 간에 균형과 조화가 이루어져야 하는데, 각 요소들이 너무 두드러지지도 않고 너무 위축되어 있지 않으면서 각기 고유의 기능을 수행하면서도 역동적인 관계를 통해 조화로움을 유지하는 것이 중요하다.

② 자아방어기제

발달과정에서 인간은 자신을 보호하기 위해 무의식적으로 다양한 심리적 기법을 발달시키게 된다. 그것을 통해서 자신을 방어하고 갈등적인 충동들 사이의 타협을 통해 내적 긴장을 감소시켜 환경에 적응해 나간다. 불안과 갈등이 생기면 인간의 내면에는 자신도 모르게 그것에 대처하려는 무의식적인 방어기제들이 작동하여 자신을 보호하게 되는데, 이는 자아에 의해 이루어지기 때문에 자아방어기제라고도 한다. 인간은 누구나 적응을 위해 이 방어기제를 사용하지만 과도한 사용은 정신적 건강에서 벗어나게 할 수 있다.

표 3-1 ● 방어기제의 유형

종류	내용
억압 (repression)	갈등을 처리하려는 목적으로 사용되는 정신기제 중 가장 흔한 기제로, 자아가 조절할 수 없는 욕구나 기억에 대한 방어로 작용한다. 주로 수치심이나 죄책감을 일으키거나 자존심을 손상시키는 경험들이 억압되기 쉽다. 억압은 억제(suppression)와 다른데, 억제는 받아들이고 싶지 않은 욕망과 바람직하지 않은 기억을 잊으려는 의식적인 노력이다.
투사 (projection)	자신이 부인하고 싶은 성격특성, 태도, 동기, 욕구 등을 외부로 돌려 다른 사람의 탓으로 돌리는 방어기제이다. 자신의 인격 안에 품고 있는 중요한 욕구는 인식하지 못하고 왜곡하도록 만든다. 억압과 투사는 자아가 공격심, 증오감, 죄책감 때문에 압도당하거나 와해되는 것을 막아준다.
내사 (introjection)	투사와는 반대개념으로, 타인이 갖고 있는 특성을 자신의 것으로 받아들이는 것이다. 타인의 가치나 생각을 아무런 비판 없이 그대로 받아들임으로써 마치 자신의 가치나 생각인 것처럼 여기는 것을 말한다. 이는 동일시가 일어나는 시기보다 더 이전에 자기와 대상을 구별하지 못하는 시기에 발생된다. 반면 동일시는 자기와 대상을 구별할 수 있을 때 생기게 된다. 긍정적인 내사는 인간의 사회화나 적응에 필수적이지만 병적 내사는 음식을 씹지 않고 그대로 삼키는 것과 같아서 심리적 부작용이 많아진다.

(계속)

종류	내용
동일시 (identification)	자아성장을 결정하는 가장 중요한 심리기제이다. 자기에게 의미있는 부모나 다른 사람의 태도나 행동을 받아들이게 되는데, 동일시의 동기는 어린이가 자신의 형제나 동료의 힘과 기질을 숭배하거나 동경하고, 또 그들의 행동양상을 획득하여 자기도 그러한 성공을 얻고 싶다는 소망 충족적인 것이다. 장기간에 걸친 성공적인 동일시를 통하여 성인으로서의 개별화 (individuation)가 이루어져 견고한 자기주체성을 갖게 된다. 안정된 동일시를 위해서는 장기간에 걸쳐 정서적인 지지와 격려를 해주는 일정한 확실한 모델이 있어야 한다.
전이 (transference)	어떤 사람에 대한 상을 무의식적으로 다른 사람에 대한 상과 동일시하는 것을 말한다. 즉 근래 알게 된 사람에게 전부터 알았던 사람에 대한 감정과 태도를 갖는 경우를 말한다. 동일시가 타인에게 전이되고 투사된 것이다.
반동형성 (reaction formation)	받아들일 수 없는 충동을 계속 억압하고, 감추어져 있는 인격성향을 부정하고 숨기기 위하여 본래의 경향과는 정반대로 표현되는 성격경향이다. 완벽하고 타협할 줄 모르는 성격은 오히려 금지된 욕망이나 충동에 대한 반동형성인 경우가 많다. 적응에 문제가 있지 않은 한 병적이라고 보지 않는다. 거부감과 적개심을 정중하고 공손한 표현이나 과장된 감사 표현으로 위장하기도 한다.
합리화 (rationalization)	자존심을 유지하고 죄책감을 막아주는 기제 중 가장 흔한 것으로, 인식되지 못한 동기에서 일어난 행동에 대해 합리적이고 지적인 설명을 제공하여 준다. 거짓말인 경우에는 그런 설명이 허구라는 사실을 의식수준에서 안다. 그러나 합리화의 경우에는 너무나 철저히 무의식적인 기제이기 때문에 표면적인 동기 외에 다른 동기가 있다는 것을 모른다.
대치 (substitution)	원래의 욕구의 좌절로 인한 긴장을 감소시키기 위해 다른 대치적인 수단을 통해서 원래 추구했던 욕구만족에 상당하는 만족을 얻고자 하는 것으로, 만족을 느끼고 긴장을 감소시키기 위해서는 대치적인 행위가 좌절된 것과 유사성을 가져야 한다.
승화 (sublimation)	원초적이며 용납될 수 없는 충동의 에너지가 어느 정도 변형되어 의식수준에서 자유롭게 이용됨으로써 사회적으로 유용한 목표를 위하여 사용되도록 하는 기제이다. 승화는 이기적이고 금지된 목적의 원초적인 경향과 충동을 개인과 사회집단 모두에게 풍요로운 삶과 문화발달을 증진시켜주는 예술, 문학, 종교, 과학 등의 다른 직업 활동으로 바꾸어 나가도록 한다. 예를 들어 공격적인 충동은 운동이나 경기 또는 사회적으로 용납되는 다른 방법으로 승화될 수 있다.

③ 발달단계

프로이트는 성격의 발달에 관하여 강조하고 특히 인간의 기본적 성격구조에 있어서의 유아기 및 아동기 초기의 결정적 역할을 강조하였다. 그는 성격이 5세까지 거의 완전히 형성되고, 그 이후의 성장은 대부분이 기본적 구조가 정교화되는 과정이라고 생각하였다. 각 발달단계는 신체의 특정부위에 대한 반응양식에 따라 설명되고 있다. 구체적인 발달단계는 표 3-2와 같다.

표 3-2 ● 심리성적 발달단계

단계	내용
구강기 (Oral stage)	출생부터 1세 반경까지 지속되며 '구강적 빨기 단계'라고 부른다. 이 단계에는 유아의 입, 입술, 혀가 존재의 중심이며 생존과 밀접한 관련이 있다. 이때 삶의 본능의 에너지(리비도)는 구강영역에 주로 분포되어 있으며, 빨기와 삼키기가 긴장을 감소시키고 쾌락을 성취하는 주방법이 된다.
항문기 (Anal stage)	약 1세 반경부터 3세까지 지속된다. 이유가 끝나고, 배변훈련과 같은 청결성 습관들을 키워야 하는 압력이 오며, 기타 현실의 요구들에 부딪치기 시작한다. 자아가 원초아로부터 분화되기 시작하며, 현실원칙이 생기기 시작한다. 쾌락의 주된 양식은 대소변을 배설하는 일이다. 이 배변훈련을 통해 사회화가 시작된다.
남근기 (Phallic stage)	3~4세경에는 성기영역이 성적 쾌감과 흥미의 대상이 되며, 이는 약 7~8세까지 지속된다. 아동은 자신의 성기를 만지고 내보이며 형제, 자매, 부모의 신체구조에 흥미를 나타낸다. 이때 어린 소년들은 친구들과 오줌누기 경연을 벌이고, 어린 소녀들은 갑자기 의사놀이에 흥미를 가진다. 이 시기에 오이디푸스 콤플렉스(Oedipus complex)가 나타난다. 이는 성이 다른 부모에 대한 성적 추구와 동성부모에 대한 적대적 감정으로 이루어진다. 따라서 남아는 어머니를 소유하고 아버지를 제거하기를 원하며, 여아는 아버지를 소유하고 어머니를 제거하기를 원한다. 특히 남아의 어머니에 대한 근친상간적 욕망과 아버지에 대한 원망은 힘이 강한 그의 적수인 아버지가 그 비밀을 알면 자기의 성기를 해칠 것이라는 거세불안(Castration Anxiety)을 갖게 한다. 또한 여아는 자신이 갖지 못하고 있는 남아의 남근을 부러워하며 자신이 갖지 못한 책임을 어머니에게 돌려 새로운 애정 대상으로 아버지를 택하게 된다. 이를 남근선망(Penis Envy)이라고 부른다. 이러한 갈등과 불안에서 벗어나기 위해 동성의 부모를 동일시하게 되어 남아는 남자답게, 여아는 여자답게 행동하는 성역할을 배우고, 사회규범과 도덕적 가치를 내면화하여 초자아를 형성하게 된다.

(계속)

단계	내용
잠재기 (Latency stage)	12~13세까지의 초등학교 시기에 속하며 모든 성적인 것들이 억제 혹은 억압된다. 이성에 대한 관심이 거의 없어지고 소년들은 소년들끼리 소녀는 소녀들끼리 노는 양상이 나타난다. 이 시기에는 앞서 언급한 충동들은 억압상태로 들어가고 반대로 환경에 적응하는 기술을 습득하게 된다.
생식기 (Genital stage)	공격적 및 성적 본능들이 활발해지고 이성이 다시 관심의 초점이 된다. 이 시기는 청년기의 시작과 함께 활성화되면서 신체적 성장과 성숙이 이루어지는데, 자기성애적이고 자기도취적인 면이 있어 자기신체적 자극을 통하여 만족을 추구하는 경향이 있다. 동시에 플라토닉한 사랑과 연애가 나타난다.

프로이트는 발달단계를 제시하면서 고착과 퇴행이라는 개념을 제시했는데, 즉 어떤 단계에 발달이 정지하거나 고정되는 것과 발달이 초기단계로 퇴보하는 현상을 지칭하는 말이다. 아동이 어떤 시기의 만족을 추구하는 방식에 고착되느냐 또는 어떤 시기로 퇴행하느냐에 따라 기본적인 성격이 형성된다고 할 수 있다.

(2) 에릭슨의 심리사회이론

에릭슨(1902~1994)

출처: http://www.uni-bielefeld.de/paedagogik/Seminare/moeller02/06erikson/frames. html

에릭슨(Erik Erikson; 1902~1994)은 기본적으로 프로이트의 영향을 많이 받았지만 프로이트와 구분되는 주요 공헌은 확대된 자아의 개념을 생성시킨 심리사회적 발달이론의 확립이다. 그는 또한 심리사회적이란 의미는 정상적인 발달과 연관지어 출생에서 사망까지의 인간의 생활 단계가 신체적으로 심리적으로 성장하는 유기체와 상호작용하는 사회문화적 영향에 의해서 이루어진다고 보았다. 그의 심리사회적 발달의 8단계이론을 살펴보면 다음과 같다.

① 제1단계: 기본적 신뢰감 대 불신감

프로이트의 구강기에 해당하는 이 단계는 출생부터 1세경까지 지속된다. 어머니의 보살핌의 질이 이때에 결정적이다. 어머니의 보살핌이 민감하고 자신있고 일관성 있으면 아동은 남들에 대한 기본적 신뢰와 자신에 대한 확신 및 신뢰감을 발달시키기가 쉬워진다. 따라서 아동은 세상을 안전하고 자신을 지탱해주는 곳으로, 남들에게 의지할 수 있는 장소로 보게 된다. 그러나 이런 기본적인 신뢰감이 발달하지 못하면 불신감이 발달하고 불안과 소외감이 생겨 이후의 위기해결에 문제를 만들어낸다.

② 제2단계: 자율성 대 수치심과 회의감

이 단계는 1세 말경부터 3세 말경까지 지속된다. 이는 프로이트의 항문기와 유사하다. 이 시기는 부모와 아동 사이의 의지의 싸움이 시작되는 시기이다. 아동은 대변과 소변을 보유할지 배출할지 선택해야 하고 뛸지, 걸을지, 침 뱉을지, 먹을지, 순종할지를 선택해야 한다. 자율성의 성공적 발달은 부모의 이해와 인내가 필요하다. 그러나 이 과정에서 부모가 지나치게 압력을 가하고 확고하지 못하게 되면 아동이 1단계로 퇴행할 수도 있다. 그렇게 되면 자기능력에 대한 부정적 자아상을 갖게 되고 자기통제의 상실감으로 인해 수치심과 회의감이 생기게 된다.

③ 제3단계: 솔선성 대 죄의식

프로이트의 남근기에 해당하는 4세와 6세 사이에 아동은 자신의 환경을 탐색함으로써 무엇이 허용되고 무엇이 허용되지 않는지를 배운다. 언어능력과 신체적 기술이 성장하고 있으므로 아동은 사고하고 상상하고 행동할 수 있게 된다. 무엇이 가능한지가 느껴지기 시작한다. 부모가 이 솔선성을 민감하게 그리고 격려로 이끌어 주고 심각한 상해로부터 아동을 조심스럽게 보호해줄 때 솔선성의 태도가 생긴다. 그러나 과다하게 처벌하거나 무시하면 죄책감이 키워지게 된다.

④ 제4단계: 근면성 대 열등감

6세부터 11세까지인 이 시기에는 세상에서 경쟁할 수 있게 해주는 근본적인 행동들을 학습하게 된다. 놀이, 상상, 공상이 억제되지만 동시에 사회의 생산적 구성원이 되게 할 근면성이 격려되어야 한다. 그러나 불쾌한 학교경험, 학교생활에 대한 가족의 지지 부족은 아동으로 하여금 열등감을 만들어낸다. 따라서 이 시기의 부모, 교사 및 친구들의 태도는 매우 중요하다.

⑤ 제5단계: 정체감 대 역할 혼미

이 단계는 약 12세부터 20세경까지 지속되는 청년기로, 아동기의 종결과 성인기의 시작을 표시한다. 아동은 이전단계들에서 습득한 정보와 기술들을 다져서 개인적 정체를 확립해야 한다. 이 자아정체를 확립하는 것이 이 단계의 과업이다. 이것은 자기가 남들이 지각하는 바와 일치하며 이것이 삶에서의 자기의 자리를 위한 기초를 형성할 수 있다는 확신을 포함한다. 그러나 자기 자신을 발견한다는 것은 어려운 작업일 수가 있으며, 이럴 때 역할혼미가 일어난다.

⑥ 제6단계: 친밀성 대 고립감

이 시기는 대략 20~24세를 포함하는 성년초기로 비교적 짧은 기간이다. 새로이 발견된 정체가 다른 사람에게 맡겨지는 때이다. 개인적 정체와 더불어 사랑, 친교, 친밀, 안정된 관계 등 자기 이외의 다른 사람과의 관계와 관련된 능력이 생긴다. 자아정체를 구축하는 과제에서 지금까지 실패한 사람은 그러한 관계를 확립할 수가 없고 종종 개인적 고립 속으로 물러나거나, 혹은 진정한 관계가 되지 못하는 일시적인 관계들을 통해 거짓된 친밀의 형태를 만들어낸다.

⑦ 제7단계: 생산성 대 침체성

중년기에 해당하는 이 시기는 삶의 중간대로서, 다음 세대에 공헌하려는 것이 지배적인 동기가 된다. 이 동기가 가족부양에 의해 채워지는지 혹은 다른 방식들로 생산적, 창조적인 사람이 됨으로써 채워지는지 관계없이, 구체적 활동은 다음에 올 사람들에 대한 관심을 나타내게 된다. 생산의 소망이 제대로 이루어지지 못하면 궁극적으로 침체가 오고 일종의 자멸적인 자기중심성 내지는 자기도취가 된다.

⑧ 제8단계: 자아통합 대 절망

65세경부터 사망까지 개인은 지나간 일곱 단계의 경험들을 다져서 하나의 최종적인 자아 통합기에 들어갈 수 있는 기회를 가진다. 이상적으로라면 그것은 지상의 짧은 수명의 가치를 용납하는 데서 오는 만족의 기간이다. 경험, 사람, 사건들이 달랐더라면 하는 바람이 없이 그것들을 소중히 생각한다. 물론 자아 통합감을 갖지 못하게 될 때는 절망감을 갖게 될 것이다. 죽음에 대한 공포, 실망, 분노 때문에 삶을 돌아보기가 고통스럽고 현재를 따져보면 불만을 갖게 된다.

이상을 살펴보면, 에릭슨의 발달단계(표 3-3 참조)는 각 단계마다 중요한 심리 사회적 과업이 있음을 강조하고 있다. 이를 긍정적으로 해결하면 긍정적인 자아형성과 더불어 건강한 성격발달로 이루어갈 수 있지만, 각 단계의 위기들이 해결되지 못하면 부정적인 자아혼돈이 일어난다고 할 수 있다.

표 3-3 ● 에릭슨의 심리사회적 발달단계

사회심리갈등	시기	덕목	악덕목	영향을 주는 관계
기본적 신뢰:불신	영아기(출생~1세)	희망	탐식	어머니
자율성:수치심	유아기(2~3세)	의지	분노	부모
솔선성:죄책감	학령전기(4~5세)	목표	탐욕	가족
근면성:열등감	학령기(6~11세)	능력	시기	학교
자아정체감:역할혼란	청소년기(12~20세)	충실	자만심	동료그룹
친밀감:고립	초기성인기(21~34세)	사랑	정욕	결혼상대자, 친구들
생산성:침체	성인기(35~60세)	돌봄	무관심	자녀, 젊은이
자아통합:절망	노인기(60세 이상)	지혜	우울	살아있는 전통

(3) 융의 분석심리이론

칼 구스타프 융(1875~1961)
출처: http://www.flickr.com/photos/
cryfreedom/16619490

스위스의 정신과 의사인 융(Carl Gustav Jung; 1875~1961)은 프로이트가 리비도를 성적인 것으로 좁게 정의 내린 것을 반박하면서 리비도를 영적인 특질을 가진 창조적 생명력이라고 하였다.

① 성격의 기본 요소

융은 성격이 자아, 개인적 무의식, 집단적 무의식의 세 가지의 기본적 요소로 구성되어 있다고 보았다. 자아는 의식적인 마음이며 사고, 감정, 감각, 직관의 네 가지 심리기능의 적용을 통해 성장한다. 이것은 '나'를 대표하며 어느 기능을 우선적으로 사용하느냐에 다라 기본적인 성격이 달라진다. 이 외에 의식의 초점이 외적이고 객관적인 세계로 향하는지, 아니면 내적이고 주관적인 세계로 향하는지에 따라 외향성, 내향성의 성격이 나타나기도 한다.

개인적 무의식은 프로이트가 말하는 무의식과 유사한 개념이다. 이는 한번 의식되었지만, 억압·억제되었거나 망각되고 무시된 경험과 의식적인 인상을 주기에는 너무 약한 경험들로 이루어진다.

집단적 무의식은 인간이 조상 대대로 과거로부터 물려받은 잠재적 기억흔적의 저장소인데 그 과거란 개별 종족으로서의 인간의 종족적 역사뿐 아니라, 인간 이전의 동물조상으로의 종족적인 역사도 포함된다. 집단적 무의식의 구성요소에는 원형과 같은 요소가 들어 있다.

② 원형

원형(archetype)은 여러 시대를 통해서 계속적으로 누적되어 온 경험이 마음속에 영구히 축적된 것이다. 집단적 무의식 속에는 무수한 원형이 있다. 즉 탄생, 재생, 죽음, 힘, 마술, 통일, 영웅, 어린이, 신, 악마, 어머니, 동물들의 원형 등을 찾아볼 수 있다. 비록 모든 원형이 성격의 나머지 부분과는 비교적 독립적일 수 있는 자율적인 역동적 체계로서 생각될 수는 있으나, 어떤 원형은 성격과는 분리된 체제로 인정될 정도로 발전된 것도 있다. 이러한 것들이 페르소나, 아니마, 아니무스, 그림자이다.

페르소나(persona)는 인간이 사회의 인습과 전통의 요청과 그 자신의 내적 원형에 부응해서 채택한 가면이다. 이것은 사회가 인간에게 부과하는 역할이며 사회가 인간에게 생활에서 담당하기를 기대하는 배역이다.

융은 남성의 성격 중 여성적 측면과 여성의 성격 중 남성적 측면을 각각 아니마(anima)와 아니무스(animus)라고 불렀다. 인간은 생물학적 의미에서뿐만 아니라 심리학적 의미에서도 이성의 특성을 갖고 있다.

융이 제시한 또 하나의 원형인 그림자(shadow)는 인간본성의 악하고 어두운 면으로서 조잡하고 충동적이며 사회화되지 않은 동물적 본능으로 이루어져 있다. 자기(Self)는 성격의 모든 부분의 통일성, 완전성, 전체성을 향해 노력하는 성격의 모든 부분이다.

③ 성격의 발달

융은 인간의 일생을 아동기, 청년기, 성숙기, 노년기의 4단계로 나누고, 각 단계마다 성취해야 할 특정 과업이 있고 각각의 과업에는 특정의 요구, 가치가 있다고 보았다.

아동기는 출생에서 20세 정도까지의 시기로, 융은 이 시기를 인생의 새벽이라고 불렀고, 이 때 개인은 스스로를 지지할 수 있을 때까지 타인의 양육에 의존한다고 하였다. 따라서 융은 이 시기가 본능에 의해 지배되기 때문에 심리적 문제가 없다고 보긴 했지만, 성격과 관련해서는 부모의 양육에 의해 영향을 받는다고 하였다.

청년기는 인생의 아침으로 21세에서 중년기 위기를 맞이하는 40세 정도까지가 이에 속한다. 이때의 과업은 자아 콤플렉스(ego complex)의 발달과 소유의 획득(acquisition of possession)이다. 융이 의미하는 자아의 발달은 높은 수준의 자아정체감과 성격의 지속성을 갖는 의식의 질적 차원을 의미하는 것이다. 이 시기에 우리는 직업과 직장, 배우자와 자녀, 집, 자동차 등 여러 종류의 소유물을 획득하게 된다. 이 때 인생의 목적은 명예, 돈, 성공, 지위이기 때문에 과업지향적 행동, 즉 경쟁과 노력을 기울인다.

성숙기는 35~40세 정도가 되어야 시작된다. 이 연령의 시기는 중년기 위기의 시기로, 이전의 만족스럽고 자신의 목표를 성취했더라도 이 시기가 되면 심한 정서적인 대격변으로 고통을 받게 된다. 즉, 성공, 성취 등 물질적인 측면을 위해 그 동안 노력을 기울였던 만큼 내면의 의미있는 측면인 영적 차원을 방치해 두었기 때문이다. 이 영적 차원이란 돈, 지위, 권력, 소유 등의 욕구로 인해 간과되어졌던 비물질적인 가치들을 말하는데, 예를 들어 우정, 정서적인 온정, 공유감, 친밀감, 이타주의 사랑 등이 포함된다. 이런 영적으로 무너진 것 같은 느낌으로 인해 이 시기에는 지금까지 중요하게 여겼던 모든 물질적인 것이 갑자기 가치 없는 것으로 느껴지게 되고 자신이 물질적인 이면의 것을 방치해 두었다는 통찰을 얻게 된다. 따라서 이런 고통과 통찰을 통해 이제 두 측면을 통합시키려는 노력을 하게 되고 이런 노력 끝에 점차 성격이 통합되어 간다. 융은 이것을 **개성화(individuation)** 과정이라고 불렀다. 이렇게 됨으로써 진정한 의미의 인간, 즉 성숙이 이루어진다.

노년기는 인생의 저녁에 해당되는 시기로 존재의 끝이라는 사실과 직면하게 된다. 이때가 되면 '냉혹한 내적 과정이 인생의 축소를 강요하게 한다.' 따라서 이때의 과업은 내적 세계에 초점을 맞추고 영적인 것으로 관심을 기울여 집단적 무의식으로 다시 개입되는 준비를 해야 한다.

2 행동주의적 접근

행동주의 이론은 인간행동의 대부분은 학습되거나 학습에 의해 수정된다는 기본전제에 근거를 두기 때문에 학습이론이라고도 불린다. 이러한 이론에서는 인지, 감각, 의지, 본능과 같은 개념은 내성적이며 관념적인 것들로서 과학적 연구의 대상이 될 수 없다고 보고 자극과 반응에 의해 학습 및 수정되는 직접 관찰 가능한 인간행동에 초점을 두었다(이성진, 1995). 대표적인 이론가로는 파블로브, 스키너, 반두라 등이 있다.

(1) 파블로브의 고전적 조건형성이론

파블로브(1849~1936)

출처: http://www.answers.com/topic/ivan-pavlov

파블로브(Ivan Pavlov; 1849~1936)는 학습상태가 이루어지는 방법을 조건반사를 이용하여 과학적으로 설명함으로써 학습이론의 초석을 마련하였다. 그의 업적을 인간의 발달과정에 적용해보면 첫째, 학습은 환경의 자극과 그 자극에 대한 유기체의 반응이 어떠한가에 의해 지배된다. 둘째, 하나의 반응이 다른 자극으로 일반화되고 다시 다른 자극으로부터 분화되는 방식은 어떻게 한 유기체가 환경에 대한 다면적인 관계에서 점차적으로 복합적으로 되어가는가를 설명해준다. 그러나 그의 이론은 선천적인 반응에 주로 초점을 둔 것으로 인간의 감정이나 행동을 설명하는 데에는 한계가 있다는 비판을 받고 있다.

개의 타액분비에 대한 연구를 하는 도중 음식과 관련된 자극들이 타액을 분비하도록 유도한다는 것을 발견한 파블로브는 개에게 먹이를 주기 전에 종을 울리는 과정을 반복하였다. 그 결과, 나중에는 종소리만 듣고도 개가 침을 흘리는 현상을 보였는데, 이를 고전적 조건형성이라고 한다. 여기서 음식은 무조건 자극(unconditioned stimulus)으로서 사전학습이나 경험없이 반응을 일으키는 자극을 말한다. 타액분비는 무조건 반응(unconditioned response)으로서 무조건 자극에 대한 반응이다. 이후 음식을 줄 때 중립 자극인 종소리를 함께 들려주면 나중에는 종소리만 들어도 타액을 분비하게 되는데, 이 때 종소리를 조건 자극(conditioned stimulus)라고 하고 타액분비는 조건 반응(conditioned response)라고 한다.

행동의 조건반응의 강도에 영향을 주는 요인들로는 강화와 소멸, 자발적 회복, 자극일반화와 자극변별화가 있다.

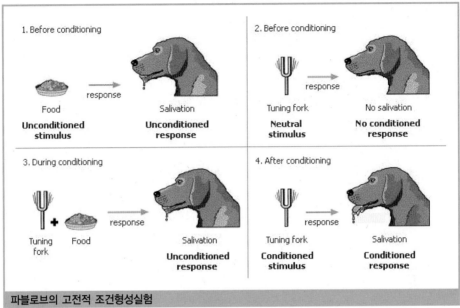

파블로브의 고전적 조건형성실험

출처: http://www.skewsme.com/behavior.html

표 3-4 ● 고전적 조건형성의 영향요인

요인	내용
강화(Reinforcement)	한 행동에 뒤따르는 자극사건이 그 행동을 다시 일으킬 가능성을 증가시키는 요인
소멸(Extinction)	조건형성이 한 번 이루어진 후 조건자극만을 계속 제시했을 때 그 효과가 사라진다. 예를 들어, 종소리만 계속 들었을 때 나중에 침을 흘리지 않게 된다.
자발적 회복 (Spontaneous Recovery)	소멸 후 상당한 시간이 지난 다음 조건 자극을 다시 제시하면 조건반응이 일시적으로 다시 나타난다.
자극일반화 (Stimulus Generalization)	원래의 자극과 유사한 조건자극에 의해 조건반응하는 것을 의미한다. 종소리에 타액을 분비하도록 조건형성된 개가 비슷한 음조의 다른 종소리에도 타액을 분비하는 경우이다.
자극변별화 (Stimulus Differentiation)	자극일반화에 대한 보완적인 과정으로, 어떤 자극이 다른 자극과 변별되는 경우를 말한다. 예를 들어, 어두운 곳에서 공포를 느끼는 사람이 극장과 같은 특정한 어두운 장소에서는 공포를 느끼지 않을 때이다.

출처: 정복희, 2007

(2) 스키너의 조작적 조건형성이론

스키너(1904~1990)

출처: http://www.facade.com/
celebrity/B_F_Skinner

스키너(Skinner, 1904~1990)는 고전적 조건형성이 인간의 어떤 행동은 설명할 수 있지만, 보다 복잡한 행동을 설명하는 데에는 조작적 조건형성이 더 적합하다고 보았다. 하나의 행동은 어떤 결과가 뒤따르고 그 결과의 특성은 유기체가 미래에 그 행위를 되풀이하는 경향을 조정한다. 조작적 행동은 유기체가 원하는 결과를 만들어내는 데 도구적이기 때문에 도구적 조건형성 또는 조작적 조건형성이라고 한다. 반응의 결과가 유익하다면 조작행동이 미래에 출현될 가능성은 증가한다. 이렇게 되면 그 결과는 강화되었다고 하며 강화에 의해 영향을 받은 조작행동은 조건화된다. 따라서 조작행동은 부정적 강화나 혐오자극의 결과에 의해 조절될 수 있다.

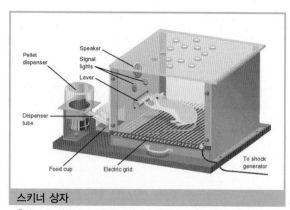

스키너 상자

출처: http://web.syr.edu/~ejmietz/emily/operant%20conditioning.htm

조작적 조건화의 중요성은 모든 다른 조건이 동일하다면 강화된 행동은 반복되는 경향이 있으며, 반면 비강화되거나 처벌받은 행동은 반복되지 않거나 소멸되는 경향이 있다는 사실에 근거한다. 따라서 여기에서는 **강화(reinforcement)**의 개념이 중요하다. 즉 어떤 행동을 다시 발생하도록 만드는 과정을 '강화'라고 하며, 어떤 행동이 다시 발생할 가능성을 증가시키는 자극을 강화인이라고 한다. 강화인은 긍정적일 수도 있고 부정적일 수도 있다. 긍정적 강화는 행동이 수행된 후에 강화하는 자극이 제시되는 것이며, 부정적 강화는 한 행동에 수반되는 불쾌한 자극을 없애주는 것으로, 두 경우 모두 행동의 반복 경향성을 증가시킨다.

　조작적 행동이 습득되고 유지되는 비율은 시행된 강화 스케줄에 의해 결정되는데, 강화스케줄은 강화가 전달되는 조건을 나타낸다. 그 유형을 살펴보면, 첫째 고정비율 스케줄에서는 유기체가 미리 결정해 놓은 고정된 수의 반응을 수행한 후에만 강화가 주어진다(예, 성과급). 둘째, 고정간격 스케줄은 유기체의 반응률에 관계없이 이전의 강화 이후 어떤 고정된 기간이 경과한 후에만 제공되는 강화이다(예, 일당, 주급, 월급, 중간 및 기말시험). 셋째, 변동비율 스케줄은 강화를 받는 데 필요한 반응의 수가 어떤 정해진 평균치 주위에서 무선적으로 변할 때이다(예, 도박). 마지막으로 변동간격 스케줄은 강화가 일정한 시간 간격에 따라 일어나지만 강화 사이의 간격이 불규칙적이어서 예측할 수 없는 경우이다(예, 쪽지시험).

스키너의 이론을 적용한 행동수정 기법은 문제행동을 바람직한 행동으로 대체하는 데 효과가 있는데, 정서적 문제 중 대부분은 바람직하지 못한 행동이 우연히 강화되었기 때문이다. 따라서 행동이 학습되었다면 다시 재학습을 통해 행동을 수정할 수 있는 것이다.

(3) 반두라의 인지적 사회학습이론

알버트 반두라(1925~)

출처: http://www.emory.edu/
EDUCATION/mfp/bandurabio.
html

파블로브나 스키너와는 달리 인간을 대상으로 연구를 한 반두라(Bandura, 1925~)는 인지발달에서 사회적, 정서적, 동기적 측면을 고려하였고, 관찰학습과 상징적 표상을 통해 인간을 이해하는 데 기여했다. 그의 이론은 공격성, 성역할, 감정이입, 친사회적 행동에 대한 분야에 많은 영향을 주었으며, 자기효능감에 대한 이해를 넓혔다. 여기에서는 반두라 이론의 주요개념인 관찰학습, 상호결정론, 자기효능감에 대해 살펴보고자 한다.

먼저 관찰학습은 다른 사람의 행동에 대한 관찰을 통해 이루어지는 학습으로, 모방학습 또는 모델링 학습이라고도 한다. 관찰학습에는 주의, 기억, 운동재생, 동기유발의 4가지 과정이 필요하며, 이 중 한 과정이라도 빠지게 되면 성공적인 모방이 이루어지지 않는다.

주의집중과정 ➡	기억과정 ➡	운동재생과정 ➡	동기적 과정
모델의 행동에 집중하고 정확하게 지각한다.	이전에 관찰된 모델의 행동을 기억한다(장기간 보유).	모델의 행동을 상징적으로 부호화해서 기억한 것을 새로운 반응유형으로 전환한다.	만약 정적 강화(외적, 대리적, 자기강화)가 주어지게 되면 모델의 행동을 수행한다.

관찰학습의 과정

사회학습이론에서는 초기 행동주의의 가정에서 벗어나 발달과정을 개인과 환경 간의 상호성으로 보는 양방향성으로 가정한다. 이를 상호결정론이라고 하는데, 인간의 행동을 행동적, 인지적, 환경적 영향력 간의 끊임없는 상호작용으로 이해하는 것이다. 이러한 가정은 인간의 인지과정을 강조하며, 인간은 능동적 행위자이며, 행동은 상황에 따라 달라질 수 있으며, 보상이 없어도 복잡한 유형의 행동학습이 가능하다는 점을 강조하고 있다.

　　자기효능감(self-efficacy)이란 자신이 어떤 일을 잘 해낼 수 있다는 신념으로서 효능감이 높은 사람은 자신이 믿고 있는 능력에 따라 타인의 행동을 모방하기도 하고 회피하기도 한다. 따라서 자기효능감이 높은 사람은 삶에서 오는 좌절이나 불공평, 난관에 부딪쳤을 때 희망을 잃지 않고 역경을 헤치며 살아갈 수 있다는 점에서 그 중요성이 크다. 자기효능감은 기본적으로 4가지 요인에 의해 결정된다. 첫째, 실제 수행으로, 과제를 성공적으로 경험하게 되면 자기효능감이 증대되지만, 계속 실패하게 되면 자기효능감이 떨어진다. 둘째, 대리경험으로, 다른 사람이 어떤 과제를 성공적으로 수행하는 것을 보면 자신도 그렇게 할 수 있다고 생각하는 경향이 있다. 셋째, 타인의 격려나 칭찬이다. 넷째, 생리적 신호로, 어떤 과제를 할 때 신체적으로 피로하거나 긴장을 하게 되면 그 과제가 어렵다고 해석하기 쉽다.

3 인본주의적 접근

　　정신분석과 행동주의 두 입장에 비판하면서 인간의 자유의지를 강조하는 학자들을 중심으로 제3의 세력인 인본주의 심리학이 탄생되었다. 인본주의는 근본적으로 인간 본성을 선하다고 보며, 인간을 자신의 문제들을 해결하고 잠재력을 실현하고 긍정적으로 자신을 변화시킬 능력을 가진 자율적 존재로 본다. 인본주의적 관점은 현상학과 실존주의를 바탕으로 인간의 가치와 자유의지를 강조하는 입장이다. 대표 이론으로 로저스의 인간중심이론과 매슬로우의 욕구위계이론, 그리고 프랭클의 실존철학이 있다.

(1) 로저스의 인간중심이론

칼 로저스(1902~1987)

출처: http://www.islandnet.com/
~rcarr/profile.html

　　로저스(Rogers, 1902~1987)는 인간본질의 가장 깊숙한 핵심은 근본적으로 합목적적이며, 전진적이고, 건설적이며 현실적이고 아주 신뢰할 만한 것이라고 보았다. 그리고 인간의 가장 깊은 수준에 존재하는 강한 긍정적 지향의 경향이 있음을 발견하였는데, 즉 인간은 분화, 자기책임감, 협동과 성숙의 방향으로 나타나는 선천적 경향을 가지고 있다는 것이다. 로저스도 인간이 때때로 비정한 살인의 감정, 이상적 충동, 기묘하고도 반사회적인 행동을 나타낸다고 동의했으나, 인간이 그들의 진실된 내부의 본성에서 우러나 그렇게 행동하는 것은 아니라고 주장한다. 따라서 인간이 완전히 제 기능을 발휘할 때, 자유롭게 자신의 내적 본질을 경험하고 만족할 때, 인간은 그들 자신과 다른 사람들과 조화하여 살아갈 수 있는 긍정적이고 합리적인 피조물이 된다고 보았다.

　　로저스에 의하면 인간은 자신이 사건을 어떻게 지각하여 해석하였는지에 따라 그 사건에 반응한다. 다시 말해 인간은 현재 존재하며 환경을 지각하는 실존인물로서 그의 환경과의 관계성을 파악하는데, 현재 행위에 영향을 미치는 것은 과거 경험의 사실적 존재가 아니라 과거 경험에 대한 현재적 해석이다. 따라서 인간행동을 최대한 이해하기 위해서는 인간의 내적 준거체계를 관찰하고, 성격을 '현재-미래'의 틀 속에서 이해하는 것이 필요하다.

　　자기(self)는 로저스 이론의 기본개념 중 하나로, 개인의 현상적 혹은 지각적 장의 분화된 부분이며, '나'에 대한 의식적 지각과 가치를 포함한다. 자기개념은 현재 자기가 어떤 인간인가에 대한 개인의 개념을 나타내는 것으로, 개인이 자신에 대해 인지하는 특성들의 집합이다. 여기에는 존재의 인식으로 현재의 자기 모습을 지각하는 현실적 자기와 기능의 인식으로 되어야 하고 또 되고자 생각하는 자기 이상적 자기가 있다. 이 두 자기간의 불일치는 심한 부적응과 정신병리를 의미한다.

　　자기개념은 유기체적 가치화 과정에 의해 이루어지는데, 유기체적 가치화 과정은 자기를 유지시키거나 향상시키는 것으로, 지각된 경험들을 더욱 추구하고 긍정적으로 평가한다. 개인은 이러한 긍정적 경험으로부터 만족감을 얻는다. 반대로 자기보존이나 증진을 부정하거나 반대하는 것으로 인식된 경험들은 부정적으로 평가되어 피하게 된다. 유기체적 가치화 과정은 인간으로 하여금 그들의 기본적 자기실현 경향을 용이케 하거나 또는 방해한다는 관점에서 모든 경험을 평가하게 한다. 따라서 자연히 자기실현을 경험하게 해주는 것은 접근하고 그렇지 않은 것은 회피한다. 결과적으로 자기의 구조는 환경과의 상호작용을 통해 형성되고 특히 그 환경이란 중요한 사람(예, 부모 형제 등)으로 구성되므로, 대체로 인간의 자기개념의 내용은 사회적 산물이다.

　　로저스가 생각하는 이상적인 인간상은 자기실현(self-actualization)을 이룬 사람이라고 할 수 있는데, 자기실현은 완전의 최종단계가 아니라 과정이다. 자기실현을 이룬 사람들은 진정한 자기 자신이 되어 '충분히 기능하는 사람(The fully function-ing person)'이 된다. 이 사람들의 특징은 경험에 대해 개방적이며, 실존적인 삶을 살고, 자신을 신뢰하며, 자신이 선택한 인생을 자유스럽게 살아간다. 또한 제한된 삶보다는 더 폭넓고 다채롭고 풍부하게 인생을 경험한다. 이에 대해서는 뒤에서 자세히 다룰 것이다.

(2) 매슬로우의 욕구위계이론

매슬로우(Maslow, 1908~1980)는 인본주의의 옹호자였다. 인본주의는 인간의 긍정적 특징들에 초점을 맞추고 있으며, 인간은 자아실현능력, 즉 창조적이 되려는 노력을 이해함으로써 언젠가 자신의 잠재력을 실현할 수 있다는 관점을 갖고 있다. 여기

**아브라함 매슬로우
(1908~1980)**

출처: http://www.arches.uga.
edu/~evces

에는 인간은 자신의 운명을 스스로 만들어나감으로써 자신의 행동과 경험을 결정하고 자유롭게 선택하는 의식을 지닌 존재라는 의미가 내포되어 있다. 또한 인간은 역경을 통해 우리의 삶을 가치있게 해주는 그 무엇인가에 도전하고, 항상 무엇인가 다른 존재가 되려고 하는 과정 중에 있다.

매슬로우에 따르면, 인간은 삶에 의미와 만족을 주는 일련의 선천적 욕구들에 의해서 동기화된다. 한 가지 욕구가 충족되는 순간에 다른 욕구가 만족을 요구하기 때문이다. 이런 욕구들은 서열적으로 배열되어 있다. 이 위계의 제일 밑 단계에 있는 욕구들은 생리적인 것이고, 이들이 충족되어야 신체적 안전을 포함한 다음 층의 욕구들이 추구될 수 있다. 욕구들을 보면 다음과 같다.

① 생리적 욕구

생리적 욕구(physiological needs)는 음식, 물, 성, 수면, 배설의 욕구들로, 생존을 위해 필수적인 것이다. 모든 욕구 중에서 가장 강렬하며, 다음 단계의 욕구들은 이 욕구들이 대체로 만족되어야만 요구될 수 있다. 물론 우리가 배고픔이나 갈증을 참고 견딜 때도 있지만, 이런 생리적 욕구들이 줄곧 만족되지 못하고 있으면 우리는 보다 높은 단계로 나아가지 못할 것이다.

② 안전의 욕구

안전의 욕구(safety needs)는 구조, 안전, 질서, 고통회피, 보호 등에 대한 욕구들을 말한다. 저축을 하고 안정된 직장을 얻는 것 등이 예가 된다. 이런 욕구들은 어린아이들에서, 그리고 항상 위험이 다가온다고 느끼는 신경증 환자들에게서 특히 중요하다.

③ 사랑과 소속의 욕구

일단 생리적 및 안전의 욕구들이 보장되면, 남들과 어울리고 애정을 나누고 싶은 욕구가 중요해진다. **사랑과 소속의 욕구(love and belongingness needs)**는 강력한 동기로, 특정한 사람들과 친밀한 관계를 맺고 어떤 집단에 소속되고자 하는 욕망으로 표현된다. 그러나 불행히도 도시화, 관료주의, 가족유대의 쇠퇴 등과 같은 현대사회의 몇 가지 특징들이 이 욕구의 만족을 엄청나게 저해하고 있다. 이 결과로 소외감이 발생하고, 이는 참만남 집단이나 심리치료 등을 유행하게 만든 한 가지 이유가 된다.

④ 존중의 욕구

존중의 욕구(self-esteem needs)는 자기 자신과 남들로부터 존경받고 싶어하는 욕구들을 말한다. 인간은 스스로를 능력있고 가치있는 사람이라고 느끼고 싶어한다. 동시에 남들이 자신의 가치와 능력을 인정해 줄 것을 요구한다. 따라서 기술을 습득하고 맡은 일을 훌륭히 해내고 작은 성취나 성공을 통해서, 그리고 다른 사람들로부터 긍정적인 평가를 들음으로써 이 욕구가 충족된다. 그러나 자신이나 타인들에게 받아들여질 수 없을 때 우리는 열등감을 느끼고 낙담하게 된다.

⑤ 자기실현의 욕구

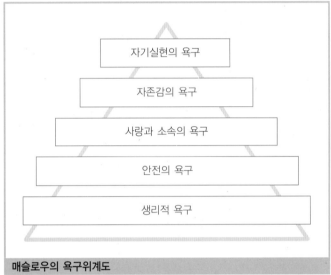

매슬로우의 욕구위계도

출처: http://www.businessballs.com/maslow.htm

앞에 열거한 모든 욕구들을 대체적으로 만족시킨 소수의 비범한 사람들은 자기실현의 욕구(self-actualization needs)를 추구한다. 이런 사람은 자신의 잠재력을 성취하고자 하며 자신이 될 수 있는 모든 것이 되고자 한다. 이들은 자신의 능력과 재능을 최대한 활용하는 성숙하고 건강한 사람이다. 매슬로우에 의하면 누구나 다 자기실현의 욕구를 가지고 있지만, 자신의 잠재력에 대해 알지 못하고, 사회적 환경으로 인해, 그리고 안전욕구가 가져다 주는 강한 부정적 영향 때문에 대부분의 사람들은 이 욕구를 실현하지 못한다고 하였다.

좌로부터 토마스 제퍼슨, 엘리노어 루즈벨트, 아브라함 링컨

출처: http://adabyron.net/images?N=D
http://www.sonofthesouth.net/slavery/abraham-lincoln/abraham-lincoln-speech-debate.htm
http://johngushue.typepad.com/blog/2007/02

표 3-5 ● 매슬로우가 본 자기실현한 사람들의 15가지 특징

1. 효율적인 현실판단을 하며, 불확실성과 모호성을 잘 수용한다.
2. 자기나 타인을 있는 그대로 받아들인다.
3. 자발적으로 행동한다.
4. 문제중심으로 사고하며 중요한 목표가 있다.
5. 사생활을 중시하며, 혼자 있는 것도 꺼려하지 않는다.
6. 환경에 의존하지 않고 자율적으로 행동한다.
7. 반복되는 경험조차도 새롭게 평가한다.
8. 가끔은 황홀한 느낌에 빠진다.
9. 공동체의식이 있다.
10. 몇 사람과 깊은 대인관계를 갖는다.
11. 고정관념으로 사람을 판단하지 않는다.
12. 수단과 목표를 구별한다.
13. 유머가 있다.
14. 창의성이 있다.
15. 특정 문화에 집착하지 않는다.

출처: 박지영, 유쾌한 심리학, 2006

(3) 프랭클의 실존철학

신경학자이며 정신과 의사였던 빅터 프랭클(Victor Emil Frankl, 1905~1997)은 1942년에서 1945년까지 아우슈비츠 수용소의 유태인 포로로 혹독한 경험을 한 뒤 인간존재를 위해 의미에의 의지를 중요시하는 의미치료(logotherapy)라는 이론을 만들었다. 의미치료란 삶의 의미를 찾기 위한 독특한 치료기법일 뿐만 아니라 실존의 의미와 의미를 찾고자 하는 인간의 욕구를 다루는 이론이다(이혜성, 2007).

의미치료에서 보는 인간의 본성은 의지의 자유(freedom of will), 의미에의 의지(will to meaning), 삶의 의미(meaning of life)의 세 가지로 구성되어 있다. 다시 말하면, 인간은 외부 세력이나 환경에 무감각하지는 않지만 그 힘을 다룰 입장을 정하는 것은 인간의 자유이다. 또한 의미에의 의지와 삶의 의미는 실존의 목적을 받쳐줄 의미를 끊임없이 구하는 우리의 욕구로서 자신을 초월하여 대의나 다른 사람을 위해 자신을 내어줄수록 인간은 좀 더 인간다워지는 것이다.

삶의 의미가 결여되어 있는 상태는 일종의 신경증으로 이 상태는 무의미, 무의도, 무목적, 공허감의 특징을 갖고 있다. 이러한 실존적 진공(existential vacuum) 상태는 첫째로, 인간이 하등동물에서 진화한 뒤 자연과 연결시켜주는 자연적 욕구와 본능을 잃은 결과이며, 둘째로 20세기 후반 인간의 행동을 규정해줄 습속, 전통, 가치를 거의 갖지 못한 결과에서 비롯된 것이다.

프랭클에 의하면 삶의 의미는 창조적 작업을 통해, 세상의 경험의 통해, 그리고 고통에 대해 갖는 태도에 의해 이루어지는데, 이 방법들은 가치라는 포괄적 개념으로 설명된다. 인간은 자신이 처한 환경에 적응하기 위해 다양하고 융통성 있는 가치를 형성하며, 일생동안 가치문제를 끊임없이 염두에 두고 상황마다 삶에 의미를 주는 어떤 것을 찾아야 한다.

창조적 가치는 창조적이고 생산적인 활동 속에서 인식되는 것으로, 생활영역 전반에서 표현된다. 이는 자기를 표현하는 실제작품이나 상상을 만들어냄으로써 혹은 다른 사람에게 봉사함으로써 삶에 의미를 준다. 반면 경험적 가치는 세상을 수용하는데서 생긴다. 자연이나 예술세계에 몰입하면서 그 순간 삶의 의미를 가질 수 있는데, 그러한 순간들이 얼마나 많이 있었는지 그리고 그 순간에 얼마나 오래 머물렀는지보다는 그 순간을 얼마나 강렬하게 느꼈는가가 삶의 의미를 부여하는 데 결정적인 역할을 한다.

켄 윌버(1949~)

출처: http://www.spiritualityinthe-modernworld.com/teachers.html

창조적 가치와 경험적 가치가 풍부하고 완전하며 긍정적인 인생의 풍요로움을 다루고 있다면, 태도적 가치는 가장 음울하고 절망적인 상황에서 의미를 발견하는 것을 말한다. 태도적 가치를 필요로 하는 상황은 인간이 변화시키거나 피할 수 없는, 즉 인간의 힘으로는 어떻게 할 수 없는 상황 속이다. 이러한 극한의 고통 속에서도 인간은 실존의 의미와 목적을 가질 수 있으며, 삶의 마지막 순간까지도 삶의 의미를 지속시킬 수 있는 것이다.

프랭클의 이론은 자기를 초월하는 것을 강조한다는 점에서 볼 때 자기를 찾고 실현하고자 하는 욕구를 강조하는 매슬로우의 이론과 다소 차이가 있으며, 이후 제4심리학적 흐름을 이끄는 켄 윌버(Ken Wilber)의 초개인주의적 접근과 연결되는 부분이 있다.

4 초개인주의 심리학적 접근

1970년대부터 나타나기 시작한 초개인주의 심리학(transpersonal psychology) 또는 자아초월 심리학은 제3심리학을 보다 발전시킨 심리학으로, 여기에서는 인간의 실존에는 불안이나 절망이 따르기 때문에 행복한 상태라고 볼 수 없으며, 이를 극복하기 위해서는 인간이 자기(self)를 계속 초월시켜 나가야 한다고 주장한다.

실존주의나 인본주의적 접근과 같은 제3세력의 심리학은 자기개발, 자기성장, 자기실현을 목표로 두었지만, 초개인주의 심리학은 인간의 마음과 우주적 삶의 원리에 대한 보다 광범위한 연관성을 연구하며, 인간의 최고의 욕구이자 경지인 자기초월의 경지를 인정하고 수용하며 실현하는 것을 목표로 하고 있다.

여기서 자기초월이라는 개념은 두 가지의 측면으로 살펴볼 수 있는데, 그 하나는 개인성을 수직으로 초월한다는 의미이고, 다른 하나의 측면은 개인성을 횡단해 가는 의미로서 관계성이 넓어지고 집단과 사회에로의 관계가 넓어지는, 즉 타인이나 조직, 집단, 사회와의 협동과 연대라는 의미를 포함한다.

먼저, 개인성을 수직으로 초월한다는 의미는 매슬로우가 말한 자기실현을 더 넘어서서 자기초월로 나아간다는 뜻이다. 이 때 자기초월은 개인을 개인되게 해주는 본질적 실체인 의식을 초월하고 의식의 확산 및 확장을 통해 외부의 그 무엇과 동일시하는 상태를 벗어나는 것이다. 따라서 초개인적 경험이란 자기가 의식하는 어떤 존재의 한계를 넘어서서 확장, 초월해나가는 경험을 말한다. 이를 위해 도가, 요가, 선, 티벳 밀교 등의 동양의 전통사상 등이 이용되고 있지만, 망아(忘我)나 자아의 소멸에만 무게를 둔 일부의 신비사상이나 동양사상의 사고방식과 구별되게 초개인주의 심리학에서는 이성이나 논리성의 중요성을 충분히 인식하면서 자아를 부정하지 않고 포괄적인 형태로 우주의식의 각성이나 자기초월에 궁극적인 목표를 두고 있다.

둘째로, 사회와의 협동 및 연대는 개인 내적인(intrapsychic) 심리학과 관계 지향적인(interpsychic) 심리학의 통합으로, 개인중심의 심리학과 관계성·사회성으로 개인의 관심을 돌리는 심리학의 통합, 즉 심리학의 범위를 넘어선 관점을 포함하고 있다.

아직 초개인주의 심리학은 발달의 과정에 있고, 확실하게 정의를 내리기에 충분할 정도로 결정적이지는 않지만 그 속에 함축된 의미는 건강과 행복, 그리고 의식과 밀접한 관계를 가지고 있는 것으로 요약될 수 있다.

초개인주의 심리학에서는 인간의 정신세계를 신체와 정신으로 양분하지 않고, 신체를 인간의식 체계 속에 포함시켜 인간 의식의 범위를 다루고 있다. 이 자아초월 심리학에서 다루는 인간존재 내지는 인간성의 구성요소를 켄 윌버(Ken Wilber)가 말하는 의식의 스펙트럼을 인용하여 설명하면 다음과 같다.

기본적인 하나의 구조(또는 수준)가 장기적으로 나타나고 발달함에 따라서 자아(self)는 그 구조나 수준(육체적 자아, 정성-신체적 자아, 정신적 자아 등등)들과 동일시 할 수 있다. 일단 어떤 기본적인 구조와 동일시를 하게 되면, 자아(self)나 자아의 충동(drive)은 전체적인 복합체를 통합하고 조직하려고 할 것이다. 어떤 기초적인 구조와의 이러한 초기 동일시는 정상적이고 필요하며 단계에 적절한 것이고, 그 기본구조에 의해 통합되고 지지되는 특별한 자아-단계를 발생시킨다. 만약 중심 자아의 기본 구조적 발달의 위계가 상승한다면 결과적으로 다음의 상위구조와 동일시하기 위하여 현재의 기본구조와의 배타적인 동일시를 없애고 무시해야만 한다. 하지만 기본구조는 의식에 필요한 구조로서 여전히 존재하고 있다. 즉 상위구조는 하위구조를 포괄한다는 것이다(Wilber, 1986). 이러한 성장은 방어적 위축이 없어지고, 지각의 왜곡이 줄어들 때 일어난다.

표 3-6 ● 초개인주의 심리학의 의식발달모델

인간의식의 물질 수준 (그림자 수준)	이 수준은 문자 그대로 생명체 내에 존재하는 물질적 공통점이라 할 수 있는데, 이는 우리 자신의 신체적 몸을 구성하고 있는 물질로서, 물리적 법칙에 따르는 의식수준이다. 최소한의 의식이 내재함에도 불구하고 실제로는 의식이 없는 수준이라 할 수 있다.
육체의 수준 (자아 수준)	이 수준은 감정이 작용하기 시작하는 의식수준으로, 식욕, 성욕 및 물욕 등 소유욕과 생명력을 유지시키는 동물적인 수준의 의식인 바, 말하자면 생물학의 원리에 귀속되는 의식의 수준이다.
마음의 수준 (실존적 수준)	이 수준은 인간의 생명체 내에 존재하는 의식의 합리적이고 이성적이며, 따라서 언어로 표현되거나 상징화될 수 있는 의식수준으로, 소위 자아가 중심이 되어 자아실현에 이르도록 활동하는 부면이다. 이 부면은 사회적 접근의 일환인 심리학으로 연구되는 의식에 해당된다.
영혼의 수준 (영혼의 인성 수준)	이 수준은 인체 내부에 존재하는 협의의 영혼으로 볼 수 있다. 마음이 더욱 성숙하게 됨으로써, 이른바 달관의 경지에 이른 상태에서 직관적이고도 원형적인 내용을 이해하는 의식단계로 규정한 것인데, 이는 인간의식의 진수로서 파괴되지 않는 진리와 일치되는 의식수준을 의미한다. 이 수준은 자아를 분리해서 없애버리고 흔적정신을 초월시켜 절대적인 영적 수준으로 이끌어 주는 궁극적 동일성(supreme identity)에 속하는 바, 개인의식의 성장에 있어서 최고의 수준이라 할 수 있다. 이 수준은 완전한 해탈에 이르기 직전 단계의 의식수준으로 설명할 수 있으며, 신학(theology)에 의해 추구될 수 있는 분야에 해당된다.
영적인 수준 (영혼의 신성 수준)	이 수준의 의식은 광의의 영혼의 일부이지만, 흔적 정신이 더욱 진화하여 자아 및 인간성을 초월한 절정에 이르게 된 수준을 의미한다. 이러한 근원적인 영적 의식은 완전한 깨달음에 도달한 상태로서, 광대무변의 비어 있는 공간(空) 속에 투명하게 존재하는 광휘, 곧 신성과 합치하는 절정에 도달한 의식수준을 가리킨다. 그러한 초월한 영적 의식이라고 해서 어떤 특정한 정점에 위치한 것이 아니고, 우주 삼라만상에 내재해 있으면서 동시에 체계를 벗어남으로써 존재의 그러함(suchness)이라는 상태 또는 있음(isness)이라는, 말하자면 무소부재의 존재에 해당한다. 하늘과 땅, 우주가 파괴되더라도 이 영성은 존재한다는 그러한 신성에 해당되는 의식수준인 것이다. 이러한 경지는 정관적(靜觀的) 신비주의에서 탐구되어 온 인간의식의 추구 역사의 한 분야이기도 하다.

출처: Ken Wilber, 2006

2 건강한 성격

1 건강한 성격의 의미

보다 건전한 생활을 위해서는 성격적 변인이 차지하는 비중이 크다. 여기에는 지혜와 지식, 용기, 사랑, 정의, 자제력, 그리고 탁월성이 포함된다. 지혜와 지식은 지식의 습득과 활용에 필요한 인지적 자원으로 창의성, 호기심, 판단과 비판적 사고, 학습 선호, 조망능력의 자원을 말하며, 용기는 내외적으로 자기의 의사와 상반되는 일에 직면했을 때 그것을 극복하겠다는 정서적 자원으로, 용맹성, 근면과 인내, 진실성, 생기 넘치고 모험적인 삶을 사는 것이다. 사랑은 좋은 대인관계와 깊은 우정으로서 친근성, 친절, 사회적 지능이 포함된다. 정의는 건전한 지역사회 생활요인으로서 팀워크, 공정성, 리더십 등이 포함된다. 한편 자제력은 과도한 행동을 삼가는 힘으로 용서와 자비, 겸손과 비하, 신중함, 자아통제와 자기제어라는 특징을 갖는다. 마지막으로 탁월성은 의미를 추구하는 요인으로서 감사하는 마음과 희망, 즐거움, 영성적인 측면을 갖는다(Peterson & Seligman, 2004).

지금까지 살펴본 인간이해의 심리학적 접근을 종합해보면 건강한 성격은 적응상의 문제를 없애는 것뿐만 아니라 자신의 잠재가능성을 충분히 발휘하고 나아가 자신을 넘어서 우주적 원리를 추구하려는 노력과 태도가 포함된다는 것을 알 수 있다.

여러 심리학자들이 자신들의 관점에 따라 건강한 성격에 대해 다양한 정의와 구성요소들을 제시하고 있지만, 공통적으로 동의하는 특징으로는 첫째, 건강한 성격을 지닌 사람들은 자신과 타인의 강점과 약점을 객관적으로 인식하고 이를 관대하게 수용한다. 완전함이란 불가능하다는 것을 인정하고, 현실을 있는 그대로 정확하게 지각하고 더불어 문제를 해결할 수 있는 적절한 기술을 겸비하고 있다.

둘째, 건강한 성격의 소유자는 현실적이지 못한 경직되고 융통성 없는 목표설정에 매달리지 않고 실현가능한 목표, 즉 현실적 지각에 기초한 목표와 동기를 갖고 있다. 잘 동기화된 사람은 매순간 최선을 다하며 역경이나 난관에 봉착해도 이에 굴하지 않고 지속적으로 이를 헤쳐 나갈 수 있는 힘을 갖고 있다. 이러한 힘은 인생의 목적, 즉 의미가 부여된 동기에서 나온다. 통합능력, 책임감과 더불어 어느 정도의 자기초월로서 인간의 한계를 넘어서는 삶을 살 수 있는 것도 분명하게 동기부여된 목표와 낙천적인 신념에서 나오는 것이다.

셋째, 건강한 성격을 가진 사람은 인간으로서 갖고 있는 모든 감정에 개방적이며 나아가 이 감정들을 적절히 표현할 줄 안다. 인간에게는 희노애락애오욕(喜怒哀樂愛惡慾)이라는 기본감정들이 있다. 이 모든 감정들은 인간이라면 누구나 느끼는 것들이지만, 사람들은 이러한 감정들을 억압하며 사는 경우가 많다. 이렇게 되면 인간은 전체성을 이루지 못하고 부분적인 삶만을 살게 된다. 따라서 건강한 성격을 가진 사람은 모든 감정들을 어느 한쪽에 치우치지 않고 조화롭게 조절하면서 이를 통해 풍요로운 삶을 산다.

넷째, 건강한 성격의 소유자들은 민주시민의 자질로서 용기, 자아존중감, 책임감, 협동감을 갖고 있다. 용기를 가짐으로써 어려움에 좌절하지 않고 실패를 극복하며 노력하고 도전하며, 도전과제에 맞서 성공할 수 있다는 신념을 가짐으로써 성공적 경험을 유지하고 실패를 성공의 발판으로 삼는다. 또한 책임감을 가짐으로써 수많은 선택의 기로에서 자신이 결정을 내리고 그 결과를 겸허히 받아들인다. 또한 타인의 복지와 안녕에 관심을 두고 경쟁이 아닌 협동을 통해 자신이 속해 있는 사회와 더 나아가 세계와 인류와 지속적인 관계의 끈을 맺고 있다.

▌2 건강한 성격의 특성

각 심리학적 접근에서 제시하는 건강한 성격의 특성을 살펴보면 다음과 같다.

(1) 정신역동적 접근

① 사랑하고 일하는 능력
Freud는 사랑하고 일하는 능력을 가진 사람을 심리학적으로 건강하다고 보았다. 건강한 사람은 타인을 깊게 보살필 줄 알며 밀접한 관계를 맺고 생산적인 일을 한다. 이러한 목적을 달성하기 위해서 성적 충동은 타인과의 관계에서 표현되어질 수 있고 사회적으로 생산적인 방향으로 나아갈 수 있어야 한다.

② 자아강도
건강한 개인의 자아는 원초아의 본능을 조절하고 초자아의 비난을 견딜 수 있을 만큼 강력하다. 이들은 여러 욕구간의 갈등과 충동과 도덕간의 갈등을 무리없이 해결할 수 있을 만큼 자아가 강하다. 그러므로 그들의 부당한 죄악감이나 사회적 직책에 매이지 않고 욕구를 적절히 만족시킬 수 있다.

③ 창조적인 자기
건강한 성격을 가진 사람은 창조적인 자기(Self)를 가지고 있어서 건전하고 창조적인 행동의 방향을 제시하고 잠재력을 발달시킬 수 있도록 스스로를 돕는다.

④ 열등감에 대한 보상
우리 중 누구도 모든 것에 만족하는 사람은 아무도 없다. 우리는 좀 더 탁월한 인간관계를 통해 이러한 열등감을 보상하려 한다. 따라서 좀 더 만족스러운 생산적인 인간관계의 장을 선택하는 것이 아들러의 입장에서 본 건강한 성격을 가진 사람의 행동이다.

⑤ 긍정적인 결과

에릭슨은 심리사회발달의 각 단계에서 긍정적인 결과가 건강한 성격을 구성한다고 본다. 영아기 동안 기본적인 신뢰감을 발달시키고, 학동기동안 근면성을 발달시키며, 청소년기에서는 내가 누구이고 기대하는 것이 무엇인지에 대한 관념을 형성하게 되고 성인기 중기에서는 생산적이 되는 단계를 거치는 것이 건강한 성격을 갖게 되는 과정이라고 본다.

(2) 행동주의적 접근

행동주의자들은 성격을 직접 관찰하거나 측정할 수 없다고 보기 때문에 건강한 성격이라는 용어보다는 적응적 행동 또는 생산적 행동에 관해 언급한다. 따라서 건강한 사람은 자신의 욕구를 충족하면서 부정적인 결과는 피할 수 있는 조작적으로 습득된 기술을 가지고 있다. 행동주의 이론을 토대로 사회학습이론을 발전시킨 반두라는 건강한 성격을 관찰학습의 기회와 개인변인의 측면에서 기술하고 있다.

① 풍부한 관찰학습 기회

학습은 주로 관찰을 통해 이루어지기 때문에 다양한 모델이 제공되는 것이 바람직하며, 이런 방식으로 인간은 종합적인 사회적, 물리적 세계관을 형성할 수 있다.

② 유능성의 학습

인간은 적응하는 데 필요한 지식과 기술을 익혀야 하는데, 이러한 유능성은 관찰학습과 조작적 조건화의 연합에 의해 형성된다. 따라서 이러한 기술을 실행해보고 향상시키기 위한 정확하고 효율적인 모델과 기회가 제공되어야 한다.

③ 정확한 사건의 입력

사건을 정확하고 생산적으로 인식한다. 실패를 전체적인 무능력으로 확대해서 보지 않고, 사회적인 분노자극에 대해서도 되갚아주어야 하는 상처로 보기보다는 해결해야 할 문제로 입력한다.

④ 정확한 기대와 긍정적인 자기효능감

정확한 기대는 인간의 노력에 대한 성취가능성을 높이며, 긍정적인 자기효능감은 노력성취에 대한 도전과 지속성에 대한 동기를 높인다.

⑤ 주관적 가치

자신의 욕구와 조화될 수 있는 대상에게 주관적인 가치를 부여한다. 그래서 자신이 필요로 하는 것을 추구하고 그렇지 않은 것에는 노력을 낭비하지 않는다.

⑥ 효율적인 자기조절체계

효율적인 자기조절 체계는 개인의 수행을 촉진시키고 어려움에 적절하게 대처할 수 있게 해준다.

(3) 인본주의적 접근

로저스와 매슬로우와 같은 현상학적이고 실존주의적인 이론가들은 건강한 개인의 기능에 초점을 맞추고 있다. 그 특징들은 다음과 같다.

① 지금-여기(here & now)

건강한 성격을 가진 개인은 과거나 미래의 행복에 지나치게 얽매이지 않는다.

② 새로운 경험에 대한 개방적 태도

건강한 성격을 가진 개인은 세계와 가치에 대한 자신의 지각에 도전하려는 사고와 생활방식을 가지고 있다.

③ 자신의 감정과 생각을 표현

건강한 성격을 가진 개인은 대인관계에서 자신을 주장하고 자신의 감정에 솔직하다. 그들의 생각, 감정, 행동은 일치한다.

④ 자신의 직관을 신뢰

건강한 성격을 가진 개인은 내적인 장점을 믿고 자신의 충동을 두려워하지 않는다.

⑤ 의미있는 활동에 참여

건강한 성격을 가진 개인은 자아이상을 세우고 만족한 역할을 행하려고 노력한다. 이러한 노력은 결국 절정경험을 가지게 한다.

⑥ 인생에서의 중요한 변화를 시도할 수 있는 능력

건강한 성격을 가진 개인은 사건을 해석하는 자신만의 가치와 방식을 적절하게 발달시킨다. 따라서 위기에 봉착하면 그 사건에 참여하여 통제할 수 있게 된다.

⑦ 자신만의 독특성

건강한 성격을 지닌 사람은 자신만의 가치와 사건을 구성하는 방법을 발달시킨다. 그래서 위기에 처했을 때 그 시간에 참여하여 통제할 수 있게 된다.

표 3-7 ● 개성화되고 창조적이며 자아실현할 사람의 특성

지속적인 지적 능력의 확대

- 통합된 사람은 좀 더 깊은 통찰과 넓은 견해를 가지려고 노력한다.
- 통합된 사람은 양자택일적 사고나 정형화된 편견 없이 세계를 정확하게 인식한다.
- 통합된 사람은 좀 더 정확하게 자기 자신을 인식한다.

융통적이고 풍부한 정서적 관계형성

- 통합된 사람은 정서적인 경험에 개방적이다.
- 창조적인 사람은 자신의 정서적 반응에 융통성이 있다.
- 통합된 사람은 지금-여기(here & now)에 뿌리를 둔다.

자신의 운명을 스스로 책임지는 태도

- 창조적인 사람은 위기, 좌절, 비극에도 불구하고 꾸준히 지속해 나간다.
- 선택과정에서 창조성을 발휘한다.

초월적인 자아: 영적 차원의 행동

- 타인의 성장에 관심을 둔다.
- 창조적인 사람은 고통을 성취에 이용함으로써 초월한다.

(4) 초개인주의 심리학적 접근

개인의 최상의 심리적 건강상태가 무엇이며, 이 상태에 도달하는 과정이 무엇인지 탐구하는 학문인 초개인주의 심리학은 초개인적 상태를 최상의 심리적 건강상태로 보고, 이 상태에 도달하는 과정으로서 초개인적 경험을 중시한다.

① 자신에 대한 책임

건강한 사람은 세계 속에서 그리고 관계 속에서 자신에 대한 책임을 지는 능력을 갖고 있다. 이는 자유에 대해 각성하고 있는 상태이며 외부에서 주어지는 압력에 의해서가 아니라 스스로가 결정을 내리며, 자신이 행한 선택의 결과에 대해서도 책임을 수용하는 것을 말한다.

② 자기치유

건강한 성격을 가진 개인은 자신의 심리적, 정서적, 정신적, 영혼적 욕구를 개인적인 선호와 성향에 따라 적절하게 충족시킬 수 있으며, 자신의 내적 자원을 자극하여 자연적 치유나 성장을 지속한다. 나아가 자기를 분리하고 고립시키지 않으면서 내부의 잠재되어 있는 잠재력을 개발시켜 전일체로서의 균형된 발전을 이룩할 수 있다.

③ 자기초월

건강한 사람은 인생의 의미와 목적이 무엇인가 하는 질문에 직면하면서 자신의 역

할이나 소유, 활동, 관계와 탈동일시를 하며, 독립된 개체로서의 자기를 경험한다. 나아가 자신이 하고 있는 경험의 맥락을 인식하고 자신의 사고와 감정을 관찰할 수 있다. 모든 경험은 순수하고 불변하는 자아초월적 각성으로 유지된다.

3 적응의 실패

심리적으로 볼 때 심각한 적응실패에 의해 일어나는 증상을 정신장애라고 할 수 있다. 정신장애를 겪는 사람들은 특정한 유형의 사람들이 아니다. 정상적인 행동이 왜곡되거나 혹은 중요한 행동이 발달되지 못하고 실패함으로써 정서와 행동, 사고 등에 문제가 일어나는데, 이는 인간의 잠재력 계발을 방해하고 결국은 적응적이지 못한 상태가 되게 한다. 정상인들도 심리적인 스트레스로 인해 적응의 어려움을 얼마든지 경험할 수 있고, 일시적으로 정신장애를 앓을 수도 있다. 따라서 적절한 개입과 치료가 이루어진다면 부적응에서 벗어나 얼마든지 정상적이고 건강한 삶을 영위할 수 있다.

정신장애를 정의하는 데에는 일관된 조작적 정의가 확립되어 있지 않다. 정신장애를 진단하고 분류하는 사람들의 견해도 매우 다양하여 통합하기가 쉽지 않은 실정이다. 그럼에도 불구하고 기본적으로 정신장애는 다음과 같은 준거를 포함하고 있다. 첫째, 심한 불안, 우울, 분노와 같은 심리적 고통을 느끼긴 하지만 이를 통제하거나 해결할 수 없는 상태이다. 이러한 고통으로 인해 일상생활이나 대인관계, 직업수행에서 어려움을 겪는다. 둘째, 행동조절이 어려워 사회적으로 수용될 수 없는 행동을 빈번히 일으키는 경우이다. 주로 여러 가지 약물 중독, 폭력, 도박, 성문제와 같은 행동을 들 수 있는데, 이러한 문제들은 개인의 성격적 문제가 기저에 깔려 있는 경우가 많다. 셋째, 본인은 심리적 고통을 느끼지 못하나 정신의학적 증상분류에 명백히 해당하는 경우이다. 예를 들어 정신분열증 환자들은 자신의 불편감을 자각하거나 문제를 통찰하지 못하는 경우가 많다. 넷째, 통계적으로 정상 기준에서 벗어나 있을 때이다. 보통 하위 2% 집단에 해당된다(장연집 외, 2006).

미국 정신의학회(2000)는 이상발달로 인한 행동문제 및 심리장애의 정의로서 첫째, 공포나 슬픔과 같은 특정 정도의 고통을 보이는 경우, 둘째 행동이 신체, 정서, 인지를 포함해 중요한 기능에서 한두 가지 이상의 활동을 지속적으로 방해하거나 제한하는 경우, 셋째 이러한 고통과 장애가 죽음, 통증, 또는 심각한 자유상실과 같은 이후의 고통이나 해로움의 위험성을 증가시키는 경우를 들고 있다.

정신장애는 신체장애처럼 그 준거와 범주가 다양하고 복잡하다. 일반적으로 현대 정신의학에서는 정신장애의 진단 및 통계편람(Diagnostic and Statistical Manual of

Mental Disorders; DSM-IV-TR, 2000)의 분류체계를 사용하고 있다(표 3-8, 표 3-9 참조).

표 3-8 ● 정신장애의 진단(DSM-IV-TR, 2000)

장애	내용	장애	내용
섬망, 치매, 그리고 기억상실장애 및 기타 인지장애	• 섬망 • 치매 • 기억상실장애 • 기타 인지장애	다른 곳에 분류되지 않는 일반적인 의학적 상태로 인한 정신장애	
물질관련장애	• 알코올　• 암페타민 • 카페인　• 대마계 제제 • 환각제　• 흡입제 • 니코틴　• 아편류 • 펜사이클리딘 • 진정제, 수면제, 항불안제 • 복합물질　• 기타물질	정신분열병과 기타 정신증적 장애	• 정신분열병 • 정신분열형 장애 • 분열정동장애 • 망상장애 • 단기 정신증적 장애 • 공유 정신증적 장애 • 일반적인 의학적 상태로 인한 정신증적 장애
기분장애	• 우울장애 • 양극성 장애	해리성 장애	• 해리성 기억상실 • 해리성 둔주 • 해리성 정체감 장애 • 이인성 장애
신체형 장애	• 신체화 장애 • 감별불능 신체형 장애 • 전환장애 • 통증장애 • 건강염려증 • 신체변형 장애	다른 곳에 분류되지 않는 충동조절 장애	• 간헐적 폭발성 장애 • 병적 도벽 • 병적 방화 • 병적 도박 • 발모광
불안장애	• 광장공포증이 있는 공황장애 • 광장공포증이 없는 공황장애 • 공황장애의 과거력이 없는 광장공포증 • 특정공포증 • 사회공포증(사회불안장애) • 강박장애 • 외상후 스트레스 장애 • 급성 스트레스 장애 • 범불안 장애	성적 장애 및 성정체감(성적 동일시) 장애	• 성기능부전(성기능장애) • 성욕장애 • 성적 흥분장애 • 절정감장애 • 성교통증장애 • 일반적인 의학적 상태로 인한 성기능부진 • 변태성욕 • 성정체감 장애

(계속)

장애	내용	장애	내용
섭식장애	• 신경성 식욕부진 • 신경성 폭식증	수면장애	• 일차성(원발성) 수면장애 • 기타 정신장애관련 수면 장애
허위성 장애		적응장애	
인격장애	• 편집성 인격장애 • 분열형 인격장애 • 경계성 인격장애 • 자기애적 인격장애 • 의존성 인격장애	• 분열성 인격장애 • 반사회적 인격장애 • 히스테리성 인격장애 • 회피성 인격장애 • 강박성 인격장애	

표 3-9 ● 유아기, 소아기, 청소년기에 흔히 처음으로 진단되는 정신장애(DSM-IV-TR, 2000)

장애	내용	장애	내용

정신지체	• 가벼운 정도의 정신지체
	• 중간 정도의 정신지체
	• 심한 정도의 정신지체
	• 아주 심한 정도의 정신
	  지체
	• 정도를 세분화할 수 없는
	  정신지체
		주의력 결핍 및
		파괴적 행동장애
			• 주의력 결핍 및 파괴적 행
			  동장애
			• 달리 분류되지 않는 주의력
			  결핍 및 과잉행동장애
			• 품행장애
			• 반항성 장애
			• 달리 분류되지 않는 파괴적
			  행동장애

학습장애	• 읽기 장애
	• 산술 장애
	• 쓰기 장애
	• 달리 분류되지 않는 학습
	  장애
		유아기 또는
		초기 소아기의
		급식 및 섭식장애
			• 이식증
			• 반추장애
			• 유아기 또는 초기 소아기의
			  급식장애

운동기술장애	• 발달성 근육운동 조정
	  장애
		틱장애	• 뚜렛장애
			• 만성운동 또는 만성 음성
			  틱장애
			• 일과성 틱장애
			• 달리 분류되지 않는 틱장애

의사소통장애	• 표현성 언어장애
	• 혼재 수용-표현성 언어
	  장애
	• 음성학적 장애
	• 말더듬기
	• 달리 분류되지 않는 의사
	  소통장애
		배설장애	• 유분증
			• 유뇨증

(계속)

장애	내용	장애	내용

광범위성 발달 장애	• 자폐성 장애
	• 레트 장애
	• 소아기 붕괴성 장애
	• 아스퍼거 장애
	• 달리 분류되지 않는
	  광범위성 발달장애
		유아기, 소아기 또는 청소년기의 기타장애	• 분리불안장애
			• 선택적 함구증
			• 유아기 또는 초기 소아기의
			  반응성 애착장애
			• 상동증적 운동장애
			• 달리 분류되지 않는 유아기,
			  소아기, 청소년기의 장애

이상의 정신장애가 갖고 있는 부적응적 상태를 적응적 상태로 변화시키기 위한 치료적 접근에 대해서는 11장과 12장에서 다룰 것이다.

4 적응과 개인성장

적응한다는 것은 주변 환경의 요구에 좀 더 잘 순응하기 위해 변화하는 것을 말한다. 따라서 적응은 반응적인 것이며, 환경이라는 장면 속에서 지속적으로 바뀌어가는 것이므로 환경이 우리에게 편안함을 가져다주는 힘이 무엇인지를 알아야만 한다. 그러나 우리는 환경에 대해 단순한 반응자가 아니라 적극적인 행위자가 될 수 있다. 다시 말해 환경이 우리에게 영향을 줄 뿐 아니라 우리 또한 환경에 영향을 줌으로써 우리 자신의 욕구들을 추구하기 위해 새로운 환경을 창조한다. 이런 측면에서 볼 때 적응의 개념에는 자발적인 성장과 발달이 포함되고, 스트레스에 반응하는 것뿐 아니라 적극적으로 대처하는 것 또한 포함될 수 있다.

적응과 성장은 둘 다 자신의 환경에 대처하며 개인적인 욕구들을 충족시키는 과정을 포함하나, 성장은 개인 자신을 강조하는 반면, 적응은 환경에 대한 관계를 강조하는 점에서 개념적인 차이가 있다. 또한 성장은 긍정적이고 의미 깊은 변화를 강조하는 반면, 적응은 현상유지를 강조한다. 따라서 우리의 목표는 질병이 없는 상태를 넘어선 초월적 성장에 관심을 두어야 할 것이다.

1 성장의 기본가정

성장은 앞서 언급한 건강한 성격의 의미나 특성과 밀접한 관련이 있다. 복잡한 현대 사회에서 잘 적응하고 나아가 개인적인 성장을 이루기 위해서 인간은 항상 '과정'

속에 있는 존재이며, 인간 경험의 상황적 측면을 갖고 있으며, 독특한 개인차와 창조적인 인간의 선택을 강조하고 변화를 지속적으로 추구한다는 점을 기본가정으로서 유념해야 한다.

또한 성장을 위해서는 신체적 변화, 환경적 변화와 더불어 내면의 심리적 변화를 인식하는 것이 중요하다. 심리학자인 요라드(Jourard)는 성장을 3가지 단계로 구분하였다. 첫 번째 단계는 변화의 인정이다. 실제 우리는 항상 변화하고 있지만 평상시에는 이를 인식하지 못하고 있을 때가 많다. 중국의 속담 중에 '오늘 흐르는 이 황화강은 어제 흘렀던 그 황화강이 아니다' 라는 말에서 알 수 있듯이 우리의 환경은 끊임없이 변화하고 있으며, 우리의 신체 내 세포도 하루에 수만 개씩 죽고 다시 생성된다. 어느 순간에 자신이나 환경이 달려진 것에 놀라기보다는 이러한 끊임없는 변화를 민감하게 인식하고 인정하지 않는다면 성장은 이루어질 수 없다.

두 번째 단계는 불일치감 또는 불만족이다. 특히 부정적인 좌절 경험이나 실망을 한 뒤 인간은 이를 부인하는 경향이 있는데, 이러한 경험이 힘들기는 하지만 자신을 돌아보고 더 나은 결과를 위해 노력하도록 하는 자극이 될 수 있다. 즉 실패나 좌절을 인정함으로써 성공의 발판으로 삼는 것이 필요하다.

세 번째 단계는 경험의 재조직이다. 이는 기존의 방식에서 벗어나 태도나 가치 등을 변화시키는 것을 의미한다. 즉 다른 시각으로 세상과 자신을 바라보고 깨닫는 것이다. 따라서 이 단계에서는 만족이나 충만감이 일어나는 경향이 있으며, 자신이 겪은 고통이나 불행의 의미를 알아차리고 한 단계 더 나아가 있는 자신을 발견하게 된다.

2 선택과 책임

성장한다는 것이 개개인의 독특한 천성과 잠재능력을 인식하고 실현하는 것이라면, 성장은 남들이 옳다고 생각하고 남들이 다 가는 길을 생각 없이 따라가는 것이 아니라, 지속적으로 의식적 결단을 내리는 삶을 의미한다. 즉 남들의 의견이나 압력에 기울어지지 않고 자기 자신의 판단과 감정을 신뢰하는 것이라 할 수 있다. 안정과 성장이라는 문제에 놓였을 때, 어느 것을 선택할 것인가는 아주 어려운 일이다. 왜냐하면, 선택에는 책임이 따르기 때문이다. 이러한 선택에 따르는 위험과 책임을 겁내지 않으려면 중요한 선택과 관련된 정보를 수집해야 한다. 많은 경우 대안이 있다는 것을 모르기 때문에 사람들은 계속 불행하고 불만족스러운 삶을 이어나가게 된다. 따라서 대안이 있다는 것을 알고, 거기에 따르는 가능성과 위험이 무엇인지 정확하게 알수록 선택이 쉬워질 것이다.

성장은 자신의 삶에 대한 책임을 외부의 다른 것에 미루지 않고 자기 스스로 진다는 의미를 내포한다. 삶에 대해 책임을 진다는 것은 또한 자기와 관련된 사람들에 대한 책임도 의미한다. 자신이 남보다 잘 하고 재미있어 하는 일이 무엇이며, 자신이 진정으로 원하는 것이 무엇인지 제대로 인식하는 사람, 즉 스스로가 성장하고 성숙한 사람이라야 남들의 독립과 자율을 인정하며 성장을 도울 수 있다. 다수의 사람들이 자기실현을 하지 못하고 남들의 뒤만 쫓아갈 때 그 사회는 건강할 수 없고, 건강하지 못한 사회에서는 몸과 마음이 건강하게 성장, 성숙하기가 힘들다. 따라서 우리 자신과 다음 세대가 건강하고 행복하게 살 수 있기 위해서는 건전한 사회를 이루기 위한 공동의 노력이 필요하다.

한 개인은 하나의 개체로 태어나서 여러 주변 환경으로부터 받는 도전에 대처하고 자신의 요구를 해결하기 위한 노력, 즉 적응을 하며 살아가는 가운데 존재의 중요성을 깨닫게 된다. 사람마다 행복과 성취에 대한 정의와 그들의 역할이 다르기 때문에 매일의 활동 속에 깃든 의미 또한 다를 수밖에 없다. 그러나 행복하고 성취된 삶을 추구하려고 하는 이들 모두의 노력은 동일하며 이러한 노력의 일단이 바로 적응이다. 이러한 적절한 적응을 통해 개인은 질병 없는 성장, 긍정적이고 의미있는 성숙을 이룰 수 있을 것이다.

3 적응과 성장을 위한 전략

변화하는 세계에서 건강한 성격을 획득하고 적응적이며 성장지향적인 삶을 살기 위해서는 여러 가지 구체적이고 실현가능한 전략과 기술이 필요하다. 여기에는 스스로가 환경과 환경이 주는 영향력에 주의를 기울임으로써 이 환경적 맥락과 관련된 행동을 선택하고 변경시켜 더 넓은 외적 상황에 적응하는 능력을 갖추고, 특정한 전략이나 계획 또는 사고방식을 촉구하거나 일반화시키는 신념과 가치를 결정하고, 신념과 가치체계를 자아의식 안으로 통합시키는 정체성을 획득하며, 자신을 넘어서는 더 넓은 체계의 부분으로서 비전을 갖는 영성이 포함된다.

이러한 전략들은 스스로를 더욱 동기화시키고 자신의 일과 삶에 전력할 수 있도록 도와주고, 타인과 더욱 효과적으로 의사소통하게 해주며, 다양한 상황과 다양한 사람들을 더욱 편안하고 성공적으로 이끌 수 있게 해준다. 이것은 앞서 언급한 건강하고 적응적인 삶을 사는 인간의 목표이기도 하다.

(1) 기본신념

한 사물의 정확한 의미를 알아내기 위해서는 그 사물을 맥락 속에 놓고 봐야 한다. 맥락은 다양한 인간행동에서 의사소통과 우수성의 구조와 관련된다. 다른 맥락이나 준거로 인해 그 맥락을 잊어버리거나 혼동하게 되면, 이는 반드시 잘못되고 불필요하며 부정확한 판단을 하게 만들고, 나아가 삶을 나아지게 할 수 있는 자원들을 잃어

표 3-10 ● 전제조건들

정신과정 전제
- "지도"는 "영토"가 아니다("메뉴는 음식이 아니다").
- 사람들은 자신의 내적 지도에 따라 반응한다.
- 의미는 맥락에 따라 작동한다.
- 마음–몸은 필연적으로 서로에게 영향을 준다.
- 개개의 기술들은 표상체계의 발달과 순서에 따라 기능한다.
- 우리는 개개인이 갖고 있는 세상에 대한 모델을 존중한다.

인간 행동/반응에 대한 전제
- 인간과 행동은 서로 다른 현상을 설명한다. 우리는 우리의 행동 그 이상이다.
- 모든 행동은 어떤 맥락에서는 유용성을 갖는다.
- 우리는 맥락과 환경의 측면에서 행동과 변화를 평가한다.

의사소통적 전제
- 우리는 의사소통을 할 수밖에 없다.
- 우리가 의사소통하는 방식은 지각과 수용에 영향을 준다.
- 의사소통의 의미는 청자가 어떻게 받아들이는가에 달려 있다.
- 의사소통의 틀을 설정하는 사람이 그 행위를 통제한다.
- "실패는 없다. 단지 피드백만이 있다."
- 융통성이 가장 많은 사람이 체계에서 가장 큰 영향력을 발휘한다.
- 저항은 래포의 부족을 의미한다.

버리게 만든다. 따라서 역기능적 습관에 얽매이게 하는 제한적이며 부정확하고 고통스러운 관점으로부터 벗어나 자신을 제한시키고 고통을 주는 의미를 바꾸어보는 방법을 찾는 것이 필요하다.

전제(Presuppositions)란 그것이 반드시 진리이기 때문이 아니라, 다만 그렇다고 가정을 하고 그것에 따라 행동하는 것을 말한다. 그렇기에 전제를 인정하고 그것을 사실처럼 받아들이고 행동을 한다면 효과적이고 만족스러운 삶의 경험을 창출해 나가는 데 도움을 받을 수 있다. 세상을 바라보는 관점에 긍정적인 영향을 주는 전제들에는 표 3-10과 같은 것들이 있다.

(2) 건강한 정신을 키우기 위한 전략

여기서는 윈디 드라이든(Windy Dryden, 2004)의 건강한 정신을 키우는 방법에 대해 소개하고자 한다.

① 개인적인 것에 대해 책임을 진다

자신이 영향을 미칠 수 있는 범위 내의 문제에 대해서는 자신이 책임을 지는 것이 필요하다. 여기에는 개인적인 것들로서 자신의 생각, 감정, 결정, 행동방식이 있다. 그리고 자신의 행동의 결과로 생긴 결과에 대해서는 자신이 책임을 지는 것이다.

② 무리하지 않은 융통성있는 철학을 택한다

감정과 행동은 주로 사고방식에 의해 좌우되는 경향이 있다. 따라서 건강한 신념과 태도를 개발할 필요가 있다. 이러한 신념과 태도를 철학이라고 부르며, 건강한 철학은 본질적으로 융통성을 갖고 있다. 인간은 복잡한 일련의 욕구를 가지고 그것에 따라 삶을 살아간다. 어떤 일은 일어나길 바라고 어떤 일은 일어나지 않길 바란다. 자신의 욕구를 절대적이고 필수적이며 반드시 이루어야 하는 것으로만 생각한다면 그렇지 못했을 때는 감정적으로 혼란을 경험할 가능성이 커지고 인생에서 자신이 원하는 것을 얻을 가능성을 줄이는 방식으로 행동하기 쉽다. 그러나 융통성있는 소망과 희망은 삶에 대해 바꿀 수 있는 것은 바꾸게 하고, 바꿀 수 없는 것에 대해서는 감정적으로 혼란스럽지 않으면서 건설적인 태도로 순응하게 해준다. 또한 이런 욕구들로 인해 자신의 욕구를 충족시키기 위한 건설적인 대처를 하도록 해준다. 무리하지 않고 융통성있는 철학을 갖기 위해서는 모든 욕구에 대해 '그러나' 라는 단어를 달아놓는 것이 필요하다. 예를 들어, '나는 세상 사람들이 공정하게 대우받길 원하며 그렇게 되도록 애쓰겠다. 그러나 세상이 공정함의 원리대로 반드시 돌아가야 한다는 절대적인 법칙은 없다' 라고 생각하는 것이 건강에 좋은 것이다.

③ 현실을 받아들인다

현실을 받아들인다는 것은 현실을 체념하라는 것이 아니라 어떤 상황이 존재하도록 하는 모든 조건이 갖추어져 있기 때문에 그 상황이 존재한다는 점을 인정하고 또한 그런 조건들을 바꾸기 위해 건설적인 시도를 함으로써 그 상황을 바꾸려고 애쓰는 것을 의미한다. 특히 부정적 경험이나 실패가 있을 때 그것이 존재하지 않았어야 한다고 주장한다면 현실을 받아들이지 못하는 것이다. 이럴 경우 이런 부정적 사건이 절대로 존재해서는 안 된다는 자신의 믿음을 뒷받침하는 증거를 스스로 찾아보는 것이 도움이 된다. 또한 자신이 좋아하지 않는 상황은 100% 이상 나쁜 것이라는 생각에 도전해보는 것이 필요하다. 어떤 일을 끔찍하게 생각할 때 그것이 확실히 나쁘기는 하지만 그것을 굉장히 과장해서 부정적으로 평가하고 있는 경우가 많기 때문이다.

　인간은 누구나 끊임없이 변화하고 게다가 실제적인 비극이 일어나는 세상에서 살고 있다. 현실을 받아들이려면 비이상향적인 세계관을 가질 필요가 있다. 그러면 부정적 사건과 긍정적 사건이 세상에 공존한다는 것을 인정할 수 있게 되고, 현실의 긍정적인 면에 초점을 맞추고 그 부분을 극대화하는 노력을 할 수 있다.

④ 실패허용지수를 높인다

인간은 항상 자신의 장단기적 이익에 영향을 미치는 결정을 끊임없이 내려야 한다. 정신적 건강은 단기적 목표와 장기적 목표가 건전한 균형을 이루도록 노력하는 것을 포함한다. 단기적인 안락함을 포기하고 장기적인 목표를 향해 노력한다면 인생이 풍요롭고 향상되지만 그렇게 하는 것이 어렵게 느껴지는 이유는 낮은 실패허용지수의 믿음에 따라 행동하기 때문이다.

　낮은 실패허용지수를 가진 사람들은 '나는 실패해서는 안 된다', '나는 지금 편안해야 한다', '나는 결코 부정적인 감정을 경험해서는 안 된다', '나는 좋은 감정만 경험해야 한다' 는 믿음을 갖고 있다. 결과적으로 이런 믿음을 갖고 있는 사람들은 일을 미루는 버릇을 갖고 있기 쉬우며, 규칙없는 생활을 하는 경향이 있다. 또한 지속적으로 해나간다면 자신에게 이득을 주고 풍요로움을 줄 수 있음에도 불구하고 인내심있게 해나가지 못하거나 피하려고 한다.

　그렇다면 실패허용지수를 높이고 정신적으로 건강한 삶을 살기 위해서는 무엇이 필요한가? 무엇보다도 낮은 실패허용지수의 믿음을 구성하고 있는 여러 생각에 도전하는 질문을 스스로에게 던지는 것이다. '이 믿음이 나를 좀 더 효과적이고 정신적으로 건강한 삶을 살도록 이끌어주는가, 아니면 나 자신과 내 주변 사람들에게 상당한 문제를 일으킴으로써 나의 장기적인 목표를 해치는가?', '나는 실망, 불편함, 부정적 감정을 경험해서는 안 된다거나 삶의 조건이 나를 기분좋게 만들도록 구성되어야 한다는 점을 증명해주는 우주의 법칙이 있는가?', '내가 실망하지 않는 것을 선호한다는 것은 논리적으로 내가 절대로 실망해서는 안된다는 것과 같은 말인가?'

⑤ 자신에 대한 건강한 태도를 기른다

자신에 대해 정신적으로 건강한 태도를 갖는 데 필요한 요소들에는 다음과 같은 것들이 있다.

• 자기를 인정하는 태도를 가져라.
• 자신의 개성을 기쁘게 받아들이라.
• 현명한 사리사용의 철학을 개발하라.
• 자신에게 한 약속을 지켜라.
• 자신의 신체와 건강상태에 대해 건강한 태도를 지니도록 하라.
• 자신을 돌보는 법을 배워라.
• 자신의 기준, 가치관, 윤리관에 따라 살도록 하라.
• 진실해지려고 노력하라.

⑥ 건강한 부정적 감정을 경험한다

삶에서 긍정적인 감정만 느낀다면 이는 부정적인 사건에 대해서도 긍정적으로 느끼거나 아무 것도 느끼지 않는다는 것을 의미한다. 그것은 아주 비현실적인 태도로, 자신을 기만하고 있는 것이며 자신에게 정말 중요한 것을 부정하고 있는 것이다. 이는 건강치 못한 일이다. 오히려 부정적인 일을 당했을 때 관심을 쏟고 슬퍼하거나 불쾌하게 생각하거나 후회하거나 실망하는 것이 건강한 것이다. 이런 감정을 경험하게 되면 닥친 상황을 건설적으로 처리할 수 있게 된다. 그리고 걱정, 낙심, 분노, 죄책감, 마음의 상처나 자기연민과 같은 건강치 못한 부정적 감정을 경험하게 되면, 그런 감정의 뿌리가 되는 비이성적 태도를 찾아내서 그것에 도전하고 바꾸어 나감으로써 건강한 부정적 감정을 경험하도록 하는 것이 필요하다.

⑦ 비판하면서도 창의적으로 사고한다

정신적으로 건강한 사람들은 스스로 생각해보지 않고는 사람들이 말한 것을 받아들이지 않는다. 스스로 생각하는 이런 능력은 광고의 영향력과 자기중심적인 전문가들의 거짓된 주장에 저항할 수 있으며, 순진하게 속아 넘어가지 않는다. 즉 사람들이 하는 말을 주의깊게 듣고, 그 사람들이 그런 말을 하는 의도를 생각해 본 다음, 자신의 판단을 내린다.

그렇게 하기 위해서는 과학적으로 사고하고, 유해한 교육이 미치는 영향을 최소화하며, 왜곡되고 비합리적인 생각을 최소화하고, 문제해결적 태도를 개발하며 의사결정과정을 개선하는 것이 필요하다.

⑧ 흥미로운 취미를 개발하고 추구한다

대개의 경우 다른 사람의 취미가 자신의 취미와 다르다고 생각하면 그것에 대해 관용적이지 못하다. 그렇기 때문에 정말 좋아하는 취미에 몰두하려면 다른 사람들의 견해에 대해서는 개의치 않는 자세가 필요하다. 그렇지 못하면 자신의 취미를 적극적으로 추구하는 마음이 꺾일 수도 있고 마음 속으로 부끄러운 감정이 생길 수도 있다.

자신이 좋아하는 일에 적극적으로 참여하는 것도 중요하다. 활동은 그 자체만으로도 충분한 흥미를 느끼게 해주지만, 이를 하는 과정에서 지루하고 어려움이 생길 수도 있다. 이 때 낮은 실패허용지수가 작용하기 때문에 이를 찾아내야 한다.

⑨ 대인관계를 개선한다

관계를 개선하기 위해서는 타인을 수용하는 태도를 취하고, 사람들에 대해 건강한 신뢰의 태도를 계발하는 것이 필요하다. 여기에는 결정을 내리는 데 있어 유연한 태도를 지니는 것과 지나친 신뢰나 의심의 태도보다는 자신의 경험을 바탕으로 이런 결정을 내리는 것이 중요하다. 배려하는 태도로 대화하는 것도 중요한데, 자신의 긍

정적이고 부정적인 감정을 전달한다. 부정적인 감정을 전달할 때에는 건강한 자기주
장적 대화를 사용하는 것이 좋다. 즉 좋아하지 않는 상대방의 행동을 객관적으로 설
명하고, 추측은 억제하면서 상대의 반응을 귀담아들은 뒤 자신의 의견을 제시한다.
그리고 원하는 것을 명확하고 상세하게 말하는 것도 필요하다. 또한 타인에게 한 약
속을 성실히 지키는 것과 사회적인 관심사를 개발하는 것도 인간관계에서 매우 중
요한 면이다. 그리고 관계는 일방적인 것이 아니라 상호의존하는 것임을 명심할 필
요가 있다.

▶▶ 자유롭게 토론해 봅시다

❶ 내가 알고 있는 건강한 성격의 소유자들이 갖고 있는 심리적, 행동적 특성들에
대해 토론해 봅시다.

❷ 적응과 부적응의 정의와 그 기준에 대해 토론해 봅시다.

❸ 건강한 성격을 갖추기 위해 현재의 삶에서 내 자신이 가장 초점을 맞추어야 할
점에 대해 토론해 봅시다.

CHAPTER 04 스트레스의 이해를 위한 기초

CHAPTER 04

스트레스의 이해를 위한 기초

1 스트레스의 개념

복잡한 사회 속에서 살아가고 있는 현대인들

현대인의 삶은 쉴새없이 돌아가는 시계 초침처럼 빠르고 바쁘게 느껴진다. 우리는 다양하고 복잡한 사회 속에서 살아가면서 스트레스와 직면한다. 가정에서도 학교에서도 그리고 직장에서도 심지어는 아무 것도 하지 않을 때에도 우리의 몸과 마음을 죄어 오는 것들이 있다. 이러한 압박들은 우리 자신의 욕구와 현재의 결과에 의해서 발생하기도 하고 대인관계에 의해서 야기되기도 한다. 즉, 자의에 의해서든 타의에 의해서든 우리가 원하는 바를 이루려는 과정에서 스트레스가 생긴다 하겠다.

스트레스는 적응 심리학에 있어서 중요한 개념이다. 스트레스는 우리의 자존감과 성실성, 안녕 등을 위협하는 심리적, 신체적인 반작용의 한 형태이며 우리의 심리적인 자원을 총동원하여 위기를 극복케 하고 우리 자신을 보호하도록 한다. 스트레스는 개인에게는 부담스럽고 우리를 압도할 때도 있으나 우리의 에너지와 능력을 발현하게 하여 자신을 보호케 한다는 점에서는 개인 성장 과정에 항상 따라다닐 수밖에 없는 것이라 하겠다.

1 스트레스의 정의

스트레스(stress)라는 어원은 라틴어에서 나온 말로 '팽팽하게 죄다'라는 뜻에서 유래되었다. 이 어원은 스트레스를 경험할 때 느끼는 답답한 느낌 및 근육의 긴장을 반영한다. 15세기경부터 물리적 또는 정신적 압력이란 뜻으로 쓰이다 17세기경부터는 환경에서 오는 어려움 및 경제적 곤란을 의미하였다. 20세기 들어서면서부터는 의학적 맥락에서 스트레스라는 용어를 사용하면서 크게 세 가지 의미로 정의하고 있다.

(1) 반응으로서의 스트레스

반응으로서의 스트레스 개념은 생물학이나 의학에서 사용되는 것으로 캐논(Cannon, 1932)은 추위나 산소의 결핍 등의 조건에서 항상성(Homeostasis) 유지에 장애가 왔을 때 경험되는 상태를 스트레스로 정의했다. 그보다 좀 더 전문적 관점에서 셀리에(Selye, 1936)는 새로운 자극 형태가 나타났을 때 이에 대응하려는 신체적인 방어의 틀, 즉 일반적응 증후군으로 스트레스를 정의했다.

　일반적응 증후군이란 과다한 스트레스에 시달리다 보면 어떠한 사람이든지 일반적으로 일어날 수 있는 증후가 있다는 것이다. 셀리에는 심한 스트레스에 노출되었던 쥐에게서 아드레날 코텍스(adrenal cortex)가 커졌고 위궤양이 생긴 것을 관찰한 후, 고열이나 박테리아에 감염되는 등의 신체적인 질병과 정서적인 외상 등의 스트레스에 의해서 야기되는 증후군은 유사하다고 보았다. 심리적이든 신체적이든 유해한 자극에 직면하게 되면 우리의 신체는 이에 대응하기 위한 체계를 갖추어 생리적인 균형 상태를 유지하려 한다. 그러나 이에 의해서도 해결되지 않는 지속되는 스트레스 하에서는 심장병이나 고혈압 등의 정신신체적인 장애가 생기게 된다.

(2) 자극으로서의 스트레스

자극으로서의 스트레스란 관점은 최근까지 심리학자들이 스트레스에 대해 내린 가장 보편적인 정의로, 스트레스란 비통상적 반응을 요구하는 어떤 사건이나 상황이다. 여기에는 외적인 환경 조건에서부터 내적인 생리적 현상까지 다양한 자극들이 포함된다. 라자루스(Lazarus)와 동료들(1977)은 자극으로서의 스트레스를 세 가지 유형으로 나누고 있다. 첫 번째 유형은 다수인에게 격변을 일으키거나 영향을 주는 중대한 변화로, 여기에는 천재지변, 전쟁, 투옥과 같은 어느 누구도 통제할 수 없는 사건들이 포함된다. 두 번째 유형은 일부 사람들에게 영향을 주는 변화로, 사랑하는 사람의 죽음, 생명을 위협하는 병이나 무력하게 만드는 질병, 직장에서의 해고, 이혼, 출산, 중대한 시험과 같이 해롭거나 위협을 줄 수 있는 부정적인 경험들이 포함된다. 세 번째 유형은 일상생활의 골칫거리로 일상생활에서 경험하는 사건들이다. 스트레스를 환경 자극으로 파악하려는 가장 대표적인 입장이 생활사건 접근법이다.

(3) 상호작용으로서의 스트레스

스트레스를 자극이나 반응으로 표현하려는 입장에 대하여 라자루스와 동료들은 어떤 환경 사건도 개인의 지각이나 평가과정 없이 스트레스 요인으로 작용할 수 없다는 상호작용의 입장에서 스트레스를 보고 있다. 이는 매우 광범위한 개념으로 사회적, 심리적, 생리적 체계를 모두 포함하며 스트레스 정도는 자극으로서의 스트레스에 대한 인지적 평가, 즉 위협 정도에 대한 지각과 이에 대해 대처할 수 있는 자신의 능력에 대한 평가 등에 의해 결정된다고 보고 있다. 따라서 자극이 스트레스로 작용하는지 여부와 정도는 자극 혹은 반응 그 자체가 아니고 유기체가 환경 자극을 해석하는 방식과 대처자원을 해석하는 방식에 의해서 영향을 받는다는 것이다.

2 스트레스의 근원

우리는 수없이 다양한 이유로 스트레스를 받고 있지만 왜 스트레스를 받는지 모를 때가 있다. 스트레스에 적절하게 대처하기 위해서는 스트레스를 야기하는 원천을 확인하고 이해할 필요가 있다. 스트레스를 일으키는 근원은 외적인 환경조건으로부터 내적인 생리적 현상까지 다양한 자극을 포함한다. 여기서는 근원을 크게 좌절, 과잉부담, 갈등, 생활의 변화, 탈핍성 스트레스 및 압력 등 여섯 가지로 나누어 살펴보겠다.

(1) 좌절

좌절은 우리의 욕구나 동기를 만족할 수 없을 때 생긴다. 자신이 원하는 목표에 도달치 못하거나 도달할 능력이 없을 때 일반적으로는 부정적인 감정을 느낀다. 욕구를 만족하고자 하는데 장애물이 가로막고 있다면 이를 극복해야 할 것이다. 이 장애물은 외적인 것과 내적인 것으로 구분할 수 있다. 외적인 것으로는 약속된 시간에 도착할 수 없게 만드는 교통체증이나 천재지변으로 인한 사고 등이 해당되며, 내적인 것으로는 건강문제나 외모로 인한 스트레스, 성격으로 인한 스트레스 등이 여기에 해당된다.

　다양한 좌절 상황을 잘 극복하려면 상황을 객관적으로 보고, 차분하게 생각하며, 합리적이 되는 것이 중요하다. 문제는 부정적인 정서로 인해 우리가 상황을 객관적이고 합리적인 방법으로 해결하지 못할 때도 있다는 것이다. 좌절은 공격성을 느끼게 하여 좌절을 준 원래 대상에게 공격성을 직·간접적으로 표현하기도 하고, 그와 유사한 상대나 심지어 자기 자신에게 표현하는 경우도 있다. 한 예로 어머니가 동생이 원하는 것은 들어주면서 형인 내가 원하는 것은 무시했다면 일단은 어머니에게 화가 나기 마련이나 동시에 동생도 밉고 옆에서 거든 아버지에게도 화가 날 수 있다.

그러나 남을 미워하거나 화를 낸다는 것은 어리고 미숙한 사람의 행동이라는 생각이 이 사람들에게 화를 낼 수 없게 만들 때, 일반적으로 타인을 향한 공격성은 자신에게로 향할 수도 있다(장연집 외, 2001).

또한 좌절에 처하게 되면 아무리 과거에 성공적인 적응을 해왔다고 하더라도 일상에서 보이는 행동에 비해 좀 더 와해되고 유아적이 될 수 있다(Barker, Dembo & Lewin, 1941). 예를 들어 과거에는 스스로 잘 알아서 해오던 방법에도 자신이 없어지고 부모에 의지하거나 도움을 받으려 한다는 것이다.

(2) 과잉부담

개인차가 있기는 하겠지만 모든 사람들은 각자 제한된 처리용량을 가지고 있다. 따라서 개인의 처리용량을 벗어난 자극이나 요구도 중요한 스트레스의 원인으로 작용할 수 있다. 고3 수험생들의 경우 학습해야 할 내용이 많고 학습량이 자신의 능력 범위를 벗어날 때 과잉부담으로 인해 심한 스트레스를 받는다. 직장 내에서 업무처리와 관련된 지나친 부담, 심한 경쟁 속에서 승진을 해야 하는 것도 역시 과잉부담일 수 있다. 책임량의 증가와 사회적 지지의 결여는 사람들의 스트레스 수준을 증가시키며 이러한 직업적 과잉부담이 우리나라 40대의 사망률 1위에 기여하고 있는지 모른다. 여기서 우리가 유념해야 할 것은 일 자체의 절대량보다는 개인의 처리능력을 어느 정도 벗어났느냐가 매우 중요하게 작용한다는 것이다.

(3) 갈등

갈등이란 두 가지 이상의 대립된 가치를 가지고 있는 힘이나 선택 가운데서 겪는 압박감을 말한다. 갈등의 종류에는 긍정적인 가치, 즉 유인하는 특성을 지닌 것과 부정적인 가치 즉 회피하도록 하는 특성을 지닌 것이 있다.

사소하게는 일상생활에서 무엇을 먼저 할지, 어디를 먼저 갈지를 결정하는 것에서부터 크게는 대학이나 진로를 선택하는 일이나 배우자를 결정해야 하는 상황에 이르기까지 우리는 무수히 많은 갈등 상황에 처하여 살아왔고, 현재도 갈등상태로 고민하는 사람이 있을 것이다.

갈등에는 접근-접근 갈등, 접근-회피 갈등, 회피-회피 갈등의 세 가지 유형이 있다. 접근-접근 갈등은 +가를 가진 두 자극 가운데 무엇을 어떻게 선택해야 좋을지 모르겠는 상황에 처할 때를 말한다. 이 경우는 다소 고민은 되지만 심각한 갈등 상황이라고 할 수는 없다. 예를 들어 아르바이트를 해서 돈이 좀 생겼을 때 이 돈으로 옷도 사고 여행도 갈 것인지 아니면 등록금에 보탤 것인지를 고민하는 경우다. 반면에 접근-회피 갈등은 대부분 이중 접근-회피의 성격을 띠는 경우가 많다. 예를 들어 사귀는 두 남자가 각기 +가와 −를 동시에 가지고 있기 때문에 어떤 남자와 데이트를 계속할 것인지를 결정하기 어려운 경우이다. 즉 학벌과 가정배경은 좋으나 성격은 마음에 들지 않는다든가 아니면 이와는 반대의 경우이다. 우리가 겪는 대부분의 갈등 상황은 이런 경우가 대부분이고 다른 유형의 갈등에 비해 갈등의 정도도 심해서 의사 결정까지 걸리는 시간도 적지 않다. 회피-회피 갈등은 −를 가진 두 자극 가운데서 어떤 것도 선택하고 싶지 않은 갈등상황이다. 즉 방청소는 하기 싫고, 방청소 안 했다고 엄마에게 잔소리도 듣기 싫은 상태를 말한다. 회피-회피 갈등 상황에서 우리는 어쩔 수 없이 어떤 한 가지를 선택하게 된다.

갈등상태가 지속되면 심리적으로 불편해지고 고통스럽기 때문에 가능하면 갈등으로부터 빨리 벗어나기 위해서 무엇이 현 상태에서 중요한 것인지를 신중히 생각하고 판단하는 것부터 시작하는 것이 좋다(장연집 외, 2001).

(4) 생활의 변화

생활의 변화도 스트레스를 유발시키는 중요한 요인 중의 하나이다. 결혼을 하거나 이사를 하고 대학에 새로 들어가는 것 등 생활상의 변화가 모두 여기에 포함된다. 급작스러운 생활의 변화는 신체적 질병과 관계가 깊다. 제한된 에너지에서 생활의 변화에 따른 적응성 에너지가 갑자기 많이 소모되기 때문에 건강유지에 대한 에너지가 감소하여 질병에 노출될 가능성이 높다. 앵글(Engle, 1977)은 250명의 급사 사례를 조사한 결과 그들 중의 대부분이 인생의 주요 사건을 경험한 후에 사망했음을 밝혀내었다. 그리고 그들 중 상당수는 죽기 전의 건강상태가 양호한 편으로 밝혀졌다. 인간관계의 어려움뿐만 아니라 주식의 폭등으로 인한 경제적 이익, 엄청난 승리, 거액의 복권당첨 및 이산가족의 상봉과 같은 개인적인 만족감도 변화에 속하며 이러한 급작스러운 변화 역시 적응을 요구한다(이민규, 2004).

(5) 탈핍성 스트레스

스트레스는 외부 또는 내부에서 오는 압력이나 자극의 정도가 심할 때만 경험하는 것이 아니다. '신문이 참 볼 것 없군!' 이라고 말하는 사람을 보거나 '불구경과 싸움 구경만큼 재미있는 건 없어' 라는 말을 들어보면 사람들은 적정수준의 감각자극이나 흥분을 경험하길 원하는 것을 알 수 있다. 따라서 원하는 만큼의 자극이 없을 경우에도 스트레스를 받게 되며, 이를 **탈핍성 스트레스**(Deprivational Stress)라고 한다. 즉 무료함이나 외로움 같은 경험도 스트레스의 원인으로 작용한다. 독신자나 미망인 또는 이혼한 사람들이 배우자와 함께 사는 사람들보다 사망률이 높은 이유도 여기서 찾을 수 있다.

표 4-1 ● 생활의 변화에 따른 스트레스

학생용 생활변화 질문지

• 자신의 스트레스가 어느 수준인지는 다음을 체크한 후 각 항목의 점수를 합하여 객관적으로 알 수 있다.
• 아래에 열거된 사건은 대학생들의 생활에서 일어나는 것들입니다. 지난 12개월 동안 당신에게 일어났던 일들을 왼쪽 난에 체크하시오.

생활 사건	스트레스 가중치		지난 1년간 경험한 횟수		점수
가까운 가족의 죽음	100	×	_____	=	_____
수감(경찰서나 수용소)	80	×	_____	=	_____
대학 입학이나 졸업	63	×	_____	=	_____
임신(임신했거나 임신시킴)	60	×	_____	=	_____
심한 개인적 질병이나 상해	53	×	_____	=	_____
결혼	50	×	_____	=	_____
대인관계의 어려움	45	×	_____	=	_____
경제적 어려움	40	×	_____	=	_____
친한 친구의 죽음	40	×	_____	=	_____
친한 친구와의 말다툼(이틀에 한 번 이상)	35	×	_____	=	_____
가족과 중요한 의견의 불일치	35	×	_____	=	_____
개인적인 습관의 변화(옷, 태도, 교제 등)	30	×	_____	=	_____
생활 환경의 변화(이사 등)	30	×	_____	=	_____
직업을 새로 갖거나 그만둠(아르바이트 포함)	30	×	_____	=	_____
상사나 교수와의 문제	25	×	_____	=	_____
탁월한 개인적인 성취	25	×	_____	=	_____
몇 가지 교과목의 실패	25	×	_____	=	_____
기말시험	20	×	_____	=	_____
데이트 횟수의 증가나 감소	20	×	_____	=	_____
작업(연구) 조건의 변화	20	×	_____	=	_____
전과, 편입	20	×	_____	=	_____
수면 습관의 변화(수면의 양, 취침시간의 변화 등)	18	×	_____	=	_____
수일간의 휴가(방학 포함)	15	×	_____	=	_____
식사 습관의 변화(먹는 양 또는 식사시간 등)	15	×	_____	=	_____
가족과의 재결합	15	×	_____	=	_____
여가 활동의 변화	15	×	_____	=	_____
사소한 질병이나 상해	15	×	_____	=	_____
사소한 법규의 위반(교통위반, 불법횡단 등)	11	×	_____	=	_____
				전체점수	_____

점수결과 해석

150점 이하: 현재 당면하고 있는 생활변화의 정도는 그다지 높지 않다. 최근 생활 변화로 인한 긴장과 스트레스를 느끼지 않고 있다.

151~300점: 이 점수 수준에 해당되는 개인은 생활변화에 의한 긴장의 정도가 고조되고 있는 상태이며, 300점에 가까울수록 지난 12개월 동안 꽤 심한 변화를 겪었다고 할 수 있다.

300점 이상: 지난 12개월 동안 생활에 큰 변화를 겪은 것이 분명하고 이 정도의 심한 생활의 변화를 잘 극복하기 위해 각별한 노력이 요망된다.

출처: 장연집 · 박 경 · 최순영(2001). 현대인의 정신건강(2판). 서울: 학지사
　　　장현갑 · 변광호(2005). 스트레스와 심신의학. 서울: 학지사

(6) 내·외부 압력

압력이란 우리가 어떤 방식으로 행동하기를 원하는 기대들이나 요구들을 말한다. 압력은 두 가지 하위유형으로 나눌 수 있는데, 수행과 관련된 압력과 동조를 요구하는 압력이다. 코미디언들은 관중을 웃겨야 한다는 압력을 받고 있으며, 직장인들은 상사로부터 일을 잘 해내라는 압력을, 교수들은 연구업적을 올리도록 그리고 강의평가를 잘 받아야 하는 압력을 받고 있다. 이렇듯 누군가로부터 신속하게, 효율적으로 그리고 성공적으로 과제들과 책임들을 수행하도록 요구하는 압력을 수행압력이라고 한다. 또한 주변사람들로부터 받은 동조압력 또한 매우 흔한 스트레스이다. 정장을 한 사업가들의 모임에서는 정장을 해야 할 것 같은 압력을, 결혼 적령기의 남녀들은 알게 모르게 혼기를 놓치지 않아야 한다는 사회적 압력을 받는다.

압박감에 대한 또 다른 근원은 자기 자신이다. 어떤 사람들은 다른 사람보다 더 많은 충동을 느끼는 것 같다. 그들은 상대적으로 짧은 기간 내에 성공하기 위해 높은 수준의 목표를 설정한다. 학생들은 "요번 학기에는 좋은 성적을 받아서 장학금을 타야 해", "살을 빼기 위해서는 굶어야 해" 등과 같은 압박감을 느끼며, 직장인들은 "쓸모없어지기 전에 퇴직을 위한 돈을 충분히 벌어야 해"와 같이 스스로 설정한 목표에 의해서 스스로 압력을 받는다.

2 현대인들의 일반적인 스트레스

대학생들이 경험하는 스트레스는 크게 장래진로 문제, 이성과의 관계에서의 어려움, 경제적 문제, 가족과의 관계의 어려움, 친구와의 관계 문제, 가치관 문제, 학업 문제 등이다. 신입생들은 대인관계, 학업 및 적성에 대해 스트레스를 받고 있는 반면, 학년이 올라갈수록 장래진로 문제에 대해 더 많은 생활스트레스를 경험하고 있다고 보고한다. 또한 여학생은 남학생에 비해 학업문제, 가정문제에서 스트레스를 더 많이 경험했으며, 남학생은 대인관계에서 스트레스를 더 많이 경험하고 있다고 보고했다(전영자·김세진, 1999; 박시범, 1998).

여기서는 현대인들이 가장 많이 받게 되는 일반적인 스트레스를 10가지 정도 살펴보겠다.

1 자기부과적 스트레스

자기부과적 스트레스는 말 그대로 자신이 스스로에게 부과한 스트레스이다. 어떤 사람은 자기 스스로 도달할 수 없는 높은 목표를 설정하거나 높은 수준에 도달하려는 기대를 갖는다. 이렇게 비현실적으로 설정한 목표 도달에 실패하거나 높은 수준에 이르려고 하는 기대감에서 오는 긴장이 스트레스를 야기한다. 우리는 이런 방식으로 노력하는 사람을 완벽주의자라고 부른다. 이런 경우는 비현실적으로 자기 자신의 기대감을 높이는 것으로 스스로가 부과한 스트레스를 받고 있는 경우이다. 또한 자신의 능력이나 시간이 부족한데도 불구하고 과도하게 책임을 맡아 일을 하고 있는 사람들도 여기에 해당할 수 있다.

2 실현 불가능한 욕구나 욕망

중요한 욕구나 욕망이 성취되지 못하면 적개심이 생기거나 좌절감이나 비참한 생각이 일어난다. 중요한 욕구란 물질적인 보상을 받는 것, 인정을 받는 것, 안전감을 얻는 것, 지위를 이루는 것, 권력을 얻고 성취를 이루는 것 등이다.

욕구는 에너지의 원천으로 상이한 상황에 따라 상이하게 행동하게 되는 방식을 설명해준다. 즉 어떤 욕구는 스스로 조절될 수 있지만 또 다른 욕구는 그 실체가 잘 드러나지 않아 스트레스의 주요 원천이 된다. 내가 맘에 드는 모든 사람들과 친하려고 하는 욕구는 오히려 불만족스런 인간관계를 파생하기 쉽고, 뜻있는 사업을 하겠다는 욕구는 직무만족이 이루어지지 않아 좌절감을 낳는다.

3 일상생활의 골칫거리

일상생활에서 발생되는 사소한 일거리들은 즉각적으로 통제할 수 없는 긴장들이다. 이러한 것들은 별로 큰 의미가 없는 것처럼 보이지만 이런 것들이 쌓이면 스트레스가 된다. 이런 사소한 문제들에는 비오는 날 만원버스로 출근하기, 긴 줄을 서서 표를 사는 것, 정확한 시간 지키기, 지하철이나 버스의 파업, 잔소리나 간섭 등이 포함된다. 일상생활의 골칫거리들은 하나하나가 큰 스트레스로 작용하지는 않지만, 지속적으로 여러가지를 함께 경험하게 되면 큰 변화를 가져오는 생활사건보다 더 큰 스트레스를 유발한다(안경숙, 1994).

4 과다한 요구

과다한 요구란 할 일이 너무 많다거나 일할 시간이 없을 때 일어나는 긴장감이다. 학생들의 경우 과다한 요구로 인한 스트레스는 학기말 시험과 함께 밀려드는 리포트를 처리할 때 발생할 수도 있으며, 직장 내에서도 과도한 업무 요구시에 발생할 수 있다.

5 직무만족감/전공만족감의 결여

이것은 주어진 직무가 종사자의 욕구에 맞지 않거나 선택한 전공이 학생들의 욕구에 맞지 않을 때 일어나는 스트레스이다. 사람에 따라 기대하는 도전, 흥미, 자율성, 전망 등이 다르기 때문에 직무/전공 만족감에 대한 개인차가 존재한다.

대학 내에 설치되어 있는 학생상담소에 상담을 신청한 학생들의 많은 수가 전공에 대한 불만족으로 인해 어려움을 호소하고 있으며, 전과나 편입의 비율이 해마다 증가하고 있는 것도 이것을 반영한 것으로 볼 수 있다.

6 불만스러운 대인관계

인간관계가 만족스럽지 않을 때도 긴장이 생긴다. 직장에서나 학교에서 인간관계가 잘 유지되면 새로운 자극과 도전 의욕을 제공해주며, 서로 지지를 주고받으며 친밀감을 형성하게 된다. 인간관계가 잘못되면 성격상의 부조화를 야기할 수도 있고 불신감을 조장할 수도 있으며, 경쟁심과 비판의식을 가질 수도 있고, 협동심을 상실케 할 수도 있다.

7 미래에 대한 두려움

직장생활이나 가정생활에서 미래에 관한 두려움을 가짐으로써 긴장감을 느낄 수도 있다. 두려움을 느끼는 사람들은 확신을 갖지 못하며, 불안해하고 자기 앞에 주어진 기회를 살리지 못한다. 직장에서 사람들은 자기가 소속된 회사가 계속 활기를 띠면서 사업이 잘 되어 나갈 것인가에 관해 관심을 가지며, 특히 자신이 해고당하지 않고 정년 때까지 자리를 지킬 수 있을지의 여부에 대해서도 관심을 갖는다.

8 사랑하는 사람에 대한 걱정

부모, 배우자, 자식들, 그리고 친구와 같은 매우 가까운 사람들의 안녕에 대한 관심으로부터도 긴장이 생길 수 있다. 이런 스트레스는 직장생활과 관계없는 일상생활 속에서 발생하며, 개인의 삶과 직결된 몇몇 결정적인 사람들로부터 생긴다. 예를 들어 부모가 차츰 연세가 많아지면 심리적으로 의존심이 생기고, 건강이 악화되기도 한다. 이럴 경우 자식으로서 부모의 건강과 노후에 대한 걱정을 하게 된다. 또한 배우자나 이성친구가 직장문제로 고민하고 있거나 직장을 구하고 있을 때도 함께 걱정하고 고민하여, 고3의 부모들은 자녀의 건강과 학업성취에 대해 자녀와 함께 걱정하여 고3부모병이라는 말까지 생기게 되었다.

9 직장생활과 가정생활 간의 불균형

직장에서 보내는 시간이나 에너지와 가정에서 보내는 시간과 에너지 간에 균형이 이루어지지 않으면 스트레스가 생긴다. 대다수 직장인의 경우, 가정보다 직장생활에 거의 모든 시간과 에너지를 쏟으므로 문제가 생기기 쉽다. 출근시간이 점점 빨라지고 퇴근시간이 점차 늦어지면 퇴근 후 가정에서는 TV를 보거나 수면에 빠지게 되므로 가족과의 대화가 없어지게 되고, 그로 인해 가족 내에서의 갈등과 스트레스를 경험하게 된다.

또한 부부가 모두 직장을 다니는 경우 특히 여성이 받는 스트레스가 심할 수 있다. 대부분의 가사일과 양육은 여성이 해야 한다는 생각으로 인해 여성들은 직장에서와 가정에서 이중으로 스트레스를 받을 수 있다.

10 질병

몸이 건강하지 못하면 전력을 다해 일을 할 수 없기 때문에 스트레스가 생긴다. 질병으로 인해 수업에 출석할 수 없거나 직장에 휴가를 내게 된다면 공부와 일에 차질을 빚게 된다. 특히 바쁜 시기에 질병에 걸리면 스트레스는 더욱 심해진다. 연구들에 의하면 스트레스를 많이 받을수록 면역력이 약해져 질병에 걸릴 가능성이 높다고 보고하고 있다. 하지만 질병에 걸리게 되면 그로 인한 스트레스도 생기게 되어, 질병과 스트레스는 악순환의 연결고리를 갖고 있다고 볼 수 있다.

3 스트레스에 대한 반응

1 신체적인 반응

몸은 위협상황에 직면하면 진화과정에서 터득한 복잡한 일련의 신체반응들로 대처한다. 위급상황이 종료되면 이러한 신체반응들은 진정되지만 위협상황이 지속되면 우리의 몸은 만성적인 스트레스에 보다 효과적으로 적응하기 위해 일련의 단계를 거치는 반응으로 작동한다.

(1) 위급반응

일상생활에서 심한 긴장감을 느끼거나 일에 쫓기면서 일이 잘 처리되지 못할 때, 흔히 우리는 가슴이 뛰고 호흡이 빨라지는 것을 느낀다. 캐논은 일찍이 이러한 반응을 공격-회피반응(fight-or-flight response)이라 하였다(이민규, 2004). 스트레스를 느끼고 심리적인 긴장이 고조되게 되면 그 상황에 대한 공격반응 즉 교감신경계가 활성화되며 아드레날린을 분비하게 하여 우리의 활동을 증가시키고 주의집중을 하도록 도와 긴장 상황에 대처하도록 한다. 반면에 스트레스가 없는 안정된 상황에서는 부교감신경계가 활성화되어 노아드레날린을 분비하게 하며 이에 따라 우리의 신체는 에너지를 보존한다. 그러나 과다한 아드레날린의 분비가 불안의 정도를 증가시키는 것처럼 노아드레날린의 과다 분비는 활동 수준을 지나치게 감소시켜 우울증을 유발할 수도 있다.

(2) 일반적인 적응 증후군

과다 업무에 시달리거나 심리적 좌절 상황이 반복되고 긴장이 고조되는 등의 심리적인 위협은 스트레스를 증가시키며 이에 따라 우리의 신체는 머리가 아프거나 심한 피곤감을 느끼기도 하고 현실을 피해버리고 싶은 욕구도 생긴다.

셀리에는 과다한 스트레스에 시달리다 보면 어떠한 사람이든지 일반적으로 일어날 수 있는 증후가 있다는 것을 발견했다. 그는 동물실험 결과 동물들에게 나타나는 생리학적 흥분양상은 스트레스 유형이 달라도 대부분이 동일함을 관찰했다. 따라서 스트레스 반응은 스트레스 자극 유형에 따라 다르게 나타나는 것이 아니라고 결론내리고 이를 **일반적응 증후군(General Adaptation Syndrome)**이라고 불렀다.

스트레스 하에서 진행되는 일반적응 증후군은 경고기, 저항기, 탈진기의 3단계로 진행된다. 각 단계의 특징을 살펴보면 다음과 같다(장연집 외, 2001).

① 경고기

경고기에는 스트레스에 의해 충격을 받아 일시적으로 신체적인 피곤감이나 두통, 식욕부진, 위통 등을 느끼기는 하나 이를 회복시킬 수 있는 능력은 어느 정도 유지하고 있는 상태이다. 이러한 신체적인 위협으로부터 방어하기 위한 생리적인 변화가 일어나는 단계이고, 스트레스를 받는 사람의 개인적인 특성과 관계없이 유사한 반응이 나타나는 것이 특징이다.

② 저항기

개인의 스트레스가 경고기에서 그치지 않고 지속될 경우 계속되는 스트레스에 반응하기 위한 신체적 적응 반응을 보인다. 이 때 나타나는 적응 증후로는 여러 신체 기관에서 호르몬의 분비가 왕성해지면서 신체적 소실이나 신체적인 불균형 상태를 복구하려 하나 이에 반해 저항력은 감소하여 위궤양이나 고혈압 등이 생길 수도 있다. 심리적으로는 방어기제를 사용하여 스트레스에 대처하려 하나, 이러한 방어가 효율적이지 못해 만성적인 불안을 나타내기도 한다.

③ 탈진기

탈진기의 특징은 스트레스에 대한 신체적 방어 능력을 상실한 상태이며 동시에 심리적인 에너지도 고갈된 상태이다. 이로 인해 신체적인 질병이 나타나게 되고 심리적으로도 방어 능력이 와해되어 망상이나 환각을 경험하는 정신증 증상을 나타낸다. 탈진 단계에서 극단적으로 신체적 건강을 되찾지 못하면 죽음에 이를 수도 있다. 이러한 현상은 노년기에 자연적으로 노쇠해져서 모든 기능을 상실하는 것과 유사하다.

2 심리적인 반응

스트레스는 신체뿐 아니라 심리적인 측면에서도 다양한 영향을 미치고 있다. 누군가로부터 모욕을 당했을 때 아무리 애써서 책을 읽으려 해도 주의집중이 안 되고, 무슨 일을 해도 능률이 오르지 않으며 분노, 불안, 우울감 등의 불쾌한 기분을 느껴봤을 것이다. 그러나 때로는 스트레스 때문에 뭔가 더 열심히 하게 되고 더 분발하여 훗날 돌이켜 생각해보면 그 일이 자신에게 매우 도움이 되었다는 것을 인식하게 되기도 한다.

(1) 인지적 손상

정서적으로 흥분하게 되면 지적 수행상의 손상이 일어나는 것을 경험했을 것이다. 앞의 예에서와 마찬가지로 주의집중이 안 되고, 능률이 오르지도 않으며, 여러 가지 가능성을 포괄적으로 검토할 수 있는 능력이 현저하게 줄어드는 것이다. 뿐만 아니라 새로운 해결방법을 찾지 못하고 과거에 익숙하게 사용했던 해결방법을 자동적으로 선택하게 되는 경향이 높아진다. 그래서 스트레스를 받으면 공격적인 사람은 더 공격적이 되고, 조심스러운 사람들은 더 위축된 행동을 보일 수 있다.

(2) 과제수행의 손상

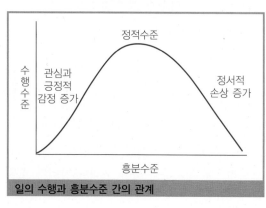

일의 수행과 흥분수준 간의 관계

스트레스가 심해지면 주어진 과제를 효과적으로 수행하는 능력을 방해하는 것이 일반적이다. 예를 들면 바우마이스터(Baumeister, 1984)의 이론은 잘 해야 한다는 수행에 대한 압력을 받으면 사람들은 지나치게 자의식적이 되며, 상승된 자의식이 그들의 주의집중력을 저해할 것이라고 가정한다. 그는 주의집중력이 두 가지 방식으로 왜곡될 수 있다고 했다. 첫 번째는 상승된 자의식 때문에 수행하고 있는 과제수행에 요구되는 주의집중력이 분산된다는 것이다. 둘째 학습이 너무 잘 되어 있어 자동적으로 수행할 수 있는 과제를 수행할 때도 자의식이 높아지면 과제에 지나치게 주의를 기울이기 때문에 오히려 과제수행에 방해가 될 수 있다는 것이다. 즉 노련하게 할 수 있는 일에 자기가 어떻게 하는지, 얼마나 잘 하고 있는지 등 지나치게 신경을 쓰면 오히려 수행에 방해가 될 수 있다는 것이다(이민규, 2004).

(3) 정서적인 반응

스트레스 상황에서는 다양한 정서적인 반응양상을 보인다. 스트레스를 주는 상황이 계속되면 자신의 대처노력의 성공도에 따라 우리의 정서는 여러 가지로 바뀔 수 있다.

① 긴장과 불안

프로이트는 인간의 긴장과 불안은 자신의 내부에서 일어나는 갈등을 해결할 수 없는 상태나 사회적으로 수용될 수 없는 충동을 무의식적 억누를 때 야기된다고 하였다. 불안이 야기되는 과정에 대해 프로이트는 일차적으로 대뇌피질이 지나치게 자극을 받은 상태에서 개인이 이를 대처할 수 없을 때 불안이 일어난다고 보았다. 예를 들어 어떤 어린아이가 부모의 뜻하지 못했던 요구나 반응에 접하는 순간 어떻게 대처할지 대처능력이 없기 때문에 이 아이는 상당히 당황해하고 뭔지 모를 두려움에 휩싸이게 될 것이다. 아니면 이전의 경험에 의해 야단맞게 될 일을 두려워 할 수도 있다. 대부분의 생애 초기의 불안은 불안에 대한 대처 능력이 없는 아이가 경험하게 되는 분리경험이나 버려지는 경험, 애정의 상실 등의 외상과 관련되어 있다.

성장하면서 불안의 대상이나 상황은 다양해지고 복잡해져 뚜렷한 대상이나 이유를 알 수 있는 불안도 있으나, 그 이유를 도무지 찾아내기 어려운 불안도 적지 않다. 정신의학에서는 전자를 현실적 불안이라 한다. 반면에 후자와 같은 특성을 띠고 있는 불안을 신경증적 불안이라 부른다. 대상이나 이유를 아는 불안보다 더 통제하고 극복하기 힘든 것은 무엇이, 왜 불안한지 조차 모르는 막연한 불안이다. 막연한 불안은 대부분 무의식적인 갈등이나 사회적으로 받아들이기 어려운 무의식적 충동과 관련되어 있고, 불안은 이러한 충동이 떠오르는 데 대한 위험신호라 할 수 있다.

일반적으로 불안은 개인을 힘들게 하고 문제해결을 방해하는 정서로 이해하고 있으나 우리의 신체적, 심리적 건강을 유지하기 위해 필요한 중요한 정서이다. 만일 위험한 상황에 처해 있으면서도 전혀 불안한 정서를 느끼지 못한다면 이런 상황을 피하거나 대처하지 못할 것이고 이로 인해 심각한 신체적, 심리적 손상을 입을 수도 있다. 따라서 심리적 긴장감이 누적되어 일어나는 긴장성 두통이나 신체적 불편감 등에 주의를 기울이지 않는다면 더욱 심각한 장애를 초래하게 될지도 모른다.

또 긴장이나 불안은 우리 각자가 어떠한 욕구를 가지고 이를 성취하려고 노력하는 상황에서 야기되는 것이므로 어느 정도의 긴장은 자신의 욕구를 충족하고 노력한 만큼의 성과를 거두기 위해 역시 필요하다. 다만 각자 불안을 견디는 수준이 다르고 불안에 반응하는 정도도 다르기 때문에 각자 자신이 어떠한 일에 직면했을 때 느끼는 긴장의 정도와 그에 따른 결과에 대한 이해가 필요하다.

② 분노와 공격

공포가 도피욕구와 직결된 감정인 것처럼 분노는 투쟁욕구와 직결된 감정이다. 우리는 좌절을 당할 때 화가 나고, 친구가 약속을 안 지키면 화가 나고, 자신이 바보 같은 짓을 할 때도 화가 난다. 정상적인 분노는 공격행위로 발전되는 정서이다. 나를 좌절시키는 혹은 공격하는 외부근원인 도발자극을 확인하면 공격을 해서 상처를 주거나 다른 식으로 피해를 입히려는 충동이 자연스럽게 일어난다. 분노는 스트레스에 대한 가장 흔한 정서적인 반응 중의 하나이다. 어린 아동에게 실험실에서 좌절감을 경험하게 하면 장난감 인형에 대한 분노감정과 공격적인 행동의 표현빈도가 증가됨을 관찰할 수 있다. 성인들의 경우도 회사에서의 과도한 스트레스가 자녀들에 대한 구타행위를 유발시킬 수 있으며, 개인적인 좌절감으로 인해 파괴적인 행동을 하기도 한다.

③ 우울과 무감동

어떤 상황이 희망이 없다고 느낄 때 우리는 우울해진다. 우울감을 경험하게 하는 가장 전형적인 상황은 사랑하는 사람과 헤어져야 하는 것이나 실패가 거듭되는 것을 들 수 있다. 우울한 사람은 만사에 의욕과 흥미를 잃고 자포자기해버리기 쉽다. 스트레스가 반복되고 이에 대해 효과적으로 대처할 수 있는 능력이 없으면 우울감을 경험하게 되고 무력감에 빠지게 된다. 심한 경우는 아무런 감정표현을 할 수 없는 무감동 상태에 빠지게 된다.

(4) 긍정적 효과

스트레스라고 해서 항상 부정적인 효과만 나타내는 것은 아니다. 셀리에는 심리적 및 신체적 건강상태나 과제 수행에 긍정적인 영향을 줄 수 있는 스트레스를 **적정 수준의 스트레스(Eustress: 긍정적 스트레스)**라고 명명한 바 있다. 스트레스의 긍정적 효과는 크게 세 가지로 요약될 수 있다.

첫째, 스트레스 상황은 자극을 받고 도전을 하려는 우리의 욕구를 자극한다. 여러 가지 연구들은 대부분의 사람들이 그들의 삶에서 아무런 스트레스가 없는 상태보다 적정 수준의 자극과 모험을 선호한다는 사실을 밝혀냈다. 스트레스의 근원부분에서 얘기했던 아무런 자극이 없으면 더 스트레스를 갖게 된다는 사실과 일맥상통하는 결과라 볼 수 있다.

둘째, 스트레스는 개인적 성장이나 자기향상을 증진시키는 기능을 할 수 있다. 스트레스 사건은 사람들로 하여금 새로운 기술을 발달시키고 새로운 통찰을 하게 하며, 새로운 힘을 얻게 한다. 스트레스에 도전하고 이를 극복함으로써 특정한 대처능력을 향상시킬 수 있으며, 자기-개념이 고양된다.

셋째, 스트레스를 경험함으로써 앞으로 닥쳐올 미래의 더 큰 스트레스에 대한 예방접종과 같은 면역기능이 생길 수도 있다. 어떤 연구들은 스트레스가 과도하지 않는 한 스트레스에 노출시키는 것이 스트레스에 대한 내성을 증가시킬 수 있다고 제안한다. 예를 들면, 적은 액수로 사기를 당한 다음에는 더 큰 액수의 사기를 당하지 않는 것은 처음 당한 스트레스로 인해 대비책을 강구했기 때문일 수도 있다.

4 스트레스 강도에 영향을 주는 요인들

똑같은 스트레스를 받아도 그것의 영향 정도는 상황에 따라서, 그리고 개인에 따라서 다르게 나타난다. 즉 상황 요인들과 개인차 요인들에 의해 스트레스의 부정적 효과는 다르게 나타날 수 있다. 여기서는 스트레스 강도에 영향을 주는 요인들에 대해 살펴보겠다.

1 예측가능성

일반적으로 사람들은 무슨 일이 언제 어떻게 일어날 것인지를 예측할 수 있는 상황에서 스트레스를 덜 받는다. 예측 가능할 때 효과적인 대처방법을 강구할 수 있기 때문이다. 즉 예측가능성이 스트레스의 강도에 영향을 미친다는 것이다. 예를 들어, 한 달 후에 있을 중요한 시험을 준비하기 위해 스케줄을 짤 때 집안 대소사나 약속 등을 미리 알고 있다면, 시험 준비동안 일들을 당황하지 않고 처리할 수 있게 되고, 스트레스도 줄어들게 된다.

2 통제가능성

스트레스를 주는 사건을 통제할 수 없다고 생각할 때는 통제할 수 있다고 생각할 때보다 훨씬 더 스트레스를 받게 된다. 예를 들어, 약속된 시간에 늦어 빨리 운전하고 가야 하는 상황에서 교통사고로 인해 길이 막혀 도로에 서 있게 되었을 때 우리는 스트레스를 받게 된다. 최근에는 도로에 교통 흐름을 알려주는 실시간 교통정보 안내판을 설치하여 운전자들에게 상황을 예측하고 통제할 수 있게 함으로써 스트레스를 줄여준다.

3 인지적 평가

스트레스는 자극 자체보다는 각 개인이 어떻게 해석하느냐 즉 인지적 평가에 따라 그 강도가 달라진다. 몇 년씩 아이를 학수고대하던 임산부가 겪는 산통과 원치 않는 아이를 낳아야 하는 산모의 고통이 다른 것도 이 때문이다. 또한 자신이 처한 상황을 매우 위협적인 것으로 해석하게 된다면, 또 전혀 예측했던 결과가 아닐 때 겪게 되는 스트레스는 그렇지 않은 경우보다 더욱 심각할 것이다. 자신의 태도나 사고방식을 검토하고 대안적인 사고방식을 탐색하여 좀 더 합리적이고 현실적으로 바꾸어보는 것은 그냥 자족하고 모든 꿈을 포기한다는 것과는 다르다.

4 긍정적 자아개념

자아개념은 우리가 자신에 대해서 어떻게 생각하는지를 나타내 준다. 어떤 특정한 상황에서 자신을 무력한 사람으로 인식하는 경우 극복할 수 있다고 지각하는 사람보다 스트레스를 심하게 느끼며, 이에 따라 대응양식은 달라진다. 무력감과 자기비하는 스트레스를 증가시킨다.

라자루스(Lazarus, 1966)는 자신이 처한 상황을 통제할 수 있다고 지각하는 정도가 스트레스 반응과 밀접히 관련되어 있다고 지적한 바 있다. 결국 자신이 처한 문제를 해결할 수 있는 힘이 있다고 생각하면 할수록 그만큼 스트레스를 덜 느끼게 된다는 것이다.

부정적인 자아개념은 스트레스를 증가시킬 뿐 아니라 질병에도 취약하게 만든다. 암환자를 대상으로 한 연구들에 의하면 암환자들은 그렇지 않은 사람들에 비해 자기비하, 무력감 등이 높다고 한다. 같은 관점에서 임상적인 관찰과 연구를 통하여 긍정적 자기지각 향상 프로그램은 암치료의 진전에 많은 도움이 된다고 보고하고 있다.

5 사회적 지지

사회적 지지는 스트레스에 직면한 사람에게 이를 해결하는 데 도움이 되어주는 것으로 심리적 지지와 물질적 지지로 나눌 수 있다. 심리적 지지에는 조언적 지지와 정서적 지지가 포함된다. 심리적 지지자의 역할을 해주는 사람들은 가까운 가족이나 친구, 선후배, 목회자 등이다. 가정에서, 사회적인 모임집단을 통해서, 혹은 좋은 친구를 통해서 얻는 정보, 또는 조언이나 물질적 도움은 스트레스를 해결하는 데 아주 중요한 역할을 한다.

표 4-2 ● 자아개념 검사

다음은 당신이 스스로를 어떻게 평가하고 있는지를 알아보고자 하는 질문입니다. 주위에 있는
사람들과 비교하여, 자신은 어떤지를 표시해 주십시오.

	전혀 그렇지 않다	약간 그렇다	대체로 그렇다	매우 그렇다	전적으로 그렇다
1. 외모가 준수하다	1	2	3	4	5
2. 아는 것이 많다	1	2	3	4	5
3. 욕심이 많다	1	2	3	4	5
4. 유머감각이 있다	1	2	3	4	5
5. 머리가 좋다	1	2	3	4	5
6. 인기가 많다	1	2	3	4	5
7. 일을 깔끔하게 한다	1	2	3	4	5
8. 지금의 내 모습은 성공적이다	1	2	3	4	5
9. 기억력이 좋다	1	2	3	4	5
10. 성적 매력이 있다(이성에게 호감을 준다)	1	2	3	4	5
11. 불친절하다	1	2	3	4	5
12. 성격이 좋다	1	2	3	4	5
13. 게으르다	1	2	3	4	5
14. 신체건강하고 활동적이다	1	2	3	4	5
15. 이기적이다	1	2	3	4	5
16. 책을 보면 이해가 잘 간다	1	2	3	4	5
17. 얼굴이 잘 생겼다	1	2	3	4	5
18. 본성이 착하다	1	2	3	4	5
19. 독립심이 강하다	1	2	3	4	5
20. 무슨 일이든 시작하면 끝을 보고야 만다	1	2	3	4	5
21. 내 자신에 대해 지나치게 신경을 쓴다	1	2	3	4	5
22. 무엇이든 쉽게 배운다	1	2	3	4	5
23. 질투심이 많다	1	2	3	4	5
24. 주어진 일을 성실하게 하는 편이다	1	2	3	4	5
25. 냉혹하다	1	2	3	4	5

채점요령
먼저 3, 11, 13, 15, 21, 23, 25번 문항은 거꾸로 채점하고(예, 1은 5, 2는 4, 4는 2, 5는 1로), 합산을
하십시오. 점수가 높을수록 자기개념이 긍정적입니다.

출처: 이민규(2004). 현대생활의 적응과 정신건강. 서울: 교육과학사. p. 129

조언적 지지는 당면하고 있는 스트레스를 좀 더 객관적으로 이해하도록 돕고 어떻게 문제를 풀어가는 것이 효과적인지를 일깨워준다. 학교장면에서 겪게 되는 친구와의 갈등을 어떻게 해결해야 할지 고민을 하고 있는 사람에게 그 친구와의 관계를 한걸음 뒤로 물러서서 이성적으로 보도록 도와주고 어떠한 방법으로 대처할지를 같이 모색해 본다면 큰 힘이 될 것이다.

물리적 지지는 스트레스를 겪고 있는 사람에게 필요한 재정적인 지원을 포함해서 서비스를 제공하거나 함께 힘든 일을 나눔으로써 스트레스를 겪고 있는 사람의 부담을 덜어주는 지지를 말한다. 이는 매우 실질적으로 도움이 되는 지지이기 때문에 아주 가까운 사람에게서나 받을 수 있는 것이지만 당면한 사람에게는 구체적인 도움이 된다(장연집 외, 2001).

6 개인적 성격특성

스트레스의 영향 정도는 개인의 성격특성에 의해서도 좌우된다. 여기서는 A유형 성격특성, C유형의 성격특성 및 낙관성에 대해 주로 살펴보겠다.

(1) A유형 성격특성

심장전문의인 프리드만(Friedman)과 로슨만(Rosenman)은 성격과 심장병과의 관계에 대한 흥미 있는 결과를 보고한 바 있다. 이들은 자신의 진료실에서 재미있는 일을 발견하였다. 어느 날 가구 수선공이 진료실의 의자를 수선하기 위해 왔을 때, 수선공은 진료실의 의자가 앞부분만 흉하게 닳아 있다는 것을 알게 되었다. 의자 수선공은 환자들이 의사에게 몸을 바짝 기울여 앉지 않고서는 의자가 이렇게 낡지는 않을 거라는 점을 환기시켜 주었다. 이러한 특징을 지닌 사람들은 심장병 환자였다.

개인의 성향 혹은 성격에 따라 스트레스를 느끼는 정도는 얼마든지 다를 수 있다. 개인의 성격 유형과 스트레스에 반응하는 정도에 대한 견해에는 다음 몇 가지가 있다. 1950년대 심장질환과 질병과의 관계에 관한 연구가 활발해지면서 관상성 심장병에 걸릴 확률이 높은 유형에 대한 관심이 고조되었다. 연구 결과, 관상성 심장질환은 성급하고 쫓기는 성격 유형의 사람들에게서 많이 발생한다고 하였다. 이와 같이 적대적이고 조급하며 경쟁심이 강한 타입을 A유형이라고 한다면 반대로 느긋하고 여유 있는 성격은 B유형이라 지칭한다. 프리드만과 로슨만(1974)은 A유형이 B유형에 비해 심장질환에 걸릴 가능성이 2배 이상 된다고 하였다. 그 이유로 A유형의 특성의 기저에는 낮은 자존심과 약한 자기 통제력으로 타인이나 상황에 위협받고 있다는 의식이 강해 쫓기고 경쟁적이 되는 것으로 보고 있다. 또 A유형의 부정적인 정서는 긴장, 공포, 적개심 등을 증가시키고 공격적인 어투와 적대행동을 유발하여 개

표 4-3 ● A/B 생활습관 질문지

다음 각 항은 서로 상반되는 행동양상을 나타내고 있다. 자기에 가장 적합하다고 판단하는 숫자를 선택한 후 점수를 더한다.

	평가등급		점수
1. 정해진 시간에만 일한다.	0 1 2 3 4 5 6 7 8 9 10	일을 늦게까지 하거나 집으로 가져가서 하기도 한다.	_____
2. 조용히 기다린다.	0 1 2 3 4 5 6 7 8 9 10	마음 졸이며 기다린다.	_____
3. 평가시 숫자나 양으로 하지 않는다.	0 1 2 3 4 5 6 7 8 9 10	숫자나 양으로 평가한다.	_____
4. 경쟁적이 아니다.	0 1 2 3 4 5 6 7 8 9 10	매우 경쟁적이다.	_____
5. 별로 책임감을 느끼지 않는다.	0 1 2 3 4 5 6 7 8 9 10	항상 책임감을 느낀다.	_____
6. 약속에 대하여 느긋하다.	0 1 2 3 4 5 6 7 8 9 10	약속에 대해 자주 조급해한다.	_____
7. 서두르는 법이 없다.	0 1 2 3 4 5 6 7 8 9 10	항상 서두른다.	_____
8. 여러 가지에 흥미를 가진다.	0 1 2 3 4 5 6 7 8 9 10	주로 일하는 것에만 흥미를 가진다.	_____
9. 자기만 만족하면 된다.	0 1 2 3 4 5 6 7 8 9 10	남들이 알아주기를 원한다.	_____
10. 아주 정확하지는 않다.	0 1 2 3 4 5 6 7 8 9 10	세심한 데까지 주의한다.	_____
11. 일시적으로 일을 안 끝낼 수도 있다.	0 1 2 3 4 5 6 7 8 9 10	반드시 일을 끝내야 한다.	_____
12. 자기 직업에 만족한다.	0 1 2 3 4 5 6 7 8 9 10	자기 직업에 불만이다.	_____
13. 남의 말을 잘 들어준다.	0 1 2 3 4 5 6 7 8 9 10	남의 말을 듣기 전에 자기 말부터 끝낸다.	_____
14. 태평하다.	0 1 2 3 4 5 6 7 8 9 10	힘들게 애쓴다.	_____
15. 천천히 한다.	0 1 2 3 4 5 6 7 8 9 10	빨리한다.	_____
16. 한 번에 한 가지씩만 한다.	0 1 2 3 4 5 6 7 8 9 10	다음에 할 일을 항상 생각하면서 한다.	_____
17. 별로 화를 내지 않는다.	0 1 2 3 4 5 6 7 8 9 10	쉽게 화를 낸다.	_____
18. 말을 천천히 한다.	0 1 2 3 4 5 6 7 8 9 10	말을 빨리 한다.	_____
19. 감정을 잘 표현한다.	0 1 2 3 4 5 6 7 8 9 10	감정을 쌓아둔다.	_____
20. 마감시간 설정을 거의 하지 않는다.	0 1 2 3 4 5 6 7 8 9 10	자주 마감시간을 설정한다.	_____

점수합계 _____

결과
A유형 성격: 135점 이상. 160~200 사이이며, 40세 이상 흡연가라면 심장병 위험이 매우 높음.
A와 B유형 혼합형: 100~134점 사이.
B유형 성격: 100점 이하.

출처: 장현갑 · 변광호(2005). 스트레스와 심신의학. 서울: 학지사. pp. 121-122.

인의 에너지를 고갈시켜 심장질환율을 높인다는 주장도 있다. 이러한 연구 결과가 보여주는 시사점은 A유형의 사람들은 심장질환에 취약하기 때문에 예방적인 차원에서 쉬운 일은 아니나 느긋한 B유형의 행동을 닮는 노력이 요망된다 하겠다.

Roskie(1987)에 의해 개발된 A유형의 행동수정 프로그램을 소개하면, A유형의 조급하고 쫓기는 성격은 조깅과 같은 유산소 운동과 이완훈련, 합리적인 자기대화 훈련, 유쾌한 정서경험 훈련 등을 통해 변화될 수 있다고 하였다.

(2) C유형 성격특성

주변을 보면 모든 일을 '내 탓이오'로 돌리는 사람들이 있다. 모든 일이 자신의 책임 때문이라고 생각하고 자신의 의견을 밖으로 잘 표현을 하지 않는 사람들이 있는데 지극히 내성적인 사람들이 대부분이다. 이런 경우에 C유형 성격이라고 하는데 이렇게 C유형 성격을 가진 사람들에서 극심한 스트레스의 결과로 면역 기능이 떨어지고 그로 인해 건강 문제가 많이 생긴다는 전문가들의 의견이 많다. 비록 방법론적인 측면에서 비판을 받고 있지만 다양한 방법을 사용한 연구들은 C유형의 성격특성들이 암과 밀접한 관계가 있다고 보고하고 있으며, C유형 사람들의 대처방식은 A유형 사람들의 대처방식과 반대되고, B유형은 A유형과 C유형의 중간에 있는 것으로 생각된다고 기술하고 있다. C유형의 성격특성은 감정, 두려움이나 분노를 억제하는 경향이 있고, 남들에게는 온화하고 부드럽게 보이는 성격의 소유자이며, 스트레스를 주는 환경에 대해 절망적이고 무기력한 태도를 보이고 우울증에 잘 빠진다고 하였다 (정현희 역, 2002).

(3) 낙관성

쉬어와 카버(Scheier & Carver, 1985)는 낙관주의에 대해 좋은 결과를 기대하는 일반적 경향으로 정의하면서 대학생들의 표집에서 낙관주의와 건강한 신체적 상태간의 상관을 발견했다. 외과수술 환자들을 대상으로 한 또 다른 연구에서는 낙관주의가 관상동맥 이식수술 이후 빠른 회복 및 정상적 활동으로의 더 빠른 전환과 관련이 있음을 발견하였다. 연구는 낙관주의자들이 비관주의자들보다 더 적응적인 방법으로 스트레스에 대처함을 시사했다(Aspinwall & Taylor, 1992; Scheier & Carver, 1992). 낙관주의자들은 행동 지향적이고 문제중심적으로 대처하는 경향이 더 많으며, 사회적 지지를 추구하기 위해 비관주의자들보다 더 자발적이고 스트레스 사건에 대한 평가에 있어 긍정적인 면을 더 강조하는 경향이 있다. 이에 비해 비관주의자들은 포기하거나 부인함으로써 스트레스를 다루려 하는 것 같다.

패터슨과 셀리그만은 사람들이 나쁜 사건들(개인적 실패, 재난, 실망)을 어떻게 해석하는지를 연구해왔다. 그들은 일부 사람들이 실패를 그들의 개인적 단점 탓으로 돌려 비난하는 경향, 즉 '비관적 설명양식'을 가지고 있음을 확인했다. 긍정적 설명양식을 갖고 있는 사람은 나쁜 사건에 대해 긍정적 의미를 찾아내어 사건을 긍정적으로 보고했다.

▶▶ 자유롭게 토론해 봅시다

❶ A유형의 성격을 변화시킬 수 있는 스트레스 대처방법에 대해 토론해 봅시다.

❷ 각자가 받는 스트레스의 유형에 대해 이야기하고, 효과적으로 대처할 수 있는 방법에 대해 토론해 봅시다.

CHAPTER 05

**스트레스 관리 I:
일상생활에서의 스트레스 대처법**

CHAPTER 05

스트레스 관리 I: 일상생활에서의 스트레스 대처법

오늘날 우리는 흔히 정신적으로나 신체적으로 건강하기 위해서 스트레스는 빨리 없애거나 해결해야 하는 것으로 알고 있다. 즉, 우리는 죽음을 피하고 좀 더 건강하고 오래 살기 위해 계속해서 정보를 얻으려 하고 있으며, 스트레스 수준을 낮추기 위한 방법들을 개발하는 데 많은 에너지를 쏟고 있다. 그에 따라 즉각적인 스트레스 감소를 보장하는 여러 가지 방법들이 나오게 되었지만 그 방법들은 모든 사람들에게 똑같이 효과가 있는 것이 아니며, 특별한 문제에 특별한 방법만이 효과가 있다고 볼 수도 없다.

대학생의 예를 들어 보자. 시험 성적이 예상 밖으로 나쁘게 나왔다, 한 학기 동안 수업을 들으며 열심히 필기했던 노트를 잃어버렸다, 나와 사귀고 있는 이성친구가 요즘 들어 다른 사람을 좋아하는 것 같다. 당신은 각각의 상황에서 어떤 감정을 느끼며, 그 상황에 대해서 어떻게 생각하고, 어떻게 행동하는가? 이 질문들에 대한 한 가지의 정답이 있는 것이 아니다. 우리들이 겪고 있는 다양한 스트레스에 대해 효과적으로 대처하는 방법을 결정하는 것은 생각처럼 쉬운 일이 아니다. 그러나 어떤 스트레스 상황에 다양한 스트레스 대처방법들을 갖고 있다는 것은 효과적인 스트레스 관리를 위해 든든한 자원을 갖고 있다고 볼 수 있다.

이 장에서는 여러 스트레스 상황에서 우리가 스트레스를 관리하기 위해 어떻게 대처하고 있으며, 이런 대처방법들이 어떤 효과를 가져오는지에 초점을 맞추고 있다. 먼저 스트레스의 대처와 관리에 대한 일반적 논의로 시작할 것이다. 그러고 나서 일반적인 대처양상을 살펴보고, 그것의 효과에 대해 논의할 것이다.

1 스트레스 대처와 관리

스트레스 대처(coping)란 환경 및 내적인 요구와 요구들 간의 갈등을 다루는 광범위한 노력을 의미한다(Lazarus, 1996). 즉, 스트레스를 받고 있는 상황에서 스트레스를 줄이거나 없애기 위한 여러가지 노력들을 뜻한다. 그러나 최근들어 다양해지고 복잡해지는 스트레스에 대처하기 위해 좀 더 전문적이고 체계화된 방법들이 필요하게 되면서 스트레스 대처방법들이 연구되게 되었다. 스트레스에 대처하는 관점도 스트레스를 불필요한 것으로 없애야 한다는 관점에서 좀 더 효율적이고 생산적으로 다루기 위해 관리해야 된다는 관점으로 옮겨가면서 스트레스 대처라는 용어보다는 스트레스 관리(stress management)라는 용어를 사용하여 체계적으로 스트레스에 대처하기 위한 방법들을 연구하고 있다.

스트레스 관리란 스트레스에 대처하는 사람들의 능력을 향상시키기 위해, 또는 스트레스로 인해 유도된 부정적 정서를 다루기 위해 고안된 과정이라 정의할 수 있다. 이 장에서는 스트레스를 효과적으로 다루기 위해 사용하는 전문적인 관리방법들보다는 우리가 일상적으로 스트레스상황에 노출되었을때 많이 사용하게 되는 대처방법에 대해 초점을 두고 살펴볼 것이다.

스트레스에 대한 대처방법들은 헤아릴 수 없을 정도로 다양하며 개인에 따라 다르다. 최근 들어 이 분야의 전문가들은 사람들이 사용하는 수많은 스트레스 대처방법을 분류하려는 시도를 했으며, 그들의 연구는 우리들이 매우 다양한 대처방법을 사용하고 있음을 알려주었다. 예를 들어 코헨(Cohen, 1994)이 대학생과 일반인들을 대상으로 스트레스에 대처하기 위해 사용하는 방법들을 조사한 결과는 표 5-1과 같다.

여기에 제시된 내용 이외에도 사람들은 상황이나 대상에 따라 매우 다양한 선택 메뉴에서 대처방법을 선택한다. 하지만 수없이 많은 대처방법들이 있음에도 불구하고 사람들은 각자가 선호하는 대처방법을 가지고 있다. 물론 상황에 따라 각 개인이 사용하는 대처방법은 다를 수 있지만 대처방법의 사용은 상황의 변화와 상관없이 일관성이 있다는 연구가 있다(Carver & Scheier, 1994). 예를 들어 어떤 학생이 이성 친구와 헤어졌을 때 슬픔을 잊기 위해 술을 마셨다면, 다른 스트레스 사건에 대해서도 술을 마실 가능성이 높다는 것이다.

표 5-1 ● 대학생과 일반인들의 일상적인 스트레스 대처방법들	
• 목욕하기(사우나)	• 명상
• 청소하기	• 영화감상이나 비디오 시청
• 실컷 울기	• 음악듣기/노래부르기
• 공상하기(백일몽)	• 악기연주
• 음주	• 뭔가 치고 차고 던지기
• 맛있는 것 먹기	• 서랍이나 장농 정리하기
• TV 시청	• 자기처벌이나 비난
• 책읽기	• 재봉질
• 운동하기	• 쇼핑하기
• 도박하기	• 흡연
• 정원가꾸기	• 혼잣말 하기
• 뜨개질	• 다른 사람과 얘기하기
• 자위행위나 성행위	• 일에 열중하기
• 운동하기	• 소리지르기

출처: Cohen, R. J.(1994).

2 현대인들의 일반적인 스트레스 대처법 ●●●

사람들이 흔히 사용하는 스트레스 대처방법들은 개인마다 다르겠지만, 여기서는 일상생활에서 흔히 사용하는 대처방법들로 포기하기, 공격행동, 쾌락 추구, 수면, 운동, 웃음과 유머, 울음, 청결과 정돈, 취미와 오락, 방어적 대처 등에 대해 다루고 있다.

1 포기하기

포기하기는 스트레스에 직면했을 때 가장 흔히 보이는 대처방법 중 하나이다. 제2차 세계대전 중 나치 포로수용소에서 죄수들이 보이는 정서적 반응들을 관찰한 결과, 일부 죄수들은 그들을 체포한 사람들에게 싸움을 걸었고, 일부 죄수들은 살아남기 위해 간수들이 시키는 대로 열심히 일했다. 그러나 많은 다른 수감자들은 무감각한 상태에 있으면서 적응하고 생존하려는 노력을 포기한 채 죽어갔다.

셀리그만(Seligman, 1974)은 동물실험을 통해 그 원인을 밝혀줄 연구를 하였다. 그는 쥐들에게 전기충격을 주었다. 처음에 쥐들은 도망치려 하였으나 도망칠 수 없었다. 그 후 쥐들에게 그 충격을 피할 수 있도록 허용하는 반응을 학습할 기회를 주었으나 도피반응을 학습하려고 시도하지 않았으며, 무기력한 행동만을 보였다. 셀리그만은 이 행동을 학습된 무력감이라고 하였다. 셀리그만은 처음에 학습된 무기력을 조건화의 산물로 간주하였으나 인간피험자를 대상으로 한 연구에서, 어떤 사람이 학습된 무력감을 발달시킬지 아닐지는 혐오적인 사건에 대한 그 사람의 인지적 해석이 더 중요하다고 제안했다. 특히 무력감은 개개인이 그 사건을 그들의 통제 밖에 있다고 믿을 때 발생하는 것으로 보인다. 이 신념은 특히 비관적인 설명양식을 드러내는 사람들에게서 나타난다. 무엇보다도 이런 사람들은 문제의 원인을 상황적 요인이 아닌 개인적 부정서성으로 귀인시키려는 경향이 있다(Seligman, 1990).

포기하기는 대체로 높은 가치를 부여할 수 있는 대처방법이 아니다. 카버와 동료들(Carver et al., 1989)은 그들이 행동적 포기라고 간주한 대처방법의 연구에서 행동적 해방이 고통을 줄이기보다 오히려 증가시킨다는 사실을 밝혀냈다. 보다 적응적 가치를 가질 수 있는 대처방법은 사회적 철수이다. 스트레스에 대한 반응 중에서 많은 사람들은 다른 사람들과의 상호작용을 삼가고 사회적으로 멀어지고 자신에 몰두하게 된다. 사회적 철수가 적응적인 경우는 감당하기 힘든 일이나 준비가 되어 있지 않는 일로 인해 고통을 받을 경우, 자신이 세운 목표가 현실적이지 않다면 자신의 한계를 인정하고 포기하는 것이 현실적으로 필요할 수 있다.

2 공격행동

현대사회를 살아가면서 우리는 매우 흔하게 공격행동들을 목격하거나 듣게 된다. TV뉴스나 인터넷에서는 끊임없이 사람들의 공격적인 행동에 대해 얘기하고 있다. 이것은 사람들이 공격행동을 통해 스트레스에 반응한다는 사실을 알려준다. 공격행동이란 어떤 사람을 신체적으로나 언어적으로 상해를 주려고 의도한 어떤 행동이다. 공격행동은 스트레스를 제공한 당사자에게 나타내는 경우가 대부분이다. 그러나 원인 제공자에게 분노를 터뜨릴 수 없을 때는 제3자에게 화풀이를 하는 경우도 있다. 이렇듯 분노 제공자가 아닌 다른 사람에게 공격행동을 하는 행위는 전치된 공격행동이라고 한다. 그러나 많은 경우, 공격행동에 따른 대인관계의 어려움은 또 다른 스트레스를 유발한다.

3 쾌락의 추구

스트레스를 받을 때 많은 사람들은 괴로움에서 벗어나기 위해 음식을 먹거나 술을 마시고 담배를 피우며, 물건을 사고, 돈을 쓰면서 나름대로 쾌락추구에 몰두한다. 은

표 5-2 ● 스트레스에 대한 과도한 보상, 쇼핑 중독

의학 연구자들은 인류를 괴롭히는 수많은 치명적인 질병을 상대로 전쟁을 벌이고 있다. 질병과의 전쟁에 발 벗고 나선 캘리포니아 소재 스탠퍼드대에서 현재 쇼핑 중독증 치료제를 실험하고 있다. 미국 심리학협회(APA)에 의하면 쇼핑중독증이 광범위하게 만연하고 있으며 미국인들의 정신건강을 심각하게 위협하고 있다. APA는 1500만 명의 미국인들이 충동적인 상품구매욕구에 시달리고 또 다른 4000만 명이 쇼핑중독 직전에 있는 것으로 추산한다.

의학용어로 '오니오마니아(oniomania)'로 불리는 쇼핑중독증은 쇼핑에 돈을 물 쓰듯 하는 것이 주요 증세이다. 환자들은 의복, 구두, 액세서리 등을 대량으로 구입 한 후 심각한 자책감에 빠진다. 이러한 자책감에서 벗어나는 길은 다시 흥청망청 물건을 사는 길밖에 없다.

APA는 충동적 구매욕구에 시달리는 환자의 90% 가량이 여성이라고 밝혔다. 우리나라의 경우 2004년 소비자 보호원이 500명의 여성을 대상으로 지난 1년 동안 TV 홈쇼핑 시청에 대한 조사를 해본 결과, '거의 매일 시청한다'는 응답자가 31.2%나 됐다. 이외에도 '주 3회이상 시청한다'는 응답은 57.4%에 달했다. 'TV를 켜면 습관적으로 홈쇼핑 채널을 본다'는 여성도 57.0%나 됐다. 또한 TV 홈쇼핑을 통해 물건을 사기전 품질을 비교하는 경우는 53.0%, 가격정보를 확인하는 경우는 46.2%에 불과한 반면 쇼호스트의 설명이 구매에 영향을 준다는 대답은 77%나돼 충동구매경향이 심한 것으로 조사됐다. 또 필요 없어도 할인이나 사은품 때문에 구매한다(43.2%), 지불할 능력이 없어도 구매한다(20.2%), 물품구입으로 가족과 다투는 경향이 있다(9.2%)는 등 상당수가 쇼핑중독 경향을 보였다. 이는 우리나라 여성 중 TV 홈쇼핑 소비자 3명 가운데 1명은 거의 매일 홈쇼핑을 시청하며, 절반 이상이 충동구매 등 불합리한 쇼핑행태를 보이고 있다는 것이고 그만큼 '홈쇼핑 중독' 증세를 보이는 여성이 많다는 것으로 여성들이 스트레스를 해소하는 방법 중 하나로 직접 쇼핑을 하는 대신 TV나 인터넷으로 쇼핑을 하고 있다는 것을 알 수 있다.

일부 전문가들은 체내의 세라토닌 수준 저하가 우울증과 자기혐오증을 유발하고 나아가서는 충동구매욕구의 원인이 되는 것으로 생각한다. 현재 이 증세의 치료약이 개발되고 있다. 스탠퍼드대 연구진이 실험 중인 치료약은 프로작처럼 대뇌의 세라토닌 공급을 증가시킨다. 세라토닌은 사람의 기분변화에 영향을 미치는 신경전달물질이다. 이런 종류의 전염병이 미국 전역을 휩쓸고 있는 동안 의학계가 수수방관하여 이처럼 엄청난 규모로 확산되도록 만든 것을 이해하기 어렵다고 생각하는 사람도 있을 것이다. 아마도 미국보건국 국장명의로 된 다음과 같은 경고문을 모든 시장의 상품가격표에 집어넣어야 할지도 모르겠다.

"경고: 이 물품을 구입할 경우 귀하의 자책감을 유발하고 은행 저축이 줄어들 수 있습니다."

"이 제품은 남녀에 따라 차별적인 충격을 미칩니다. 여성구입자께서는 쇼핑중독증을 일으킬 가능성이 남성보다 아홉 배 높습니다."

무스와 빌링(Moos & Billing, 1982)은 일반인들이 전형적으로 나타내는 스트레스 대처 반응 중의 하나가 대안적 보상의 추구임을 밝혀냈다. 대안적 보상행동의 전형적인 예는 물건을 사는 것이다. 그것은 돈만 있으면 얼마든지 가능한 일이며 뭔가 새로운 물건을 사들인다는 것은 일반적으로 즐거운 일이기 때문이다. 이러한 맥락에서 스트레스를 받으면 먹고, 담배를 피우며, 술을 마시고, 약물을 복용하는 정도가 증가되는 것도 스트레스에 대한 보상행동으로 볼 수 있다. 그러나 이런 행동들은 과소비로 인해 경제적 어려움에 직면하거나 알코올 중독으로 인해 신체적 및 심리적 장애를 가져오는 등의 또 다른 스트레스의 원인으로 작용할 것이다.

4 수면

수면은 가장 중요한 휴식형태이다. 스트레스에 대해 몸과 마음은 아주 민감한 반응을 보이고 신체의 저항력이나 면역을 떨어뜨린다. 잠은 우리가 취하는 휴식 가운데 가장 기본적이며 체력 축적의 가장 중요한 방법이다. 좋은 수면습관을 위해서는 저녁에 과식을 하지 말아야 하며, 조용한 상태를 유지하고, 실내온도는 20도 정도이면 좋다. 잠들기 전에 조용한 음악감상, 근육이완, 따뜻한 목욕이나 좌욕, 족욕 등의 방법을 통해 몸과 마음을 편안하게 만드는 습관을 갖는다. 잠들기 전에 '내가 깨어날 때는 기분이 상쾌하고 가뿐하며 편안해질 것이다'라는 자기 암시를 하는 것도 평화로운 숙면을 도와주며, 다음날 아침에 깨어났을 때 기분 좋음을 느낄 것이다.

5 운동

운동하는 사람들

인체의 각 기관은 신체활동을 해야 제 기능을 수행할 수 있도록 되어 있다. 심장은 심장대로 근육은 근육대로 운동을 통해 그 기능이 향상된다. 그런데 오늘날 현대인들은 기계문명의 발달로 모든 사회구조가 자동화되고 편리해짐에 따라 신체활동이 급격히 줄어들어 운동부족증에 걸리게 되었다. 이런 현상을 좌정문화(坐定文化)의 풍토라고 부르며, 이런 문화권에서는 되도록 덜 움직이고 그 대신에 생활은 더욱 즐기자는 특징이 있는데, 이런 것이 건강한 체력을 해치는 주범으로 지목되고 있다.

운동은 스트레스로 생기는 긴장을 풀어주는 최고의 안정제이다. 운동은 만성피로나 긴장을 풀어주고 혈액순환을 좋게 해준다. 참을성과 강인함을 키워주어 스트레스를 잘 견디게 한다. 일주일에 5번, 한 번에 30분 동안 땀을 낼 정도의 운동을 계획하는 것이 좋다. 그러나 무리하지 말고 자신에게 적합한 운동을 선택하는 것이 좋다. 억지로가 아니고 즐기는 것이 건강에는 제일 좋다(장현갑, 1998; 이종목 외, 2004).

운동을 할 때 유의해야 할 점이 몇 가지 있다. 운동을 처음 시작할 때는 될 수 있으면 다른 사람과 함께 시작하는 것이 좋으며, 하나를 정하기 전에 과거에 했던 운동 등 가능하면 여러 종류의 운동을 시험 삼아 해보는 것이 좋다. 또한 운동의 동기부여를 높이기 위해, 운동 후에 할 수 있는 즐거운 일을 생각해보는 것도 좋다. 운동계획에 차질이 생겨 일정대로 진행하기 어렵다면, 포기하지 말고 상황에 맞게 수정하여 수행하는 것이 좋다(André et al., 2003).

6 웃음과 유머

웃음은 긴장을 완화시키는 좋은 방법이다

스트레스를 극복하고 건강하고 행복한 생활을 영위하기 위해 무엇보다 중요한 것은 웃음이다. ‘유머야말로 현대 정신건강의 가장 위대한 발명이다’라고 옥타비오파스는 말했다. 웃음은 다른 사람의 적대감뿐 아니라 웃는 사람의 분노와 긴장감도 줄여준다. 프로이트는 웃음과 유머가 억압된 적대감을 해롭지 않은 방식으로 정화시키기 때문에 심리적 긴장을 완화시키는 기능을 갖고 있으며 유머야말로 인간이 가지고 있는 가장 우아한 방어기제 중 하나라고 주장했다.

웃음은 그 자체가 기분 좋은 일이다. 기분이 좋아서도 웃지만 웃기 때문에 기분이 좋아진다. 그래서 웃음과 좋은 기분은 순환적이다. 그런데 이 웃음이 각종 스트레스로 찌든 우리를 자유롭게 하고 몸과 마음의 병을 치유한다는 것에 근거해 최근 들어 웃음치료라는 것도 나오기 시작했다(김용운, 1997).

웃음과 유머의 의학적 또는 심리치료적 가치에 대한 연구는 최근에 이루어졌다. 스탠포드 대학에서 40여 년간 웃음을 연구해온 프라이(W. Fry) 박사는 웃음의 가장 큰 효과로 면역체계에 미치는 영향을 들었다. ‘면역이란 태어날 때부터 자기 몸에 있던 것과 그렇지 않은 것, 즉 자기와 비자기를 식별하고 비자기를 제거하는 몸의 방어능력’이다. 웃음은 바로 이 방어능력을 향상시켜준다는 것이다. 어려운 문제에 봉착한 사람들에게 보다 느긋하고 창조적인 상태를 만들어주는 데 웃음과 유머가 일조한다고 보며, 스트레스와 정서반응에 대한 연구 결과, 스트레스를 해소하는 방법 중 유머와 웃음이 가장 탁월한 결과를 가져다준다고 하였다.

또한 버크(L. Berk) 교수와 탠(S. Tan) 교수는 1시간짜리 코미디 비디오를 보여주고 비디오를 보기 전과 후의 혈액 속 면역체의 증감을 연구한 결과, 웃을 때 체내에 병균을 막는 항체 호르몬의 분비가 증가된다는 결과를 제시하면서 웃음의 치료적 효과에 대해 주장하였다. 웃음에 대해 연구한 많은 학자들은 웃음은 체내의 안전밸브이고, 스트레스 호르몬을 감소시키며, 엔도르핀과 같은 유익한 호르몬을 대량 생산한다고 보고하였다. 심지어 '억지 웃음'도 진짜 웃음과 비슷한 화학적 반응을 체내에서 일으킨다고 주장하고 있으며, 일부러 '웃는 척' 해도 그런 행동은 진짜 웃음으로 바뀐다고 제안하면서, 웃음치료의 효능성에 대해 설명하고 있다(이종목 외, 2004; 김광웅, 2007).

7 울음

스트레스 해소의 자연스러운 반응인 울음

웃음뿐만 아니라 울음도 스트레스를 해소시켜 주는 자연방어 반응이다. 울음은 아이들에게 매우 유용한 도구이다. 그래서 아이들의 울음은 달래줄 필요가 없다는 주장까지 있다. 예를 들면 병원은 아이들에게 두려운 장소이다. 아이들의 울음은 의사표현의 중요한 수단으로 아이는 울음으로 병원에서의 공포를 표현한다. 심리학자인 알레타 박사에 의하면 실컷 울고 난 아이는 병의 회복이 빠르다고 한다(KBS, 1999).

그러나 모든 눈물이 심리적 효과를 갖는 것은 아니다. 감정이 섞인 눈물만이 그러한 기능을 한다. 실험 결과 슬픈 영화를 보고 흘린 눈물과 양파 껍질을 벗길 때 흘린 눈물 간에는 그 성분에서 큰 차이가 있었다. 슬픈 영화를 보고 흘린 눈물 속에는 양파를 벗길 때 흘린 눈물보다 훨씬 많은 양의 카테콜라민(스트레스 호르몬)이 함유되어 있었다. 카테콜라민은 스트레스를 받았을 때 우리 몸을 긴장시키기 위해 분비되는 호르몬이다. 카테콜라민이 분비되면 혈관은 수축되고 결국 심장과 혈관에 부담을 준다. 이 스트레스 호르몬이 눈물과 함께 몸 밖으로 배출되는 것이다. 울음은 눈물을 흘림으로써 몸에 쌓인 나쁜 스트레스 호르몬을 없애서 스트레스를 해소시킨다. 사랑하는 가족을 잃고 흘리는 눈물은 이런 카테콜라민을 몸 밖으로 배출함으로써 몸 안의 스트레스를 없애준다(KBS, 1999). 울음은 우리의 정신건강을 지켜 주는 자연의 지혜이다.

8 청결과 정돈

환경에서 오는 스트레스를 막기 위해서 청결과 정돈이 필요하다. 물건은 정해진 장소에 보관해야 육체적인 피로와 심리적인 스트레스를 막을 수 있다. 시험을 준비하는 기간 동안 시험에 대한 압박감으로 인해 스트레스를 받을 때 갑자기 공부를 멈추고 책상과 서랍 등을 정리해 본 적이 있을 것이다. 정리를 하고 나서 안정된 환경에서 훨씬 집중이 잘 되는 경험을 했을 것이다. 시간을 내서 주변을 정리하는 시간을 가져본다. 주변의 색을 이용해서 심리적인 편안함을 느껴본다. 녹색은 마음을 차분하게 하고, 붉은색은 주변을 밝고 쾌활하게 만들며, 파스텔 풍의 옅은 색들은 긴장을 풀어준다. 푸른색은 기분을 차분하게 해주고 긴장을 덜어준다. 편안한 자신만의 공간을 갖고 그 공간을 자신의 체질에 맞는 색깔이나 가구 등으로 꾸며서 정서적인 안정을 추구하는 것도 좋다(김광웅, 2007).

9 취미와 오락

취미생활을 함께 즐기는 모습

스트레스 상황에서 문제가 되는 것은 언제나 똑같은 생활장면에서 똑같은 방식으로 생각하고 행동하는 데 있다. 그렇기 때문에 스트레스를 해소하기 위한 방법으로 생활장면을 전환할 필요가 있다. 기분전환이라도 좋고 분노나 화의 발산이라 해도 좋다. 문제는 긴장 방출률을 높여 신체 내의 기능적 균형을 유지시키는 데 있다. 일 밖에 모르는 사람들은 무취미가 취미인 경우가 많다. 그러나 정신건강과 행복을 위해서는 즐길 수 있는 문화를 갖는 것이 중요하다.

취미와 오락은 스스로 참가하는 경우와 감상하는 형태로 나누어 볼 수 있는데, 스스로 참가하는 것이 스트레스 해소에는 더 큰 의미가 있다. 또한 중요한 것은 취미나 오락이 스트레스 해소를 위한 놀이로 이용되어야지 경쟁의 수단으로 활용되면 그 자체가 또 다른 스트레스원이 되기 때문에 적절히 활용해야 한다(이종목 외, 2004).

10 방어적 대처

우리 각자는 자신의 욕구가 좌절되었을 때, 예컨대 친구와 잘 지내보려고 한 행동을 친구가 거부하거나 싸늘한 반응을 보일 때, 기분이 나빠지고 잠시 어찌 해야 할지 난감해진다. 같이 냉담하게 대해야 할지, 왜 그런지 물어 봐야 할지, 그냥 모르는 체 지나가야 할지 잠시 망설이고 있는 사이에 우리의 내부에서는 내적인 긴장이나 갈등을 덜기 위해 방어기제를 사용하게 된다. 프로이트는 스트레스를 야기할 수 있는 현실을 왜곡해서 불안감에서 벗어나도록 무의식적으로 이런 방어기제들을 사용하게 된다고 했다. 결국 방어기제란 자기보호를 위한 것으로 의식적으로 사용하는 것이 아니며 무의식적으로 자기도 모르게 사용하는 것이 특징이다. 방어기제에 대한 자세한 설명은 이 책의 3장을 참고하라.

▶▶ 자유롭게 토론해 봅시다

❶ 책에서 제시한 일상적인 스트레스 대처법 외에 다른 대처방식들에 대해 토론해 봅시다.

❷ 삶의 속도가 빠른 우리나라 특성상 긴장을 완화시키기 위한 스트레스 관리법들을 생각해 봅시다.

CHAPTER 06 스트레스 관리 II: 자기훈련법

06
CHAPTER

스트레스 관리 II: 자기훈련법

1 스트레스 관리의 개념

스트레스를 관리한다는 것은 개인, 환경, 혹은 둘 다의 변화를 의미한다. 이러한 변화를 통해서 개인이 성장하고 환경이 개선될 수 있으므로, 스트레스라는 것은 개인의 성장이나 환경의 개선을 위한 기회라고 볼 수 있다(김정호·김선주, 1998). 일반적으로 심리학에서는 환경의 변화보다는 개인의 변화를 통한 스트레스 관리에 중점을 두는 편이다.

스트레스 관리개입에 대한 가장 일반적인 관점은 스트레스에 대처하는 사람들의 능력을 향상시키기 위해, 또는 스트레스로 인해 유도된 부정적 정서를 다루기 위해 고안된 과정이라 정의할 수 있다. 그러나 이런 광범위한 정의는 전통적인 심리치료 기법들 또한 부적절한 정서를 다루거나 삶의 스트레스에 좀 더 잘 적응할 수 있도록 도와주는 것이기 때문에 그 차이점을 구분하기가 어렵다. 그러므로 대처능력을 향상시켜주는 심리치료의 주요 방법들과 스트레스 관리개입의 두드러진 차이점은 첫째, 스트레스 관리 방법들은 일반적으로 어려운 상황에 직면한 적응적인 사람들을 위해 고안되었다. 전통적인 심리치료방법들과 다르게 이 방법은 성격특성의 변화를 가져오기보다는 대처기술들을 가르치는 데 주안점을 두고 있다. 또 오래 지속된 만성화된 행동문제를 다루기 위해 고안된 방법이 아니다. 둘째, 대부분의 스트레스 관리 개입방법들은 행동지향적이다. 즉 개입기법들은 고전적 조건형성, 조작적 조건형성, 또는 가장 최근에 개발된 인지행동적 접근에서 나온 기법들이 포함되어 있다. 셋째, 스트레스 관리 개입방법들은 일반적으로 단기적이며, 가능한 한 빠르고 효과적인 변화를 산출하도록 만들어졌다. 넷째, 이 방법들이 강조하는 것은 자신의 목표를 성취할 수 있도록 스스로 실행하고 자기감찰을 하며, 전문가의 최소한의 도움으로 자신만의 치료프로그램을 계속 발전시켜나가는 데 있다(Auerbach, S. M. & Gramling S. E., 1998). 따라서 여기서 소개하고 있는 스트레스 관리방법들은 필요에 의해 스스로 자기 훈련을 하여 습득할 수 있다는 특징을 가지고 있다.

여기서는 스트레스 관리를 위한 자기훈련법으로, 스트레스에 대한 정서중심적 개입방법과 인지평가적 개입방법, 문제중심적 개입방법 및 명상법에 대해 다룰 것이다. 여기서 소개된 개입방법들은 상호 보완적으로 사용되었을 때 효과적으로 스트레스를 관리할 수 있게 된다. 따라서 좀 더 즐겁고 활기차게 생활하기 위해, 또 스트레스를 좀 더 효율적으로 관리하기 위해서는 여러 가지 관리방법들을 적합한 상황에 적절하게 사용하는 것이 필요하다. 최근에는 정서중심적 접근법과 인지적 접근법을 혼합한 명상법이 가장 효과적인 스트레스 관리방법으로 각광받고 있어, 마지막 부분에서 명상법에 대해 좀 더 자세히 살펴보겠다.

2 스트레스에 대한 정서중심적 개입방법

많은 사람들은 자신의 통제를 벗어난 사건을 변화시키거나 조작하려 할 때 상당한 양의 신체적, 정서적 긴장을 갖게 된다. 예를 들어, 어떤 사람들은 운전을 할 때 배려하지 않는 사람들에 대해, 또 자신이 옳다고 생각하는 방식대로 운전하지 않는 사람들에 대해서 매우 스트레스를 받으며 화를 낸다. 그러나 자신이 스트레스 요인들을 통제할 수 없다고 해서 스트레스 요인들이 자신을 통제하도록 내버려 두어야 한다는 의미는 아니다. 운전할 때 빠르고 위험하게 추월해가는 차를 보면 화가 난다. 그렇다고 그 운전자가 자신의 정서적 상태를 결정하도록, 자신의 하루를 망치도록, 두통을 가져오도록 놔둘 것인가? 스트레스 요인들을 통제할 수 없다고 생각된다면 자신의 스트레스 반응을 통제하는 방법을 배우면 된다. 통제할 수 없는 스트레스 요인이 타인의 행동일 때 자신의 정서적 · 생리적 반응을 통제하는 방법을 배운다고 해서 자신이 그런 불쾌한 행동에 동의한다든가, 용서한다는 것을 의미하는 것은 아니다. 이런 방법을 배우는 것은 자신의 정서적인 반응과 생리적인 반응을 통제하기 위해서이다. 이런 방법들은 스트레스에 대한 정서중심적 관리개입이라 불린다. 정서중심적 관리개입은 자신이 통제할 수 없는 타인의 행동에 대해 불안해지거나 화가 났을 때 매우 유용하다. 이 접근법은 크게 이완접근에 초점을 두고 있으며, 여기에는 체계적 근육이완법, 자율훈련법, 시각화 등 세 가지의 개입방법들이 포함되어 있다. 이 개입방법들은 스트레스와 연관된 정서적 각성을 경감시켜준다고 여러 연구에서 보고하고 있다.

1 점진적 근육이완법

일상생활에서의 지속적인 스트레스로 인해 정신적, 신체적 긴장감이 고조되면 근육 긴장, 두통, 소화기 장애 등이 생기게 되는데 이를 해결하기 위해 좋은 대안 중의 하나는 마음의 긴장을 해소하는 이완훈련이다. 많은 증거들은 체계적 이완훈련이 정서적 동요를 누그러뜨리고 문제가 될 만한 심리적 자극을 감소시킬 수 있음을 제안한다(Lehler & Woolfolk, 1993). 한 연구에서는 이완훈련이 면역능력도 향상시킬 수 있음을 밝혀냈다(Kiecolt-Glaser et al., 1987). 신체적인 이완을 유도하기 위해 개발된 여러 절차들이 있다. 가장 널리 알려진 절차는 제이콥슨(Jacobson, 1962)의 점진적 이완, 슐츠와 루터(Schultz & Luthe)의 자율훈련법(Linden, 1993), 그리고 벤슨(Benson, 2000)의 이완반응이다.

점진적 근육이완은 주요 근육에서 긴장과 이완의 차이를 알도록 하는 훈련이다. 긴장된 근육과 깊게 이완된 근육과의 감각 차이를 확실하게 느끼게 되면, 만성적인 통증부위를 구별할 수 있게 되어 의식적으로 그 부위의 긴장을 경감시킬 수 있게 된다.

표 6-1 ● 이완훈련연습

편안한 장소를 잡아 이완하라.

1. 오른쪽 주먹을 단단히 꽉 움켜쥐고 긴장을 살펴라. 꽉 움켜쥔 채 주먹, 손, 팔에 가해지는 긴장을 관찰하라. 이제 이완시키고 오른손이 느슨해짐을 느끼고 긴장과 반대의 이완감을 주목하라. 오른쪽 주먹을 다시 쥐고 같은 절차를 반복하라. 긴장감과 반대로 이완했을 때 느끼는 감각과의 차이를 주목하라. 왼쪽 주먹을 쥐고 오른쪽 주먹을 긴장하고 이완했던 절차를 반복하고, 다음에는 두 주먹을 동시에 실시하라. 긴장과 이완의 차이를 느껴라.

2. 그 다음에는 팔꿈치를 굽혀 이두박근을 긴장시킨다. 가능한 강하게 이두박근을 긴장시키고 팽팽해진 긴장감을 느껴라. 이완하면서 팔을 펴라. 이 절차를 반복하라. 긴장과 이완의 차이를 느껴라.

3. 이번에 주의를 머리로 돌려 앞이마에 힘을 주어 찡그린다. 다음에 이완하고 주름을 편다. 몇 차례 반복을 한 후, 눈을 감고 더욱 힘을 주어 긴장을 느낀다. 눈을 이완시키고 부드럽고 편안하게 감은 상태를 유지한다. 긴장과 이완의 차이를 느껴라.

4. 다음에는 턱을 죄여 어금니를 힘껏 물고 턱을 통해 퍼져 나가는 긴장을 느낀다. 턱을 이완한다. 턱이 이완될 때 입술이 약간 벌어질 것이다. 긴장과 이완을 반복하라. 이번에는 입천장에 혀로 압박을 가하라. 입의 뒤쪽에 아픔을 느껴라. 그리고 이완하라. 입술을 압박하여 오므려 'O'자처럼 한 후 입술을 이완하라. 긴장과 이완의 차이를 느껴라.

5. 가능한 편안하게 머리를 뒤로 젖혀 목에 일어난 긴장을 관찰하라. 젖힌 머리를 오른쪽 방향으로 돌리고 머리가 변화된 위치를 느끼면서 다음에는 왼쪽으로 돌린다. 머리를 똑바로 세운 후 앞으로 숙이면서 턱으로 가슴부위를 눌러라. 목구멍과 목 뒤쪽에 긴장을 느껴라. 이완하면서 머리를 편안한 위치로 되돌려라. 긴장과 이완의 차이를 느껴라.

(계속)

6. 다음에는 어깨를 으쓱하고 위로 들어 올린다. 머리가 두 어깨 사이에 끼어 있을 때 느끼는 긴장감을 맛보라. 어깨를 이완시켜라. 어깨를 떨어뜨렸을 때 목, 목구멍과 어깨로 퍼져나가는 순수한 이완감을 보다 길고 깊게 느껴라.

7. 이번에는 숨을 깊게 들이마셔서 폐 속을 꽉 채워라. 숨을 그대로 멈추고 있으면서 긴장감을 감지하라. 숨을 토하여 가슴을 느슨하게 하라. 계속 이완하면서 호흡이 자유롭고 부드럽게 되도록 하라. 몇 번 반복하면서 토하는 호흡을 따라 모든 긴장이 신체로부터 다 빠져나갔음을 주목하라. 다음에는 위를 팽팽하게 조여서 그대로 유지하라. 긴장을 느낀 후 이완하라. 이번에는 등을 긴장하지 않은 채 구부려라. 가능한 한 신체를 이완시키도록 하라. 가장 아래 등 부위의 긴장에 초점을 맞추어라. 그리고 이완하라.

8. 엉덩이와 넓적다리를 조여라. 가능한 한 발뒤꿈치에 압박을 가하여 넓적다리를 구부려라. 이완하고 차이를 느껴라. 이번에는 발가락을 아래 쪽으로 뻗어 장단지에 긴장을 가하라. 긴장을 살펴보라. 그리고 이완하라. 이번에는 발가락을 얼굴 쪽으로 굽혀 정강이에 긴장을 가하라. 그리고 이완시켜라.

9. 이완이 깊어지면서 하체 부위가 무거워짐을 느껴라. 다리, 발목, 장딴지, 정강이, 무릎, 그리고 엉덩이를 이완하라. 이 이완이 위, 허리와 가슴까지 퍼져나가게 된다. 더 많이 더 많이 퍼져나가게 하라. 어깨, 팔, 그리고 손까지 이완이 깊어짐을 느껴라. 보다 깊게 보다 깊게 목, 턱, 그리고 얼굴의 모든 근육이 풀리고 이완됨을 느껴라.

2 자율훈련법

자율훈련법(Autogenic Training: AT)은 독일의 신경학자인 요한 슐츠(Johannes Schultz)의 작업에 기초를 둔 자기유도훈련법으로 유럽에서 많이 사용되는 방법이다(Linden, 1993). 자율훈련법은 심리적이고 생리적인 자기통제법으로 정신집중에서 생기는 이완을 기본으로 하여 자기이완 및 자기개발로 나아가는 단계적 자기훈련법이다. 기본 특성은 수동적 주의집중의 태도유지, 외부자극의 최소화, 내면의 감각에 집중, 이완을 유도하는 일련의 언어적인 표준공식문의 반복 등이다. 수동적 주의집중은 구체적 목표나 결과에 대해 관여하지 않는 태도를 의미하며, 깨어 있으며 방심하지 않는 상태를 유지하면서 일반적인 사념이 없는 상태이다. 명상이나 초월명상과 같이 외부자극을 최소화하고 어느 한 곳에 집중하며, 어떤 단어나 상에 집중하여 특별한 이완상태를 이끌어낸다.

또한 자율훈련법은 바이오피드백과 같이 자율신경계의 각성상태를 직접적으로 조절하는 데 초점을 두고 있다. 다른 이완방법과 자율훈련법의 차이는 특별한 신체적 기능을 목표로 하여 다음에 나오는 6단계를 거친다는 점이다(표 6-2 참고).

자율훈련법에서는 각 세션 후 다시 거슬러 올라가는 과정이 중요하다. 즉 각각의 활동들은 이완과 긴장의 상태를 반복하는 것으로 구성되어 있다. 눈을 뜬 채로 팔을 구부리고 펴고, 호흡을 깊게 들이마시고 내쉬는 과정으로 되어 있다. 자율훈련법을 연습할

표 6-2 ● 자율훈련법의 단계

단계	연습	표준공식	목적 및 효과
제1단계	중감	오른팔이 무겁다	근육이완
제2단계	온감	오른팔이 따뜻하다	혈관이완, 혈행촉진
제3단계	심장조율	심장이 고요하고 힘차게 뛴다	심박의 조율
제4단계	호흡조율	호흡이 고르고 고요하다	호흡의 조율
제5단계	복부	태양신경총이 따뜻하다	복강의 이완
제6단계	머리	이마가 시원하다	사고와 감정의 정화

때는 2~3분 정도의 짧은 시간을 사용하며, 반드시 앉은 자세로 수행하는 것이 좋다. 또한 일상생활 속에서 규칙적으로 시간이 날 때마다 수행하는 것이 필요하며, 음악을 틀어 놓거나 좋은 향기가 나게 하는 등의 불필요한 자극들은 없애는 것이 좋다. 마지막으로 연습을 마칠 때는 반드시 적극적으로 활기차게 각성상태로 끝내는 것이 좋다.

3 시각화

스트레스를 받으면 몸과 마음이 편치 않다. 이때 마음을 편안하게 하는 방법으로 시각화를 사용할 수 있다. 언제 어디서나 약간의 시간만 있다면 적용할 수 있는 방법으로, 특히 평소에 상상력이 풍부한 사람이라면 더 쉽게 적용할 수 있는 방법이다. 시각화는 신체를 이완시켜주고 혼란스러운 마음을 정리해주며, 긍정적인 장면을 상상하게 해주는 방법으로 점진적 근육이완을 통해 깊은 이완감을 갖게 한다. 이 방법은 점진적 근육이완과 함께 사용하여야 효과적이다. 최근에 일어났던 불쾌한 사건에 대해 생각하면 스트레스를 받고, 이런 생각은 긴장수준을 높여준다. 이것은 시각화와 같은 정신적 이완기법의 사용을 어렵게 한다. 그러므로 점진적 근육이완 연습을 통해 이완을 한 상태에서 시각화를 사용하는 것이 일반적이다.

처음에 시각화를 할 때는 가볍거나 무거운, 따뜻하거나 시원한, 밝거나 어두운 느낌을 갖는 것에서 출발한다. 이것은 많은 사람들이 이완의 느낌을 묘사할 때 나오는 어휘들이다. 시각화를 할 때는 대상자들에게 이완된 상태의 느낌을 가장 잘 묘사해 줄 수 있는 어휘를 찾게 하고, 거기서부터 시작한다. 예를 들면, 이완의 느낌을 매우 무겁고 시원하며 어둡다고 한다면, 푹신푹신한 큰 침대 중간에 누워 있는 모습을 상상하게 하라. 상상 속에서 매트리스는 나의 무게에 의해 쑥 꺼져 있고, 침대는 나를 폭 감싸주고 있다. 나는 누워서 창문으로 불어오는 시원한 바람을 맞으며 어두운 밤하늘의 별들을 바라보고 있다. 만약 이완의 느낌이 좀 더 가볍고, 따뜻하고 밝다면,

햇빛 비치는 맑고 밝은 날 해변에 누워 있는 모습을 상상하게 하라. 따뜻하고 부드러운 해변에 누워 파도치는 소리를 들으며, 멀리서 갈매기가 울고 있다. 부드러운 해풍을 느끼며, 멀리서 느껴지는 바다의 냄새도 맡을 수 있다. 대상자는 이미지를 가능한 한 즐거운 장면으로 바꿀 수 있다.

시각화 기법은 운동수행을 높이거나 다른 유형의 수행, 예를 들면 악기 연주 등의 수행능력을 증진시키기 위해 사용되며, 만성적 통증을 겪고 있는 사람들에게 유용하게 사용된다.

3 스트레스에 대한 인지평가적 개입방법

스트레스 요인들이라 해서 모두 스트레스의 원인은 아니다. 스트레스 반응은 자신이 스트레스 요인들을 어떻게 지각하느냐에 달려 있다. 시험이 자신을 불안하게 만든다든지, 직장상사가 자신을 화나게 한다든지, 막히는 길이 자신을 짜증스럽게 만드는 것은 아니다. 우리는 스트레스를 주는 사건이 우리를 어떤 방식으로 느끼게 하고, 어떤 방식으로 행동하게 만드는지에 대해 얘기하지만 사실은 그렇지 않다. 즉 스트레스 요인들에 대한 우리의 평가와 의미가 그 상황에 대한 스트레스 정도를 결정한다. 예를 들어, 시험에서 'C' 학점을 받았을 때 어떤 학생은 'C' 학점에 대해 좋아하고, 다른 학생은 'C' 학점에 대해 화를 내며, 또 다른 학생은 별로 신경을 쓰지 않는다. 이것은 같은 스트레스 요인인 'C' 학점이 여러 학생들에게 각기 다른 의미를 주기 때문에 각기 다른 스트레스 반응을 보이는 것이다. 즉, 우리가 스트레스를 주는 사건에 대해 어떻게 해석하느냐에 따라 우리는 스트레스를 받을 수도 있고, 받지 않을 수도 있다는 것이다. 이것을 인지평가적 개입방법이라 부르는데, 이런 인지평가적 개입방법은 정서중심적 개입방법이나 문제중심적 개입방법 모두에 적용된다.

스트레스에 대한 인지평가적 개입방법에서는 사람들이 가지고 있는 비합리적이고 왜곡된 인지가 스트레스의 구성에 중요하게 작용한다고 보고, 이러한 개인의 비합리적이고 왜곡된 인지를 변화시킴으로써 스트레스를 관리한다. 또한 동기-인지관리에서는 스트레스의 구성에 있어서 인지뿐만 아니라 동기도 중요하다고 강조하며 부적절한 인지와 동기가 스트레스의 구성에 주요한 역할을 한다고 본다(김정호, 2000a, 2000b; 김정호 · 김선주, 1998; Kim, Kim, & Kim, 1999).

인지평가적 개입방법에는 자기평가와 마이켄바움(Meichenbaum)의 스트레스 면역훈련, 역기능적 사고바꾸기와 부정적인 신념 바꾸기 등이 있는데, 여기서 체계적인 문제중심 기술로서 자기평가와 스트레스 면역훈련을 살펴보겠다. 역기능적 사고 및 부정적인 신념바꾸기는 이 책의 11장 정신건강과 전통적 심리치료의 인지행동 심리치료 부분에서 다루고 있다.

1 자기평가

자기평가는 스트레스 반응과 연관된 상황을 확인하고, 이런 상황에서 자신의 스트레스 상황을 측정하며, 자신이 행동하는 것이나 행동하지 않는 것이 무엇인지를 이해하며, 이런 스트레스 상황에서 자신에게 도움이 되는 것과 해가 되는 것을 알도록 함으로써 개인이 스트레스를 관리할 수 있도록 해주는 프로그램이다. 기본적으로 자기평가는 자기 자신을 조사하는 것으로, 여러 상황에서의 자기 자신을 연구하고, 스트레스 상황에서 자신의 반응을 관찰하며, 자신의 정서적인 반응과 행동적인 반응을 수량화해야 한다. 자기평가는 스트레스에 대한 정보를 수집하여 계획을 짜도록 하며, 자료수집계획을 수행할 때 겪게 되는 어려움의 문제를 해결하도록 해주기 때문에 문제 중심적 개입방법이다.

어떤 사람들은 하루 종일 스트레스를 받고 있는 것처럼 보인다. 그러나 그들의 하루를 좀 더 신중하게 살펴보면 좀 더 안 좋은 상황이 있고 좀 더 좋은 상황이 있다. 이것은 스트레스 관리계획을 세울 때 매우 중요한 정보이다. 또 어떤 사람들은 스트레스와 좀 더 강하게 연관된 종류의 상황들이 있다는 것을 알지만, 이런 상황에서 어떻게 해야 하는지를 모른다. 이럴 때는 일상생활에서 가장 스트레스를 받는 요인 5가지를 순위대로 간단하게 기술하는 것부터 시작한다. 여기에는 중요한 삶의 사건이나 만성적인 골칫거리들, 과거로부터 계속해서 자신을 괴롭히는 것들 및 미래에 대한 두려움 등이 포함될 수 있다. 목록화한 스트레스 요인들의 유형에 대해 생각해 보고 이 스트레스 요인들을 통제할 수 있는 것과 없는 것으로 구분한다. 그리고 나서 자신의 삶에서 스트레스의 원인이 무엇인가에 대해 떠오는 생각들을 간단하게 메모한다.

그 다음 이런 스트레스들을 좀 더 잘 관리하는 방법을 어떻게 하면 배울 수 있을까? 보통 스트레스 반응은 아무 것도 없는 상태에서는 일어나지 않는다. 즉 스트레스 받는다는 느낌은 일반적으로 구체적인 상황과 연관되어 있다. 스트레스 반응을 둘러싸고 있는 사건을 측정하는 것은 스트레스 반응의 상황적 결정요인들을 이해하도록 도와줄 수 있으며, 자신의 대처 패턴에 대한 통찰을 갖게 한다. 여기서 스트레스에 대한 ABC 모델이 나오게 된다. A란 사건(Antecedents), B란 신념(Belief), C란 결과(Consequences)를 의미하는 것으로 사건(A)은 스트레스 반응을 일으키는 사태와 상황이고, 신념(B)은 스트레스를 받을 때 경험하게 되는 생각, 느낌, 행동 등 스트레스 반응 그 자체를 반영한다. 결과(C)는 사건(A)과 신념(B)의 뒤를 잇는 사건이다.

"다음에 무엇이 일어날지" 아는 것은 어떤 상황에서 자신이 행동한 방식에 자신이 왜 반응했는지에 대한 이유를 알게 해준다. 표 6-3의 예를 참고하라.

표 6-3에서처럼 자신이 스트레스를 받는 이유를 분명하게 알기 위해 자신의 하루 생활을 스트레스 일기를 통해 스트레스 받는 자신의 상황, 사고, 이유를 꾸준히 기록하는 것이 도움이 된다. ABC 모델은 앨버트 엘리스의 합리적 정서치료에서 나온 모델로 좀 더 자세한 내용은 11장의 정신건강과 전통적 심리치료를 참고하라.

변화하길 원하는 스트레스와 연관된 행동을 분명하게 정의하는 것부터 자기평가가 시작된다. 자기평가의 핵심은 자기 관찰이다. 스트레스를 줄이는 첫 번째 단계는 목표를 정하고 변화하고자 하는 행동을 구체적으로 정한다. 가장 많이 받는 스트레스 5가지의 리스트를 적어보고 각 스트레스의 심각도를 평가한다. 가장 심각한 스트레스 요인부터 덜 심각한 스트레스 요인까지 정한 다음, 지금 가장 바뀌길 원하는 스트레스 요인에 플러스 표시(+)를 하고 지금 당장 다루고 싶지 않은 스트레스 요인에는 마이너스 표시(−)를 한다. 예를 들어 흡연은 담배를 피우는 동안 주변사람들의 불평과 담배를 피우기 위해 흡연실을 찾아야 하는 불편함, 그리고 건강을 위해 금연을 해야 한다고 하기 때문에 다뤄야 할 필요가 있는 스트레스 요인이지만, 흡연이 마음을 진정시키고 편안함을 가져다주기 때문에 스트레스에 대한 대처방법 중 하나로 흡연을 사용한다면 이 문제를 다루길 원치 않을 수 있다. 이런 요인은 나중으로 미뤄놓고 가장 변화하고자 하는 요인부터 시작한다.

우선 플러스 표시를 한 스트레스 요인부터 시작한다. 여기서 주의할 점은 스트레스의 요인을 상황에서의 행동으로 설명함으로써 좀 더 구체적으로 그것을 다룬다는 점이다. 다른 말로 하면 환경적 맥락에서 가능한 한 구체적으로 문제를 정의한다. 예를 들어 살을 빼기 위해 운동을 하겠다고 목표를 설정하면 구체적으로 어느 시간에 어떤 운동을 얼마만큼 할 것인지를 정해야 한다. 자기평가는 스트레스를 받고 있는

표 6-3 ● 스트레스에 대한 ABC 모델의 예

날짜 및 시간	상황(A)	생각(B)	감정(C) 및 행동
5/6 낮 12시	식당에서 나오는 카레와 디저트를 함께 먹는다.	이런, 이거 살찌는데. 나는 절대 살을 못 뺄 거야. 저 테이블에 있는 사람들이 나를 보면서 '저 여자 뚱뚱하네. 근데 저걸 다 먹어?'라고 생각하고 있어. 다이어트조차 성공하지 못하는 나는 인생의 실패자야.	수치, 우울, 화남. 먹는 것을 토하거나, 열량이 높은 음식을 더 주문해서 먹는다.

문제에 대한 정확한 이해와 해결을 하기 위해 가장 첫 단계로 해야 하는 사항이며, 자신에 대한 정확한 지각은 스트레스 대처의 기본이라 할 수 있다. 자기 평가는 인지평가중심적 개입방법과 문제중심적 개입방법에 모두 해당하는 것으로, 이후의 문제해결단계는 문제중심적 접근에서 보다 자세히 다루고 있다.

2 스트레스 면역훈련

스트레스 면역훈련(stress inoculation training)은 도날드 마이첸바움(Donald Meichenbaum)이 개발한 방법으로 계획적인 인지평가적 개입방법이다. 스트레스 면역훈련은 스트레스를 관리하기 위해 유일한 방법으로만 사용되는 기법이 아니라, 여러 다른 기법들과 함께 사용될 수 있는 관리법이다. 이 방법은 인지적 영역뿐만 아니라 정서조절과 직접적인 행동기법도 포함하고 있다. 또한 여기서는 사고, 감정, 생리적 반응 및 행동 모두가 상호연관되어 있다는 것을 인식하고, 스트레스에 대한 정서적, 행동적 반응에 영향을 주는 상황을 사람들이 어떻게 해석하고 평가하는가의 사실을 강조하고 있다. 스트레스 면역훈련의 이점 중 하나는 자신의 반응을 통제할 수 있는 능력, 스트레스에 대처할 수 있는 능력이 있다는 확신감을 증가시켜주면서 자기효능감을 길러준다. 그와 더불어 스트레스 면역이란 용어는 미래에 있을 수 있는 스트레스의 역효과로부터 자신을 보호해주는 '심리적 항체'로서 활동할 새로운 대처기술을 의미한다. 스트레스 면역훈련은 사전에 대처기술을 습득하여 스트레스를 일으키는 사건들에 노출되었을 때 사용하는 방법으로 개념화, 대처기술의 획득, 적용의 세 단계로 구성된다.

첫 번째 단계인 개념화 과정에서는 자기 자신에 대한 평가로 시작한다. 자기평가는 자신에게서 스트레스와 관련된 문제를 확인하고 정의하는 것이 주요 포인트이다. 여기서는 우선 상황 속에서 생각, 느낌, 행동으로 자신의 문제를 기술할 수 있도록 구조화된 일기를 작성하는 것도 도움이 된다. 이런 일기쓰기를 통해 스트레스 반응은 일반적으로 구체적 상황과 연관되어 있다는 것을 알 수 있으며, 나의 생각이 스트레스 반응을 악화시킨다는 것을 확인할 수 있게 된다.

두 번째 단계는 대처기술의 획득단계로 각 개인에 맞는 맞춤식 접근을 통해 필요한 기술들을 획득하는 단계이다. 이 단계에는 크게 이완과 인지적 전략이 포함되며, 스트레스 면역훈련은 인지적 개입방법이지만 효과적인 스트레스 관리를 위해서는 깊이 숨쉬기와 같은 이완방법들이 필수적인 조건이라 할 수 있다. 마이첸바움은 스트레스를 줄이고 문제를 해결하겠다는 마음가짐을 유지하기 위해서는 '내면의 대화'가 중요하다고 하였다. 이것이 바로 '자기지도 훈련'이다.

세 번째 단계는 적용단계로 실제 스트레스 상황에서 적용할 수도 있지만, 시각화를 통해 리허설을 해보는 것이 좀 더 안전한 훈련 방법이라고 볼 수 있다. 시각화리허설을 하기 위해서 처음에는 스트레스 사건들의 위계를 정하고, 각각의 상황에 맞는 긍정적인 대처진술들을 말해본다. 그리고 나서 이완의 상태로 들어간다. 이러한 상태에서 스트레스 상황에 처한 자기 자신을 시각화한다. 스트레스 상황에서의 자기 자신을 시각화하면서 자신의 스트레스 수준을 좀 더 통제하기 위해 긍정적인 대처진술을 하고, 긍정적인 느낌을 갖도록 자기 자신을 상상한다. 마지막으로 실제 상황에서 이 방법을 실천해 본다.

4 스트레스에 대한 문제중심적 개입방법

어떤 스트레스 요인들은 자신이 스트레스를 덜 받도록 변화시킬 수 있고, 통제할 수도 있다. 즉, 스트레스 요인에 직면했을 때 직접적인 행동을 통해 상황적 스트레스를 감소시키거나 문제 자체를 제거할 수 있다. 예를 들어, 어떤 사람은 거절을 못 하여 너무 많은 책임감을 갖게 되어 스트레스를 받을 수도 있고, 또 어떤 사람은 직장상사나 교수, 권위 있는 사람들의 욕구나 감정에 너무 민감하여 이런 사람들과의 상호작용이 스트레스로 작용한다. 다른 사람의 욕구나 감정에 민감한 사람들은 자신의 욕구나 생각대로 반응하면, 다른 사람들이 어떻게 반응하고 생각할지에 대해 걱정하기 때문에 대인관계의 스트레스 요인들을 변화하려고 하지 않는다. 이런 사람들은 대부분 정서중심적 관리 방법들을 사용하는데, 정서중심적 관리 방법들은 한계가 있다.

효과적인 스트레스 관리의 핵심은 문제가 있는 상황을 관리하기 위해 필요한 기술들을 획득하고, 그런 기술들을 숙련하며, 효과적으로 어느 장소나 어느 때에라도 그 기술들을 사용할 수 있게 되는 것이다. 스트레스에 대한 문제중심적 개입방법으로 자기주장훈련법과 체계적 문제해결 방법이 있는데, 이것은 스트레스를 줄여주고 성공적인 상호작용의 가능성을 극대화시키는 방법으로 사람들과 직접적이고 효과적으로 상호작용하는 기술을 가르쳐 준다.

1 자기 주장적인 대응

인간사회에서는 어디에나 견해와 생활 방식의 차이, 욕구의 차이, 문화의 차이 등이 존재한다. 그런 차이 때문에 삶의 다양성이 나타나고 재미가 있다. 그러나 그런 차이에서 갈등과 불편함이 야기된다. 대인관계에서 차이, 오해, 갈등을 경험할 때 상대방에게 눌려 자기가 하고 싶은 말을 하지 못하고 원망만 하는 사람이 있다. 이와 반대로 불같이 화를 내고 위협하여 상대방에게 피해를 주는 사람들도 있다. 전자의 경우를 소극적 또는 비주장적인 사람이라고 하고, 후자의 경우를 공격적인 사람이라고 한다.

우리나라 사람들은 대개 처음에는 비주장적으로 나오다가 나중에는 공격적으로 폭발하는 경향이 있다. 솔직하게, 그리고 화내지 않고 자기의사를 표현하는 기술, 즉 주장적 자기표현의 기술이 미숙하여 불편감을 느끼는 사람이 많은 것이다. 비주장적 성향이 강한 사람은 상대방을 지나치게 배려한 나머지 자기의 욕구 충족을 희생하며 자신의 인권을 타인이 침해하도록 허용한다. 그 결과 자기 환멸과 울화병 내지 심인성 질환을 앓게 되고 상대방에 대한 원망과 증오가 축적되어 관계가 악화될 수 있다. 이에 반해 공격적인 사람들은 자신의 욕구 충족과 권리 추구에 지나치게 집착한 나머지 상대방의 욕구와 인권을 침해한다. 그 결과 요구적이고 다혈질인 성격이 굳어지고 상대방의 원망을 사게 되며 적대적인 관계로 발전할 수 있다. 우리의 일상생활은 관계요 대화다. 단 하루도 누군가와 말하지 않고 아무런 생각과 감정 없이 지낸 적은 거의 없을 것이다. 따라서 자기와 타인과의 관계, 자기와 자기 자신과의 관계를 만족스럽게 영위하기 위하여 의연하고, 담담하며, 공감적으로 자기 주장의 기술을 익힐 필요가 있다.

주장성은 사회적 유능감의 중요한 측면이며, 주장성 훈련은 사회적 기술훈련의 필수적인 구성요소이다. 주장성은 사회적으로 적합한 방법으로 자신의 사고와 느낌, 원하는 바를 직접적이고 분명하게 표현하는 것을 말한다. '사회적으로 적합한' 이란 말에는 위협적이거나 벌하는 행동이나 타인의 정당한 권리를 빼앗는 행동이 포함되서는 안 된다는 의미가 함축되어 있다. 주장적 행동이 되기 위해서는 3가지 요소들이 포함되어 있어야 한다. 첫 번째는 긍정적인 감정을 표현하는 것이다. 예를 들면, 주고 받는 것에 대해 서로 감사함의 감정을 표현한다. 두 번째는 부정적인 의견에 대한 자기확신으로 비합리적인 요구에 대해 거절하기, 개인적 의견을 표현하기 등이 포함된다. 세 번째는 부정적인 의견의 표현으로 정당한 분노를 표현하기 등이 있다.

주장적인 행동은 수동적 행동은 물론 공격적인 행동과도 다르다. 수동적 행동은 사고와 감정을 즉각적으로 억누르고 이익을 얻으려는 타인을 수동적으로 따른다. 이런 사람들은 자신의 의견을 얘기할 때도 '~하지 않니? 그렇지 않지?' 라는 표현을 주로 사용하여 상대방의 동의를 구하거나 비언어적으로 동의의 표시를 구한다. 예를 들면, 목소리가 주저하는 듯하며, 상대방이 얘기할 때 자주 고개를 끄덕인다. 수동적인 행동은 단기적으로는 타인과의 갈등을 피하려고 하는 듯 보이지만, 장기적으로는 좌절, 불안, 분노의 감정을 일으킨다. 결국 상대방은 그 사람에 대해 평가절하하고 존중하지 않는다.

공격적인 행동은 비난하고 위협적인 방식으로 사고와 감정을 직접 표현한다. 공격적인 행동은 단기적으로는 자신의 원하는 것을 얻을 수 있겠지만, 타인에게 모멸감과 분노를 느끼게 하고 결국 사람들로부터 소외되는 결과를 가져온다.

표 6-4 ● 수동적, 공격적, 주장적 표현의 특징들

	수동적인 자기표현	공격적인 자기표현	주장적인 자기표현
행동특징	• 타인의 입장만 배려함 • 타인이 자기의 욕구와 인권을 침해하도록 허용함 • 자기의 욕구와 권리를 솔직하게 표현하지 못함(자기부정적)	• 자기의 입장만 배려함 • 타인의 욕구와 인권을 무시하고 희생시킴 • 자기의 욕구를 성취하기 위하여 과격한 표현을 함(자기중심적)	• 자기의 입장을 배려하되 타인의 권리와 인격을 존중함 • 자기의 욕구를 성취하되 타인의 권리를 침해하지 않음
감정	• 자신에 대한 실망과 자책 • 상대방에 대한 원망과 증오	• 처음엔 승리감과 우월감, 다음에는 죄의식	• 자기존중감
결과	• 자기의 욕구를 성취하지 못함 • 대인관계가 소원해짐	• 자신의 욕구를 성취함 • 상대방에게 분노, 복수심을 심어주고 관계가 파괴됨	• 자신의 욕구를 성취함 • 상호존경
분노의 표현방식	• 분노의 억압 → 앙갚음: 나는 중요하지 않다. 당신만이 중요하다 → 나는 중요하다. 당신은 중요하지 않다. 그러나 지금은 그 사실을 숨기겠다.	• 분노의 직접적 표출: 나는 중요하다. 당신은 중요하지 않다.	• 분노의 통제와 적절한 의사소통: 나는 중요하다. 당신도 중요하다.
예를 들어, 친구가 바쁘다고 하며 숙제를 해달라고 할 때	에, 글쎄…(하고 싶지 않음) 할 수 없네. 그래 해줄게.	야, 너 정신이 있는 거니? 그런 속 없는 소리를 하다니 네가 대학생이냐?	남의 숙제를 대신해주는 것은 옳지 않은 일인 것 같아, 너에게도 도움이 되지 않고… 내 생각엔 아무리 바쁘더라도 네가 하는 게 좋겠어.

출처: 홍경자(2006). 자기주장과 멋진대화. 서울: 학지사, pp. 117, 185

　　이와 반대로 주장적인 행동은 조용하고 확신에 찬 태도로 의사소통하면서 분명하고 적절한 진술을 한다. 주장적인 사람은 직접적이고 솔직하기 때문에 사람들은 존중받는다고 느끼며, 그 사람에 대해 신뢰하게 되고, 자유롭게 표현할 수 있게 만든다.

게다가 이런 사람들은 타인에게 불쾌한 정서를 이끌지 않고 목표를 달성한다.

갈라씨와 동료들(Galassi et al., 1984)은 원하는 목표를 성취하는 데 있어 주장적인 행동이 공격적인 행동 및 수동적인 행동과 다른 점들에 대해 연구했다. 주장적인 반응은 공격적인 행동보다 좀 더 순응적인 결과를 가져오며, 타인들로부터 더 큰 존중과 동감을 이끌어내며, 반감이 덜하다. 수동적인 행동은 타인에 의해 친절하고 호감이 가는 행동으로 평가되지만 일반적으로 주장적인 행동에 비해 덜 효과적이라고 했다.

그럼 주장적인 행동을 하기 위해서는 어떻게 해야 할까? 여기서는 주장적인 행동의 기본요소에 대해 살펴보겠다(홍경자, 2006).

- 상대방에 대해 예절을 지키며 상대방의 말을 잘 경청한다.
- 먼저 상대방을 공감적으로 이해한다.
- 자신이 주장하는 이유를 간단하게 설명한다.
- 서로가 받아들일 수 있는 타협안을 제시한다.
- 자신의 마음속에 있는 바를 정직하게, 그리고 가급적이면 대화의 초반에 상대방에게 표현한다.
- 상대방과 대화할 때 서두르거나 횡설수설하지 않는다.
- 상대방이 알아들을 수 있도록 또렷하고 단호하게 그리고 자연스러운 억양으로 말을 한다.
- 적절하게 시선을 맞추고, 이완된 자세로 얘기한다.

2 체계적 문제해결의 사용

인생의 문제를 다루는 데 있어서 가장 분명한 행동은 그 문제에 정면으로 부딪히는 것이다. 카버와 동료들(1989)의 대처에 대한 연구에서, 이러한 접근을 반영하는 두 개의 대처 방법들, 즉 적극적 대처와 계획하기를 사용하는 사람들은 자긍심의 수준이 높고 반대로 불안수준은 낮다는 사실이 관찰되었다. 디줄리아와 쉬디(D' Zurilla & Sheedy, 1986)의 연구는 문제해결과 스트레스의 관계에 더 초점을 맞추고 있다. 그들은 피험자의 사회적 문제해결 능력의 주요 측면을 평가하는 두 개의 척도를 사용하여 연구하였다. 하나의 척도는 피험자의 문제 지향, 즉 그들이 문제에 대해 긍정적 태도로 접근하는지 여부와 그것들을 도전과 기회로 보는지의 여부에 대한 것이다. 다른 척도는 한 세트로 이루어진 네 개의 문제해결 기술을 평가하는 것으로, 여기에는 (1) 문제를 정의하고 공식화하는 것, (2) 대안적 해결을 창출하는 것, (3) 결정하기, (4) 해결책을 수행하고 그것이 타당한지를 검증하는 과정이 포함된다. 문제해결 능력을 평가한 지 세 달 후 피험자들의 다양한 스트레스 증상을 측정한 결과,

체계적인 문제해결 능력을 많이 갖고 있을수록 스트레스를 적게 겪는다는 것을 알게 되었다. 이러한 발견과 일관되게 체계적인 문제해결 기술을 획득하는 것은 우울증 환자들의 증상을 감소시켜 줄 수 있음이 밝혀졌다.

디줄리아와 쉬디에 의해 측정된 네 개의 문제해결 기술과 밀접하게 병행되는 네 단계는 다음 사항을 포함한다(이민규, 2004). (1) 문제의 명료화, (2) 행동의 대안적 과정 산출, (3) 대안의 평가와 행동과정의 선택, (4) 융통성을 가지고 행하기.

(1) 문제의 명료화

문제가 무엇인지 정확히 확신하지 못하고서는 문제에 정면으로 부딪칠 수 없다. 따라서 체계적 문제해결 노력의 첫 번째 단계는 문제의 성격을 명료화하는 것이다. 때로 그 문제는 매우 명백할 수 있지만, 어떤 경우에는 문제의 원인을 정확히 집어내기 어려울 수도 있다. 어떤 경우든, 문제를 구체적이고 명확히 기술할 필요가 있다. 두 가지 일반적인 경향성이 문제의 명료한 기술을 얻어내려는 노력을 방해한다. 첫째, 사람들은 자주 자신들의 문제를 애매하고 일반적으로 묘사한다. 예를 들면, '어떻게 살아야 할지 모르겠다', '시간이 없다' 등으로 표현한다. 둘째, 사람들은 부정적인 감정에 지나치게 주의를 기울이는 경향이 있다. 이러한 경향은 문제의 결과와 문제 그 자체를 혼동하게 만든다. 그러므로 방해요인을 잘 살펴서 문제를 명료화한다.

(2) 행동의 대안적 과정 산출

체계적 문제해결의 두 번째 단계는 대안적인 행위 과정들을 창출하는 것이다. 이것을 대안적 해결이라고 하지 않는 것에 주의하라. 많은 문제들은 그 문제를 완전히 해결할 수 있는 손쉬운 해결책을 갖고 있지 않다. 만약 당신이 완벽한 해결책을 찾으려고만 한다면 당신은 많은 수의 유용한 행위과정들을 고려하지 못할 것이다. 그 대신, 당신이 처한 상황을 어느 정도라도 개선할 수 있는 여러 가지 대안들을 찾는 것이 더 현실적이다. 또 한 가지 유의할 점은 마음에 떠오른 첫 번째 대안을 즉시 따르려는 유혹에서 벗어날 필요가 있다. 많은 사람들은 생각이 떠오른 즉시 행동하려 한다. 그들은 여러 가지를 고려하지 않고 그들에게 떠올랐던 첫 번째 반응을 따르려고 시도하지만, 문제에 대해 브레인스토밍을 하는 것이 현명하다. 브레인스토밍은 비평과 평가를 억제하고 가능한 많은 아이디어를 창출하게 해준다.

(3) 대안의 평가와 행동과정의 선택

가능한 많은 대안을 산출하고 난 다음에는 그것들의 가치를 평가해야 한다. 대안들 간의 상대적 이득을 평가할 수 있는 기준이 단순하지는 않다. 그렇기는 하지만 다음과 같은 세 가지의 물음으로 대안들의 가치를 평가할 수 있을 것이다. 첫째, 스스로에게 각각의 대안이 얼마나 현실적인 계획인지 질문하라. 다시 말해서 의도된 행동과정을 성공적으로 수행할 확률은 얼마나 되는지, 예상치 못한 장애물은 없는지 생각해보라. 이러한 평가를 할 때 어떻게든 되겠지 등의 어리석은 낙관주의나 불필요한 비관론은 피해야 한다. 둘째, 각 대안에 관련된 부담이나 위험을 고려하라. 때로는 문제를 '해결'하고자 시도한 것이 문제 자체를 악화시킬 수도 있다. 당신이 의도한 행동과정을 성공적으로 수행했을 때 발생할 수 있는 부정적 결과가 무엇인지를 찾아보라. 마지막으로, 각 대안의 예상되는 결과의 바람직성을 비교해 보라. 비현실적인 가능성들을 제거한 후 에 각각의 대안이 갖고 있는 가능한 결과를 나열하라. 그리고 나서 이러한 잠재적 결과의 바람직성을 검토하고 비교하라. 결정할 때는 스스로에게 '무엇이 나에게 가장 중요한가? 어떤 결과에 가장 가치를 두는가?'를 질문해야 한다.

(4) 융통성을 가지고 행하기

행동과정을 결정했다면 이번에는 계획을 실행에 옮겨야만 한다. 이때 융통성을 유지하는 것이 중요하다. 특정한 행동과정에만 얽매이지 말라는 말이다. 결코 바꿀 수 없는 선택이란 없다고 생각해야 한다. 행동 결과들을 면밀히 살펴보면서 필요하다면 기꺼이 당신의 전략을 수정할 수 있어야 한다. 행동과정을 평가함에 있어서 흑백논리를 사용해서 실패와 성공으로 구분하지 말라. 당신은 어떤 점에서든 개선된 것이 무엇인지를 찾아야 한다. 만약 계획이 효과를 발휘하지 못했다고 생각된다면 당신이 미처 예상하지 못했던 상황적 요인이 작용했는지를 살펴보라. 마지막으로 당신은 실패로부터 배울 수 있다는 사실을 기억하라. 왜냐하면 제대로 되지 않았다고 할지라도 당신은 실패를 통해 문제에 다시 도전할 수 있는 새로운 정보를 얻었기 때문이다.

5 명상법 ●●●

동양에서는 수천 년 전부터 인간의 잠재적 기능을 개발하기 위해 종교와 철학적 원리를 충실히 수용하여 명상을 발전시켜왔다. 이 같은 명상은 원래 구도자를 위한 것으로 시작되었으며, 1980년대 이전까지만 해도 서구화에 밀려 고리타분한 쓸모없는 것으로 제쳐져 있었다. 반면 서구에서는 1960년대 초 명상 수련가들이 의식 상태를 수의적으로 변경할 수 있고 또한 신체 통제조차 수의적으로 가능하게 할 수 있다는 사실이 과학적으로 입증되었고, 1960년대 비틀즈의 존 레논이 인도의 초월명상(TM)에 심취하면서, 서구인들의 관심을 점차로 끌게 되었다. 이는 구도자 중심으로 이어져 내려온 동양의 명상이, 과학과 서구인의 시각과 합해지면서 건강명상으로 바꾸어지는 계기가 되었다(장연집, 2001).

이에 한국인들이 생각하는 명상이 늘 구도명상의 주변을 맴돈다면, 문화권이 다른 서구인들이 생각하는 명상의 개념은 건강명상이기 쉽다. 여기에서는 구도명상보다는 건강명상에 비중을 두고 정신건강과 연결하여 다루어 보고자 한다.

■■■ 1 현대인의 정신건강 관리를 위해 요망되는 명상

서구의학의 연구 출발점은 몸과 마음을 분리시켜 다루는 데카르트의 심신 이원론을 따라왔다. 그러나 오늘날에 와서는 몸과 마음이 상호 연결된 커다란 하나로, 심신일원론적 접근을 따른다. 몸을 다루는 것은 곧 마음을 다루는 것이며 그 반대상황도 마찬가지이다. 이에 심신통합의 관점에서 볼 때 명상은 몸과 마음 모두에 영향을 주고, 인지적인 접근임과 동시에 정서적 접근이기도 하다.

외국에 나가보면 초고속의 성장을 한 한국인들을 "빨리빨리"로 부르는 경우가 있다. 그러나 물질적으로 조금은 나아진 한국인들이 이제부터 살아남으려면 일상생활에서 순간순간 온전히 깨어 있음을 이끌어주는 명상의 생활화가 필요하다.

명상은 미국의 기준으로는 대체의학적 접근으로 분류된다. 심리학의 용어로는 의식에 의식을 집중시킴으로써 이완을 갖도록 이끄는 심리공학(psychotechnology)[1]적 방법이라고도 부른다. 비교적 시간과 장소의 제한을 받지 않으면서 비용도 들지 않고 혼자서 할 수 있는 명상은 오늘날에 와서는 종교적인 것에서도 자유로워졌다. 한국보다 미국에서 명상의 열기는 뜨겁다.[2] 이들에게 명상의 어떤 측면이 그토록 매력적으로 부각된 것일까?

얼음덩이를 물로 녹이듯
정신수련을 통해 사람과 사물에 대한
우리의 판단과 지각의 확고부동함을 녹여야 한다.

---

1) 심리공학적 방법들에는 심리학자들이 많은 관심을 보이고 있는 다양한 심리치료법뿐만 아니라 신체의 이완을 유도하는 명상, 점진적 근육 이완, 심상, 자율훈련, 바이오피드백 등 수없이 많은 종류가 있다(장연집, 2001).

2) 오늘날 명상의 과학적 힘에 대한 인식이 확산되면서 미국의 경우에는 학교, 병원, 법조계, 교도소, 정가(政街), 할리우드에 이르기까지 명상이 확산되어 있다. 미 연방통상위원회(FTC) 소속 변호사들이 휴식시간에 집단 명상을 하는 모습은 TIME지 2003년 8월 4일자 표지로 소개되기도 하였다.

얼음은 물과 동일한 성분이다.

얼음 위에 넘어지면 뼈가 부러지나 물은 부드럽다.

(장-프랑수와 르벨 & 마티유 리카르, 2000)

2 종교적 배경을 벗어난 현대의 명상[3)]

명상이란 각성상태를 고조시키고 정신적 상태를 수의적으로 통제하기 위해 주의를 집중시키는 대체의학적 접근방법으로, 궁극적 목적은 내적 평온함이 극대화되어 정신과정, 의식상태, 주체성 및 현실에 대한 깊은 통찰력의 발전, 최적의 심리적 웰빙과 의식상태를 발전시켜 진정한 자기를 만나 최고의 경지에 이르도록 하는 정신 수련법이다(이현수, 2005). 명상을 쉽게 말하면 세상을 있는 그대로 접하기 위해 지금까지 자신도 모르게 자신이 만들어 놓은 자신의 모든 틀을 없애는 것이다.

명상의 흔적은 전 세계의 다양한 종교와 사상의 수련법에 남아있다. 즉 유대교, 기독교, 가톨릭, 동방정교, 이슬람교, 도교, 유교에서는 각기 나름의 이름을 가지고 다르게 불리나, 모두 정신집중과 의식각성을 촉구하는 방법들이 있다.

이 같은 과거 다양한 종교에서의 명상법은 주로 사제계급이나 전문적인 수도자들 사이에서 비밀리에 구전으로 전수되는 경향이 있었다(박석, 2007). 그러나 오늘날 동서를 막론하고 명상의 필요성은 더욱 증가하고 있으며, 인류역사와 함께 매우 오랫동안 이어져왔고 다양한 문화, 종교, 철학의 전통에 따라 방법들은 각양각색이지만, 더 이상 특정종교와 연관시킬 필요가 없다. 공통점은 의식을 어느 하나의 대상에 집중하도록 하는 훈련을 통해 궁극적으로 내적 평온함이 극대화되어 진정한 자기를 만나 최고의 경지에 이르도록 하는 정신 수련법으로 받아들여지고 있다(장연집, 2002).

---

3) 저자 중 한 명인 장연집은 1980년대 후반부터 명상을 해 오면서 관련의 체험을 바탕으로 국내외에 발표와 연구를 해오고 있다. 장연집은 명상을 생활화해오면서 생리심리학적인 접근을 통해 명상의 행동의학화(Behavioral Medicine)를 실천하고, 국내에 미국 매사추세츠 의과대학 카바트진이 개발한 건강명상인 MBSR을 소개하여 가톨릭대학교 의과대학과 서울여대 특수치료전문대학원의 심리치료 석·박사 과정생들에게 강의를 하고 한국심리학회장과 건강심리학회장을 역임한 영남대 심리학과 명예교수이신 장현갑 교수님의 과학적 명상법 관련의 연구 자료들을 비롯하여, 허버트 벤슨, 카바트진, 조안 보리셍코의 글들과 국내외에서 수많은 연구물 등을 접하면서, 수천 년이란 역사의 흐름을 타고 내려온 명상이야말로 한국인의 그리고 세계인을 위한 소중한 정신적 문화유산이라고 생각한다. 특히 명상을 현대 한국인의 스트레스 관리와 심신건강, 더 나아가 한국인의 영성을 고취시키는 정신적 문화유산으로 생각해 주길 바라면서 명상연구를 위해 노력하고 있는 많은 분들께 감사의 마음을 가져본다.

3 명상법의 분류

학자마다 초점을 어디에 맞추느냐에 따라 다르게 분류할 수 있으나, 여기에서는 오늘날의 명상을 크게 두 가지인 구도명상과 건강명상으로 나누어보자.

구도명상은 구도자들이 모든 생각을 끊고 보다 높은 경지에 이르는 명상으로 절대명상 또는 종교명상이라고도 불린다. 구도명상은 심리학 분야 중 의식심리학(Psychology of Consciousness)이나 초개인심리학(Transpersonal Psychology)에서 다루고 있다(장연집, 2002; 장현갑, 1998).

다른 하나는 생활에서 심신의 건강유지 및 증진 그리고 치료를 위해 접근하는 상대적 의미의 명상으로 건강명상 또는 생활명상이라고 불리고 있다. 건강명상의 관심은 1950년대 말과 1960년대 초 동양의 명상 수련가들인 선(禪) 수행자나 요가수행자(yogi)들이 의식 상태를 수의적으로 변경할 수 있고 또한 신체 통제조차 수의적으로 가능하게 할 수 있다는 사실을 과학적으로 입증한 후부터이다. 이러한 객관적 사실들은 분트(Wundt)나 프로이트(Freud)로 대표되는 전통적인 심리학에서 보는 의식관에 충격을 주었고, 자율신경계의 활동은 수의적인 통제가 불가능하다고 믿어 왔던 전통적인 생리학의 견해와 상반되는 것이었기 때문에 학계에 큰 충격을 주었다. 이같은 충격에 따라 1970년대 이후부터는 명상의 생리적·심리적 현상을 과학적으로 알아보는 연구가 급증하였다. 명상은 동양의 종교에서 발전되어온 구도를 위한 정신수련법이었으나, 서구인들은 구도명상을 모태로 하여 건강의 유지 증진 및 질병의 예방과 치료에 주된 목적을 둔 건강명상을 개발하였다. 이에 오늘날 심리학자들이나 과학자들이 명상이란 용어를 사용할 때는 질병을 예방하고 치료하기 위한 자기조절법인 건강명상이거나 자기 자신·타인 또는 주변세계와의 새로운 조화를 위해 의식의 수의적 변경을 시도할 수 있는 구도명상이다. 전자는 특히 행동수정 또는 행동의학 영역에서 다루고 있으며, 최근에는 카바트진(Jon Kabat-Zinn) 박사가 다루는 명상 프로그램으로 MM(Mindfulness Mediation ; 순간순간의 의식에 집중하는 방법)을 응용하여 스트레스를 감소시키기 위한 프로그램인 MBSR[4]은 전 미국의 수백 곳에 이르는 메디컬 센터에서 정식 프로그램으로 활용되고 있다(장연집, 2002; 장현갑, 1990; 1998; 장현갑·김교현 역, 1998).

---

[4] Mindfulness Based Stress Reduction의 약자로, 한국에서는 한국형 MBSR 훈련프로그램이 실시되고 있다. 현재 한국 MBSR 협회에서는 MBSR-K 전문가 양성을 위해 건강심리학과 임상심리학 분야에서 많은 심리학자들이 애쓰고 있다.

4 호흡과 주의집중

명상법은 요가, 참선, 사념처(四念處), 초월명상과 같은 인도에 기원을 둔 전통적 명상법과 단전호흡에 집중하는 국선도, 태극권과 같은 동적 명상법 그리고 미국의 벤슨식 이완반응법에서의 명상법, 카바트진의 MBSR 등 너무 다양하다. 어떠한 명상법이든 공통적으로 나타나는 것은 호흡조절과 주의집중이다. 기원전부터 오늘날까지 내려오는 역사적 지혜로 명상을 등식으로 표현해 보면 명상=호흡=주의집중=자기발견=깨달음=자기치유라고 할 수 있다(장연집, 2002; 장현갑, 1998).

(1) 호흡

인간은 호흡을 통제할 수 있다. 호흡은 물질과 에너지의 교환방식으로 호흡의 주체는 우리 자신이다. 태어나는 순간부터 죽음에 이르는 순간까지 한번도 쉬지 않고 호흡을 한다. 신체 활동이나 정서적 동요가 있으면 호흡은 자연히 빨라지고, 수면이나 이완상태에서는 호흡이 느려진다. 호흡이 느려지면 생명기간도 자연히 길어지게 된다. 호흡을 내쉴 때(토식)는 이산화탄소(노폐물)가 바깥으로 나가며, 들이쉴 때(흡식)는 산소(에너지)가 들어온다. 이 같은 호흡에 주의 집중하는 것은 지금(now) 여기(here) 즉, 오직 이 순간을 의식하고 사는 훈련이 된다. 호흡 자체는 누워서 하는 호흡, 앉아서 하는 호흡, 걸어가면서 하는 호흡 등 다양하다. 따라서 명상은 눕거나, 앉거나, 걸으면서도 할 수 있다. 수많은 명상자세, 명상법 중 자신에게 잘 맞는 접근방법을 찾아내서 습관화들이면 된다. 호흡에 의식을 집중하면 심리적으로 편안하며, 길게 쉬면 쉴수록 더욱 편안하다(장연집, 2002; 장현갑, 1990; 1998; 장현갑·김교헌 역, 1998).

(2) 주의집중

명상은 아무 것도 하지 않고 오직 자기 자신만을 살피는 것이므로, 외부의 목표를 따라가는 것이 아니다. 이미 존재하고 있는 자기 자신을 살피는 것이기 때문에 처음에는 어렵고 시간이 걸린다. 헛된 것에 끌려 다니고 있는 자기를 재발견하고, 나 자신을 일깨우게 되면, 자신이란 존재를 새롭게 실감하게 된다. 명상은 숨이 들어가고 나가는 것을 관찰하는 것으로부터 시작한다. 즉, 숨이 몸 안에 들어오는 동안의 느낌에 주의집중하고, 숨이 몸 바깥으로 나갈 때의 느낌에 주의집중한다. 의식은 틈만 나면 호흡을 떠나 바깥으로 돌아다니기 때문에, 그럴 때마다 조용히 호흡 쪽으로 주의를 집중하게 되면 차츰 집중력이 증가하게 되고, 내면의 힘도 더욱 강해지며, 인내심도 커지고, 판단하는 마음이 없어진다. 이런 체험을 하려면 적극적인 자세로 수련에 임해야 한다. 즉 일정한 장소와 시간(주로 새벽 시간에 명상)을 정해 놓고 수행하는 생활

습관을 가진다. 건강명상은 하루 최소 10~20분 이상 아침과 저녁에 규칙적으로 시간을 정해 고요하게 연습하면 좋고, 각 명상법에 따라 지시 사항을 따르면 된다. 일주일에 6번은 정진해야 효과가 나타난다. 그러나 명상을 단순히 기계적으로 수행해서는 아무런 효과도 나타나지 않는다. 주의집중을 하고, 지금 그리고 여기의 나라는 존재와 마음이 일치되어야 효과가 있다(장현갑, 1990; 1998).

5 명상 효과의 과학적 연구결과

명상의 과학화를 위해 최전선에 서서 서구인들에게 명상의 생활화를 일깨운 학자들은 1970년대 매사추세츠 의과대학의 카바트진, 하버드 심장내과 전문의였던 허버트 벤슨 박사[5] 등이 있다. 또한, 1980년대에는 카바트진의 이완과 스트레스 장애 클리닉 연구를 토대로 하버드 의대교수들이었던 허버트 벤슨, 알란 쿠츠, 조안 보리셍코[6] 박사가 1981년 설립한 보스턴의 베스 이스라엘 병원의 심신클리닉은 모두 명상의 과학화를 위한 흔적이다.

이 같은 서구의 과학적 연구들을 기점으로, 명상을 구태의연한 동양의 종교 수련법으로 보던 한국에서도 1980년대 중반부터 서서히 명상이 질병의 예방과 치유, 자기개발, 자기발견 등에 도움을 준다는 결과들을 축적해 오고 있다. 오늘날 명상은 전 세계인들을 스트레스에서 구해주는, 심신건강의 대안으로 자리잡게 되었다. 명상을 제대로 계속하면 초기에는 신체적 측면에서 자유로움을 갖게 된다. 그리고 그 수준이 깊어지면 정신적 측면에서의 자유로움을 얻게 되는 긍정적인 심리적 반응이 수반된다.

생리, 신체적 측면에서의 이점으로는 산소 소비량과 탄산가스 배출량 감소로 신체가 균형을 잡게 되고; 불안의 악순환 고리를 끊음으로 불안과 관련된 여러 신체적 증후인 메스꺼움, 구토, 설사, 변비, 성미 마름의 사라짐, 갑작스러운 혈압상승의 억제로 중풍을 억제시키며; 두통, 좌골 신경통, 협심증에 수반되는 통증과 같은 온갖 통증

---

5) 그의 책 이완반응 Relaxation Response(1975)와 과학명상법 Beyond the Relaxation Response (1984) 같은 책들은 미국의 베스트셀러로 대중적으로 읽혔으며, 전 세계 13개국 언어로 번역되었다. 명상을 동양의 신비주의로부터 양자물리학과 현대 의학적 수준으로 눈높이를 바꾸어 놓게 하였다는 찬사를 받은 허버트 벤슨의 책뿐만 아니라 많은 과학자들의 명상 서적들은 의학과 종교, 동양과 서양, 마음과 신체, 믿음과 과학 간에 든든한 자리를 놓으면서 명상의 과학화에 앞장을 섰다.

6) 암세포 생물학박사이자 임상심리학자이고 심리신경면역학에 매력을 느낀 조안 보리셍코의 몸을 살펴 마음을 고친다; Minding the Body, Mending the Mind(1987)란 책뿐만 아니라 많은 저서들이 베스트셀러가 되었다.

을 완화시키고; 고혈압, 심장박동장애, 부정맥 관상성 심장병 치유에 탁월하고 특히 심혈관계 질환에 유효하며; 불면증 감소; 암 치료에 응용; 스트레스에 의한 각종 유해한 신체적 증후 방지; 운동효과가 배가된다. 그리고 심리적 측면에서의 이점은 마음의 번뇌로부터 자유, 슬픔과 비탄으로부터 자유, 불안으로부터 자유, 자기개발과 자기발견, 인격완성, 창의성 증진 등이 이루어진다(장연집, 2002; 장현갑, 1990; 1998). 이 같은 명상의 효과는 뇌파와 fMRI 연구, 대사활동연구, 화학적 변화를 다루는 과학적 연구 결과가 밝혀지면서 이완, 집중, 각성에서 기인된 것으로 보고 있다.

뇌파와 fMRI 연구를 살펴보면, 뇌파는 뇌피질의 두 지점들 사이에서 일어나는 전압차를 기록하는 것으로 뇌피질 영역의 활동을 알아보기 위한 수단이다. 뇌파 기록은 기록전극 바로 아래의 뇌피질 부위에 있는 수백만 개의 신경세포 활동을 종합적으로 기록하는 것으로, 어떤 한 특정 세포의 활동이나 국소적 활동양상을 알아보는데 도움이 된다. 이 기법을 사용하면 명상실천과 같은 특정 과제를 수행할 때 의식이 어떤 상태에 있는가를 알아볼 수 있다. 뇌파파형의 변화는 의식상태의 변화를 진단하는 데 도움을 준다. 일반적으로 정상인이 심리적으로 이완상태에 있을 때는 α파(초당 8~18Hz)라는 비교적 느리고 규칙적인 뇌파를 보여 준다. 이런 뇌파가 나타나고 있을 때 환경 속에 어떤 자극이 갑자기 출현하면 α파는 차단되고 β파(초당 14Hz)가 나타난다. β파는 뇌피질의 세포들이 활동을 개시하므로 활동상 같은 주기를 보여 주지 않기 때문에 파형 자체가 매우 불규칙한 비동기성(非同期性)을 보인다. 따라서 β파는 심리적으로 심한 각성 또는 흥분상태를 지칭한다. 명상상태의 뇌파를 연구한 보고들 가운데 가장 흥미를 끄는 것은 명상 수련가들은 외부적 자극의 돌연한 출현에도 불구하고 자신의 뇌파파형을 수의적으로 통제할 수 있다는 것이다. 명상상태에 들어 있는 숙련된 요기들은 α파를 주로 보이며, 이때 갑작스런 외부자극(예: 소음제시)을 제시해도, α파 차단 현상과 함께 β파가 나타나지 않고, 계속 α파를 유지한다. 그리고 각성과 수면 사이의 선(先)의식(subconscious) 상태의 뇌파로 쎄타파(θ파)[7]가 보일 때에는 문득 깨우치는 것과 같은 통찰경험, 창의적인 생각과 문제 해결력이 높아져 학습과 기억 능력이 증진되고, 유쾌하며 이완된 기분이 들면서 운동기능이 증진된다. 명상 경험이 많으면 임의로 θ파를 발생시키기도 한다. 뇌 영상의 변화를 알아보기 위한 벤슨 박사의 명상에 대한 fMRI의 연구에 의하면 명상 동안에는 안정과 동요라는 'paradox of calm commotion'의 특징을 보이는데, 들숨과 날숨 때 명상적 이완반응과 종교적 신념체계를 결합한 만트라를 암송한 결과 전반적으로 뇌가 평온하

---

7) Benson의 책 Breakout Principle에서는 난관돌파, 즉 선가에서 말하는 문득 깨우치는 돈오와 관련하여 다루고 있다.

고, 주의집중을 담당하는 뇌가 활성화되는 동시에 자율신경을 담당하는 뇌인 변연계가 활동하는 것으로 나타났다. 명상을 하는 동안 나타나는 일반 신체활동의 지표로서 호흡, 혈압, 맥박, 근육의 긴장도 및 피부의 전기적 변화 등과 같은 대사활동을 알아본 연구들도 많이 있다. 여러 견해를 종합해보면 명상에 의해 나타나는 특징은 심장박동률과 호흡률이 낮아지고, 근육의 긴장과 산소 섭취율이 줄어들며, 피부저항이 증가하고 이완된 각성파를 보여 주는 것이 주된 변화이다. 즉 낮은 대사상태를 유지케한다. 이러한 생리적 반응들은 심리적 또는 신체적 위기상태에서 나타나는 반응들과상반된 것으로서, 심리적으로나 신체적으로 이완된 상태를 지칭하는 것이다. 명상동안의 화학적 변화 연구에 따르면, 각종 생리적 반응들이 위기상태와는 다른 안정상태의 저 대사성 상태를 보인다. 이것은 명상동안 호르몬과 신경전달물질과 같은 생화학적 물질의 분비수준에서도 변화가 나타나는 것을 의미한다. 명상 동안에 일어나는 내분비 호르몬의 변화를 중심으로 고찰해 보면 첫째, 명상은 스트레스에 의해 야기되는일련의 신경내분비적 기제, 다시 말해 시상하부-뇌하수체-부신피질-글루코코르티코이드 계통의 호르몬(예, 코티졸) 억제에 관여함으로써 스트레스를 완화시키는 데 효과적이다. 둘째, 명상은 정서와 관련 있는 호르몬과 신경전달물질, 예컨대 페닐알라닌, 카테콜라민, 아르기닌, 바소프레신 등의 분비수준에 영향을 끼쳐 불안과 같은 정서반응의 약화에도 영향을 줄 것으로 추측하고 있다. 셋째, 장기간의 명상 수행은 교감신경계의 위기 대응적 반응성을 둔화시키고, 시상하부-뇌하수체에 장기적으로 영향을 미쳐, 스트레스에 대한 대응적 효과가 나타난다. 이 같은 명상에 따른 심신변화의 효과는 사람에 따라 나타나는 시간에 다소 차이가 있다. 어떤 사람은 이런 과정이 1~2주 안에 나타나기도 하고, 어떤 사람은 1년 동안 천천히 나타나기도 하지만, 대부분은 4~6주 사이에 나타난다(장현갑, 1990; 1998; 장현갑 외, 2003).

6 구도명상[8]과 심리치료

구도명상은 의식심리학과 초개인심리학에서 다루어지고 있다. 구도명상은 심리치료의 효과를 가지고 있으나 심리치료와는 다르다.

구도명상은 정신분석과 같은 '덮개를 벗기는 기법'이 아니다. 즉 억압의 장벽을 움직이거나 그림자를 의식표면으로 떠오르게 하는 것이 아니다. 물론 명상에 그런 효

---

8) 한국의 경우 건강명상이 많이 확산되었으나, 명상이란 단어를 사용할 때는 구도명상과 건강명상을 명확하게 밝히지 않으면 혼란이 생길 수 있다. 이 부분에서 명상이라는 말은 구도명상 중심의 명상을 심리치료와 다루어 놓고 있다.

과가 '있을지'는 모르지만 명상의 주요 목적은 주로 심리-자아적(Mental-Egoic) 활동을 그치고, 초자아적 혹은 자아초월적인 의식을 발달시켜, 결국에 보는 자 또는 영을 발견하는 길로 인도하는 것이다. 대체로 명상과 심리치료는 영혼을 대상으로 한다는 점에서는 같아도, 목적으로 삼는 단계에는 큰 차이가 있다. 따라서 선(禪)이 반드시 노이로제를 제거한다고 할 수 없고, 또 그런 목적으로 고안된 기법도 아니다. 더욱이 아무리 보는 자의 감각을 발달시켜도 여전히 노이로제를 갖고 있을 수 있다. 자신의 노이로제를 관찰하는 것을 배우면, 노이로제와 함께 살아가는 것은 상당히 쉬워진다. 하지만 노이로제를 근절하는 것과는 아무런 관계가 없다. 삶의 감정적인 면이 망가지고 있다 해도, 선(禪)은 그것을 근본적으로 치료해주지 못한다. 선(禪)은 그런 일을 위해 존재하는 것이 아니기 때문이다. 즉 선(禪)은 노이로제와 잘 지내는 데는 많은 도움이 되지만, 그것을 근본적으로 치료하는 데는 별 도움이 되지 않는다. 따라서 명상에 관한 수많은 문헌에는 역동적인 무의식, 억압된 무의식에 대한 내용이 없다. 프로이트는 붓다가 아니고, 붓다 또한 프로이트가 아니다. 명상은 명상이고 심리치료는 심리치료이다. 명상과 심리치료는 모두 강력하고 효과적이지만, 대상으로 삼는 것들은 서로 다르다. 그렇다고 양자가 서로 겹치지 않는다든가, 공통점이 없다는 것은 아니다. 서로 겹치는 부분이 분명 있다. 예를 들어, 정신분석은 관조하는 능력을 어느 정도 높여줄 수 있다. '모든 것에 일정 거리를 두는 주의력'을 유지하는 것은 자유연상의 필수 조건이기 때문이다. 그러나 이러한 유사점에서 벗어나면 양자는 매우 빠르게 각기 다른 방향으로 갈라져, 의식의 전혀 다른 차원을 다루게 된다. 명상은 관조하는 의식을 확립시킨다는 점에서 심리치료를 돕는다. 또한 다른 문제를 해결하는 데 도움이 될지도 모른다. 그리고 심리치료는 의식을 낮은 단계의 억압이나 뒤얽힘으로부터 자유롭게 해준다는 면에서, 명상에 도움이 될 수가 있다. 그러나 그 외에는 목적, 방법이나 역동성이 완전히 다르다(Wilber, 2006).

명상과 심리치료는 둘 다 의식으로 의식을 바꾸어 영혼을 만진다는 의미에서 볼 때 두 개가 모두 심리공학이라는 공통점을 갖는다. 그러나 목표로 하는 의식의 차원이 다르다. 구도명상은 분명 관조적인 차원을 다루며, 심리치료는 이성의 차원을 다룬다. 마치 대학원생과 유치원생 의식수준의 차이라고 비교될 수 있을까? 구도명상과 달리 건강명상의 경우는 반드시 관조적 수준을 다룬다고 보긴 어렵다.

현대인의 삶의 질을 높이기 위해 신체적, 정신적, 사회적, 영적, 윤리도덕적 측면을 조화로이 통합시키며 동양인과 서양인 그리고 일반인과 전문인 모두로부터 관심을 받고 있는 방법으로, 의지만 있으면 언제 어디서나 남녀노소 모두가 비교적 간편하게 실시가 가능한 것이 명상이다(장연집, 2001). 명상은 망상에 끌려 신체의 통제력을 상실하게 되는 것을 끊어준다. 자신의 몸이 무엇을 느끼고 있는지에 대한 관심을 상실하게 되면 외부 환경, 자신의 행동, 자신의 감정과 생각에 따라 자신의 신체가 어떤 영향을 받는지 둔감해지게 되고 마침내 통제력을 상실하게 된다. 신체질병이란 몸이 지금 어떻게 작용하고 있고, 무엇이 필요한지 등을 가르쳐 주는 신체 정보에 둔감해질 때 발병한다. 따라서 주의집중력을 높여 우리 몸의 정보를 보다 잘 살피게 되면 몸의 정보에 민감하게 되어 정확하게 반응할 수 있다. 자신의 몸의 정보를 잘 살피는 것을 학습하면 건강이 증진되고 삶의 질이 개선된다. 따라서 명상을 하면 처음엔 자신에 대해 너무 모른다는 것을 알게 된다. 그런 후에는 점차 자신을 알게 된다. 계속하면 투명해진 마음의 렌즈를 통해 보다 명료하게 볼 수 있게 된다. 건강의 유지증진 및 치유를 위한 명상법은 동양의 구도를 위한 목적으로 행한 명상의 결과를 서양에서 과학적[9]으로 접근하면서 그들의 방식으로 개발시켜 놓아 오늘날 비과학적으로 보아왔던 우리들의 시각을 점차 바꾸게하는 큰 역할은 해 내었다. 앞으로는 서구의 과학적 접근의 한계를 다시금 넘어설 수 있는 초과학적이고 범인간적 접근의 명상법이 개발되어 불안으로 가득 찬 시대적 피폐함을 치유해 주기를 아울러 희망해 본다(장연집, 2002).

---

9) 과학적인 것이란 무엇인가? 인간은 자연 속의 한 대상이다. Polkinghorne(1984)은 자연과학적 방법으로는 의미있게 포착할 수 없는 인간 고유의 영역을 다섯 가지로 보았다. 첫째, 인간은 하나의 전체적인 조직적 체제이므로 구성요소를 분리하고 다시 통합하는 방식으로는 전체를 있는 그대로 볼 수 없다. 둘째, 인간은 고정되어 있는 존재가 아니라 항시 변화하므로 경계가 불분명하고 맥락에 따라 다른 모습을 보인다. 셋째, 주변 환경과 역사 등을 고려해야 하며 시공간이 단절된 연구는 모순을 낳기 쉽다. 넷째, 연구 대상자를 연구자의 의도에 따라 조작되는 대상으로 보는 것은 잘못이다. 다섯째, 인간 현상은 감각적 관찰을 통해 쉽게 접근할 수 없다(박성희, 1996). 이 같은 이유로 중요하면서도 필요하지만 과학적 연구방법론에 의거한 건강에 대한 접근 방식은 직선적이고 인과적인 결론을 이끄므로 건강이나 질병에 대한 측정, 집단간의 비교, 표집과 통계적인 분석을 강조하는 연구의 틀과 결부된 연구는 제한점을 지닐 수밖에 없다. 그럼에도 불구하고 현대인은 과학이란 단어가 들어가야 안심을 한다. 데카르트식의 과학적이란 개념과 과학이라고 규정할 수 있는 것 그리고 기존의 자연과학적 연구방법론인 양적 연구 자체에는 제한점이 있음을 알고 접근하며, 특히 인간의 건강을 다루는 심리분야에서는 근래에 와서 연구방법론상에 패러다임의 변화가 일어나 그 자리에 질적 연구방법이 들어섰다(장연집, 2001). 이에 명상의 진정한 과학적 연구를 위해선 자연과학적인 접근의 양적 연구와 인문사회과학적 접근의 질적 연구가 다같이 수행되어 한 가지 현상을 해석할 때도 통합적이고 다각적으로 접근하는 것이 바람직하다고 본다.

표 6-5 ● 자비명상법[10]

이 명상법은 어떤 명상법을 선택하든 상관없이 명상의 끝에 해도 좋고 이것만 단독으로 해도 좋다. 때때로 축복해주고 싶은 사람이 있을 때는 이 자비명상을 해 주라.

처음 몇 번은 놓아 보내기 호흡을 몇 번 하고 나서, 복부호흡이나 대지와 하늘을 잇는 호흡법을 사용하여 마음을 조용히 가라앉혀라.

그대의 머리 조금 위에 사랑과 빛을 폭포수처럼 쏟아붓는 찬란한 별이 하나 있다고 상상하라. 빛이 그대 머리의 정수리로 들어와 몸을 씻어 내려갈 때 그대의 심장이 빛나기 시작한다. 그대 심장에서부터 이 광명은 더욱 넓게 펼쳐나가 그대 몸 전체가 발광체로 비춰진다. 모든 존경과 사랑을 담아 자기 자신에게 자비의 축복을 보내라.

내가 평화의 존재라면, 나의 마음은 열릴 것이리라.

나는 나 자신의 참된 성품(본성)의 광명을 깨닫게 되리라.

나는 치유가 이루어지며, 나는 모든 생명을 치유하는 근원이 되리라.

다음에는 마음속에 한두 명의 사랑하는 사람을 불러온다. 이 사람들을 가능한 한 자세히 살펴보면서 사랑의 광명이 이들의 몸에 도달하고 이 빛이 몸 속을 씻어내려 그들의 가슴으로부터 빛이 발광하는 것을 상상해보자. 이 빛은 더욱더욱 밝아지며 神의 빛과 합쳐져 더욱 밝은 발광체로 바뀌고 있음을 상상해 보라. 그리고 나서 이들을 축복해 주라.

그대가 평화의 존재라면, 그대의 마음은 열릴 것이리라.

그대는 그대 자신의 참다운 본성의 빛을 보게 될 것이다.

그대는 치유되며, 그대는 모든 생명을 치유하는 근원이 되리라.

이러한 축복의 말을 당신이 해주고 싶은 사람에게 가능한 많이 해 주라.

이번에는 당신이 미워하고 있는 사람을 생각해보고, 이제부터 그들을 용서해줄 마음의 준비가 되어 있다고 생각해보자. 이 사람의 몸 속으로 빛을 받아들이게 하여 그들이 갖고 있는 온갖 부정과 잘못된 생각을 씻어내리도록 하라. 앞서 당신 자신에게나 당신이 사랑하는 사람에게 했던 것과 똑같이 축복해 주라.

그대가 평화의 존재라면, 그대의 마음은 열려 있을 것이다.

그대는 당신 자신의 본성의 빛을 깨닫게 되리라.

그대는 치유되며, 그대는 모든 생명을 치유하는 근원이 될 것이다.

(계속)

---

10) 무수히 많은 명상법 중 이 부분은 조안 보리셍코(2005)의 책 마음이 지닌 치유의 힘(The power of the mind to heal). 정현갑 외 역. 서울: 학지사. pp. 188-190에서 발췌한 것이다. 이 자비명상은 다른 명상책 속에서도 쉽게 접할 수 있는 잘 알려져 있는 명상법이다.

저 광대 무변한 공간 속에서 별처럼 반짝이는 작은 보석과 같은 아름다운 한 천체가 서서히 다가오고 있다고 생각하라. 빛으로 감싸인 지구, 녹색의 대륙, 푸른 대양, 백색의 모자를 쓰고 있는 양극, 두발 달린 짐승, 네발 달린 짐승, 헤엄치는 물고기, 날아가는 새, 이 모든 생명이 어울려 살아가는 지구를 상상하라. 지구는 대립의 천국이다. 밤과 낮, 선과 악, 질병과 건강, 가난과 부자, 위와 아래, 남과 여… 이 모든 대립적인 존재를 축복으로 감싸 가는 것이다. 이 지구는 참으로 광대 원만하다.

지구에 평화가 있다면
모든 사람의 가슴에 자기를 위해서나 남을 위해서 열려 있을 것이다.
모든 사람은 그들 자신의 본성의 빛을 깨닫게 되리라.
모든 생명체는 축복 받으며 모든 생명체에게 서로 축복해줄 것이다.

▶▶ 자유롭게 토론해 봅시다

❶ 자신의 일상생활에서 스트레스를 받게 되는 사건에 대해 사건, 생각, 감정, 결과를 구체적으로 구분해 봅시다.

❷ 명상을 할 수 있는 최저 연령대를 다루어보고, 그 연령대에서는 어떻게 접근하도록 하면 좋을지에 대해 토론해 봅시다.

❸ 종교와 명상에 대하여 토론해 봅시다.

❹ 동서문헌에 나타난 최고의 명상상태를 적어놓은 문구를 찾아 상호 비교해 봅시다.

CHAPTER 07 대인관계와 의사소통

CHAPTER 07

대인관계와 의사소통

1 대인관계

과학의 발달과 고도의 산업화 및 정보화로 인해 현대사회는 급격한 변화를 겪고 있다. 전통적인 사회에서의 대가족 중심의 농촌가족 구조가 허물어지고 핵가족 중심의 도시가족 구조가 주류를 이루게 되었다. 전통사회에서는 직업이 분화되어 있지 않아 할아버지, 아버지, 아들 3대가 함께 논밭에 나가서 일하면서 농사짓는 것을 배우고, 이렇게 배운 일을 거의 일생동안 지속하는 경우가 많았다. 그러나 오늘날은 직업의 종류가 2만 가지가 넘고, 일생동안 평균 5회 정도 직장을 옮긴다는 조사 보고가 있다. 이런 변화로 이웃과의 관계는 피상적인 관계에 머무르기 쉽게 되었고, 직장에서의 대인관계도 지속적이면서 친밀하게 형성하는 일은 쉽지 않게 되었다(장선철, 2007).

이렇듯 복잡하고 다양한 대인관계를 어떻게 효율적이고 적응적으로 해나가냐 하는 것이 현대인들의 과제가 되고 있다. 왜냐하면 인간의 삶은 대인관계 속에서 펼쳐지기 때문이다. 따라서 함께 살아가야 할 많은 사람들과 불필요한 갈등 없이 친밀하고 협동적인 대인관계를 형성함으로써 우리의 삶을 풍요롭고 행복하게 만들어 나갈 필요가 있다.

1 대인관계의 의미와 심리학적 이해

대인관계는 '나'와 '너'의 만남을 통해 서로를 의미있는 존재로 만들어 가는 과정이다. 서로 다른 환경에서 성장하여 각기 다른 욕구, 가치관, 사고방식, 행동방식 등 독특한 심리적특성을 지니고 있기 때문에 대인관계의 과정에서는 다양한 많은 일들이 일어나게 된다.

175

다양한 대인관계 속에서 살아가는 현대인들

출처: 노컷뉴스 2008년 7월 31일자

대인관계에 개입되는 주된 성격적 특성은 크게 대인동기, 대인신념, 대인기술의 세 가지 요인으로 나누어 볼 수 있다.

대인동기는 대인관계를 하고자 하는 개인의 내면적인 욕구를 말한다. 인간은 대인관계를 통해 충족시키고자 하는 다양한 동기들을 지니고 있다. 그런 대인동기들은 개인에 따라 중요시 여기는 욕구가 다르기 때문에 그 종류와 강도는 개인차가 많다. 이러한 대인동기는 대인행동을 결정하는 주된 심리적 요인이다.

대인신념은 개인이 대인관계에 대해 가지고 있는 지적인 이해, 지식, 믿음 등을 의미한다. 인간은 누구나 자신이 믿는 대로 행동한다. 개인은 자신, 타인 그리고 대인관계에 대해 자기 나름대로의 신념을 가지고 있으며, 이런 신념은 대인관계를 형성하고, 유지해나가는 데 강력한 영향을 미치게 된다.

대인기술은 대인관계에서 이루어지는 행동적 기술을 말한다. 즉, 대인관계에서 이루어지는 개인의 언어적 또는 비언어적인 기술을 의미한다. 사람들이 자신을 타인에게 표현하고 또 타인의 반응에 대응하는 방식에는 커다란 차이를 보인다. 이러한 대인기술은 대인동기나 신념을 실제적인 대인관계에서 구체적인 행동으로 나타나게 한다.

(1) 다양한 대인동기

사회심리학자인 아가일(Argyle, 1983)은 다음과 같이 사회적 행동을 유발하는 인간의 보편적인 대인동기들을 제시하였다(권석만, 2006).

① 생물학적 동기

인간은 생존을 위해 영양분을 공급받고 환경의 위협으로부터 안전을 유지하기 위한 여러 가지 생물학적 동기를 지닌다. 개체로서의 인간은 생물학적으로 매우 나약한 존재이므로 이런 생물학적 동기의 충족을 위해 타인이 필요하다. 진화과정에서 다른 동물과 생존경쟁을 해야 하는 인간은 먹이를 얻고 위험으로부터 자신을 보호하기 위해 서로 힘을 합치는 협동만이 생존방식이었다. 타인과의 협동적 관계 속에서 생물학적 동기가 보다 용이하게 충족될 수 있다. 이런 생물학적 조건은 인간을 사회적 존재로 만드는 중요한 요인이 된다.

② 의존동기

가장 무력한 상태로 태어나는 인간은 타인의 보호와 도움이 없이는 삶을 이어나가기 어려우므로 태어날 때부터 부모의 보호와 도움이 필요한 의존적인 존재이다. 이런 의존동기는 성인이 되어서도 중요한 타인으로부터 사랑과 인정을 얻고 보호와 보살핌을 받으려는 주된 대인동기로 발전한다.

③ 친애동기

인간은 주변 사람들과 어울리며 친밀한 관계를 맺고자 하는 친애 동기를 가지고 있다. 의존동기는 자신보다 강하고 높은 위치에 있는 사람에 대해 의지하려는 대인동기인 반면, 친애동기는 대등한 위치에 있거나 유사한 상황에 처한 사람들과 가깝게 지내며 친밀한 관계를 맺고자 하는 대인동기이다. 즉, 친애동기는 친구나 벗을 얻고자 하는 욕구라고 할 수 있다. 친애동기는 같은 또래와 가깝게 지냄으로써 자신을 평가할 수 있는 보다 적절한 정보를 얻고, 불안을 완화시켜주는 역할을 하며, 공감과 지지를 받는 긍정적인 경험을 할 수 있다.

④ 지배동기

인간은 다른 사람에게 자신의 영향력을 행사하려는 동기를 지닌다. 인간에게는 다른 사람을 지배하고자 하는 동기가 내재되어 있는데, 이는 권력을 추구하고자 하는 욕구이다. 지배동기는 사회적 행동을 유발시키는 주된 대인동기의 하나이다.

⑤ 성적 동기

다양한 대인관계 중 특히 이성관계에 영향을 미치는 대인동기가 성적 동기이다. 이는 이성에 대한 관심과 호기심을 나타내고 이성에게 접근하여 구애행동을 하게 한다. 이런 성적 동기는 이성에 대한 접근 행동을 유발하는 주된 대인동기가 된다.

⑥ 공격동기

인간은 때때로 타인에게 공격적인 행동을 한다. 대인관계에서 신체적으로든 언어적으로든 상대방에게 상처를 주는 공격행동이 흔히 일어난다. 이런 공격동기는 좌절을 유발한 대상에 대한 분노감정이나 자신의 능력을 확인하고 과시하기 위한 또는 쾌락을 얻기 위한 의도이며 대인행동을 유발하는 동기이다.

⑦ 자존감과 정체성의 동기

인간의 사회적 행동을 유발시키는 주된 대인동기 중에는 자기존중감과 정체성의 동기가 있다. 이는 자신을 가치있는 존재로 여기고자 하는 욕구를 의미한다. 이런 자아존중감은 긍정적인 자기평가에 근거하며, 긍정적인 자기평가는 타인과의 관계 속에서 그들의 긍정적 반응을 통해 확인되는 것이다.

(2) 자기개념과 타인지각

① 자기개념

자기 자신에 대한 신념체계인 자기개념은 대인관계에 영향을 미치는 매우 중요한 심리적 요인이다. 인간은 생의 초기에 신체를 중심으로 '나'와 '나 아닌 것'을 변별하게 되고 자기의식을 발달시킨다. 성장과정에서 타인과의 사회적 상호작용을 통해 자기에 대한 지식을 습득하고 저장하여 스스로 자신에 대해 평가하게 된다. 이렇게 자기에 대한 지적인 인식과 평가내용이 자기개념을 구성한다. 이러한 자기개념은 자아존중감의 기초가 되며 대인행동에 많은 영향을 미친다.

제임스(James, 1890)는 자기개념을 크게 세 가지 구성요소로 나누었다. 첫째는 물질적 자기(material self)로 나를 이루고 있는 나의 신체와 특성 그리고 나의 소유물 등을 포함하는 나와 관련된 관찰가능한 물질적 측면을 말한다. 둘째는 심리적 자기 또는 영적 자기(psychic or spiritual self)로 성격, 능력, 적성 등과 같이 나의 내면적 특성을 말한다. 셋째는 사회적 자기(social self)로 타인과의 관계 속에 나타나는 나의 위치와 신분을 의미한다.

인간은 의식적이든 무의식적이든 자신의 경험에 근거하여 자기개념의 요소들을 끊임없이 평가한다. 이런 평가 결과는 자아존중감의 기초가 된다. 자기개념은 다측면적인 구조를 지닌다. 첫번째 측면은 현재의 나에 대한 정보를 포함하는 현실적 자기(real self), 두번째 측면은 이상적으로 되기를 바라는 나의 모습인 이상적 자기(ideal self), 세번째 측면은 부모와 같이 중요한 사람들에 의해 기대되는 나의 모습인 의무적 자기(ought self), 네번째 측면은 앞으로 노력하면 가능하다고 보는 나의 모습인 가능한 자기(possible self)이다. 자기개념의 평가는 이런 여러 측면들과의 비교를 통해 이루어진다. 예를 들어, 현실적 자기와 이상적 자기, 또는 현실적 자기와 의무적 자기를 비교하여 괴리가 클수록 좌절감과 실패감 및 불안과 부담감을 느끼게 된다. 이런 불만족감은 가능한 자기의 수준이 어떠하느냐에 따라 낮아지거나 심해질 수 있다.

② 타인지각

인간의 행동은 외부 자극을 어떻게 파악하느냐에 따라 달라진다. 누구나 행동을 하기전에 먼저 상대방이나 상황으로부터 정보를 얻어낸다. 얻어진 정보는 자신의 판단기준에 의해 평가되어지며, 평가되어진 결과로 자신의 행동을 결정한다. 다른 사람에 대한 지각 즉, 대인지각 뿐 아니라 사회 상황에 대한 지각을 포함하여 사회지각이라고 한다. 사회지각이 중요한 이유는 사람들이 사회적 상황에서 주어지는 자극을 어떻게 인식하느냐에 따라 그들의 행동이 크게 영향을 받기 때문이다.

대인관계의 대상이 되는 타인에 대한 심리적 표상, 즉 타인표상은 대인행동에 영향을 미치는 중요한 요인이다. 타인표상은 타인이 어떤 심리적 속성과 의도를 가지고 있는지에 대한 정보와 믿음을 의미하며 타인의 행동을 예상하는 바탕이 된다.

일상생활 속에서 만나게 되는 특정한 타인에 대해 어떤 신념을 가지느냐에 따라 그 사람과의 관계양상은 달라진다. 모든 사람은 제각기 아주 독특한 존재이지만 사람들은 내향적인 사람, 외향적인 사람, 융통성 있는 사람, 친절한 사람 등 서로를 어떤 범주로 묶으려는 경향이 있다. 이러한 경향은 대인지각에서 인지적 도식을 사용하기 때문이다. 정보처리를 도와주는 이 도식은 주변세계를 의미있게 조직하기 위해 사용하는 인지구조이다.

(3) 인상형성

첫인상을 좋게 만드는 웃음

출처: http://club.cyworld.com/51865427259/5881/
5268

첫인상의 가장 중요한 측면은 평가적 차원, 즉 '그 사람을 얼마나 좋아하는가? 싫어하는가?'의 차원이다. 전체 인상을 이루는 3개의 기본 측면들 즉, 평가(좋다-나쁘다), 능력(강하다-약하다), 활동성(능동적-수동적) 차원 중에서 평가적 차원은 가장 중요한 것이며, 어떤 사람에 대해서 한 번 갖게 된 인상은 다른 상황의 인상에까지 영향을 미치게 된다.

얼굴생김새, 옷차림새, 비언어적 행동단서 등은 인상형성에 중요한 역할을 한다. 이런 단서들은 그 개인의 사회적 신분, 직업, 연령 뿐 아니라 성격, 능력, 감정상태, 가치관, 취미 등을 짐작하게 한

다. 이러한 심리적 특성은 외적 단서로부터 직접 파악되는 것이라기보다는 그러한 단서로부터 추론하여 판단되는 것이다. 이렇듯, 인상형성은 단순한 지각뿐만 아니라 복잡한 추리의 과정이 개입된다. 외적 단서로부터 어떤 심리적 과정을 거쳐 타인의 성격 특성에 대한 인상을 갖게 되는 것인가? 여기에는 외적 단서에 근거하여 성격특성을 추론하는 인지적 판단의 기초가 되는 암묵적 성격이론이 적용된다. 이런 암묵적 성격이론이 개인차를 무시하고 융통성 없이 적용될 때, 고정관념이 된다. 예를 들어, '곱슬머리는 고집이 세다'라는 고정관념을 지닌 사람은 어떤 사람이 곱슬머리라는 사실 하나만으로 그 사람을 고집이 센 사람으로 단정하게 된다.

(4) 귀인과정

우리는 한 사람의 행동이나 결과에 대한 원인을 여러 가지 방식으로 찾게 되는데, 이것을 귀인이라고 한다. 가장 주된 귀인방향은 내부-외부 귀인이다. 내부 귀인은 행동을 한 당사자, 즉 행위자의 내부 요인(예, 성격, 능력, 동기)에 그 원인을 돌리는 것

이며, 외부 귀인은 행위자의 밖에 있는 요소, 즉 환경, 상황, 타인, 우연 등의 탓으로 돌리게 되는 경우를 말한다.

귀인의 두 번째 방향은 안정-불안정 귀인이다. 안정 귀인은 그 원인이 내부적인 것이든 외부적인 것이든 비교적 변함이 없는 지속적인 요인에 원인을 돌리는 경우 이며, 불안정 귀인은 자주 변화될 수 있는 요인에 원인을 돌리는 경우이다.

귀인의 또 다른 방향은 전반-특수 귀인이다. 이 차원은 귀인 요인이 얼마나 구체 적으로 한정되어 있는지의 정도를 의미한다. 예를 들어, 이성에게 거부당한 일에 대 해서 성격이라는 내부-안정 귀인을 한 경우에도 그의 성격 전반에 귀인할 수도 있고 그의 성격 중 '성급하다'는 일부 특성에 구체적으로 귀인할 수도 있다. 이 밖에 여러 가지 방식으로 행동의 원인은 귀인될 수 있다(권석만, 2006).

비록 귀인은 논리적 과정이 포함되어 이루어진다 하더라도, 이와 동시에 객관성을 저해하는 오류요인도 포함되어 있다. 가장 보편적인 것으로는 대응편파와 행위자-관찰자 편파이다. 대응편파는 귀인할 때 상황의 억제요인을 무시하고 특정인의 행동 이 곧 그 개인의 기본성격성향을 반영한다고 지각하는 경향이다. 예를 들어, 도서관 은 일반적으로 공부하기 위한 장소임에도 불구하고 거기에 있는 상우를 '참 학구적 인 사람이야'라고 귀인하는 경우처럼 도서관이라는 상황요인을 무시하고 내적요인 을 과도하게 강조하는 것이다. 행위자-관찰자 편파는 자신의 행동은 외적압력에 의 한 어쩔 수 없는 것이나 또는 상황에 적절한 것이고, 타인의 행동은 그 사람의 성격 특질에 귀인하려는 경향이 있다. 예를 들어, 내가 화낼 경우는 '화낼 수밖에 없는 상 황이야'라고 하지만 친구가 화낼 경우는 '원래 성깔이 좀 못됐어'라고 생각한다. 이 런 귀인편파는 객관성을 저해하는 요인으로 작용하게 된다(장연집 외, 2006).

2 친밀한 대인관계

많은 다양한 대인관계 유형 중 다음에 논의될 가족관계, 친구관계, 이성관계는 가장 대표적인 친밀한 대인관계라 할 수 있다.

(1) 가족관계

가족관계는 다른 대인관계와 구별되는 여러 가지 특성을 지니고 있다. 대부분 혈연 으로 구성되어 있고, 운명공동체이자 생활공동체이며, 다른 대인관계와 달리, 대부 분 출생과 더불어 필연적으로 부여되는 대인관계이다. 또한 이 관계는 지속적이며 이혼이나 의절과 같은 예외적인 경우를 제외하고는, 평생동안 유지되는 관계이다. 가족구성원과 불만이나 갈등이 있다고 해서 관계를 끊거나 이탈하기 어려운 대인 관계인 것이다. 가족은 여러 구성원으로 이루어진 하나의 역동적인 체계이다. 가족

친척행사에 참석한 가족

구성원은 모두 서로 밀접한 영향을 주고받기 때문에 한 구성원의 변화는 다른 구성원에게 영향을 미친다. 가족관계 속에는 부부관계, 부모자녀관계, 형제자매관계라는 하위영역이 있으며, 부모자녀관계의 경우 부자관계, 부녀관계, 모자관계, 모녀관계와 같이 다양한 개별적 관계로 구성되어 있다.

가족은 개인과 사회를 위한 여러 가지 기능을 지니고 있다. 개인적 입장에서 본 가족의 기능은 자손을 낳아 기르고, 기본적인 성격을 형성하며, 의식주 해결이나 안전, 성욕구 등을 충족하는 곳이다. 또한 가장 강력한 정서적 지원을 제공한다. 가정은 인간의 가장 기본적인 욕구가 충족되는 곳인 동시에 성격발달이 이루어지는 곳이다. 나아가 사회를 유지시키고 발전시키는 바탕이 된다. 이런 점에서 가족관계는 다른 대인관계에 비해 보다 일차적이며 근원적인 관계라고 할 수 있다.

(2) 친구관계

여행에서 즐거움을 만끽하는 친구들

우리는 인생의 여정에서 수많은 사람들을 만난다. 만나는 대부분의 사람과는 친밀한 관계를 맺지 못하고 피상적으로만 관계하는 것이 일반적이다. 그러나 소수의 사람들과는 잦은 만남을 통해 친밀한 관계를 맺고 유지하게 된다. 이런 관계에서는 서로를 잘 알고 마음과 뜻이 통하며 정다움을 느끼는 친구가 된다. 이런 친구는 마음속에 의미있는 존재로 자리잡게 되며 개인의 삶에 소중한 존재가 된다. 친구에 대한 정의는 개인마다 다를 수 있고, 친구에 대한 신념이 각자 다르기 때문에 주관적인 신념이 각자 친구관계에 영향을 미치게 된다.

친구관계는 흔히 나이나 출신지역, 출신학교나 학력 그리고 사회적 신분 등에 있어서 비슷한 사람과 맺는 대등한 위치의 대인관계이다. 드물게는 이러한 속성에 현저한 차이가 있는 사람간에도 친구관계가 형성될 수 있지만, 많은 경우는 비슷한 신분과 위치를 지닌다. 친구관계는 자유롭고 편안한 인간지향적 대인관계이다. 또한 친구는 여러 가지 측면에서 유사점을 지닌 사람들이기 때문에 서로 공유할 수 있는 삶의 영역이 넓다.

친구는 만나서 편안하고 서로 힘을 줄 수 있는 주된 정서적 공감자이자 지지자이다. 이런 공감과 이해는 친구관계를 유지하고 심화시키는 주된 요인이 된다. 또한 친구는 자기 자신과 자신의 삶을 평가하는 주된 비교준거가 되기 때문에 다른 어떤 대인관계 대상보다도 자신을 평가하는데 필요한 풍부한 정보와 자료를 제공하는 유익한 대상이기도 하다. 친구는 안정된 소속감을 제공한다. 친구는 많은 경우 집단을 이루는데 개인은 이런 친구집단에 소속됨으로써 그 집단을 자신의 준거집단으로 삼게 되고, 여러 가지 긍정적 경험과 도움을 안정되게 제공받을 수 있다.

(3) 이성관계

아마도 대인관계에서 가장 황홀하면서도 행복한 관계가 바로 이성관계일 것이다. 이성관계에서 가장 대표적인 감정은 사랑인데, 이에 대한 좀 더 자세한 내용은 8장의 '사랑, 연애, 성, 결혼'에서 다룰 것이다.

(4) 직장에서의 인간관계

업무회의 중인 직장 동료들

출처: 매일경제 2008년 5월 16일자

직장은 공동의 목표와 업무수행을 위해 구성된 사람들의 조직이다. 사회에 진출하여 취업을 하게 되면 직장이라는 구조 속에 편입되어 직장 내 인간관계에 적응해야 한다. 또한 직장은 대부분 위계적 조직을 지니므로 상사와 부하직원으로 구성된다. 입사하면 처음에는 말단의 신입사원으로부터 시작하여 점차 진급해 상사의 위치에 오르게 되며, 이때는 부하직원을 지휘하는 위치에 서게 된다.

개인의 입장에서 보면, 위로는 상사, 좌우로는 동료, 아래로는 부하가 있는 상하좌우에 위치하는 사람들과 인간관계를 맺게 된다. 직장 동료들은 전공분야, 관심사, 업무내용, 조직에서 겪는 고충 등 여러 측면에서 유사성이 많기 때문에 가장 친밀한 동반자이자 사교적 동반자가 될 수 있다.

그러나 대부분의 조직은 상위로 올라갈수록 직위의 수가 적은 피라미드 구조를 가지고 있기 때문에 진급과정에서 동료들과의 경쟁도 피할 수 없게 되며, 이로 인한 다양하고 미묘한 갈등과 스트레스를 경험하게 된다.

2 의사소통

의사소통은 대인관계의 필수불가결한 조건이다. 의사소통이 없이는 의미있는 대인관계란 있을 수 없으며, 대인관계를 생각하지 않는 의사소통은 가능하지도 않다. 여기에서는 의사소통의 의미와 언어적, 비언어적 의사소통의 특성에 관해 살펴볼 것이다.

1 의사소통의 의미

의사소통의 어원은 라틴어의 'communicare'에서 온 말로서 '나누다', '공통', '공유'라는 뜻을 가지고 있다. 따라서 의사소통을 문자 그대로 해석하면 하나 또는 그 이상의 유기체가 다른 유기체와 지식, 신념, 정보, 감정들을 공유하는 행동이라고 할 수 있다.

(1) 의사소통 과정과 구성요소

의사소통은 발신자가 전달내용인 메시지를 수신자에게 전달하는 과정이다. 이러한 의사소통 과정을 좀 더 자세하게 살펴보면, 다음과 같은 여섯 가지 구성요소로 구분될 수 있다. 첫째는 발신자가 수신자에게 전달하고자 하는 의도, 생각, 감정으로서 의사소통의 출발점이 된다. 둘째, 이러한 심리적 의도나 생각은 구체적인 언어나 행동으로 표현된 메시지로 전환된다. 셋째, 메시지는 전달매체를 통해 수신자에게 전달된다. 즉, 메시지는 직접적인 언어적 전달, 타인을 통한 간접적 전달, 핸드폰, 문자메시지, 이메일 등의 전달경로를 통해 수신자에게 전달된다. 넷째, 수신자는 메시지의 의미를 해석한다. 즉, 메시지에 담겨져 있는 발신자의 의도, 생각, 감정을 해석한다. 다섯째, 해석과정을 통해 파악된 발신자의 생각과 감정이 최종적으로 수신자에게 전달되는 과정에는 여러 가지 방해요인들이 개입된다. 이러한 방해요인에는 발신자의 미숙하고 부적절한 표현방식, 전달매체의 불완전성 및 방해요인(작은 목소리, 불분명한 발음, 중간전달자의 왜곡, 소음 등), 수신자의 왜곡된 해석방식 등이 있다. 이러한 방해요인들은 발신자가 전달하고자 하는 본래의 의도나 생각이 수신자에게 정확하게 전달되는 것을 방해하게 된다. 이러한 의사소통 과정을 도식으로 나타내면 다음과 같다(권석만, 2006).

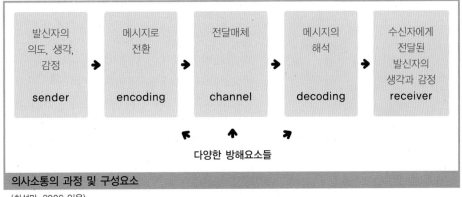

의사소통의 과정 및 구성요소

(최석만, 2006 인용)

(2) 의사소통의 중요성

대인관계는 사람들 간의 의사소통이라고 할 수 있을 정도로 의사소통이 중요하다. 서로의 의도나 생각을 원활하게 주고받으며 긍정적 감정이 교환되는 효과적인 의사소통은 원만한 대인관계의 필수적인 요소이다. 반면, 의사소통이 원활하게 이루어지지 못하면 대인관계는 악화되거나 갈등을 초래한다. 대인관계에서 발생하는 많은 문제들은 의사소통이 효과적으로 이루어지지 못하기 때문이다. 대인관계에서는 자신의 의도, 생각, 감정을 효과적으로 상대방에게 전달하는 동시에 상대방의 전달내용을 정확하게 전달받는 것이 중요하다. 의사소통 기술은 메시지를 효과적으로 전달하는 기술과 메시지를 정확하게 전달받는 기술로 나누어질 수 있다(Johnson, 2000).

메세지를 효과적으로 전달하려면 우선, 발신자는 상대방에게 전달하고자 하는 자신의 의도, 생각, 감정을 분명하게 인식하고, 그것을 적절한 메시지로 전환하여 적합한 전달매체나 경로를 통해 전달한다. 메시지를 전달한 후에는 수신자가 어떻게 받아들여졌는지에 대한 피드백을 받는 것도 중요하다. 메시지의 내용을 강력하게 전달하기 위해서 비언어적 메시지를 활용하는 것이 좋다. 그리고 충분한 메시지 전달이 이루어지지 않았다면 반복해서 전달하는 것도 효과적일 수 있다.

2 언어적 의사소통

인간의 언어는 자신의 내면 상태와 의도를 전달하는 가장 효과적이고 강력한 의사소통수단이다. 따라서 대인관계는 언어적 의사소통의 내용과 질에 의해 크게 영향받게 된다. 대인관계를 촉진하는 언어적 기술에는 다음과 같은 것들이 있다.

(1) 경청

자녀의 말을 경청하는 어머니
출처: 한겨레 2008년 8월 2일자

언어적 의사소통에서 자신의 의도, 생각, 감정을 상대방에게 효과적으로 잘 전달하는 것만큼 상대방의 이야기를 잘 듣는 것도 없다. 경청은 의사소통의 기본적인 과정이며 상대방이 보내는 내용에 주의를 기울이고 이해를 위해 노력하는 행동을 의미한다. 이러한 경청은 상대방이 전달하는 소통내용에 대한 관심과 흥미를 표현하며 상대방으로 하여금 개방적이고 솔직하게 표현하도록 촉진하는 기능을 갖는다. 의사소통 기술에서 경청은 그 중요성이 점점 더 부각되고 있다.

상대방의 이야기를 경청하는 방법은 다양하며, 크게 적극적 경청과 소극적 경청으로 나누기도 한다. 적극적 경청은 자신이 상대방의 이야기에 주의를 집중하고 있다는 외적인 행동적 표현을 하며 듣는 것을 말한다. 소극적 경청은 상대방의 이야기에 대해 특별한 외현적 표현없이 수동적으로 듣는 경우를 말한다.

즉, 상대방이 말하는 화제를 다른 화제로 돌리거나 반박함이 없이 상대방의 이야기를 수동적으로 따라가는 것을 말한다.

많은 사람들은 상대방이 자신의 이야기에 대해 적극적 경청을 할 때 자신의 이야기에 깊은 관심과 공감을 가지고 있으며 자신이 이해받고 있다는 느낌을 갖는다. 이런 점에서 타인의 이야기를 잘 경청한다는 것은 매우 중요한 대인관계 기술이다.

(2) 공감

사람들은 대화를 통해 자신이 한 이야기에 대해 이해받고 공감받고자 하는 내면적 욕구를 지닌다. 공감이란 상대방의 표현내용에 대한 사실적 이해를 넘어 상대방의 주관적인 정서까지도 이해하는 것이다. 인간은 자신을 잘 이해해 주는 사람을 좋아하고 깊은 관계를 맺고자 한다. 공감은 상대방이 자신의 상황과 감정을 잘 이해하고 있다는 느낌을 주게 되어 신뢰감이 증대되고 자기노출이 촉진된다. 상대방의 발언내용을 정확하고 깊이 있게 이해하며 감정적으로도 공감하는 반응을 보여주는 것은 깊이 있는 인간관계를 촉진하는 필수적인 요소이다.

(3) 질문

질문하기 또한 대인관계의 상호작용을 촉진하는 중요한 기술이다. 이는 상대방에게 추가적인 정보를 요청하고 상대방의 태도, 감정, 의견을 확인하는 행동이며, 이런 행동은 상대방과 그의 이야기에 관심과 호기심을 표현하는 것이기도 하며 때로는 의사소통과정을 통제하는 수단이 될 수 있다. 질문은 상대방에게 정보를 요청하는 소극적인 기능뿐만 아니라 상대방의 의견을 변화시키는 적극적인 기능도 지니고 있다. 그러나 질문을 적절하게 잘 사용하기는 쉽지 않다. 적절하지 못한 질문은 상대방을 당황하게 하거나 비난으로 받아들여 관계를 악화시킬 수도 있다. 질문은 상대방에 대한 관심과 호기심의 표현이지만 적절한 내용의 질문을 한다는 것이 중요하다. 또한 질문하는 시기를 잘 포착하는 것도 중요하므로 상대방이 이야기하는 중간보다는 어느정도 한마디가 끝났을 때 묻는 것이 자연스런 대화를 위해 효과적이다.

(4) 자기주장

자기주장은 자신의 개인적인 권리를 옹호하고 향상시키기 위해 타인의 권리를 존중하면서 동시에 자신의 사고, 감정, 신념을 직접적이고 솔직하게 표현하는 행동을 의미한다. 이러한 자기주장은 타인의 권리를 손상하고 위협하는 공격적 행동과는 구분된다. 라자루스(Lazarus, 1971)는 자기주장의 주된 내용을 네 가지로 구분하였는데,

첫째 들어주기 어려운 타인의 요청을 거절하는 것, 둘째 타인에게 부탁을 하거나 요청하는 것, 셋째 긍정적 감정과 부정적 감정을 표현하는 것, 넷째 대화를 원할 때에 시작하고 원할 때에 종결하는 것을 들고 있다. 자기주장과 관련된 좀 더 자세한 내용은 6장을 참고하기 바란다.

(5) 설명

설명은 자신이 가지고 있는 정보를 상대방에게 제공하고 공유하기 위한 중요한 의사소통기술이다. 이는 어떤 현상에 대한 불확실성을 감소시키고 자신의 지식, 이해, 의견, 태도, 가치를 표명하는 기능을 갖는다. 따라서 자신이 소유한 정보나 의견을 상대방에게 정확하고 신속하며 충분하게 전달하는 것이 설명하기의 주된 목적이다.

이런 설명을 잘 하기 위해서는 설명을 듣는 사람의 이해수준에 맞추어 설명해야 하고, 설명할 내용이나 순서 및 방식 등에 대해 미리 계획하고 준비하는 노력이 필요하며, 간결하고 분명하며 정확하고 체계적으로 표현하는 것이 바람직하다. 만약 여러 사람 앞에서 설명을 해야하는 상황이라면 파워포인트나 슬라이드 같은 보조적인 도구를 활용하는 것도 도움이 될 수 있다.

3 비언어적 의사소통

비언어적 의사소통은 비언어적 행동을 통해 자신의 의사와 감정을 표현하는 기술을 의미한다. 이런 비언어적 의사소통 수단은 매우 다양하다. 얼굴표정, 눈맞춤, 몸동작, 몸의 자세 등과 같은 몸 움직임을 통해 많은 의미를 전달하기도 하고, 악수, 어루만짐, 팔짱, 어깨에 손얹기, 포옹, 키스, 애무 등의 다양한 신체적 접촉을 통해서 타인에 대한 감정과 태도를 표현한다. 또한 머리모양, 옷차림새, 장신구, 화장, 향수와 같은 외모의 치장을 통해 많은 의미를 표현하기도 하고, 상대방과의 공간적 근접도 및 거리나 상대방을 대하는 방향 등의 공간적 요인도 중요한 의사소통수단이 될 수 있다. 그리고 만남의 장소, 상황, 분위기 등의 환경적 요인이나 말의 강약, 목소리의 음색 및 높낮이, 말하는 방식 등 언어적 의미가 없는 음성적 행동도 의미를 전달하는 주된 수단이 된다.

(1) 얼굴표정

얼굴표정은 감정을 표현하는 대표적인 비언어적 의사소통 수단이다. 웃는 얼굴은 상대방에 대한 호의나 만족감을 표현하는 반면, 찡그리거나 험한 인상을 짓는 얼굴은 분노나 불쾌감을 표현한다. 감정을 나타내는 얼굴표정은 흔히 우리의 의도와 상관없이 얼굴에 나타나게 된다. 그러나 지속적인 노력과 훈련에 의해 얼굴표정은 의도적으로 조절될 수 있다. 우리는 감정을 겉으로 드러내지 않아야 할 때도 있고 때로는 감정을 좀 더 분명하게 드러내야 할 때도 있다. 이렇듯, 필요에 따라 원하는 얼굴표정을 잘 조절하는 능력은 매우 중요한 비언어적 의사소통 기술이다.

얼굴표정을 잘 조절하는 것뿐만 아니라 상대방의 얼굴표정을 잘 지각하는 것 역시 중요한 의사소통기술이다. 얼굴 표정을 정확하게 잘 지각하는 것은 상대방의 감정과 의사를 정확하게 포착하는 것이기 때문이다. 그러나 얼굴표정을 통해 상대방의 감정을 읽는다는 것은 쉬운 일이 아니다. 감정은 얼굴 전체를 통해서 전달되지만, 특히 입과 눈썹이 가장 중요한 역할을 한다. 따라서 상대방의 감정을 파악하고자 할 때는 입과 눈썹의 미세한 움직임에 주목할 필요가 있다.

(2) 신체적 접촉

신체적 접촉은 여러 가지 감정을 표현하는 중요한 수단인데, 친밀감은 흔히 신체접촉을 통해 표현된다. 가까운 친구 사이에는 서로 손을 만지고 몸을 기대고 어깨 동무를 한다. 서로의 몸과 몸을 접촉하는 것은 친밀감을 표현하는 가장 직접적인 방법이다. 팔짱이나 키스, 포옹 등의 접촉은 애정을 표현한다. 이렇게 신체적 접촉은 애정을 표현하는 가장 중요한 수단이다. 또한 신체적 접촉은 지배와 종속의 관계를 나타내는 방식으로 사용되기도 하는데, 어른이 아이의 머리를 쓰다듬거나 등을 두드리면서 격려와 아울러 지배적 위치를 표현하기도 한다.

표정과 몸동작만으로 내용을 전달하는 판토마임

출처: 뉴시스 통신사 2007년 12월 3일자

(3) 몸동작

우리는 대화하면서 끊임없이 몸을 움직여 많은 것을 표현하고 전달한다. 자신의 이야기를 강조할 때 손을 번쩍 들거나 주먹을 불끈 쥐어 들고, 상대방의 이야기를 반대하거나 중단시킬 때는 손을 내젓기도 한다. 또한 상대방의 의견에 동의할 때 고개를 끄덕이거나 반대할 때는 가로젓기도 한다. 이렇듯 몸동작은 언어적 의미전달을 돕는 보완적 수단이다.

(4) 눈맞춤

눈은 마음의 창이라는 말이 있듯이 감정을 표현하는 주된 통로이다. 눈맞춤은 상대에 대한 관심과 여러 가지 감정을 표현하는 수단이 되므로 대인관계상황에서 상대방과 적절하게 눈빛을 주고받는 일은 매우 중요하다. 그러나 이런 눈빛 처리에 어려움을 느끼는 사람들이 있다. 어떤 사람은 대화할 때 상대방의 눈을 빤히 쳐다보는 일이 매우 어색하고 불편해서 땅을 내려다 보거나 시선을 피하기도 한다. 이런 사람은 자신감이 없거나 상대방에게 무관심한 사람으로 비춰질 수 있다. 반대로, 상대방을 지나치게 빤히 쳐다봐서 상대방을 불편하게 만드는 사람도 있다. 대화할 때 적절한 기간 동안 상대방과 눈을 마주치며 쳐다보기도 하고 때로는 눈을 깜박이기도 하고 때로는 눈빛을 다른 곳에 주기도 하는 것이 자연스러운 행동이다. 이렇게 눈을 통해 자신의 감정을 잘 전달하고 또 상대방의 마음을 잘 읽는 것은 매우 중요한 의사소통 기술이다.

(5) 공간활동

심리적으로 가까운 사람과는 물리적으로도 가깝다. 친밀한 사람과 대화를 나눌 때는 서로 가깝게 앉지만, 낯선 사람과는 어느 정도의 거리를 유지하며 상호작용을 한다. 두 사람 사이의 물리적 거리는 친밀감이 높을수록 좁아지는 경향이 있다. 사람들은 각자의 개인적 공간을 유지하려 한다. 이러한 개인적 영역 안으로 타인이 너무 많이 들어오면 불편감과 위협감을 느끼게 된다.

만남의 목적에 적절한 대화 장소나 문화시설에 대한 정보도 중요한 사회적 기술이 될 수 있다. 적절한 대화 장소를 찾지 못해 우왕좌왕하거나 부적절한 공간에서 만남의 분위기가 서먹해지는 경우가 종종 있기 때문이다. 어떤 만남이든 쾌적한 장소를 선택하여 기억에 남을 수 있는 유쾌한 시간을 갖는 것은 관계증진에 도움이 될 수 있다.

3 행복한 삶을 이끄는 대인관계의 개선

여기에서는 적응적인 대인관계의 형성 및 개선에 도움이 될 수 있는 몇 가지의 주된 방법들을 소개할 것이다.

1 대화기회 포착

대인관계를 발전시키기 위해서는 주변사람들과 자연스럽게 만나서 대화를 나눌 수 있는 기회를 포착하거나 그런 기회를 조성하는 노력이 필요하다. 이를 위해서는 다음과 같은 사항들이 고려되어야 할 것이다.

(1) 상대에 대한 관심표현

우연한 만남이라도 상대에 대한 관심을 표현하는 것이 중요하다. 우연한 만남도 무심히 스쳐 보내지 말고 상대방과 반갑게 인사를 나누고 근황에 대한 질문을 하는 등 상대에 대한 관심을 표현하는 것이 좋다. 서로 바빠서 많은 이야기를 나눌 수 없을 때는 다음의 만남을 기약하며 좀 더 많은 이야기를 나눌 기회를 마련해보자는 제안을 하고 헤어지는 것도 좋은 방법이다.

(2) 적절한 대화 기회의 조성

상대방과 우연하게 마주친 경우에는 대화를 나누기 위한 적절한 기회를 조성하는 것이 중요하다. 그러기 위해서는 상대의 현재 상황을 파악하는 것이 중요한데 한가한 상황이라면 자연스런 대화의 장이 마련될 수 있을 것이다. 그러나 급한 상황에 있는 사람에게 이런 제안을 하는 경우는 받아들여지지 않을 것이며 거부당했다는 불편한 감정을 받게 될 뿐 아니라 상대에게도 불편한 감정을 갖게 할 수 있으므로 상대의 현재 상황을 파악하는 것이 무엇보다 중요하다고 할 수 있다.

(3) 적절한 만남의 장소 선택

대화를 나눌 때 적절한 장소를 알아두는 것도 중요하다. 대인관계가 미숙한 사람은 만남의 장소에 대해 무지한 경우가 많다. 그래서 대화의 기회를 포착해도 적절한 장소를 찾지 못해 기회를 잃는 경우가 흔히 있다. 오붓하게 대화를 나눌 수 있는 다양한 장소를 많이 알고 있는 것은 중요한 대인관계 기술 중 하나이다. 아울러 만남의 상대에 따라 적절한 분위기를 지닌 장소를 선택하는 것도 중요하다.

(4) 편안한 대화를 위한 적절한 화제 준비

편안한 대화를 위해서는 자연스럽고 부담없는 화제를 준비하는 것이 필요하다. 친밀하지 않은 사이에서는 만남이 다소 긴장되고 부담스러운 경우가 많다. 이런 상황에서 적절한 화제를 찾지 못해 대화가 겉돌거나 오랜 침묵이 지속된다면 만남이 만족스럽지 못할 것이다. 서로 부담없이 공개할 수 있는 최근의 생활, 공통의 관심사, 학업이나 직업생활, 누구나 관심을 가지고 있는 사회적 이슈 등으로 화제를 자연스럽게 유도하는 것이 필요하다. 이를 위해서는 신문이나 TV 등 다방면의 정보를 알아두는 것이 도움이 될 것이다.

(5) 대화 차단 요인 인식

대인관계에 대한 무관심, 여유없는 바쁜 생활, 소극적이고 수동적인 대인관계 태도, 타인에 대한 불신과 비판적 태도 등은 대인관계를 발전시키는 데 장애 요인이 될 수 있다. 대인관계의 폭을 넓히려는 사람은 새로 알게 된 사람과 좀 더 깊고 친밀한 대화를 나눌 수 있는 기회를 자연스럽게 조성하는 것이 필요하다.

2 적절한 자기노출

자신에 관한 정보를 타인에게 알리는 자기노출은 대인관계를 심화시키는 중요한 요인이다. 자신에 대한 노출을 많이 할수록 친밀해지며, 친밀한 사이일수록 자기노출이 증가한다.

(1) 자기노출의 과정

대인관계에서의 자기노출은 매우 섬세한 과정과 규칙을 통해 이루어지기 때문에 이런 규칙을 잘 이해하고 적절하게 자기노출을 하는 것이 중요하다. 첫째, 자기노출은 여러 수준이 있으며 친밀해질수록 자기노출의 수준이 깊어진다. 둘째, 자기노출은 상호교환적인 방식으로 이루어지므로 한 사람이 자기노출을 많이 하면 상대방의 자기노출도 역시 증가한다. 셋째, 자기노출의 수준은 상대방과의 균형을 이루며 점진적으로 심화되기 때문에 한 사람이 좀 더 깊은 자기노출을 하게 되면, 상대방 역시 유사한 수준의 자기노출을 하게 된다.

(2) 자기노출 모형 - 조해리 창문

미국의 심리학자 조세프 루프트(Joseph Luft)와 해리 잉햄(Harry Ingham)은 두 사람의 이름을 합성하여, 조해리(Joe + Harry = Johari)의 마음의 창문(Johari's window of mind)이라는 자기노출모형을 개발하였다. 이 창문 속에는 자신의 생각, 감정, 경험, 소망, 기대, 가족사항, 취미, 종교, 교우관계, 장단점 등 '자신에 관한 모든 것'이 다 포함되어 있다.

① 개방영역

느낌, 생각, 행동 등이 자신이나 타인에게 잘 알려진 영역으로, 대인관계를 형성하기 위해서는 개방영역을 빠른 시간 내에 넓혀가야 한다. 이 영역이 넓은 사람은 원만한 의사소통능력으로 개방적인 대인관계를 형성한다. 그러나 지나치게 자신의 모든 부분을 노출시키면 오히려 대인관계를 어렵게 만들 수도 있다.

② 맹인영역

자신의 모습이 타인에게는 알려져 있으나 자신은 알지 못하는 영역으로, 이 영역이 넓은 사람은 눈치가 없고 둔한 사람으로 타인이 보기에는 개선할 점이 많으나 자신은 깨닫지 못하는 사람이다. 또한 자기주장이 강하나 자기도취적인 사람이거나 이와는 반대로 자존감이 낮아 자신의 좋은 점을 인식하지 못하고 있는 사람이다. 이 영역은 타인으로부터 얼마나 피드백을 받느냐에 따라 달라질 수 있으므로 이 영역을 축소시키기 위해서는 타인의 조언이나 생각을 진지하게 받아들이는 자세가 중요하다.

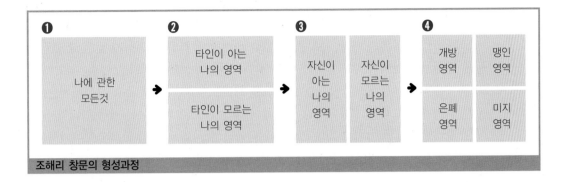

조해리 창문의 형성과정

③ 은폐영역

자신에 대해 자신은 알고 있으나 타인은 알지 못하는 영역으로, 이 영역이 넓은 사람은 신중하다고 볼 수 있으나 자기표현을 잘 하지 않는다. 따라서 타인은 그가 어떤 생각, 느낌을 갖고 있는지 알 수 없어 쉽게 접근해오지 않는다. 이러한 현상은 자신을 수용하지 못하는 데서 기인하기 때문에 자기를 은폐시키고 드러내지 않으려 하며 자기개방이 두려워 불안해하고 긴장한다. 이 영역을 축소시키기 위해서는 자기노출이 필요하다.

④ 미지영역

나도 모르고 타인도 모르는 영역으로, 심층적인 무의식세계로 자신에게 알려져 있지 않은 부분이다. 그러나 자신에 대한 지속적인 관심과 통찰을 통해 조금씩 인식할 수 있는 영역이다. 이 영역이 넓은 사람은 고립되어 있고 심리적으로 고민이 많으며 부적응적인 삶을 살아가는 사람이다.

(3) 자기노출의 효과

자기노출은 몇 가지의 효과를 가지고 있어 효율적인 대인관계를 이끄는 데 도움이 된다. 우선, 자기노출은 자신에 대한 명료화 과정이기 때문에 노출을 하는 동안 스스로 자기자신에 대한 이해를 증진시킬 수 있고, 타인과의 관계에서 자신을 개방함으로써 친밀함을 느끼게 해주어 피상적이었던 관계도 친밀한 관계로 바꿀 수 있다. 또한 자기노출은 의사소통을 증진시켜 상대방으로 하여금 자기노출을 할 수 있도록 촉진시키는 역할을 한다.

3 적극적 경청과 능동적 반응

상대방의 이야기를 잘 경청하는 것은 쉬운 일이 아니며 다음과 같은 여러 가지 노력이 필요한 과정이다.

(1) 주의집중

이는 관심을 나타내는 자세, 눈맞춤, 적절한 신체적 움직임, 산만하지 않은 환경조성 등을 통해 상대방에게 주의를 기울이는 것이다. 잘 경청하는 사람은 여러 가지 행동적 특징을 나타내는데, 말하는 상대의 눈을 쳐다보며 이야기의 주요 부분에서는 눈동자가 커지고 고개를 끄덕이거나 상체를 상대방 쪽으로 기울이는 행동을 나타낸다. 이는 상대방에게 이야기를 잘 듣고 있음을 전달하는 것으로 상대방의 이야기를 촉진시킨다. 반면, 상대방이 이야기할 때 주위를 두리번거리거나 하품을 하거나 상체를 젖혀 팔짱을 끼는 행동은 상대방으로 하여금 자신의 이야기를 잘 듣고 있지 않다는 느낌과 불쾌감을 줄 수 있다.

(2) 이야기 따라가기

상대방의 말을 잘 따라가는 것이 중요하다. 상대방의 이야기를 일방적으로 듣기만 하는 소극적 경청과 달리, 적극적 경청에는 듣는 사람의 능동적 참여가 필요하다. 모호한 부분이나 좀 더 자세한 설명이 필요한 부분에 대해서 질문하는 것은 상대방의 이야기를 촉진시킨다. 때로는 상대방의 이야기를 수용하고 격려하는 반응이 필요하다. 이런 과정에서 상대방이 말하는 주제에서 빗나간 질문이나 성급한 평가적 판단은 대화를 위축시키게 되므로 주의해야 한다. 때로는 상대방이 자발적으로 이야기를 이어가도록 침묵으로 기다려주는 것이 필요하다.

(3) 적절한 반응

적절한 반응은 상대방이 한 이야기를 간략히 요약하거나 부연하고 때로는 이야기를 들으며 느낀 감정을 전달하는 것이다. 자신이 이해한 바를 확인하며 상대방의 말에 공감을 표현하는 등의 능동적인 반응을 나타낼 필요가 있다. 이러한 적극적 경청행동은 상대방으로 하여금 진정한 관심과 깊은 이해를 받고 있다는 느낌을 갖게 한다. 따라서 상대방은 좀 더 깊은 수준의 자기공개를 하게 됨으로써 인간관계가 심화될 수 있다.

4 공감

대화과정에서는 상대방의 말을 잘 경청할 뿐만 아니라 그에 대한 적절한 반응을 보여주는 일이 중요하다. 원활한 대화를 위해서는 상대방의 말을 수용하고 공감하며 지지해주는 반응이 필요하다. 공감은 상대방의 마음을 깊이 있게 이해하고 느끼는 것을 말하며 대화를 촉진하고 대인관계를 심화시키는 매우 중요한 요인으로 알려져 있다.

(1) 공감적 반응의 요소

공감적 반응을 위해서는 첫 번째 요소가 상대방의 말을 자신의 관점에서 이해하기보다는 상대방의 관점에서 이해하려는 태도를 지니는 것이다. 타인의 마음을 이해한다는 것은 쉬운 일이 아니기 때문에 충분히 경청하고 탐색하여 상대방의 입장에 서서 상대방의 마음을 헤아리는 능력이 필요하다.

공감을 위한 요소 중 또 하나는 상대방의 말 속에 담겨 있는 감정과 생각을 잘 포착하는 것이다. 언어는 개인의 마음을 충분히 표현하기에는 매우 부족한 수단이다. 따라서 상대방이 표현한 말의 내용뿐만 아니라 그 이면에 담겨져 있는 상대방의 기분이나 감정을 이해하려는 노력이 필요하다.

마지막 요소는 상대방의 감정과 자신에게 느껴진 감정을 잘 전달하는 일이다. 즉 상대방의 이야기를 들으면서 상대방의 기분과 감정을 함께 느끼고, 그 느낌을 적절한 방식으로 전달해 주는 것이다. 이러한 공감적 반응은 상대방으로 하여금 자신이 깊이 이해받고 수용받았다는 느낌을 갖게 한다.

(2) 공감적 반응의 방법

공감적 반응은 경청 → 감정이해 → 적절한 말로 표현해서 전달하는 것이다.

① 공감형식

공감의 기본형식은 "당신은 …라고(하게) 느끼는군요(느끼겠군요).", "…하다니 …하겠어요."라고 이야기하는 것이다. 예를 들어, "내일 시험인데 공부해 놓은 게 없어서 오늘밤에는 밤샘을 해야 할 것 같아요."라고 말하면 이에 대한 공감적 반응은 "걱정이 많겠구나."라고 할 수 있고, "이번에는 정말 열심히 공부했는데 결과가 너무 엉망이에요. 마지막 두 문제는 제대로 답도 쓸 수 없었어요."라고 말하면, "열심히 공부했는데도 결과가 만족스럽지 못해 실망이 크겠어요."라고 반응해줄 수 있다.

② 표면공감

표면공감은 상대방의 이야기에 대해 겉으로 드러나는 감정상태를 이해해주는 것으로 현재감정이 어떤지, 이야기 속에는 어떤 감정이 담겨 있는지를 잘 파악해야 한다. 예를 들어, "이번에 취직을 했어요. 이제야 부모님께 면목이 섭니다."라고 말하면, "기분이 좋겠습니다."라고 반응해주는 것이다.

③ 심층공감

심층공감은 상대방이 진정으로 말하고 싶지만 쉽게 표현하지 못했던 속마음을 읽어주는 것이다. 예를 들어, "생일 때 친구에게 책을 한 권 선물받았는데 너무 큰 감명을 받았어요. 평소에 꼭 읽고 싶었던 책이었어요."라고 말하면, "친구가 고맙겠어요. 그런 친구를 가진 것이 든든하기도 하고 자랑스럽기도 하겠군요."라고 공감해 줄 수 있다.

5 효율적인 의사소통

메시지를 효과적으로 전달하는 방법은 다음과 같은 여섯 가지의 방법들을 활용해 보는 것이다. 이 방법들은 의사소통을 좀 더 효율적으로 만들어 대인관계에 적응할 수 있도록 하는 데 도움이 된다.

(1) 메시지의 의도 및 감정에 대한 인식

말하는 사람은 상대방에게 전달하고자 하는 자신의 의도, 생각, 감정을 분명하게 인식한다. 자신이 전달하고자 하는 자신의 심리적 내용이 모호하거나 상반된 요소를 가지고 있다면 효과적으로 전달하기는 어렵다. 그러므로 자신이 상대에게 설명, 요청, 부탁, 거절 등의 메시지를 전달하는 의도나 특정주제에 대한 구체적인 생각, 믿음 등의 의견이나 또는 호감, 애정, 분노, 실망 등의 감정을 구체적으로 인식하는 것이 중요하다.

(2) 의도 및 감정을 적절한 메시지로 전환

상대에게 전달하고자 하는 의도, 생각, 감정을 적절한 메시지로 전환해야 한다. 이때 중요한 것은 자신이 전달하고자 하는 내용이 메시지 속에 충분하면서도 명료하게 담길 수 있도록 구성하는 것이다. 이를 위해서는 정확한 어휘선택, 명료한 문장구조의 사용, 문장의 논리적 배열 및 구성 등이 중요하다.

(3) 메시지 전달매체와 경로 선택

메시지를 적절하게 구성한 후에는 상대방에게 그 메시지를 어떤 전달매체와 어떤 경로를 통해 전달할 것인가를 신중하게 선택해야 한다. 동일한 메시지일지라도 전달되는 매체에 따라 수신자에게 전달되는 의미와 영향력이 달라진다. 직접 말로 하는 방법, 지인들을 통해 전달하는 방법, 문자 메시지로 전달하는 방법, 이메일로 전달하는 방법, 우편으로 보내는 방법 등이 활용될 수 있다.

(4) 피드백 주고받기

자신의 메시지가 상대방에게 어떻게 받아들여졌는지에 관한 피드백을 받는 것이 중요하다. 즉, 자신의 메시지가 상대방에 의해 어떻게 해석되었는지를 잘 인식하는 것이 효과적인 의사소통을 위해 중요하다. 이런 피드백은 직접 수신자에게 묻는 방법도 있지만, 흔히 지속적인 관계 속에서 수신자의 행동을 통해 확인되는 경우가 많다.

(5) 비언어적 메시지 활용

의도나 감정을 효과적으로 전달하기 위해서는 비언어적 메시지를 활용하는 것이 좋다. 얼굴표정, 눈맞춤, 목소리의 높낮이, 몸동작 등과 같은 비언어적 표현은 메시지의 내용을 강력하게 전달하는 수단이 될 수 있다. 이런 비언어적 메시지는 언어적 메시지와 일치하도록 전달하는 것이 중요하다. 특히 대면적 의사소통 상황에서는 이 점이 더욱 중요하다. 언어적 메시지와 비언어적 메시지가 일치할 경우는 상대방이 말한 사람의 메시지를 더욱 신뢰하게 되는 반면, 그렇지 못할 경우에는 말한 사람의 메시지를 신뢰하지 못한다.

(6) 반복적인 메시지 전달

수신자에게 자신의 의도나 감정을 확고하게 전달하기 위해서는 반복적인 전달이 필요하다. 단 한 번의 메시지 전달로 자신의 의도가 충분히 수신자에게 전달되는 경우는 드물기 때문이다. 많은 대인관계 문제는 대부분 발신자의 의도를 수신자가 오해하거나 왜곡하는 경우에 발생한다. 이런 오해는 발신자의 표현력 부족에 기인하기도 하지만 수신자의 기분상태, 평가적 태도, 자기중심적 관점, 독특한 편견이나 고정관념 등에 의한 경우도 있다.

6 자기표현

대인관계에서 상대방을 잘 이해하는 일도 중요하지만 자신의 마음을 상대에게 잘 표현하여 알리는 일도 중요하다. 자신의 생각, 감정, 욕구를 잘 드러내어 타인에게 전달하는 일은 대인관계의 필수적인 요소이다.

(1) 긍정적 감정 표현

긍정적 감정을 표현하는 일은 기술과 노력을 요하는 매우 중요한 대인관계 기술이다. 긍정적 감정을 효과적으로 전달하기 위해서는 우선, 상대방에 대해 긍정적인 감정을 느끼는 일이 선행되어야 한다. 감정표현은 진실된 것이어야 하므로 거짓으로 긍정적 감정을 표현할 때 흔히 상대방에게 포착되어 오히려 신뢰로운 관계를 방해하는 요인이 될 수 있다. 따라서 상대방에 대해 자신이 느낀 진정한 감정을 자각하고 이를 효과적으로 전달하는 일이 중요하다. 인간은 누구나 단점과 약점을 지니고 있어 상대방의 긍정적 측면을 보려고 노력하지 않으면 발견하기 어려우므로 많은 노력이 필요하다. 둘째로는 긍정적 감정을 자각하는 일이 중요하다. 자각은 자신이 느낀 감정을 포착하고 구체화하는 일이다. 상대에게 느낀 감정을 구체적으로 자각해야만 그에 대한 표현과 전달이 가능하게 된다. 셋째로는 긍정적 감정을 상대방에게 표현하는 것은 자연스럽고 성숙한 행동이라는 생각을 갖는 것이 중요하다. 나를 긍정적으로 평가하고 호감을 느끼는 사람이 있다는 것은 우리에게 기분 좋은 일이며 커다란 힘이 되는 것처럼 긍정적 감정을 교환하는 과정을 통해 대인관계는 발전하게 된다. 마지막으로 상대방에 대한 긍정적 감정을 구체적인 방법으로 전달하는 노력이다. 표현되지 못한 채 상대방에게 전달되지 않은 감정은 대인관계에 어떠한 영향도 미치지 못한다.

가장 효과적으로 긍정적 감정이 전달될 수 있도록 솔직하고 진지하게 표현하는 것이 중요하며 모호한 어휘보다는 명료하고 구체적인 어휘를 사용하는 것이 바람직하다. 또한 상대방에 대한 판단을 전달하기보다는 자신의 느낌을 중심으로 표현하는 것이 효과적이다. 그와 더불어 긍정적 감정을 느낀 이유나 근거를 함께 전달하면 표현의 신뢰도를 높일 수 있다.

긍정적 감정을 언어적으로 표현할 때는 어휘선택이나 언어구사방법이 중요하다. 이러한 표현방식에 따라 그 진실성과 신뢰도, 호소력이 달라지기 때문이다.

(2) 부정적 감정 표현

우리는 대인관계에서 분노, 불안, 실망, 좌절, 섭섭함, 원망, 배신감 등 다양한 부정적 감정을 경험하게 된다. 이런 부정적 감정은 적절하게 해소되지 못할 경우, 대인관계를 약화시키거나 와해시키는 주된 원인이 된다. 뿐만 아니라 표현하지 않고 억제된 부정감정은 그 개인에게도 불쾌감이 지속되어 마음의 병이 될 수도 있고, 표현하지 않기 때문에 상대방이 지각하지 못하므로 불쾌감을 유발하는 행동을 계속하게 할 수 있으며 우회적인 다른 영역으로 미성숙하게 표현되어 부정적인 대인관계를 만들게 된다.

특히 부정적 감정은 표현하는 것이 어렵기 때문에 적절한 표현 기술을 익혀두는 것이 대인관계를 잘 유지시킬 수 있는 방법이 될 수 있다. 불쾌 감정을 효과적으로 표현하는 방법은 상대방의 마음을 상하게 하지 않으면서 비공격적인 방식으로 불쾌 감정을 전달하는 것이다. 이를 위해서는, 상대방에게 나 전달법(I-message)을 사용하여 '너는 왜 나를 무시하니?'라고 표현하기보다는 '나는 무시당하는 느낌이었어.'라고 일인칭 표현을 사용하는 것이 비공격적으로 느껴진다. 또한 상대방의 행동을 규제하는 방식보다는 나의 바람을 전달하는 표현이 바람직한데, 예를 들어, '나 화나게 하지 마.'라기보다는 '너에게 존중받고 싶었기 때문에 그때 내가 화났던 거야.' 또는 '내 마음 상하게 하지 마.'라기보다는 '내가 마음이 아팠던 건 너에게 인정받지 못했다는 생각 때문이야.'라는 표현을 통해 자신이 불쾌한 감정을 느끼게 된 좌절된 욕구를 전달하는 것이 중요하다.

(3) 부탁과 거절

부탁을 하지 못하는 이유는 거절당하는 것에 대한 두려움, 자신의 나약함이나 열등감에 대한 표현, 또는 상대방에게 과중한 부담을 줄 것이라는 두려움 등이 있기 때문이다. 그러나 현대사회에서는 개인의 역할이 전문화되고 분업화되어 서로 도움을 주고받지 않고는 살아가기 힘들다. 어려운 문제 상황에 처했을 경우, 그러한 문제를 해결하는 능력과 기술을 지닌 사람의 도움을 받게 되면 쉽게 해결될 수 있다. 도움을 요청한다고 항상 도움을 얻게 되는 것은 아니다. 부탁도 기술이 필요한데, 도움을 받고자 하는 내용을 분명히 하고, 도움을 청할 상대방의 상황을 미리 파악하며, 정중하고 설득력 있게 부탁하는 기술이 필요하다.

도움을 요청받는 상황에서 도움을 거절하는 것도 중요한 대인관계기술에 속한다. 흔히 도움을 거절하지 못해 심한 부담감을 느끼는 경우가 많다. 부탁을 거절할 때에는 도움이 필요한 상대방의 상황을 충분히 이해했음을 표명하고, 도움을 주지 못하는 자신의 상황이나 이유를 분명하게 설명하며, 도움을 주고 싶은 의도가 있으나 도와주지 못하는 아쉬움과 미안함을 전달함으로써 상대방의 섭섭한 마음을 달래는 것이 바람직하다.

7 대인갈등의 해결

타인과의 상호작용과정에서 필연적으로 여러 가지 갈등과 문제가 발생하게 된다. 이런 갈등이 잘 해결되지 못하면 서로에 대한 부정적 감정이 초래되어 대인관계가 악화되거나 붕괴되기도 한다.

(1) 문제중심적 갈등해결

좋은 대인관계를 유지하면서 서로의 이익을 최대화하는 대표적인 문제중심적 해결 방식이 협상이다. 협상은 서로 상반된 이해관계가 얽혀 있는 당사자들이 서로의 이익을 최대화할 수 있는 해결방법을 합의하기 위해 노력하는 과정이다. 효과적인 협상을 하기 위해서는 두 사람이 충분한 대화를 나눌 수 있는 시간과 장소를 택하는 것이 좋다.

효과적인 협상과정은 크게 6단계로 나누어 진행하는 것이 바람직하다. 첫째, 갈등상황에서 서로가 원하는 것이 무엇인지를 이야기한다. 현실성과 수용 여부는 나중에 논의하더라도, 일단 서로의 욕구와 바람을 이야기하고 충분히 경청한다. 둘째, 갈등상황에 대해서 각자가 느끼고 있는 감정을 이야기한다. 갈등상황에서는 누구나 갈등과 관련해서 부정적 감정을 느끼기 때문에 이런 감정을 서로 이해할 필요가 있다. 그렇지 않으면 적개심이 남아 진정한 갈등해결을 방해할 수 있다. 셋째, 갈등상황에서 각자가 지닌 소망이나 목표를 원하는 이유에 대해 이야기한다. 그럼으로써 갈등과 관련된 서로의 입장을 이해하는 것이 필요하다. 넷째, 각자 상대방의 관점에서 갈등상황을 생각해본다. 상대방이 갈등상황에서 소망하는 목표와 감정 그리고 그 이면의 이유를 정리해본다. 잠시의 휴식을 취하며 각자 자신의 생각을 정리하는 동시에 상대방의 입장을 생각해 보는 것이 좋다. 다섯째, 서로 합의할 수 있는 여러 가지 해결책을 발견하기 위해 노력한다. 갈등적 상황에서 합의점을 찾는 방법으로는 양보를 통한 중간지점 찾기, 번갈아가며 이익 취하기, 이익 함께 공유하기, 유사이익 교환하기 등이 있다.

(2) 윈-윈(win-win) 전략

이 갈등해결 방법은 적개심을 일으키지 않으면서 모두의 욕구를 동시에 충족시키는 해결책을 발견하는 것이다. 따라서 해결책을 실행하려는 동기가 증가되고 협동심과 책임감을 갖게 되는 장점이 있다. 이 방법을 통하여 갈등문제를 해결하는 데는 6단계의 과정을 거치는데, 첫째 갈등문제를 정의하기, 둘째 가능한 해결책을 모색하기, 셋째 모색한 해결책을 평가하기, 넷째 최선의 해결책 결정하기, 다섯째 해결책 수행방법 정하기, 여섯째 수행결과를 평가하기의 단계를 거친다.

▶▶ 자유롭게 토론해 봅시다

❶ 대인 행동에 영향을 미치는 나의 귀인양식을 살펴 봅시다.

❷ 3인1조(청자, 화자, 관찰자)로 집단을 나누어 경청과 공감을 연습해 봅시다.

CHAPTER 08 사랑, 연애, 성, 결혼

CHAPTER 08

사랑, 연애, 성, 결혼

1 이성관계와 사랑

가장 친밀한 인간관계 중의 하나가 이성관계이다. 이성간에 이루어지는 가장 큰 감정은 사랑이라는 감정일 것이다.

1 사랑의 의미

사랑하는 연인

이성관계에서 가장 대표적인 감정은 사랑이다. 사랑은 인간이 경험할 수 있는 가장 행복하고 오묘한 감정이며, 가장 황홀하면서도 때로는 가장 고통스런 체험이기도 하다. 사랑은 한 인간과 한 인간이 서로를 강렬하게 원하며 서로를 융합시키는 신비스런 힘을 지니고 있다. 사랑은 누구나 동경하는 체험이며 동서고금을 막론하고 예술과 문학의 변함없는 주제이다. 한 개인의 삶에 있어서도 사랑은 기쁨과 슬픔, 환희와 고통, 행복과 불행을 좌우하는 가장 중요한 요인임을 아무도 부정하지

못할 것이다. 그러므로 성숙한 사랑을 하기위해서는 사랑에 대한 이해가 필요하다.

우리는 사랑에 대해 가르치지도 또 배우려 하지도 않는다. 사랑은 그냥 자연스럽게 이루어지는 것이고 또 그래야 한다는 생각이 일반적이기 때문이다. 대부분의 경우, 성장과정 속에서 소설, 영화, 드라마 등을 통해 사랑에 대한 극히 왜곡되고 파편적인 이해를 하게 되면서 사랑에 대한 환상과 편견을 키워나가는 경우가 대부분이다. 그러므로 많은 사람들은 사랑에 대해 무지한 상태에서 이성관계를 시작하게 된

다. 사랑에 대한 무지는 사랑에 대한 환상과 신비감을 증가시킬지는 모르나 사람을 미성숙하고 파괴적인 사랑으로 이끌어 불행과 고통 속에 빠지게 한다. 진정으로 아름답고 성숙한 사랑을 하기 위해서는 사랑에 대한 깊은 이해가 필요하다.

2 사랑의 유형

사랑이라는 용어는 다양한 맥락에서 다양한 관계를 지칭하기 위해 사용된다. 이성관계에서도 사랑은 다양한 형태로 나타난다. 리(Lee, 1988)는 'A typology of styles of loving' 이라는 논문에서 사랑의 의미를 내포하고 있는 다양한 그리스어에 근거하여 사랑을 에로스(eros), 루더스(ludus), 스토게(storge), 마니아(mania), 아가페(agape), 프라그마(pragma)의 여섯 가지 유형으로 구분하고 있다.

　리의 연구에 근거하여 라스웰(Lasswell)과 해코프(Hatkoff)는 사랑의 여섯 가지 유형을 측정하기 위한 검사를 개발하였다(김중술, 1994). 이 검사를 통해 자신의 사랑유형을 평가해볼 수 있다.

(1) 낭만적 사랑

낭만적 사랑(eros: romantic love)은 뜨거운 열정과 욕망이 중요한 요소가 되는 강렬한 사랑이다. 흔히 첫 만남에서 상대방에 대한 강렬한 애정을 느끼고 사랑의 불꽃이 타오른다. 이러한 사랑은 이성이 지닌 외모의 아름다움으로 인해 촉발되는 경우가 많다. 지속적으로 연인을 생각하고 연인과 하나가 되고 싶은 욕망을 느끼며 강렬한 감정과 집착을 나타낸다. 사랑이 영원할 것이라고 믿으며 사랑을 위해서는 무엇이든지 하려는 충동과 더불어 강렬한 성적인 요소가 개입된다. 이러한 사랑을 하는 사람은 낭만적 사랑이 세상에서 가장 중요하다고 믿는다. 이도령과 성춘향, 로미오와 줄리엣의 사랑이 대표적인 예라고 할 수 있다. 낭만적 사랑은 많은 사람들이 선망하는 사랑의 유형이기도 하나, 흔히 불안정하고 지속적이지 못하여 심리적 고통을 수반하는 경우가 많다.

(2) 가장 좋은 친구로서의 사랑

우애적 사랑(storge: companionate love)은 친한 친구에게서 느끼는 친밀감과 우정이 주된 요소가 되는 사랑이다. 이러한 사랑은 서서히 발달하며 오래도록 지속되는 경향이 있다. 함께 가까이 지내면서 서로 편안함을 느끼고 말이 잘 통하며 관심과 취향이 비슷하여 서로를 잘 이해하는 친구처럼 느끼게 된다. 이처럼 오랜 기간 친구로 사귀다가 연인으로 발전하는 경우가 있다. 뜨거운 열정과 낭만은 없으나 편안하고 정다우며 신뢰로운 관계를 나타낸다. 갈등이 생기더라도 온건하게 타협을 통해 해결하며, 연인관계가 끝나더라도 서로 강한 상처를 주며 종결되는 경우는 드물다.

(3) 유희적 사랑

유희적 사랑(ludus: playful love)은 마치 놀이를 하듯이 재미와 쾌락을 중요시하며 즐기는 사랑이다. 이러한 사랑에서는 상대방에 대한 강력한 집착이나 관계의 지속을 위한 장기적인 계획은 없다. 유희적 사랑을 하는 사람들은 흔히 여러명의 연인을 동시에 사귀며 고정된 이상적인 연인상을 가지고 있지도 않다. 이들은 한 사람과의 관계에 자신의 평생을 바치려 하지 않으며 상대방과의 관계에서 쾌락과 즐거움이 줄어들면 다른 대상을 찾는다. 돈 환이나 플레이 보이들이 나타내는 사랑이 대표적인 예라고 할 수 있다.

리는 이상의 세 가지를 일차적인 사랑으로 보았다. 마치 여러 가지 색깔을 만들어 내는 삼원색과 같은 것으로 여겼다. 이러한 세 가지 사랑 중 두 가지가 혼합된 것이 이차적 사랑으로 논리적 사랑, 이타적 사랑, 소유적 사랑이 이에 속한다.

(4) 논리적 사랑

논리적 사랑(pragma: pragmatic love)은 이성에 근거한 현실주의적이고 합리주의적인 사랑으로 사랑의 대상을 선택할 때에도 사랑의 관계가 안정적이고 지속적일 수 있는 서로의 조건을 고려한다. 상대방의 성격, 가정배경, 교육수준, 종교, 취미 등을 고려하여 자신과 적합한 사람을 선택한다. 이처럼 여러 가지 조건을 고려하여 연인을 선택한 후에 강렬한 애정감정과 열정이 뒤따르기도 한다. 리는 논리적 사랑을 친한 친구로서의 사랑과 유희적 사랑이 혼합된 것으로 보았다. 우리나라에서 이루어지는 선이나 중매를 통해 자신에게 적합한 조건을 지닌 상대를 만나고 사랑하게 되는 경우가 이러한 사랑의 한 예라고 할 수 있다.

(5) 이타적 사랑

이타적 사랑(agape: altruistic love)은 무조건적이고 헌신적으로 타인을 위하고 보살피는 사랑이다. 사랑의 대상이 사랑을 받을 자격을 가지고 있는지의 여부나 그로부터 돌아오는 보상적인 대가에 상관없이 지속적으로 주어지는 헌신적인 사랑이다. 이런 종류의 사랑에서는 자기희생이 중요한 요소가 된다. 진정한 사랑이란 받는 것이 아니라 주는 것이며, 자신보다는 사랑하는 사람의 행복과 성취를 위해서 희생하는 것이라는 생각이다. 리에 따르면, 이타적 사랑은 낭만적 사랑과 우애적 사랑이 혼합된 것이다. 사랑하는 사람이 심리적 고통을 주더라도 너그럽게 받아들이며 그를 위해 자신을 희생하며 기쁨을 느끼게 된다.

(6) 소유적 사랑

소유적 사랑(mania: possessive love)은 상대방에 대한 강력한 소유욕과 집착을 중요한 요소로 하는 강력한 사랑을 말한다. 사랑은 상대방을 완전히 소유하거나 상대방에게 자신이 소유당하는 것이라는 생각에 집착하기 때문에 강한 흥분과 깊은 절망의 극단을 오고간다. 마치 사랑의 노예가 된 것처럼 상대방의 사랑을 확인하기 위해 모든 시간과 정력을 소모한다. 상대방이 자신을 버리고 떠나가지 않을까 하는 불안과 의심으로 항상 마음을 졸이며 잠을 이루지 못한다. 사랑을 얻기 위해서 헌신적인 노력을 기울이지만, 배신의 기미가 보이면 뜨겁던 사랑이 일순간에 증오로 변한다. 리는 소유적 사랑을 낭만적 사랑과 유희적 사랑이 혼합된 것으로 보았다.

　이처럼 이성관계에서 나타날 수 있는 사랑의 양상은 다양하며 개인마다 사랑하는 방식이 각기 다르다. 사랑의 모습은 개인의 성격, 내면적 욕구와 동기, 사랑에 대한 신념, 현재의 심리상태, 상대방의 특성, 환경적 상황 등에 따라 다양하게 나타나게 된다(권석만, 2004).

표 8-1 ● 애정형 척도검사

그렇다(O)　　　　　아니다(X)

1. 나는 '첫눈에 반한다'는 것이 가능하다고 생각한다.
2. 나는 한참 지난 다음에야 비로소 내가 사랑하고 있음을 알았다.
3. 우리들 사이의 일이 잘 풀리지 않으면 나는 소화가 잘 되지 않는다.
4. 현실적인 관점에서, 나는 사랑을 고백하기 전에 먼저 나의 장래목표부터 생각해 보지 않으면 안 된다.
5. 먼저 좋아하는 마음이 얼마 동안 있은 다음에 비로소 사랑이 생기게 되는 것이 원칙이다.
6. 애인에게 자신의 태도를 다소 불확실하게 해두는 것이 언제나 좋다.
7. 우리가 처음 키스하거나 볼을 비볐을 때, 나는 성기에 뚜렷한 반응(발기, 축축함)을 느꼈다.
8. 전에 연애 상대였던 사람들 거의 모두와 나는 지금도 좋은 친구관계를 유지하고 있다.
9. 애인을 결정하기 전에 인생설계부터 잘 해두는 것이 좋다.
10. 나는 연애에 실패한 후 너무나 우울해져 자살까지도 생각해본 적이 있다.
11. 나는 사랑에 빠지면 하도 흥분되어 잠을 이루지 못하는 때가 있다.
12. 애인이 어려운 처지에 빠지면 설사 그가 바보처럼 행동한다 하더라도 힘껏 도와주려고 노력한다.
13. 애인을 고통받게 하기보다는 차라리 내가 받겠다.
14. 연애하는 재미란, 내가 원하는 것을 거기서 얻어내는 재주를 시험해 보는 데 있다.
15. 사랑하는 애인이라면, 나에 관하여 모르는 것이 있다 하더라도 그것 때문에 속상해 하지는 않을 것이다.
16. 비슷한 배경을 가진 사람끼리 사랑하는 것이 가장 좋다.

(계속)

17. 우리는 만나자마자, 서로가 좋아서 키스를 했다.

18. 애인이 나에게 관심을 보이지 않으면 나는 온몸이 쑤시고 아프다.

19. 애인이 행복하지 않으면, 나도 결코 행복해질 수 없다.

20. 대개 제일 먼저 나의 주의를 끄는 것은 그 사람의 상냥한 외모이다.

21. 최상의 사랑은 오랜 기간의 우정으로부터 싹튼다.

22. 나는 사랑에 빠지면 다른 일에는 도무지 집중하기가 힘들다.

23. 그의 손을 처음 잡았을 때 나는 사랑의 가능성을 감지했다.

24. 나는 어느 사람하고 헤어지고 나면, 그의 좋은 점을 발견하려고 무진 애를 쓴다.

25. 나는 애인이 다른 사람하고 같이 있다는 생각이 들면, 도저히 견딜 수 없다.

26. 나의 두 애인이 서로 알지 못하도록 교묘하게 꾸민 적이 적어도 한 번은 있었다.

27. 나는 사랑했던 관계를 매우 쉽고 빠르게 잊어버릴 수 있다.

28. 애인을 결정하는 데 가장 고려해야 할 점은, 그가 우리 가정을 어떻게 생각하는가 하는 것이다.

29. 사랑에서 가장 좋은 것은, 둘이 함께 살며, 함께 가정을 꾸미고 그리고 함께 아이들을 키우는 일이다.

30. 애인의 소원성취를 위해서라면, 기꺼이 나의 소원을 희생시킬 수 있다.

31. 배우자를 결정하는 데 있어서 가장 먼저 고려해야 할 점은, 그가 좋은 부모가 될 수 있겠는가 여부이다.

32. 키스, 포옹, 성관계는 서둘러서는 안되며 서로 충분히 친밀해지면 자연스럽게 이루어지는 것이다.

33. 나는 매력적인 사람들과 바람피는 것을 좋아한다.

34. 나와 다른 사람들과의 사이에 있었던 일을 애인이 알게 된다면 매우 속상해 할 것이다.

35. 나는 연애를 시작하기 전부터 애인이 될 사람의 모습을 분명히 정해 놓고 있었다.

36. 만일 내 애인에게 다른 사람의 아기가 있다면, 나는 그 아기를 내 자식처럼 키우고 사랑하며 보살펴줄 것이다.

37. 우리가 언제부터 서로 사랑하게 되었는지 정확히 알 수 없다.

38. 나는 결혼하고 싶지 않은 사람하고는 진정한 사랑을 할 수 없을 것 같다.

39. 나는 질투 같은 것은 하고 싶지 않지만, 나의 애인이 다른 사람에게 관심을 가진다면 참을 수 없을 것 같다.

40. 나의 애인에게 방해가 된다면, 차라리 내가 그만두겠다.

41. 나는 애인의 것과 똑같은 옷, 모자, 자전거, 자동차 등을 갖고 싶다.

42. 나는 연애하고 싶지 않은 사람하고는 데이트도 하고 싶지 않다.

43. 우리들의 사랑이 끝났다고 생각될 때도, 그를 다시 보면 옛날 감정이 되살아나는 때가 있을 것이다.

44. 내가 가지고 있는 것은 무엇이든지 나의 애인이 마음대로 써도 좋다.

45. 애인이 잠시라도 나에게 무심해지면, 나는 그의 관심을 끌기 위해 정말 바보 같은 짓도 할 때가 있다.

46. 깊이 사귀고 싶지는 않더라도, 어떤 상대가 나의 데이트 신청에 응하는지 시험해 보는 것도 재미있을 것이다.

47. 상대를 택할 때 고려해야 할 한 가지 중요한 점은, 그가 자신의 직업을 어떻게 생각하는가 하는 것이다.

48. 애인과 만나거나 전화한 지 한참 되었는데도 아무 소식이 없다면, 그럴만한 이유가 있기 때문일 것이다.

49. 나는 누구와 깊게 사귀기 전에, 우리가 아기를 가지게 될 경우 그쪽의 유전적 배경이 우리와 잘 맞는지부터 먼저 생각해 본다.

50. 가장 좋은 연애관계란 가장 오래 지속되는 관계이다.

(계속)

채점방법과 해석

'그렇다' 문항의 수를 합하여 아래의 척도별로 계산하여 퍼센트를 낸다.

가장 좋은 친구	이타적	논리적	유희적	낭만적	소유적
2	12	4	3	1	6
5	13	9	10	7	14
8	19	16	11	17	15
21	24	28	18	20	26
29	30	31	22	23	27
32	36	38	25	35	33
37	40	42	39	41	34
50	44	47	43		46
	48	49	45		
'그렇다' 문항수	'그렇다' 문항수	'그렇다' 문항수	'그렇다' 문항수	'그렇다' 문항수	'그렇다' 문항수
8	9	9	9	7	8

출처: 김중술, 1994.

3 사랑의 삼각형이론

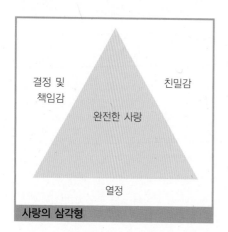

결정 및 책임감 / 친밀감 / 완전한 사랑 / 열정

사랑의 삼각형

사랑은 매우 다양하고 미묘한 체험이라서 그 실체를 파악하기 어렵다. 그러나 사랑의 기본적인 구성요소와 사랑의 다양한 형태를 명쾌하게 설명하는 이론이 스턴버그(Sternberg, 1986; Sternberg & Grajek, 1984)에 의해 주장된 사랑의 삼각형이론(triangular theory of love)이다. 스턴버그는 적어도 한 번 이상 사랑을 해본 경험이 있는 여러 연령층의 사람들을 대상으로 설문지와 면접을 통해 사랑에 대한 연구를 하였다. 스턴버그는 사랑은 친밀감, 열정, 결정/책임감이라는 세 가지 구성요소로 이루어졌다고 보았다. 이 세 가지 구성요소가 그림에서 보이는 것처럼 정삼각형을 이루고 그 정삼각형의 크기가 클 때 완전한 사랑이라고 보았다.

(1) 사랑의 삼각형의 요소

① 친밀감

친밀감은 사랑의 정서적 속성으로서 사랑하는 관계에서 느끼는 가깝고 편하게 느낌, 서로를 잘 이해함, 함께 공유함, 원활한 의사소통, 긍정적인 지지 등을 의미한다. 사랑이 따뜻하고 푸근하게 느껴지는 것은 이러한 친밀감 때문이다. 이러한 친밀감은 만남의 횟수와 교제기간에 비례하여 서서히 증가되지만 어느 정도 이상의 높은 친밀수준에 이르면 더 이상 증가하지 않으며 서로 친밀하다는 것을 의식하지 않게 되는 상태가 된다.

친밀감의 대표적인 징표로는 사랑하는 사람의 행복을 증진시키고자 하는 욕망, 사랑하는 사람과 함께 있을 때 행복을 느끼는 것, 사랑하는 사람에 대하여 존중하는 마음, 어려울 때 사랑하는 사람에게 의지할 수 있는 것, 사랑하는 사람과의 상호이해, 자기 자신 및 자신의 소유물들을 함께 나눠갖고 싶은 것, 사랑하는 사람으로부터 정서적 지원을 받음, 사랑하는 사람에게 정서적 지원을 보냄, 사랑하는 사람과 친밀한 의사소통을 함, 자신의 생활에서 사랑하는 사람을 소중히 여기는 것 등이다.

② 열정

열정은 사랑의 동기적 속성으로서 로맨스 감정을 일으키거나 신체적 매력을 느끼게 하거나 성적 결합을 하게 만드는 등 사랑하는 관계에서 있을 수 있는 일들을 생기게 하는 욕망을 말한다. 열정은 연인들을 생리적으로 흥분시켜 들뜨게 하고 사랑하는 사람과 함께 있고 싶고 일체가 되고 싶은 강렬한 욕망을 불러일으킨다. 열정은 친밀감과 달리 급속히 발전한다. 때로는 상대방을 처음 만난 순간부터 강렬한 열정을 느끼게 되기도 한다. 그러나 열정은 오래 지속되기 어렵다. 연인과의 교제기간이 길어짐에 따라 열정의 강도는 감소하거나 다른 형태로 변화되는 것이 일반적이다.

③ 결정 및 책임감

결정 및 책임감은 사랑의 인지적 속성으로서 누구를 사랑하겠다는 단기적 측면의 결정과 그 사랑을 계속 지키겠다는 장기적 측면의 책임감을 말한다. 이러한 결정과 책임감은 사랑하는 사람과의 지속적인 관계를 위해 자신을 구속시키는 행위를 포함한다. 이러한 가장 대표적인 행위는 약혼과 결혼이며 그 밖에 사랑의 약속과 맹세, 사랑의 징표나 선물의 교환, 주변 사람들에게 연인을 소개하는 일, 연인과 함께 고통스런 일을 돕고 견디는 일 등이 이에 해당한다.

(2) 사랑 삼각형의 도형적 분석

사랑의 삼각형 이론은 사랑에 대한 재미있는 분석을 가능하게 한다. 사랑의 세 가지 요소는 사랑 삼각형의 세변을 구성한다. 각 변의 길이는 그 변이 대표하는 요소의 정도나 강도를 의미한다. 이렇게 사랑의 세 요소를 삼각의 세 변에 대응시키면 재미있는 시사점을 얻을 수 있다.

친밀감, 열정, 결정/책임감의 세 요소를 수량화하여 측정하는 일은 매우 어려운 일이다. 그러나 스턴버그(1990)는 사랑의 세 요소를 측정하기 위해 표 8-2의 '사랑의 삼각형이론 척도'를 제작하였다. 현재 누군가와 애정관계를 맺고 있는 사람은 이 척도를 통해 상대방에 대한 사랑을 평가해볼 수 있다. 사랑의 삼각형이론 척도에서 계산된 세 요소에 대한 총점은 각 요소의 크기나 강도를 반영하며 사랑의 삼각형을 구성하는 세 변의 길이가 된다.

표 8-2 ● 사랑의 삼각형 이론 척도 검사(Sternbreg의 The triangular Theory of Love Scale)

1~9까지의 점수로 체크 (1, 2, 3, 4, 5, 6, 7, 8, 9)

1. 나는 OO의 행복을 위해서 적극적으로 지원한다.
2. 나는 OO과 따뜻한 관계를 맺고 있다.
3. 나는 힘들 때 OO에게 의지한다.
4. OO는 힘들 때 나에게 의지할 수 있다.
5. 나는 OO과 나의 모든 것을 공유할 의향이 있다.
6. 나는 OO으로부터 상당한 정서적 지지를 받고 있다.
7. 나는 OO에게 상당한 정서적 지지를 주고 있다.
8. 나는 OO과 말이 잘 통한다.
9. 나는 내 인생에서 OO을 매우 중요시한다.
10. 나는 OO와 친밀함을 느낀다.
11. 나는 OO와 편안한 관계를 느끼고 있다.
12. 나는 OO를 정말 이해하고 있다고 느낀다.
13. 나는 OO가 나를 정말 이해하고 있다고 느낀다.
14. 나는 내가 OO를 정말 신뢰한다고 느낀다.
15. 나에 관한 매우 개인적인 정보를 OO과 공유하고 있다.
16. OO를 보기만 해도 나는 흥분된다.
17. 나는 낮에도 OO에 대해서 생각하는 내 자신을 자주 발견한다.
18. OO와 나의 관계는 정말 낭만적이다.
19. 나는 OO이 정말 매력적이라고 생각한다.

(계속)

20. 나는 OO을 매우 이상화하고 있다.

21. 나는 OO처럼 나를 행복하게 만드는 사람을 상상할 수 없다.

22. 나는 다른 어떤 사람보다도 OO와 함께 있고 싶다.

23. OO와의 관계보다 더 중요한 것은 이 세상에 없다.

24. 나는 OO와 신체적으로 접촉하는 것을 특히 좋아한다.

25. OO와의 관계에는 마술적인 점이 있다.

26. 나는 OO를 찬미한다.

27. 나는 OO 없이 인생을 생각할 수 없다.

28. OO와 나의 관계는 열정적이다.

29. 낭만적인 영화나 책을 볼 때면 OO를 생각하게 된다.

30. 나는 OO에 대해서 공상을 하곤 한다.

31. 내가 OO에 대해서 염려하고 있다는 것을 알고 있다.

32. 나는 OO와의 관계를 지속시키기 위해 최선을 다하고 있다.

33. 다른 사람이 우리 사이에 끼어들지 않도록 나는 OO에 대해 헌신할 것이다.

34. 나는 OO과의 관계가 흔들리지 않을 것이라는 점에 대해 자신감을 가지고 있다.

35. 나는 어떤 난관에도 불구하고 OO에게 헌신할 것이다.

36. OO에 대한 나의 사랑은 남은 인생 동안 계속되리라고 예상한다.

37. 나는 OO를 위해서 항상 강한 책임감을 느낀다.

38. OO에 대한 나의 사랑은 확고한 것이다.

39. 나는 OO와의 관계가 끝나는 것을 상상할 수 없다.

40. 나는 OO에 대한 나의 사랑을 확신한다.

41. 나는 OO와의 관계가 영원히 지속될 것이라고 생각한다.

42. 나는 OO와 사귄 것을 잘 한 결정이라고 생각한다.

43. 나는 OO에 대한 책임의식을 느낀다.

44. 나는 OO와의 관계를 계속 유지할 작정이다.

45. 만약 OO와 갈등이 생긴다 하더라도, 나는 여전히 우리 관계를 유지할 것이다.

채점방법

1~15까지는 친밀성 점수

16~30까지는 열정 점수

31~45는 책임감 점수

각 항목의 점수를 합산하고, 삼각형을 그린 후, 삼각형의 가운데 무게중심점에서 각 꼭지점으로 선을 그리고 중심부터 끝까지 숫자를 매긴다. 각 점수들의 해당점수에 점을 찍고 삼각형을 그려본다. 삼각형의 크기와 모양으로 사랑의 유형을 알아볼 수 있다. 정삼각형에 가까울수록 모든 요소를 포괄한 사랑이며, 어느 한쪽으로 치우치면 그쪽의 요소에 치우친 사랑이라고 볼 수 있다.

측정된 세 변의 길이로 삼각형을 만들어보면, 이때 어느 한 변이 지나치게 길어서 그 길이가 다른 두 변의 길이합보다 크면 삼각형을 만들 수 없다. 또 다른 두 변이 짧아서 그 길이를 합해도 나머지 한 변의 길이에 미치지 못하면 삼각형이 되지 않는다. 즉, 삼각형을 구성하는 세 변 중 두 변의 길이합이 다른 한 변의 길이보다 짧을 때 삼각형이 구성될 수 없다는 기하학의 원리가 사랑에도 존재한다는 것이다. 사랑이 되기 위해서는 세 구성요소의 균형적 존재와 발달이 필요하다는 것이다. 사랑의 세 요소가 지나치게 불균형적으로 구성되어 있는 애정관계는 그만큼 불완전한 사랑이라고 할 수 있다.

또한 세 변으로 구성한 삼각형의 넓이는 사랑의 양 또는 크기를 반영한다. 그리고 삼각형의 모양은 사랑을 구성하는 요소들간의 균형정도를 나타낸다. 삼각형의 넓이, 즉 사랑의 크기는 세 가지 구성요소가 균형있게 증가할 때 최대한 커진다. 어떤 한 구성요소가 아무리 크다 하더라도 다른 구성요소가 함께 크지 않으면 모양이 납작해지고 그 면적은 협소해진다. 또한 아무리 두 개의 구성요소가 크다 하더라도 나머지 한 개의 구성요소가 작으면 역시 삼각형의 면적은 작아진다. 이런 점들은 세 가지 구성요소가 균형적으로 잘 발달한 사랑이 크고 완전한 사랑이 된다는 점을 시사하는 것이다.

(3) 사랑의 여덟 가지 조합

사랑의 삼각형이론은 사랑의 유형을 분류하는 데에도 흥미있는 관점을 제공한다. 세 요소 각각의 존재여부에 따라서 여덟 가지의 조합이 생길 수 있다. 이러한 조합에 의해 사랑의 유형을 여덟 가지로 분류할 수 있다.

① 비사랑

세 요소의 어느 하나도 갖추지 않은 관계로, 이것은 사랑이라고 할 수 없는 비사랑이다. 누구나 우연이든 필연이든 일상적으로 만나게 되고 별의미없이 지나치게 되는 많은 사람들과의 무의미한 대인관계가 여기에 속한다.

② 우정

이 유형은 친밀감만 있는 경우로서 연인관계에서라기 보다는 친구관계에서 느끼는 우정과 유사한 것이다. 상대방을 향한 뜨거운 열정과 상대방에 대한 결정 및 책임감은 없지만 가깝다고 느끼거나 따뜻하다고 느끼는 상태를 말한다.

③ 짝사랑

이 유형은 친밀감이나 책임감은 없고, 열정만 있는 상태이다. 우연히 어떤 사람을 보고 첫눈에 반해 뜨거운 사랑의 감정을 느끼지만 상대방과 소통을 이루거나 교류를 가지지 못하고 혼자 가슴앓이를 하는 경우가 이에 해당한다. 서로 친밀감이나 책임감 행위가 이루어질 기회를 가지지 못하는 경우이다. 그러나 상대방을 생각하거나 멀리서 보기만 해도 가슴이 뛰고 설레이며 온 몸에 힘이 쭉 빠지는 등 신체적 흥분 상태를 수반한 열정을 경험하게 된다.

④ 공허한 사랑

이 유형은 열정이나 친밀감이 없이 책임감만 있는 경우이다. 사랑이 없이 또는 사랑이 식은 상태로 결혼생활을 유지하고 있는 부부가 이 유형에 속한다. 이 유형에 속하는 사람들은 책임감만으로 사랑의 관계를 피상적으로 이어나가려 하기 때문에 항상 마음은 공허하다는 느낌을 갖는다. 열정과 친밀감 없이 돈과 사회적 지위를 가진 늙은 남자와 결혼하는 젊은 여자의 경우도 이런 사랑의 한 예이다. 또는 사랑으로 결혼했지만 오랜 결혼생활 속에서 열정은 다 식고 잦은 갈등으로 친밀감도 떨어졌지만 자녀를 위해 결혼관계를 유지하는 부부들이 이러한 예에 해당된다.

⑤ 낭만적 사랑

이 유형은 열정과 친밀감은 가지고 있지만 책임감이 없는 사랑의 경우이다. 서로 친밀하고 열정을 느끼지만 결혼과 같은 미래에 대한 약속이나 확신 없이 서로를 사랑하는 경우이다. 휴가나 여행에서 만나 며칠 동안 나눈 뜨거운 사랑이 이에 해당된다.

⑥ 허구적 사랑

이 유형은 열정을 느껴 결정 및 책임감을 가졌지만 친밀감이 형성되지 못한 사랑의 경우이다. 흔히 할리우드식 사랑이라고도 한다. 만난 지 며칠 만에 열정을 느껴 약혼하고 보름 만에 결혼하는 식의 사랑을 말한다. 이 경우에는 열정을 가지고 있고 결혼이라는 책임행동도 있다. 그러나 진정한 의미의 친밀감이 형성되고 서로에 대해 깊이 이해하고 수용할 수 있는 시간이 부족하다. 흔히 이런 사랑은 지속되기 어렵다고 한다.

⑦ 우애적 사랑

이 유형은 친밀감과 책임감은 있으나 열정이 없거나 식어버린 사랑이다. 열정이 없거나 식어버린 공허한 사랑처럼 친밀감까지 없어진 것은 아니다. 오랜 결혼생활을 한 부부간의 관계에는 이런 사랑이 흔하다.

⑧ 완전한 사랑

이 유형은 세 가지 요소를 모두 갖춘 완전하고 이상적인 사랑이다. 이러한 사랑을 하는것이 불가능하지는 않지만 매우 어렵다. 또한 이러한 사랑을 성취한 후에는 세 가지 요소를 모두 유지하고 지속시키는 일은 더욱 어려운 일이다.

이상에서 살펴본 사랑의 여덟 가지 조합에 의한 유형은 사랑의 삼각성을 구성하는 세 가지 요소의 유무에 근거한 구분이다. 사랑의 구성요소가 불연속적으로 존재하기보다는 연속선 상의 크기로 나타나므로 실제의 애정관계는 앞에서 살펴본 사랑의 유형들이 혼합된 형태이거나 사랑의 특정한 유형들 중간에 위치하기도 할 것이다.

4 사랑의 발달과정

(1) 관계형성과 유지

진정으로 사랑하는 관계는 발달하는 데 시간을 필요로 한다. 우리는 우선 상대에 대해 알아야 한다. 타인의 욕구를 이해하고 그것을 충족시키자면 자신이 어떻게 해야 하는가를 학습하여야 한다. 이렇게 하려면 두 사람은 개방되고 정직한 의사소통을 하기 위하여 노력해야 한다. 사랑하는 관계는 두 사람이 각자 자신의 정서, 희망, 야망, 부족함 그리고 상대방에 대한 느낌 등을 털어놓을 정도로 서로를 믿을 수 있어야 하며, 그렇게 커나가야 한다. 정직한 의사소통을 할 수 있는 정도 내에서 연인들은 개인적 성장을 경험할 수 있을 것이다. 이러한 목표에 도달하자면 시간이 필요하다.

사랑하는 이성관계는 복잡하고도 미묘하다. 서로 이해하기를 배우기 전에 상대방을 욕구와 바람을 지닌 한 개인으로 받아들이는 것을 먼저 배워야 한다.

Berscheid와 Walster(1978)는 때때로 사랑관계를 깨지게 하거나 서로 간에 오해를 불러일으키는 딜레마 중 하나가 '의존욕구'와 '독립욕구' 간의 갈등이라고 지적하였다. 두 사람의 사랑이 깊어질수록 연인들은 상대방으로부터 점점 더 많은 욕구를 충족받는다. 이러한 만족감으로 인해 연인들은 그 관계에 점점 더 의존하게 된다. 의존욕구는 다른 한편으로 독립욕구를 위협한다는 점에서 갈등을 유발시킨다. 이러한 갈등 때문에 어떤 사람들은 사랑에 빠지기를 두려워하거나 친밀한 관계에 대해 양가감정을 느낄 수도 있다.

이러한 감정은 대부분의 사랑관계에서 공통적으로 나타나며 이것에 대해 논의하는 것은 중요하다. 이성관계에서 나타나는 이런 독립과 의존욕구 간의 상충은 사랑과 신뢰를 무너뜨리는 역할을 할 수 있다. 이런 어려움을 극복하려면 서로 상대방의 개인적 독립성을 존중하고 격려해 주어야 한다. 이성관계에서는 개인이 성장할 수 있는 여지가 있어야 하고 상대방의 독립욕구를 성급히 거부의 표현이라고 속단하지 않도록 조심해야 한다. 또한 상대방의 양가감정을 탐색하려는 자발적 의지가 있어야 한다.

이와 같이 사랑은 서서히 성숙해가며 계속적인 연습과 보살핌이 필요한 정서이다. 관계를 성장시키는 의존과 독립성이 조화롭게 섞인 관계를 만들어 낸다면 서로에게 굉장한 행복과 만족감을 가져다 줄 수 있으며 결국 두 사람 모두 한층 성장할 수 있다. 사랑하는 관계의 발달은 결국 두 연인이 서로를 얼마나 진정으로 받아들이는가 그리고 그들의 기분을 얼마나 정직하게 표현하는가에 달려 있다. 친밀한 관계는 행복감을 느끼고 성공적인 적응을 하는 데 있어 매우 중요한 요소이다.

Thibaut와 Kelly(1959)는 관계를 발달시키는데는 선택, 협상, 개입, 제도화의 네 단계가 있다고 말했다.

선택이란 여러 사람 중에서 특정인을 찾아보고 결정하는 단계이다. 이 단계에서는 앞으로 그 사람과의 관계가 얼마나 만족스러울지를 예측한다. 그런데 그것은 대개 잠깐 쳐다보거나 피상적 수준에서 이루어지는 몇 마디 대화를 근거로 하여 이루어진다. 소위 '첫눈에' 마음이 결정되는 경우가 많다. 그 다음단계인 협상은 관계가 실제로 이루어지는 단계로, 서로간에 만족스러운 상호작용방식을 발견하기 위해 탐색하고 시험해본다. 이 과정에서 두 사람은 서로를 좀 더 잘 이해하게 되고 함께 잘 보내는 방식을 만들어 내려 애쓴다.

협상이 잘 이루어지면 두 사람은 서로 개입하기로 결정할 것이다. 즉 오랜 시간 동안 함께 보내며 서로 의존하기도 하고 서로 만족스러운 활동을 함께 하고 독점적인 파트너로서 단둘만의 오붓한 시간을 갖게 된다.

마지막 단계인 제도화는 단순히 개입단계의 확장이라 할 수 있다. 이 단계에서 개입이 공식화된다. 즉 약혼이나 결혼 또는 그 외의 남들로부터 인정받을 수 있는 의식(예, 젊은이들 사이에서 유행하는 언약식)을 치른다.

(2) 사랑의 발전과 심화

이성관계에는 친밀한 정도에 있어서 여러 가지 수준이 있다. 일반적으로 이성친구는 만남의 횟수가 증가할수록 친밀도가 증가한다. 그러나 어떤 연인들은 자주 만나도 애정이 피상적인 수준에 머무는 경우가 있고, 어떤 연인들은 짧은 만남 속에서도 매우 친밀한 애정관계를 형성하는 경우가 있다. 과연 사랑은 어떻게 발전하고 심화되는 것일까?

① 사랑의 발전단계

이성관계는 시간이 흐름에 따라 발전한다. 알트만과 타일러(Altman & Taylor, 1973)는 이성관계의 발전과정을 정밀하게 분석하여 사회적 침투과정을 5단계로 나누어 설명하고 있다.

가. 첫인상단계

이 단계에서는 상대방을 만나 주로 외모나 행동의 관찰을 통해 인상을 형성한다. 이 단계에서 상대방에 대한 좋은 인상, 즉 호감을 갖게 되면 그에 대한 관심이 높아져 더 알고 싶은 마음이 생겨나며 그와 관련된 개인적 정보에 대한 관심을 갖게 된다.

나. 지향단계

이 단계에서는 서로 자신에 대한 피상적인 정보를 교환하고 상대방을 탐색한다. 또 상대에게 좋은 인상을 주려고 노력하며 상대방이 자신에게 호감을 가지고 있는지 타진한다. 자신을 긍정적으로 제시하려 하고 타인에 대해서도 비판을 회피하는 다소 긴장된 상태이다. 이 단계에서 개인적 정보에 근거하여 관계지속의 여부가 결정되며 많은 만남이 여기서 끝난다. 이 단계에서는 상대의 거부로 인해 자존심이 상할 수는 있으나 마음의 상처는 그다지 크지 않다.

다. 탐색적 애정교환단계

이 단계가 되면 이전보다 좀 더 친근한 태도를 취하고 대화의 내용도 풍부하고 깊어지며 자발성도 증가하게 된다. 상대방에 대해 호감 이상의 초보적인 애정과 사랑의 감정을 느끼게 된다. 자신의 좋아하는 감정을 상대방에게 알리려고 노력함과 동시에 상대가 자신을 사랑하는지 확인하려 한다. 그러나 이 단계에서 애정표현이 지나치게 깊은 수준으로 나아가면 상대방이 부담을 갖게 되어 관계로부터 이탈 가능성이 있기 때문에 다소 형식적이고 초보적인 애정교환이 이루어진다. 이 시기는 가장 예민하고 불안정한 단계이다. 상대방의 말과 행동에 매우 예민해져서 감정의 변화가 심해진다. 이 단계에서 상대방에 대한 실망이나 상대방의 거부로 관계가 끝날 수 있다. 이 단계에서는 이미 감정이 개입되었기 때문에 관계종결로 인한 상당한 아픔이 있다.

라. 애정교환단계

이 단계에서는 마음놓고 상대를 칭찬도 하고 비판도 한다. 서로 좋아한다는 것 또는 서로 연인 사이라는 것을 암묵적으로 인정하고 좀 더 확실한 방법으로 사랑을 표현하고 전달한다. 빈번한 데이트가 이루어지고 선물이나 편지가 교환되며 농담과 장난을 주고받으면서 친밀감이 형성된다. 그러나 이 단계에서는 아직 조심스러움이 남아 있으며 마음속 깊이 갖고 있는 속마음을 털어놓지는 않는다. 자신의 약점과 단점은 보이지 않으려 애쓴다. 사랑에 대한 약속이 이루어진 상태가 아니기 때문에 아직 상대의 사랑에 대한 확신이 없다. 이 단계는 상대의 사랑을 확인하고 신뢰를 형성해 가는 단계라고 할 수 있다.

마. 안정적 교환단계

이 단계에 오면 속마음을 터놓고 이야기하고 서로의 소유물에도 마음 놓고 접근한다. 자신의 단점이나 약점도 두려움 없이 내보이게 된다. 이 단계에서는 상대의 사랑에 대한 확신을 갖게 되고 신뢰와 친밀감에 바탕을 두고 안정된 애정교환이 이루어진다. 흔히 이 시기에 결혼 약속을 하게 되고 성적인 애정교환이 이루어지기도 한다. 이러한 안정된 애정교환단계를 지속하다가 결혼에 이르게 되는 경우는 행복한 경우이다. 그러나 이 단계에서 부모의 반대, 유학, 이사, 질병, 죽음 등의 이유로 결혼에 이르지 못하고 헤어지게 되는 경우, 두 사람은 모두 심한 마음의 상처를 입게 된다.

② 사랑의 심화요인

이성관계에서 경험하는 사랑의 강도와 심도는 다양한 측면에서 평가될 수 있다. 사랑의 삼각형 이론에서 제시되고 있듯이, 서로 깊은 친밀감을 느끼고 강한 열정을 경험하며 많은 노력이 이루어지는 이성관계는 굳건한 사랑이라고 할 수 있다. 그러나 사랑의 강도는 다음과 같은 몇 가지 기준에 비추어 평가해 볼 수도 있다(권석만, 2004).

가. 정서적 만족도

사랑의 강도는 이성관계에서 경험하는 정서적 만족도에 비례한다. 정서적 만족도는 관계를 통해 경험하는 긍정적 감정과 부정적 감정의 비율 및 강도에 의해서 평가될 수 있다. 상대방에 대해서 편안하고 유쾌한 감정을 느끼는 동시에 설레는 흥분과 열정을 강하게 느낄 때 강한 사랑을 경험하게 된다. 미래에 정서적 만족도가 높아질 것이라고 예상되는 관계는 그렇지 못한 관계보다 더 강한 사랑을 느끼게 된다.

나. 심리적 또는 물질적 투자의 양

사랑의 강도는 현재 이성관계에 투여하는 심리적 또는 물질적 투자의 양에 비례한다. 상대방에게 만남을 위해 많은 시간을 투여하고 심리적인 관심과 애정을 보여주며 때로는 물질적으로도 투자하게 된다. 많은 이성관계에서는 상대방이 나를 위해 많은 투자와 희생을 보여줄 때 사랑이 강하다고 평가하는 경향이 있다. 예를 들어, 부모가 강하게 반대하는데도 불구하고 변함없는 사랑을 보여줄 때 상대방에 대한 사랑을 더 강하게 느끼며 밀착되려 한다. 이를 로미오와 줄리엣 효과라고 한다.

다. 미래의 투자와 희생의 감수 정도

사랑의 강도는 미래에 연인을 위해 투자할 수 있는 최대의 양에 비례한다. 사랑의 관계를 유지하기 위해 미래에 닥칠지도 모르는 여러 가지 곤경을 극복하기 위해 얼마나 많은 투자와 희생을 감수할 수 있느냐에 따라 사랑의 강도가 평가될 수 있다. 또한 연인이 나를 위해 미래에 투여할 것이라고 생각하는 투자양에 대한 지각이 연인에 대한 사랑과 신뢰의 정도에 영향을 미치게 된다. 신뢰의 중요한 요소는 상대방이 나를 위해 기꺼이 위험과 손실을 감수할 것이라는 믿음이다. "앞으로 어떤 일이 있더라도 당신을 영원히 사랑하겠다"는 사랑의 맹세는 이러한 신뢰감과 사랑의 강도를 증가시킨다.

라. 상호의존성

사랑의 강도는 상호의존성과 비례하는 경향이 있다. 상호의존성이란 상대방에게 서로 의존하지 않고서는 행복을 느끼기 어려운 관계를 말한다. '당신 없이는 살아갈 수 없을 것 같은 느낌'을 연인이 서로 느낄 때, 그러한 사랑은 더욱 강하게 느껴질 것이다.

마. 지속기간이나 만남의 빈도

사랑의 강도는 이성관계의 지속기간이나 만남의 빈도와 관계가 있다. 오랜 기간 사랑을 유지하고 빈번한 만남을 가져온 관계는 견고해진다. 이렇게 오랜 기간 동안 이성관계를 유지해왔다는 것은 그 동안 많은 우여곡절 속에서 사랑의 관계를 지탱하고 심화시키는 요인들이 충분히 시험되고 검증되었다는 것을 의미한다.

그러나 사랑의 강도와 심도를 평가하는 기준은 사람마다 현저한 차이가 있고, 친구관계 및 다른 심화요인들이 관여되어 있을 수 있다. 특히 신체적 접촉과 성적인 욕구의 충족이 사랑의 심화과정에 중요한 요인으로 작용한다.

(3) 사랑의 붕괴와 종결

사랑은 심화시키는 것도 어렵지만 지속시키는 것도 어렵다. 한때 뜨거운 사랑을 나누었던 많은 연인들이 이별을 경험한다. 영원히 변치 않겠다는 맹세를 수차례 나누었던 연인들도 여러 가지 이유로 결별하는 경우가 흔하다. 서로에 대한 호감을 느끼며 애정을 교환하며 지속적인 사랑의 관계를 유지하다가 종결되는 주된 이유를 살펴보면 다음과 같다.

① 호감과 매력의 상실

상대방에 대한 호감과 매력은 사랑이 시작되는 요인인 동시에 사랑을 지속하는 요인이기도 하다. 만날 때마다 상대방에 대해 호감과 매력을 느끼게 된다면 연인관계는 지속될 것이다. 그러나 이성관계가 진행되면서 상대방에 대한 부정적인 모습을 새롭게 접할 수 있고 크고 작은 갈등을 경험하면서 상대방에게 실망하게 된다. 특히 사랑의 주요요소인 열정은 시간이 흐르면서 식어버리는 경향이 있다. 이성관계가 오랜 기간 장기화되면, 친밀감은 증가할 수 있지만 열정은 감퇴되어 낭만적인 사랑을 추구하는 사람은 이성관계에 종지부를 찍을 것이다.

② 갈등해결의 실패

친밀한 인간관계에서는 빈번하고 긴밀한 교류가 일어나기 때문에 그만큼 갈등의 가능성도 많아진다. 성장환경이나 성격 및 취향이 다른 남녀가 가까운 연인관계를 맺게 되면, 당연히 크고 작은 갈등을 경험하게 된다. 남자와 여자는 심리적으로 다른 특성을 지니고 있기 때문에 서로에 대한 오해와 불만이 생겨나기 쉽다. 특히 낭만적 사랑에서는 연인의 반응에 예민해지고 열등감과 의심과 질투심이 증가한다. 사소한 일로 인해 오해가 싹트고 자존심 때문에 표현하지 못한 채 갈등과 불만을 키워나가는 경우가 많다. 이처럼 연인간의 갈등이 반복적으로 생겨나고 이를 효과적으로 해결하지 못할 경우 연인관계는 붕괴된다.

③ 다른 연인의 출현

현재 사귀고 있는 연인보다 더 강한 매력을 지닌 새로운 연인이 생길 수 있다. 더구나 현재의 연인에 대한 매력이 감퇴되거나 불만이 누적된 상태에서는 새로운 연인에게로 사랑의 감정이 옮겨가게 된다. 이런 경우에 구속력이 약한 이성관계에서는 기존의 연인관계가 붕괴될 수 있다.

④ 부모의 반대나 물리적 이별

연인관계는 사랑하는 두 사람의 관계이지만 이러한 관계에 영향을 미치는 사람들이 있다. 흔히 부모가 자녀의 이성관계에 개입하는 경우가 있다. 부모가 강력하게 반대하며 연인관계의 종결을 강요하는 경우에 사랑의 관계는 위기에 봉착하게 된다. 가족이 반대를 하면 오히려 연인에 대한 사랑의 감정이 더욱 강해지는 로미오와 줄리엣 효과가 나타날 수 있다. 그러나 부모의 반대가 강력하고 자녀에 대한 부모의 지배력이 강할 경우에 이성관계는 종결될 수 있다.

⑤ 투자와 보상의 불균형: 사회교환이론

인간관계에서 상대방으로부터 기대한 성과와 만족을 얻지 못할 경우에 그 관계는 와해된다. 인간관계는 여러 가지 형태의 투자를 하고 보상을 받는 교환관계의 성격을 지닌다. 친밀한 관계가 붕괴되는 이유는 그 관계에서 얻는 성과가 줄어들거나 또는 현재의 관계보다 더 좋은 성과를 가져다 줄 수 있는 관계가 존재하기 때문인데, 이러한 원리가 이성관계에도 적용될 수 있다.

5 실연과 실연의 극복

이성과의 사랑이 항상 행복한 결말을 맺는 것은 아니다. 많은 연인들이 서로 뜨겁게 사랑하다가 여러 가지 이유로 헤어지게 된다. 이렇게 이루지 못한 사랑은 아픈 상처를 남긴다. 흔히 실연의 고통은 매우 쓰라리고 실연의 상처는 잘 아물지 않는다. 실연의 경험은 우리의 삶에 심각한 영향을 미치기도 한다. 특히 젊은이들에게 있어서 실연은 극복하기 어려운 사랑의 후유증을 남기는 경우가 많다.

(1) 실연의 유형

실연은 사랑의 해체이며 종결을 의미한다. 사랑하던 남녀가 사랑의 관계를 종식시키는 불행한 경우이다. 사랑을 종결하는 과정은 매우 다양하다. 먼저 실연의 유형을 세 가지로 나누어 살펴보면 다음과 같다.

실연의 아픔

출처: http://club.cyworld.com/
5223739623/103002793

① 일방적 실연

일방적 실연은 두 사람이 서로 사랑하다가 한 사람의 일방적 요구에 의해 그 관계가 파기되는 경우이다. 상대방의 성격, 능력, 행동에 대한 실망이 가장 흔한 원인이다. 때로는 더 나은 애정상대의 출현으로 현재의 관계를 청산하는 경우도 있다. 이처럼 일방적 실연을 당한 사람은 많은 심리적 충격과 고통을 받게 된다. 사랑의 상실과 자존심의 손상으로 인해 우울감을 경험하게 될 뿐만 아니라 자신을 거부한 상대방에 대한 분노, 적개심, 배신감, 복수심 등이 생겨나게 된다. 일방적 실연은 가장 일반적인 실연의 형태로서 고통스러운 상처를 남긴다.

② 합의된 실연

사랑하던 두 사람이 사랑의 관계를 종결하기로 서로 합의하고 헤어지는 경우이다. 사랑을 나누는 과정에서 서로에 대한 불만과 갈등이 생겨나고 이러한 갈등이 해결되지 못하고 오히려 악화되는 경우가 많다. 두 사람은 명시적으로든 암묵적으로든 사랑의 관계를 종결하기로 합의하고 헤어지게 된다. 이 경우, 실연한 두 사람은 애정이 식은 상태에서 불만스런 상대방과 이별하는 것이기 때문에 심리적 고통이 상대적으로 적지만 미련, 아쉬움, 후회의 감정이 수반될 수 있다.

③ 강요된 실연

강요된 실연은 당사자의 의사와 상관없이 외부적 요인(부모의 반대, 연인의 지리적 이동이나 사망 등)에 의해 사랑의 관계가 지속되지 못하고 중단되는 경우이다. 이 경우에는 이루지 못한 사랑에 대한 안타까움, 그리움, 아쉬움 등의 슬픈 감정이 뒤섞여 나타나게 된다.

실연의 유형을 세 가지로 나누어 보았지만, 실제의 경우는 여러 가지 요인이 복합적으로 작용하여 이루어지는 경우가 대부분이다. 어떤 경우이든, 실연은 당사자에게 고통스러운 경험이다.

(2) 실연의 심리적 반응

실연은 사랑의 상실이다. 따라서 상실로 인한 여러 가지 심리적 후유증이 뒤따르게 된다. 이런 후유증은 개인에 따라 차이가 있겠지만 다음과 같은 정서, 인지, 행동상의 변화를 유발한다.

실연을 하게 되면 정서적으로 우울해진다. 실연은 기본적으로 상실경험이다. 상실에 대한 주된 정서적 반응으로서 슬픔과 우울감이 나타나게 된다. 일상적 생활에 대한 의욕과 흥미가 감소하고 활동량도 줄어든다. 헤어진 연인에 대한 미련과 후회의 감정이 뒤따르게 된다. 특히 상대방의 거부에 의한 일방적 실연인 경우에는 분노와 적개심을 느끼게 된다. 나를 버리고 떠나간 연인에 대한 배신감과 복수심을 갖기도 한다. 이렇듯, 실연을 하게 되면 슬픔, 우울, 분노, 미련, 후회 등 여러 가지 부정적인 감정들이 복합적으로 경험된다.

실연을 하게 되면 인지적 기능에도 변화가 생긴다. 일반적으로 주의가 산만해지고 집중력이 저하되어 지적인 업무수행능력이 떨어진다. 또한 판단력이나 기억력도 일시적으로 감소된다. 종결된 사랑에 대한 미련과 후회로 끊임없는 생각에 휩싸이게 되고 이런 생각을 중단하려고 해도 뜻대로 되지 않는다. 자꾸만 비관적인 생각이 밀려들어 자신에 대한 부정적인 생각이 들고 다시는 사랑을 할 수 없을 것 같은 느낌이 든다. 일상생활에서 의미를 찾기가 어려우며 삶에 대한 무기력감이 느껴지기도 한다.

또한 행동상으로도 많은 변화가 일어난다. 일상적인 생활에 대한 의욕과 흥미가 저하되며 활동성이 저하된다. 흔히 학업이나 직업 활동을 소홀히 하여 학교나 직장에서 심각한 부적응상태로 빠져드는 사람도 있다. 대인관계가 위축되며 사람 만나기를 회피하고 칩거하기도 한다. 괴로운 마음을 달래기 위해 과도한 음주나 부절제한 생활에 빠지는 경우도 생긴다. 또한 두통, 소화불량, 생리불순 같은 신체적 증상들이 나타나기도 한다.

이러한 실연의 심리적 반응은 그 강도는 다를 수 있지만 누구나 실연이라는 상실경험을 하게 되면 나타낼 수 있는 정상적이고 자연스러운 반응이다. 그러나 어떤 사람은 실연에 대한 과잉반응이나 부적응적인 반응을 나타내기도 한다. 실연반응의 정도가 지나치게 심하여 학업이나 직업 등의 사회적 적응에 현저한 장애를 초래할 만큼 심한 우울상태에 빠지는 경우도 있다. 거듭된 과음, 무절제한 행동, 자해나 자살 같은 자학적 행동이 나타날 수도 있고, 폭력과 같은 극단적 방법으로 분노를 표현하는 사람도 있다. 때로는 실연의 상처를 급히 치유하기 위해 신중한 고려 없이 충동적으로 새로운 사람과 급속한 애정관계를 맺거나 결혼 등의 중요한 결정을 하는 사람도 있다. 이런 경우 애정관계나 결혼생활은 성공적이기 어렵다.

실연반응은 일정한 기간이 경과되면 감소하여 정상적인 상태로 회복되는 것이 일반적이다. 그러나 때로는 장기화되어 개인의 사회적 적응에 치명적인 장애가 되기도 한다. 실연의 고통은 감당하기 어려울 정도로 괴롭기 때문에 여러 가지 방어적 노력을 하게 된다. 이러한 방어적 노력은 의식적으로 이루어지는 경우도 없지 않지만 대부분 무의식적으로 이루어진다.

(3) 실연의 극복

실연은 고통스러운 만큼 극복하기도 쉽지 않다. 실연한 사람은 흔히 실연의 아픔으로부터 벗어나지 못할 것 같은 느낌을 갖는다. 다시는 어떤 사람을 사랑하지 못할 것 같은 생각도 든다. 그러나 개인마다 방법이나 기간은 다르더라도 사람 대부분은 실연의 아픔을 극복한다.

실연을 극복하는 과정은 흔히 다음과 같은 3단계를 거친다고 한다.

① 충격과 고통의 시기

이 시기는 실연 직후 경험하게 되는 가장 고통스런 시기이다. 슬픔, 우울, 미련, 후회, 배신감, 분노 등의 고통스런 부정적 감정에 휩싸이는 시기이다.

② 상처 치유의 시기

이 시기에는 실연의 아픔을 이겨내기 위한 여러 가지 노력이 이루어진다. 가까운 사람에게 도움을 요청하기도 하고 실연의 과정을 마음속으로 재정리해보기도 한다. 또는 여행을 떠나기도 하고 새로운 일에 몰두해 보기도 한다. 이러한 노력 속에 시간이 흘러가고 일상적인 생활에 복귀하게 되면 아물지 않을 것 같던 실연의 상처가 서서히 아물게 된다.

③ 성숙의 시기

실연의 아픔을 극복하는 과정에서 자기 자신에 대한 여러 가지 반성을 하게 되고 사랑에 대한 새로운 시각을 갖게 된다. 이러한 배움을 통해서 인격적으로 성숙하게 되고 보다 성숙한 이성관계를 위한 밑거름을 마련하게 된다.

실연의 상처로 고통받는 사람들을 전문적으로 상담하는 사람들은 여러 가지 극복 방법을 다음과 같이 제시하고 있다.

첫째, 자신이 실연으로 아파하며 슬퍼하고 있다는 사실을 받아들인다. 그리고 이러한 아픔과 슬픔이 실연에 대한 자연스럽고 정상적인 반응임을 자각한다. 사랑했던 만큼 실연은 고통스럽다. 많은 사람들이 실연으로 자신처럼 아파했을 뿐만 아니라 이러한 아픔을 이겨냈다는 사실을 자각하는 것이 중요하다. 즉 실연으로 인해 지금은 매우 고통스럽지만 이러한 고통으로부터 벗어날 수 있다는 점을 분명히 인식할 필요가 있다.

둘째, 충분히 아파하고 슬퍼한다. 실연의 고통을 느끼고 표현한다. 사랑이 깊으면 실연의 상처도 깊다. 상처는 아픔의 과정을 통해 아문다. 실연의 아픔을 부인하거나 숨기려 하지 않는다. 아픔의 체험은 상처를 치유하는 과정이다. 하지만 아픔의 과정이 장기화되지는 않도록 해야한다.

셋째, 가능하다면 1~2주 정도 일상적 생활로부터 벗어나는 것도 좋다. 여행을 하거나 새로운 일을 하거나 환경의 변화를 통해 기분을 전환하는 것이 필요하다. 이런 생활의 변화는 침체된 감정을 전환하는 계기가 될 수 있다. 실연의 아픔과 혼란으로 인해 당면한 현실적 과업을 적절하게 수행하지 못하면 학교나 직장에서 심각한 불이익을 당할 수 있으므로 가능하다면 휴가를 얻거나 시간을 내서 업무의 부담에서 벗어나는 것이 필요하다.

넷째, 실연에 대해서 반성해 본다. 실연의 원인과 과정을 생각해 본다. 이러한 반성을 통해 실연의 경험으로부터 교훈을 얻는다. 실연은 사랑에 대한 비현실적인 기대와 환상에서 기인했을 수도 있고, 상대방으로부터 사랑받고자 하는 지나친 욕구에서 기인했을 수도 있으며, 사랑의 감정에 휩싸여 상대방과의 관계를 왜곡하여 판단한 때문일 수도 있다.

마지막으로, 실연의 아픔으로부터 벗어나 일상의 생활로 돌아온다. 실연으로 인해 잠시 궤도 이탈했던 상태에서 정상 궤도로 돌아오는 것이다. 잠시 소홀히 했던 인간관계를 회복하고 학업이나 직업에서의 공백을 메꾸도록 노력한다.

2 사랑과 성

성이란 종족을 번식시키는 기능을 가지고 있을 뿐 아니라 쾌감과 한 인간으로서의 존재 가치를 제공하기도 하며 이성간의 사랑을 발전시키고 부부간의 유대감을 유지하는 중요한 기능을 가지고 있다. 이러한 성적인 접촉은 이성관계에서 친밀감을 증진시키는 역할을 하고 스턴버그가 지적했듯이 이런 친밀감은 사랑의 한 구성요소이다. 훌(Hull, 1943)에 의하면 생식과 성충동은 인간에게 기본적이며 성교를 통해 서로의 욕구를 충족시킬 수도 있다. 이와 같이 성행동을 통해 애정과 친밀감을 표현할 수 있으며 대인간 욕구를 충족시킬 수 있다.

1 성행동의 기능과 동기

분명히 성행동은 사랑의 한 요소로 볼 수 있다. 그러나 성행동이 곧 사랑은 아니며 반드시 사랑의 표현이라고 할 수도 없다. 사랑은 성의 필수적인 선행조건이 아니다. 사람들은 신체적 쾌락 때문에 또는 단순한 애정이나 순간적인 열정을 표출하기 위해 성관계를 가질지도 모른다. 또한 사람들의 성행동에는 이보다 덜 긍정적인 이유도 있다. 즉 어떤 이들은 지배성을 표현하기 위해서나 부족감을 채우기 위해 성행동을 사용하기도 한다. 또한 상대방으로부터 받아들여지자면 그렇게 해야 한다고 느끼기 때문에 또는 남들도 다 그러니까 하는 또래압력을 느끼기 때문에 성행동을 하는 경우도 있다.

성행동은 대인간 유대를 표현하는 행동 중의 하나다. 이 행동의 의미는 그것이 이루어지는 맥락에 따라 천차만별이다. 만약 두 사람이 서로를 배려하면서 부드러운 분위기에서 양자의 욕구를 충족시키기 위해 성행동을 한다면 그리고 자유로이 성행동을 선택한다면 성은 친밀감을 증가시키며 사랑을 촉진시킬 수 있다. 친밀한 관계의 다른 측면에서처럼 좋은 성관계는 인내와 배려를 요구한다. 여기서 배려란 상대방의 욕구를 고려하고 자신의 욕구뿐만 아니라 상대방의 욕구를 만족시키려는 진정한 바람을 뜻한다. 만약 두 사람 모두가 상대방의 욕구를 배려하지 않은 채 자기의 만족만을 위해 성행동을 한다면, 그것은 오히려 사랑을 위축시킬 수 있다(장연집 외, 2004).

(1) 성의 기능과 동기

인간의 성행위는 여러 가지 기능을 가지고 있고, 다양한 동기에 의해 이루어 진다. 모리스(D. Morris)는 인간의 성행위의 기능을 다음과 같이 말하였다. 첫째, 성행위는 생식의 기능을 한다. 생식욕구는 인간의 가장 기본적인 욕구이고, 이성과의 성행위를 통해 자손을 만들고 가계를 이어가려 한다. 둘째, 성행위는 짝짓기의 기능을 한다. 인간은 원래 암수가 짝을 짓는 동물이며 배우자가 될 가능성이 있는 한 쌍의 남녀는 성행위를 통해 자신의 짝을 찾는다. 셋째, 유대감 강화의 기능을 한다. 성행위는 짝과의 유대감을 유지하고 강화하는 기능을 갖고 있기 때문에 성행위는 남녀간의 관계를 좀 더 친밀하게 만드는 역할을 한다. 넷째, 성행위의 또 다른 기능은 긴장을 감소시키는 것이다. 성적 욕구가 증가하게 되면 긴장감도 따라서 증가하게 된다. 이러한 긴장감은 여러 가지 방식으로 발산이 되는데, 성행위도 하나의 방법이 된다. 따라서 성행위는 성적 욕구로 인해 생긴 긴장감을 완화시키는 역할을 한다. 다섯째, 성행위는 호기심을 충족시키는 기능을 한다. 인간이 가지고 있는 호기심과 탐구심은 성행위에 대해서도 발휘가 된다. 성행위에 참여하는 남녀는 다양한 동작, 소리, 접촉, 향수 등을 써서 자극하는 새로운 방법을 끊임없이 탐구함으로써 타고난 호기심을 서로 충족하고 있다. 여섯째, 성행위는 보상의 기능을 한다. 인간에게 성행위는 성행위 자체가 쾌감을 주는 행동이다. 일곱째, 성행위는 권태감을 극복하게 하는 기능을 한다. 즉 자극을 주어 무료함이나 권태감을 극복하는 것이다. 여덟째, 성행위는 자극을 제공해줄 뿐만 아니라 과도한 자극상황에서 마음을 안정시키는 기능도 갖고 있다.

(2) 성반응의 단계

성관계시 남녀가 체험하게 되는 신체적 반응과 변화에 대해서 심장박동과 근육의 긴장도를 측정할 수 있는 기기를 사용하여 과학적으로 연구를 하기 시작한 것은

1970년대이다. 이러한 연구를 통해 카플란(Kaplan) 박사는 욕구, 흥분, 절정의 3단계 모델을 제시한 반면, 라이프(Lief) 박사는 욕구, 충동, 충혈, 절정, 그리고 만족의 5단계 모델을 주장하고 있다. 일반적으로 많이 알려진 마스터스와 존슨(Masters & Johnson)은 남녀의 성반응을 4단계로 구분하고 단계별로 신체적인 변화와 특징을 설명하고 있다(홍성묵, 1999).

① 흥분의 단계
이 단계의 특징은 마음이 들뜨고 몸이 달아올라 열기를 느끼면서 저항할 수 없는 성적 욕구에 휩싸이는 단계이다. 짧게는 4~5분 정도, 길게는 수시간까지 지속될 수 있다. 근육의 긴장도가 점진적으로 높아지고 심장박동은 빨라지기 시작해서 피부의 색깔이 홍조를 띠기 시작한다. 여성의 경우, 대음순, 음핵, 소음순도 부풀어오르며, 질벽에서 질액이 분비되기 시작한다. 남성의 경우, 강한 발기와 함께 고환의 크기가 확대되며 요도를 통해 약간의 요도액이 분비되어 질삽입을 용이하게 만들어준다. 이단계는 다양한 신체적인 반응과 변화를 보여주는 단계이다.

② 고조의 단계
이 단계에서는 박동이 더욱 빨라지고 혈압이 가속적으로 상승되어 성기 부위에 최대의 혈액량이 몰린다. 남성의 경우 성기가 100% 발기되고, 여성의 경우 성기 부위의 모든 부분이 더욱 부풀어올라 예민해지며 질액이 최대한도로 분비된다. 남녀 모두 배, 가슴, 등, 어깨 피부에 붉은 반점이 나타나고 호흡이 거칠어지며 심장박동과 혈압이 불규칙적으로 변하면서 전신에 짜릿한 경련이 일어나며 황홀감에 빠져들게 된다.

③ 절정의 단계
성적 흥분의 최고 절정은 세 번째 단계로 오르가즘을 경험하게 되는 단계이다. 오르가즘에 이르게 되면 마치 세상이 그 자리에 멈춘 듯한 강렬한 황홀감에 사로잡히는데, 신체의 모든 근육이 자동적으로 수축되는가 하면 혈압도 더욱 높아지고 심장박동과 산소흡입량이 최대한도로 늘어난다. 머리 끝에서 발끝까지 짜릿한 경련현상이 일어나면서 표현하기 어려운 강렬한 성적 쾌감을 느끼며 순식간에 황홀한 느낌에 휘말려든다. 그리고 곧바로 성적인 긴장이 완전히 풀린다. 남성의 경우는 일반적으로 사정을 할 때 오르가즘을 느낀다.

④ 회복의 단계
오르가즘이 끝나면 심장박동, 호흡, 근육의 긴장도, 혈압, 피부의 색깔 등 변화되었던 신체의 모든 상태가 정상으로 되돌아온다. 이 단계의 특징은 심리적으로 뿌듯한 기분과 만족감을 느끼며, 상대방에 대한 친근감, 신체적 피로감을 동반한다. 여성의 경우는 회복의 속도가 남성보다 느리기 때문에 회복의 단계에서 조그만 성적 자극을 받아도 손쉽게 오르가즘을 다시 느낄 수 있다.

(3) 이성관계에서의 성관계

사랑하는 이성관계가 발전하게 되면, 흔히 신체적 접촉을 통해 애정을 교환하게 된다. 열정은 성적인 욕망과 밀접히 연결되어 있기 때문에, 강한 사랑의 열정을 느끼는 연인들은 좀 더 강렬한 신체적 접촉을 원하게 되고 성적인 관계를 맺고 싶은 열망을 갖게 된다. 특히, 남자는 사랑하는 사람과 성관계를 맺고자 하는 욕구가 여자보다 더 강한 것으로 알려져 있다.

성관계는 연인들이 서로의 사랑을 확인하는 가장 강렬한 방법이다. 그러나 결혼을 하지 않은 연인 사이에서 이루어지는 성관계는 신중하게 고려되어야 한다. 과거에 비해 성에 개방적인 현대사회에서 성인이 된 사람은 서로 합의가 되면 성관계를 맺을 수 있다. 그러나 신중하지 못하고 충동적으로 이루어진 성관계는 흔히 많은 후유증을 남긴다. 예컨대, 임신, 성병, 낙태와 같은 신체적 문제를 야기시키며, 특히 여자의 경우 더 많은 부담과 후유증을 떠안게 된다. 충동적인 성관계로 인한 임신 때문에 진정으로 사랑하지 않는 사람과 결혼하게 되어 불행한 삶을 살아가는 사람도 있다. 또는 성관계로 인한 처녀성의 상실을 두려워하거나 낙태로 인한 죄책감에 시달리는 경우도 있다.

이성관계에서의 성관계는 전적으로 당사자들의 자유와 책임의 문제라고 생각된다. 인간은 자유로운 만큼 책임져야 하고 책임질 수 있는 만큼 자유롭다. 쾌락과 열정을 위해 자유롭게 행동한 사람은 그러한 행동에 대한 책임을 져야 한다. 자유로운 행동의 결과나 책임을 예상하지 못하거나 감당할 수 없을 때 많은 고통과 희생이 뒤따르게 된다. 성숙한 사람은 자신의 행동이 초래할 결과를 정확하게 인식하고 그 결과에 대한 책임을 충분히 감당할 수 있는 범위 내에서 자유로움을 누린다(권석만, 2004).

3 결혼

결혼이란 성숙한 두 인격체가 만나 먼 길을 나란히 가는 일대일의 대등한 동반자 관계이다(원호탁, 2000). 두 남녀는 진정한 사랑을 하고 결혼을 하여 가정을 이루고 싶어한다. 결혼을 하게 되면 이성관계의 연인에서 부부관계로 전환하며 자녀를 낳게 되고 가족을 형성하면서 새로운 인간관계의 장을 만들게 된다.

1 배우자 선택의 과정

남녀는 결혼의 준비과정 중 첫 번째로 배우자 선택의 과정을 거치게 된다. 개인에게 있어 배우자 선택의 과정은 매우 중요하고, 이런 선택에는 개인의 가치관, 결혼관, 신념, 동기, 조건 등 다양한 고려사항들이 영향을 주게 된다. 배우자 선택에 관한 이론적 접근을 살펴보면 다음과 같다.

(1) 자극-가치-역할(SVR) 이론

이 이론은 머스테인(Murstein)이 제시한 것으로 교환적 관점에서의 이론이며, 특히 자극단계에서 보상이나 대가의 교환이 중요하다는 것을 제시하고 있다. 자극-가치-역할 이론의 배우자 선택 과정은 다음과 같은 과정을 거친다.

① 자극단계

이 단계는 남녀가 첫 번째로 만나는 만남의 단계로 서로간에 매력을 느낌으로써 상호작용이 시작되는 단계이다. 직접적인 상호작용을 시작하기 전에 외모, 명성, 지위 등 관찰가능한 상대방의 자질을 평가하는 단계라고 할 수 있다. 매력은 각 상대방이 소유한 가능성이나 자원의 동등한 교환으로부터 기인한다고 본다.

② 가치단계

이 단계는 자극단계에서 평가한 가치가 자신과 잘 조화될 수 있는지를 가늠해보는 단계로서 자신의 인생관, 결혼관, 종교적 신념, 성역할 등과 비교하여 유사함이 발견되면 다음의 역할 단계로 진전하게 된다.

③ 역할단계

이 단계는 상대방이 앞으로 남편이나 아내의 역할을 잘 할 수 있을지, 또는 아이의 아버지나 어머니의 역할을 잘 할 수 있을지, 앞으로 인생을 살아나가는 데 동등한 동반자로서의 역할을 할 수 있을지 등을 평가해보는 단계이다. 이 단계에서 잘 수행할 수 있다는 판단이 이루어지면 배우자 선택과정은 종결된다.

(2) 여과이론

이 이론은 커코프와 데이비스(Kerkoff & Davis)에 의해 제안된 이론으로 교환에 근거하고 있다. 상호작용의 기회와 배경, 관심 유사성이나 상보성, 또는 비용과 보상 등 다양한 요인을 포함하고 있다. 이 이론에서는 잠재적 배우자의 범위를 단계적으로 좁혀가는 발달적 모형을 제시하고 있다.

근접성 여과기-빈번하게 접촉하는 잠재적 배우자들

현실적,지리적으로 쉽게 만날 수 있는 대상

↓

유사성-상보성 여과기

유사점/상이점에 따른 매력

↓

개인적 매력 여과기

외모/경제적 안정성/사회적 지위

↓

조화성 여과기

자기와의 조화성여부 평가

(개인적 외모/성격특성/경제적 능력/신념과 가치/특정 흥미나 취미/이상형)

↓

선택 여과기

당위항목과 사치항목을 바탕으로 심사→선택

배우자 선택 과정의 발달적 모형

(3) 배우자 관계 형성 모델

레위스(Lewis)는 배우자 선택과정의 6단계를 제시하고 있다. 첫 번째 단계는 상대방의 유사성 지각단계로 상대방과 자신의 사회적 배경, 가치관, 인성 등의 유사한 특성을 지각하는 단계이다. 두 번째 단계는 래포단계로 서로간에 상호 긍정적인 평가를 내리고 호감을 지니며 친밀감을 느끼는 단계이다. 세 번째 단계는 자기노출의 단계로 솔직하고 개방적인 자기표현의 단계이다. 네 번째 단계는 역할수행의 단계로 역할수행에 대한 상호적인 정확한 개념 및 능력을 파악하는 단계이다. 다섯 번째 단계는 역할의 조화 단계로 상호간의 역할에 대한 기대, 필요한 역할을 수행하는 데 있어서의 상호보완적인 능력, 서로간의 유사점 파악 등이 이루어진다. 여섯 번째 단계는 상호결정의 단계로 상호간의 역할 영역이 결정되고 한 커플로서의 정체감이 형성되는 단계이다.

2 성공적인 결혼

성공적인 결혼은 성공적인 인생이라고 말할 수 있을 정도로 인생에 있어 매우 중요한 사건이라고 할 수 있다. 브뤼게스(Brugess)는 성공적인 결혼의 기준으로 별거나 이혼을 하지 않고 결혼이 영속된다거나 부부간에 서로 행복하다고 느낀다거나 서로가 결혼에 대한 신념, 상대에 대한 만족감이 있다거나 서로 이견이 없다거나 성적 만족을 느낀다거나 우애, 신뢰, 공통적 관심을 갖고 있다거나 부부간에 인격적 조화와 성격적 조화가 이루어질 때 등을 들고 있다.

오랜세월을 함께 해온 부부

터만(Terman)은 결혼생활의 행복을 이끄는 심리적 요소에 관해 설명하였다. 그에 의하면 행복한 결혼을 영위하는 부부는 정서적으로 안정되어 있고, 타인에게 친절하고 협조적이며, 경제적인 부분에 대한 주의가 깊고 검약하며, 자선적인 일을 좋아하고, 정치 종교 도덕적인 면에 보수적인 경향이 있다고 설명하였다. 그에 반해 불행한 결혼을 영위하는 부부는 감정이 격하고 기분동요가 잦으며, 열등감이 많고 공격적인 태도를 갖기 쉬우며, 계획성과 일관성이 없고 자기 중심적이며, 정치, 종교, 도덕적인 측면에서도 지나치게 엄격하다고 하였다.

결혼의 성공적인 요인을 살펴보면, 부부의 공통관심이 돈, 명예, 오락문제보다는 가정, 자녀, 사랑, 종교문제에 있을 때, 자신의 부모의 결혼생활이 행복했을 때, 결혼 및 가족에 대한 관념이 비교적 보수적일 때, 결혼 전의 교제기간이 길었을 때, 비슷한 사회적, 문화적 배경을 가진 사람들끼리 결혼하였을 경우라고 보고하는 연구들이 많다.

▶▶ 자유롭게 토론해 봅시다

❶ 자신의 이성관계 경험 중 성공경험과 실패경험에 대해 이야기해보고, 그런 결과를 만든 구체적인 요인들에 대해 토론해 봅시다.

❷ 성공적인 사랑 만들기를 위해 성, 의사소통방식, 사랑의 유형 등 이성관계에서 어떤 노력들이 이루어져야 하는지 토론해 봅시다.

CHAPTER 09 자기 리더십

CHAPTER 09

자기 리더십[1]

최근 가장 많이 떠오르는 이슈 중의 하나가 리더십이다. 인터넷 검색을 통해 '리더십'이라는 단어를 입력하면 무수히 많은 자료들이 쏟아지고, 서점에서도 다 열거할 수 없을 정도로 많고 다양한 이름으로 출간된 리더십 서적들이 베스트셀러로 진열되어 있다. 또한 기업이나 학교 또는 심리교육센터나 연구소 및 심리상담소 등에서도 리더십을 주제로 다양한 워크샵이나 교육프로그램들을 진행하고 있다. 정치지도자의 리더십에서부터 한 가정의 가장으로서의 리더십은 물론, 기업 및 모든 사회 조직, 그리고 사적인 모임, 심지어 자기 자신에게조차도 리더십은 하나의 화두가 되고 있다. 리더십이 왜 이렇게 많은 사람들의 관심의 단어로 부각되었을까? 이 장에서는 리더십의 의미와 필요성을 알아보고, 최근의 리더십이론과 패러다임을 살펴보며, 나아가 스스로 인생의 CEO가 되어 삶을 잘 이끌어 나갈 수 있는 '자기 리더십'의 실천 방법을 탐색해 볼 것이다.

최근 많이 이루어지고 있는 리더십 교육

출처: 뉴시스 통신사 2007년 8월 20일자

---

1) 본문에서 사용하는 '자기 리더십'이라는 용어는 많은 학자들이 사용해온 '셀프 리더십'에서 다루고 있는 개인의 성장, 발달에만 국한된 것이 아니라 자신을 넘어선 자신이 속한 공동체의 성장, 발전을 위해 필요한 자질 및 역할도 모두 포함하고 있는 개념으로 정의하였다. 또한 본문의 내용은 앞으로 사회에 진출하게 되는 대학생들이 실천해야 하는 리더십을 중심으로 전개하였다.

1 　리더십의 의미와 필요성

리더십의 개념은 시간이 흐르면서 많이 변화되고 있다. 리더십은 현대인들이 관심을 갖는 말이긴 하지만 아직도 무적의 군대를 지휘하던 알렉산더, 징기스칸, 이순신 등의 군사적 영웅이나 국가와 사회의 진로를 결정하고 대중을 이끌었던 처칠, 링컨, 레닌과 같은 인물을 떠올리게 된다. 그리고 현대에 와서는 거대한 기업을 이끄는 CEO들의 조직과 개인 관리법, 개인의 성공법, 처세술 등으로 리더십이 표현된다. 그러나 최근의 리더십은 셀프 리더십, 팔로워십, 능력부여 리더십, 서번트 리더십과 같이 기존의 영웅적인 한 개인의 리더십에만 의존하는 경향에서 벗어나 조직의 모든 개개인의 역량을 모을 수 있는 방향으로 전환되고 있다(김광수 외, 2003).

리더십은 어떤 조직의 유지와 발전은 물론, 그 조직이 공동으로 추구하는 목표를 달성시키기 위하여 집단적, 자발적, 조직적인 노력을 동원하는 작용, 그리고 집단 또는 조직구성원들의 노력과 행동, 역할을 분담하고 실행해 나가도록 하는 일체의 작용으로 이해할 수 있다. 사전적 의미로 리더십은 '집단적 기능의 하나로 집단구성원으로 하여금 그 집단의 목표를 달성하는 방향으로 행동하도록 하는 모든 작용'을 의미하는 것으로, 심리학적, 사회학적 그리고 정치학적 국면에서 그 의미를 조금씩 달리하고 있다. 특히 심리학에서의 리더십은 조직이나 집단에 있어서 한 사람이나 몇몇 개인이 그 조직의 대다수 구성원들에게 어떤 영향력을 행사하는 것으로 규정하고 있다.

일반적으로 리더십은 리더의 관점에서만 생각하기 쉬우나 오히려 조직구성원의 관점에서 보자면 리더와 조직구성원 간의 상호작용에 의한 영향력 관계로 규정할 수 있다. 이러한 작용의 특징은 자발적이며 공동의 목적을 달성한다는 의미에서 서로 협력관계로 설명할 수 있는 것이 최근의 경향이다(김대규 외, 2004).

인간은 일정한 연령이 되면 사회진출, 직업준비, 독립, 결혼과 같은 중요한 발달과제로 인해 인생의 어떤 주기에서보다 많은 도전과 변화가 이루어진다. 이 시기에는 가정이나 학교, 주변으로부터 비교적 자유롭고 독립적으로 자신의 적성을 탐색하고 취미생활을 추구하면서 자기 개발을 위해 많은 투자와 노력을 한다.

특히, 미래를 향한 자기 개발을 시작하는 대학생 시기는 현실의 요구나 기대로부터 비교적 구애받지 않고 다양한 시도와 모험을 통해 도전과 변화를 추구해볼 수 있는 시기라고 할 수 있다. 이 시기에 개발되는 리더십은 전체적인 삶을 계획하고 준비해 나가는 데 나침반과 같은 역할을 한다. 리더십의 의미와 실천행동을 익히고 배움으로써 미래의 모습과 생활에 대한 구체적인 방향을 설정하게 되며, 자기 개발과정이나 공동체 생활에서 갈등이나 혼란에 처할 때 적절한 방향을 세워나갈 수 있게 된다. 이 시기에 개발되는 리더십은 사회에 진출하여 조직생활을 하거나 결혼을 하여 가정을 이끌어 나가고, 자신이 처한 지역사회의 일원으로서 활동해 나가는 데 필요한 리더십의 밑거름이 될 것이다. 그래서 대학생 시기에 개발되는 리더십은 그 의미가 더욱 중요하다고 할 수 있다.

리더십에 관한 많은 정의들을 종합해보면, 리더십은 '개인과 공동체가 바람직한 방향으로 성장, 발전하는 데 필요한 역할을 수행하기 위해 요구되는 태도와 행동'으로 정의해 볼 수 있다. 이를 대학생에게 적용해 보면, 리더십이란 '대학생 개인으로 하여금 자신이 속한 가정, 학교, 단체, 지역사회, 국가와 같은 공동체 속에서 바람직한 방향으로 자신을 성장시키고 또한 공동체를 발전시켜 나가는 데 필요한 여러 가지 역할을 수행할 때 요구되는 태도와 행동을 개발하는 과정이라고 할 수 있다.

2 현대사회와 리더십 패러다임의 변화

현대사회에 대한 개념 정의는 다양하고 각양각색인데, 그만큼 현대사회의 특징을 대변하는 것이라 할 수 있다. '자본주의 이후의 사회'를 '지식사회'로 단정하는 드러커(P. F. Drucker)와 미래학자 토플러(A.Tofler)는 그것을 이미 오래 전에 '제3의 물결', '미래의 충격'이라는 이름으로 예견한 바 있으며, 많은 분야의 학자나 전문가들은 정보기술사회, 정보화 사회로 설명하고 있다.

인간 삶의 터전인 사회는 쉬지 않고 변화해왔다. 특히 현대사회의 변화속도는 상상할 수 없을 만큼 가속화되어 시공을 초월, 사이버 공간으로까지 21세기 정보사회가 전개되고 있다. 이런 변화 속에서 건강한 삶을 영위하기 위해서는 적응의 문제를 가지게 된다. 미래사회의 변화에 대비해야 하는 현대인과 과제도 더욱 무거워졌다(장선철, 2007).

1 디지털 혁명

미래학자들은 현대사회를 새로운 과학적, 기술적 혁명이라 일컫는 '디지털 혁명'의 시대로 개념화하고 요약하여 설명한다. 디지털 혁명이란 인간의 생활방식이 에너지 집약형 사회구조로부터 정보 집약형 사회구조로 이행하고 있다는 것을 알려준다. 다시 말해, 과거 피라미드형의 수직적이고 중앙 집중적인 조직으로부터 현대는 모든 제도와 구조에 있어서 네트워크화하고 수평화, 분권화된 모습으로 마치 물이 흐르듯 정보가 자연스럽게 흐르는 디지털 시대로 옮겨가고 있다는 것이다.

이런 시대적 흐름은 주종관계 또는 상하관계에 의한 지배자와 피지배자 역할을 해야 하는 리더십에 있어서도 변화를 가져오게 하였다. 오늘날의 리더십은 디지털화된 사회, 즉 수평적이고 전문화된 사회에서의 집단과 조직에서의 구성원들 간의 상호작용과 상호관계에 관한 것인 만큼 그 중요성이 강조되고 있다. 다양한 가치관이 인정되고 인간의 존엄성이 실현되어 개개인의 개성과 권리가 보장되어야만 존재 의의가 가능한 디지털 시대에는 구성원 모두의 상호작용으로서 리더십이 요구된다. 이런 현대적 의미의 리더십은 '새로운 생활방식을 창조하는 것'으로까지 강조되고 있다.

2 지식기반사회

인류는 지난 10여 년동안 컴퓨터와 뉴미디어의 출현, 극소전자공학의 눈부신 발전, 전 지구를 거미줄처럼 엮는 통신망의 완성 등으로 산업사회를 지나 정보사회에 돌입하였다. 이렇게 변화된 현대사회를 많은 미래학자들은 새로운 변화의 시대로 예견하였다.

지식기반사회란 '정보와 지식이 중요한 재화로 기능하며 지식에 기반하여 생산을 도모하고, 이로 인하여 인간의 제반 사회 경제적 생활양식에 혁신적인 변화가 발생하는 사회'라고 표현할 수 있다. 즉 정보와 지식이 사회의 가장 중요한 전략적 자원이 되며 이익의 생산, 축적, 분배가 그 사회의 가장 중요한 활동이 되는 사회를 뜻한다.

지식기반사회에서 지식은 핵심자원이 되고, 지식근로자가 노동력 가운데 지배적 집단이 된다. 정보는 자본과는 달리 상속이 안 되고, 누구나 손쉽게 정규교육을 통해 확보할 수 있기 때문에 정보와 지식을 생산에 활용할 수 있으며, 따라서 사회적 신분 상승이 용이해진다. 그리고 새로운 지식을 얻기 위한 교육 수요의 증대로 비공식적 교육과정이 중요시된다. 인터넷 등 여러 매체를 이용하여 정보가 쉽게 공유되고 여론을 형성할 수 있으므로, 소수의 지배가 어려워지고 민주주의가 발전하게 된다. 이와 같이 지식기반사회에서는 사회적 계층 구조가 개방화, 민주화된다.

지식기반 사회는 정보의 홍수 속에서 많은 사람들이 거의 동시에 정보를 접하게 되면서 항상 새로운 창조성을 필요로 하고, 적극적으로 요구하게 된다. 또한 정보의 지속성은 짧아지는 동시에 다양한 모양들이 사회로 쏟아지게 된다.

이러한 사회에서 개인은 항상 창조성이 필요하게 되고, 기업 역시 소규모의 유연한 조직체계로 변화되어야 한다. 조직체계는 수직적인 상태에서 수평적인 상태로 변화되고, 동질한 구성원의 조직에서 다양한 구성원의 조직으로 변화되며, 권력의 원천이 지위와 명령에서 전문성으로 변화된다. 또한 조직의 명성보다는 자신이 일하고 있는 분야의 프로젝트에 더 큰 의미를 부여하고, 경력의 기반이 조직 내에서 축적되기보다는 개인의 업무에서 축적된다.

3 리더십 패러다임의 변화

리더십은 여러 학문분야에서 연구된다. 예를 들어, 사회심리학에서는 개인과 집단의 상호작용, 개인이 집단에 미치는 영향, 집단이 개인에게 미치는 영향, 집단의 응집력, 집단의 의사소통, 집단기능의 변화 등 집단심리의 연구를 수행하고, 정치학과 행정학에서는 조직에서의 제도와 관련된 지배, 통제, 통치, 권력 등에 관한 연구를 수행한다. 또 심리학에서는 리더의 특성이나 자질 연구, 리더십 개발을 위한 교육프로그램 개발을, 경영학에서는 조직의 목적달성과 효율성의 극대화를 위한 리더십과 관련된 요인들에 관하여 연구를 하고 있다.

리더십이란 용어는 시대와 사람에 따라 많은 변화가 있었다. 리더십을 연구하는 접근방법은 리더의 신체적, 정신적 능력 등 집단을 지휘, 통솔하는 데 필요로 하는 여러 능력을 중심으로 리더의 자격과 자질을 연구하는 것이 일반적이고 전통적인 방법이었다. 이후에는 리더십을 리더의 특성이 아니라 행위나 스타일로 파악하려는 행동이론으로 발전한다. 그러나 현대에 이르러 정치, 경제, 사회, 문화 등 모든 분야에서 지난날과는 다른 모습을 가지게 되었다. 이렇게 변화하는 사회에서 각 조직들 역시 변화, 발전하였고, 이에 따라 과거의 명령과 지휘, 통솔 방법만으로는 효과적인 조직 운영을 할 수 없게 되어, 조직원들이 지닌 다양한 욕구를 충족시킬 수 있는 합리적인 방법이 요구되었다. 즉 조직의 생존적 차원에서 조직을 둘러싸고 있는 외적 요인은 어떠한 것이며 조직집단에 위협적 요소가 되고 있는 것은 무엇인가를 확인하고 그 환경으로부터 주어지는 여러 가지 어려움을 이겨내고 그들이 포함된 집단 조직과 구성원을 보호, 발전시킬 수 있는 능력 있는 리더를 원하게 되었다.

최근 리더십의 패러다임은 안정에서 개혁적 리더십으로, 통제에서 자율적 리더십으로, 경쟁에서 협동적 행동으로, 사물 중심에서 인간 중심으로, 획일성에서 다양성의 조직으로 전환되고 있다.

그러므로 이런 패러다임에 적응하려면 조직의 리더나 구성원 모두 자신에게 맞는 리더십이 무엇인지 탐색하고 훈련하며 익히도록 노력해야 할 것이다.

21세기는 새로운 세계화의 시대, 지식정보와 첨단과학의 시대, 변화와 도전의 시대, 인터넷과 디지털의 시대이다. 따라서 21세기 리더는 그의 관련 분야가 정치, 기업, 행정, 교육, 예술, 문학, 과학에 상관없이 새로운 세계화의 의미, 지식과 정보, 지식경영, 첨단과학과 기술, 변화와 도전, 인터넷과 디지털 등에 지대한 관심을 집중시켜야 할 것이다. 21세기의 리더는 미래의 척도로 앞날을 꿰뚫어볼 줄 아는 혜안을 가져야 한다. 국민이나 각 조직의 구성원들도 미래의 혜안을 가진 리더를 선택하기 위해서는 미래지향적인 소양을 쌓아야 한다(이준형, 2002).

미래는 두뇌중심의 사회로 직관을 우선시하고, 동시적으로 사고하며, 기계화와 자동화가 인간의 육체노동과 지식노동을 대체한다. 쉽게 모방이 어려운 인간 고유의 능력에 주목한다. 미래사회의 트렌드는 물질에서 정신으로의 변화, 네트워크와 유비쿼터스 사회, 새로운 주도세력의 등장(소프트 산업, 소비자, 여성, 고령자, 개인), 미래세상에 필요한 여성성의 특성, 전 인류의 보편적 가치로 주목받는 인간능력, 컴퓨터와 자동화가 대체할 수 없는 인간능력, 좌뇌적 특성과 우뇌적 특성의 조화 등이다. 또한 디자인은 창조화 시대의 핵심능력이 되고, 스토리는 감성을 움직이는 능력, 조화는 경계를 넘어 큰 그림을 보는 능력, 공감은 관계를 맺는 리더십의 능력이다. 이런 것들이 미래사회에서는 리더십의 트렌드로 작용할 것이다.

3 자기 리더십 개발을 위한 기존 이론의 탐색

최근에는 리더십을 설명하는 새로운 모델과 개인 및 조직 차원에서 리더십을 실천하기 위한 다양한 프로그램들이 많이 소개되고 있다. 이 중에서 특히 자기 개발과 인간관계, 공동체 참여를 통한 리더십 개발에 초점을 두는 대학생을 위한 리더십은 셀프 리더십, 팔로워십, 능력부여 리더십, 서번트 리더십에서 제시하는 전제와 원리들이 긍정적으로 활용될 수 있다(김광수, 2003).

1 셀프 리더십

셀프 리더십이란 기존의 전통적인 리더십이 조직의 생산성과 발전에 초점을 두는 반면, 개인의 변화와 성장에 초점을 두는 리더십이다. 즉 리더가 상대방이나 조직원들에게 영향을 미치는 것에 초점을 두는 전통적인 리더십과 달리, 한 개인이 자신에게 스스로 영향을 미치는 자기 영향력을 토대로 하는 책임있는 태도와 행동에 초점을 둔다. 이 리더십은 자율과 책임, 자기 영향력을 행사하기 위한 사고와 행동방식, 스스로가 창조하고 유지하는 동기가 강조된다.

셀프 리더십을 설명하는 가장 중요한 심리학적 개념들에는 자기 동기화, 자기 효능감, 자기 관리 등이 포함된다. 자기 동기화란 스스로 목표를 설정하고 목표를 달성하기 위해 행동을 선택하고 실천하는 내적인 힘을 의미하며, 주어진 과제를 수행하는 데 필요한 판단과 능력을 갖고 있다는 믿음을 의미한다. 자기 효능감이 높은 사람은 자신의 능력과 미래에 대한 자신감과 추진력이 높다고 할 수 있다. 자기 관리란 자신을 바람직하고 일정한 방향으로 통제, 관리하는 것을 의미하는데, 조건이나 환경에 순응하거나 적응해버리는 것이 아니라 자신이 원하는 방법으로 환경이나 조건

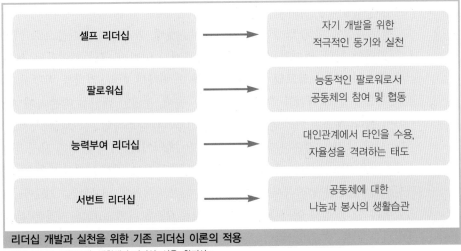

리더십 개발과 실천을 위한 기존 리더십 이론의 적용

출처: 김광수 외(2003). 대학생과 리더십. 서울: 학지사.

을 만들어가는 적극적이고 창의적인 태도가 필요하다.

셀프 리더십에서는 긍정적이고 건설적인 사고와 행동의 지속적인 실천을 강조하는데, 특히 자신의 목표를 설정하고 실천해 나가기 위해 행동을 스스로 관찰, 실천, 평가, 보상하는 방법을 강조한다. 이와 같은 셀프 리더십은 대학생 시기의 자기 개발과 자기 관리, 진로개발에 유용한 기본전제와 실천원리들을 제시한다.

2 팔로워십

리더십이 효과를 발휘하기 위해서는 그에 걸맞는 팔로워십이 뒷받침되어야 한다.

팔로워십이란 '제대로 따르는 기술'로 앞서서 비전을 제시하고 이끄는 능력이 리더십이라면, 리더를 도와 리더십을 완성하는 것은 **팔로워십**이다. '제대로 따르는 기술'이란, 기존의 리더와 팔로워 간의 수직관계 속에서 소극적인 팔로워로서가 아니라, 리더나 조직에 종속되지 않고 스스로 움직이며 영향력을 발휘하여 자신이나 리더, 조직 모두에게 도움이 되는 창의적이고 비판적인 사고방식을 지닌 팔로워를 강조한다. 즉 진정한 팔로워는 능동적이고 적극적인 태도와 행동으로써 리더와 상호영향력을 주고받으며, 독립적이고 비판적인 사고로 자신이 속한 조직의 긍정적인 효과를 기대할 수 있는 존재가 된다.

일등만이 살 길이라고 하여 누구나 리더에 열을 올린다. 하지만 조직구성원 모두가 리더가 될 수는 없다. 그래서 구성원들에게 더 중요한 덕목은 팔로워십일 것이다. 훌륭한 리더를 선택할 수 있는 안목, 주어진 리더가 성공적으로 리더십을 발휘할 수 있도록 도와주는 능력을 갖추는 것이 팔로워십이다. 진정한 팔로워십 과정을 거친

사람만이 훌륭한 리더도 될 수 있다.

팔로워십에 대해 명심할 것 세 가지는 첫째, 역지사지의 마음으로 리더를 이해할 수 있어야 한다. 리더와 팔로워는 상하관계가 아니라 역할 차이라는 점을 인식하고, 자신의 자리에서 최고의 역할을 하도록 노력해야 한다. 리더를 비평하기 전에 자신의 모습을 먼저 돌아볼 수 있어야 한다. 둘째, 분명한 대안을 겸손하게 제시할 수 있어야 한다. 무조건 예스맨이 되어서는 안 되며, 창조적인 비판력을 가지고 있어야 한다. 다만 그것을 겸손하게 표명하는 것은 예의이다. 리더에 대해 사사건건 불만스런 요소만을 찾고 비난하게 되면 자신의 발전도 없고 그런 불평불만은 리더는 물론 자신의 신뢰도 함께 잠식시킬 뿐이다. 셋째, 조직목표와 내 목표를 가능한 일치시킬 수 있어야 한다. 전체 이익과 내 이익이 따로 일 때 나의 노력과 열정은 분산되어 좋은 성과를 이룰 수 없다. 리더십과 팔로워십이 결합될 때 윈-윈(win-win)의 성과로 이어진다.

이런 팔로워십은 특히 대학생에게 대인관계나 공동체 생활에서의 바람직한 리더십 모델을 제시한다. 대학생은 아직 본격적으로 공식적인 조직의 리더나 일원으로서 활동하기보다는 자신의 가정, 학교, 동아리, 활동단체, 지역사회 등에서 팔로워의 위치에 있는 시기이므로, 자신이 속한 가정이나 학교, 단체에서 효율적인 팔로워가 되기 위한 훈련은 큰 의미가 있다. 가정에서의 유능한 팔로워는 곧 가정 밖의 학교나 기타 조직에서의 리더십으로 전이되며, 효율적인 팔로워로서 일상적으로 실천되는 팔로워십은 직업세계와 조직사회에서의 리더십을 형성하는 중요한 기초가 된다.

3 능력부여 리더십

능력부여 리더십은 구성원 개인의 내부에 잠재되어 있는 자기 리더십을 자극하고 활성화하여 개인으로 하여금 자기 영향력을 극대화하도록 돕는 리더십으로 정의된다. 즉, 개인으로 하여금 자신감과 스스로 맡은 바에 대한 책임을 발휘하도록 믿어주고 격려하는 리더십을 의미한다. 능력부여 리더는 구성원으로 하여금 자율성과 책임을 갖고 일할 수 있는 조직환경과 체계를 만들어준다. 또한 자기 관리의 모범을 보임으로써 구성원으로 하여금 자기 동기화와 자기관리능력을 배우도록 한다.

이와 같은 능력부여 리더십은 가정 및 직장생활을 준비하는 대학생에게 각 공동체와 조직에서 어떤 리더가 될 것인가에 대한 유익한 시사점을 주고 있다. 예를 들어, 부모와 자녀 관계에서도 부모가 권위나 명령에 의해서가 아니라 자녀의 생각을 믿어주고 자신감을 가질 수 있도록 격려한다면, 부모자녀관계에서 발생할 수 있는 갈등이나 불신을 예방하거나 쉽게 극복할 수 있을 것이다.

4 서번트 리더십

서번트 리더십은 기존의 리더십 이론에서 리더가 권위나 힘의 면에서 우위에 있음을 전제하는 것과는 대조적으로 리더가 봉사와 섬김의 정신으로 구성원의 아래에 위치하는 것이다. 즉 섬김을 받는 리더가 아니라 섬기는 리더로서, 역설적으로 위가 아닌 아래의 위치에서 구성원을 움직이는 힘을 발휘한다. 서번트로서 구성원의 욕구나 바람을 충족시키는 것에 우선을 두며, 그 과정에서 봉사와 희생을 통해 영향력을 발휘하는 리더이다. 즉 영향력을 발휘하는 권위는 봉사하는 삶에서 비롯된다는 점을 강조한다.

이런 서번트 리더십을 잘 갖추도록 하기 위해서는 자원봉사활동을 해보는 것이 매우 좋다. 대학마다 자원봉사활동을 격려하고 지원하는 프로그램들이 활성화되고 있는 가운데 다른 사람들의 활동을 관망하거나 간접적인 체험을 하는 대신, 스스로 참여함으로써 봉사와 나눔, 희생의 의미가 자신에게 어떤 의미와 보상을 주는가에 대해 느껴 보는 것이야말로 서번트 리더십의 출발이 된다.

모든 서번트 리더에게는 신체적 측면, 지적 측면, 정서적 측면, 경제적 측면이라는 네 가지 기본적인 생활 측면이 있다. 이 각각의 측면은 다른 사람이 무엇을 필요로 하는지를 파악하고 충족시키는 서번트 리더의 능력에서 중요한 역할을 한다. 서번트 리더의 특징을 결정하는 데에는 다른 어떤 측면보다도 균형이 매우 중요하다.

헌터(Hunter)는 서번트 리더십이란 '공동의 최선을 위해 설정된 목표를 향해 매진할 수 있도록 사람들에게 영향력을 발휘하는 기술인 동시에 사람들의 신뢰를 형성하는 인격'이라고 정의하고 있다. 그는 서번트 리더가 되려면 경청, 공감, 치유, 스튜어드십, 팔로워의 성장을 위한 노력, 공동체 형성이라는 여섯 가지의 조건이 갖추어져야 한다고 하였다.

경청은 집단 구성원에 대한 존중과 수용적인 태도로 그들을 이해하는 것으로, 서번트 리더는 적극적이고 능동적인 경청을 통해 그들이 바라는 욕구를 명확히 파악한다. 공감은 차원 높은 이해심이라고 할 수 있는데, 서번트 리더는 집단 구성원의 감정을 이해하고 수용하며 정서적인 부분까지도 살피면서 그들의 입장에서 이해하려는 노력을 한다고 하였다. 치유는 서번트 리더가 집단 구성원들을 이끌어 가면서 그들이 가지고 있는 상처까지도 잘 보듬어 내면적인 아픔을 극복할 수 있도록 하는 리더의 자질이다. 스튜어드십은 집단 구성원들을 위해 자원을 관리하고 봉사하는 것을 의미한다. 서번트 리더는 집단 구성원들의 개인적 성장, 정신적 성숙 및 전문분야에서의 발전을 위한 기회와 자원을 제공하고, 그들이 서로 존중하며 봉사하는 진정한 의미의 공동체를 만들어 가는 역할을 해야 한다(김광수 역, 2007).

4 자기 리더십

자기 리더십은 자신에게 맞는 자신만의 리더십을 탐색하고 찾아내어 개발하고 실천하는 것을 말한다. 여기에서는 김광수(2003)가 자기 정체성을 확립해야 하고 사회진출을 준비해야하는 시기에 있는 대학생들의 리더십 향상을 위해 제안하고 있는 리더십의 실천내용을 중심으로 살펴볼 것이다.

1 자기 리더십의 목적

앞에서도 언급했듯이 리더십은 '개인과 공동체가 바람직한 방향으로 성장, 발전하는데 필요한 역할을 수행하기 위해 요구되는 태도와 행동'으로 정의해 볼 수 있다. 이를 자기 리더십에 적용해 보면, '개인으로 하여금 자신이 속한 가정, 학교, 단체, 지역사회, 국가와 같은 공동체 속에서 개인적인 성장을 도모하고, 그와 더불어 공동체의 목적을 달성해 나갈 때 요구되는 다양한 역할을 수행할 수 있도록 태도와 행동을 개발하는 것이다.

이와 같은 전제를 토대로 대학생 시기에 개발되는 리더십의 목적은 다음과 같다. 첫째, 리더십의 의미와 필요성을 자신과 공동체라는 측면에서 새롭게 인식한다. 둘째, 자기 개발 및 공동체의 발전을 위해 요구되는 기본적인 태도와 행동의 정립을 위한 다섯 가지의 리더십 원리로서 비전의 수립, 목표의 설정, 열정의 증진, 원칙의 확립, 나눔의 실천에 대한 의미를 이해하고 각각의 원리에 대해 구체적인 실천원리를 습득한다. 셋째, 가족, 친구, 동료관계 같은 대인관계에서 리더십이 갖는 의미를 이해하고 대인관계 능력을 증진시킨다. 넷째, 가정, 학교, 직장, 지역사회, 국가, 세계 등의 공동체에 참여, 협력하며 나누는 생활의 가치를 인식하여 자신과 공동체의 상호 발전적 관점에서 리더십에 대한 통합적 이해 및 실천의지를 증진시킨다.

2 자기 리더십 개발의 기본전제

(1) 누구나 리더가 될 잠재력이 있다

과거 전통적인 리더십 이론에서 강조하는 선천적인 특성이나 상황에 의한 특성은 리더십이 소수의 특정인에 한정되어 있다는 오해를 낳았다. 역사적으로 뛰어난 능력과 지도력을 발휘한 인물들이나 신체적, 환경적 장애를 극복한 위인들에게서만 발견되는 어떤 특성으로서의 리더십이 아니라, 모든 사람들이 보다 효율적이고 자기 능력과 꿈을 최대한으로 발휘하기 위해 자기 노력에 의해 길러지고 훈련되는 의미로서 강조되고 있다. 왕성한 체력과 지력, 동기와 모험정신을 지니고 있다면 인생의 어떤 단계에서보다도 리더십의 잠재력을 발휘할 수 있다.

(2) 리더십은 일상생활에서 실천하는 과정을 통해 개발된다

리더십은 직장이나 조직생활을 통해 갑자기 개발되는 것이 아니라 일상생활에서 자기 훈련과 노력에 의해 지속적으로 개발되는 과정이다. 흔히 리더십은 조직생활을 시작함으로써 상황이나 필요에 의해 갖게 되거나 발휘하게 되는 우연적인 특성으로 오해되기 쉽다. 리더십은 가족과 생활하고 학교에서 공부하며 친구들과 관계하고 취미생활을 하는 일상생활의 작은 단위 속에서 배우고 실천할 수 있는 과정이다. 일상에서 축적된 리더십이야말로 더 큰 조직사회에서 필요로 하는 리더십을 개발하는 효과적인 방법이다.

(3) 리더십은 지속적이고 체계적인 노력과 훈련에 의해 개발된다

리더십은 순간적인 노력에 의해 이루어지는 것이 아니라 지속적인 자기 노력과 훈련과정을 통해 개발된다. 즉 순간의 노력이나 상황에 의해 갑자기 이루어지는 것이 아니라 끊임없이 실천하고 닦아야 하는 과정이다. 이러한 과정은 일정수준의 리더십에 도달했다고 해서 끝나는 완성의 개념이 아니라 계속적으로 더 나은 수준이나 상황에 맞게 개발되어야 하는 과정적 개념이라고 할 수 있다. 또한 주먹구구식으로 유행하는 것이나 좋다고 느껴지는 것을 시도하는 것이 아니라 체계적으로 계획하며 꾸준한 시도와 보완을 통해 훈련되는 과정이다.

(4) 리더십은 개인의 성격, 사고, 행동 등에 걸쳐 포괄적으로 개발된다

리더십은 단순한 기술이나 특성을 연마함으로써 개발되는 것이 아니라, 개인의 인격과 품성을 토대로 사고나 인식의 변화, 습관이나 행동변화 등 포괄적인 영역으로 구성된다. 즉 대화기술이나 의사결정기술과 같이 흔히 리더십에서 중요시되는 기술의 습득뿐만 아니라 자신의 성격이나 가치관, 태도 등에 대한 성찰과 변화의 노력, 적극적이며 창조적인 사고로의 전환, 일상습관 및 태도의 변화가 필요하다.

(5) 각 생활장면에서의 리더십은 상호 연관되어 개발된다

가정에서의 리더십, 학교에서의 리더십, 친구관계나 대인관계에서의 리더십, 직장생활에서의 리더십은 서로 긴밀하게 연결되어 있다. 즉 가정에서 실천되는 리더십은 학교나 직장에서 실천되는 리더십의 기초가 되며, 개인의 자기 개발 및 변화를 위해 훈련되는 리더십은 개인이 속한 대인관계나 공동체의 리더십에도 적용, 발전된다.

(6) 리더십은 자유로운 선택과 탐색을 전제로 한다

리더십 원리는 교과공부와 달리, 학습자의 자유로운 선택과 탐색을 전제로 한다. 주입식 공부와 같이 자신에게 무조건적으로 적용하는 것이 아니라, 자신의 성향이나 상황에 맞게 적응시켜 나가고, 비판적이고 창의적인 여러 가지 방법으로 시도해 보면서 자기에게 적합한 리더십 실천원리를 개발하는 것이 중요하다.

(7) 자신에게 적합한 리더십으로 개발한다

리더십은 획일적인 원리나 방법으로 적용되는 것이 아니라 자신의 특성이나 생애목표, 사고방식 등에 적합하게 창의적으로 개발되어야 한다. 리더십 프로그램들에서 제시하는 체계적인 지침을 자신의 상황과 생활 속에 적용해 보면서 자신에게 최적의 효율적인 리더십 실천원리들이 원칙이나 지표의 형태로 개발되어야 할 것이다.

3 자기 리더십의 기본원리

대학생 시기에 개발되는 리더십은 자신과 공동체의 성장과 발전을 위해 필요한 기본적인 태도와 행동으로서 다음과 같은 다섯 가지 원리를 제시한다.

(1) 원리 1: 비전을 갖는다

개인과 공동체 모두에게 리더십의 시작은 앞으로 나아가야 할 방향성을 세우는 데서 출발한다. 즉 앞으로의 삶에 대한 포부를 갖고 준비하는 단계이다. 인생의 어느 시기에서나 비전과 꿈을 갖는 것은 중요하지만, 전체적인 자신의 삶을 본격적으로 설계하고 준비하는 단계에서 비전을 갖는 것은 가장 중요한 출발이 된다. 비전을 갖기 위해서는 우선 비전에 대해 올바르게 이해하며, 적극적인 사고로의 전환이 필요하다. 또한 창의적으로 생각하는 습관과 고정된 사고의 변화를 위한 노력이 필요하다.

비전은 막연하고 추상적인 꿈이나 오랫동안 가져온 성공, 권력, 부 등에 대한 강한 욕망인 야망과는 달리 뚜렷한 방향과 신념, 바라는 모습을 가지고 있는 것이다. 비전은 정신과 마음에서 창조되고 형성되는 과정이다. 이를 위한 중요한 채널은 다양한 경험과 지식이다. 비전을 갖는 과정에서 창의적 사고는 유용한 방법이 될 수 있다. 원하는 것, 이

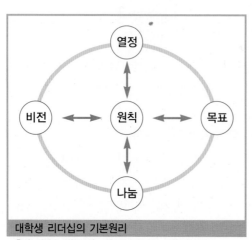

대학생 리더십의 기본원리
출처: 김광수 외(2003). 대학생과 리더십. 서울: 학지사.

상적인 모습, 성취된 결과, 모든 가능성 등에 대해 기존의 방식을 벗어나 자유로운 상상을 해보는 것은 비전을 갖게 하는 좋은 방법이 된다. 또한 적극적인 사고가 필요하다. 즉 자신에 대한 부정적 생각을 극복하고 주어진 환경에서 적극적으로 생각하여 생각의 범위를 세계 및 미래로 확대시킨다.

(2) 원리 2: 명확한 목표를 세운다

비전에는 개인의 능력과 욕구, 바람 등이 구체적인 방향으로 발휘될 수 있도록 하는 밑그림과 에너지가 담겨 있다. 비전이 있을 때 나아가는 방향과 목표가 세워지며 계획이 뒤따르게 된다. 비전이 실천되기 위해서는 구체적인 목표로 바뀌어야 한다. 즉 목표는 비전을 성취하기 위한 구체적인 계획과 조치로서 행동으로 연결시켜 주는 매개가 된다. 목표는 합리성을 전제로 하며, 실천가능성을 전제로 하기 때문에 미래에 성취될 수 있는 현실성이 있어야 한다. 또한 다원성을 전제로 하기 때문에 단순히 하나의 결과보다는 그 이상의 결과를 반영한다. 목표는 또한 위계성이 있기 때문에 상위목표와 하위목표 간의 위계가 있어 체계적으로 달성된다. 목표는 차별성을 전제로 하기 때문에 다른 행동과 중복되지 않으며, 시간의 진행에 따라 변화가능성이 있기 때문에 시간의 흐름에 따라 변화가 가능하며 새로운 목표가 개발된다.

목표를 효과적으로 세우기 위해서는 첫째, 행동을 유발할 수 있는 구체적인 목표이어야 한다. 둘째, 목표를 상위목표와 하위목표로 구분하여 세운다. 셋째, 단기, 중기, 장기 목표로 체계적인 목표를 세운다. 넷째, 목표를 세우고 실행이 어려운 목표들을 평가, 조정하는 과정이 필요하다. 다섯째, 각 목표에 따른 실행계획을 세워 어떤 조건들이 필요한가 검토해 본다. 여섯째, 목표들 가운데 우선순위를 정한다. 일곱째, 목표달성을 방해할 수 있는 요소를 미리 탐색하여 목록을 만들고 대처전략을 세워 놓는다.

(3) 원칙 3: 강한 열정을 유지한다

아무리 훌륭한 비전과 목표를 설정했다 하더라도 그것을 실천하는 원동력과 동기, 끈기가 없다면 꿈과 목표만 있는 공허한 삶이 될 것이다. 비전을 담은 목표가 실천되기 위해서는 비전이 실현되기를 강하게 원하는 열망과 목표를 행동으로 옮기는 헌신과 노력이 필요하다. 이러한 열망, 헌신과 노력은 자신의 내면에서 생성되고 활용되고 충전되어야 한다. 즉 비전과 목표가 개인과 공동체 모두에게 앞으로 나아가야 할 방향과 계획을 제시하는 청사진과 준비도라면 동기와 열정은 비전과 목표달성을 실행하게 하는 원동력이라고 할 수 있다. 개인과 공동체의 리더십에 있어서 잘 설정된 비전과 목표가 출발점이라고 하면 동기와 열정은 실행의 원동력과 에너지라고 할 수 있다.

　　강한 열정을 유지하기 위해서는 스스로를 동기화시켜 자신의 목표, 감정, 사고 등을 자기 스스로 촉진하여 목표행동으로 실행하도록 하여야 하며, 스스로 가치를 부여하고, 자신감을 일관되게 가지며, 흥미를 갖고 몰입하는 것이 필요하다. 또한 자신의 열정을 지지하는 사회적 지지체계의 도움을 받는 것도 열정을 불러일으키는 촉진방법이다.

(4) 원칙 4: 원칙에 따라 행동한다

원칙은 개인이 갖추어야 할 품성이나 인격과 밀접한 연관을 갖는다. 사람이 사람으로서의 가치를 갖는 데 필요한 정신적 자격 또는 자질을 의미한다. 원칙은 개인적인 소신과는 다르다. 개인이 갖는 소신은 주관적이며 개인적인 신념이나 철학에서 비롯되지만, 원칙은 객관적이며 보편적인 법칙이기 때문에 어느 사회, 개인을 막론하고 공통의 선과 원칙으로 지켜져야 한다.

　　체계적인 방법을 토대로 원칙을 세우고 실천하기 위해서는, 첫째 좋은 원칙의 사례들을 접해본다. 즉 역사적 인물들에게서 쉽게 찾아볼 수 있는 가훈이나 인생좌우명은 좋은 원칙을 강조할 수 있는 예가 될 수 있다. 둘째, 자유롭게 자신의 원칙을 선택한다. 원칙은 자신의 종교나 사고방식, 삶의 철학과 일치하고 생애목표를 달성하는 데 도움이 된다고 판단되는 것으로 자유롭게 선택되어야 한다. 셋째, 선택한 원칙의 결과를 충분히 고려한다. 원칙을 세울 때 그로 인해 갖게 될 결과들을 충분히 생각하고 선택하는 것이 바람직하다. 넷째, 원칙들을 적절히 분류하여 소원칙은 대원칙에서 도출된 구체적이고 명세적인 원칙이어야 한다. 다섯째, 선택한 원칙을 존중하고 소중히 여긴다. 원칙을 실천하기 위해서는 무조건적으로 지켜야 한다는 생각보다 지키고 싶다는 마음이 있어야 한다. 여섯째, 자신의 원칙을 다른 사람에게 알린다. 그럼으로써 주변사람들로부터 도움을 받을 수도 있고, 자신의 원칙에 대해 책임의식을 느낄 수 있다. 일곱째, 원칙실천표를 만들어 기록함으로써 실천에 대한 보람을 느끼며 각오를 새로이 할 수 있다.

(5) 원리 5: 나눔을 실천한다

나눈다는 것은 다른 사람이나 주변에 대한 이해와 이익을 도모하는 행동을 의미한다. 여기에는 공유, 베품, 이타주의, 봉사, 희생 등과 같은 단어들이 포함되는데, 이것은 '나의 것에 앞서 다른 사람의 행복과 선을 고려하는 마음과 행동'을 통칭한다. 즉 자신의 마음, 시간, 능력, 물질, 자원 등을 다른 사람이나 공동체의 이익 또는 행복을 위해 기꺼운 마음으로 주거나 헌신하는 행동이다. 서번트 리더십에서 봉사와 희생이 중요한 부분을 차지하는 이유가 타인을 위한 봉사와 나눔의 노력이 주변 사람들과 사회에 미치는 영향력이, 다른 어떤 리더십에서 나오는 힘이나 능력보다 크기 때문이라고 설명하고 있다.

나눔을 실천하기 위해서는, 첫째 나누는 습관을 개발하여 일상생활에서 반복적으로 실천되도록 한다. 둘째, 자신의 시간, 능력, 기술, 마음, 물질 등 나눌 수 있는 것을 목록화한다. 셋째, 나눔의 대상을 개발하여 지역사회단체나 국가수준의 비정부기구와 같은 참여단체에 대한 봉사의 기회를 적극 활용하는 것도 바람직하다. 넷째, 참여와 협동의 기회를 많이 갖는다. 능력이나 자원, 물질의 나눔도 중요하지만 자신의 관심과 시간을 공동체를 위해 투여하는 참여와 협동도 중요한 나눔이라고 할 수 있다.

▌4 자기 리더십의 실천

리더십은 일상생활 속에서 실천함으로써 완성된다. 특히, 자기 개발과 변화를 위해 주어지는 자유와 기회는 역으로 많은 대학생들에게 '이 귀중한 시기에 무엇인가를 이루지 않으면 시간을 낭비하는 것'이라는 부담과 책임을 가지게 하며, 과연 어떻게 해야 대학생 시기를 효과적으로 보낼 수 있는 것인가에 대한 고민과 회의에 빠지게 하기도 한다. 예를 들어, 취업을 앞둔 4학년의 경우 가장 후회되는 것으로 좀 더 빨리 진로개발과 준비를 하지 못했다는 점을 드는 것을 자주 보게 되는 한편, 1, 2학년의 경우 자기 개발과 준비를 어떻게 해야 하는지를 알지 못해 답답함을 호소하는 경우를 볼 수 있다. 특히 우리나라 대학생의 경우, 대학진학을 위한 입시위주의 공부로 인해 자기 개발이나 진로선택에 대한 방향을 제시하는 정체성의 발달, 진로 성숙도, 준비도 등은 발달이 유예되거나 미루어지는 상태로 대학생 시기를 맞게 된다. 신입생들의 경우, 일단 대학은 들어왔으나 과연 내가 무엇을 할 것인가에 대한 목표의식이나 동기가 부족한 경우가 많다. 특히 최근에는 학업뿐만 아니라 봉사경험, 각종 자격증, 외국어 및 컴퓨터 기술과 같은 다양한 자질과 기술의 연마를 요구받고 있다.

특히 미래를 향한 자기 개발을 시작하는 대학생 시기에 개발되는 리더십은 전체적인 삶을 계획하고 준비해 나가는 데 초석이 된다.

(1) 자기관리

현대의 리더십은 자기 리더십을 핵심으로 하고 있다. 훌륭한 리더가 되기 위해서는 먼저 자신을 이해하고 보살피고 다스림으로써, 스스로 신뢰성을 가질 수 있어야 한다는 것을 의미한다.

① 지적 능력의 개발

지식에는 일반교양지식과 기술이 있다. 물질문명의 눈부신 발전으로 인하여 지구상에 존재하는 기술의 종류는 무한급수로 늘어나고 있다. 예를 들어, 대학생에게 있어서 일반교양은 수학, 논리, 자연현상에 대한 이해 및 외국어 활용능력 등으로 구성된다. 이들 대부분은 대학의 교양과목으로 다뤄지고 있다. 기술은 각자의 전공이라고 볼 수 있다. 대학생들의 공부는 수업준비, 수강, 과제수행, 시험공부, 자발적인 스터디 모임, 동아리 활동 등 여러 가지를 통해 이루어진다. 이러한 여러 가지 학습활동 하나하나를 리더로서의 지적 능력을 개발하는 데 적극적으로 활용하려는 태도를 가져야 한다. 외국어 활용능력 및 각자의 전공영역에 있어서 실용 가능한 수준의 전문적인 기술을 습득하고 폭넓은 일반교양 지식을 습득하기 위해서는 많은 학습활동에 폭넓게 참여하고 아울러 진지하고도 적극적으로 몰두하는 자세가 필요하다.

② 건강관리

신체는 정신을 담는 그릇이다. 건강이 뒷받침해주지 않으면 여타의 리더십을 모두 갖추더라도 그 자질을 실현시킬 수가 없다. 건강을 유지하기 위한 신체관리의 주요 방법은 바른 식사, 충분한 수면, 바른 자세 및 적절한 운동으로 구성된다.

바른 식사는 건강을 지키기 위한 필수적인 요인이며, 다양한 영양소를 골고루 섭취하는 것이 가장 중요하다. 건강은 건강할 때 지키는 것이 가장 효과적이다. 최근 젊은이들은 젊고 건강하기 때문에 건강에 과신하는 경향이 있어, 식사를 거르거나 무리한 다이어트를 하는 등 스스로를 돌보지 않는 경우가 많다. 또한 일상생활의 활동들이 능률적으로 이루어지기 위해서는 충분하고 적절한 수면을 취해야 한다. 휴식과 안정을 통해 낮동안 피로한 뇌신경, 근육 등의 신체 기능을 회복하고 재충전할 수 있다. 이와 더불어 바른 자세와 운동도 건강을 지켜주는 매우 중요한 방법이다. 좋은 자세는 근육, 인대, 건, 그리고 무릎관절을 효과적으로 이용하도록 하여 최소의 에너지를 소모하면서 신체의 기능을 효율적으로 발휘하도록 한다.

③ 시간관리

시간을 잘 관리하는 것은 매우 중요한 일이다. 일하는 시간, 만남의 시간, 여가시간을 분명히 구별함으로써 일할 때는 일에 몰두하고, 만날 때는 상대방에게 깊은 관심을 보일 수 있으며, 여가시간에는 한층 즐겁고 여유롭게 휴식을 취할 수 있게 된다.

시간을 잘 관리하기 위해서는 분명한 장, 단기 목표를 세우고, 그 목표에 따라 하루 일과표를 분석하며, 해야 할 일의 우선순위를 정하여 실천하는 것이 도움이 된다. 하루의 일과표는 세분화될수록 좋지만 대개 15분 단위로 일과표를 분석하는 것이 효과적이라고 한다. 일주일 정도 기록하면 자신이 시간을 어떻게 보내는지를 보다 명확히 파악할 수 있게 된다.

시간을 잘 관리하는 습관을 들이면 자신의 현재를 위해 그리고 미래를 위해 충실하게 일하면서도 오히려 남들과 교제하는 소중한 시간과 스스로를 위한 여가시간을 보다 충분히 확보할 수 있게 될 것이다.

④ 감정관리

라자루스(1991)는 감정을 인간의 생활에 없어서는 안 되는 색깔이라고 보았다. 인간의 정신구조는 감정, 사고, 행동으로 이루어져 있다. 감정은 인간의 세 가지 정신구조 중 하나로서 인간의 삶에 있어 중요한 부분이다. 인간은 감정을 가지고 있음으로 인해 어떤 대상에 몰두하고 에너지를 동원할 수 있다. 기쁨이나 감사와 같은 긍정적 감정뿐 아니라 분노, 불안, 공포, 슬픔, 우울 같은 부정적이고 고통스런 감정이라 할지라도 인간에게는 필요하다.

감정이 있다는 것은 우리의 삶이 그만큼 활발하게 진행되고 있음을 의미하므로, 감정의 소중함을 인식하고 다룰 줄 알아야 한다. 감정 자체에는 옳고 그름이 없다. 다만 어떤 감정이 우리를 지속적으로 지배하여 압도된다면 그 감정을 통제할 필요는 있다. 특히 그것이 자신을 힘들게 할 뿐 아니라 행동의 능률성도 떨어뜨리며, 대인관계에도 부정적인 영향을 미친다면 더더욱 그렇다.

그러나 우리는 감정을 조절하는 것이 때로는 불가능해 보이기도 한다. 감정은 어떤 사건을 경험하고 나서 결과로 빚어졌다고 믿기 때문인데, 특히 충동성이 강한 사람들은 감정을 다루는 것은 불가능하다고 생각한다. 그러나 많은 학자들은 감정의 발달론을 주장하는데, 감정은 개인의 발달에 따라 초기의 단순한 감정이 점차 분화되고 정교화되며 새롭고 복잡한 감정이 발생하고, 발달단계에 따라 감정의 질적 차이가 있다고 한다. 감정도 다른 인지적인 행동과 마찬가지로 발달하는 것이며, 고도로 통제될 수 있다는 것이다.

특히 분노감정은 다루기 어렵기 때문에 많은 분노조절 프로그램들이 만들어져 실시되고 있다. 이런 프로그램을 운영하는 심리학자들은 분노를 다루는 방법을 지속적으로 연습하다 보면 즉흥적으로 화를 표현하는 것보다 비파괴적이고 효과적으로 분노를 표현하며 통제할 수 있게 된다고 한다(구본용 외, 1996).

⑤ 사고방식의 관리

사고방식은 평소에는 의식되지 않다가 해결하기 어려운 일이 일어났을 때 활성화된다. 의식적으로는 떠오르지 않은 채 잠재되어 있다가 급박한 사건에 부딪혔을 때 행동과 감정을 지배하게 된다.

강하고 부정적인 정서가 생겨났을 때, 곧바로 행동으로 옮기기 전에 스스로를 향해 '나의 어떤 신념이 이러한 정서상태에 휩싸이게 만들었을까?'를 자문해 보는 것이 도움이 될 것이다. 더 적극적인 방법으로는 생각 자체를 긍정적으로 바꾸는 방법인 긍정적인 재구조화라는 것이 있다. 이것을 사고관리에 적용시키면, 어떤 일이 생겼을 때 그 일의 좋은 측면을 보자는 것이다. 당장은 좋지 않게만 생각되는 일일지라도 그 이면에는 발전의 원동력이 될 수 있는 긍정적인 요소가 있다. 훌륭한 리더는 그 긍정적인 요소를 빨리 보도록 훈련될 필요가 있다.

⑥ 진로의 개척

직업을 잘 택한다는 것은 사회적인 명성이나 경제적인 보상만을 의미하지는 않는다. 물론 사회적으로 명예롭고, 경제적으로 충분한 보상을 받는 직업을 갖는 것은 좋은 일이다. 사회적으로 공헌하는 바가 크기 때문에 사회체제가 그 직업에 명예를 부여하는 것이고, 또 그에 따른 경제적인 보상도 해주는 것일 수 있다. 그러나 직업은 사회적 유용성의 측면뿐 아니라 개인적으로도 충분한 의미가 있어야 한다.

좋은 직업이 무엇인가에 대한 답은 단순하지 않다. 개인의 특성과 사회적인 여건에 따라 좋은 직업의 기준이 달라지기 때문이다. 개인의 적성, 흥미, 가치관, 성격, 포부 등에 따라 어떤 사람에게는 적절한 직업이 어떤 사람에게는 부적절해지기도 한다.

좋은 직업을 선택하는 것은 현대사회 리더의 주요특성인 자아실현의 핵심이 된다. 좋은 직업은 개인의 생활양식, 대인관계, 세계관의 형성 등에도 영향을 미치므로 좋은 직업을 찾고 그 속에서 자아실현을 이루려는 노력이 장기적으로 이루어져야 한다. 이를 위해서는 개인에 대한 이해, 직업세계 및 전망에 대한 이해, 직업훈련의 기회 등에 대한 적극적이고 지속적인 탐색작업이 필요하다. 진로와 관련된 좀 더 구체적인 내용은 10장에서 다루고 있다.

(2) 대인관계 관리

원만한 대인관계는 성공적인 리더십을 위한 필수요건이다. 구성원들이 리더를 믿고 격려해야 심리적인 안정감을 얻을 수 있으며 친밀하고 성숙한 관계를 발전시킬 수 있다. 리더의 역할을 원만하게 소화하기 위해서는 구성원들의 신뢰와 존경을 받을 수 있어야 하고, 팔로워의 역할을 해내기 위해서는 리더와 다른 구성원들이 능력을 충분히 발휘할 수 있도록 적극적으로 믿어주고 도와주어야 할 것이다. 대인관계 관리는 7장에서 자세히 다루었으므로 여기에서는 아주 간단하게만 언급할 것이다.

① 리더의 핵심적인 대인관계 기술

경청하기, 공감적으로 이해하기, 나-메시지로 표현하기 등의 대인관계를 효율적으로 이끌 수 있는 대인관계 기술을 잘 익히고 훈련하는 것이 필요하다.

② 동기부여와 리더십

리더는 집단구성원들에게 집단의 목표에 함께 도달하기 위한 동기를 가질 수 있도록 끊임없이 동기를 부여해주는 역할을 하여야 한다. 이는 자신의 성장뿐 아니라 타인의 성장에도 관심을 가지고 있어야만 가능한 역할이라고 할 수 있다.

③ 갈등해결과 리더십

갈등은 조직이나 대인관계에서 항상 존재하는 것이므로, 특히 리더가 이런 갈등을 어떻게 해결해 나갈 것인가를 항상 염두에 두고, 협상과 무패적인 윈-윈(win-win) 갈등해결 방법들을 사전에 훈련해 놓는 것이 바람직하다.

④ 효과적인 의사소통기술

대인관계에서 가장 중요한 상호작용 수단인 의사소통기술은 언어적, 비언어적인 방식으로 이루어진다. 의사소통은 그냥 하면 되는 것이 아니라, 훈련과 노력에 의해 세련되어지고 성숙되어지며, 효과적인 방식으로 사용될 수 있다.

(3) 공동체 참여

공동체에 참여하는 것은 사회에 진출한 후에 바람직한 리더로서 성장하기 위한 산 경험이 된다. 자기 리더십, 팔로워십, 능력부여 리더십, 서번트 리더십 등 핵심적인 리더십의 태도와 행동을 익히려는 적극적인 자세가 필요하다. 예를 들어, 대학생들의 경우는 학과, 동아리, 봉사활동 단체 등의 공동체에 참여하여 리더로서 또는 팔로워로서의 역할을 훈련해볼 수 있다.

① 공동체 참여의 의미

현대사회는 점점 고도로 분화되고 전문화되어 가기 때문에 아무리 유능한 리더라 할지라도 한 사람이 여러 사람의 몫을 감당할 수는 없다. 구성원들 각자가 맡은 바 영역에서 전문성과 책임감을 발휘할 때 공동체의 목적을 달성할 수 있다. 구성원들의 전문성과 책임성의 발휘는 각자의 자발적인 참여와 헌신이 있어야 가능하다. 자발적인 참여와 헌신을 이끌어내기 위해서는 조직과 리더를 신뢰하며, 구성원들 각자에 대한 우호적인 감정과 동지의식을 갖도록 해야 한다.

② 공동체 참여의 방법

리더로서 또는 팔로워로서 공동체에 참여하는 중요한 방법으로는, 개개인이 자기 리더십을 갖춰 자기를 잘 관리하고 신뢰성을 유지할 필요가 있다. 또한 서로를 충분히 이해하고, 인정하며, 칭찬하고 보상한다. 또한 갈등을 환영하고 적절한 방식으로 잘 극복해나가는 과정을 만들어나가 구성원들간의 깊이 있는 이해를 이끌어낸다. 그리고 리더는 우선 자신의 비전과 원칙을 세우고 또한 공동체에 대한 원칙과 비전을 제시하고 공유하도록 하여 구성원들과 합의하여야 한다. 합의과정에서는 구성원들 각자의 의견과 합의 방식에 있어서의 자율성을 최대한 존중하되, 일단 결정된 비전과 원칙에 대해서는 별도의 합의에 의한 변경 절차를 밟을 때까지 지켜 나가도록 구성원들을 설득한다.

③ 공동체 참여의 영역

연령대 별로 공동체 참여의 영역이 달라질 수 있겠지만 여기에서는 대학생을 예로 들어 설명해볼 것이다. 학과활동의 리더 역할이 주어졌을 때 과원들간의 관계형성을 위해 노력할 뿐 아니라 학과 전체의 공동목표 달성을 위해서도 비전을 제시하며 구성원들의 협력을 증진하도록 해야 할 것이다. 동료들과 함께 하며 그들을 대표하고, 선후배, 교수와의 관계 형성자 및 의사소통자로서의 역할을 다해야 하며, 조직의 발전과 흐름에 따라 리더의 역할과 팔로워의 역할 간의 조화를 이루어야 할 것이다.

5 리더십과 윤리

1 리더십에 있어서의 윤리의 중요성

리더십은 리더가 공동의 목표를 달성하기 위해 다른 사람들의 행동에 영향력을 행사하는 과정이다. 이러한 리더십의 영향력 차원은 리더가 자신이 이끌고 있는 다른 사람의 삶에 영향을 줄 수 있어야 한다는 것을 요구한다. 다른 사람들의 가치관이나 적성을 변화시킨다는 것은 엄청난 윤리적 부담과 책임을 수반한다.

리더는 일반적으로 추종자들보다 더 많은 권력과 통제력을 가지고 있기 때문에 그들의 리더십이 팔로워들의 삶에 어떤 영향을 미치는가에 대해 민감하게 반응해야 할 책임도 있는 것이다.

윤리는 리더십의 중심에 자리잡고 있으며 리더가 조직의 가치를 확립하고 강화하는 데 도움을 준다. 모든 리더는 자기 나름의 독특한 신념과 관점과 일련의 신념, 제안, 가치, 아이디어 그리고 다루고 싶은 이슈들을 가지고 있다. 한 리더에 의해 촉진되는 가치들은 그 조직 전체의 가치에 큰 영향을 미칠 수 있다. 다시 말하면 그들의 영향력 때문에 리더들은 조직 내의 윤리적 환경을 확립하는 데 중요한 역할을 하게 되는 것이다.

2 윤리적 리더십

윤리적 리더십은 가치적 측면, 즉 구성원들의 가치와 그들이 일하는 조직과 지역사회의 가치를 다루고 있기 때문에 매우 중요하게 갖춰야 하는 리더십이다. 리더십은 권한을 이용하여 팔로워들로 하여금 빠르게 변화하는 다양한 상충되는 가치들에 잘 대응해 가도록 도움을 주는 것인데, 구성원들의 가치를 직접적으로 언급하고 있기 때문에 윤리적인 면이 부각되고 있다. 리더들은 어려운 문제들의 해결을 목적으로 권한을 사용해야 할 때가 있지만 신뢰와 양육, 그리고 공감대가 존재하는 원초적인 환경을 제공해야만 한다. 이런 지원적 환경에서 팔로워들은 직면한 어려운 문제들을 처리하는 데 안정감을 느끼게 된다.

특히 리더는 사람들이 그 이슈에 주의를 기울이도록 하는 동시에 정보의 사실 여부를 검증하는 역할을 해야 하며, 이슈들을 관리하고, 구체화하며, 상충되는 관점들을 조화시키고 결정과정을 촉진시켜야 한다는 것이다. 따라서 리더는 팔로워들을 도와 변화와 자기 성장을 위해 노력하도록 격려할 의무가 있다.

3 리더십의 윤리적 현안문제

오늘날 우리 사회에서 도덕성과 리더십에 관련된 이슈들이 자주 제기되기는 하지만, 이러한 관심은 윤리적 리더십을 학습시키기 위해 고안된 교육이나 개발 프로그램까지는 미치지 못하고 있다.

윤리적 리더가 되기 위해서는 다른 사람들의 요구에 민감하게 반응하고 다른 사람들을 공정하게 대하는 동시에 다른 사람을 보살필 수 있어야 한다.

리더십의 윤리적 상황이 자주 발생하는데, 공정성, 정직 등에 관한 이슈가 자주 제기되고 논의되고 있으며, 앞으로 많은 논의가 필요한 이슈이다(이준형, 2002).

▶▶ 자유롭게 토론해 봅시다

❶ 미래사회에 요구되는 리더십은 무엇이고, 그 리더십을 갖추기 위해 어떤 실천적인 노력이 가능한지 토론해 봅시다.

❷ 현재 우리 주변에서 미래사회의 리더로서의 역할을 잘 수행하고 있는 사람들을 떠올리고, 리더로서의 그들의 자질 및 특성에 대해 토론해 봅시다.

❸ 리더십을 갖추기 위한 조건인 자기 관리 및 대인관계 관리, 공동체 참여 측면을 어떻게 변화시키고 유지시킬 수 있는지 토론해 봅시다.

CHAPTER 10 직업과 적응

CHAPTER 10

직업과 적응

프로이트는 인생에서 중요한 두 가지 가치를 일과 사랑이라고 하였다. 의미있는 일을 통해 자신을 펼치는 것은 대부분의 사람들이 자신의 삶 속에서 추구하는 가장 중요한 가치 중 하나이다. 현대사회에서 일은 주로 직업활동을 통해 이루어진다. 어떤 직업을 선택하여 어떤 성취를 이루느냐는 것이 인생을 평가하는 중요한 기준이 된다.

1 직업의 의미와 필요성

1 직업의 의미

인간은 성인이 되면 직업을 가지려고 한다. 직업은 경제적인 보상활동일 뿐만 아니라 개인의 잠재능력을 발휘하는 자기실현활동이기도 하다. 많은 사람들은 정규교육을 마치게 되면 사회로 진출하여 직업을 갖게 되면서 주된 활동영역이 학교에서 직업장면, 즉 직장으로 옮겨지게 된다. 이러한 직업활동은 우리 삶의 매우 중요한 일부이며 다음과 같은 의미를 갖는다.

(1) 경제적 보상 제공

직업은 생계유지의 기본수단이다. 직업은 생활에 필요한 경제적 소득을 얻는 생계의 근거가 된다. '하루 일하지 않으면 하루 먹지도 말라[一日不作 一日不食]'는 백장선사의 청규가 있듯이, 생존에 필요한 의식주의 조건을 마련하기 위한 생산적 활동이 직업인 것이다. 직장은 자신과 가족의 생계유지를 위한 경제적 소득을 얻는 매우 중요한 곳이다. 직업을 갖고 직장생활을 시작하게 되면, 경제적 소득을 얻는 대신 업무수행의 의무를 가지게 된다. 따라서 직장에서 요구하는 기본방침에 따라야 하고 고용주나 상사의 기대와 요구에 맞춰야 된다. 왜냐하면 그들은, 피고용자의 업무수행을 평가하고 그 결과에 따라 진급이나 월급 인상과 같은 다양한 보상을 결정하기 때문이다.

(2) 자아실현의 장

직장은 생존과 생활에 필요한 경제적 소득을 얻는 곳으로서의 소극적 의미를 넘어서, 자신의 능력을 발휘하는 자아실현이라는 적극적 의미를 지니는 곳이다. 따라서 개인은 직장생활을 통해 자신의 개성과 능력을 발휘하고 자신이 추구하는 목표와 가치를 실현한다.

(3) 사회적 역할수행

직업은 개인이 스스로를 사회와 관련짓는 중요한 통로가 된다. 인간은 태어나서부터 죽을 때까지 필연적으로 어느 사회에 소속되어 있다. 특히 인간이 생계를 유지하기 위해서는 사회에 소속되어 일정한 사회적 역할을 감당해야 하고, 각자에게 분담된 역할을 충분히 수행할 때에만 사회가 유지될 수 있다. 이러한 사회적 역할분담은 현대사회에서 주로 직업을 통해서 이루어진다. 즉, 직업을 가진다는 것은 현대사회의 조직적이고 유기적인 분업관계 속에서 분담된 기능의 어느 하나를 선택하여 하나의 직분을 수행한다는 것을 의미한다.

(4) 원활한 인간관계의 장

직장은 여러 사람으로 구성된 인적인 조직구조를 갖는다. 따라서 모든 직장은 나름대로의 조직과 운영방침을 가지고 있으며, 한 직장에 속한 직장인은 그 직장의 조직과 운영방침에 적응해야 한다. 그와 더불어 효율적인 업무수행을 위해서는 직장 내 또는 관련기관의 직원들과 효율적인 인간관계가 필수적이다.

이런 관점에서 볼 때, 직장은 일차적으로 일을 통한 경제적 소득을 얻고 자기의 잠재능력을 발휘하는 곳이다. 뿐만 아니라 인생의 가장 많은 시간을 지내게 되는 직장에서 여러 직장동료와 동료애를 경험하게 되는 곳이다.

2 직업선택의 심리사회적 이유

대부분의 사람들은 직업을 갖기 위해 많은 노력을 한다. 그런 노력을 하는 데는 몇 가지 이유가 있다. 우선 쉽게 떠오르는 것은 생존을 위한 경제적인 이유일 것이다.

그 이외에도 직업을 갖기 위해 노력하는 데에는 다음과 같은 중요한 심리적, 사회적 이유들이 있다.

(1) 독립욕구의 충족

직업은 개인의 독립욕구를 충족시킨다. 직업을 갖고 수입이 있음으로 해서 부모로부터 독립을 이룰 수 있게 된다. 그것을 통해 스스로 자신을 부양하고 혼자만의 거처를 마련하며 원한다면 결혼을 하여 가정을 꾸려 갈 수도 있다. 이러한 독립은 곧 자유를 뜻한다. 개인은 직업을 가지게 됨으로써 수입의 한도 내에서 무엇을 먹을지, 어디에 살지 그리고 여가시간을 어떻게 보낼지 등 여러 가지를 선택하고 결정할 수 있게 된다.

(2) 자아정체성의 확립

직업은 자아정체성을 확립하는데 큰 역할을 한다. 고향이나 출신학교처럼 직업은 자신과 타인을 구분짓게 하는 특성이 되며, 자신이 누군지를 정의하는 데 도움을 준다. 많은 사람들은 자신을 직업과 동일시하는 경향이 있다. 심지어 남들에게 내세울 직업이 없을 때는 자신이 아무것도 아닌 것처럼 느끼는 경우마저 있다. 무슨 일을 하느냐는 질문에 "그냥 놀아요", "백수예요"라고 말하는 사람들은 자신의 정체를 불분명하게 느낀다는 것을 고백하는 것이다. 어떤 사람들은 그들이 원하는 정체성에 따라 직업을 선택하기도 한다(Du Brin,1984). 예를 들어, 억세고 강하게 보이고 싶은 사람은 트럭운전, 경찰 또는 운동선수와 같이 그 이미지에 부합되는 직업을 갖기도 한다.

(3) 자존감의 향상

직업은 자존감을 향상시키는 데 도움을 준다. 사람은 일을 하면서 자신의 능력과 실력을 발휘할 때 스스로 유능하다고 느끼게 되고 이것은 자존감 향상으로 이어진다. 특히 남들이 가치있게 보는 일을 할 때 성취감은 더욱 높아지며 그것은 개인에게 자부심과 긍지를 갖게 한다.

(4) 자아실현과 성취욕구의 충족

개인은 잠재력을 계발하고 능력을 창조적인 방식으로 사용할 때 자아실현감을 느낀다(Maslow,1954). 많은 경우에 직업은 개인의 능력과 기술을 발휘하고 최선을 다하며 그것을 보다 새롭고 창의적인 방식으로 쓸 수 있는 기회를 갖게 한다. 개인은 일을 통하여 자신의 기본적인 욕구 중 하나인 성취욕구를 만족시키게 된다. 인간은 무엇인가를 이루고 생산하는 데서 깊은 자기 만족감을 느끼게 된다.

(5) 사회적 인정의 획득

직업은 사람들에게서 인정받고 싶은 욕구를 충족시켜준다. 실직이나 퇴직 등으로 직업을 잃게 된 사람들은 경제적 타격 못지않게 사회적 지위의 상실이라는 매우 큰 스트레스를 경험한다. 승진이 그렇게 중요한 것도 경제적 이득뿐만 아니라 사회적 지위가 높아지고 사람들에게 능력을 인정받는다는 사실 때문일 것이다.

이상과 같이 일이 신체적 생존에 매우 중요하다고 하더라도 인간은 의식주를 해결하는 것 이상의 다른 욕구를 만족시키기 위해 일한다. 일은 개인적 성취감을 주는 동시에 사회에 기여하게 하는 하나의 훈련된 활동이다. 직업이나 직무는 우리가 택한 일의 구체적인 형태라고 할 수 있다.

3 진로발달이론

개인의 지적, 신체적, 사회적, 정서적 요인이 개인의 진로에 영향을 미치고, 이런 개인의 진로는 삶의 모든 영역에 영향을 미친다.

'커리어(career)'라는 말은 '레이스코스'라는 의미의 프랑스 말에서 비롯된 것이라고 한다. 따라서 직업(job)은 우리가 일생동안 하게 되는 경주의 레이스코스인 셈이다. 일찍이 커리어와 직업이 동의어로 쓰인 적이 있었는데, 이 때는 젊은 사람이 일단 한 가지 일에 종사하게 되면 일생동안 그 직업을 고수하던 때였다. 그러나 오늘날에는 일생동안 같은 직업에 종사하는 사람들보다는 여러 번 진로를 바꾸는 사람들이 점점 더 늘어나고 있다.

진로발달이란 진로를 선택하고 직업을 준비하는 과정을 말한다. 이런 과정은 개인의 성격특성과 사회적, 경제적, 직업적 현실과 조화를 이루는 것이 이상적이다. 다음에서는 진로발달에 관한 몇 가지 이론을 살펴보기로 하겠다.

(1) 긴쯔버그(Ginzberg)의 절충이론

긴쯔버그(1951~1990)는 진로선택을 대략 10세부터 21세에 걸쳐 일어나는 하나의 과정이라면서 이 과정은 역행할 수 없고, 자신의 욕구와 현실 사이의 절충으로 정점에 이른다고 하였다. 이 때 욕구와 현실을 중재하는 것은 자아이며, 자아 기능에 의해 일어나는 진로발달 과정은 개인의 발달단계와 시기에 따라 다르게 나타난다. 청년 초기에 있어서 진로선택의 근거는 흥미, 능력, 가치 등과 같은 개인의 내적 요인이고, 청년 후기가 되면 현실이라는 외적 요인이다. 이와 같이 진로선택의 근거가 변하는 것을 기준으로 긴쯔버그는 진로발달 과정을 다음과 같은 3단계로 나누고 있다.

① 환상적 시기(fantasy period)

이 시기는 11세 정도까지의 시기로, 진로선택의 근거를 개인적 소망에 두며 능력, 훈련, 직업기회 등 현실적인 문제는 고려하지 않는다. 이 시기의 아동은 제복, 소방차, 발레화 등과 같은 어떤 직업의 눈에 보이는 가시적인 측면만을 고려하여 경찰, 의사, 간호사, 소방관, 발레리나 등의 직업을 선택한다.

② 시험적 시기(tentative period)

이 시기는 11세에서 18세까지로 자신의 소망과 현실적인 문제를 함께 고려한다. 즉, 진로에 대한 흥미, 능력, 교육, 개인의 가치관, 인생목표 등을 고려하며, 고교 졸업 후에 취업을 할 것인가 아니면 진학을 할 것인가를 결정한다. 처음에는 오로지 직업에 대한 자신의 흥미에만 관심이 집중되지만, 시간이 지나면서 자신의 관심사가 변하며, 흥미나 관심만으로는 직업을 선택할 수 없다는 것을 깨닫게 된다. 그래서 사회에 대한 기여도, 급여, 자유시간 가능정도, 간섭의 정도 등을 고려하고 자신의 가치관과 능력에 알맞은 진로 쪽으로 기울게 된다.

③ 현실적 시기(realistic period)

이 시기는 18세 이후가 되는 시기로 특정 직업에 필요한 훈련, 자신의 흥미, 재능, 기회 등을 현실적으로 고려하여 진로를 선택하게 된다.

긴즈버그(1990)는 최근 자신의 이론을 수정하여 진로선택에 대한 의사결정시기를 성인기까지 연장하였으며, 진로발달의 단계는 청년기에만 일어나는 것이 아니고 수정된 형태로 일생을 통해 나타난다고 하였다.

(2) 수퍼(Super)의 자아개념이론

수퍼(1973)에 의하면 진로선택은 자아개념의 발달과 밀접한 관계가 있다고 하였다. 따라서 그의 이론은 진로선택의 발달이론이라고 부른다. 수퍼는 청년기의 진로발달은 욕구와 현실과의 절충이라기보다는 통합이라고 보았다. 즉, 자신의 흥미, 욕구, 능력 등을 포함하는 자아상과 정체감에 일치하는 진로를 선택하게 된다고 하였다.

그는 인생의 전과정에 걸쳐서 직업을 선택하고 실현하는 과정을 5단계로 나누어 다음과 같이 설명하고 있다.

① 성장기(4~14세)

아동이 주변에서 접하는 중요한 사람과 동일시함으로써 이상적인 자아상을 발달시키는 단계로 이 단계는 환상기, 흥미기, 능력기의 3단계로 세분된다.

환상기(4~10세)는 자신의 진로를 비현실적이고 환상적인 욕구에 근거하여 생각하는 시기이고, 흥미기(11~12세)는 자신의 흥미에 따라 진로의 목표를 결정하는 시기이며, 능력기(13~14세)는 자신의 능력을 평가하여 진로를 선택하는 시기이다.

② 탐색기(15~24세)

이 시기는 학교생활이나 여가활동 등을 통해서 자신의 특성을 이해하고 다양한 역할을 수행하면서 정체감을 형성하는 시기이다. 따라서 이 단계에서는 이런 정체성을 기초로 하여 직업을 탐색하는 시도가 이루어지며, 다음과 같은 3단계로 세분된다. 첫 번째 단계는 자신의 욕구, 흥미, 능력 등을 고려하여 잠정적으로 진로를 선택하는 잠정기(15~18세), 두 번째 단계는 장래에 희망하는 직업에 필요한 교육과 훈련을 받으며 직업에 관한 마음을 굳혀 가는 전환기(19~21세), 세 번째 단계는 자신에게 적합하다고 판단되는 직업을 선택하는 시행기(22~24세)로 구분된다.

③ 확립기(25~44세)

이 단계는 자신에게 적합한 직업분야를 발견하여 업무를 수행하고 직업세계에서 자신의 지위를 확립하는 시기이다. 이 단계는 자신이 선택한 일을 찾는 과정에서 시행착오를 경험할 가능성이 높은 시행기(25~30세)와 선택한 직업에서 안정적인 활동을 하며 만족감과 소속감을 경험하게 되는 안정기(31~44세)로 나누어진다.

④ 유지기(45~65세)

이 단계는 자신이 선택한 직업에서 안정되고 숙련된 업무수행을 통하여 비교적 만족스럽고 안정된 생활과 심리상태를 경험하는 시기이다.

⑤ 쇠퇴기(65세 이후)

이 단계는 개인의 육체적, 정신적 기능이 쇠퇴함에 따라 직업세계에서 은퇴를 하고 새로운 역할과 활동을 찾게 되는 시기이다.

수퍼는 진로발달에 있어서 탐색기와 확립기의 중요성을 강조하고 있다. 이 시기는 개인이 원하는 직업의 선택이 실제적으로 이루어지고, 그 직업분야에서 안정과 발전을 이루며, 직업인으로서의 자기개념을 완성해 가는 시기이기 때문이다(장선철, 2007).

(3) 홀랜드(Holland)의 성격유형이론

홀랜드(1985)는 자신의 성격에 적합한 진로를 선택하는 것이 바람직하다고 하였다. 왜냐하면 자신의 성격에 적합한 직업에 보다 쉽게 적응하고, 일하는 데 즐거움을 느끼며, 성공하기 쉽기 때문이다. 그는 직업과 관련이 있는 여섯 가지 기본성격유형이 있다고 믿었다. 즉, 탐구형, 예술형, 사회형, 기업형, 관습형, 실재형으로 나누어지며

표 10-1 ● 홀랜드의 진로유형별 성격특성

진로유형	성격특성	전공	직업
I 탐구형	논리적, 분석적이며 탐구심이 있고 합리적이며 정확하고 호기심이 많고 소극적이며 내성적이고 학문적이다.	자연대학, 의과대학, 화학과, 생물학과, 수학과, 천문학과, 사회학과, 심리학과, 유전공학과	과학자, 의사, 생물학자, 화학자, 수학자, 저술가, 지질학자, 편집자
A 예술형	상상력이 풍부하고 감수성이 강하며 개방적이고 직관적이며 자유분방하고 개성이 강하며 협동적이지 않다.	예술대학, 음악, 미술, 도자기 공예과, 연극영화과, 국문학과, 영문학과, 무용과	예술가, 시인, 소설가, 디자이너, 극작가, 연극인, 미술가, 음악평론가, 만화가
S 사회형	친절하며 이해심 많고 남을 도와주며 관대하며 우호적이고, 협동적이며 감정적이고 외향적이다.	사회복지학과, 사범대학, 교육학과, 심리학과, 가정학과, 간호학과, 재활학과, 레크리에이션학과	교사, 임상치료사, 사회복지사, 양호교사, 간호사, 청소년지도자, 유아원장, 종교지도자, 상담가, 사회사업가
E 기업형	지도력 있고, 설득력 있으며, 경쟁적이고, 열성적이며, 야심적이고 외향적이며, 모험심 있고 낙관적이다.	경영학과, 경제학과, 정치외교학과, 법학과, 무역학과, 사관학교, 정보학과, 보험관리과	정치가, 기업경영인, 광고인, 영업사원, 보험사원, 판사, 관리자, 공장장, 판매관리사, 매니저
C 관습형	정확하며, 빈틈없고, 조심성 있고 변화를 싫어하며 계획성 있고 사무적이며 완고하고, 책임감이 강하다.	회계학과, 무역학과, 행정학과, 도서관학과, 컴퓨터학과, 세무대학, 정보처리학과, 법학과	회계사, 세무사, 경리사원, 은행원, 법무사, 컴퓨터프로그래머
R 실재형	솔직하며 성실하고 검소하며 말이 적고 직선적이며 단순하다.	공과대학, 기계공학과, 전자공학과, 화학공학과, 농과대학, 축산대학, 컴퓨터공학	기술자, 엔지니어, 기계기사, 정비사, 전기기사, 운동선수, 건축가, 도시계획가

출처: 안창규 외 역(2004). 홀랜드 직업선택이론. 한국 가이던스.

각 유형에 따른 성격특성, 적절한 전공 및 직업에 대한 것들은 표 10-1에 간략히 제시하였다.

2 인생설계와 직업선택

1 인생설계와 직업선택

(1) 인생 설계

인생에서 행복과 성공은 우연적 요인에 의해 영향을 받기도 하지만 미리 준비하고 노력하는 과정에서 주어지는 경우가 많다. 특히, 대학생 시기는 "무엇을 위해 어떻게 살 것인가?"라는 질문에 대해 깊이 고민하며 탐색해 보아야 하는 시기이다. 청소년 시기에 대학입시준비에 몰두해 온 우리나라의 대학생들은 대학에 와서 이러한 문제를 진지하고 깊이 있게 탐색하는 경향이 있다.

행복하고 성공적인 삶을 위해서는 인생의 설계가 필요하다. 자신의 연령에서 접할 수 있는 풍부한 지식과 경험에 근거하여 인생을 설계하고 준비하는 것이 중요하다. 우리의 인생이 반드시 계획한 대로 이루어지는 것은 아니다. 그러나 자신의 인생에서 추구하는 소중한 가치를 실현하기 위해 미래를 치밀하게 계획하고 체계적으로 준비한 사람에게 의미있는 인생의 열매가 주어지는 것은 당연한 이치이다. 특히 사회적 진출을 앞두고 있는 대학생에게는 미래의 삶에 대한 계획과 준비가 더욱 절실한 과제라고 할 수 있다.

사람은 누구나 인생의 시기마다 공통적으로 겪어야 할 삶의 과제들이 있다. 각각의 시기마다 누구나 앞으로 다가올 미래의 인생을 구체적으로 설계하고 준비하는 노력이 필요하다. 인생의 설계는 개인마다 각기 다른 내용과 방식으로 이루어질 수 있다. 특히 진로와 관련된 부분은 다른 삶의 영역보다도 계획과 준비가 필요한 영역이다.

인생 설계에서 중요한 영역은 일과 관련된 직업을 선택하고 준비하는 일이다. 인생의 가장 많은 시간을 할애하여 성취와 자아실현을 이루는 직업을 선택하는 일은 인생에서 매우 중요한 일이다. 자신이 좋아하고 잘 할 수 있으며 의미와 보람을 느낄 수 있는 직업을 선택하는 것은 매우 중요한 인생설계이다. 특히, 대학생시기는 이런 진로선택에서 매우 중요한 시기라고 할 수 있다. 대학생 중에는 이미 고등학교 시기에 자신의 진로와 직업에 대한 신중한 탐색을 통해 그와 관련된 전공학과를 선택한 학생도 있다. 그러나 상당수의 대학생들이 자신의 전공학과나 그와 관련된 직업에 만족하지 못한 채 방황하고 있는 것이 현실이다. 대학생들이 학교 상담실을 찾는 가장 주된 이유는 인간관계 문제와 더불어 진로문제 때문이다. 심지어 대학원에 진학한 학생이 전공학과에 만족하지 못하고 진로문제를 호소하는 경우도 흔하다. 대학생 시기에는 자신이 앞으로 투신할 직업을 신중하게 탐색하여 선택해야 한다. 아울러 그러한 직업활동에 필요한 전문적 지식과 기술을 습득하는 일에 전념해야 하는 시기이다.

(2) 직업선택

직장은 인생의 가장 많은 시간을 보내게 되는 생계유지와 자아실현의 장이다. 직장생활에서의 만족은 인생의 행복을 결정하는 중요한 요인 중 하나이기 때문에 자신의 진로를 탐색하고 직업을 선택하는 것은 인생의 중대한 결정이다.

흔히 좋은 직업이라고 해서 누구에게나 만족을 주는 것은 아니며 우수한 사람이라고 해서 어떤 직업에서나 성공하는 것도 아니다. 자신의 특성을 잘 알고 이러한 자신의 특성에 적합한 직업을 선택해야 한다. 자신이 만족할 수 있으며 자신의 역량을 잘 발휘할 수 있는 직업을 선택하는 것이 중요하다.

직업 선택시에 고려해야 할 점은 매우 다양하지만, 크게 개인적인 요인과 직업적인 요인으로 나누어 볼 수 있다. 개인적인 요인으로는 개인이 지니고 있는 가치관, 흥미, 적성, 성격 등이 있고, 직업적인 요인으로는 직업의 업무 특성, 필요한 능력과 자질, 보상체계 및 미래의 전망 등이 해당된다. 이러한 두 가지 요인이 서로 부합되는 직업을 선택하는 것이 바람직하다.

① 가치관

인간은 자신이 가치있게 여기는 일을 할 때 만족하게 된다. 따라서 직업이나 전공을 선택할 때 자신의 가치관을 고려해야만 한다. 인생에서 추구하고자 하는 가치를 분명히 하여 그에 알맞은 직업을 탐색하여 선택하는 것이 중요하다. 가치관은 '개인이 특정 상황에서 어떤 선택이나 결정을 내려야 할 때, 특정한 방향으로 행동하게 하는 원칙, 믿음, 신념'을 의미한다. 이러한 가치관은 개인이 특정한 방향을 향해 특정한 방식으로 행동하게 한다.

가치관은 내면적인 신념체계로서 평소에는 잘 자각되지 않는다. 따라서 자신의 가치관을 알고 있는 사람은 많지 않으며 또 자신의 가치관을 아는 일은 쉽지 않다. 직업선택을 위해 자신의 가치관을 탐색해 보는 방법에는 크게 세 가지가 있다. 첫째, 자기 자신에게 여러 가지 질문을 던져 자신의 가치관을 의식화하는 방법이다. 예를 들면, 나는 어떤 인생을 살고자 하는가? 어떤 삶이 가치있는 삶이라고 생각하는가? 나는 인생에서 무엇을 중시하며 살아갈 것인가? 나는 어떤 일과 활동을 할 때 가장 가치있는 일을 했다고 느끼는가? 어떤 직업을 갖고 어떤 일을 하는 것이 나의 삶을 의미있고 가치있는 만족스런 삶으로 만들 것인가? 이러한 질문을 자기 자신에게 지속적으로 던짐으로써 평소에 의식하지 못하던 자신의 가치관이 좀 더 분명하게 드러날 수 있다. 둘째, 표준화된 검사를 통해 자신의 가치관을 평가해 보는 방법이다. 이런 검사들은 교육상담이나 진로상담을 하는 기관에서 받아볼 수 있다. 검사결과는 객관적인 방식으로 가치관을 탐색해보는 것이므로 직업선택시 참고할 수 있다. 셋째, 가치 명료화 프로그램이라는 집단 프로그램을 통해 가치관을 평가하는 방법이 있다. 이러한 프로그램에서는 여러 사람이 함께 모여 집단을 형성하고 프로그램 지도자의 안내에 의해 가치관을 탐색하게 된다.

② 흥미

흥미는 일에 대한 몰두와 성과에 영향을 미치는 중요한 요인이다. 흥미는 '어떤 종류의 활동이나 사물에 대해 특별한 관심이나 주의를 갖게 하는 개인의 일반화된 행동경향'을 의미한다. 즉, 개인으로 하여금 어떤 일에 즐거움을 느끼고 호기심을 갖게 하는 동기적 성향을 뜻한다. 어떤 일에 몰두하거나 어떤 일을 하고 싶어서 소망하는 것은 흥미에 의한 것이다. 흥미는 개인이 종사하는 직업에 대한 만족도, 노력의 투여량, 지속적인 종사기간을 결정하는 중요한 요인으로 알려져 있다. 흥미는 성장함에 따라 변화한다. 어릴 때는 흥미가 단편적이고 분화되어 있지 않으며 일시적인 형태로 나타나지만 성장함에 따라 점차 분화되어 구체화되는 경향이 있으며 보다 지속적인 형태로 변화한다. 자신의 흥미가 불분명할 경우에는 표준화된 심리검사를 통해 탐색해 볼 수 있다.

③ 적성

직업선택시 가장 중요하게 고려해야 되는 것이 적성이다. 인간은 누구나 나름대로 특정한 분야에 뛰어나고 독특한 능력인 적성을 지니고 있다. 인간의 지적인 능력은 크게 일반지능과 특수지능으로 구분된다. 일반지능은 흔히 IQ로 표현되는 전반적인 지적 능력을 뜻하는 반면, 특수지능은 특수한 분야에 대한 지적 능력을 의미한다고 한다. 즉, 적성은 일종의 특수지능으로서 특히 특정한 직업을 수행하는 데 필요한 특수한 능력을 말한다. 개인의 적성을 구성하는 요인으로는 일반적성능력, 언어능력, 수리능력, 공간지각능력, 수공능력, 운동조절능력, 사무지각능력, 형태지각능력 등 여러 가지 요인을 포함하고 있다. 적성은 타고난 능력이나 소질이라고 할 만큼 유전적인 성향이 강하다. 그러나 학습경험이나 훈련에 의해서 계발될 수 있다는 것이 일반적인 견해이다.

인간은 누구나 나름대로의 우수한 적성을 지니고 있다. 이러한 자신의 적성을 찾아내어 그러한 적성을 필요로 하는 직업을 선택하는 일이 중요하다. 적성에 맞는 직업 활동에서는 자신의 능력을 잘 발휘하게 되어 그 직업분야에서 유능하고 우수한 사람으로 인정받게 된다. 적성 또한 여러 가지 표준화된 적성검사를 통해 평가할 수 있다.

④ 성격

직업의 만족도와 성과에 영향을 미치는 주된 요인 중의 하나가 성격이다. 성격은 개인이 시간과 상황에 상관없이 지속적으로 지니는 일관된 특성으로서 그 사람의 정서적인 반응과 사회적인 행동에 강력한 영향을 미친다. 어떤 사람은 많은 사람과 접촉하는 활동적인 일을 좋아하고 또 능동적으로 잘 수행한다. 반면, 어떤 사람은 사무실에서 자료를 정리하고 계획하는 일을 좋아하고 또 그런 일을 꼼꼼하게 잘 처리한다. 이것은 이들의 성격이 다르기 때문이다. 전자는 사회성과 활동성이 높은 외향적인 성격을 지닌 반면, 후자는 치밀성과 사려성이 뛰어난 내향적인 성격을 지니고 있다. 그런데 만약 이 두 사람이 업무를 바꾸어 일하는 경우는 자신의 업무에 만족하지 못하고 힘들게 느껴질 것이며 성과 또한 좋지 못할 것이다. 이렇듯 성격은 직업 선택 시에 고려해야 하는 중요한 요인이다.

⑤ 직업의 속성과 전망

특정한 직업을 선택하기 전에 그 직업의 구체적 내용에 대해 잘 알아야 한다. 선택하고자 하는 직업은 구체적으로 어떤 업무를 수행하며 어떤 적성과 성격을 필요로 하는지에 대해서 정확한 지식을 가져야 한다. 또한 그 직업은 어떤 종류의 보상이 어느 정도나 주어지며 아울러 어떤 고충과 부담을 지니게 되는지에 대해서 알아볼 필요가 있다. 특히 그 직업의 전망에 대해서 잘 알아보아야 한다. 현대사회는 급격히 변화하고 있다. 새로운 직업이 생겨나고 있는 반면, 어떤 직업은 퇴조하고 있다. 현재의 직업상황뿐 아니라 앞으로 우리가 살아가야 할 미래사회에서 어떤 직업이 발전하고 각광을 받을 것인지에 대해서 충분히 고려하는 것이 바람직하다. 또한 최근에는 한 가지 직업을 오랫동안 지속하기보다는 전직을 해야 하는 경우가 많아지고 있다. 따라서 전직이 가능하고 탄력성이 많은지도 고려해 보아야 한다.

⑥ 가족의 기대와 지원

직업을 선택할 때 가족의 기대와 지원정도를 간과해서는 안 된다. 부모는 자녀의 직업에 대해서 나름대로의 기대와 소망을 지니고 있다. 직업선택 시에 부모와 많은 대화를 통해 부모의 기대를 충분히 고려하는 것이 바람직하다. 특히 부모의 기대와 자신의 선택에 차이가 있을 경우에는 더욱 그러하다. 또한 어떤 직업은 부모의 경제적 또는 사회적 지원이 필요한 경우가 있다. 이렇듯, 직업을 선택할 때는 가족의 기대와 지원 요인도 충분히 고려해야 한다. 직업선택은 인생을 결정하는 중요한 선택으로서 여러 가지 관련요인을 신중하고 충분히 고려해야 한다. 직업선택 과정에서 부모, 교사, 상담자, 선배, 친구의 의견을 경청하는 것이 바람직하나 자신의 인생을 설계하는 것이므로 자신이 선택의 주체가 되는 것이 중요하다.

직업선택을 위한 다양한 탐색을 통해서 개인은 최적의 희망직업을 선택할 수 있고 자신의 내적 특성을 심층적으로 이해할 수 있으며 객관적으로 자신을 보는 기회를 가질 수 있다. 진로에 대한 정보와 지식을 획득할 수 있다. 또한, 의사결정 능력과 성숙한 진로의식을 기를 수 있으며, 인생의 목표를 생각해 볼 수 있다. 그리고 진로에 대한 정보와 지식을 얻고, 앞으로의 직업세계에 대해 이해할 수 있으며 자신에게 필요한 교육훈련이나 자격에 대해 알게 된다.

2 본인을 위한 교육과 재교육

현대사회에서 직업전환은 이제 점점 보편적인 현상이 되고 있다. 사실상 일생동안 한 가지 직업에 종사하던 시대는 이제 가버렸다. 직업전환은 레빈슨(Leveinson)에 의해 성인기의 전환점으로 묘사된 바 있다.

직업전환은 가끔 태도, 목표, 가치관의 변화와 연관이 있다. 어떤 사람은 자신이 하는 일을 싫어하면서도 그 일을 계속하는가 하면, 어떤 사람은 자신이 하는 일에 만족하면서도 직업을 바꾼다. 직업을 고수한다고 해서 개인의 태도, 목표, 가치가 바뀌지 않았다는 것을 보장하지는 못한다. 개인의 외적 생활에는 변한 것이 아무것도 없지만 그 사람은 변할 수 있다. 직업 전환에는 몇 가지 이유가 있다. 기술혁신은 새로운 기술의 개발로 인해 쓸모없게 된 직업으로부터 보다 매력적인 새로운 기술개발에 의한 직업으로 전환케 하고 있다. 신문지상의 구인란을 보면 25년 전이나 50년 전의 직업과는 많이 다른 것을 알 수 있다. 이와 같이 기술혁신은 놀라울 정도로 빠른 속도로 새로운 직업을 창조해 내고 있다.

오늘날 직업에 종사하는 기간이 옛날보다 훨씬 길어졌다. 1900년에는 직업에 종사하는 기간이 평균 21년이었는데, 그 때는 직업전환이 매우 드물었다. 1980년대에는 37년으로 증가하였는데, 45세쯤에 새로운 일을 시작해도 앞으로 20년 정도 그 일을 계속할 수 있다. 이와 같이 직업에 종사하는 기간이 길어지면서 새로운 것을 시도해 보려는 직업전환의 기회가 많아졌다.

21세기인 현재는 정보사회로 급속히 변화함에 따라 직업의 종류나 필요한 기술의 종류가 달라질 것이다. 많은 직업이 직접적으로 제품을 생산하는 것보다 정보를 제공하고 이용하는 데 관여할 것이다. 정보사회에 영향을 미치는 두 가지 요인은 정보의 양이 증가하는 속도와 정보가 전달되는 속도이다. 과학적, 기술적 정보의 양은 이제 매 5년마다 2배 이상으로 증가하고 있으며, 정보가 전달되는 속도는 거의 동시적이다. 이러한 정보사회에서 자신의 직업에서 사용하는 지식과 기술은 매우 빠른 속도로 변하고 있다.

직업시장이 빠른 속도로 변하는 가운데 자신의 직업분야에서 변화를 따라가지 못하는 경우 자신의 지식이 쓸모없게 되고, 자신이 퇴보하고 있다는 위협을 느낀다. 쓸모없게 된 지식은 문제해결에서 덜 효율적인 이론이나 개념 또는 기술의 사용으로 정의할 수 있다. 이것은 연령과 관련된 능력의 감소를 의미하는 것이 아니라, 오히려 새로운 지식이나 기술을 계속해서 익히는 데 실패한 것의 반영이라 할 수 있다.

따라서 앞으로의 교육에서는 한 가지의 전공을 넘어선 복수전공 및 스스로를 위한 평생 재교육의 중요성이 강조될 필요가 있다. 평생 재교육은 직업적인 지식의 차원뿐 아니라 스스로를 닦을 수 있는 몸과 마음의 건강까지도 포함된 내용이어야 하며, 이런 노력은 자신의 직업적인 적응에 많은 도움을 줄 것이다.

3 취업준비

1 취업정보탐색

(1) 취업관련 상담기관

대학생들의 경우, 많은 학교에서는 학생생활연구소나 학생상담실 및 취업정보실 등에서 학생들을 위한 다양한 취업정보를 제공하고 있다. 교육, 훈련, 경험 등 학생들의 개인 정보를 서류화하여 제출하면 이곳에서는 이것을 정리·보존하여 적합한 일자리를 알선해 준다. 또한 취업정보를 모든 사람이 볼 수 있는 곳에 게시해 둔다. 무엇보다 중요한 것은 본인 스스로 이러한 곳을 찾아다녀 적절하게 활용할 수 있도록 하는 것이다. 또한 상담 선생님들과 진로문제를 상담할 수도 있을 것이다.

(2) 정부부처별 취업관련 프로그램

노동부 등 정부의 각 부처별로 취업을 원하는 대상자들을 위해 다양한 취업지원제와 국내 및 해외 인턴제를 실시하고 있으므로 각 홈페이지나 연락처를 통해 이용하는 것도 좋은 정보를 얻을 수 있는 기회가 될 것이다.

(3) 각종 매체들

최근에는 인터넷이나 중앙 및 지역신문 등의 각종 매체들을 접할 수 있는 기회가 많아 이런 곳들의 정보를 잘 활용한다면 다양한 취업정보를 얻을 수 있다. 요즘 취업하고 싶은 구직자들이 가장 많이 찾는다는 인터넷 싸이트인 인크루트(http://www.incruit.com)와 잡코리아(http://www.jobkorea.co.kr), 파인드잡(http://www.findjob.co.kr), 월드잡(http://www.worldjob.or.kr) 등을 통해 많은 도움을 얻을 수 있을 것이다.

(4) 개인적 접촉

자신의 진로와 관련하여 주변인들을 개인적으로 접촉하는 것도 도움이 될 수 있다. 특히 자신이 가고자 하는 진로 방향과 같거나 유사한 직업에 종사하는 선배들을 찾아 개인적으로 접촉하는 것은 얻기 어려운 생생한 취업정보를 포착할 수 있는 좋은 기회가 될 것이다.

2 서류작성

취업을 하기 위해서는 몇 가지의 준비해야 할 서류들이 있다. 취업하고자 하는 곳에서 요구하는 여러 가지 서류들을 철저히 빠짐없이 준비하는 것이 매우 중요하다. 여러 서류들 중에서 대부분의 취업자를 채용하고자 하는 곳에서는 기본적으로 이력서와 자기소개서 작성을 요구한다.

(1) 이력서

이력서는 한 사람이 받고 경험한 교육, 훈련, 경력, 기타의 자격을 기록한 요약서이다. 이력서에는 오자가 없도록 조심해야 하며, 허위의 사실을 기록하지 말아야 한다. 상세하고 간단명료하며 깔끔하게 쓰고 사진은 가능한 한 최근의 것으로 규격에 맞는 것을 붙인다. 또한 자신의 연락처나 긴급연락처를 명기해 둔다. 이력서를 쓰는 것은 취업을 향한 구체적인 첫걸음이라 할 수 있다. 이력서에는 이름, 주민등록번호, 현주소, 연락처, 학력 및 경력 사항 등 꼭 필수적으로 들어가야 하는 것들이 있고, 통용되고 있는 규격이 있으므로 그에 맞게 기술하는 것이 좋다.

(2) 자기소개서

고용주 측에서 자기소개서를 요구하는 이유는 다음과 같다. 첫째, 구직자의 성장과정과 가정환경을 알아보기 위해서이다. 둘째, 구직자의 구직동기와 장래성을 알아보기 위해서이다. 셋째, 구직자의 문장력을 알아보기 위해서이다.

자기소개서를 작성할 때는 다음과 같은 사항들에 유의해야 한다. 첫째, 자신의 성장과정을 순서대로 적는다. 가족사항, 가풍, 학창시절의 특기할만한 점과 독특한 체험이나 에피소드 등을 섞어가면서 쓴다. 남성의 경우 군대생활 시의 특기할만한 사항도 함께 쓴다. 가족생활과 부모형제 그리고 자신에게 영향을 많이 준 친구, 선배, 은사 등 주변인물에 대해 긍정적인 시각으로 기술한다. 또한 인사담당자가 가장 궁금히 여기는 것은 역시 최근의 모습이므로 그 부분을 가장 많이 언급하는 것이 좋다. 둘째, 자신의 장점을 최대한 살려 기술한다. 자신의 능력, 장점, 특기사항(가령 특정

이 력 서

(사 진)	성명	홍 리 나		영어	Hong Li-a
	주민등록번호	871225-2000000			
	전화번호	02-1234-1234		휴대폰	010-1234-1234
	E-mail	inwork@inwork.co.kr			
	주소	서울특별시 강남구 삼성로 123번지			

학력사항

기간	학교명	학과	비고
2002. 03. ~ 2007. 02.	○○ 대학교	경영학과	졸업
1999. 03. ~ 2002. 02.	○○ 고등학교		졸업

활동 및 경력 사항

기간	관련내용	비고
2001. 05. ~ 2001. 09.	근무처 및 부서: ○○의료원 /원무과 - 사무보조 및 스케줄 관리 - 전화 및 내방객 응대	계약직 사원

자격사항

년/월/일	자격사항 상세	발행처
2006. 01. 18.	인터넷 정보검색사 1급 취득	대한상공회의소
2005. 09. 23.	컴퓨터 활용능력 2급 취득	대한상공회의소
2003. 08. 15.	워드프로세서 1급 취득	대한상공회의소

개인능력

외국어 능력	영어	상/중/하(독해, 작문, 회화 가능)		
	TOEIC	900점(2006.04.25/토익위원회)		
컴퓨터 능력	기본 OA(EXCEL, MS-WORD, HWP) 및 인터넷 능숙, 포토샵 사용 가능			

기타사항

신장	165cm	체중	51kg	시력	좌,우 : 1.0
취미	인터넷 서핑	특기	십자수		

위의사실이 틀림없음을 서약합니다.

2000년 ○○월 ○○일

지원자 : 홍리아 (인)

이력서 양식

출처: 손언영(2007). 면접관이 선호하는 0순위 자기소개서, 이력서 쓰기. p. 26 서울: 랜덤하우스.

외국어 실력, 통솔력, 컴퓨터에 능숙함)을 쓰되 건방지게 보이지 않도록 쓰는 것이 중요하다. 크게 결격사유가 되지 않을 정도의 단점을 곁들이면 더욱 객관성이 있고 솔직하게 보일 것이다. 셋째, 입사지원 동기를 구체적으로 밝힐 필요가 있다. 희망 회사의 업종이나 특성과 자신의 전공 및 희망을 관련지어 구체적으로 쓰는 것이 좋다. 이렇게 하려면 해당기업에 대한 신문이나 방송, 사보 등을 구해 알아두면 도움이 될 것이다. 넷째, 장래의 포부와 희망을 써 넣어야 한다. 일단 그곳에 취업했다는 가정 하에 목표성취와 자기개발을 위해 어떠한 계획과 각오를 가지고 일할 것인가를 구체적으로 언급하는 것이 좋다. 다섯째, 긍정적 시각으로 간단명료하게 진술하고 깔끔하게 써야 하며, 특히 오자가 없도록 조심해야 한다.

3 직장생활에 대한 준비

직장생활에 성공적으로 적응하기 위해서는 여러 가지 준비가 필요하다. 직업의 종류와 내용이 매우 다양하여 일률적인 목표를 정하기는 힘들겠지만 우리의 사회분위기를 고려할 때 다음과 같은 몇 가지 항목이 중요한 것 같다. 즉, 체력과 건강을 유지하기 위한 생활습관, 원만한 대인관계를 맺는 능력, 직무능력, 올바른 삶의 가치관, 스트레스 관리 등이 그것이다. 이러한 것들은 하루아침에 얻을 수 있는 것이 아니라 취업을 준비하는 시기부터 꾸준히 키워가야 하는 것들이다.

(1) 자기 리더십

자기 리더십은 자신의 건강을 지키는 것부터 시작이 될 수 있다. 건강한 생활습관은 직장생활을 원만하게 만드는 기초적인 조건이다. 그래서 많은 직장인들이 시간을 할애하여 규칙적으로 운동을 한다. 건강하지 않은 생활 습관이란 밤늦게 술을 마신다거나 도박 같은 건전하지 않은 유흥을 탐닉한다거나 하는 것인데 이런 생활은 수면부족을 가져오고 업무에 집중하는 것을 방해하여 직장인으로서의 역할을 제대로 수행할 수 없게 만든다.

　건강도 경쟁력이다. 아무리 지위가 올라가도 건강하지 않거나 건강하지 않은 생활습관을 버리지 않는다면 건강한 직장생활을 기대하기는 어렵다. 젊고 건강한 취업준비생들에게는 체력이니 건강이니 하는 말은 다소 우습게 들릴지도 모르지만 한국의 40대 남성의 사망률이 세계 최고라는 현실에서 건강한 생활습관을 다져서 체력을 확보하는 일은 그 무엇보다도 중요하고 시급한 일이다. 몸과 마음이 건강하고 일이 즐거우면 짧은 시간에도 최고의 능률을 올릴 수 있으므로 앞 장에서 보았듯이 스트레스에 잘 대처하려면 건강이 필수적이다. 그러므로 우리는 스트레스 대응력과 건강을 증진시켜야 한다. 젊을 때 건강을 소홀히 하기가 쉬운 것은 무분별한 생활습관의 영향이 당장에는 나타나지 않다가 몇 년 후에야 나타나기 쉽기 때문이다. 규칙적인 생활리듬(식사, 수면, 배변, 운동)을 유지하는 동시에 가능한 한 지나친 흡연, 음주, 과로를 피하는 것이 건강을 유지하는 기초가 될 것이다.

(2) 대인관계능력

직장은 공동의 목표와 업무수행을 위해 구성된 사람들의 조직이다. 직장의 인적 구조는 직장의 규모나 특성에 따라 매우 다양하다. 사회에 진출하여 취업을 하게 되면 이러한 직장의 인적 구조 속에 편입되어 직장 내 인간관계에 적응해야 한다. 또한 직장은 대부분 위계적 조직을 지니므로 상사와 부하 직원으로 구성된다. 입사하면 처음에는 말단으로 시작하지만 점차 진급하여 상사의 위치에 오르게 되며, 이 때는 부하직원을 지휘하는 위치에 서게 된다. 이렇듯, 직장은 위계적인 인적 구조 속에서 업무를 수행하는 독특한 인간관계의 장이다. 따라서 이런 독특한 인간관계의 장에서 적절한 대인관계 기술이 부족하거나 미숙하다면 만족스러운 직장생활을 보장하기는 어려울 것이다.

다음의 표 10-2은 대인관계와 관련하여 자신의 장점이나 앞으로 개선할 필요가 있는 부분이 무엇인지 알아보는 데 도움이 되는 질문지이다.

표 10-2 ● 대인관계 평가 질문지

대인관계에서 나는	나는 이러한 특성을 갖고 있는데 이는 나의 강점이다	나는 이러한 특성에 있어서 앞으로 개선시켜야 한다
주장적인 편이다		
재치가 있는 편이다		
타인의 말을 경청하는 편이다		
인내심이 있는 편이다		
협동적인 편이다		
긴장상태에서도 일을 잘하는 편이다		
자기를 적절히 개방하는 편이다		
타인을 신뢰하는 편이다		
타인의 신뢰를 받는 편이다		
적절한 열정을 갖고 있는 편이다		
의존적인 편이다		
남들의 건설적인 비판을 수용하는 편이다		
주도권을 쥐는 편이다		
남들의 지시를 따르는 편이다		
타인의 의도하는 의미를 이해하는 편이다		
융통성이 있는 편이다		
기타:		

(계속)

▶ 체크한 결과를 바탕으로 본인에게 있는 강점이나 기술을 열거해 보자.

_____

_____

_____

_____

▶ 반면 앞으로 개선할 필요가 있는 대인관계영역을 적어보자.

_____

_____

_____

_____

▶ 그렇다면 자신의 단점을 개선하기 위한 세부적인 첫 단계에서는 어떻게 해야 할까? 어떠한 행동을 실천할지 생각해보고 다음에 적어보자.

나는 _____까지(시간계획) _____을 통해서(취할 구체적 행동)

_____을 개선해 나갈 것이다.

출처: 장연집 외(2001). 현대인의 정신건강. 서울: 학지사.

직장에서의 대인관계는 대체로 피상적인 수준에서 마찰없이 흘러가면 되는 것이지만 경쟁사회에서 '친구와 적'을 구분하는 판단력은 매우 중요하다. 자기를 어느 정도 노출할지를 결정해야 하기 때문이다. 믿지 못할 '적'에게 직장생활의 갈등이나 사적인 비밀을 털어놓아 그것을 남들에게 퍼뜨리면 어떻게 되겠는가? 가능한 한 많은 사람을 대하고 책을 많이 읽고 여러 가지를 직간접으로 경험함으로써 사람 보는 안목을 키우는 것은 젊은 시절부터 갖춰두어야 할 중요한 과제라 할 것이다.

(3) 직무능력

직종마다 필요한 기술과 능력은 다를 수 있겠지만 공통되는 기본적인 능력이 있다. 첫째는 자신의 의사를 표현하고 전달하는 능력이다. 이를 위해서는 논술고사, 면접시험, 각종 입사시험, 보고서 작성, 업무보고, 의견개진 등에서 자신의 생각과 느낌을 명료하게 표현할 수 있는 힘을 기르도록 애써야 한다. 이와 더불어 외국어 실력도 키워두는 것이 좋다. 손쉽게는 신문읽기부터 폭넓은 독서, 전공에 대한 관심 등을 통해 직장생활을 할 때 의외의 도움을 받을 수 있을 것이다.

최근 진로를 선택하는 데 있어서 공통적으로 요구되는 능력들이 있는데, 국제감각 능력, 외국어 능력, 정보화 능력, 창의력, 문제해결 능력, 의사발표 능력, 감성능력, 네트워크 능력 등은 취업을 위해서는 기본적으로 갖추어야 할 사항들이라고 볼 수 있다.

(4) 올바른 가치관

우리는 어릴 때부터 경쟁사회에서 성장해 왔다. 일 등은 한 명 밖에 할 수 없는 것인데도 많은 부모들은 자녀가 일 등하기를 요구하고 있으며 자녀가 무엇을 하든 남들을 이기기를 바라고 있다. 지나친 경쟁이란 이겨도 불안하고 지면 자존심이 상하며 친구들과 친밀한 관계를 맺기 어렵게 한다. 경쟁에서 이기는 사람은 항상 소수이고 지는 사람은 대다수인 데 패배했다고 좌절하는 사람이 많을수록 사회는 불안하게 마련이다.

삶이라는 전쟁터에서 남을 밟고라도 반드시 이겨야 한다는 가치관은 사실상 사회생활에 별로 도움이 되지 않으며 자신의 건강도 해치게 만든다. 그 한 예가 'A형 타입'이다. 강한 승부욕은 처음에는 출세에 도움이 될지 모르지만 남들에게 경계의 대상이 되고 소외당하게 되면 장기적으로 볼 때 출세에 유해한 영향을 미치기 쉽다. 따라서 실력을 발휘하여 출세가도를 달리는 것 못지않게 협동정신, 동료를 배려하는 마음이 있어야 나날의 생활이 즐거울 뿐만 아니라 성공에도 도움이 되는 것이다.

우리 사회에서 직장인 특히 남자들이 성공과 출세라는 사회적 압력을 벗어난다는 것은 쉬운 일이 아닐 것이다. 그것은 매우 어릴 때부터 주입되는 소리 없는 사회적 공기이므로. 그러나 취업을 꿈꾸는 젊은 여러분은 사회적 성공보다 더 중요한 것이 무엇인지를 한번 꼽아 볼 필요가 있다. 가령 나와 내 가족의 건강과 행복은 사회적 성공보다 덜 중요한가? 우정가꾸기는 사회적 성공보다 덜 중요한가? 사랑을 키우는 일은 사회적 성공보다 덜 중요한가?

또한 우리 사회에 만연된 동조주의, 즉 '남이 저렇게 하니까 나도 저렇게 해야지'라는 삶의 태도를 비판적으로 볼 필요가 있다. 이러한 타인지향성이 맹목적인 수준에까지 이르면 인생에서 만족하는 순간이 거의 없게 된다. 나보다 잘나고 잘살고 높은 사람은 언제나 있게 마련이므로. 우리가 남들을 의식하지 않고 살 수는 없지만 반드시 그들과 똑같아져야 할 필요는 없는 것이다. 계속 자신을 남들과 비교하기보다는 '나답게 산다'는 태도를 통해 만족스러운 삶을 누릴 수 있다.

젊은 시절에 익혀야 할 것이 이렇게 많다 하더라도 이때가 이후의 삶을 준비하기만 하는 유예기는 물론 아니다. 건강하게 많은 사람을 만나 사귀고 많은 것을 직간접으로 경험하며 즐거운 삶을 영위하는 과정에서 장차 직업생활에서 잘 적응할 수 있는 기초를 자연히 갖출 있을 것이다.

(5) 직업에 따른 스트레스와 위기극복

① 작업조건에서 받을 수 있는 스트레스

우리가 직장에서 받을 수 있는 스트레스를 두 가지로 나누어 생각해 보자. 첫째, 우리는 몸이 있는 생체이므로 적절한 생리적 동기가 충족되어야 한다. 이 조건이 충족되지 않을 때 우리는 스트레스를 받을 수 있다. 가령 너무 추운 작업조건(예, 실외에서 일하는 직업, 정비사, 전봇대 수리, 외근이 많은 직업)에서는 주의가 분산되고 멍해지고 반응시간이 느려진다. 온도가 너무 높은 작업조건 역시 주의를 분산시킴으로써 수행수준을 낮추고 짜증나게 하고 동료에 대한 공격성을 증가시킨다 (Anderson & Anderson, 1985). 다음으로 피로와 권태는 직장에서 느낄 수 있는 스트레스의 원천이다. 업무량이 폭주하거나 단조로운 일을 할 때 우리는 피로와 권태를 느끼고 신체적, 정신적, 정서적 기능이 저하된다. 과밀집, 고립, 소음, 예기치 않거나 어려운 작업계획, 애매한 작업과제 등도 스트레스를 유발할 수 있는 요인이다. 또한 스트레스는 수행수준을 감소시킬 뿐만 아니라 산업재해를 초래할 수도 있다.

둘째, 우리는 사회적 동물이므로 동료들이나 상관, 후배, 부하직원과의 인간관계 속에서 여러 가지 스트레스를 받을 수 있다. 특히 대인관계에 미숙하여 집단생활에 적응하지 못하는 경우 이 문제는 한층 더 심각해진다. 더구나 우리 사회처럼 일터 이외의 곳(예: 회식장소, 술자리)에서 일에 대한 정보를 들어야 하는 경우, 소위 파티 분위기에 익숙하지 못하는 이들은 익숙한 이들에 비해 상대적으로 더 많은 스트레스를 경험할 수 있다.

② 탈진

특히 함께 일하는 동료들이나 주로 사람들을 대하는 직업에서 지나치게 과로할 때 탈진하여 냉소적일 때가 있다. 이것은 번아웃(burnout)이라 한다. 번아웃을 경험하면 지치고 우울해져 짜증이 난다. 또한 여러 가지 심신성 증후(예, 두통, 위궤양, 구역질)를 경험할 수도 있다. 번아웃은 특히 교사, 사회사업가, 의사, 간호사, 상담가, 심리학자, 관리자와 같이 남을 돕는 직업을 가진 이들에게 많이 발생한다.

③ 실직

실직은 많은 변화를 초래한다. 우선 수입이 없어지므로 생활방식이 크게 바뀌게 된다. 의식주의 어려움, 외식이나 여행, 선물사기를 참아야 한다. 또한 지위가 없어지고 하고 싶은 일을 하지 못함에 따라 의기소침해지며 자존심이 낮아지기도 한다. 실직자는 자기 능력에 회의를 갖게 되기도 한다. 그들은 왜 해고당했는지를 되새길 뿐만 아니라 "과연 내가 앞으로 또 취직할 수 있을까?"하는 의문에 매양 부딪힌다. 또한 실직은 매일의 생활패턴에 변화를 가져온다. 아침 일찍 일어나 서둘러 출근하고 일터에서 8시간 이상씩 보낼 필요가 없으니 생활리듬이 느슨해지고 낮에 할 수 있는 소일거리를 찾아야 한다. 실직자에게 친구가 없고 가족이 모두 출근하여 긴긴 낮을 혼자 보내야 할 때 이 문제는 한층 더 심각하다. 그 결과 실직자는 술에 탐닉하거나 정신적 또는 신체적 질병을 얻을 수 있다(Plant, 1976). 실직자가 증가하는 시기에는 자살률도 높아지는 경향이 있다.

좀 더 구체적이고 자세한 스트레스에 대한 이해 및 대처는 이 책의 4장, 5장, 6장, 11장에서 구체적으로 다루고 있다.

▶▶ 자유롭게 토론해 봅시다

❶ 내가 선택하고자 하는 직업분야에서 요구되는 자질과 갖추어야 할 조건들에 대해 토론해 봅시다.

❷ 본문내용을 참조하여 나의 이력서와 자기소개서를 작성해 봅시다.

❸ 내가 선택하고자 하는 직업분야에서 최대한의 능력을 발휘하고 있는 인물을 찾아보고, 그들의 삶을 탐색해 봅시다.

CHAPTER 11 정신건강과 전통적 심리치료

CHAPTER 11

정신건강과 전통적 심리치료

현대인들에게는 사회에 적응하면서 건강한 정신건강을 유지하는 것이 삶을 행복하게 살기 위해 필요하다. 그러나 현대사회는 매우 빠르게 변화함에 따라 건강한 정신건강을 유지하는 것이 더욱 힘들게 되었으며, 사회의 변화에 오랜 시간 동안 적응하지 못하는 사람들이 증가하게 되었다. 최근 사회범죄의 특성들을 살펴보면 정신적으로 문제를 갖고 있는 사람들에 의해 일어나는 범죄율이 급속도로 늘어나고 있는데 이 것을 보면 건강한 정신건강을 유지하는 일이 얼마나 중요한지 알 수 있으며, 적응에 오랜 어려움을 겪고 있는 사람들을 위한 심리 및 약물치료가 매우 필요하다는 것을 알 수 있다.

심리치료법들은 매년 새롭게 수정되며 개발되고 있다. 최근에 발간된 심리치료 동향에 대한 서적(Corsini & Wedding, 2004)에서 지구상에 알려진 심리치료 체계들은 400여 가지가 넘을 것으로 얘기하고 있다. 물론 이 모든 치료방법들이 모두 사용되고 있다고는 할 수 없다. 잘 알려지고 받아들여지는 종교가 있는 것과 마찬가지로 잘 알려지고 받아들여지는 심리치료가 있다. 또한 심리치료 접근법들도 시간이 지나면서 임상적 효과가 검증되고, 문제점들이 밝혀짐에 따라 주로 사용되는 심리치료 방법이 달라지고, 새로운 심리치료 방법들이 나오게 된다.

또한 아동들도 적응의 어려움과 심리적 문제들을 경험하고 있고, 이들의 문제행동들이 사회적 문제로 이어질 가능성이 높다는 연구들이 나오면서 기존의 심리치료 이론들을 토대로 아동들을 위한 여러 심리치료 방법들이 개발되었다. 언어적 표현의 한계가 있는 아동들을 대상으로 하는 심리치료는 1920년대부터 놀이를 이용한 심리치료란 개념으로 나오기 시작하여 현재는 놀이치료, 치료놀이, 미술치료, 음악치료, 모래놀이치료 등 다양한 치료방법들이 사용되고 있으며, 정서 및 행동문제를 지닌 아동들에게 사용되고 있다.

이 장에서는 정신건강을 위한 치료접근법으로 오랫동안 사용되어 왔으며, 가장 널리 사용되고 있는 심리치료법들인 정신분석치료, 인지행동 심리치료, 인본주의 심리치료에 대해 개념과 사례를 통해 이해해보고, 마지막으로 의료상황에서 많이 사용되고 있는 약물치료에 대해서 간단하게 살펴보고자 한다.

1 정신분석 심리치료

정신분석 심리치료의 이론적 배경인 정신분석이론은 지그문트 프로이트에 의해 창시된 것으로 그는 '정신분석'이라는 용어를 처음 사용하고, 자유연상기법을 치료에 본격적으로 도입하였다(이장호 · 정남운 · 조성호, 2005).

프로이트는 인간이 타고난 생물학적인 조건과 욕구를 상정하고 있다. 정신분석 치료에서는 개인의 성격 형성이나 정신병리를 결정론적인 입장에서 본다. 이 이론에서는 인간의 행동이 무의식적인 동기인 성적-공격적인 충동이나 이에 대한 갈등, 그리고 초기 경험에 의해 결정된다고 전제한다. 인간 행동의 역동이 무의식 속에 묻혀 있기 때문에 심리 치료는 과거에 뿌리를 두고 있는 무의식 속의 내적 갈등을 분석하는 긴 과정이다(장연집 외, 2001).

정신분석적 관점에서 볼 때 비정상적 행동이나 문제행동은 갈등이 불만스럽게 해결되었거나 해결에 실패한 것을 나타낸다. 쉬지 않고 계속해서 담배 피우는 행동 역시 무의식적인 갈등의 상징일 수 있다. 즉, 응석 부리는 아동으로 있고 싶은 소망과 독립적인 성인이 되고 싶은 소망 사이의 갈등일 수 있다. 따라서 담배 연기를 쭉 빨아들이는 것은 아동이 젖병을 빠는 것을 상징할 수도 있는 것이다. 그렇기 때문에 치료방법은 담배를 피우는 사람의 내적 갈등을 해소하여 영원히 담배를 끊을 수 있는 자신의 능력을 강화시켜 주는 것을 목적으로 한다.

1 정신분석 심리치료의 과정

치료의 목적은 무의식적인 갈등을 통찰하여 이전에 가지고 있었던 성격을 재구조화하는 데까지 이르기 때문에 장기적인 치료로 이어지게 된다. 정신분석 치료에서는 출생 이후 6세까지 형성된 성격의 구조나 대인관계가 지속적이고 반복적으로 개인에게 영향을 미친다고 보기 때문에 어린 시기의 심리적인 상처나 갈등이 현재의 인간관계에 어떻게 작용하는지를 의식할 수 있게 하는 데 역점을 둔다. 또한 개인이 미처 깨닫고 있지 못한 무의식적인 갈등을 통찰하게 하는 데 목적을 두고 있기 때문에,

치료자는 내담자의 과거로 되돌아가 어린 시절에 갈등을 경험했던 대상과 상처를 받았던 대상에 대한 감정과 사고를 드러내게 하여 이에 직면하도록 한다. 이런 직면을 통해 내담자의 무의식에 있던 갈등과 불안이 조장되게 된다. 예를 들어 과거 갈등의 대상이었던 어머니에게 했던 것처럼 치료자에게 어머니에게 했던 반응을 하게 한다. 때때로 치료자는 내담자가 자유연상을 하게하고, 그 연상에 끼어들어 내담자로 하여금 그 연상의 의미나 연상들 사이에 있을지도 모르는 관련성을 고찰하고 반영하도록 해준다. 꿈의 경우는 자유연상의 원리와 유사한데, 내담자의 꿈에서 나타난 특정한 심상과 관련하여 마음속에 떠오르는 것은 무엇이든 치료자에게 말하게 하고, 치료자는 그것을 다뤄준다(김정희 역, 2004).

내담자의 사고와 연상은 무엇보다도 무의식적 환상 속에 조직되어 있는 추동(drive)에 관한 지속적이고 역동적인 내부 압력에서 나온 것이어야 한다. 외부의 조작이나 권고, 자극, 교육 등에 대한 반응으로 생각이나 연상이 나타나서는 안 된다. 이것은 정신분석의 독특한 치료적 상호작용이다. 분석상황의 조건하에서는 다른 일상적인 상황보다 내부의 정신적 힘의 영향력이 더 쉽고 분명하게 관찰될 수 있다. 이것은 분석 치료자가 전문적인 원리를 엄격히 지켜나갈 때 이루어지며, 분석치료자는 분석과정을 통해 내담자의 통찰을 진전시켜야 한다.

내담자의 통찰을 진전시키기 위해 치료자는 해석을 하게 된다. 해석은 치료자가 꿈, 자유연상, 저항, 전이 등의 의미를 내담자에게 설명하는 것이다. 해석과 관련하여 주의할 점은 아무 때나 해석하려 해서는 안 된다는 점이다. 아무리 타당한 해석이라도 내담자가 그것을 받아들일 수 있는 마음의 준비가 되어 있지 못하다면 소용이 없다. 따라서 치료자는 내담자의 무의식에 대한 해석을 하기 전에 우선 내담자가 그것을 받아들일 수 있는 상태에 와 있는지를 먼저 점검해야 한다(이장호 외, 2005).

분석 상황에서 내담자의 비밀을 엄격히 지키는 것은 가장 큰 임무이다. 어떤 출처에서 나왔든지, 분석자료의 어떠한 부분이라도 다른 사람에게 말하는 것은 비밀을 알리는 것이 자신을 가장 위하는 것이라고 내담자가 믿고 있는 경우라도, 비밀을 유지해야 한다. 또한 정신분석에서는 일주일에 2회 이상 만나는 것을 필요로 하며, 치료과정은 몇 년에 걸쳐 지속될 수 있다. 정신분석 치료를 받는다는 것은 상당한 시간과 노력 및 비용이 든다.

정신분석적 상황은 정신분석적 치료의 목표를 달성하려는 의도를 가지고 있으며, 그에 따라 구조화되어 있다. 즉 내담자가 갈등의 본질을 이해하고 그것을 좀 더 성숙되고 합리적인 방식으로 다루어감으로써 갈등하는 힘들이 더 적응적인 타협을 이룰 수 있도록 도와주는 것이다.

2 정신분석 심리치료 실제[1]

내담자는 45세의 남자 내과의사로 결혼을 했으며, 끈질기지만 가벼운 우울증과 만성적인 절망감 때문에 치료를 원했다. 그는 일이 제대로 될 것이라고 기대해 본 적이 없으며, 따라서 이미 성취해서 잘 해내고 있는 자신의 전문적인 인생과정에 대해서도 거의 만족한 적이 없었다. 그는 심각하게 비판적이었으며, 자신에게 정말로 좋은 일이 일어날 것이라고 기대한 적이 없다. 그는 여성치료자에게 분석을 받았지만 아무런 효과도 얻지 못했다고 느꼈다.

아래에 제시된 사례는 어느 한 회기에 일어난 사례로 자신의 바로 아래 여동생으로 인해 어머니로부터의 사랑을 빼앗겼다고 느꼈던 어린 시절의 상처가 잘 드러나고 있다.

내담자가 지치고 불쾌한 얼굴로 상담실로 들어와 긴 의자에 누워 오늘은 동생의 생일이라고 이야기를 시작했다. 아침에 주스를 만들기 위해 자른 반쪽의 오렌지가 젖가슴을 연상시켰고, 오렌지 즙이 컵에 들어가는 순간 독이라는 생각이 떠올랐고, 동생의 생일이라는 것을 알게 되었다고 했다. 동생 생일 선물로 Three Cross Scotch 술 한 병을 선물할까 생각한다고 말했다. 이 술의 원래 이름은 Three Star Scotch로 술 이름을 잘못 말했으며, three cross란 독을 표시하는 것이다. 동생에게 아무것도 주지 않으면 악을 쓸 것이기 때문이라고 말하며, 어린 시절의 동생에 대한 이야기를 하기 시작했다. 여동생이 태어났을 때 내담자는 4살 반이었고 동생은 병약한 아이였기 때문에 어머니는 항상 바빴다고 보고했다. 내담자의 어머니는 내담자가 한 살 때 치과의사 수련을 마치기 위해 내담자를 할머니에게 맡기고 학교를 다녔으며, 내담자는 계속해서 엄마를 찾으며 울었고, 내담자를 달래기 위해 할머니는 자신의 말라버린 젖을 꺼내 물렸다고 했다. 그 이야기에 이어 곧바로 또 하나의 기억을 꺼냈다. 어머니가 학교에서 돌아왔을 때 부엌에서 할머니가 고기를 갈고 있었고 내담자는 그것을 기다렸다 날 것으로 고기를 먹었으며, 현재까지 내담자는 생으로 된 스테이크를 좋아한다고 했다.

이 시점에서 치료자가 관찰한 바로는 내담자의 어머니가 학업을 위해 떠났을 때 버림받았다고 느꼈고, 어머니가 여동생으로 대치되었다고 느꼈던 내담자는 자신의 이로 공격함으로써 어머니와 여동생을 파괴하려는 복수의 충동에 압도되었다.

그 후 어머니가 유방암에 걸렸는데, 어머니가 폐경이 되었을 때 자신이 주사한 호르몬 주사로 인해 유방암에 걸린 것이 아닌가 자책감이 든다고 보고하였다. 오랜 침

---

1) Corsini, R. J. & Wedding, D.(2000). Current psychotherapies. 현대 심리치료(김정희 역, 2004). 서울: 학지사. pp. 76-79에서 부분적 인용.

묵 후 내담자는 마음에 무엇이 떠오르는지에 대한 질문을 받고 자신의 이전 여자 분석가가 생각난다고 했다. 그 여자 분석가는 임신중이었고, 그녀의 사무실은 소방서 옆으로 치료회기에서 무언가에 다다르려고 할 때마다 소방차 소리가 났으며, 그녀는 그것에 대해 아무런 이야기도 않았던 것에 대해 화가 났다고 했다. 또 카우치 뒤에서 바느질을 하는 소리가 들렸다며 그녀는 자신을 위해서 아무 것도 하지 않았고, 이제까지 아무도 자신을 위해 무언가를 해준 적이 없고 어떤 일이든 스스로 해야 했다고 보고했다.

이 회기는 내담자의 가장 중요한 측면이 드러난 회기로 맥락적 요소들이 매우 중요하다. 내담자는 어머니의 병세가 악화되고 있는 상황을 알게 된 다음날 오렌지 주스를 만들면서 오렌지 반쪽 모양이 젖가슴, 컵, 독을 상기시키기 전까지 그날이 동생의 생일임을 알지 못했다. 이 일련의 사건들은 젖을 주지 않는 어머니의 가슴을 파괴하고, 여동생에게 영양분이 아닌 독을 먹이도록 하는 무의식적 환상의 파생물이 나타나도록 촉진했다. 오렌지 주스를 만들기 위해 과일을 압착시킨 것이 오늘이 처음이 아님에도 불구하고, 이 특별한 맥락에서 오렌지 단면이 젖가슴을 떠올리게 했다는 것은 내담자의 무의식 속에 들어있는 내면의 상처를 일련의 사건들이 떠올리게 한 것이다.

2 인지행동 심리치료

인지행동 심리치료 이론은 1960년대 초에 등장한 비교적 젊은 치료 접근이다. 하지만 짧은 역사에도 불구하고 현재 심리치료의 주요 접근으로서 확고한 위상을 정립했다고 볼 수 있다. 인지행동 접근은 하나의 단일한 이론이라기보다는 인간에 대한 기본 관점과 심리적 문제의 발생 및 치유과정에 대한 주요 원리들을 공유하는 여러 개별적 이론들의 집합체라고 보는 것이 더 적절하다. 인지행동 이론에 공헌한 이론가들 중 가장 대표적인 인물은 합리적 정서치료의 앨버트 엘리스(Albert Ellis)와 인지행동치료의 아론 벡(Aron Beck)이다. 이들은 모두 실제로는 정신분석이론을 공부한 사람들이었으며, 치료과정에서 기존의 정신분석적 이론이 몇 가지 중요한 측면들에서 한계를 지니고 있다고 생각하게 되었으며, 그것을 극복하고자 새로운 이론체계를 정립해 나가게 되었다(이장호 외, 2005).

인지행동적 접근에서는 인간의 여러 측면 중 인지, 즉 사고 또는 생각이 가장 우선적이며 가장 중요하다는 입장이다. 사람들의 감정과 행동은 모두 인지에서 나온다고 본다. 사람들이 특정한 생각을 하기 때문에 특정한 감정을 느끼고 특정한 행동을 하게 된다는 것이다. 예를 들어, 무가치하다고 생각하면 우울해지고 자포자기하는 행동으로 자살을 할 수도 있다는 것이다.

인지행동 심리치료의 이론들은 강조점에 따라 첫째, 인지적 재구성에 초점을 둔 이론들과 둘째, 대처기술의 직접적인 교육과 훈련을 강조하는 이론들로 부적응을 겪는 이유는 상황에 부적절한 방식으로 반응하기 때문이라고 보는 이론이다. 셋째는 흔히 문제해결 접근이라 불리는 이론으로 부적응을 해소하기 위해 인지적 재구성과 대처기술을 복합적으로 사용하는 것으로 대부분의 인지행동치료에서는 강조점에 따라 약간 차이가 있기는 하지만, 전체적으로 인지를 재구성하는 방법과 구체적인 대처행동들을 훈련시키는 방법을 동시에 사용한다.

여기서는 인지행동 심리치료로 가장 많이 사용되고 있는 인지행동치료와 합리적 정서치료에 대해 살펴보고자 한다.

1 인지행동치료

인지행동치료의 목표는 잘못된 정보처리를 수정하려는 것이며, 부적응적 행동과 정서를 유지시키는 가정들을 수정하도록 내담자를 돕는 것이다. 역기능적인 신념을 변화시키고, 더욱 현실적인 적응적 사고를 증진시키기 위해 인지적 방법과 행동적 방법을 결합하여 사용하는 방법이다(김정희 역, 2004).

인지행동치료에서는 부적응적 행동을 하는 사람들은 역기능적 인지도식을 갖고 있어, 환경으로부터의 스트레스나 부정적인 생활사건에 직면하게 되면 사건이나 상황을 더욱 부정적으로 지각하거나 왜곡해서 지각한다고 보았다. 즉 역기능적 인지도식으로 지각하게 되면 인지적 오류를 일으켜 왜곡된 자동적 사고를 하게 되고 결국은 심리적 문제를 갖게 된다고 한다. 인지행동치료에서의 심리적 문제는 역기능적 인지도식, 인지적 오류, 부정적인 자동적 사고로 인해 발생하는 것이다. 예를 들어, 애인에게서 헤어지자는 말을 들은 남성은 우울증에 걸리게 되었다. 애인으로부터 헤어지자는 말이 곧바로 우울증으로 연결되는 것은 아니다. 헤어지자는 애인의 얘기가 이 남성에게는 '당신이 없는 내 인생은 아무 의미가 없다', '내가 부족해서 애인이 떠나갔다', '나는 결국 버려졌다' 등의 부정적인 자동적 사고를 하게 만들었다. 이 남성에게 있는 인지도식은 효율적이고 적응적으로 기능할 수 있게 작동하지 않고, 현실을 제대로 지각하지 못하거나 사실이나 그 의미를 왜곡하여 받아들이게 만드는 인지적 오류를 범하도록 역기능적으로 작동하고 있다. 이런 부정적인 자동적 사고는 결국 이 남성을 우울하게 만든 것이다.

(1) 인지행동치료의 과정

인지행동치료는 내담자가 갖고 있는 신념에 변화를 가져오게 하는 치료접근으로, 치료자와 내담자가 함께 동의한 행동적 실험을 통해 내담자가 갖고 있는 신념을 검증가능한 가설로 다루어나간다. 인지치료자는 내담자에게 그 신념이 비합리적이거나틀렸다고 말하지 않으며, 치료자의 신념을 채택해야만 한다고 말하지도 않는다. 대신 치료자는 내담자의 신념이 가진 의미, 기능, 유용성 그리고 결과를 알아내기 위한질문을 한다. 내담자는 궁극적으로 자신의 정서적 결과와 행동의 결과를 잘 인식하여 모든 개인적 신념의 거부, 수정 유지 여부를 결정한다. 또한 인지치료에서는 부정적인 신념을 긍정적인 신념으로 대치하는 것이 아니며, 소망적 사고를 다루는 것이아니라 현실에 바탕을 두고 신념을 살펴본다. 내담자는 기능적 문제뿐 아니라 심각한 사회적, 재정적, 건강상의 현실적 문제를 가지고 있다. 그렇지만 현실적인 문제로인해 자신의 반응범위를 제한시키고 해결을 하지 못하도록 자신을 막고 있는 자기자신, 자신의 상황 및 자원에 대한 편파적인 견해를 찾아내어 수정시켜야 한다.

벡의 인지치료에서 치료자는 크게 다음과 같은 세 가지 과제를 달성해야 한다. 첫째, 내담자의 부정적인 자동적 사고를 찾아내어 이를 보다 적절한 적응적 사고로 대치한다. 둘째, 내담자의 사고과정에서의 오류, 즉 인지적 오류를 찾아내어 수정한다. 셋째, 부정적인 자동적 사고와 인지적 오류의 기저를 이루는 근원적인 역기능적 인지도식을 찾아내어 그 내용을 보다 융통성 있고 현실적인 것으로 바꾼다.

이 세 가지 과제를 달성하기 위해 체계적 절차를 밟아야 한다. 이 절차를 제시하면다음과 같다(이장호 외, 2005).

첫째, 내담자가 호소하는 심리적 문제를 구체화하여 내담자와 상의하여 상담목표를 정한다. 둘째, 심리적 문제에 인지적 요인이 관련되어 있음을 내담자가 납득할 수있도록 인지치료의 기본 원리를 설명한다. 셋째, 내담자의 현재 삶에서 심리적 문제를불러일으키는 환경적 자극과 자동적 사고를 내담자와 함께 탐색하고 조사한다. 넷째, 환경적 자극에 대한 내담자의 해석내용, 즉 자동적 사고의 현실적 타당성을 따져본다. 다섯째, 환경적 자극에 대한 보다 객관적이고 타당한 대안적 해석을 탐색해보고 이를기존의 부정적인 자동적 사고와 대치한다. 여섯째, 환경적 자극을 왜곡되게 지각되도록 만드는 보다 근원적인 역기능적 인지도식의 내용들을 탐색하여 확인한다. 일곱째, 역기능적 인지도식의 내용을 현실성, 합리성, 유용성 측면에서 검토한다. 여덟째, 더욱 현실적이고 합리적인 대안적 인지를 탐색하여 내면화할 수 있도록 유도한다.

이와 같은 절차에 따라 치료를 진행할 때 치료자가 가장 중요하게 고려할 것은 현실과 현실에 대한 내담자의 주관적 해석을 철저히 분리하는 것이다. 현실에 비추어객관적으로 검증되지 않은 개인의 주관적 해석은 결코 사실과 같을 수 없기 때문이다. 그러나 내담자는 이를 혼동하게 되므로 심리적 문제를 경험하게 된다. 따라서 치료자는 과학자가 객관적으로 수집된 자료를 통해 어떤 과학적 가설의 옳고 그름을 판가름해 내듯이 내담자가 가진 자기와 주변 인물, 그리고 세상에 대한 여러 가지 생각들의 타당성을 객관적 사실에 비추어 얼마나 타당한지 끊임없이 검토해야 한다.

(2) 인지행동치료 사례[2]

내담자는 42세로 대기업의 국제업무를 맡고 있는 대리로 비행기를 탈 기회가 매우 많다. 그러나 내담자는 비행에서 심한 불안을 느낀 후 치료를 받아왔었다. 불안은 심한 난기류를 만난 비행 후부터 생겨난 것으로 비행 며칠 전부터 두려움을 느꼈다. 1회기에서는 내담자의 배경을 고려하여 내담자의 문제를 평가하였다. 내담자의 불안은 비행기를 탄 동안에만 한정된 것으로 다른 상황에서는 불안을 느끼지 않았다. 평가회기에서 치료자는 내담자에게 인지치료의 근거와 구조화된 회기의 중요성을 설명하고, 집에서 하는 과제가 있음을 얘기했다. 또한 치료자와 함께 비행 중 불안의 정도를 줄이고 음주를 하지 않기 위한 목표를 설정했다. 상담의 회기를 한 회기당 50분씩 6주를 만나기로 치료자와 합의했다.

2회기에서 내담자의 불안을 유발하는 자동적 사고를 확인하기 시작했다. 최근의 비행을 떠올려 묘사하라고 하자 불안을 느끼기 시작하며 위장에 경련을 느끼고 심장이 빨리 뛰기 시작했다. 그러면서 '이 조종사는 지금 자신이 뭘 하고 있는지 몰라', '이 비행기는 추락할 거야', '내 심장은 멈춰버릴 거야', '도저히 참을 수가 없어'라는 부정적 사고가 나왔다. 이것을 사고오류와 연결시켜보도록 했다. 그리고 숙제로 비행에 대한 부정적인 자동적 사고를 더 기록해오기로 했다.

3회기와 4회기에서는 내담자의 자동적 사고를 진단하고 보다 현실적이고 도움이 되는 신념으로 수정하였다. 이전 회기에서 찾은 '이 비행기는 추락할 거야'라는 부정적 사고에 인지적 오류가 있는지를 확인했다. 이 생각을 어느 정도나 많이 하는지, 실제로 어떤 일이 일어났는지를 확인하고 이 생각과 실제 간에는 연관성이 거의 없으며 이 연관성은 복권에 당첨될 확률보다 더 낮다는 것을 확인시켰다. 이런 식으로 부정적 자동적 사고들을 현실에 비추어 바꿔나갔다. 회기노트를 통해 부정적 자동적 사고의 인지적 오류를 찾아 현실적 생각들을 써 내려갔다.

5회기와 6회기에는 과제와 회기에서 써 내려갔던 현실적 사고들을 좀 더 조사하고 대안적 사고들은 확장시켰다. 그와 더불어 불안한 상황에서 긴장을 이완시키기 위해 이완법을 연습하고 비행에 이완테이프를 가지고 가서 듣기로 결정했다. 추후

---

2) Palmer S.(2000). Introduction to counseling and psychotherapy. 상담 및 심리치료의 이해(김춘경 · 이수연 · 최웅용 · 홍종관 역, 2004). 서울: 학지사. pp. 108-110에서 부분 인용.

상담은 다음 비행 이후에 실시하고, 추후상담에서는 내담자의 내면에 숨어 있는 부정적인 인지도식을 찾는 것에 초점을 맞추기로 결정했다.

2 합리적 정서치료

합리적 정서치료 이론에 따르면 사람들이 정서적 문제를 경험하는 이유는 구체적인 사건들 때문이 아니라 그 사건을 지각하고 받아들이는 방식이 잘못되었기 때문이다. 즉 어떤 사건을 자신이 이미 가지고 있는 기존 생각들에 비추어 비합리적으로 해석하기 때문에 그 결과로 정서적 문제를 경험하게 된다고 보았다. 예를 들어 소개팅 자리에서 거절을 당한 여성의 경우를 생각해 보면, 상대 남성으로부터 거절을 당한 여성은 기분이 몹시 상했다. 기분이 몹시 상한 이유는 거절에서 비롯되었다기보다는 '나는 남성에게 딱지를 맞아서는 안 돼!' 라는 생각 때문이라고 본다.

합리적인 사고는 도덕적으로 바람직한 사고, 규범적으로 온당한 사고, 논리적으로 결점이 없는 사고와 동일한 의미가 아니다. 비합리적 사고 역시 도덕적으로 불건전하거나 규범에서 일탈되거나, 비논리적인 사고가 아니다. 합리적 사고와 비합리적 사고의 구분기준은 첫째, 융통성이다. '모든', '항상', '반드시', '꼭', '결코', '당연히', '…이어야만' 등과 같은 단어가 들어가는 생각들은 융통성이 없으므로 비합리적이다. 둘째, 현실성이다. 사람들이 가진 어떤 생각들은 현실적으로 실현불가능한 것들이 있다. 사람들은 흔히 '인간적으로 가치있는 사람이 되려면 매사에 유능하고 완벽해야 한다' 라는 생각을 한다. 하지만 현실성에 비추어보았을 때 매사에 유능하고 완벽한 사람은 없다는 것이다. 인간은 누구나 실수를 하고 실패를 하기 때문이다. 셋째는 기능적 유용성이다. 이 기준은 사람들이 가진 생각이 현실을 행복하게 사는데 얼마나 도움이 되는지와 관련된다. 아무리 그럴 듯하고 바람직한 생각이라도 행복보다는 불행을, 기쁨보다는 슬픔을, 희망보다는 절망을, 성공보다는 좌절을 불러일으키는 것이라면 합리적이지 않다는 것이다(김남성 · 조현주, 2000).

(1) 합리적 정서치료의 과정

합리적 정서치료 이론에 따라 상담을 진행하는 방법과 과정은 'ABCDE 모형' 으로 설명된다. 여기서 **A(Antecedent)**는 선행사건으로 예를 들면, 직업을 잃는 것과 같은 것이다. **B(Belief)**는 이 사건에 개인적 견해를 더한 신념으로 예를 들면, '내가 직업을 잃었어, 그것은 절대적으로 나에게 일어나지 말았어야 했는데, 이것은 내가 능력이 없다는 것을 의미해' 와 같은 것이다. **C(Consequence)**는 이 사건에 대한 개인적 신념에 의해 과장된 감정적, 행동적 결과로 예를 들어, '우울함과 외부세계로부터의 위축은 내담자가 다른 직업을 찾지 못하게 방해한다' 이다. **D(Disput)**는 장애를 유발하는 신념에 대한 논쟁으로, 예를 들어 '물론 나는 직업을 잃지 않기를 간절히 원했지만 왜 이런 일이 나에게 일어났는지 모르겠어. 그렇지만 나는 그래도 행복하고 나를 받아들일 수가 있어. 나는 너무 복잡하지만 직업을 잃었다는 사실 때문에 능력이 없다고 나를 비난할 수 없어' 이다. **E(Effects)**는 감정적이고 행동적인 변화에 의해 수행되는 새롭고 효과적인 합리적 견해로, 예를 들면 그는 해고된 것에 대해 슬프지만 새로운 직업을 찾기 위해 세상으로 재진입한다. 이제 자기수용은 직업을 찾는 노력의 밑거름이 된다(김춘경 외 역, 2004).

ABCDE 모델을 근거로 합리적 정서치료를 진행하는 과정은 인지행동치료의 과정과 유사하다. 차이가 있다면 치료자의 역할이 좀 더 능동적이고 모델링의 역할을 한다는 데 있다. 합리적 정서치료의 과정은 첫째, 합리적 정서치료의 기본철학 및 논리를 내담자가 믿도록 설명하고 설득한다. 둘째, 상담 면접과정에서 내담자의 자기 보고 및 치료자의 관찰을 통해 내담자의 비합리적 신념을 발견하고 규명한다. 셋째, 내담자의 비합리적 신념에 대해 치료자가 직접적으로 논박하고 합리적 신념의 예를 제시하거나 시범을 보인다. 넷째, 비합리적 신념을 합리적 신념으로 대치하기 위한 인지적 연습을 반복한다. 다섯째, 합리적 행동반응을 개발, 촉진하기 위한 행동연습을 시행한다(이장호 외, 2005).

이와 같은 과정을 진행할 때 한 가지 주의점은 치료자의 논쟁이 내담자의 인격을 모독하여 내담자가 상담 자체에 부정적인 느낌을 가지게 될 수 있다. 그렇기 때문에 합리적 정서치료의 기본철학과 논리에 대해 충분히 설명해야 하며, 논쟁의 대상은 내담자가 아니라 내담자가 가진 비합리적인 신념이라는 사실을 믿게 해야 한다.

(2) 합리적 정서치료 사례[3]

내담자는 중학교 3학년 남학생으로 성적이 우수한 학생이다. 세 형제 중 막내로 고등학교 3학년 형과 대학교 3학년 형이 있다. 형들도 모두 우수한 학생들로 대학생 형은 서울의 상위권 대학에 다니고 있으며, 고3인 형도 서울의 상위권대학에 들어갈 정도의 성적을 받고 있다. 가족들은 내담자도 형들과 마찬가지로 공부를 잘 할 것이라고 기대하고 있다. 지난번 시험에서 내담자는 수학에서 낙제점을 받은 후 혼란을 겪고 있다는 이유로 치료자에게 의뢰되었으며, 시험이 끝났지만 내담자는 자신이 지난번 시험과 마찬가지로 수학에서 또 낙제할 것이라고 굳게 확인하고 있었다.

---

3) Thompson, C. L. & Rudolph, L. B.(2000). Counseling Children. 아동상담의 이론과 실제(천성문 외 역, 2001). 서울: 시그마프레스. pp. 211-214에서 부분 인용.

자신의 지난번 수학성적에서 낙제점을 받고 스스로에 대해 '바보, 멍청이다!' 라고 말하고 있으며 '또 수학시험에서 낙제한다면 몹시 끔찍할 거야', '가족들은 모두 나를 미워할 것이며 게으르고 멍청하다고 생각할 거야'와 같은 신념을 가지고 있었다. 치료자는 내담자의 이런 생각에 대해 낙제하면 '세상이 끝나는 건가?'라고 질문하면서 현실적으로 낙제를 하면 난처하고 불쾌하지만 세상은 끝나는 게 아니라고 설명했다. 또 수학시험에 낙제하면 가족들이 자신을 미워할 거란 생각의 근거가 무엇인지에 대해 질문을 하고, 이전에 낙제했던 적이 있는지, 그때 가족들은 어떻게 반응했는지에 대해 알아보면서 자신의 믿음의 증거가 없다는 것을 인식하게 했다.

3 인간중심 심리치료

인간중심적 심리치료 이론은 1940년대 칼 로저스(Carl Rosers)에 의해 창시된 이론으로, 처음에 이 이론의 명칭은 '비지시적' 치료였으며, 이론이 발전하는 과정에서 1970년대까지는 '내담자 중심' 치료라고 불렸고, 그 이후는 '인간중심' 심리치료로 명칭이 개정되었다. 인간중심적 심리치료 이론은 구체적인 문제해결기법보다는 내담자에 대한 치료자의 태도를 더 중요시한다. 인간중심적 이론에서 인간은 자기를 실현할 수 있는 기본적 동기와 능력을 '이미' 가지고 있는 것으로 가정하며, 다만 살아가는 과정에서 그러한 능력이 발현되지 못했다고 보고 있다. 또한 인간은 현재를 살고 미래를 추구하는 존재이기 때문에 정신분석이론처럼 과거의 경험을 중시하는 것이 아니라, 자신의 가능성과 잠재력을 발견하고 실현할 수 있는, 즉 무엇이든 될 수 있는 형성과정 중에 있는 존재라고 여긴다.

인간의 잠재능력과 가능성에 대한 이런 믿음은 인간중심적 심리치료 이론의 핵심을 이루며, 치료자가 지녀야 할 기본적인 믿음으로, 인간중심적 심리치료 이론은 단순히 여러 개의 이론 중의 하나가 아니라 모든 치료에서 치료자가 지녀야 할 기본적인 태도로 여겨진다.

여기서는 인간중심 심리치료 중 가장 핵심적인 역할을 하는 로저스식 인간중심 심리치료와 게슈탈트 심리치료에 대해 살펴보겠다.

1 인간중심 심리치료

인간중심 심리치료에서 인간은 자신의 잠재력을 실현하려는 경향성을 가지고 있기 때문에, 치료자는 전문적인 기법을 통해 내담자의 문제를 해결해주는 것이 아니라 내담자 스스로가 자신의 문제를 해결해 나가도록 촉진해주는 역할을 한다고 보았다. 인간은 누구나 자신을 긍정적인 존재로 인식하고자 하며, 그러기 위해서 인간은 타인들로부터 긍정적 존중을 받는 것이 필요하다. 인간은 어린시절부터 부모가 자신을 긍정적으로 대하면 자기개념은 긍정적이게 된다. 긍정적 존중으로부터 긍정적 자기개념을 갖기 위해 사람들은 자신에게 중요한 사람들의 가치조건들을 내면화하게 된다. 즉 타인이 중요하다고 여기는 가치를 동일시하면서 타인으로부터 인정을 받게 된다. 특히 어린 시절에는 성인들에 의해 '주입된' 가치체계를 내면화하게 된다. 여기서의 문제는 타인의 가치조건들이 사람들이 원래 갖고 태어난 가능성과 잠재력을 실현하는 데 어떤 영향을 주는가이다. 인간중심 가치조건과 실현경향성이 잘 조화를 이룬다면 자신의 가능성과 잠재력을 발견하고 실현해 나갈 수 있게 된다. 그러나 반대로 가치조건과 실현경향성이 일치하지 않고 외적으로 부여된 가치조건에 따라 살아가게 되면 자기개념과 실제경험 간에 불일치가 생기게 되고, 불일치가 많아짐에 따라 심리적 문제를 경험하게 된다. 따라서 치료자는 아무런 가치조건도 부여하지 않고 내담자를 있는 그대로 존중하고 수용함으로써 내담자에게 부여된 가치조건들을 해체해 나간다. 치료의 목적은 내담자가 현재 직면하고 있는 문제를 해결하는 데 그치지 않고 내담자가 현재 직면하고 있는 문제들과 앞으로의 문제들을 극복할 수 있도록 그들의 성장과정을 촉진하는 것이다.

(1) 인간중심 심리치료의 과정

내담자의 문제는 자기 경험과 자기 지각 간의 불일치로부터 출발한다고 보고 내담자 자신의 자기 지각에 초점을 맞춘다. 치료자는 무엇보다 내담자가 자신의 문제를 꺼내 놓을 수 있는 안전하고 신뢰로운 상담 분위기 마련을 위해 먼저 노력해야 한다. 이렇게 하여 신뢰로운 관계가 형성되면 내담자는 스스로가 자신의 내적인 자원을 발견할 수 있을 것이라 믿는다. 치료자가 치료 과정에서 내담자의 성장력을 키우기 위해서는 자신에 대해서나 내담자에 대해서 솔직해야 하며 내담자를 평가하지 말고 무조건적으로 긍정적인 관심을 보이며 수용하고, 내담자가 경험하는 바를 정확히 이해하여 전달할 수 있는 공감능력을 유지하는 치료관계 형성에 역점을 두어야 한다 (장연집 외, 2001).

인간중심 심리치료에서 치료자의 공감적 이해는 치료를 진행하는 과정 속에서 제일 중요한데, 공감적 이해는 지금 여기에 나타난 내담자의 감정과 경험을 치료자가 민감하고 정확하게 이해하는 것을 뜻한다. 즉 현재 내담자의 내면적 감정을 마치 치료자 자신의 감정인 것처럼 느낀다. 공감적 이해를 잘 하기 위해서는 치료자가 내담자의 입장에 서보는 것이 중요하다. 그러나 공감은 하나의 고정되거나 정지된 상태이거나 단일한 에피소드가 아니라, 일련의 과정으로 '내담자의 지각세계로 들어가

머물기→매순간 감지된 의미들에 민감해지기→비판단적이면서 일시적으로 체험하기→체험된 느낌 전달하기→그 정확성을 점검하기' 등의 과정을 거친다(이장호 외, 2005).

(2) 인간중심 심리치료 사례[4]

내담자는 51세의 여성으로 결혼생활에서의 차이를 해결할 수 있는 어떤 희망도 보이지 않기 때문에 남편과 별거를 해야 할지 말지에 대해 계속 고민하면서 지쳐 있었다. 결혼 초에는 남편으로부터 은근히 소외되는 느낌으로 시작되어 종종 무시되는 느낌이 현재는 노골적인 적대감으로 느껴졌다. 자녀들이 독립하기 전에는 자녀들을 위해 남편과 결혼생활을 유지했지만 현재는 자녀들이 독립한 것에 대한 공허감과 남편에 대한 괴로운 감정이 다시 올라왔다. 그러나 떠나는 것도 이기적인 것 같고, 가족파괴의 책임도 느껴지면서, 남편이 상처받을 것이라고 느꼈다. 남편을 떠나고 싶은 마음과 가족을 유지해야 한다는 마음 간의 갈등을 갖고 있었다. 치료자는 그녀의 이런 양가적인 마음을 공감하며 수용했으며, 내담자는 치료자의 수용에 불안이 점점 줄어들기 시작했고, 자신의 관계단절감과 공허감을 남편에게 전달하기로 했다.

남편에게 감정을 얘기하자 처음에는 남편이 자신을 책망했고 불친절했지만, 산책을 나가자고 하는 등 남편도 노력하는 모습을 보였다고 했다. 내담자는 어떻게 하면 이런 일을 계속할 수 있을지에 대해 걱정했으며, 남편이 더 좋게 느끼도록 만들기 위해서 했던 일들에 대해 이야기를 계속 반복했다. 치료자는 이야기를 들으면서 지루함을 느꼈고, 자신의 느낌을 솔직하고 진솔하게 얘기하자, 내담자는 괴로움이 가득한 목소리로 여러 해 동안 가둬두었던 자신의 크나큰 슬픔의 감정과 남편 없는 미래에 직면하게 되는 두려움에 대해 울면서 이야기하기 시작했다. 이후 내담자는 어릴 때부터 동생들을 잘 돌보고 동생 돌보는 책임이 자신에게 있었으며, 그런 모습을 어머니가 항상 인정해주시고, 주변사람들도 자신을 칭찬했다는 이야기를 하면서 자신의 가치가 항상 다른 사람들을 통해 이루어졌으며, 자신의 결정에는 항상 다른 사람들의 시선이 먼저였다는 것을 깨닫게 되었다. 몇 주 후 상담은 종결되었고, 내담자는 남편과 당분간 헤어져 있고 싶다고 결정을 내렸다. 남편에게 이 사실을 알렸고, 남편과 떨어져 지내면서 새로운 흥미에 대해 발견하기 시작했으며, 대체로 더 평온함을 느끼게 되었다.

4) Palmer S.(2000). Introduction to counseling and psychotherapy. 상담 및 심리치료의 이해(김춘경·이수연·최웅용·홍종관 역, 2004). 서울: 학지사. pp. 270-273에서 부분 인용

2 게슈탈트 심리치료

게슈탈트 치료는 독일 정신과 의사인 프릿츠 퍼얼스(Fritz Perls)에 의해 1940년대부터 시작된 심리치료로, 다른 치료에 대해 개방적인 입장의 치료이고, 정신분석처럼 무의식적인 부분들을 분석하는 입장이 아닌 개인의 여러 심리적인 요소를 전체의 장(field)의 관점에서 통합적으로 이해하려는 치료이다.

게슈탈트 치료에서는 치료자와 내담자가 다같이 직접적인 지각적 · 감각적 경험에 초점을 맞출 것을 요구하며, 주관적인 인간경험이 설명과 해석보다 더 현실적이라는 것을 강조한다. 직접적인 경험에 초점을 둔 과정 속에서 내담자는 자신을 가치롭게 여기고 수용할 수 있는 방법을 배울 수 있으며, 자신의 경험을 신뢰할 수 있다는 것이다. 즉 게슈탈트 치료는 논의되고 있는 내용보다는 무엇이 일어나고 있는 과정에 더 주안점을 두는 과정지향적 치료이다(Yontef, 1993).

(1) 게슈탈트 심리치료의 과정

게슈탈트 심리치료의 가장 핵심적인 것이자 목적은 접촉과 알아차림이다. 접촉이란 개인과 환경과의 경계나 개인과 개인과의 접촉, 개인 내부의 자신의 여러 부분과의 접촉을 의미한다. 건강한 개인은 자신의 경계를 유지하면서 타인과 교류하고 환경과 교류하게 된다. 그러나 경계에 문제가 생기면 개인과 환경과의 교류 접촉이 차단되고 심리적 혼란이 유발되게 된다. 이것이 접촉경계 혼란이다. 접촉경계의 혼란은 개인과 환경과의 경계가 너무 견고하거나 불분명할 때 또는 경계가 상실될 때 생긴다.

게슈탈트 치료에서 접촉경계 혼란이 일어나는 이유는 내사, 투사, 융합, 반전으로 본다. 내사란 아직 자신의 것으로 받아들이고 있지 않으면서 과거 권위적인 인물의 가치나 사고방식을 무비판적으로 따르는 행동이나 사고방식을 얘기한다. 예를 들면 부모가 '어른들 말에는 복종해야 한다'고 얘기하면 그것에 대한 의심 없이 그대로 자신의 것으로 받아들여 자신도 어른들의 말에 복종해야 한다고 믿고 행동한다. 내사가 심한 사람들은 자신의 요구가 무엇인지를 알지 못한 채 타인의 요구나 기대에 따라 행동하는 데 익숙해 있으며, 자신의 의지에 따라 얼마든지 달리 행동할 수 있다는 사실을 잘 알지 못한다. 투사는 자신의 요구나 생각, 감정 등을 타인의 것으로 지각하는 것을 말한다. 예를 들어 자신이 타인을 증오하면서 마치 타인이 자신을 적대시 하는 것처럼 생각하고 행동하는 것을 말한다. 융합은 밀접한 관계의 두 사람이 서로간의 차이점이 없이 일치한다고 느끼도록 합의할 때 일어나는 혼란을 말한다. 예를 들어 어머니가 불행을 느끼면 나도 불행해지고, 어머니가 행복을 느끼면 나도 행복해지는 것을 말한다. 이러한 사이는 겉으로는 상당히 좋은 것처럼 보이나 내면적으로는 서로 독립적이지 못하고 상호 의존적이어서 상대방을 자유롭게 놓아주지 않는다. 반전은 다른 사람에게 표현하는 것이 더 적절한 어떤 생각이나 느낌, 행동을 자기 자신에게 되돌려 표현하는 것을 의미한다. 예를 들어, 다른 사람에게 화를 내야 할 것을 '나는 너무 바보야'라고 자신에게 화가 나서 말함으로서 낮은 자아 존중감 및 수치심을 불러일으킨다.

알아차림이란 현재 이 순간에 자신의 욕구는 무엇이며, 자신의 감정은 어떤지, 어떤 생각을 하며, 어떻게 행동하는지, 자신의 환경을 어떻게 지각하는지를 깨닫는 것을 말한다. 여기에서 알아차린다는 것은 과거의 억압되었던 생각이나 기억을 되살리고 이를 분석하는 것이 아니고 내담자가 있는 현재 여기에서 느끼는 감정은 무엇이며, 신체적인 요구는 무엇인지, 환경에 대해서는 어떻게 느끼며 자신의 행동은 어떠한지를 자각하고 체험하는 것이다. 이러한 체험을 통해 미해결의 과제를 해결할 수 있도록 도와준다.

치료자는 내담자가 스스로 미해결의 과제에 대한 자각을 높이도록 돕기 위해 자신의 힘들고 괴로운 일이 무엇인지를, 즉 내용을 말하기보다는 과거의 경험이 현재 여기에서 어떻게 느껴지는지를 표현하도록 돕는다. 동시에 과거의 어떤 사람에 대해 생각했던 바나 느꼈던 점을 이야기할 때도 그 사람을 지금, 여기에서 만나서 그 사람과 대화하도록 한다. 예를 들어 아버지와 이야기를 하고 싶으면 빈 의자를 놓고 그곳에 아버지가 앉아 있다고 상상하고 아버지와 대화하도록 한다. 이때 치료자는 내담자의 언어적인 표현뿐 아니라 내담자의 목소리, 얼굴 표정, 신체적 감각 등에 주의를 기울임으로써 자신이 경험한 바를 언어화하여 자신의 욕구를 충분히 자각하도록 돕는다(장연집 외, 2001).

게슈탈트 심리치료는 접촉경계의 혼란을 알아차리고 자기 자신은 물론 타인과의 건강한 접촉을 돕기 위해, 또 과거의 미해결된 과제를 돕기 위해 위의 예에서 설명한 빈의자 기법뿐만 아니라 신체적 자각기법, 실험하기 등의 방법들을 사용한다.

(2) 게슈탈트 심리치료 사례[5]

내담자는 회계사무소를 다니고 있는 33세의 싱글 여성으로 삶이 전반적으로 만족스럽지 않으며, 인간관계에 문제가 있는 것 같고, 최근 승진에서 누락되었다고 느끼면서 더욱더 스트레스를 받고 있다고 했다. 치료 시작 몇 개월 후 의견 차이를 참지 못하는 위협적이고 공격적인 아버지 얘기를 털어놓았다. 어머니는 남편의 괴롭힘에도

5) Palmer S.(2000). Introduction to counseling and psychotherapy. 상담 및 심리치료의 이해(김춘경·이수연·최웅용·홍종관 역, 2004). 서울: 학지사. pp. 144-149에서 부분 인용.

고분고분하게 반응하는 조용하고 무력한 여성이었다. 점차 내담자는 아버지가 집에서는 폭군이며, 그로 인해 자신이 분노나 의견 차이를 잘 표현하지 못했다는 것을 알아차리기 시작했다. 또한 자신의 숨겨진 그런 태도가 직장에서 사장과 그녀에게 굴욕을 주는 또 다른 난폭자를 격려하고 있다는 것을 깨닫기 시작했다. 직장에서 사장이 자신에게 공공연하게 멍청하다고 얘기해서 몹시 화가 났지만 이런 감정이 적절한지 모르겠다고 말하다가 즉각 사장의 행동을 정당화함으로써 즉시 그러한 감정을 차단했다. 치료자는 내담자가 이야기하는 동안 그녀의 신체, 특히 주먹과 턱의 긴장에 주의를 기울이도록 '지금 당신이 느끼는 것을 알아차려 보세요' 라고 말했다. 내담자는 아무것도 느낄 수가 없다며 큰 소리로 화를 내며 말하다가, 깜짝 놀라며 미안하다고 했다. 그 순간 바로 치료자는 '당신이 화가 나서 나에게 소리를 질렀던 것이 흥미로웠어요' 라고 말하며, 그 순간에 나온 화를 가지고 실험을 제안했다. 화를 내는 것이 나쁘다고 믿는 내담자에게 한 의자에는 화를 내는 것이 나쁘다고 생각하는 부분을 두고, 다른 의자에는 나에게 화를 내는 부분을 두어 그들이 서로 대화하게 하였다. 치료자는 내담자에게 양쪽 의자를 번갈아가며 각각의 목소리를 내게 했다. 처음에 내담자가 무엇을 어떻게 해야 할지 모르겠다고 하자, 무엇을 어떻게 해야 할지 모르겠다는 것을 말하게 하고, 떠오르는 이야기를 편안하게 이야기하도록 격려했다. 이 실험을 통해 아버지가 폭력을 휘두르는 동안 방관자의 역할을 했던 어머니에 대한 이야기가 나왔고 아버지와 복종관계인 어머니에 대한 탐색을 통해 내담자의 세계 내에서 어머니의 복종과 규범이 내면화된 정도를 자각하게 되었다.

그 후 다음 세션에 왔을 때 직장에서 이전과 다르게 자기의 의견을 얘기하자 사장이 자신에게 더 이상 무례하게 굴지 않았다고 얘기하며, 활기 차 보였고 점차적으로 직장 내에서 자신의 위치를 확고히 해나가기 시작했다.

4 의료적 접근법으로서의 약물치료

약물치료는 정신약물학에 기초하여 환자들의 증상을 완화하는 치료법으로 정신과적인 문제들을 치료할 때 일반적으로 많이 사용한다. 정신약물학은 우리의 뇌에서 분비되는 신경전달물질의 양의 변화에 따라 정신이나 행동에 어떠한 변화가 일어나는지를 연구하는 영역이다. 약물치료에 대해 일반인들은 지나친 믿음이 있는가 하면 지나친 염려 또한 많다. 프로작, 졸로프트, 데로사트, 자낙스, 리튬, 비프트레사 같은 항정신성 의약품들은 대단히 유용하다. 정신과에 내원하는 환자들 중에는 정신질환제를 복용한 후에 단순히 좋아진 정도가 아니라 몸과 마음이 완전히 회복되었다는 이들도 있다. 그러나 염증을 치료하는 항생제와는 달리 정신질환제는 복용을 중단하면 그 효과가 급격히 떨어진다. 그러므로 대부분 일 년 이상 지속적으로 약물을 복용해야만 한다(Servan-Schreiber, 2003). 또한 약물치료만을 하기보다는 심리치료를 병행하게 되면 보다 치료효과를 볼 수 있다는 보고가 많다.

여기서는 정신분열증과 같은 심한 장애뿐만 아니라 불안 및 우울과 같은 흔한 문제들에까지 약물을 처방하는데 이들 약물들에는 어떤 것들이 있고, 그 한계가 무엇인지 살펴보겠다.

심리적 장애를 치료하기 위해 처방하는 약물은 사용목적에 따라 항정신병제, 항우울제, 항조증제, 항불안제 등으로 부른다. 항정신병제는 클로로프로마진, 할로페이돌, 클로자핀 등으로 정신분열증 환자들을 위해 처방되며, 망각, 환각, 사고장애, 흥분 등의 정신병적 증상들을 완화시키기 위해 사용된다. 항정신병제는 완치의 효과보다는 주요증상을 조절·감소시켜서 환자가 일상생활을 영위할 수 있게 할 뿐이며, 거의 일평생 약물을 복용해야 한다. 또한 약물치료로 2/3 정도가 효과를 보지만 1/3 정도는 부작용을 경험하여 약물을 중단하는 경우도 있다.

항우울제는 주로 우울, 불안, 공포증, 강박충동장애의 치료목적으로 사용된다. 나달과 같은 모노아민계 산화억제제는 노르에피네프린과 세로토닌을 비활성화시켜주는 효소를 막거나 억제해서 이들 신경전달물질의 수준을 높인다. 에라빌과 같은 삼환계 항우울제와 프로작 같은 선택적 세로토닌 재흡수 억제제가 특히 많이 사용된다. 항우울제는 안전하다고 얘기하고 있지만 장기복용의 위험성에 관해서는 아직 과학적으로 입증되지 않았다.

밸륨이나 제낙스는 진정제로 우울이나 불안, 공항발작을 호소하는 환자들에게 자주 처방되는 약물로 우울증이나 공항장애를 없애는 효과는 없으며, 단지 응급상황에서 불안과 발작을 진정시켜주는 효과를 가지고 있다(김현택 외, 2003).

현재까지 항정신성 약물복용의 안전성에 대해 확신할 수 없다. 즉, 새로운 약이 개발되면 단지 수주나 수개월만에 임상실험을 마치기 때문에 장기적 복용에 따른 위험들에 대해서는 연구된 것이 거의 없다. 따라서 어떤 약물이 당장 효과가 있다고 해도 장기적으로 어떤 해를 가져올지 모른다는 점을 명심하고, 심리적 장애에 약물만을 복용하는 것이 위험하다는 인식을 하고, 근원적인 치료를 위해 심리치료와 병행하는 것을 권한다(김현택 외, 2003).

▶▶ **자유롭게 토론해 봅시다**

❶ 일상생활에서 힘든 상황에 처했을 때 드는 생각과 감정, 행동 등에 대해 이야기해 보고, 합리적 정서치료 과정에 따라 어떻게 다루면 좋을지에 대해 토론해 봅시다.

❷ 책에서 제시한 각 치료법의 장 · 단점에 대해 토론해 봅시다.

CHAPTER 12

극심한 스트레스와 새로운 심리치료

CHAPTER 12
극심한 스트레스와
새로운 심리치료

현대인은 급속한 주변 환경의 변화로 예기치 않은 사건과 사고를 만나고, 끊임없이 요구되는 경쟁 그리고 소외 등의 극심한 스트레스로 인해 불안장애, 우울증과 같은 정신적인 문제들에 쉽게 노출되고 있다.

극심한 스트레스 상황을 벗어나기 위해 기존에는 심리치료와 함께 항우울제 처방으로 그 어려움을 해결하곤 했다.

그러나 기존의 심리치료 중 지난 30여 년간 정신의학 분야를 이끌어 온 정신분석적 접근은 오늘날 치유 확률을 정확하게 알려주지 못하고, 시간과 경제적 부담이 너무 크므로 인해 일반 대중뿐만 아니라 정신건강 전문인에게도 점차 관심을 끌지 못하고 있고, 항우울제나 항불안제와 같은 항정신성 의약품은 매우 유용하지만 복용을 중단하면 그 효과가 급속히 떨어지는데다가, 대부분은 일 년 이상 지속해야 하는 제한점을 지니고 있다(다비드 세르방-슈레베르, 2004).

이에 기존의 치료 접근법들이 지닌 제한점이나 문제점을 보완할 수 있는 새로운 치료 접근법들이 시대적 변화에 따른 일반대중의 요구에 부응키 위해 나타나고 있으나, 이들 역시 치료의 만족도가 경쟁 우위를 지켜내지 못한다면 수정, 보완되거나 자연스럽게 쇠퇴할 것이다.

1 현대사회와 새로운 치료 접근법의 요구

오늘날 불안장애, 우울증, 두려움, 공포, 악몽과 같은 문제를 다루어 줄 새로운 치료 접근법들이 지속적으로 요구되는 가장 주된 이유는 첫째는 주변 환경의 급변화 때문이고, 둘째는 인간은 쉬지 않고 변화하는 유기체인 동시에, 사람마다 불안이나 우울 그리고 외상을 겪은 상황과 강도 등이 매우 다양하며, 개인이 가지고 있는 자원의 제한성으로 적응력을 제대로 갖추고 있지 못하기 때문이다. 셋째는 의료분야에 최첨단 테크놀로지가 도입되어 혁신적인 치료법을 내놓고 있으므로 인해, 사람들은 과거처럼 질병으로 인한 고통스러움을 참아내는 인내력이 짧아지고, 치료는 신속하고 정확하며 덜 고통스럽게 다루어지길 원하고, 더 나아가 고객중심의 고객감동 등을 의료분야에서 접하길 원하고 있기 때문이다.

기존의 치료접근법들도 개발 당시에는 모두가 획기적으로 장점만 부각되었으나, 시간이 지나면서 점차 제한점이 드러나고 있듯이, 새로운 치료 접근법들 역시 지속적으로 쉬지 않고 개발되고 있지만 시간개념을 확대시켜 보면, 완전무결한 치료법은 없다고 본다. 즉 새로운 치료 접근법들도 기존의 접근법들처럼, 시간이 지나면 부각된 장점보다는 제한점이 더 크게 밝혀지면서 수정 보완되고, 또 다시 개발된 새로운 접근법으로 인해 끊임없이 대체되곤 한다. 이 같은 과정을 밟아오면서, 치료법들은 천천히 그리고 분명히 진화되어 왔다.

최근 불안장애, 우울증, 두려움, 공포, 악몽 등과 같은 문제를 다루어 줄 수 있다고 보고, 관심을 가지게 된 치료 접근법은 다음과 같이 크게 세 가지 범주로 묶어 볼 수 있다.

첫째는 자가치유 메커니즘을 최대한 활용하는 새로운 치료 접근법이다.

프랑스의 정신의학자인 다비드 세르방-슈레베르(2004)는 인간의 뇌와 정신에 이미 존재하고 있는 자가치유 메커니즘을 최대한 활용하는 치료접근법으로, 그 효율성이 모두 엄격한 의학적 평가를 받은 새로운 치료법을 소개하고 있다. 자연스러우면서도 뚜렷한 효과를 보이는 최첨단의 치료법으로, 모두 감정뇌를 자극하는 치료법에는 특히 본 장에서 자세히 다루고자 하는 안구운동 민감소실 및 재처리과정(EMDR; Eye Movement Desenstization & Reprocessing), 호흡이 중요시되는 정상심장박동훈련, 새벽 시뮬레이션을 통한 생체시계조절 등이 있다(다비드 세르방-슈레베르, 2004).

둘째는 좀 더 새로운 항정신성 의약품의 개발과 이들 의약품의 접근 용이성이란 측면이다.

하버드대학의 한 연구결과를 살펴보면 대부분의 미국인들은 우울과 불안이 밀려올 때 고통을 덜어주는 보조 의약품의 복용이나 대체 약물을 선호한다(Kessler et al, 2001). 일반인들뿐만 아니라, 미국 시사주간지 TIME지 최신호(2008년 6월호)에 의하면 이라크, 아프가니스탄에 파병된 미군병사들에게도 항우울제가 비밀병기가 되고 있다. 전장의 병사들에게 그 동안은 정신과 약물의 복용이 금지되어 왔으나, 미국 전투병들은 사상 처음으로 정신적 문제에 대처하기 위해 대규모로 항우울제나 수면제를 처방받고 있다. 1991년 걸프전 때 정신적 문제를 호소하는 미군병사들이 생기는 경우에는 후방으로 보내었으나, 10년 후인 2천년대 이라크 전에서는 병사들을 후방으로 보내는 대신 항우울제를 처방하여 계속 전투에 투입하고 있다. 2006년 11월미 국방부는 항우울제의 사용을 사실상 공식 허가하는 규정을 마련할 정도이다(조선일보, 2008년 6월 7일). 대중적인 요구에 따른 약물의 접근 용이성과 새롭고 보다 강력한 항정신성 의약품의 개발은 지속적으로 이루어지고 있다.

뿐만 아니라, 미국의 피츠버그대학 쉐디사이드병원에서는 1998년부터 우울, 불안, 스트레스 등을 해소하기 위해 직접적인 뇌 치료를 통한 치유법 개발을 진행해 오고 있다(다비드 세르방-슈레베르, 2004).

셋째는 기존의 서구의학에 도움을 줄 수 있다고 보는 대체의학적 치료법을 들 수 있다.

대체의학이란 질병을 예방하고 치료하며 건강과 웰빙을 증진시키는 데 목적을 두는 것으로(미국국립보건원, 1995), 그 영역은 매우 넓고 다양하여 관련의 치료법만 해도 철학적 치료법(요가, 전통중국의학, 무속치유), 자연치료법(수도요법, 마사지, 접골), 의료법(한약, 비타민, 식이, 영양), 생물에너지(자기술, 기공, 촉수), 심신술(명상, 최면, 자조, 바이오피드백, 기도, 영적 치유) 등 매우 다양하다(Cohen, 2000). 서구의 경우 대체의학적 치료를 받은 사람이 지불하는 치료비용은 전통적인 의료적 약물치료를 위해 지불하는 비용보다 월등하게 많으며, 대체의학 전문가를 찾아가는 환자의 수 역시 1차적 진료기관의 의사를 찾아가는 환자의 수보다 훨씬 많다(Australian Bureau of Statistics. 1998; Eisenberg et al, 1998). 게다가 서구에서는 일반의사의 30-40%가 환자에게 대체의학 치료를 권하고 있으며, 75% 이상의 의사가 자신들이 치료하는 환자를 대체의학 치료기관에 의뢰하고 있다(Hall & Corti, 2000; Pirotta et al, 2000). 더 나아가 80% 이상의 전통의사가 대체의학적 치료의 타당성을 인정하고 있으며, 대부분의 의사가 대체의학적 치료를 위한 교육받기를 원하고 있다(이현수, 2005).

---

2 드러내는 문제에 부합되는 치료 접근법   ●●●●

정신건강전문가들은 최근에 나타나고 있는 새로운 치료 접근법들에 관해 개방된 시각을 가지고 있어야, 이들 접근법이 얼마나 유용하고, 어떤 경우에 최적으로 적합한지를 알 수 있다. 더 좋은 방법은 정신건강전문가들이 이들 새로운 치료 접근법들을 실제로 접해 보는 것이다. 그래야만 환자의 요구에 부합되는 추천을 할 수가 있게 된다.

정신건강전문가는 새로운 치료법에 대해 개방적인 시각을 가지고 접근할 뿐만 아니라, 환자가 가지고 있는 질병의 원인이 신체적인 수준에서 발견되었다면 신체적인 수준의 치료법을 추천해야 하고, 마찬가지로 질병의 원인이 정신적, 사회적, 영적, 윤리도덕적인 측면에서 발견된다면 각기 해당의 치료 접근법을 추천해야 한다. 게다가 질병의 원인이 흔히는 복합적으로 연계되어 발생할 수 있으므로, 이 같은 경우에는 관련의 치료 접근법들을 통합적으로 고려한 후, 이에 대해 편견없이 최적의 추천을 해 줄 수 있어야 한다.

환자가 신체적 질병을 가졌다면 신체적 개입을 해야 하고, 정서장애를 가졌다면 정서적 치료를 해야 한다. 그리고 영적인 위기에는 영적인 방법이 사용되어져야 한다. 만일 원인이 혼합되어 있다면 적절한 수준의 치료는 그 수준에 맞추어 혼합되어야 한다(켄 윌버, 2006).

예를 들어 앞으로 다루게 될 EMDR의 경우는 심리적외상을 다루는 치료법이므로 생물학적 원인에 의한 우울증, 강박증, 치매증상에는 권장하지를 않는다.

어떤 질병이 신체적인 수준에서 발병한 것을 심리적인 수준에서 일어난 것으로 오진하게 되면, 환자의 치료 효과는 낮아질 수밖에 없고 이로 인한 폐해는 온전히 환자가 받게 된다. 물론 치료자라고 편할 수만은 없다. 치료법을 추천하는 것은 정신건강전문가이기 때문이다. 그러므로 치료사가 바르고 정확한 임상 실제의 활동과 제대로 된 추천을 하기 위해선 올바른 교육이 매우 중요하다(다비드 세르방-슈레베르, 2004).

심리학자가 수행하는 심리치료는 신체적인 질병이 아니라고 확신할 때 이루어지게 된다. 심리치료가 주된 치료접근법이 아닐 경우에는, 주된 접근법을 수행하는 정신건강전문가에게 의뢰하거나 환자에게는 부차적인 치료접근법임을 알려 주어야 한다.

그리고 치료 접근법들도 끊임없이 개발되고 변화되어가므로, 정신건강전문가들은 해당의 치료 접근법의 변화과정을 제대로 인지하고 있어야 한다. 심리적인 원인을 갖고 있다고 간주되었던 수많은 질병들도, 오늘날의 뇌 과학적 연구가 축적되면서 새롭게 그 원인이 신체적·유전적 요인에서 기인되는 것 같다는 새로운 발표를 하는 일이 종종 있다.

일례로 1960년대에는 자폐증이 냉장고같이 차가운 부모 때문에 나타나는 질병으로 보여져, 부모를 떠나 기숙학교 같은 곳에서 공동생활을 하며 심리치료를 실시한 적이 있다. 천식 역시 오랫동안 '숨 막히게 만드는 엄마' 때문에 걸리는 병이라 생각되었다. 이러한 인식들은 특히 환자보다는 부모들에게 엄청난 죄책감을 불어넣었다. 당시에는 이들을 심리치료로 해결하려 하였다.

물론 오늘날의 뇌 과학 수준은 아직은 성숙되어 있지 않은 수준이라고는 하지만, 과거에 비해서는 엄청나게 발전을 하였다. 그리고 거의 매일 변화해 가고 있으므로, 오늘 발표되는 연구결과는 과정 중의 연구결과로 이 역시 조심스런 원인적 접근이긴 하지만, 현재로서는 최선의 연구결과이다. 그러나 이 역시 내일도 최선의 결과라고 명확히 말할 수 없음을 인지하고는 있어야 한다.

또 다른 예를 들어 보면, 다리가 부러진 사람들에게 이완법, 심상법, 명상법이 좋다 하여 이를 사용한다면, 이는 적절한 판단이 아니다. 물론 이완법, 심상법, 명상법 등은 질병의 고통을 완화해주고 이완을 시켜주므로 다리가 부러진 사람들에게도 분명 도움을 주는 방법이다. 그러나 우선적으로 요구되는 주된 치료법은 신체적으로 도와줄 수 치료법이다. 다리가 부러진 경우라 할지라도 이에는 주된 접근법과 부차적인 접근법이 있다는 것이다. 환자가 여유가 있어 이들에 관해 철저하게 관련의 정보를 모두 다 듣고, 두 가지 접근법의 치료를 모두 받겠다고 하면 문제가 없겠으나 다리가 부러진 사람들에게 이완법, 심상법, 명상법 등을 주된 접근법으로 추천하는 것은 우선적으로 정신건강 전문가의 윤리적 측면과 연계되는 중요한 부분으로 본다. 정신건강전문인이 주된 치료법과 보조적인 치료법의 분간을 잘 할 수 있다고 보지만, 많은 사람들이 많은 이유로 인해 이를 혼동하고 있다고 본다.

최근에는 정신건강전문가들 사이에 전문 영역의 문턱이 낮아지고 서로 왕래가 잦아지기는 하였으나, 여전히 전문 분야 간의 특수성은 존재함을 인정해야 한다. 주된 치료와 부차적인 치료 간의 구분이 중요한 부분인 것처럼, 전문적인 특수성의 인정과 개인적인 관심 간의 혼돈은 멈춰져야 하며, 이는 전문가 수준에 속할수록 더더욱 철저해야 한다.

3 외상후 스트레스 장애와 효과적인 심리치료법

현대인들이 각종의 사건과 사고 등에 무방비 상태로 노출되어 예기치 못한 충격으로 인해 극심한 불안, 우울, 공포, 악몽 등에 시달리는, 외상후 스트레스 장애(PTSD; Post Traumatic Stress Disorder)와 같은 정신적인 문제를 가지게 될 때, 이를 다루어줄 가장 효과적인 치료 접근법으로, 최근 미국의 심리학회에서 선정한 치료 접근법에는 안구운동 민감소실 및 재처리과정(EMDR; Eye Movement Desensitization & Reprocessing)과 장기 폭로치료(PE; Prolonged Exposure)의 두 가지가 있다.

두 가지 접근법 중 EMDR은 PE에 비해 효과가 빠르고 치료기간이 짧아 치료자와 환자의 만족도가 가장 높은 심리치료로 알려져 있다.

많은 환자를 EMDR로 치료를 해보니, 모두 1시간에서 1시간 30분 동안의 치료가 끝난 이후에는 치료효과에 깜짝 놀라는 경우가 많았다. 어떤 환자는 2년 동안 받았던 심리치료보다 단 1번의 EMDR이 더 효과가 있다고 말했고, 어떤 환자는 네 번의 EMDR 후에 6년 동안 복용하던 약물을 끊었다고도 했다(프란신 사피로, 2008).

EMDR은 신속히 고통스러움을 처리하므로, 외상으로 인한 고통스런 시간을 최대한 급속히 지워주므로 고통에 노출되는 시간을 단축시켜 현대사회에서 요망되는 치

외상 후 스트레스 장애(PTSD)의 진단 기준

A. 외상성 사건을 경험했던 개인에게 다음 두 가지 증상이 모두 나타난다.

　(1) 개인이 자신이나 타인의 실제적이거나 위협적인 죽음이나 심각한 상해, 또는 신체적 안녕에 위협을 가져다 주는 사건(들)을 경험하거나 목격하거나 직면하였을 때

　(2) 개인의 반응에 극심한 공포, 무력감, 고통이 동반될 때

　　주의: 소아는 이런 반응 대신 지리멸렬하거나 초조한 행동을 보인다.

B. 외상성 사건을 다음과 같은 방식 가운데 한 가지(또는 그 이상) 방식으로 지속적으로 재경험할 때

　(1) 사건에 대한 반복적이고 집요하게 떠오르는 고통스런 회상(영상이나 생각, 지각을 포함)

　　주의: 소아는 사고의 주제나 특징이 표현되는 반복적 놀이를 한다.

　(2) 사건에 대한 반복적이고 괴로운 꿈

　　주의: 소아에서는 내용이 인지되지 않는 무서운 꿈

　(3) 마치 외상성 사건이 재발하고 있는 것 같은 행동이나 느낌(사건을 다시 경험하는 듯한 지각, 착각, 환각, 해리적인 환각 재현의 삽화들, 이런 경험은 잠에서 깨어날 때 혹은 중독 상태에서의 경험을 포함한다.)

　　주의: 소아에서는 외상의 특유한 재연(놀이를 통한 재경험)이 일어난다.

　(4) 외상적 사건과 유사하거나 상징적인 내적 또는 외적 단서에 노출되었을 때 심각한 심리적 고통

　(5) 외상적 사건과 유사하거나 상징적인 내적 또는 외적 단서에 노출되었을 때의 생리적 재반응

C. 외상과 연관되는 자극을 지속적으로 회피하려 하거나, 일반적인 반응의 마비(전에는 없었던)가 다음 중 세 가지 이상일 때

　(1) 외상과 관련되는 생각, 느낌, 대화를 피한다.

　(2) 외상이 회상되는 행동, 장소, 사람들을 피한다.

　(3) 외상의 중요한 부분을 회상할 수 없다.

　(4) 중요한 활동에 흥미나 참여가 매우 저하되어 있다.

　(5) 다른 사람들로부터의 소외감.

　(6) 정서의 범위가 제한되어 있다(예: 사랑의 감정을 느낄 수 없다).

　(7) 미래가 단축된 느낌(예: 직업, 결혼, 자녀, 정상적 삶을 기대하지 않는다.)

D. 증가된 각성 반응의 증상(외상 전에는 존재하지 않았던)이 두 가지 이상 있을 때

　(1) 잠들기 어려움 또는 잠을 계속 자기 어려움

　(2) 자극에 과민한 상태 또는 분노의 폭발

　(3) 집중의 어려움

　(4) 지나친 경계

　(5) 악화된 놀람 반응

E. 장해(진단 기준 B, C, D)의 기간이 1개월 이상이다.

F. 증상이 임상적으로 심각한 고통이나 사회적, 직업적, 다른 중요한 기능 영역에서 장해를 초래한다.

세분할 것:

급성: 증상 기간이 3개월 이하

만성: 증상 기간이 3개월 이상

지연성: 스트레스 발생 후 적어도 6개월 이후 증상이 나타난다.

출처: DSM-IV(1994) 참조.

료시간의 신속성이란 측면에서 만족도의 순위가 매우 높은 심리치료이다.

동시에 전체 치료회기가 짧아지므로 인해, 전체적인 치료경비를 격감시킬 수 있어 경제성도 갖추고 있다. 또한 치료를 받으러 다니는 시간이 줄어든다는 것은 환자를 덜 지치게 할 뿐만 아니라, 환자를 데리고 다니거나 돌보아 주어야 할 환자의 가족에게도 상당히 다양한 이점을 제공한다.

EMDR이 갖추고 있는 이 모든 측면은 현대인들이 의료상황과 관련하여 요구하는 치료의 만족도를 모두 갖추고 있다.

종종 외상중심 심리치료라고 언급되기도 하는데, 그 이유는 심리적 외상을 경험한 사람에게 기본적으로 적용해왔기 때문으로, EMDR은 PTSD에 한하지 않는다. 강간, 폭행, 전쟁, 약물중독, 사랑하는 사람의 사망 이후의 심각한 고통을 치료하는데 매우 유용하다. 그리고 시기, 질투, 이혼을 포함한 대인관계의 상실, 시험공포, 무서운 상사에 대한 공포, 작가 및 예술가들의 장애, 성적 억제, 다양한 자기파괴 행위들과 같이 심하지 않은 다양한 문제들을 극복하는 데에도 실제적으로 도움이 된다. 그리고 대부분의 치료법들은 어린 아동에게는 효과를 발휘하지 못하나 EMDR은 3세 이하의 PTSD 환아들의 증상인 수면공포, 수면장애, 공포증, 분노발작, 초조, 파괴적인 행동, 극단적인 흥분과 같은 장애를 빠르고도 성공적으로 회복시킨다(프란신 사피로, 2008).

4 안구운동 민감소실 및 재처리과정

EMDR(안구운동 민감소실 및 재처리과정)은 사람들로 하여금 파괴적인 기억으로부터 탈출할 수 있는 길을 제공해주며, 심지어 수년 동안 기존의 치료에 실패했던 사람들에게도 효과가 있다(프란신 사피로, 2008).

1 EMDR의 발견 배경

EMDR은 1987년 미국의 심리학도인 사피로(Francine Shapiro)가 어느 날 고통스런 생각을 하면서 공원을 산책하고 있었을 때, 우연히 고통스러웠던 부정적이고 기분 나빴던 생각들이 사라지는 경험을 하게 된 것을 계기로 개발에 이르게 된다.

사피로가 돌이켜보니 자신은 눈을 대각선 방향으로 움직였던 것밖에는 없었다는 것을 생각해 냈다. 너무도 신기하여 더 오래된 과거의 일, 부모와의 고통스런 일들을 떠올리면서 자신이 했던 눈 운동을 그대로 재현해 보았다. 이 같은 체험을 해가는 가운데 사피로는 정신이 자연스러운 치유기제를 갖고 있는 것은 아닌가란 생각을 하게 되었다.

자발적인 안구운동이 부정적이고 기분 나쁜 생각을 감소시킨다는 사실을 발견한 그녀는 자신의 가족, 친척, 친지들을 대상으로 안구운동을 실험해 보면서 자신의 방법을 1987년 안구운동 민감소실(EMD; Eye Movement Desensitization)이라고 명명하였다.

그런데 계속 실험을 해보니 생각처럼 잘 되질 않아 안구운동에 인지행동치료를 접목해 보았다. 즉 인지행동치료의 재처리과정(Reprocessing)을 첨가시키면서 많은 효과를 보게 되자 1990년에는 기존의 명칭을 변경하여 안구운동 민감소실 및 재처리과정(EMDR; Eye Movement Desensitization and Reprocessing)이라고 부르게 되었다.

이후 사피로 박사는 1995년 EMDR에 대한 첫 저서를 발간하였고, 또 여러 연구자들의 연구 결과와 경험적 자료들을 집대성하면서 현재는 미국심리학회에서 경험적으로 인정을 하는 심리치료로 자리잡게 되었다.

2 작은 심리적 외상과 큰 심리적 외상

현대 사회 속에서 살아간다는 것은 예측하기 힘든 작고 큰 다양한 사건과 사고에 무방비로 노출되어 있다는 것이며, 급변화를 겪고도 그런 대로 적응하며 살아 남아야 한다는 것을 의미한다.

심리적 외상은 크게 두 가지로, 작은 심리적 외상(trauma)과 큰 심리적 외상(TRAUMA)으로 나누어 볼 수 있다.

작은 심리적 외상(t)이란 예를 들어 어릴 적 주변에서 싫어하는 별명을 붙여 불러주는 것을 계속 들어야 했거나, 이사나 전학 등으로 새로운 환경에 적응해야 하는 어려움과 새로운 친구를 사귀어야 하는 어색함을 느끼거나, 치과에 가서 이 치료를 받았던 경험, 사람 많은 곳에 갔다가 엄마를 잃어버려 순간 당황하다 엉엉 울어버린 경험, 각종의 특정 동물에 대한 공포증, 나이가 들어선 준비해간 발표를 제대로 하지 못해 당황한 경험 등과 같은 것으로, 이 같은 경험은 자신과 세상에 대해 좁고 제한적인 견해를 갖게 하여 자신감을 잃게 하거나 자기 효능감을 약화시키거나 잠재력을 충분히 발휘하지 못하게 한다.

반면 큰 심리적 외상(T)은 예를 들어 험난한 아동기 경험으로 생기는 정서적 고통, 자동차 사고, 대구 지하철 사고, 엄청난 자연재해, 성폭력, 신체적 학대, 재난, 베트남 참전 용사가 경험한 전쟁과 같은 심각한 사건의 영향, 이라크나 아프가니스탄에 파병된 미군병사가 체험하는 전장과 관련한 정신적인 어려움과 같이 한 개인의 삶을 온통 흔들어 놓아 자신과 세상에 대해 가지고 있던 기존의 관점이 극히 의문시되고 신뢰를 갖지 못하도록 만들어 불안, 공포, 우울, 악몽, 플래시백, 부적응, 침입하는 부정적 사고(intrusive thought), 낮은 자존감, 낮은 효능감, 대인관계 문제 등을 일으키기도 한다.

작든 크든 심리적 외상은 자신과 세상 모두에 대해 제한된 믿음이나 잘못된 믿음을 갖게 하는 모든 경험이라고 볼 수 있다. 이 같은 심리적 외상들의 처리가 제때, 제대로 이루어지지 않으면 심리적 장애를 초래하여 성격문제나 역기능적 반응을 나타내게 된다.

남들에게는 가벼운 사고였다는데, 평생 정상적이지 않은 수준에서, 과거의 사건과 사고의 기억들이 떠오르고 그로 인해 위축되고 불안하고 우울하여 수없이 많은 정신과 치료와 약물을 복용하였지만 별 효과를 보지 못한 경우, EMDR로 희망을 가질 수 있다.

교통사고, 강간, 폭행, 자연재해, 성폭행 피해자들이 앓고 있는 외상후 스트레스 장애(PTSD) 치료에 효과가 높은 EMDR은 그 밖의 공포증, 공황 발작, 아동의 정서적 문제, 물질 남용 등의 치료에 사용해 본 결과 연구 대상자들로부터 플래시백(사고 장면의 순간적 재현), 침입하는 부정적 사고가 줄어드는 것을 발견하였다. 그리고 공황장애, 불안장애, 약물복용, 과도한 격노, 편집증환자의 정신분열과 같은 다양한 증상에 효과적으로 이용되고 있으며 신체화장애, 신체이형장애, 만성 통증, 약물남용, 스포츠 선수들의 슬럼프, 성격장애, 연예 활동의 기능을 향상시키기 위해 사용되는 등 다양한 증상의 치료에 효과적이라는 것이 밝혀지고 있다. 그리고 치료 효과는 시간이 경과하면서도 지속되는 것으로 보고되고 있다(http://www.openwide.co.kr/).

최근연구에 따르면 강간, 사별, 사고, 자연재해로 인해 생긴 PTSD를 가진 환자 중 84~90%가 단 세 번의 치료로 이 질환이 완치되었다고 보고되고 있다. 그리고 일반인의 PTSD 치료 효과는 미국 심리학회 12지부에서 1998년 조사 발표한 '경험적으로 타당성이 인정되는 치료(empirically validated therapies)' 대한 조사에도 잘 나타나 있다. EMDR은 "효과적인 측면을 갖추고 있다고 여겨지는 치료(probably efficacious treatments)"로 분류되고 있으며, 이 분류는 "잘 통제된 치료 연구에서 환자에게 유익한 치료"라고 정의하고 있다. 개인중심의 심리치료이며, 외상중심 심리치료인 EMDR은 2세부터 전 연령층을 대상으로 사용할 수 있다.

3 정보처리시스템을 활성화시키는 치료원리

정보처리모델(Information Processing Model)을 근간으로 하여 만들어진 구조화된 심리치료인 EMDR은 과거의 부정적 경험을 통해 가지게 된 신체정보를 재처리하도록 도움으로써 고통을 주는 기억으로부터 벗어나게 해주는 심리치료이다.

즉 우리 삶에서 일어났던 고통스러웠던 과거 사건의 경험인 부정적 기억이 현재까지 지속되어 일상생활에서 문제를 일으키게 되면 정신병리의 원인이 되게 되는데, 그 고통스러운 기억을 둔감화시키고, 적응적인 방향으로 재처리하도록 도와주어 지금, 현재에 과거를 좀 더 객관적으로 바라볼 수 있고 건강하게 대처할 수 있도록 돕는다.

우리가 삶에서 갖는 갖가지 모든 경험은 뇌에 기억으로 남아 우리의 생각, 태도, 행동의 기본이 된다. 모든 인간은 인체 내에 생리학적으로 타고난 정보처리 시스템을 갖추고 있다. 뇌의 정보처리 시스템(Information processing system)은 우리가 경험하는 것들을 처리하고 기억으로 저장하는 역할을 한다. 기억들은 서로 밀접하게 연결되어 있으면서 그 안에 유관한 생각들, 심상들, 감정들, 감각들을 포함하고 있다. 학습이란 기억 속에 저장된 자료들 간에 새로운 연결성이 형성될 때 일어난다. 그러나 충격을 주는 사건이나 매우 부정적인 사건이 발생하면, 강한 부정적 느낌이나 분열로 인하여 정보처리 기능이 방해를 받게 된다. 그럴 경우 다른 기억 회로망과의 연결을 이루지 못하게 되고, 따라서 좀 더 적응적인 정보처리과정을 이루는 데 실패를 하게 된다. 극심한 불안과 공포에 노출되었던 사람들, 예를 들어 강도나 강간 사건의 피해자, 지하철 방화사건의 생존자들은 사고와 관련된 단순한 사실에 대해서조차 인지가 왜곡되어지고 이로 인해 사고 당시의 고통스런 감정을 계속해서 겪으면서 스스로를 힘들게 하는 경우가 많다. 즉, 떨쳐버릴 수 없는 사고관련 생각들, 감정의 고통, 부정적 자기인식 등이 사고가 이미 지나간 상황에서도 피해자를 계속해서 괴롭히는 문제점들이다(http://www.seoulemdr.co.kr).

사피로 박사의 이론에 따르면 재처리 대상 기억이 좀 더 적응적 정보들과 연결된 상태에서 정보처리가 이루어지면 학습이 일어나고, 적절한 감정과 함께 긍정적 경험이 축적되어져서 결국 피해자의 새로운 반응패턴을 유도할 수 있게 된다. 다시 말해 어떤 끔찍한 사건이나 충격적인 경험은 우리 뇌의 정보처리 시스템을 교란시키고 마비시켜, 처리되지 않은 상태로 뇌의 변연계(주로 편도체)에 주로 저장되게 된다. 즉, 처리되지 않은 고통스러운 기억들은 그 당시의 장면, 소리, 냄새, 생각, 느낌, 그리고 신체감각 등의 단편적인 형태로 남아 그대로 신경계에 "얼어붙은 채, 갇혀버리게" 된다. EMDR은 이러한 치유가 되지 않은 마음의 상처, 처리가 되지 않은 충격적인 경험의 기억을 직접 처리함으로써 고통스러운 증상을 없애고, 보다 적응적으로

Tinker와 Wilson의 EMDR 사례

내가 2년 동안 치료를 해오던, 오랫동안 정서적, 육체적, 성적으로 학대를 받아온 여성 내담자에게 처음으로 EMDR을 실시하였을 때, 나는 어떤 결과가 나타날지 예상하지 못하였다. 그러나 내가 시행했던 어떤 치료에서도 이 같은 놀랄만한 결과를 보지 못했었다.

수년의 치료기간과 수많은 치료자들을 통하여 그녀는 자신이 이해한 것들에 대해 말할 수 있는 수준에까지 이르렀다. 그러나 학대와 폭행에 대한 기억들은 그녀의 정서적 바탕에 깔려 있는 채로 그녀를 계속 괴롭혔다. 그동안 그녀가 나를 비롯한 다른 치료자들에게 받아온 모든 치료들은 학대나 폭행에 대한 그녀의 정신적 고통을 변화시키지 못하였다.

그녀가 심리적 외상을 받았던 과거와 그것들을 깊이 정화하는 것에 초점을 두었던 몇 차례의 EMDR 회기가 끝난 후에, 그녀는 말하였다. *"이제야 좀 정서적으로 편안해진 것 같아요. 그것은 내 잘못이 아니었어요. 나는 그저 한 어린아이에 불과했고, 난 내가 할 수 있는 한 최선을 다했어요."* 그러한 변화는 그녀와 나에게 기적과 같았다. 우리가 시도했던 어떤 것들도 이와 같은 결과를 가져오지는 못했었다.

이 최초의 결과에 힘입어 나는 아동을 포함한 다른 내담자들에게도 EMDR을 사용하기 시작하였고, 매우 긍정적인 결과를 얻게 되었다.

나는 이 새로운 방법의 결과를 기록해 놓기 위해서, 회기들을 자주 비디오로 녹화해 둔다. 내가 본 변화들을 기록해 두지 않았다면, 그것들을 나 스스로도 믿지 못하였을 것이다. 또한 내가 EMDR의 변화를 거의 매일 관찰하지 않았다면, 나는 EMDR에 대해 회의적이었을 것이다.

출처: Tinker, Robert H. and Wilson, Sandra(1999). Through the Eyes of a Child NY: Norton & co.에서 일부 발췌

현재에 대처하도록 돕는 심리치료이다. 즉, 고통스러운 기억의 단편을 떠올림으로써 이러한 기억이 저장되어 있는 신경계에 자물쇠를 열고 들어간 뒤, 안구운동과 같은 양측성 자극을 주어 뇌의 정보처리 시스템을 활성화시켜 얼어붙어 있는 외상 기억의 처리가 다시 일어나도록 하는 것이다(http://www.openwide.co.kr/). 즉 정보처리 시스템(Information processing system)을 활성화시켜 외상기억의 처리가 빨리 일어나도록 하는 EMDR은 큰 심리적 외상(T)이든 작은 심리적 외상(t)이든, 고통스런 기억의 요소들을 재처리해주어 임상에서 보이는 증상들을 훨씬 경감시키게 된다(http://www.seoulemdr.co.kr).

4 안구운동 또는 양측성 자극

EMDR의 치료요소 중 가장 중요한 것으로 보는 안구운동 또는 손으로 상대의 양쪽 손등을 살짝 두드리거나 양측성 음향을 들려주는 것과 같은 양측성 자극은 마비가 된 정보처리 시스템(Information processing system)을 활성화시킴으로써 처리가 되지 않은 정보의 재처리과정을 자극하는 데 효과가 있다. 아마도 양쪽 대뇌반구에 규칙적

으로 번갈아가며 자극을 주는 것이 EMDR의 재처리 효과를 일으키는 것으로 생각된다. 사피로 박사는 이를 활성화된 정보처리과정(Accelerated Information Processing)이라고 하였다. 그런가 하면 안구운동이 기억을 통합하는 해마의 기능을 강화하는 것 같다고 보는 이론도 있다. 또 EMDR을 할 때 내담자에게 내부의 느낌과 안구운동에 동시에 집중하도록 하는 이중집중(dual attention)이 뇌를 활성화하여, 목격한 사건의 기억들을 모두 재처리하도록 한다는 이론도 있다(로렐 파널, 2008).

신경과학자들은 EMDR을 통해 우측 뇌와 좌측 뇌가 동시에 자극을 받으면, 두 신경 네트워크 사이에서 연결 교류가 강화되면서 감정과 인지가 통합이 되는 것이 아닌가라는 추측을 하고 있다. 실제로 최근의 뇌 영상학 연구결과에 의하면 EMDR 치료 후, 정서적 요소와 인지적 요소를 통합하는 기능을 하는 뇌 부위가 활성화되었다는 보고가 있다(http://www.seoulemdr.co.kr).

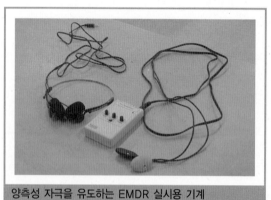
양측성 자극을 유도하는 EMDR 실시용 기계

신경과학자인 Vilanour Ramachandran(1995)에 의하면 안구운동은 우반구에서 좌반구로 정보 전이를 돕는다는 것을 발견하였다. 안구운동은 외상적 기억의 전이, 즉 그것이 저장되어 있던 우반구에서 의식적으로 다루어질 수 있는 좌반구로의 전이를 촉진시킨다. 안구운동, 그리고 양쪽 반구를 동시에 활성화시키는 좌우 자극의 다른 형식들은 지각하고 있는 것들이 더욱 잘 통합되도록 하면서, 양쪽 반구 사이에서 정보가 전후로 전이되는 것을 도울 것으로 보고 있다(Tinker, R. H. & Wilson, S., 1999).

하버드 대학의 수면과 꿈에 관한 신경생리학 연구 센터의 스틱골드 교수가 제시한 가설에 따르면, 눈의 움직임 혹은 주의력의 방향을 유도하는 기타 다른 형태의 자극들이 대뇌의 기억을 재구성시키는 데에 중요한 역할을 한다고 한다. 사이언스(SCIENCE)지에 게재된 논문을 통해 스틱골드와 그의 동료들은, 꿈의 생리학이 감정에 의해 서로 결부되어 있는 여러 기억들 사이의 연상관련성을 자극하고 변환시킨다는 가설을 내놓았다. 스틱골드 교수는 EMDR을 시행하는 도중에 감각 중추를 자극해 이와 유시한 메커니즘을 가동시킬 수 있을 것이라고 생각한다. 다른 연구자들은 안구의 움직임이 첫 번째 치료를 실시하자마자 바로 '필연적인 이완 반응'을 유도한다는 사실을 증명했다. 이 같은 변화는 즉시 심장박동수의 감소와 체온상승으로 확인할 수 있었다. 따라서 EMDR의 자극이, 정상적인 심장박동과 마찬가지로, 부교감 신경계의 활동을 강화시킨다고 생각할 수 있다(다비드 세르방-슈레베르, 2004).

EMDR 포스터

출처: 2007년도 EMDR 유럽 학회 포스터

심리적인 충격의 치유를 돕기 때문에 자연스런 자가치유 기제라 할 수 있는 안구운동(또는 양측성자극)을 시키는 EMDR은 개발과정에서 흥미롭게도 정신의학과 정신분석으로부터 저항을 받았다. 2000년 한 해 동안 PTSD 치료에서 가장 자주 이용된 데이터베이스(다트마우스 재향군인 병원이 구축한 PILOTS)에는 투약처방을 포함한 그 어떤 치료법보다 많은 EMDR 임상연구가 기록되어 있다. 이는 아주 흥미있는 연구결과로 세 건의 <메타 연구(발표된 모든 연구를 대상으로 하는 연구)>는 EMDR이 기존의 어떤 치료법 못지 않은 효과가 있었을 뿐만 아니라 치유도 빠르고, 내성이 강한 치료법으로 보인다고 결론짓고 있다. 그러나 EMDR은 대부분의 미국 대학에서는 '논란이 많은' 방법으로 간주되는 반면 프랑스, 네덜란드, 독일, 영국, 이탈리아 등 유럽[1]에서는 거부 반응이 심하지 않다. 미국의 일부 교수들은 서슴지 않고 이 치료법을 하나의 '유행'이나 '마케팅 기술'이라고 몰아붙이기도 한다. 존경받는 과학자들이 이 같은 태도를 보인다는 것은 놀라운 일이 아니다. EMDR의 메커니즘을 잘 이해하지 못했기 때문일 것이다. 사실 이러한 현상은 의학의 역사에서 흔히 나타났었다. 아직 이론적 조명을 받지 않은 어떤 획기적인 돌파구가 제시될 때마다 대학 측으로부터 조직적이고 강력한 반발이 제기되곤 했기 때문이다. 특히 그 치료법이 '자연스러운' 것이거나 '너무 단순한' 것처럼 보일 때는 반발이 더 심했던 것 같다. 어쨌든 오늘날 미국의 심리치료 공인 연구단체인 미국 심리학회(APA)와 국제 외상 스트레스 학회(ISTSS)[2], 그리고 영국 보건성은 EMDR 방식이 PTSD 치료에 효과적이라는 사실을 공식적으로 인정하고 있다. 프랑스, 독일, 네덜란드에서 EMDR은 차츰 정신분석 및 인지행동치료법에 통합될 것으로 전망되는데, 그 같은 분야들과 여러 면에서 아이디어를 공유하고 있기 때문이다. EMDR은 정신분석이나 자신의 작업을 원활하게 만들어줄 효과적이고 보조적인 하나의 도구를 발견할 것이다. 그러나 EMDR은 만병통치약이 아니다. 어떠한 증상이 충격을 주었던 과거의 사건과 관련이 없다면 그다지 큰 효력은 없다. EMDR은 생물학적 원인에 의한 우울증이나 정신분열증 혹은 치매 증상의 치료로는 권장하질 않는다. 물론 도움은 되겠지만 그 결과가 아주 신속하거나 놀랍지는 않기 때문이다(다비드 세르방-슈레베르, 2004).

---

1) 2007년에는 파리에서 EMDR국제학술대회를 가진바 있다.

2) 이 단체는 증명된 과학적 지식을 근거로 하여 적절한 PTSD 치료법을 제시한다.

5 암묵적 기억과 우측 뇌

아기가 세상에 태어나면 암묵적(implicit) 기억부터 갖게 된다. 암묵적 기억이란 정서적, 행동적, 신체감각적, 지각적, 비언어적 기억으로 대개 우측 뇌에 저장된다. 이러한 기억체계를 갖고 있는 아기는 시간 개념이 없고, 자아개념도 없다. 외현적(explicit) 기억은 나중에 발달하기 시작한다. 시간에 따른 자아인식을 할 수 있는 외현적 기억을 하기 위해선 의식적인 자각과 집중하는 주의력이 필요한데, 이때 해마의 정보처리과정이 관여한다. 태어나서 세 살까지는 해마가 완전히 발달하지 않기 때문에, 이때의 기억은 우측 뇌의 편도체에 암묵적 기억으로 저장된 채 남아있고, 외현적 기억으로는 입력되지 않는다. 이를 '유아기 기억상실' 이라고 한다. 그래서 사람들은 이때 일어난 일을 이야기로 기억해내지 못하고 신체반응과 같은 암묵적 기억으로만 떠올릴 수 있다. 아동기 초기의 경험은 매우 중요하다. 심리적 외상은 뇌반구의 정보처리기능을 분열시킨다. 언어와 움직임을 통제하고, 단어와 기호를 조정하며, 정보를 순차적으로 처리하는 기능을 가진 좌측 뇌가 차단되기 때문에 기억은 우측 뇌에 암묵적 기억의 형태로만 입력된다. 즉 외상의 기억은 신체감각과 강렬한 정서 상태로 조각조각 분리된 채 그대로 남아 있으며, 순차적인 이야기 기억으로 전환되지 않는다. 이는 아마도 공포가 정보를 처리하는 해마를 차단하기 때문에 정보가 외현적 기억으로 전환되지 못하는 것으로 보인다. 시간개념이 없었기 때문에 자신의 암묵적 기억을 자극하는 무언가를 자신의 삶에서 만날 때마다 그 기억이 다시 실제로 일어나고 있다고 느끼게 된다. 어린 시절 심리적 외상을 경험한 성인들을 EMDR로 치료할 때 자주 이 같은 현상을 발견하게 되는데, 그들은 신체에서 일어나는 느낌을 현재에서 생생하게 느끼며 그것이 지금 경험하는 것이 아니라 과거에 일어났던 것이라는 감각을 잃게 된다. 어린 시절의 심리적 외상은 좌측 뇌의 언어중추와는 분리된 채 우측 뇌에 저장된다. 우측 뇌는 부정적인 감정의 상태를 그대로 저장하고 있다. 성인 환자의 경우 최근의 심리적 외상에 초점을 맞추었는데 연상고리가 발견된다면, 인생 초기의 심리적 외상으로 돌아가게 된다. 어린 시절의 심리적 외상은 외상후 스트레스 장애(PTSD)가 쉽게 생기는 근본원인이 된다. 만일 어떤 심리적 외상도 가지고 있지 않다면 현재의 사건은 순응적으로 해결될 것이다. 반대로 인생 초기의 심리적 외상을 가지고 있다면 각각의 심리적 외상은 개별적으로 다루어야 한다. 외상기억은 일반적인 기억과는 다른 방법으로 뇌에 저장되어 있다. 외상을 입는 동안 그 기억의 조각들은 서로 합쳐지지 않는다. 외상이 정보의 통합과정을 얼어 붙게 하므로 다른 보통 기억들처럼 정보가 도식(schema)으로 통합되지 않는다. 심리적 외상은 경험의 평가와 분류, 그리고 전후의 관계 파악을 방해한다. 외상기억은 변연계에 있는 뇌의 뒷부분에 암묵적 기억의 형태로 저장된다. 이러한 변연계에 있는 편도체는 들어오는 정보에 정서적 의미를 부여하는 기능이 있는데, 이 편도체는 해마로 정보를 보낸다. 해마는 정보가 위험한 것인지 아닌지를 판단하는 뇌의 조기 경보 시스템으로, 이곳에서는 부적절한 정보를 걸러내고, 남길 것을 평가하고, 이를 보관한다. 그런데 심리적 외상을 받은 사람들은 이러한 편도체와 해마의 연결회로가 파괴되어, 정보가 통합되어 저장되지 않고 그냥 조각조각 분리된 형태로 남아 있다. 이러한 각각의 분리된 조각들은 시각적, 정서적, 촉각적, 후각적, 청각적, 신체감각적 정보를 담고 있다. 따라서 심리적 외상을 받은 사람들을 치료할 때는 반드시 외상기억이 저장되어 있는 우측 뇌를 활성화시켜야 한다(로렐 파널, 2008).

버려졌다는 심리적 외상 때문에 손상된 성인과의 관계를 가지고 평생 살아온 성인이 있는가 하면, 운 좋게도 일찍 치료를 받는 경우도 있다. 어떤 이혼을 하게 된 부모를 둔 자녀의 경우를 예로 들어보자.

아동이 졸다가 깨어나 보니 부모가 거기에 있지를 않았다. 버려진 느낌을 받았으며 아동은 악몽을 꾸기 시작했고, 요를 적시기 시작했다. 눈치빠른 그 아동의 이혼한 부모들은 EMDR을 받게 하였고, 몇 세션 이내에 그 아동은 악몽을 꾸는 것과 요를 적시는 것을 멈추게 되었다. 이와 같이 심리적 외상을 조속히 다루지 않았더라면 이 아동은 평생 손상받은 증상을 보이며 살았을 것이다. 증상을 급속히 감소시키거나 사라지게 하는 EMDR의 이 같은 긍정적인 치료효과는 전통적인 심리치료에서도 일어나긴 하지만, EMDR의 경우에는 부정적인 측면의 감소가 보다 현저하고 두드러지게 나타난다. 만일 인생 초기의 심리적 외상을 다루면, 다른 심리적 외상을 하나씩 하나씩 일일이 다시 다루지 않아도 된다. 다시 말해 환자가 부정적인 정서상의 내용이 감소되었다고 보고한다면 다른 사건들의 기억은 더 이상 힘들지 않다는 것이다. 일반화가 나타나므로 한 가지만 다루어도 된다. 즉 치료원칙에 맞춰 기본적인 EMDR을 실시하면 환자는 초기 심리적 외상을 가지게 된 것에서 심리적인 문제의 근원을 깨닫게 되고, 그 후에 이런 초기 심리적 외상을 해결하여 더 이상 그 사람의 인생에 영향을 주지 않게 된다. EMDR은 성인뿐만 아니라 아주 어린 아동에게도 뛰어난 치료효과를 보인다. 애착과 유대관계(1982, 1988)를 다룬 볼비(John Bowlby)의 연구를 심리적 외상의 경우에도 적용시켜 볼 수 있다. 볼비는 양육자와 영아 간에 애착 문제를 가지게 되면 이후 아동기와 성인기에 손상된 기능과 심리학적 방해를 갖게 됨을 발견하였다. 할로우(1959)는 원숭이들이 살아있는 어미 원숭이를 대신해서 철사 또는 헝겊 어미에게 올라갔을 때 유사한 영향을 발견하였다. 혼슨(1998)은 높은 위험군에 위치한 청소년 행동(도주, 자살경향성, 약물복용 그리고 알코올 학대)과 이전의 심리적 외상 경험을 가진 것 사이에는 강력한 상관관계가 있음을 발견하였다. 이 같은 발견들은 대뇌발달과 인간 행동은 생의 초기 경험과 유의미한 관계를 가지고 있음을 말하는 것이다. 즉 심리적 외상은 아동기 정신병리의 원인이 될 수 있는 중요성을 가지고 있다. 외상중심의 EMDR 심리치료는 아동기의 정서장애를 치료함에 있어 광범위하게 사용할 수 있다(Tinker, R. H. & Wilson, S., 1999).

EMDR 치료전문가들은 반복적인 심리적 외상을 경험한 사람들을 자주 만나게 된다. 아동기와 성인기의 심리적 증상을 다룰 때, 이전의 정서적 사건들을 연계지어 살펴보는 것은 중요하다.

6 통합적 심리치료의 접근성을 가지고 있는 EMDR

EMDR은 현재도 다른 많은 치료법들과 융합하면서 계속해서 발전하고 있는 심리치료이다. EMDR은 정신건강전문가가 이미 특정의 심리치료전문가 자격증을 소지한 경우에도 EMDR과 통합하여 사용할 수가 있다. 만일 어떤 정신건강전문가가 정신분석이나 행동치료 또는 인간중심치료 등을 실시해 왔다면 그 같은 시각에서 EMDR에 접근할 수 있다.

인간중심치료전문가는 궁극적으로 인간중심치료를 중심으로 EMDR을 경험할 것이다. 그리고 미국의 유명한 정신과 의사로 트랜스 상태를 잘 끌어내면서 정신치료를 해왔던 에릭슨의 방식으로 심리치료를 하도록 훈련을 받은 전문가들은 임상최면의 형태로 EMDR을 보고 싶어할 수도 있다. 또한 실존적인 치료자들은 실존적 이슈가 EMDR 과정에서 종종 나타나는 것과 그 내담자가 삶에서 새로운 의미를 종종 창조하는 방법에 주목하게 될 것이다. 다중모델 치료자들은 라자루스가 정의한 BASIC-ID의 요소들을 EMDR과 혼합하여 사용하는 방법에 주목할 것이다(Tinker, R. H. & Wilson, S., 1999). 이외에도 EMDR을 놀이치료와 접목하여 수행하는 전문가도 있다. 이처럼 EMDR은 기존의 다양한 심리치료전문가들이 자신들의 기법을 사용하면서 EMDR을 사용할 수도 있다.

EMDR은 개발될 때 이미 통합적 심리치료의 측면을 지니고 있었다.

즉 EMDR은 심리적 외상의 기억을 말로 표현토록 하기보다는 이미지, 생각, 소리, 느낌, 신체감각, 믿음 등으로 표현하기가 쉽게 되어 있다. 말로 표현해 낼 수 있는 기억과 함께 이 같은 다양한 기억에도 초점을 맞추는 EMDR은 기억의 인지적 측면, 정서적 측면, 신체적 측면 모두에 직접 작용하는 심리적 외상을 다루는 통합적 심리치료이다.

기존의 많은 심리치료들이 인지적 측면, 정서적 측면, 신체적 측면 중 한두 가지만을 다루어 온 것에 비하면, EMDR은 이 모두를 통합하여 다루므로 매우 강력한 통합적 심리치료로 자리매김하고 있다.

이 같은 EMDR 심리치료의 기본적 전제는 우리 모두가 심리적 외상을 자연스럽게 치유하는 치유 매커니즘을 이미 가지고 있다는 것이다. 이에 EMDR은 환자 자신의 이러한

EMDR 실시 사진

자연치유력을 촉진 강화시키는 환자중심의 심리치료로, 치료 장면에서도 치료를 하는 것은 당신의 뇌이고, 당신이 바로 조절하는 사람임을 환자에게 명료하게 말해주게 된다.

EMDR은 치료자와 같이 치료하는 일대일의 면대면 심리치료로, 한번 치료시 일반적으로는 90분의 시간이 소요된다. 일정한 시간이 소요되고 전문가와 함께 진행해야 하는 전문적인 치료이기 때문에 진료 시간 중에 1차 예비면담을 가진 후 별도의 시간을 마련해서 진행한다. 외상후 스트레스 장애(PTSD)를 치료할 때는 고통스러운 기억과 상처, 현재의 증상을 다루는 것도 중요하지만 그에 앞서 충분한 안정감을 느끼도록 하고 치유에 필요한 긍정적인 자원을 준비하고 개발하는 치료초기의 안정화 작업이 무엇보다도 중요하다. EMDR은 과거, 현재, 미래를 모두 다룬다. 즉 EMDR은 먼저 현재의 문제와 연관이 되어 있는 과거의 고통스러운 기억을 다루고, 그 다음 현재생활에서 고통을 유발하고 자극하는 요소를 다루며, 마지막으로 미래의 상황에 대해서도 환자가 잘 대처해 나가는 데 필요한 기술을 습득하도록 돕는다. 즉, 단순히 과거의 상처를 치유하는 데서 멈추는 것이 아니라, 현재와 미래에 대해 보다 적응적으로, 보다 생산적으로, 보다 창의적으로 생각하고 행동해나가도록 돕는, 인간의 정신적 정서적 발달을 향상시키는 치료이다. EMDR은 재발도 다른 치료에 비해 적은 편이어서 치료자와 환자의 만족도가 가장 높은 치료이다. 일반적인 약물치료나 심리치료는 최소 6개월 이상이 걸리고, 많게는 몇 년간 치료가 계속되는 반면, EMDR은 평균 6회(3~12회)로 매우 짧다. 보통 단일 외상의 경우 약 5~10회기 정도의 치료가 요망된다. 그러나 복합적인 심리적 외상으로 인한 경우에는 치료기간이 더 늘어날 수 있다. 물론 질환의 심각도에 따라 그 횟수가 정해지게 된다(http://www.seoulemdr.co.kr).

7 EMDR의 치료 8단계

사피로(1995)는 EMDR을 환자의 과거력과 치료 계획을 준비하는 병력조사단계, 준비단계, 평가단계, 민감소실단계, 주입단계, 신체검색단계, 종결단계, 재평가단계라는 총 8단계로 구성해 놓고 있다. 아동의 경우(2~7세, 8~12세)에도 8단계가 동일하게 적용되지만, 아동의 경우에는 연령을 감안하여 EMDR 전문가가 간소화시키고, 수정된 방식을 사용하게 된다.

치료속도가 엄청나게 빠른 EMDR은 보기에는 치료자가 환자의 눈앞에서 손을 오른쪽에서 왼쪽으로 계속해서 움직여 보일 때 환자는 그대로 눈을 따라가기만 하면 된다. 반면 이 심리치료법은 치료자가 온전히 환자에게 절대적인 집중을 해야만 치료를 이어갈 수 있다.

여기에서는 EMDR을 가장 간략하게 소개하기 위해 8단계의 기본적인 측면만을 압축적으로 다루고자 한다. 이를 소개하는 이유는 우리는 모두 PTSD에 노출되어 있으므로 탁월한 효과를 보이는 치료법이 있다는 것을 상식적으로 알아두어 누구든 조기치료를 받도록 정보를 제공하기 위함이다. 따라서 EMDR 전문가가 아닌 경우에는 간단한 실습도 자제해야 한다. 왜냐하면 EMDR에 비정통한 사람들이 극심한 스트레스나 심리적 외상을 가볍게 보고 이를 다루어 준다고 하여, 환자의 가라앉아 있던 과거의 심리적 외상을 들추어낸 후, 숨도 제대로 쉴 수 없을 정도의 공항상태에 빠뜨려 놓고는 제대로 수습을 하지 못하는가 하면, 또 다시 과거의 충격을 재 체험하는 심리적 외상을 주는 등 그 엄청난 후유증을 가질 잠재적 측면이 높기 때문이다.

(1) 병력조사단계

① 나쁜 기억의 원인을 찾음

철저하게 병력을 조사하는 EMDR의 준비단계에서는 환자가 표적으로 삼을 만한 특별한 기억이나 사건, 문제 행동, 정신병리들을 치료 목표로 삼을 수 있다.

동시에 EMDR은 낙관적인 접근으로 환자 자신이 힘을 지니고 있다고 보므로, 인생에서 자신이 성공을 했다고 보는지, 편안한 것은 무엇인지를 물어 환자가 지니고 있는 강점에 관심을 두고 정보를 모으게 된다.

② 정동검색

철저한 병력 조사가 이루어지고 나면, 현재의 문제가 어디서 어떻게 왔는지를 묻고, 과거와 현재의 부정적 생각을 야기시키는 것이 무엇인지를 알아본다. 그리고 미래에 대해선 환자 스스로가 자신의 지각(perception)에 영향 미친다고 보므로, 장차 바라는 행동, 감정, 태도와 더불어 어떤 생각을 갖고 있는지를 물어 보게 된다. 즉 과거-현재-미래를 다룬다.

모아진 자료를 중심으로 그 문제의 근원에 대한 가설을 세우게 되고, 이에 따른 적절한 임상적 개입을 할 수 있는 준비를 하는 1단계에서는 환자가 EMDR 심리치료를 받기에 적합한 대상자인지를 알아보기 위해 일상생활은 어떻게 하고 있는지 그리고 자아 강도(ego strength)가 필요하므로 이에 관해서도 알아보게 된다.

(2) 준비단계

① 라포(Rapport, 환자-치료자가 한 팀임을 알림)

치료자는 EMDR이 어떻게 진행되어 가는지에 관하여 설명을 해 주고, 환자가 가지고 있는 문제와 치료자가 그런 특정 문제에 좋은 치료적 접근법으로 EMDR을 생각하는 이유를 말해준다. 이때 치료자는 자신이 치료해온 사람들 중에 비슷한 증상을 가진 환자에 대해 언급할 수 있으며 EMDR이 어떤 효력을 나타냈는지를 말해줄 수 있다.

② EMDR의 설명

효율성이 EMDR의 특징이기 때문에 몇 번의 회기만으로 치료효과가 나타날 수 있다는 것을 말해줄 수 있다. 게다가 EMDR은 마치 변화가 자신의 의지력으로서가 아닌 무의식적으로 일어나는 것처럼 생각되므로, 그들은 EMDR의 진행과정을 따르는 것 외에 정말 할 일이 없다고 설명할 수도 있다. 치료자는 환자에게 치료과정 중에 갖게 된 경험을 정확히 말해 달라고 하며, 환자가 이를 무시하거나 정리하지 않는 것이 좋다고 말해준다. 심리적 외상이 무엇인지를 말해준다.

③ 선호자극 선정

EMDR에서는 안구운동, 양측성 자극(손으로 두드리거나 최근 개발된 각종 도구를 사용하기도 함)이 어떤 작용을 하며, 원하는 속도, 강도, 위치 등을 정한다.

④ 의자 배치

손으로 두드리거나 청각적 자극을 하기 위해 의자를 마주 놓을 수도 있다. 또는 환자가 눈을 뜨고 있고, 치료자가 직접 보지 않도록 하기 위해 의자를 배가 교차하는 식으로 배치해 놓을 수 있다.

⑤ 은유(metaplor)적으로 말해준다.

EMDR은 '경험을 단지 바라보도록 돕기 위하여, 기차에 타고 있다고 상상하십시오. 느낌, 생각 등은 지나가는 풍경에 지나지 않습니다.' 와 같은 사용할 비유를 마련해 놓고 있으나, 만일 환자가 이를 받아들이지 않으면 다른 비유를 사용할 수도 있다.

⑥ 안전지대

성인이 어린 시절에 학대경험을 가지고 있는 경우에는 일반적으로 안전지대(safe place)를 미리 설정해 놓게 된다. 이는 EMDR을 통해 얻을 수 있는 긍정적 효과뿐 아니라 EMDR의 진행 과정까지도 알아차릴 수 있게 한다.

안전지대(safe place)란 회기도중에 환자가 휴식을 원하거나, 회기를 마칠 때 갈 수 있는 안전함, 행복감, 편안함을 느끼는 공간이다. 안전지대를 '설치한다는 것' 은 안전지대에 대해 상상한 이미지, 소리, 냄새, 감정, 신체감각들과, 안구 운동 또는 양측성 자극을 짝짓는 것을 의미한다. 이런 절차가 EMDR 회기 중 또는 회기 사이에 사용된다면 안전지대의 효과는 더 증대될 것이다. 그리고 환자가 치료자로부터 보호받고 있다는 느낌을 갖도록 하는 것이 중요하며, 안전감과 신뢰감을 느끼는 관계형성이 중요하다.

⑦ 멈춤신호 정하기

EMDR 진행과정에서 환자가 어려움을 느낀다든지 필요한 경우에는 언제든지 과정을 중단할 수 있다고 알려주고, 눈을 감든지 손을 들든지 사전에 멈춤신호를 정해놓아 환자가 과정을 통제할 수 있는 전략을 가질 수 있게 미리 의논하기도 한다.

(3) 평가단계

평가단계는 이미 지나가버린 오래된 일이 왜 불편을 주는지를 알아보는 단계이다.

① 최악의 이미지 선정

처리해야 할 한 가지 사건을 시각적으로 이끌어 내어(image), 그 기억 중에서도 최악의 가장 끔찍한 장면(worst picture)을 대표 기억으로 잡아 표적으로 삼는다.

② 인지

모든 외상기억은 부정적 진술이 함께 따라다닌다. 예를 들어 "그 장면을 떠올렸을 때, 지금 당신 자신에 대한 부정적인 믿음을 가장 잘 나타내는 말은 무엇입니까?" 라는 표적 장면과 함께 연상되는 부정적 인지(NC; negative cognition)를 묻는다. 이 같은 부정적 인지는 책임결함과 관련된 기억("내 잘못이다", "난 가치가 없다."), 안전부재와 관련된 기억, 통제력이나 선택이 없는 것과 관련된 기억을 떠올려 환자의 일상생활에 지속적인 부정적 영향을 주게 된다.

곧이어 EMDR은 낙관적이므로, 치료자는 최악의 이미지를 떠올릴 때 지금은 스스로가 어떻게 떠올려지기를 바라는지 알기 위해 긍정적 인지(PC; positive cognition)를 묻게 된다.

그리고 긍정적 인지(PC)에 관해 얼마나 신뢰감을 갖는지 **인지타당도(VoC; Validity of Cognition)**를 알아본다.

인지타당도란 이전에는 머리로만 믿었지만, 지금은 마음으로도 완전히 그렇다고 믿는 정도를 점수로 나타낸 것이다. 긍정적인 진술에 대하여 스스로가 부여하는 인지 타당도 점수는 최저점인 1점(완전한 거짓)에서부터 최고점은 7점(완전한 진실) 사이로, 5~6점 이상은 되어야 한다.

③ 정서 또는 감정

환자에게 대표 기억과 함께 부정적 인지를 떠올릴 때 연상되는 부정적 감정을 알아낸 다음, 이때 고통의 정도를 측정하는 주관적 고통점수(SUDs)를 통해 고통이 없거나 불편하지 않으면 0점, 가장 큰 고통은 10점으로, "당신은 지금 얼마나 고통스럽게 느끼십니까?" 라고 묻는다.

④ 신체감각

그리고 그 같은 고통이 당신의 몸 어디에서 느껴지는지 부정적인 신체감각(Body

Sensation)의 위치를 물어본다. 이들 이미지, 인지, 정서, 신체감각(image, cognition, emotion, body sensation)의 네 가지 채널의 하위 구성요소는 마치 의자의 다리가 4개 있는 것처럼, 4개를 모두 다 갖추면 안정적이어서 좋지만, 경우에 따라 한 가지밖에 자료를 얻지 못할 경우에는 1개의 다리만으로도 설 수 있는 의자가 되도록 해야 하는 경우도 생긴다.

(4) 민감소실단계

일반적인 심리치료와는 달리, 4단계는 민감소실을 위해 안구운동을 실시하는 독특한 단계이다. 4단계의 목표는 자신이 느끼는 주관적 고통스러움이 없는, 가장 편안한 상태, 즉 주관적 고통점수(SUDs)가 0이 되도록 변화를 일으키는 것을 목적으로 두는 단계이다. 주관적 고통점수(SUDs)가 가장 높은 수준이면 10으로 응답하게 되고, 이것이 0이 되어야 다음단계로 진행을 이어가게 된다.

① 환자로 하여금 외상적 사건인 가장 끔찍한 장면을 떠올리게 하면서, 인지(부정적 인지와 긍정적 인지), 정서, 신체감각을 모두 느끼게 한다.

② 격려 속에서 1세트가 24-30회 정도가 되는(30초 정도가 소요되는 속도조절을 하고) 안구운동(혹은 양측성 자극)을 실시한 이후, 대표기억에 집중하게 하면서, *"비우시고요, 몇 초의 심호흡을 하세요."* 라고 말하고는 떠오른 생각이나 느낌 혹은 이미지나 신체감각 등 *"무엇이 떠오르나요?"* 라고 질문한다.

③ 환자가 답하는 이야기에 자세히 귀를 기울여 듣는다. 말한 것 중 네 가지 채널인 이미지, 인지(생각), 정서(느낌), 신체감각 중 변화가 있는지에 주목한다.

④ 다시 환자에게 양측성 자극을 한다. 다시 심호흡하고 쉬고 나서, 무엇이 떠오르는지를 묻는다.

⑤ 이런 과정을 계속 거듭한다. 때로는 EMDR 치료 1단계에서 처음 세웠던 치료 목표기억을 떠올려 기억하게도 한다.

⑥ 목표기억이 더 이상 장애가 되지 않으면 주관적 고통점수(SUDs)는 0이 되며, 그래야 이 단계를 끝내고, 그 다음의 5단계로 넘어갈 수 있다.

여기서의 관심은 앞의 네 가지 채널의 변화이다. 특정채널에 고착되어 있으면 다른 채널도 있음을 상기시킨다. 변화가 나타나는 한 안구운동이나 양측성 자극은 계속 반복한다.

(5) 주입단계

주입단계는 대표기억과 긍정적 인지 사이를 연결하는 것으로, 자신에 대해 긍정적 느낌을 갖게 하는 것이 목적이다. 즉 인지타당도(VoC)가 7이 되도록 하는 단계이다. 대부분의 환자에게 긍정적 인지를 묻지만 잘 안 바뀌어 끝난 일이다라고 응답하는 경우도 많다.

① 처음 치료에서는 원래의 긍정적 인지인 3단계의 긍정적 인지를 아직도 유지하고 싶은지, 4단계에서 새로운 긍정적 인지가 생겼는지를 묻는다. 환자의 반응에 따라 원래 또는 새로운 인지를 사용한다.

② 자신의 긍정적 인지가 얼마나 타당한지(VoC)를 묻고, 원래 사건의 느낌이 어떠한지를 묻는다. 환자의 95~99%는 VoC가 3단계보다 올라가 있다.

③ 이번에는 목표기억을 머리에 두고 긍정적 인지를 가지고 양측성 자극을 준다. 여기서도 24~30회 정도의 안구운동 1세트를 시키고 심호흡을 한 이후 몇 초간 조용히 앉아 있게 하고는 무엇이 떠오르나요? 라고 묻고, 인지타당도를 묻는다. 인지타당도의 변화가 나타날 때까지 계속 반복하며, 인지타당도(VoC)가 7이 되어야 끝난다.

(6) 신체검색단계

목표기억을 머리속으로는 지웠다고 하지만, 신체적인 측면에서도 확실히 지웠는지, 환자가 느끼는 신체감적인 측면에서 잔존하는 것이 있는지를 다시금 살펴보는 단계이다.

① 성인으로 하여금 주입 단계에서의 요소들을(목표기억과 긍정적 인식) 마음속에 유지하도록 하고는 자신의 몸 전체를 마음으로 스캔해 보도록 한다. *"어떤 감각이 느껴지는 부분이 있습니까?"* 라고 물어 만일 있으면 *"어디에서 그렇게 느껴지는지 말씀해 주세요."*라고 말해준다.

② 느낌이 있는데, 긍정적/좋은 느낌이라면 안구운동 1세트 또는 양측성 자극을 실시하여 그 느낌을 강화시킨다. 반면 불편하고 부정적 느낌이라면 그 느낌이 없어질 때까지 재처리과정을 밟는다. 예를 들어 요통이 있다고 응답한 경우, 그것이 심리적 외상과 연결된 것이라면 원인을 찾아 부정적 느낌이 없어질 때까지 재처리과정을 밟는다. 그러나 만성적 요통인 경우와 같이 신체검색 단계에서 환자가 심리적 외상으로 인한 불편함을 느끼지 않는다면 EMDR을 끝낸다.

(7) 종결단계

EMDR 치료자는 환자가 목표기억에 관하여 주관적 고통점수(SUDs) 0점, 인지타당도(VoC) 7점이라는 점수를 부여하도록 목표를 갖는다. 종결단계에서는 SUDs가 0이 되어야만 VoC를 묻지, 그렇지 않으면 묻지 않는다.

종결단계는 회기에 상관없이 각 회기의 마무리로 꼭 하게 되는 단계이다.

① 이 단계에서는 회기를 끝내고 진료실을 나서기 전, 환자로 하여금 막혀 있는 곳이 풀리도록 최선을 다하는 과정을 통해, 새로운 이해를 할 수 있게 된다.

반면 환자의 막혀 있는 곳이 풀리지 않은 경우에는 악몽, 되살아남을 경험할 수도 있기 때문에 이를 대비하여 혹시 회기 이후에 일어날지도 모를 일들과 관련한 내재적인 도구를 갖추도록 하는 단계이기도 하다.

예를 들어 주관적 고통점수(SUDs)가 2점 이상이고, 인지타당도(VoC)가 5점 이하이며 신체검색(BodyScan)시 심리적 외상과 연결이 있다고 보이는 경우에는 미완결 회기로 보고, 이런 경우에는 회기의 마지막 15분 정도를 관련의 내용을 다루면서 보내야 한다.

② 그리고는 그 날 진행된 내용을 간단하게 축약해주고 회기가 끝났더라도 뇌 속의 과정들은 계속 진행될 수 있음을 이야기해 주어 강화시키며, 경험한 것을 보고하게 하고, 종결문장을 읽어주고는 최종적으로는 *지금 끝마치려 하는데 어떠냐?* 묻고 마무리 짓는다. 일주일 동안 환자가 일지를 쓰도록 권고한 후, 그 관련 자료는 다음 시간에 이용하게 된다.

(8) 재평가단계

재평가단계는 다음 회기가 시작할 때 실행된다. 즉 환자에게 간단명료하게 앞 회기의 목표기억을 떠올리게 한 이후 주관적 고통점수(SUDs)와 인지타당도(VoC)를 기억하게 한다.

그리고 지난 일주일 동안 환자가 어떻게 지냈는지를 묻고, 이를 바탕으로 본 회기의 내용을 결정한다. 경우에 따라서는 과거 기억을 다시 작업하는 경우도 있다.

회기 내에서의 변화들을 지각하는 것은 성인보다 아동과 함께 할 때에 더욱 어렵다. 따라서 이 단계는 아동들을 대상으로 할 때에는 특히 중요하다. 따라서 EMDR 치료자는 아동의 행동적, 정서적, 인지적 변화에 대해 부모와 상담해야 한다. 이에 따라, 부모들이 훈련된 관찰자가 될 수 있도록, 부모가 아동들과 계속 함께 있도록 하는 것이 중요하다.

8 아동 EMDR

EMDR은 PTSD를 위한 가장 효과적이고 가장 빠른 치료법이지만, 모든 환자를 다 완치시키는 마술과 같은 심리치료는 아니다.

2003년 기준에 의하면 전 세계적으로 약 45,000명이 EMDR 훈련을 받았으며, 20만 명이 넘는 환자들이 이 치료를 받은 것으로 알려져 있다. 한국에는 매년 정기적으로 EMDR 협회에서 인정하는 국제공인 교육과정을 국제 EMDR 전문가들로부터 완수하여 국제공인 자격증을 받은 임상심리학자와 정신과의사들로 구성된 EMDR협회(http://www.emdr.or.kr)가 구성되어 있다.

EMDR의 훈련과 관심이 급증하는 이유는 이 심리치료법이 경험적으로 검증된 치료법으로 단기치료이고 심리적 외상이 DSM-IV(American Psychiatric Association)에 기초하고 있으며, 약물치료 없이 치료가 가능하므로 약물의 부작용이 없고, 전통적인 심리치료법들에서 부족했던 측면에서 받았던 좌절감의 회복 등으로 그 효과가 입증되면서 전문가들이 즐거움과 놀라움을 경험하였기 때문이다(Tinker, R. H. & Wilson, S., 1999).

EMDR은 행동치료의 범주에 속하기는 하지만, 일반적으로 행동치료에서 요망되는 치료 회기보다 더 적은 회기를 요구한다. 아동 EMDR을 실시하는 방법에 대한 정보는 성인에 비해 상대적으로 많이 부족하다.

그러나 아동기에 갖게 되는 심리적 외상은 헤아릴 수 없을 정도로 많다. 아동기의 심리적 외상이 크든 작든 이들을 조기에 EMDR로 다루어 줄 수 있다면, 아동기의 외상을 아동기에 해결하지 못한 채 이 같은 기억을 평생 지니고 고통 가운데서 지내는 성인들의 비율을 낮출 수 있을 뿐만 아니라, 새 삶을 살아가도록 이끌어 주게 된다.

2008년도 제9회 EMDR 유럽 컨퍼런스에서도 이 같은 배경으로 인하여 아동 청소년 EMDR 환자에 대한 관심이 매우 높았다. 임상 실제에서 아동 EMDR을 적용하는 지침서는 아직은 완전치 않으며, 아동 EMDR을 적용한 연구들도 성인만큼 되지 않고 있다. 비록 아동과 EMDR를 한 몇몇의 사례연구가 문헌으로 출간되긴 하였으나, 이 모든 연구는 이제부터 시작이다.

이처럼 아동 EMDR의 적용이 성인에게 실시하는 EMDR에 비해 뒤쳐져 있는 이유는 첫째, 아동과 활동하는 정신건강전문인보다 성인과 활동하는 정신건강전문인이 더 많기 때문이다. 둘째, EMDR은 원래 성인이 사용하도록 공식화되었고, 성인에 비해 아동들은 약하고 성인과 같은 대처기술을 가지고 있지 않으며 심리적 외상을 가진 아동들은 특별히 상처를 받기 쉽기 때문이다(Briere, 1992; James, 1989; Schwarz & Perry, 1994). 아동 EMDR을 실시하기 위해선 현재보다는 더 광범위한 자료와 연구결과들이 필요하다. 현재 아동 EMDR을 실시하기 위해 훈련을 받은 사람은 25%에 불과하다(Tinker 외, 1999).

다비드 세르방-슈레베르의 EMDR 사례 1; 코소보의 아이들

인체의 정보처리 적응기제의 작용은 아이들의 경우에 더 빠르게 효과가 나타난다. 보다 단순한 인지구조와 보다 확산적인 연상경로 덕분에 여러 단계들을 건너뛰게 만드는 것이다.

코소보 전쟁이 끝나고 몇 달 후 나는 정서장애 치료사의 자격으로 그곳에 갔다. 어느 날 그곳에서 나는 아이 둘을 만나보라는 요청을 받았는데, 그들은 오누이 사이였다.

전쟁이 일어났을 때 민병대들이 그들의 집을 포위하였다. 아버지는 그들이 보는 앞에서 민병대에 의해 살해되었다. 소녀는 자신의 방에서 이마에 권총이 겨누어진 상태로 민병대에 강간당했다. 그 후 그녀는 그 때의 충격 때문에 자기 방에 발을 들여놓지 못했다. 한편 소년은 삼촌과 함께 지붕을 달았는데, 삼촌은 민병대가 던진 수류탄에 맞아 즉사했고, 소년은 복부에 심한 부상을 당했다. 군인들은 소년이 죽었다고 생각해서 버려두고 갔다.

그 후 두 아이는 끊임없는 불안감 속에서 살았다. 잠을 제대로 자지 못했고, 음식도 거의 먹지 않았으며 집 밖으로 조금도 나가려고 하지 않았다. 여러 번 소아과 의사가 그들을 찾아갔지만 어떻게 도와주어야 할지 몰랐다. 소아과 의사가 그들에게 특별한 관심을 가진 것은 아이들의 집안과 오랫동안 친하게 지냈기 때문이다. 그곳 의사들에게 외상 후 스트레스 장애(PTSD) 진단법을 전수하는 것이 나의 업무였는데, 바로 그 소아과 의사가 나에게 그 남매를 도와 달라고 부탁했다.

소아과 의사를 통해 아이들에 관한 이야기를 듣는 동안 나는 그들을 돕는 것이 아주 어려운 일이라고 느꼈다. 특히 통역사를 통해 의사소통을 해야 하는 것이 더 어려웠다. 그들은 끔찍한 기억을 떠올릴 때마다 너무나도 심한 감정의 동요를 겪었다.

하지만 처음 안구운동을 해보라고 했을 때 두 아이 모두 혼란스러워한다거나 충격을 받는 느낌이 없다는 사실에 놀라지 않을 수 없었다. 그래서 나는, 통역사가 옆에 있어서 그들이 연상 작용을 하는 데 방해를 받거나 아니면 외상이 너무나 강했기 때문에, 그때의 감정에 접근조차 하지 못하는 거라고(정신 치료에서는 〈분리 현상〉이라고 부르는데) 생각했다. 그런데 놀랍게도 그들은 이제 아무 고통도 느끼지 않고 폭력적인 장면을 떠올릴 수 있다고 말했다. 아무리 생각해도 불가능한 일이었다. 며칠 뒤에 문제가 전혀 해결되지 않았다는 걸 확인하게 될 거라는 생각만 들었다.

나는 다른 장면을 떠올리게 하면서 치료를 계속할 마음으로 일주일 후에 다시 아이들을 찾아갔다. 아이들의 숙모는 내가 아이들을 만났던 그날 저녁부터 정상적으로 식사하고 밤에도 문제없이 잠을 잘 잤다고 했다. 지난 3월 이후 처음 있는 일이라고 했다.

나는 놀라지 않을 수 없었다. 게다가 여자아이가 자기 방에서 잠을 잤다니! 나는 내 귀를 믿을 수 없었다. 그 아이들이 너무나 얌전하고 착한 아이들이라 내가 아무 도움을 주지 못했다는 말을 감히 할 수 없었던 것일까? 아니면 단순히, 고통스러운 사건에 관해 내가 또다시 물어보는 것을 원치 않아서일까? 그들이 아무런 증상도 없다고 말한다면 다시 시작하진 않을 거라고 생각했기 때문일까?

그러나 그 아이들을 만났을 때 나는 정말 달라졌다는 것을 알 수 있었다. 아이들은 미소 짓고 있었다. 그렇게 기운 없이 침울하게만 있던 아이들이었는데, 이제는 그 또래의 아이들처럼 장난을 치기도 했다. 얼굴에서도 안정감이 엿보였다.

전쟁 전에 벨그라드에서 의학을 공부했던 통역사도 아이들이 확실히 달라졌다고 했다. 그래도 나는, 안구운동(EMDR) 요법을 아이들에게 사용해본 여러 전문가들의 말을 직접 들을 때까지는, 이 치료법의 효과에 대한 의구심을 버리지 못하고 있었다. 전문가들에 의하면, 아이들의 경우 이 치료법에 훨씬 빠른 반응을 보였고, 어른들보다 덜 예민하게 반응한다고 말했다.

코소보에서의 실험 이후, 어린이 PTSD 치료에 관한 연구 보고가 처음으로 있었는데 안구운동(EMDR) 용법이 아주 어린 나이의 아이들에게도 효과적이라는 점을 알게 되었다. 연구 결과, 안구운동(EMDR) 요법의 효과가 내가 코소보에서 목격했던 것처럼 기적적이지 않을지도 모르지만 상당히 뛰어나다는 사실만은 분명했다.

출처: 다비드 세르방-슈레베르(2004). 치유. 정미애 역. 서울: 문학세계사. pp. 104-106

9 신경과 감각 흔적의 통합

사람들이 작고, 큰 충격적인 심리적 외상을 겪게 되면 그 당시에 접한 여러 가지 감각기관을 통해 들어온 냄새, 소리, 영상, 신체감각, 느낌 등과 같은 자극 정보들이 비활성화된 채 잘 소화되지 않고 신경계에 갇혀 저장되어진다. 그리고는 처음 충격을 받았을 당시의 수많은 자극들과 이에 관련하여 스스로가 가지게 된 자신에 관한 부정적이고 불합리한 생각들이 보태져 커져간다. 물론 이때는 합리적인 사고가 아닌 감정뇌가 지나치게 작동하여, 지나치게 예민한 상태에 있게 된다. 따라서 자신에게는 평안한 상태란 없고, 늘 위험한 긴급상황에 처해 있다는 신호를 스스로에게 보내게 된다.

이 같은 경우 EMDR의 힘은 시각적, 청각적, 운동감각적(신체적인 몸의 느낌들), 감정적, 인지적 측면 등 여러 가지 감각들을 통해 충격적인 외상적 기억을 되살려 낸 후, 이제까지 비활성화된 흔적을 소화해내지 못했던 정보처리적응기제를 자극하는 것에 있다(다비드 세르방-슈레베르, 2004).

우리가 외부세계에 대한 정보를 얻으려 할 때에는 많은 감각들 중에서도 특히 시각(V), 청각(A), 운동감각(K), 그리고 미각과 후각(G/O)이란 다섯 가지의 감각을 모두 활용하여, 바깥 세상을 지각하게 된다. 그러나 우리들이 지각하게 되는 것은, 있는 그대로의 세상이 아니라, 우리들이 본 세상이다. 즉 영토와 지도는 다르다.[3] 우리들이 본 세상은 부분적인 것임에도 불구하고, 우리들은 흔히 세상 전체를 보았다고 착각한다. 만일 세상을 모두 보았다면 그것들이 주는 정보를 모두 처리하기 위해 우리는 압도당할 것이다. 다행스럽게도 사람들은 저마다 자신도 모르게 세상을 부분적으로 보게 되는데 이는 자신이 가지고 있는 신념, 가치관, 관심, 선입견 등을 가지고 있기 때문이다(장연집, 2006).

---

3) 지도는 영토가 아니라는 표현은 미국의 논리학자인 Alfred Korzybski에 의해 1933년 발간된 과학과 건전한 정신이란 책에서 다루어지고 있다.

그리고 우리들이 세상을 경험하게 될 때 흔히는 몰입(associate)과 관조(dissociate)라는 두 가지 중의 한 가지 입장에 처하게 된다. 몰입은 우리들이 경험 속에 들어가 있는 것인 반면, 관조는 자신이 어느 정도 경험에 대해 거리감을 가지고 있는 것으로, 심리적 외상의 경우에는 그 사건 자체에 너무도 몰입되어 있는 경우에 해당된다.

현대인들이 정보를 입수할 때의 일반적인 경향을 살펴보면 60~75% 정도는 시각적 과정을 사용하고, 15~20% 정도는 청각적 과정을 사용하며, 7~20% 정도의 사람들은 주로 운동감각적 과정을 사용한다. 그리고 미각과 후각을 통해서는 3% 정도가 들어오게 된다. 반면 기억에 가장 많이 남는 감각의 순서는 이와는 다르게 운동감각적으로는 74%로 가장 강하게 기억으로 남는 반면, 시각은 25%, 청각은 7% 정도가 기억에 남게 된다.

이같이 감각기관을 통해 주변 환경으로부터 받아들이게 되는 정보는 입력이라 하며, 이때 입력된 정보들은 뇌에 자리하고 있는 신념, 가치관, 관심, 선입견 등의 기존 정보와 만나면서 신경학적인 처리 과정을 거치는 가운데, 원래 입력된 정보는 변형이 불가피하게 된다. 다시 말해 인간은 환경 자체를 경험하는 것이 아니라, 자신이 지니고 있는 세상의 지각을 가지고 환경 또는 세상을 경험하게 된다. 이는 인간이란 존재가 단순히 외부의 정보를 있는 그대로 받아들이는 존재가 아니라, 정보를 입수하는 동시에 행동을 창작해내고 조절하고 변조시켜 진행체계를 작동시키는 능동적이고 적극적인 존재임을 의미한다(장연집, 2006). 이에 작고 큰 외부의 자극을 심리적 외상으로 받아들이는 것은 결국 자기 자신의 경험이고, 엄청나게 큰 자극을 덤덤하게 받아들이는 것 역시 자신이 경험한 것에서 나오게 된다.

EMDR이 가지고 있는 힘을 비유적으로 말해보면, 누구든 외부로부터 엄청난 자극을 받게 되면 사람들은 자신을 스스로 지켜내려 한다. 그런데 EMDR의 치료 대상자들은 자극에 대해 지나치게 과민한 상태가 되어 자기 집의 문을 너무도 굳건히 잠궈 놓아, 아무도 왕래할 수 없게 스스로를 격리시킨다. 이를 치유의 기전을 가지고 있는 안구운동이나 양측성 자극을 통해 문만 열게 되면, 자신이 왜 그렇게 되었는지를 이해하고 상황을 재정비하도록 돕는 것이라 하겠다.

인간은 저마다 주관적인 경험의 구조를 갖고 있다. 이 구조에서 중요한 비중을 차지하는 것이 외부에 존재하는 정보들을 처리하고 조작하는 뇌의 기능이다.

다비드 세르방-슈레베르의 EMDR 사례 2; 성폭행당한 공포심을 이겨낸 릴리안

연극배우 릴리안은 이름 있는 극장에서 연기지도까지 했던 유명 배우다. 그녀는 세계 각지를 돌아다니면서 공연을 한 경험이 많기 때문에 두려움을 극복하는 방법쯤은 누구보다 잘 알고 있다고 생각했다. 그런데 그녀가 내 진료실을 찾아왔다. 오랜 세월 동안 괴롭혀 왔던 두려움에 또다시 사로잡혔기 때문이다. 신장 암 선고를 받고부터였다.

상담하면서 나는 그녀가 아주 어렸을 때 친아버지에게 여러 번에 걸쳐 성폭행을 당했다는 사실을 알게 되었다. 암 선고를 받고 그녀가 느끼는 무기력감과 두려움은 끔찍한 일을 어쩔 수 없이 고스란히 당해야 했던 어릴 적에 느꼈던 것과 같았다. 그녀는 여섯 살 때 겪었던 그날의 일을 정확하게 기억하고 있었다.

그날 릴리안은 정원의 철망에 허벅지 안쪽이 찢겨서 깊은 상처를 입었다. 아버지가 그녀를 병원으로 데려갔는데, 의사는 소녀의 아버지가 보는 앞에서 마취도 하지 않은 채 치골까지 이어지는 상처를 바늘로 꿰맸다. 집에 돌아왔을 때 아버지는 어린 딸을 침대에 엎드려 놓고 목덜미를 손으로 눌러 꼼짝 못하게 하면서 성폭행을 했다. 그것이 첫 번째 폭행이었다. 그 후 그녀는 몇 년 동안 정신분석 치료를 받았다고 했다. 의사에게 아버지와의 관계에 대해서도 자세하게 털어놓았다고 했다.

그녀는 이제 과거의 기억을 다시 떠올리는 일이 아무 소용이 없다는 것을 잘 안다고 했다. 하지만 나는 그녀가 어렸을 때 당한 성폭행과 성인이 된 뒤 암 선고를 받고 느끼는 불안감 사이에는 병에 대한 절대적인 무력감과 두려움이라는 공통분모가 개입하고 있기 때문에 두 사건이 매우 복잡하게 연관되어 있다고 생각했다.

나는 어렸을 때의 사건을 좀 더 자세하게 알아보고자 했다. 그녀는 어렵게 그러겠다고 대답했다. 이렇게 해서 그녀는 일련의 EMDR 훈련을 통해 여섯 살 난 어린 소녀의 공포를 다시 느꼈고, 그 감각이 온몸을 관통하는 것에 전율했다. 그러자 그녀의 머리속에 그 당시 가졌던 생각 하나가 떠올랐다.

'만일 그것이 내 잘못이었다면? 내가 정원에서 넘어졌기 때문에, 그리고 수술을 하는 동안 아버지가 내 성기를 보았기 때문에 결국 내게 그런 짓을 저지르게 된 것은 아닐까?'

대부분의 성폭행 희생자들이 흔히 그렇듯이 릴리안도 이 끔찍한 사건에 자신도 일부 책임이 있다고 느꼈던 것이다.

나는 그녀에게 방금 말한 것을 곰곰이 생각하면서 안구 운동을 계속 하라고 말했다.

삼십 초 후에 그녀는 안구 운동을 그치고는, 다시 생각해 보니 그건 자신의 잘못이 아니었다고 말했다. 당시 그녀는 아주 어린아이였으며, 아버지의 역할은 딸을 보살피고 보호해 주는 것이었다고, 자신이 그 같은 끔찍한 폭행을 당해도 좋을 만한 일은 조금도 하지 않은 것이 확실하다고 말했다. 그녀는 그저 정원에서 넘어졌을 뿐이었다. 그것은 그녀처럼 호기심 많고 활발한 소녀에게는 언제나 일어날 수 있는 일이었다.

어른의 눈으로 바라보는 관점과 그리고 그녀의 감정 뇌 속에 오래도록 남아 있던 일그러진 영상이 내가 보는 앞에서 차츰 상호 관련성을 갖기 시작했다.

다음 안구 운동을 하는 동안 그녀의 감정에 변화가 일어났다. 공포감이 정당한 분노로 변한 것이다. '어떻게 아버지가 내게 그런 짓을 저지를 수 있었지? 그리고 엄마는 도대체 어떻게 몇 년 동안이나 그런 짓을 묵인하고 모른 체할 수 있었단 말인가?' 그녀의 이런 생각들과 함께 마치 그녀 몸의 감각들도 할 말이 많다는 듯 돌변하기 시작했다. 불과 몇 분전까지 목덜미를 짓누르는 것 같은 억센 손길의 감각, 그리고 복부를 쥐어뜯는 듯한 공포감이 일순간 다른 감각으로 변한 것이다. 분노가 막 폭발하려고 할 때처럼 그녀는 가슴과 턱뼈가 심하게 당기는 느낌이 들었다.

많은 심리치료 전문가들은 성폭행당한 사람들을 치료할 때 무엇보다 치료 목표를 그들이 느끼는 공포감과 무력감을 정당한 분노로 변화시킬 수 있도록 돕는 데 두고 있다. 안구운동(EMDR)의 경우도 마찬가지인데, 환자가 자신의 내부로부터 이러한 변화를 느낄 때까지 계속한다.

그 후 몇 차례의 안구운동을 통해 릴리안은 자신을 어린 소녀, 즉 감정적으로 버림받고 성적으로 폭행당하는 어린 소녀의 모습으로 대상화시켰다. 그녀는 가엾은 어린아이에게 깊은 슬픔과 한없는 연민을 느꼈다. 엘리자베트 퀴블러로스가 기술한 비애의 단계에서처럼, 릴리안의 분노는 슬픔으로 변했다. 그리고 그녀는 이제 자기가 능력이 있는 어른이 되었으니 이 아이를 보살펴 줄 수 있다고 생각했다. 그제야 그녀는 자기가 왜 그렇게 미친 듯이 자신의 아이들을 감싸고 보호해했는지 그 이유를 깨달았다. 마치 '새끼를 지키는 암사자'처럼 말이다.

마침내 그녀는 차츰 자신의 아버지 이야기를 꺼냈다. 그녀의 아버지는 2차 세계대전이 발발하자 네덜란드에서 아주 어린 나이로 대독 레지스탕스에 참가했다. 그러던 중 체포되어 혹독한 고문을 받아야 했다. 그녀는 어렸을 때부터 엄마와 할아버지, 할머니에게서 그 일이 있은 뒤부터 아버지가 완전히 다른 사람이 되었다는 말을 항상 들었다.

그녀는 이제 아버지를 길 잃고 어찌할 바 모르는 남자, 너무나 가혹한 일들을 경험했기 때문에 '미쳐버릴 수밖에 없었던' 사람이라고 생각했다. 이제 현재의 아버지에 대해 그녀는 이렇게 말한다. "가엾은 노인, 제대로 걷지도 못할 만큼 쇠약한 노인…그의 삶은 너무나 힘든 것이었어요. 아버지에 대해 슬픔밖에 느껴지지 않는군요."

불과 한 시간 사이에, 그녀는 폭행당한 어린 소녀의 공포감으로부터 가해자를 받아들이고 더 나아가서 그에게 연민을 느끼는 차원으로까지 옮겨갔다. 그것은 가장 성숙한 어른의 관점이다. 그녀는 정신분석학이 기술하는 애도의 통상적인 단계 모두를 하나도 빠짐없이 밟아나갔다. 마치 몇 달, 아니 몇 년에 걸친 심리치료요법의 효과가 단 한 번의 치료로 압축된 듯 보였다.

이렇듯 인체의 정보처리 적응 기제를 자극함으로써 환자는 과거의 사건들과 어른이 된 현재의 성숙한 관점을 관련지어 생각할 수 있게 되었다. 이 관련성이 일단 확고하게 자리 잡으면 비활성화된 정보들은 소화가 되면서―생물학자들은 '대사화(代謝化)'되었다고 표현하겠지만―부적절한 감정을 표출하지 않게 된다.

이제 릴리안은 최초의 폭행에 대한 기억을 떠올리면서도 그것을 감정의 동요 없이 바라볼 수 있게 되었다. "이제는 내가 관찰자가 된 느낌이에요. 멀리 떨어져서 바라볼 뿐이죠. 이제 그런 일은 하나의 기억이나 영상에 불과해요."

비활성화 상태의 '변연계'의 짐을 덜게 되면서 과거의 기억이 더 이상 공포나 고통으로 느껴지지 않게 된다. 그리고 짓눌렸던 기억들에서 벗어나게 된다. 이것만으로도 상당한 진전이다. 하지만 완전히 아물지 않은 상처처럼 마음속에 여전히 남아 있는 정신적 외상의 치료는, 옛 기억이 중화되었다고 해서 아주 끝난 것은 아니다.

릴리안은 몇 가지 심리적 문제와 더불어 정신적 외상을 치료하면서 자기 안에 내재해 있는 어떤 힘을 발견할 수 있었다. 그녀는 자기 안에 그런 힘이 있었다는 사실조차 몰랐기 때문에 언젠가 사용하게 될 것이라고 전혀 예상치 못한 그런 힘이었다. 이렇게 해서 그녀는 자신의 병에 맞설 수 있었고, 자신이 죽을 수도 있다는 사실을 아주 담담하게 받아들이기 시작했다. 그녀는 의사들의 치료에 철저하게 따르며 암 치료에 도움이 되는 여러 대체 요법들도 공부해 지혜롭게 이용했다. 무엇보다 그녀는 병을 앓는 동안에도 자신에게 충실한 삶을 계속해 나갔다.

그녀가 정기적으로 한 달에 한 번씩 만나던 심리치료 담당의가 어느 날 내게 전화를 걸었다. 그녀의 갑작스런 변화에 놀랐다고 하면서 무슨 일이 있었느냐고 물었다. 그녀가 겪었던 근친상간의 문제는 담당의사의 분석을 통해 이미 해결되었는데, 나와 그녀가 시도한 것은 어떤 면에서 달랐던 것일까? 프랑스나 미국의 대부분의 정신 분석가들은 환자들을 치료하면서 나와 비슷한 경험을 통해 안구운동민감소실 및 재처리법(EMDR)을 인정하기 시작했는데 릴리안의 심리치료 담당의도 마찬가지였다.

그 이후로 그녀가 심리치료를 받는 데 있어 EMDR은 아주 중요한 부분을 차지하게 되었다.

이런 일이 있고서 삼 년 동안, 릴리안은 암 수술을 받고, 화학요법과 방사선 치료 등 힘든 항암치료를 받았지만 그 어느 때보다도 활기에 넘쳤다. 질병에 대한 투지와 생명력이 그녀에게 어떤 광채를 갖게 해주었다. 그녀는 다시 무대에 섰고, 지금은 중단했던 연기 지도를 하고 있다. 그녀가 이런 상태로 오래 지낼 수 있기를 바랄 뿐이다(물론 EMDR이 암을 치유하는 것은 아니다. 그럼에도 불구하고 말기적 상황에 처한 다른 많은 환자들의 경우를 볼 때, 나는 EMDR이 암 치료에 있어서도 중요한 부분이라고 생각한다).

출처: 다비드 세르방-슈레베르(2004). 치유. 정미애 역. 서울: 문학세계사. pp. 99-104

▶▶ 자유롭게 토론해 봅시다

❶ 성폭력 가해자를 고발해 놓아 법정의 공판을 준비해야 한다면 EMDR 치료를 먼저 받는 것이 좋을지, 아니면 법정판결을 종료한 이후에 받는 것이 좋을지에 관해 토론해 봅시다.

❷ 자신들이 경험한 크고 작은 심리적 외상을 토론해 봅시다.

❸ 한국의 전통적 치료법으로, 오늘날 서구에서 대체의학적 치료로 부르는 것들의 유익성과 제한점을 토론해 봅시다.

CHAPTER 13 | 행복을 다루게 된 심리학

CHAPTER 13

행복을 다루게 된 심리학

오늘날 다양한 매체를 통해 접하게 되는 대부분의 소식들은 부정적인 내용들이다. 많은 사람들은 날마다 재난, 각종 사고, 불신, 반목, 폭력 등으로 인해 일어나는 소식들을 접한다. 게다가 이 같은 부정적인 소식들은 날로 보다 심각해지고, 거칠어지며, 커지고, 예상할 수 없을 정도로 많아지고 있다.

심리학에서는 그동안 다양한 정신적인 측면에서의 문제와 부정적인 주제들에 관해 상당한 연구자료를 축적해옴에 따라, 이 분야에 대해 상당한 지식을 가지게 되었다.

반면 행복, 칭찬, 격려, 감사, 용서 등은 상대적으로 훨씬 덜 주의를 기울여왔다. 2천 년대에 이르러 인간이 지닌 강점을 찾아내어 용기를 주고 행복을 다루는 긍정심리학 (Positive Psychology)의 성장추구 패러다임이 나타나면서, 그동안 이 부분에 대한 관심을 충분히 기울이지 못했다는 지각을 하게 되었다.

이에 본 장에서는 정신건강 분야에서 다루어야 할 최신 주제로 긍정심리학의 기초 개념을 행복을 다루게 된 심리학이란 주제 하에 다루어 보고자 한다.

1 질병 패러다임과 성장추구 패러다임

인간의 마음을 다루어 온 주류 심리학 중 정신분석학적 접근은 질병 패러다임에 의거하여 문제 행동의 원인을 심리내적인 측면에 두고 개선시켜야 할 부정적 상태(−)에 관하여 심도깊은 연구를 해왔고, 행동주의적 접근에서는 보이는 문제행동에 관심을 가지고 이를 개선시키고자 노력을 기울여 왔다. 그리고 이 두 가지 접근법들과는 달리 제3세력 심리학으로 불리우기도 하는 인본주의 심리학에서는 현존분석이나 실존분석을 바탕으로, 인간을 존중하면서 의식의 세계를 탐구하는 측면에 관심을 기울여 왔다.

이들 기존의 접근법은 부정적 사고, 부정적 정서, 부정적 행동, 그리고 심한 경우 정신병리적인 문제(-)를 일상생활이 가능한 정상상태(o)로 이끌어 오기 위해 최선의 노력을 기울여 많은 기여를 해왔다. 그러나 질병 패러다임에서는 폭력, 우울, 정신분열증과 같은 부정적 행동의 예방이 너무도 어렵다는 것 역시 체험해 왔다.

최근까지도 보통사람들은 건강이라는 말을 사용할 때 질병 패러다임에 의거하여 신체적 건강 중심의 건강을 생각했을지도 모른다. 이 같은 경우 건강의 세부적 측면에서 문제(-)가 생겼다고 판단되면 이들은 질병 패러다임으로 접근하여 정상상태(o)까지 끌어올리는 것을 목표로 할 것이다. 그러나 2천년대에 들어서면서 건강은 보다 세분화하여 신체적, 정신적, 사회적, 영적, 윤리도덕적인 측면으로 나누어 볼 수 있고, 이들 다양한 측면의 건강이 행복(웰빙)한 상태(+)에 있는지를 총체적으로 다루려 하는 사람들도 생겨나고 있다.

정신건강은 건강의 예방과 치료적 측면뿐만 아니라, 건강을 최적으로 유지와 증진시키기 위해, 비정상인뿐만 아니라 정상인 모두를 그 대상으로 하고 있다. 그럼에도 불구하고 과거에는 건강치 않은 사람들에게 관심을 집중해 왔다. 예방적 측면도 중요했으나, 이보다 더 시급했던 것이 치료였고, 정상인들을 다루기에는 시간과 여유가 더더욱 없었기 때문이다. 그러나 오늘날은 건강에 대한 사람들의 인식에 많은 변화가 생겨 건강관리를 삶의 질과 연관지어, 예방적 측면도 중요시하게 되었다.

전통사회에서는 의사를 상의(上醫), 중의(中醫), 하의(下醫)로 구분하여, 예방적 측면에서 노력하는 의사를 상의(上醫)라 칭하고 제일 높게 존중해 왔다. 비유적으로 말해보면 질병 패러다임은 하의적 접근과 가까운 반면, 앞으로 많은 연구가 축적되어야 할 성장추구패러다임은 상의적 접근에 기여할 수 있는 잠재적 측면을 많이 가지고 있다.

실제로 질병을 획일적 접근으로 모두 다루어 내긴 힘들다. 명백하게 기질적인 측면의 질병을 가지고 있는 경우에는 관련의 적합한 치료 접근법이 추천되어져야 한다. 임상적인 장면에서는 질병 패러다임으로 접근하는 것이 우선시 되는 경우가 흔하다. 이 같은 접근법이 더 많은 기여를 해내기 때문이다. 반면 아동이나 노인의 경우에는 꾸중보다 격려와 칭찬이 상대적으로 더 효과적이므로 예방적이고 교육적인 측면의 긍정적인 성장추구패러다임이 기여를 할 수 있는 부분도 분명 많다. 그리고 질병 패러다임에 의거하여 시급한 치료적 개입이 마쳐지면, 성장추구패러다임에 의해 긍정적인 보살핌이 보완되어지는 것도 바람직하여 이들 패러다임의 혼합 가능성에 관한 연구도 이루어질 필요가 있다.

이는 기존의 질병 패러다임으로는 채워낼 수 없는 부족한 측면이 무엇이며, 새로운 접근법으로 대체하면 좋을 부분은 무엇이고, 새로운 접근법으로 모두 바꾸어야 할 부분이 무엇인지 등에 관하여 심도 깊고 다양한 연구의 축적이 필요하다.

행동의 부정적인 측면을 알지 못하고는, 긍정적인 측면을 제대로 알 수가 없다. 그리고 긍정적인 강점은 어려움을 이겨내는 자원이 된다. 따라서 삶의 질을 높이기 위해 동전의 양면과 같은 이 두 가지 패러다임 모두가 필요할 것이므로, 지금까지 동전의 한 면만을 집중적으로 다루어 온 전문가들이 있다면 이를 통합적으로 볼 수 있는 안목과 개방적인 자세가 요망된다고 보겠다.

앞으로 많은 부분이 연구되고 축적되어야 할 삶의 양지(陽)를 비추는 성장추구패러다임은 그동안 질병 패러다임에 의거해 사람을 접해온 정신건강 전문인들로 하여금 삶의 음지(陰)만 보아왔고, 삶 전체를 본 것이 아니고 부분적인 부분을 보아온 것임을 자각토록 해주었다. 이에 기존의 질병 패러다임에 익숙해져 있는 전문가들은, 새로 출현한 긍정심리학의 성장추구패러다임에 대한 기여점을 잘 알아, 정신건강 분야에서도 부정적 상태(−)에서 정상상태로(o), 그리고 정상상태(o), 긍정적인 상태(＋)를 모두 다루고 이끌어 갈 수 있도록 확장된 부분을 충분히 다루어 낼 수 있는 역량을 키우는 노력이 요망된다고 보겠다.

2   긍정심리학의 출현

미국 긍정심리학회는 1999년부터 활동하기 시작하였고, 미국 심리학회는 저널 American Psychologist 2000년 1월호를 긍정심리학 특집호로 발간하였으며, 긍정심리학 국제학회는 2002년 창립되어, 학계에 새로운 변화를 일으키기 시작하였다.

한국에 긍정심리학의 소개는 소수의 관심을 가진 연구자들에 의해 발표되기 시작하였으나, 본격적으로는 2006년 미국 심리학회장을 지낸 바 있는 셀리그만(Martin Seligman)의 초청 강연으로, 그리고 2007년에는 한국 상담심리학회의 학술대회를 치루면서 관심이 확산되었다.[1]

제3세력 심리학의 흐름을 지니고 있으면서도, 이보다 더욱 강하게 긍정적인 측면을 부각시켜, 마치 인본주의 심리학이란 꽃을 활짝 피운 모습을 찾아볼 수 있게 하는 긍정심리학이 긍정적 측면을 부각시킨다고 하여, 부정적인 측면을 전혀 다루지 않는 것은 아니다. 다만 긍정심리학의 초점은 정상인(o)들이 보다 더 밝고, 건강하며, 행

---

1) 긍정심리학을 주창한 셀리그만은 2006년 9월 23~24일 한국심리상담연구소 초청으로 긍정심리학 초청강연을 가진 바 있다. 한국에서는 이미 2004년 한국임상심리학회 심포지움인 임상심리학에서의 행복추구, 2005년 한국상담학회 연차대회에서 웰빙시대와 상담 그리고 2007년 5월에는 한국상담심리학회에서 "행복의 재발견"이라는 학술대회를 가졌으며, 그즈음 타 학회와 연구소 등에서도 행복이란 주제를 중심으로 많은 연구가 발표되었다.

복해지도록 긍정적인 상태로 확장시키는 것(+)에 최대의 관심을 기울인다.

긍정심리학은 개인이 가진 강점과 미덕이나 덕목은 물론 문제의 원인을 개인과 환경의 상호작용에서 기인한 것으로 보므로, 특정 개인에게 영향을 주는 환경적 근원을 이해하고, 더 나아가 개인의 신체적, 정신적, 사회적 기능을 강화시키는 데 도움이 되는 지식과 체계를 제공하는 과학이다(Wright & Lopez, 2002). 개인과 집단의 행복을 증대시키는 과학의 한 부분인 긍정심리학은 개인이나 집단생활의 질을 향상시키고 보다 보람있는 삶을 갖게 하는 데 역점을 두며, 우리가 흔히 말하는 웰빙을 증진시켜주는 심리학이다(이현수, 2005).

셀리그만에 의하면 긍정심리학에서 관심을 기울이는 부분은 크게 네 가지이다. 첫째는 약점만큼이나 강점에 관심을 기울인다. 둘째, 나쁜 것을 개선하려는 것만큼, 최선의 것들을 축적하는 데 관심을 기울인다. 셋째, 병리적인 증상을 치료하는 것만큼 정상적인 사람들의 삶을 충만하게 하는 데 관심을 기울인다. 넷째, 사람들을 좀 더 행복하게 하기 위한 구체적인 개입전략을 개발한다(한국심리상담연구소, 2006).

과거 어느 때보다도 불안과 우울 그리고 스트레스가 팽배해 있는 사회분위기 속에서 위와 같이 네 가지 부분에 관심을 기울이는 긍정심리학이 주목을 끄는 것은 당연하다.

긍정심리학에서 다루는 주제는 새로운 것들이 아니다. 과거에도 사랑, 행복, 성장과 같은 긍정적 주제들을 다루었으나, 과거에는 오늘날처럼 많은 관심을 끌지 못했다.

그 이유는 아마도 오늘날이 물질중심의 삶을 추구하면서 정신문화에 속하는 부분들이 너무도 피폐해졌기 때문은 아닐까? 타인과 끊임없이 비교하고 비교되면서 과거에 비해 삶이 훨씬 고달프고 피곤해졌으며, 삶의 방향성과 의미도 잘 모를 정도로 혼란스러워졌고, 남을 이겨내기 위해 거짓말하고 경쟁하고 반목하며, 배반하고 살다보니 스스로에게 지겨워지면서 인간다웠던 고유한 측면은 어디론가 가버리고 남은 것은 껍데기 뿐임을 알게 되어서일까? 2천년대에 들어서면서 사람들의 삶을 행복으로 이끌고, 인간성 회복의 측면을 다루는 긍정심리학의 출현은 심리학 분야에 희망을 던져주고 있다.

셀리그만과 함께 칙센미하이(Mihaly Csilkszentmihalyi)가 공동으로 펼친 긍정심리학 운동으로부터 시작된 긍정심리학은 이들의 생활체험으로부터 나오게 된 것이다.

학습된 무기력(helplessness)이란 개념을 만든 셀리그만은 지난 30년간 우울증을 연구한 심리학자였다. 그가 긍정심리학 운동을 하게 된 계기는 자신의 딸인 니키를 키우면서이다. 니키는 3살 때 늘 징징거리며 우는 버릇을 갖고 있었다. 5살이 된 어느 날 니키는 스스로 더 이상 울지 않겠다고 결심을 했다는 말을 아빠에게 전하면서, 자신은 아빠가 늘 심각한 표정과 짜증내는 것을 더 이상 보게 되지 않을 것이라고 했다는 것이다. 딸의 습관 교정을 한 것은 심리학자인 아빠가 아니라, 5살짜리 딸 스스로가 해냈다는 것이다. 이 같은 양육과정에서 셀리그만이 느낀 것은 부모의 역할이란 자녀가 지니고 있는 부정적인 측면보다는 긍정적인 행동을 찾아 강화시켜주는 것이라는 생각을 하게 되었고, 이것이 긍정심리학 운동으로 이어지게 되었다고 한다.

헝가리 출신의 미국심리학자인 칙센미하이[2]는 제2차 세계대전 당시 어려움의 상황에서도 어떤 사람은 꿋꿋하게 살아가는 것을 보고 그 같은 힘의 원천이 과연 어디에서 생겨나는가에 대해 관심을 가지면서 융과 프로이드 등의 책을 접한 뒤, 본국을 떠나 희망을 가지고 미국으로 가서 제3세력 심리학인 인본주의 심리학을 접하게 되었다. 그는 행동주의 심리학의 제한점을 인본주의 심리학이 극복해 낼 수 있을 것으로 보았으며, 인본주의 심리학은 경험적 기초가 부족하다고 보아, 동료들과 자아를 중시하고 자기 중심성을 중요시 여기는 운동을 벌이면서, 심리학자는 의사와는 달리 개인이 가지고 있는 정신병리나 부정적 측면의 치료보다는 인간이 지니고 있는 사랑, 통찰, 성장 등에 관심을 기울여야 한다고 보고 긍정심리학 운동을 하게 되었다.

이들의 긍정심리학 운동은 인본주의 심리학에 많은 영향을 받고 있다. 내담자 중심의 상담을 이끌어 온 로저스(Carl Rogers, 1902~1987)나 자아실현을 강조하는 욕구위계론의 매슬로우(Abraham Maslow, 1908~1970)가 중시한 인간이 지니고 있는 잠재능력을 인정하고, 그 가능성을 긍정적으로 본다는 측면을 그대로 수용하고 있다. 테일러(2001)는 긍정심리학이 인본주의 심리학의 이론을 보완시키고 발전시켰다고 하였다. 그러나 긍정심리학은 인본주의 심리학 이외에도 정신분석학과 행동주의 심리학으로부터도 많은 영향을 받았으며, 이보다 더 근원을 거슬러올라가 보면 아리스토텔레스의 철학에 큰 영향을 입고 있다.

오늘날 긍정심리학을 다루는 긍정심리학자들은 자신들이 정상인과 장애인을 모두 대상으로 하며, 긍정적인 측면과 부정적 측면을 모두 다루고, 임상심리학이나 건강심리학 같은 응용심리학 분야뿐만 아니라 발달심리학이나 인지심리학 같은 기초심리학 분야를 모두 수용하여 통합적으로 접근하므로, 자신들을 스스로 통합심리학자, 그리고 연구자-현장 실연자라는 정체성을 가지고 있다. 이 같은 정체성의 의미 속에는 심리학은 과학이므로 과학적 연구방법론에 철저해야 하고, 인간의 장점과 예방에 힘써야 하며, 통합적 학문이 되도록 관심의 영역을 심리치료로부터 사회정책의 수립까지 열어놓아야 한다는 것이 들어 있다. 특히 긍정심리학은 연구기반이 아직은 확고하게 자리를 잡지 않은 상태이므로, 긍정심리학이 굳건하게 뿌리를 내리기 위해선 연구자들의 해박한 역사적 지식과 수준 높은 철학적 지식이 필요하다고 보고 이를 준비하고 있다.

---

2) 칙센미하이는 2007년 성균관대학교 초청으로 플로우의 강연을 한 바 있다. 그는 2007년 가을 학기부터 세계 최초로 미국 클레어몬트 대학원에서 행복학 박사과정을 개설함으로써, 행복에 대한 접근이 학위체계를 갖추도록 하는 데 공헌하고 있다.

3 정서의 영향을 다룬 다학문적 접근의 연구들

긍정심리학에서 기본적인 개념들을 다루기 이전부터, 정서의 영향에 관한 연구들이 수행되어 왔다. 다만 오늘날은 심리학이 타학문의 연구에 개방된 자세를 취하듯, 타학문도 심리학에 관심을 보이면서, 동일한 주제를 다학문적인 접근을 통해 다루고, 연구결과를 교환하며, 연구결과의 재검토 및 재확인도 뒤따르고 있다.

건강의 정의가 오늘날처럼 세분화되기 이전에는 건강을 크게 신체적 건강과 정신적 건강으로 각기 나누어 다루었다. 그러나 몸과 마음은 연결되어 있는 하나라고 보는 심신일원론을 기저에 놓고 있는 심신상관에 대하여는 신경심리면역학에서 다루어져 왔다.

로체스터 대학교의 심리학자인 아더(Robert Ader)는 1981년 인간의 면역계와 뇌가 어떻게 상호작용하여 건강에 영향을 미치는지를 다룬 책인 심리신경면역학(PNI; Psycho Neuro Immunology)을 출간하였다. 그 후 PNI로 불리우게 된 이 분야는 가장 인기가 있고 논란을 불러일으킨 과학 분야였다. 그 이유는 서구철학으로부터 시작하여 서구의학에 이르기까지 데카르트의 심신이원론에 의거하여 신체적인 측면과 심리적인 측면이 완전히 별개의 부분으로 다루어져 온 역사적인 학문적 흐름을 갖고 있었기 때문이다.

아더는 쥐를 대상으로 파블로브의 고전적 조건이란 실험을 하였다. 설탕물의 단맛과 구역질을 야기시키는 싸이클로포스마이드 몇 방울의 영향을 다룬 실험에서, 실험 첫날에는 설탕물에 구역질을 야기시키는 싸이클로포스마이드 몇 방울을 타서 주고, 그 다음부터는 설탕물만 주면서, 쥐들이 마시는 설탕물의 양을 주의 깊게 관찰하면서 쥐들이 얼마나 오랫동안 단맛을 통해 구역질을 기억해 낼 수 있는지를 측정해 내고자 했다. 그런데 실험 중 쥐들의 일부가 병에 걸려 죽기 시작하였다. 이 과정에서 쥐들은 설탕물을 마실 때 구토뿐만 아니라 면역 억제도 생각하고 있음을 알게 되었다. 즉 설탕물을 마실 때마다 더 많은 약물을 섭취한다고 믿었으며 쥐의 면역계는 이에 반응을 하고 있어 질병에 걸리기 쉬운 상태가 된 것이다. 이 같은 연구결과는 뇌와 면역계를 완전히 별개의 시스템으로 보아온 그 당시의 심신이원론의 풍토에 심신상관을 주장하는 것이었다. 그 후 아더는 로체스터 대학교의 면역학자인 코헨(Nicolas Cohen)과 팀을 이루어 조건화에 의한 면역억제에 대한 본격적인 연구에 착수하였다. 심리신경면역학(PNI)은 이 두 사람의 공동 실험에 기초하여 태어났다. 오늘날은 심리신경면역학(PNI)보다 더 세분화되어 내분비계가 추가된 심리적 측면, 신경계와 내분비계, 면역계, 이 모두가 상호연계되어 있다는 심리신경내분비면역학의 기본개념이 수용되고 있다.

감정이나 정신상태와 같은 심리적인 측면이 어떻게 육체의 생화학적인 균형 특히 면역체계를 깨뜨리는 요인으로 변환되는지를 과학적으로 증명하고 탐구하는 학문분야인 심리신경면역학(PNI)에서는 감정과 정신상태가 면역체계에 영향을 미치는 것과 마찬가지로 순환계, 소화계, 신경계와 같은 다른 체계에도 똑같이 영향을 미친다고 본다. 따라서 감정과 정신상태는 우리의 전체적인 건강상태를 좌우한다고 본다(사피로, 2001; 장연집, 2001).

실제로 부정적인 신념체계의 결과로 갖게 되는 신체적인 질병은, 신념 패턴을 바꾸게 되면 몸을 크게 변화시킬 수 있다(호킨스, 2001). 이에 오늘날의 의료현장에서는 여전히 신체적 측면만을 다루지만, 신체적인 치료를 실시하기 이전에 전문가가 관심을 두고 다루어 주어야 할 부분은, 개인이 부정적인 신념체계를 가졌냐는 것이다. 만일 이 같은 부분을 전문적으로 활성화시켜 신체적 치료를 수행하기 이전에 긍정적으로 다루어주게 된다면, 당연히 그 신체적 접근의 치료효과는 배가될 것이다(장연집, 2001).

심리신경면역학(PNI)과 관련된 글을 쓴 최초 사람을 심리학사에서 찾아보기위해 거슬러올라가면, 아름답고도 영적인 책인 '삶의 의미를 찾아서(Man's Search for Meaning)'를 쓴 정신의학자 빅터 프랭클(1905~1997)을 만나게 된다. 프랭클은 2차 세계 대전 때 아우슈비츠 감옥에서 살아남은 나치 참상현장의 생존자이다. 그는 고통 속에서도 각기 나름의 의미를 찾을 수 있었던 사람들은 살려는 긍정적인 의지를 가졌기에 나치에 의해 죽음을 당하지 않았을 경우, 석방이 될 때까지 살아남는 것을 목격하였다. 반면 삶의 의지를 잃어버린 사람들은 심장발작으로 몇 시간 안에 죽거나 감염만으로도 쉽게 생명을 잃은 것에 대해서도 밝히고 있다. 용기, 희망, 그러한 것이 없는 인간의 마음과 신체 면역상태가 얼마나 밀접한 관계가 있는지를 아는 사람은 갑작스러운 희망 상실이나 용기 상실이 곧 죽음을 일으킨다는 것을 이해할 수 있다. 무기력, 절망, 낙담과 같은 태도가 면역계에 영향을 미치는 분자적 원리는 자율신경계와 뉴로펩타이드[3]라는 아주 미세한 단백질과 관계가 있다. 뇌는 기분과 면역계를 포함하는 모든 생물적 체계에 영향을 미치는 광범위한 약품을 제조하는 제약회사와 비슷하다. 이와는 반대로 즐거운 생각을 하게 되면 생각은 불과 몇 초 안에 몸 전체의 수용기와 결합하면서 몸의 모든 기능을 변화시킨다. 따라서 실제로 누구든 기뻐하면 몸 속의 모든 세포가 정서에 반응하고, 우울해하면 그 기분이 뉴로펩타이드 체계를 통하여 온 몸과 마음으로 전달된다. 더구나 뇌만이 뉴로펩타이드 생

---

3) 이제까지 확인된 뉴로펩타이드는 60여 종 이상으로, 뉴로펩타이드 즉 감정을 지닌 분자들이 뇌와 몸 전체에 걸쳐 있는 시스템들 사이를 오가면서 정보를 전달해 몸과 마음을 연결하는 역동적인 정보망을 형성한다. 즉 감정을 지닌 분자로 일종의 아미노산으로 구성된 뉴로펩타이드는 세포와 다양한 장기, 내분비체계, 면역체계, 소화기계와 같은 체내의 다른 시스템들 사이에서 전달자 기능을 한다.

산 공장은 아니다. 몇몇 임파구와 마찬가지로 소화기 세포들도 뉴로펩타이드를 만들어 낸다. 그러므로 소화계나 면역계가 거꾸로 뇌의 기능과 기분에 영향을 줄 수 있는 물질을 생산해 낼 수 있다. 기분은 몸에 영향을 끼친다. 즉 걱정을 하면 근육이 긴장되고, 우울하면 피곤해지며, 기쁨은 활력을 가져다주고, 감사와 사랑은 마음을 열도록 해준다. 즉 마음과 몸은 분리될 수 없는 것으로, 모든 세포 속에는 마음이 깃들어 있다. 세포는 생각을 하고 감정과 선택에 영향을 주면서 자기들끼리 서로 의견을 교환할 수 있는 존재인 것이다. 심신관계에 대하여 이야기를 꺼낼 때 흔히 등식의 한 면, 즉 마음이 몸에 끼치는 것에만 언급하나, 몸도 역시 마음에 영향을 끼친다. 무엇을 먹을 것인지, 신체 접촉을 했는지, 어떻게 운동할지, 운동을 할지 말지, 어떻게 호흡할지 등과 같은 모든 신체행위가 기분과 맑은 머리, 사랑하고 창조성을 발휘하는 우리의 능력에 깊이 영향을 끼치게 된다(조안 보리셍코 외, 2005).

같은 의미를 원효는 일체유심조(一切唯心造) 즉 모든 것은 내가 마음을 어떻게 갖느냐에 달린 것이라고 표현하였다. 마음이 맑으면 맑은 세상을 만들고, 마음이 탁하면 탁한 세상을 만든다. 나의 마음을 잘 가꾸는 것이 곧 맑은 세상을 만드는 첫걸음이다.

다시말해 서구의 심리신경면역학이나 한국의 원효 사상 그리고 심리학의 인지행동치료에서 공통적으로 잡아낼 수 있는 키워드는, 모든 것의 시작은 내 마음을 어떻게 갖느냐에 달렸다는 것이다. 올바르고 편안하며 긍정적인 마음은 모든 것을 이루도록 이끌므로, 그렇지 않은 상태에 있다면 좋은 마음으로 바꾸라는 것이다.

긍정적 정서는 우리의 몸을 편안하고 행복하게 만들어준다. 행복하게 미소짓는 얼굴은 자신의 세포에게 미소짓는 결과를 만들며, 더 나아가서는 외부로부터 긍정적인 에너지를 끌어오도록 이끈다. 내 스스로가 진실로 자신에게 "난 괜찮은 사람이다"라고 말해 준다면, 뇌는 그렇게 생각하고 또 그렇게 만들어 준다. 반면 찡그린 얼굴은 자신뿐만 아니라 타인의 긍정적인 에너지를 밀어낸다.

긍정적이고 부정적인 정서에 관한 연구는 신경생물학, 뇌 영상 기법, 유전학 등을 통해서도 다루어지고 있다.

긍정적 정서는 대체로 인지적인 요소의 특성을 갖고 있는 신피질(neocortex)보다는 하위구조와 관련이 많은 것으로 나타나고 있다. 즉 연관된 구조물로는 주로 배쪽줄무늬체(ventral striatim), 안와전두엽(orbital frontal cortex), 편도(amygdala)를 포함하는 변연계가 거론되고 있다. 다시 말해 긍정적 정서 또는 행복은 인지적인 요소보다는 좀 더 '원초적'인 특성을 많이 띠고 있다(강은호, 2007). 프랑스 인지신경학 연구자이면서 정신과 의사인 다비드 세르방-슈레베르도 원초적인 측면과 연계되어 있는 변연계 관련을 감정뇌로 소개하고, 신피질 관련은 인지뇌로 설명하면서, 불안장애과 우울증 등에 효과가 높은 감정뇌를 자극하는 새로운 치료접근법들을 다루어 놓고 있다.

양전자 단층촬영(PET; positron emission tomography) 등 뇌 영상 기법을 통한

연구에서도 행복감과 같은 긍정적 정서와 뇌 회로에 대한 관련성이 보고되고 있다. 파라디소(Paradiso et al.,1997) 등은 정상인 피험자들에게 행복감을 유발시키는 영화 장면을 보여주고 PET을 촬영한 결과 주로 변연계의 활동이 증가된 것을 보고하였으며, 레인(Lane et al.,1997) 등의 연구에서는 중간전두엽(mesial frontal lobe), 시상(thalamus), 측두엽(temporal cortex) 등의 활동이 증가한 것으로 보고되고 있다. 그리고 뇌 활동 내지 신경전달 물질들의 변화는 여러 가지 기전을 통해 인간의 신체에 영향을 미칠 수 있다. 오스티어(2001) 등은 긍정적 정서가 뇌졸중의 발생률을 낮출 수 있다는 것을 보고하고 있고, 심혈관 질환이나 당뇨, 고혈압, 감기 등과 같은 질환의 위험성도 낮출 수 있는 것으로 보고하고 있다(James et al., 1986; Wredling et al., 1992; Kubzansky et al., 2001; Cohen et al., 2003). 긍정적 정서는 심혈관계에 많은 영향을 줄 수 있다는 증거들이 있다. 심혈관계 질환으로 입원했다 퇴원한 노인들을 대상으로 한 미들톤(1996) 등의 연구에 의하면, 퇴원 후 90일 동안의 높은 행복지수가 재입원률을 낮추었고, 긍정적 정서경험의 보고가 퇴원 당시의 건강상태나 입원기간 등보다도 재입원률 예측에 크게 작용하는 것으로 나타났다. 웃음 역시 좋은 치료효과가 있다는 것은 여러 사람들에 의해 지적되어 왔으나 이를 객관적으로 입증할 만한 증거는 많지 않다. 바호로스키와 오렌(2001) 등은 소리내서 크게 웃는 것이 긍정적인 정서를 유발할 수 있다고 보고하였고, 마호니(2002) 등은 긍정적 정서에 대한 주관적인 경험이 면역계통에 영향을 줄 수 있다는 것을 시사하였다. 웃음은 종종 유머와 동반되는데, 유머는 대개 특정 상황, 특히 스트레스 상황에서의 인지적 대처(coping) 방식 중의 하나로 많이 이용된다. 딜론(1985) 등에 의한 흥미로운 연구에서 유머를 더 많이 대처 방식으로 삼는 사람들은 침분비 면역글로불린 A(S-IgA)가 높게 나타나기도 하였다. 여러 연구들에서 긍정적인 정서를 드러내는 것은 단기간의 이득뿐만 아니라 장기간의 건강 상태에 영향을 미친다는 것이 보고되고 있다. 수녀들을 대상으로 한 연구에서 참가자들이 22세에 기록한 자서전의 내용을 분석하고, 그 결과를 75세에서 95세가 되었을 때의 사망률과 비교한 결과 놀랍게도, 젊었을 때의 긍정적 정서가 60여 년 후에, 사망률을 낮추는 것으로 나타났다(Danner et al., 2001). 코부마-혼카넨(2003) 등에 의한 삶의 만족도와 사망률, 자살 등에 대한 20년 추적관찰 연구에서도 낮은 삶의 만족도가 높은 사망률과 관련이 있고, 자살률을 높이는 것으로 보고하였다. 그리고 정신분열병, 정동장애, 강박장애 등 많은 정신과 질환들이 상당한 정도의 유전적 소인을 가지고 있는 것이 많이 밝혀졌다. 유전학적 기법의 발달로 특정 기질과 유전적 요인과의 관계가 많이 보고되고 있다. 즉 활달한 자질이나 유머적 특성, 환경 변화를 극복하는 개개인들의 힘, 미래지향성, 유연함 등 긍정적인 정서와 특질들은 유전적인 소인을 갖지 않을까? 사실상 직관적인 관찰에서 보면 이러한 특질들이 병리적 요인들보다 더 유전적인 요인을 많이 가질지도 모른다는 생각을 할 수도 있어 보인다. 유전과 성격적 특질 간의 관련성에 대한 연구들은 대체로 50% 전후 정도를 유전적인 기여도로 보고하고 있다. 행복, 긍정적 정서, 영성, 종교적 성향에 대해서도 비슷한 수준의 결과들이 나타나고 있다(강은호, 2007).

4 행복의 심리학

잠시 긍정적인 생각만 해도 심장보호의 기능을 가진 부교감신경계가 활성화될 수 있고, 기쁜 마음으로 장미 냄새를 맡거나 취미삼아 하는 가벼운 활동도 심장에는 매우 유익할 수 있다. 긍정적 자세, 긍정적 마음, 긍정적 관계, 긍정적인 잠재능력의 개발, 옳은 일을 했을 때 기뻐하고 크게 칭찬하는 것 등은 신체적, 정신적, 사회적, 영적, 윤리도덕적인 측면의 건강에 긍정적인 영향을 준다. 여기에서는 긍정심리학에서 가장 중요한 개념인 행복을 중심으로 다루어 보고자 한다.

1 행복의 개념

우리가 존재하는 목적은 행복을 찾기 위해서이다. 긍정심리학은 그 무엇보다도 행복을 추구하는 데 역점을 두고 있다. 그러나 행복이란 개념을 너무 광범위하게 사용하게 되면, 그에 대한 과학적 실증이 매우 어렵다. 과학으로서 긍정심리학에서 사용하는 행복의 연구가 가능해지기 위해선 행복의 범위를 축소하여 행복의 본질을 다루어야 한다.

원래 행복이란 용어의 근원은 고대 그리스 철학자인 아리스토텔레스(B.C. 384~322)가 "인간의 힘으로 성취할 수 있는 최고의 선이 무엇이냐"라는 한 제자의 질문에 답하면서 'Eudaimonia' 즉 웰빙이란 용어를 사용한 것에서 비롯되었다. 2,300여 년 전 그리스의 철학자 아리스토텔레스가 쓰기 시작한 순수한 철학적 용어 인 'Eudaimonia[4]' 가 21세기 행복이란 심리학적 개념으로 새롭게 해석되어, 보다 널리 그리고 보다 새롭게 활용되기 시작한 것이다. 서구의 역사에서 무엇을 최고의 선으로 보았는지를 살펴보면, 기원전 5세기 아테네 사람들은 선한 행동, 좋은 품성, 그리고 풍요로운 삶을 추구하는 것을 최고의 선으로 보았다. 그리고 15세기 플로렌 스 사람들은 아름다움을 추구하는 데서 찾았으며, 빅토리아 왕조의 영국 사람들은

---

4) Eudaimonia는 행복보다는 사람들이 진정한 잠재력을 실현하는 삶을 말한다. 이런 삶에는 긍정적 정서가 많이 들어가 있으나 반드시 그런 것만은 아니다. 현대심리학에서는 최선의 삶이라고도 한다.

명예와 교양을 추구하는 데서 각기 참된 행복을 찾으려 했다(이현수, 2005).

오늘날의 행복은 어디에 가치를 두는가? 1990년대 미국의 새로운 상류계급인 보보스족은 젊은 부자를 상징하는 부르주아의 물질적 실리와 보헤미안의 정신적 풍요를 동시에 누리면서 나름의 독특한 생활방식을 행복한 삶으로 삼고 있다.

웰빙[5]이란 용어가 근래에 다시금 사용된 것은 세계보건기구에서 내린 건강이란 정의를 통해서이다. 즉 세계보건기구에서 보는 건강은 신체적, 정신적, 사회적, 영적이란 네 가지 측면에서의 웰빙을 다루어 놓고 있다.

셀리그만에 의하면 우리는 행복(웰빙) 수준을 보다 높은 수준으로 향상시킬 수 있고, 우리 선조들이 누렸던 자유와 행복보다 훨씬 높은 행복 또는 웰빙을 누릴 수 있게 된다는 매우 희망적인 메시지를 전달하고 있다.

행복의 추구는 인간의 가장 본질적인 욕망이다. 행복(happiness)[6]에 관해선 고대의 소크라테스(Summun bonum, supreme good, 최고선), 플라톤뿐만 아니라, 인간이 성취할 수 있는 것 중에서 가장 고귀한 것으로 본 아리스토텔레스(Eudaimonia, 진정한 잠재력을 실현하는 삶) 등이 철학적 입장에서 그 의미를 다루려 했다.

그 이후 심리학자들은 긍정적이고 심리적인 기능의 실체가 무엇인지를 밝혀내려고 많은 시간과 노력을 기울였다. 즉 제임스(William James, 1842~1910)의 건전한 마음; 융(Carl Jung, 1875~1961)의 개별화, 자아실현, 자기; 매슬로우(Abraham Maslow, 1908~1970)의 자아실현; 에릭슨(Erik Erikson, 1902~1970)의 성장하는 자아; 올포트(Gordon Allport, 1897~1967)의 성숙; 로저스(Carl Rogers, 1902~1987)의 완숙한 인간의 기능; 뷜러(Charlotte Buhler, 1879~1963)의 삶의 충족이 그것이다. 이외에도 과거 100년 동안 다루어진 낙관적인 심리사회적 삶의 기술을 모두 모아놓은 자료도 있다. 어쨌든 인간의 적응과 건강문제에 지속적인 지식의 축적은 긍

---

5) 웰빙은 건강상태의 지표이다. 진정한 웰빙을 찾으려면 쾌락과 만족을 구분할 수 있어야 한다. 진정한 웰빙은 목적의식이 수반되어야 한다. 즉 목적이 충만한 일에 종사하고 자신의 재능을 이해하는 행복한 웰빙과 긍정적 정서에 역점을 두는 쾌락성 웰빙은 엄격하게 구분된다. 웰빙에서는 문화적 기초의 중요성도 강조되어야 한다. 웰빙수준은 능력검사의 결과와 같이 기계적으로 이해 될 수 없다. 웰빙은 사회적 자본이며 신용수준이다. 근본적으로 이웃에 대한 지식이 많으면 보다 적극적으로 사회활동에 참여하게 되고, 그들과 보다 잘 어울릴 수 있다. 더 나아가 이는 곧 보다 높은 수준의 행복으로 이어진다. 웰빙은 생존, 건강함(wellness), 자유, 독자성이란 네 가지 기본 욕구로 구성되어 있다(이현수, 2005).

6) 심리학에서는 행복이라는 용어가 연구하기에는 모호한 측면이 많음으로 인해, 주관적 웰빙(subjective well-being)이란 용어를 선호하여 사용하고 있다. 그러나 여기서는 수강자의 접근성을 감안하여 행복이란 단어와 주관적 웰빙을 혼용하여 사용하고자 한다.

정심리학의 모체가 되었다(이현수, 2005).

오늘날 심리학에서 대표적인 행복 연구자를 찾아보면 윌슨, 다이너, 칙센미하이, 셀리그만을 들 수 있다.

행복(Happiness)의 정의는 결핍과 곤궁으로부터의 자유, 우주나 사회에서 자신의 위치를 확인하는 상태, 마음의 평화, 만족감에서 강렬한 기쁨에 이르는 모든 감정 상태를 특징짓는 웰빙의 상태 등 수없이 많다.

만일 행복을 어떤 형태의 감정이나 심리상태와 같이 협의의 개념으로 규정하게 되면 행복을 객관적으로 측정할 수는 있으나, 그렇게 하면 행복은 너무도 하찮은 것이 되어 모든 공공생활과 사적 결정의 기초로 기능하지 못하게 된다. 반면 행복을 좋은 삶의 요소와 같이 광의로 규정하면, 너무 광범위해져서 논점을 회피하게 되며 유용한 국가통제로 측정할 수 없게 된다. 이에 행복개념은 학문적으로 검토 가능한 과학적 개념으로 정립되어야 한다(대니얼 네틀, 2006).

심리학자인 리챠드 스티븐스는 행복의 요소를 세 가지가 구성된 것으로 보았다. 첫째는 좋은 느낌과 긍정적인 마음, 둘째는 활기 넘치는 생활, 셋째는 의미부여(인생에서 가치있는 선택을 하는 것)이다.

긍정적 기분, 삶에 대한 만족감, 낙천주의, 자아존중감과 같은 인간경험에서 오는 행복을 좀 더 깊이 다루어 보자.

2 심리학에서의 초기 행복연구

미국에서는 행복과 만족감에 대해 캔트릴(1965)의 국제적인 조사를 비롯하여, 브래드번(1969), 캠벨(1976) 등에 의해 대규모 설문 조사가 실시되었다.

심리학에서는 윌슨(1967)이 'Psychological Bulletin'을 통해 행복문헌에 대한 고찰을 출판하였다. 1974년 시작된 논문집인 'Social Indicators Research'에서도 많은 행복연구가 출간되었고, 'The Journal of Personality and Social Psychology'에서도 행복관련의 논문을 다루었으며, 다이너(1984; 1999)는 행복문헌 고찰 연구를 수행하였다. 그리고 빈 호븐(1994)은 3권으로 된 'Corelates of Happiness'에서 전 세계에 대한 조사 자료를 다루었으며, 1999년에는 'Journal of Happiness Research'를 편집, 출간하였다. 카네만, 다이너, 슈발츠(1999)는 광범위한 자료를 다루고 있는 'Well-Being; The Foundation of Hedonic Psychology'를 편집하였다.

2000년대에 와서는 갤럽 그리고 다른 조사기관들이 행복과 만족감에 대한 국제적 수준의 후속 조사를 수행하고 있다.

이 같은 연구들은 개인의 행복 증진, 공동체의 행복 증진, 나아가 국제적인 다양한 연구를 하기 위한 기초자료로도 사용되고 있다.

3 주관적 행복과 후천적 행복

심리학의 초기 연구에서는 주로 행복을 느끼는 사람의 특징을 찾아내려 하였다. 월슨(Warner Wilson, 1967)에 의하면 행복한 사람은 성별과 지능수준에 관계없이, 젊고 건강하며 돈을 잘 벌고 외향적이고 낙천적이고 걱정이 없으며 종교적이고 기혼자로서 높은 자긍심과 일에 대한 열정을 가진 사람이라는 결론을 내렸다(Brickman, Coates & Janoff-Bulman, 1978).

그리고 행복을 다룬 수많은 이론들은 행복의 원인을 규명하기 위한 노력을 기울였다. 경제적 요인[7](Juster & Stafford, 1985), 활동수준(Csilkszentmihalyi, 1975), 적응수준(Brickman & Campbell, 1971; Michalos, 1985), 목표(Emmons, 1986; Omodei & Wearing, 1990), 삶의 사건(Headey & Wearing, 1989), 기질적 요소(Costa & McCrae, 19890, 1984) 등이 주요 요인으로 간주되었다. 그러나 이 같은 객관적인 요인에 대한 수많은 연구가 있었음에도 불구하고, 수십 년 간의 연구결과로부터 얻은 결론은 객관적인 상황, 환경, 인구학적 변인, 삶의 사건 등은 직관적 통찰, 매일의 경험 등과 같은 변인에 비해 상대적으로 행복에 덜 관련된다는 것이다(Lyubomirsky & Heidi, 1999). 뜻하지 않은 행운을 얻은 복권 당첨자나 반대의 경우로 전신 마비가 된 환자의 경우도 그 같은 각자의 상황은 주관적인 행복에 큰 영향을 주지 못했다(Brickman, Coates & Janoff-Bulman, 1978). 다이너는 주관적 행복(웰빙)을 정의하고 측정하는 것, 행복의 원인과 과정, 행복의 역할 및 문화와의 관련성에 대하여 광범한 연구를 해왔다. 다이너(1984)에 의하면 행복은 첫째 객관적 조건과 구별되는 개인의 주관적인 내적 경험이고, 둘째 행복은 부정적 요소의 부재만을 의미하지 않으며, 삶의 보다 긍정적인 측면을 반영하며, 셋째 행복은 삶의 모든 측면에 대한 전반적이고 통합적인 판단으로 보았다(구재선·김의철, 2006).

흔히 사람들은 무엇을 행복이라고 생각하는가? 위에서 다룬 연구들을 포함하여 많은 연구들에 의하면 연령, 성별, 교육수준, 자녀를 낳건 낳지 않았건 부모됨, 신체적 매력 등은 행복과 그리 관련이 높지 않다. 그렇다면 행복은 내재적인 측면과 연관되어 있는 주관적 행복에서 큰 연관성을 찾을 수 있을까?

최근에는 행복에 많은 영향을 주는 것을 크게 일곱 가지 범주로 생각하고 있다. 영향이 큰 것부터 다뤄보면, 일, 건강, 가족, 개인적 자유, 개인적 가치, 재정적 측면, 그리

---

7) 경제적 조건이 좋은 사람은 행복할 것이라고 생각하는 경향이 있으나, 두 변인과의 관계는 그리 간단하지가 않다. 물론 스스로 행복하다고 말하는 사람 중에는 수입이 많은 경우가 흔히 있긴 하다. 이와는 달리 프랑스는 부유한 국가임에도 불구하고, 우울증 인구가 세계 1위이다.

부유국가 국민의 경우 경제적 수준은 높으나 그들이 느끼는 주관적 행복의 수준은 극히 낮다(Diener & Seligman, 2004).

고 제일 관심을 기울이지 않는 부분으로 공동체와 친구[8]가 마지막을 차지하고 있다.

또 다른 연구에 의하면 최근에 행복한 사람들이 나타내는 특성으로는 자긍심, 낙천성, 편안함, 가까운 우정이나 만족스런 결혼생활, 일과 레저, 의미있는 종교생활, 잘 자고, 운동하는 것으로 나타났다.

행복은 수많은 요소들에 영향을 받는다. 진정한 행복이 어디에서 오는가를 찾아내고, 그것들을 키우는 데 관심을 갖고, 긍정적 정서인 친절, 감사, 용서와 같은 마음으로 차츰 바꾸는 일부터 시작하면 어떨까?

영국 BBC 다큐멘터리 행복(2006)에서는, 심리학과 심리치료학의 지식을 총동원하여 슬라우 프로젝트를 통해 슬라우 마을에 사는 사람들이 행복에 대해 어떤 변화가 일어나는지를 살펴본 결과, 행복은 연습할수록 늘어나는 삶의 습관으로 보게 되었다. 매일 밤 감사할 일을 세 가지씩 써보는 것과 같은 행복훈련을 통해 행복이란 감정은 늘려 나갈 수 있다고 보고 있다. 이는 후천적 행복의 중요성을 의미하는 것이다. 물론 접근방법은 다양할 수 있다. 명상을 통해서도 가능하고 인지치료적 접근을 통해 마음 바꾸기를 시도해 볼 수도 있다.

4 행복한 삶의 유형

긍정심리학에서 추구하는 행복한 삶의 유형은 크게 세 가지로 나뉜다.

첫째는 즐거운 삶(pleasant life)이다. 이는 긍정적 정서를 추구하고, 가능한 많은 즐거움을 가지려 하며, 즐거움을 확장, 강화, 지속시키기 위해 지적인 자원, 사회적 자원 그리고 신체적 자원을 다루는 기술과 방법들이 필요하다고 본다. 이 같은 삶은 순간적인 만족을 가져다 준다고 본다. 개입법으로는 과거, 미래, 현재의 즐거운 삶에 대한 긍정적 정서를 다루는 방법이 각기 다르다. 과거의 즐거운 삶에 대한 긍정적 정서를 다루는 방법은 삶에서의 흡족함, 만족, 평온함, 자부심이란 개념과 이어지며, 긍정적인 정서 개입법으로는 감사 경험하기, 매일 밤 잠자기 전에 세 가지의 축복 적기, 용서하기 등과 같은 연습문제가 있다. 미래의 즐거운 삶에 대한 긍정적 정서에서는 희망, 낙관주의, 믿음, 신뢰를 다루며 개입법으로는 학습을 통해 낙관주의를 갖도록 하는 연습을 한다. 현재의 즐거운 삶에 대한 긍정적 정서를 다루는 방법은 신체적이고 종합적으로 즐거움을 찾아보는 것이다(한국심리상담연구소, 2006). 개입법은 아름다운 날을 음미하기 위해 정신적으로 사진을 찍어두는 방법으로 명상이나 사념

---

8) 오늘날의 사람들은 공동체와 친구를 접하기보다는 컴퓨터와 더 많은 시간을 보낸다. 아예 이 부분에 관심을 기울이지 않는 사람도 있다. 그러나 미래에는 인간관계를 제대로 아는 것이 그 무엇보다도 큰 기쁨을 갖게 하는 원천이 될 것이란 전망이다.

처 명상을 활용하기도 한다.

둘째는 관여하는 삶(engaged life)으로 이는 쾌락과는 질적인 수준에서 다른 큰 기쁨을 갖는 일에 열중하는 좋은 삶을 말한다. 이 같은 삶에서는 사람들에게서 크게 여섯 가지의 미덕인 지혜와 지식, 용기, 사랑 또는 인간애, 정의, 절제력, 초월성의 신호를 찾아내고, 그 밑에 각기 하위의 강점들인 총 24가지의 강점인 친절함, 공정성, 정직함, 감사, 열린 마음, 사랑, 유머, 호기심, 심미안, 창의성, 세상을 보는 안목, 사회적 지능, 지도력, 시민정신, 용기, 학구열, 용서, 희망, 근기, 신앙심, 열의, 신중함, 겸허, 자기통제를 다루어 강점의 신호를 확인하려 한다. 24가지의 강점 프로파일 연구에 따르면 사람간에도 차이가 있지만, 국가간에 강점 프로파일이 다른 경우가 있다. 자신이 지닌 강점을 활용하여 도전하고 역경을 딛고 섰을 때 긍정적 정서, 특히 성취감이나 몰입을 경험하게 된다고 본다. 강점은 남에게 해를 입힌다든지 지름길로만 가려는 것을 약화시켜주고 자아존중감을 보장해 준다(한국심리상담연구소, 2006).

세 번째, 의미있는 삶(meaningful life)이란 아리스토텔레스의 Eudaimonia와 유사한 개념이다. 즉 자기의 존재보다 더 큰 무엇에 이바지한다는 의미가 충만한 그런 고양된 삶 또는 영성적 삶으로, 자신이 지닌 강점이 무엇인지 그것을 제대로 잘 인지하고, 삶을 의미있는 것으로 만들기 위해 보다 더 큰 초월적인 어떤 것에 헌신하는 삶을 말한다. 작은 '우리'를 약화시키고 인간의 행복을 증진시키는 건강한 가족, 이웃, 학교, 미디어 등과 같은 긍정적 제도(positive institutions), 자선활동이 미덕을 촉진시키고 결과적으로 더 나은 공동체를 구성하는 강점과 관련이 있다고 본다(한국심리상담연구소, 2006).

이를 축약해보면 첫째의 즐거운 삶에서 추구하는 행복은 순간적인 기쁨과 즐거움이다. 둘째의 관여하는 삶에서 행복은 삶에 대한 만족이다. 세 번째인 의미있는 삶에서의 행복은 자아실현이다.

행복의 연구들이나 일반인이 무심코 사용하는 행복이라는 말은 이 세 가지가 혼재된 상태에서 다루어지고 있다. 예를 들어 아리스토텔레스의 Eudaimonia는 의미있는 삶(meaningful life)의 수준에서 다루어지는 용어인 반면, 일반적인 행복의 연구들은 흔히 둘째의 관여하는 삶의 수준에서 수행된 것들이 많고, 일반인의 행복 용어는 1단계의 수준에서 표현된 것일 수 있다.

미국에선 부유할수록 더 우울하고, 행복하지가 않다고 하며, 유럽과 북미의 소득 수준도 지난 1970년대에 비해 지속적으로 증가했음에도 불구하고, 삶에서의 만족감은 증가하지 않았다고 한다. 이에 서구에서는 우울증 약인 프로작을 복용하는 인구 비율이 증가하고 있고, 각종의 심리치료를 받는 경우도 더 증가하고 있다. 이혼율도 증가하고 있다. 미국의 경우 삶에서 만족감의 수치는 더 떨어졌고, 남성 사망률도 더 높아졌다고 하는데, 한국인은 어떠한가? 오늘날 한국인은 과거에 비해 훨씬 풍요로운 삶을 살고 있다. 그러나 풍요로워진만큼 행복이 늘어난 것은 아니다. 사람들의 성격은 더 까다로워지고 메마르고, 삶을 편하게 해주는 기계들도 많이 생겼지만 더욱 더 여유가 없어지고 지쳐 있는 것이 현실이다.

　물질적 풍요가 반드시 행복을 가져다주는 것은 아니다. 심리학자인 마이어의 저서 행복의 추구(The Pursuit of Happiness)에 의하면 일단 빈곤을 벗어나 기본적 욕구가 충족되면 그 이상의 수입과 소유물은 행복에 거의 도움이 되질 않는다. 미국의 경우 지난 30년 동안(1960~1990) 권리와 재산이 두 배로 늘어났으나, 행복감과 삶의 만족도는 거의 증가하지 않았다. 더 많은 부와 소유물들이 인간을 더 행복하게 만들지는 않는다. 물질문명, 경제적 풍요로움이 행복을 가져다 주지 않는다는 것을 제대로 알아야 한다. 그럼에도 불구하고 대중매체에서는 무엇인가를 사들이고 소유한다면 행복해질 것이라고 부추긴다. 오늘날의 문화에서는 돈, 성욕, 권력, 명예라는 네 가지 물질에 집착하고 있다. 그러나 위대한 종교들은 이와는 전적으로 다른 입장을 취한다. 이런 생각은 절대적으로 잘못된 것이라고 강도 높게 비판한다. 앞의 네 가지 물질은 삶에서 즐거움을 주지만, 이들이 지속적으로 진정한 행복을 가져다주고, 그것만이 기쁨을 줄 수 있다고 믿는 것은 망상에 불구하다고 말한다. 그 어떤 외부의 감각이나 소유물도 결코 지속적이고 충분한 만족을 줄 수 없다. 부와 소유물에 집착하는 것은 사소한 것에 우리를 중독시키며 삶에서 진정으로 중요한 것으로부터 우리를 멀어지게 한다. 진정한 행복과 희열은 그것이 있는 곳과 찾는 방법을 알면 얻을 수 있다. 즉 필요한 것은 총체적이고 균형잡힌 삶의 철학이다. 즉 즐거움이 무엇인지를 알고 그 가치를 인정하여 인생의 필요한 곳에 그것을 적절히 안배하는 그런 철학이 필요하다. 집착은 우리의 우선순위를 왜곡시키고 진정한 행복의 원천을 보지 못하도록 만든다. 지속적인 만족에 이르는 방법은 우리가 필요하다고 여기는 것에 대한 마음을 바꾸는 것이다. 즉 행복은 집착을 키우는 데 있지 않고, 집착을 줄이고 단념하는 데 있다. 불행은 갈망하는 것과 소유하는 것 사이의 간격이다(로저 월시, 2007). 부유하지만 우울한 사람들에게 행복해지려면 관계와 의미에 투자하라고 한다. 의미와 관계에 투자하여 진정한 행복을 찾아보라는 의미이다.

　오늘날 행복을 얻기 위해 자기수양서, 우울증 치료제의 복용, 인지행동치료, 행복훈련프로그램 등 다양한 자기수양방법이 추천되고 있다. 이런 방법들이 어느 단계의 행복에 목표점을 두고 있는 것인지 살펴보라.

5 유전자와 행복의 세트 포인트

카네만(2006) 등은 수입은 기분 좋은 것과는 관련되지만, 그것은 대부분 일종의 긍정적 착각이라는 결론이다. 즉 평균 이상의 수입을 유지하는 피험자들은 그들의 삶에

만족하긴 하지만 그때 그때의 경험에 대해 비교집단보다 더 행복하게 느끼지는 않았다. 오히려 긴장은 더 느끼지만, 즐거운 활동에 시간을 더 많이 보내는 것도 아니었다. 그러나 평균 이상의 수입자들이 행복하게 느끼는 것은 그들이 자신의 삶을 평가할 때 전통적인 성취에 초점을 맞추기 때문인 것으로 결론을 내렸다. 물질적으로 극적인 행복감을 가질 것 같은 복권 당첨자도 당첨 직후에는 행복을 느끼지만, 1년 후에는 다시 원래 수준의 행복감 상태로 돌아간다. 즉 삶에서 발생하는 특정 상황은 장기적인 행복감에는 별 영향력이 없다. 1년 후가 되면 이전의 상태로 돌아간다. 이러한 연구결과는 사람이 삶에서 무엇을 경험하더라도 사람의 행복감은 원래의 상태로 돌아간다는 행복감에 대한 세트 포인트(set point) 가설[9]을 만드는 데 기여하였다(김창대, 2007).

세트 포인트(set point)란 테니스, 배구 등에서 세트의 승부를 결정짓는 마지막 한 점을 말한다. 행복의 세트 포인트란 사람들은 저마다 자신만의 행복수준을 기억하고 있다는 말이다. 마치 중앙난방시스템의 자동 온도 조절장치와 비슷하다고나 할까? 우리가 인생에서 무슨 일을 겪든지 우리는 결국 세트 포인트로 돌아가게 된다는 가설이 바로 세트 포인트 가설이다. 예를 들어 미국 복권 당첨자들에 대한 연구(1978)에 의하면 복권에 당첨되지 않은 사람들과 비교해 볼 때 당첨자들은 더 행복하지 않았다는 사실이다. 다행스럽게도 불행한 일을 겪더라도 세트 포인트 가설에 의하면 자동 행복조절장치가 우리를 고통에서 끌어 올려준다. 하반신 마비자도 신장투석환자들도 비록 건강하진 않지만 건강한 사람과 마찬가지로 행복을 느낀다. 사랑으로 찢어진 가슴은 언젠가는 치유되며 정상적인 행복의 세트 포인트를 회복한다. 심리학자들은 이런 과정을 희망이라고 표현한다. 세트 포인트 가설은 쌍둥이들을 대상으로 한 리큰 교수(1996)의 연구를 통해서도 지지되었다. 즉 1936~55년 사이에 출생한 쌍둥이 4000쌍의 사례연구를 통해, 일란성 쌍둥이는 따로 성장했다고 해도 함께 자란 이란성 쌍둥이에 비해 행복수준이 비슷한 경우가 50%나 더 많다는 것이다. 즉 행복을 느낄 수 있는 능력의 반은 유전된다는 것이다(리즈 호가드, 2006). 즉 뇌기능이 행복을 직접 통제한다는 사실이다. 행복감은 수백만 년에 걸친 진화 과정에서 형성된 신경회로의 작용결과라고 보는 연구자도 있다. 행복은 상당부분 유전적 요인에 의해 결정된다는 것이다(대니얼 네틀, 2006).

다이너와 셀리그만(2002)은 대학생 222명을 대상으로 전반적으로 아주 행복하다

---

9) 행복의 결정요인에는 세 가지가 있다고 본다. 첫째는 유전자(50%)가 행복을 결정짓는 가장 중요한 요소이다. 즉 시원스런 성격이 될지 우울한 성격의 소유자가 될지는 유전자가 50%를 결정한다고 본다. 그 다음은 의도적인 활동(40%)이다. 매일 밤 감사할 일을 세 가지씩 써 보는 것과 같은 훈련을 통해 행복이란 감정을 늘릴 수 있다. 그리고 나머지는 환경(10%)에서 얻어진다고 본다.

고 느끼는 상위 10%의 사람과 아주 불행하다고 느끼는 하위 10%의 사람들을 비교 연구한 결과, 아주 행복한 사람은 불행한 사람에 비해 아주 사회적이며 애정이나 다른 사회적 관계에서 강력한 관계를 형성한다. 또한 그들은 상대적으로 외향적이며 친밀성이 높고, 다면적 성격검사인 MMPI에서 낮은 점수를 받았으며, 덜 신경증적이었다. 그러나 그들은 덜 행복한 사람에 비해 운동을 더 많이 하거나 종교 활동에 더 많이 참여하지도 않았으며, 황홀감이나 도취감에 빠지는 것도 아니었다. 그리고 항상 행복한 것도 아니었으며 대체로 하루의 반 정도는 부정적인 감정을 경험하지만 아주 부정적인 감정을 경험하는 시간은 7% 정도에 불과했다. 이 결과를 통해 연구자들은 아주 행복한 사람들은 주변 사건에 대해 부정적인 감정도 경험하지만 중요한 것은 그와 같은 감정을 조절하는 기능에 뛰어난 것 같다는 결론을 내렸다(김창대, 2007). 신경과민과 외향성이란 두 가지 성향 중 외향성인 사람이 더 행복하다. 외향적이고 상냥한 사람은 좌뇌활동이 우세하고 뇌의 세로토닌 수치도 높았는데, 이런 두뇌 활동은 세로토닌 시스템을 수립하는 일에 관여하는 5HTT라는 유전자에 의해 결정된다. 결국 행복을 느끼는 것은 뇌이며, 뇌의 활동은 유전자가 좌우한다는 것이다(대니얼 네틀, 2006). 그렇다고 행복을 향하는 각종의 자기수양법이 무해하다고 볼 수 는 없다. 행복에 대한 자기 자신의 태도나 생각을 긍정적으로 바꾸어 자아실현하려는 진정한 노력은 역설적이긴 하나, 달리 표현해보면 행복에 대한 집착을 버리는 것이다.

나다니엘 호쏜이 말한 것처럼 행복은 나비와 같다. 잡으려 하면 항상 달아나지만, 조용히 앉아 있으면 스스로 당신의 어깨에 내려와 앉는다.

6 진정으로 행복한 상태, 플로우

칙센미하이(1990)[10]는 인생의 순간순간에 충분히 플로우(Flow; 몰입)[11]를 하고 있을 때만 행복이 오는 것이라고 말한다. 그의 플로우란 용어는 사람들이 자신의 삶을 가장 즐기는 순간에 어떻게 느끼고 있는지에 대한 면담의 진술 내용을 분석하여 최적 경험에 관한 이론을 발전시키는 가운데, 사람들이 가장 많이 사용한 단어인 "마치 흐름(플로우)에 몸을 맡긴 것 같아요"라는 말에서 따온 것이다.

---

10) 2007년 한국을 방문하여 강연을 한 바 있는 Mihaly Csikszentmihalyi는 2007년 가을 학기부터 세계 최초로 미국 클레어몬트 대학원에서 행복학 박사과정을 개설하여, 행복에 대한 접근이 학문과 같은 학위체계를 갖추게 하는 데 공헌하였다.

11) Csikszentmihalyi의 플로우(flow; 몰입)는 직역하면 흐름으로 해석되지만, 단어가 지닌 몰입이란 의미 속에는 마치 삼매의 수준에서 갖게 되는 무아지경의 느낌과 같은 것을 내포하고 있다.

행복에 관한 20가지 사실

긍정적인 감정의 근원을 밝혀내기 위해 연구자들이 연구를 통해 다음과 같은 놀라움과 위안을 동시에 선사해 줄 최신 연구 결과를 얻게 되었다.

1. 유전자와 교육이 행복을 유발하는 요인 중 50%를 차지한다면 우리가 처해 있는 상황(소득과 환경)은 겨우 10%에 불과하다. 나머지 40%는 사람들의 인생관과 각종 활동으로 대인관계, 우정, 일, 공동체 활동 또는 운동이나 취미생활 등이 포함된다.

2. 일단 기본적인 욕구가 충족되면 여분의 돈이 있다고 해서 인생이 더 만족스럽거나 행복해지지는 않는다(행복해지려면 적어도 100만 파운드 정도는 있어야 한다고 말할지도 모르지만, 그런 횡재를 해도 효과는 잠시뿐이다).

3. 나이 든 사람이 젊은 사람보다 삶에 대해 더욱 만족하는 태도를 보인다. 영국의 질병통제예방센터가 최근 실시한 연구 자료를 보면, 20~24세의 사람들이 한 달 중 우울한 기간은 평균 3.4일인 반면 65~74세의 사람들은 2.3일에 불과했다.

4. 만약 당신이 6개월 동안 일주일에 세 번씩 20분간 운동을 하면, 전보다 10~20%는 더 행복해질 것이다.

5. 심리 테스트에서 행복감이 높게 나온 사람들이 독감 예방 주사를 맞으면, 평균 정도로 나온 사람들보다 항체가 50%나 더 많이 형성된다.

6. 네덜란드 에라스무스 대학의 '행복에 관한 세계의 데이터베이스(World Database of Happiness)에 따르면, 공식적으로 가장 행복한 나라는 덴마크이며 몰타, 스위스, 아이슬란드, 아일랜드 그리고 캐나다가 그 뒤를 따르고 있다.

7. 오늘날 미국은 두 세대 전과 비교해 볼 때 임상 우울증이 3~10배 정도 더 많다.

8. 이민자들은 자신의 고국보다 이민 가서 정착한 나라의 행복 기준을 더 중시하는 경향이 있다.

9. 스칸디나비아 반도의 국가들처럼, 소득 평등 정도가 높은 나라의 국민들은 미국처럼 부의 분배가 평등하지 않은 나라의 사람들보다 더 행복한 경향이 있다. 사람들은 소득 증가보다 지방자치와 직접 민주주의를 더 많이 행사할 수 있는 상태를 선호한다.

10. 돈이 더 많은 직장인은 그렇지 못한 직장인에 비해 더 행복하다. 그런데 연구 결과를 보면 행복한 사람이 부자가 될 가능성이 더 높다고 한다. 따라서 이것은 '부자 닭이 먼저냐 부자 달걀이 먼저냐'의 문제라고 할 수 있다.

11. 뇌졸중이나 쇠약성 질병을 앓고 있는 사람들은 단기간에 엄청난 고통을 받는다. 그러나 시간이 지나면 그들이 느끼는 행복감은 대다수의 사람들이 느끼는 수준에 약간 못 미칠 뿐이다.

12. 사람들은 결혼을 할 때 행복감이 절정에 달하지만, 시간이 지나면 행복감의 정도는 결혼 전의 수준으로 돌아간다.

13. 타인과 꾸준한 관계를 유지하는 사람들이 외톨이보다 더 행복하다.

14. 인생에 대한 만족도가 가장 낮은 시기는 여자는 37세, 남자는 42세이다.

15. 하루에 100~200회 정도 배꼽이 빠져라 웃으면, 운동 효과가 최고조에 달해 500칼로리가 연소되는 것과 같은 효과를 낳는다.

16. 황금이 있다고 행복한 것은 아니다. 올림픽에 참가한 선수들을 연구해 보니, 동메달리스트가 은메달리스트보다 더 행복했으며 금메달리스트보다 더 행복한 경우도 있었다. 오스트레일리아 국가대표팀의 수석 심리학자인 그레엄 윈터스에 따르면, 접전에서 패해 2위에 그치는 것보다 예상치도 못한 3위를 했을 때 더 기뻤다고 한다.

17. 혁신적인 사회심리학자였던 마이클 아가일 교수는 방대한 양의 행복 연구를 수행한 후, 사람들을 행복하게 만드는 것 중에는 운동이나 음악도 있지만 댄스가 단연 최고라는 연구 결과를 발표한 바 있다. 쉽게 찾아갈 수 있는 멋진 운동 시설로 한 나라의 행복 수준이 올라갈 수도 있다. 그룹 댄스 활동은 운동, 음악, 공동체 활동, 타인과의 접촉과 규칙이 복합되어 있기 때문에 운동과 마찬가지로 행복 수준을 확실하게 끌어올린다.

18. 몇몇 연구 결과에 따르면, 애완동물을 키우면 혈압과 스트레스가 감소하여 건강과 행복을 증진시킬 수 있다.

19. 하버드 대학에서 지난 40년간 실시한 아동 양육 실태를 새롭게 검토한 결과 많이 안아준 아이들이 행복하게 자라는 것으로 나타났다.

20. 사람들은 기분이 좋을 때 독특한 냄새를 발산하기도 한다. 과학자들이 알아낸 바에 의하면, 몸에서 풍기는 냄새만으로도 그 사람의 기분 상태를 알아낼 수 있다. 남녀 피실험자들이 코미디나 공포 영화를 보는 동안 그들의 겨드랑이에 가제를 대어 냄새를 채집하는 실험을 해보았다. 일주일 후 연구진은 이 실험을 전혀 모르는 사람들에게 기분 좋은 사람과 공포에 떠는 사람의 가제가 어떤 것인지 구분해 보라고 했다. 그러자 사람들은 놀라울 만큼 정확하게 구분했다고 한다.

출처: 리즈 호가드(2006). 영국 BBC 다큐멘터리 행복: 행복 전문가 6인이 밝히는 행복의 심리학(How to be happy). 이경아 역. 예담. pp. 31-33

칙센미하이의 플로우는 매슬로우(1968)의 절정경험과 유사한 측면이 있다. 플로우라는 것은 사람이 자기 자신의 능력의 한계점까지 자신의 능력을 발휘할 수 있는 어떤 도전적인 일에 완전히 몰입해 있는 상태를 말한다. 즉 사람들이 지금 하고 있는 일에 푹 빠져, 다른 어떤 일에는 전혀 관심을 두지 않는 상태로, 이런 순간들은 우리가 어렵지만 가치있는 일을 이루기 위해 최대한도까지 스스로의 마음과 육체를 바쳐 자발적으로 전력투구할 때에 일어난다.

칙센미하이는 우리가 가장 잘 하는 일을 할 때 느끼는 행복이야말로 가장 완전한 행복이라고 말한다. 이를 위해선 무엇이 인생에서 가장 중요한 것인가에 관하여 자기 삶의 태도를 근본적으로 개혁해야 한다. 행복은 외부에 있는 사물에 의해서 좌우되는 것이 아니라 오히려 우리들이 이것들을 어떻게 해석하는가에 달려 있기 때문이다.

무엇이든 플로우가 될 수 있다. 독서, 수학방정식, 이야기 들려주기, 사람사귀기 등 몰입할 수 있는 것이면 무엇이든 상관없다. 갖가지 플로우 활동에는 공통점이 있다.

행복을 얻기 위한 방법 12가지

1. 좋아하는 일을 하라.
2. 즐겁게 행동하라.
3. 가장 좋은 친구는 바로 자신이다.
4. 자신에게 작은 보상이나 선물을 함으로써 매일 현재를 살아라.
5. 친구와 가족을 위해 시간과 노력을 투자하라.
6. 현재를 즐기라.
7. 인생의 즐거움을 만끽하라.
8. 시간을 잘 관리하라.
9. 스트레스와 역경을 헤쳐나갈 수 있는 나름의 방법을 준비하라.
10. 음악을 들어라.
11. 활동적인 취미를 가져라.
12. 자투리 시간을 생산적으로 활용하라.

출처: 리즈 호가드(2006). 영국 BBC 다큐멘터리 행복: 행복 전문가 6인이 밝히는 행복의 심리학(How to be happy). 이경아 역.
　　예담. pp. 78-79

도전이 필요하며 기술을 요한다; 집중을 해야 하며 자신을 잊을 정도로 몸과 마음을 온통 쏟아 붓는다; 명확한 목적이 있다; 신속한 피드백을 받을 수 있다; 저항할 수 없을 만큼 깊이 빠져든다; 통제감을 느낄 수 있다; 자신을 망각한다; 시간감각을 잊는다. 플로우 또는 내면의 기쁨은 흥분, 환희, 기쁨, 활기와 행복을 주는 일에서 느낄 수 있다(리즈 호가드, 2006).

사람마다 플로우에 빠져드는 방법은 제각기 다르다. 몸을 통해 플로우를 느낄 수 있는 것은 너무도 많다. 축구를 하면서 체육관에서 플로우를 느낄 수도 있다. 귀를 섬세하게 훈련해 놓으면 훌륭한 음악을 접하는 플로우를 갖게 된다. 미각을 활짝 열어 놓으면 새로운 세계가 펼쳐진다. 섬세한 시각도 마찬가지이다. 신체의 각 기능 및 감각기능을 개발해놓지 않으면 플로우에 접근하기가 어렵다. 플로우하기 위해선 우선 마음이 개입되어야 한다. 와인감별사의 경우 와인의 미각을 발달시키기 위해서는 와인에 관심을 가지고 집중적으로 노력해보고 구별해낼 수 있는 기술을 가져야 한다. 그리고 하는 일이 즐겁고 몰두할 수 있어야 한다. 더 나아가 온 몸과 온 마음으로 할 수 있어야 한다.

플로우라는 개념보다는 형이상학적 개념으로 볼 수 있는 소크라테스의 수멈 보우넘(Summun bonum, supreme good, 최고선)이란 개념도 몰입과 관련이 있다. 즉 삶의 의미, 정신적 숭고함, 보다 차원 높은 목적을 추구하는 것으로 최고선을 의미하는 수멈 보우넘(Summun bonum, supreme good)은 자기 목적적인 개성을 개발시킨다. 물질적인 재산, 오락, 안락함, 권력, 명예를 별로 원하지 않는다. 왜냐하면 자신이 하고 있는 많은 일들을 통해 이미 충분한 보상을 받고 있기 때문이다. 이를 추구하는 사람들은 외부의 위협이나 보상에 쉽게 영향을 받지 않는다. 동시에 이를 추구하는 사람들은 모든 일에 더 많이 관여하는데, 그것은 이들이 삶의 흐름에 완전히 몰입해 있기 때문이다.

플로우나 수멈 보우넘을 추구하는 삶은 무감각할 수 없다. 그렇다고 절대적으로 행복하다고 말할 수도 없다. 왜냐하면 때로는 그 같은 상태에 오르는 과정에서 심각한 우울증에 걸리거나 심한 고통을 겪기도 하기 때문이다.

■■■■ 7 행복헌장 실천해 보기

모두에게 행복을 가져다주는 보편적인 해결책은 없다. 그러나 기쁨을 향상시킬 수 있는 방법은 무수히 많다. 진정한 행복은 자신과 타인을 비교하지 않는 것이다. 즐거운 인생은 스스로 창조해내는 것이기 때문이다. 행복한 사람은 자신이 운명에 끌려다니는 희생물이 아니라 삶에서 주인공이라고 믿는다.

기존의 심리치료는 환자나 내담자들을 수동적인 존재로 여기는 반면, 긍정심리학에서는 개인의 성장 주도성과 희망을 중요시하며 자신의 가치를 명확히 해서 자신이 삶을 보다 의미있게 만들어나가고, 적극적으로 자신의 문제를 풀어갈 수 있도록 해준다. 즉 긍정심리학에서는 긍정적 특질을 강화시키고 강점들을 개발하며 아직 사용하지 않고 있는 긍정적 변화의 원칙을 찾도록 해준다. 긍정적 정서의 확장 및 축적을 위한 일

행복헌장 십계명

1. 운동을 하라. 일주일에 3회, 30분씩이면 충분하다.
2. 좋았던 일을 떠올려보라.
   하루를 마무리할 때마다 당신이 감사해야 할 일 다섯 가지를 생각하라.
3. 대화를 나누라.
   매주 온전히 한 시간은 배우자나 가장 친한 친구들과 대화를 나누라.
4. 식물을 가꾸라. 아주 작은 화분도 좋다. 죽이지만 말라!
5. TV시청 시간을 반으로 줄이라.
6. 미소를 지으라.
   적어도 하루에 한 번은 낯선 사람에게 미소를 짓거나 인사를 하라.
7. 친구에게 전화하라.
   오랫동안 소원했던 친구나 지인들에게 연락해서 만날 약속을 하라.
8. 하루에 한 번은 유쾌하게 웃으라.
9. 매일 자신에게 작은 선물을 하라. 그리고 그 선물을 즐기는 시간을 가지라.
10. 매일 누군가에게 친절을 베풀라.

출처: 리즈 호가드(2006). 영국 BBC 다큐멘터리 행복. 이경아 역. How to be happy. 예담. pp. 21

반적인 방법들로는 명상, 심상, 마사지, 이완, 의미와 목적에 대한 인식, 웃음, 유머, 동기부여, 공감, 몰입, 용서 훈련, 이야기, 음악, 독서, 글쓰기, 운동, 목욕, 산책 등이 소개되고 있다(Fredrickson and Joiner, 2002). 이보다 더 전문적인 방법들로는 행복 자체를 증가시키기 위한 인지행동적 접근이나 행복 훈련법 등이 시도되고 있다(채정호, 2007).

그러나 무엇보다도 가장 중요한 것은 자신도 모르게 생활 속에서 자신에게 가장 멋지게 보이는 대상을 찾아 그의 행동과 사고 스타일 모두를 잘 보고 그대로 해보아 제대로 익히는 것이다. 심리학에서는 학습된 무기력이란 용어도 있지만, 학습된 낙관주의란 용어도 있다. 어떤 상황에 처하든 마음먹기에 달린 일체유심조이다. 생각을 모두 긍정적인 틀로 바꾸어 밥을 먹듯 일상생활에서 습관이 들도록 하면 자기 것이 된다. 나는 행복한 사람이다, 그리고 세상에 태어난 것이 감사하다고 말해 보아라.

영국의 행복위원회에서 만든 행복헌장을 토대로, 자신을 위한 행복헌장을 만들어 보면 어떨까?

5 긍정심리학의 개념들

긍정심리학에서 다루고 있는 개념들 중에는 앞에서 다룬 행복뿐만 아니라, 감사, 복원력, 용서 등 수없이 많은 개념들이 있다.

1 감사

행복과 연관되어 있는 감사는 건강한 신체, 건강한 정신, 건강한 대인관계를 증진시키는 것으로 나타났다.

그러나 감사에 대한 정의는 크게 긍정적으로 생각하는 입장이 있는가 하면, 부정적으로 생각하는 입장도 있다. 감사를 긍정적으로 정의내린 사람으로 시세로(Cicero)는 감사를 모든 미덕 중의 어버이로 보고 있다.

에픽테터스는 자신이 갖지 못한 것에 대해 슬퍼하기보다는 가진 것에 대해 기뻐하는 사람이야말로 현명한 사람이라고 했고, 니체는 감사는 숨겨진 이익이라고 했다. 그러나 감사에 대해 부정적인 시각도 있다. 라 로쉬프콜드에 의하면 감사라는 것은 인간의 이기심을 덮고 있는 얇은 베일에 불과하고 더 많은 이익을 얻기 위한 비밀스런 욕망일 뿐이다. 그리고 파크처럼 감사는 인간에서만 볼 수 있는 가장 비천하고 징징거리는 특성이라고 보는 사람도 있다. 갤럽(1998)의 조사에 의하면 미국의 청소년과 성인 대상의 연구에서 감사를 자주 표현하는 90% 이상의 사람들이 "매우 행복하다"거나 "대체로 행복하다"는 응답을 했다. 그리고 행복, 자부심, 희망, 감사는 관계가 있는 것으로 나타났다(Overwalle 등, 1995). 감사는 유쾌한 상태이며 만족을 포함하는 긍정적인 정서와 관계가 있다(Walker & Pitts, 1998). 르보미스키에 의하면 감사가 행복을 증진시키는 이유는 감사를 표현하면 자기의 가치와 자존감이 강화되고; 스트레스나 정신적 외상에 대처하는 데 도움이 되며; 감사의 표현은 도덕적인 행동을 촉진시키고(감사하는 사람은 다른 사람을 도울 가능성이 높음); 감사는 사회적인 유대를 쌓고 기존의 관계강화 및 새로운 관계형성에 도움이 되며; 감사를 표현하면 다른 사람과의 비교를 억제하는 경향이 있고; 감사는 부정적인 감정과 공존하기 어려우며; 쾌락 적응을 저지하는 데 도움을 준다(박영민, 2008).

실제로 한국사회에서는 감사한 마음을 표현하는 것에 미숙하다. 동시에 반대의 상황에서 흔히 사용되는 미안하다라는 표현을 하는 것에도 매우 미숙하다. 마음속으로는 그런 마음을 가지고 있어도 밖으로 표현하질 않는 한국문화 때문인지, 남이 도와주어 고맙다는 생각을 가지게 되면, 고맙다고 얘기하는 것이 좋을 것 같은데 대부분은 그냥 넘어간다. 셀리그만(2005)은 자신에게 특별히 친절하게 대해 주었지만 제대로 감사할 기회가 없었던 사람들을 생각해 내어 300단어 정도로 고마운 이유를 적은 감사 편지를 써서 직접 전달하는 방법을 사용하였다.

만일 이 같은 감사의 방법이 너무 인위적이란 생각이 들면, 일상생활 속에서 한국인들이 쉽게 표현할 수 있는 용타 스님(2001)이 제안한 구나-겠지-감사의 방법은 괜찮은지 알아보자. 이 방법은 수용, 이해, 긍정의 과정을 거치면서 상황을 충분히 주도적으로 이끌어가는 큰 마음의 소유자로 만들어주는 좋은 방법이다(박영민, 2007). "구나"란 바라보는 힘, 수용적인 힘을 키워주고, "겠지"는 바르게 생각해 보는 힘과 모든 상황에는 그럴만한 사정이 있을 것이라고 이해하는 힘을 키워 준다. 그리고 "감사"는 비록 부정적인 상황이라 해도 그보다 못한 것에 비하면서 다행이라는 긍정적인 시각의 힘을 키워준다. 예를 들어 그가 약속시간에 도착하지도 않았고 게다가 핸드폰도 꺼져 있는 상황을 설정해보자. 너무도 정확한 그가 늦는 이유는 갑작스런 교통체증에 걸려서 그럴지도 모르겠"구나"; 그도 마음으로는 지금 안절부절하고 있"겠지"; 다만 사고가 나지 않은 것이 얼마나 다행이야, "감사"하지. 구나-겠지-감사의 방법을 습관으로 들여놓으면 웬만한 어려움은 겪지 않고 늘 여유롭게 받아주고 이해해주며 감사하는 행복한 삶을 살아 나갈 수 있다.

2 복원력

한국에서 긍정심리학과 연계지어 가장 많은 연구가 이루어진 부분이 바로 복원력이다. 복원력(resilience, 리질리언스)이라는 단어는 물질이나 조직의 유연한 혹은 탄력적인 성질을 기술하는 데 사용되는 용어였다(Dyer & McGuiness, 1996). 복원력을 사람에게 적용할 때는 인생에서의 심각한 스트레스나 질병 또는 엄청나게 힘든 역경에도 불구하고, 상처를 입지 않는다는 것이 아니라, 이를 극복하여 원래대로 빨리 회복하고, 평균 이상의 적응수준을 유지하는 인간의 능력이 보일 때 사용하는 개념이다(이경희·이소우, 2005; Garmezey, 1993; Werner, 1993; Patterson, 2002; Tisaie & Dyer, 2004).

과거 한국인에게는 앞에서 다룬 바 있는 행복 운운하는 것은 철없는 이기적인 것으로, 부정적으로 보아왔다(최상진·정태연, 2001). 오히려 행복 추구보다는, 복을 비는 것을 통해, 역경에서 벗어나고자 했던 복원력의 개념이 사회도덕적으로 칭송을 받아왔다.

흔히 역기능적인 가정환경 속에서 성장한 아동은 건강한 가정에서 성장한 아동에 비해, 비행 행동을 보이는 경향이 높다. 반면 어떤 아동은 힘든 아동기를 보냈음에도 불구하고 건강하고 바르게 성장한다. 복원력[12]은 불리한 환경의 조건을 극복하는 힘, 그리고 높은 위험 상황에도 불구하고 긍정적인 결과를 얻게 하는 원동력으로 스트레스 상황에서도 자신의 능력을 유지시켜 적절히 대처하도록 돕는다. 심지어는 감당하기 어려운 심리적 외상 이후에도 오히려 그 이전보다도 더 성장하는 외상 후 성장(PTG; posttraumatic growth) 개념과 연계지어 볼 만한 개념이다. 최근에는 외상 후 성장(PTG; posttraumatic growth)이란 개념도 많은 관심을 받고 있다(Wei-nrib et al., 2006).

복원력은 정신분열병 어머니를 둔 고위험 아동의 스트레스와 대처에 관한 가미지(1974)의 연구에서 일차적으로 대두되었다(Rutter, 1987; Luthar et al., 2000). 그리고 비슷한 맥락에서 의료사회학자인 앤토노브스키(Antonovsky, 1987)는 대참사에서 살아남은 사람들의 정신사회적, 신체적으로 높은 기능을 기술하기 위해 건강요인 지향성(salutogenesis)의 개념을 도입했다(Patterson, 2002). 인간을 대상으로 하는 임상영역에서 이전의 결점이나 취약성을 강조하는 질병 패러다임으로부터, 개인의 강점과 자원을 규명하고 강화하고자 하는 성장추구와 건강요인지향적 모델로 패러다임이 전환되는 과정에서 등장한 개념이 바로 복원력이다(Yang et al., 2001; Greeff et al., 2003).

---

12) 현재는 복원력(resilience, 리질리언스)과 외상 후 성장(PTG; posttraumatic growth)을 이루게 하는 심리적 및 생물학적 특성에 대하여 연구가 계속되고 있으며 심리적 외상을 중점적으로 연구하는 국제 트라우마연구학회에서는 2006년 학술대회 주제를 복원력(resilience)으로 삼을 정도로 학계의 관심을 끌고 있다(채정호, 2007).

복원력의 발현 과정에 대해선 상호 반대되는 입장이 있다. 첫 번째 입장은 역경과 어려움을 만나면 부정적인 정서 및 감정을 경험하는 것이 불가피하며, 이러한 부정적인 감정을 완벽히 훈습할 때 긍정적인 정서가 나타나고 그 결과 정서적 손상에서 회복된다고 보는 입장이다. 두 번째로는 인간이 역경을 만난다고 해서 반드시 부정적인 감정 및 정서를 경험하는 것은 아니라고 보는 입장이 있다(Bonamo & Keltner, 1997; Middleton, Burnett, Paphael & Martinek, 1996). 이들의 연구에 따르면, 상실을 경험한 사람들의 절반 정도가 실제로는 상실에 따른 슬픔, 우울 등을 경험하지 않았고, 시간이 지나도 다른 병리적 증상을 보이지 않았다(Bonamo, 2004). 이들은 오히려 자신의 상실 경험을 긍정적으로 해석하고, 받아들일 준비가 되어 있는 사람들이었다. 이러한 결과를 기초로 긍정심리학자들은 인간이 역경을 만나면 당연히 부정적인 정서를 경험하는 것으로 상정하는 기존의 모델은 한계를 지니고 있다고 지적하고 있다. 이들에 따르면, 부정적인 정서가 긍정적인 정서에 비해 인간에게 강력한 영향을 미치기 때문에(Larson, Hemenover, Norris & Cacioppo, 2003), 역경 후에 인간이 부정적인 감정만을 갖는 것으로 부각되었지만, 실상 크고 작은 어려움을 경험하면서 인간은 부정적인 정서와 더불어 긍정적인 정서도 경험한다는 것이다. 그리고 역경에 대한 부정적인 감정을 두드러지게 경험하지 않은 것은 기존의 입장에서 보듯이 부인이나 억압하기 때문이 아니라 상황에 대한 긍정적 해석 및 수용에 따른 복원력을 발휘하기 때문이라는 것이다. 이러한 입장에 따르면, 어려움을 경험한 개인의 회복을 돕기 위해서 부정적인 감정을 반드시 다루어야 하는 것이 아니고 오히려 표현되는 긍정성에 보다 초점을 두어야 한다는 것이다. 이 같은 찬반양론과 관련하여 어려움을 경험한 사람들에게 부정적인 감정을 충분히 훈습하도록 부정적인 정서에 초점을 두는 경우와 긍정적인 표현과 정서에 보다 초점을 둔 치료 가운데 어느 것이 보다 효과적이었는지에 대한 결과는 일관되지 않게 나타나고 있다(Pennebaker, 1993; Stein et al., 1997). 역경에 대한 부정적 정서와 긍정적 정서의 역할에 대한 보다 명확한 이해를 하기 위해서는 어려움에 처한 개인들이 경험하는 부정적인 정서와 긍정적인 정서의 관계가 어떠한 것인지, 이 둘을 어떻게 조화롭게 다루는 것이 적응에 도움이 되는지에 대한 분석이 필요하다. 프레드릭슨(2001)에 따르면 사람들은 긍정적인 정서를 지닐 때 지적, 사회적, 신체적 자원을 확장하고, 강화하고, 지속시키고, 확장되는 부정적인 정서의 영향력을 상쇄시키며, 심리적인 복원력을 발휘할 수 있는 동력을 제공받아, 행복(주관적 웰빙)이란 상승궤도를 탈 수 있게 된다. 이러한 긍정적 정서의 역할은 많은 경험적 연구 결과에 의해서도 뒷받침되고 있는 것으로(Fredrickson, 2002), 긍정적 정서의 역할은 행복(주관적 웰빙)과 복원력이 가능하게 하는 핵심적인 기제가 된다고 볼 수 있다. 부정적 정서와 더불어 긍정적 정서가 함께 활성화되는 경험을 하면서, 사람들은 부정적 정서가 부인하고 회피해야만 하는 두려움의 대상이 아니며, 부정적 정서를 제거해야만 긍정적인 정서를 즐길 수 있는 것이 아니라는 것을 체험적으로 깨닫게 된다. 암환자들을 대상으로 연구하였던 Spiegel(1998)의 연구 참여자 가운데 한 사람은 "행복과 슬픔이 감정의 양축이 아니라 함께 공존할 수 있는 감정이라는 것을 깨닫게 되었다"고 보고하였으며, 암이 치료되기 전까지는 삶의 행복을 누릴 수 없을 것이라고 생각했던 환자가 '암덩이와 함께 음악회에 가서 암덩이를 내 옆 좌석에 앉혀 두었지요. 그러나 나는 여전히 행복한 시간을 보낼 수 있었어요"라고 보고하였다. 사람의 극심한 역경에도 불구하고 이를 피하거나 압도당하지 않고, 이를 수용하고 관여하며 의미를 부여한 사람들은 그 역경의 피해자가 아니라 탄력적으로 이를 자기성장의 자료로 활용할 수 있다(유성경, 2007).

▌3 용서

용서란 심리적 및 신체적으로 상처받은 피해자가 당연히 생기는 분노나 복수의 감정을 버리고, 받을 자격도 없는 가해자에게 공감과 자비 그리고 도덕적 사랑을 베풀려고 노력하는 심리적 실천과정이다(Enright, 2001). 이 같은 용서는 분노, 원한, 미움, 적대감, 불안, 우울, 신체화 장애를 감소시키는 반면 공감, 연민, 동정심, 자존감, 자기통제, 대인관계, 정신건강, 신체건강을 증진시켜준다.

(1) 고통의 흐름을 역류시키는 용서

용서는 정말 예측이 불가능하다. 따라서 언제, 누가, 용서의 중대 국면에 처하게 될지 사물의 이치와 인과법칙을 따라 짐작할 수 있는 사람은 아무도 없다. 용서할 때, 우리는 아무도 주목하지 않는 기적을 수행한다. 우리는 혼자 용서한다. 물론 다른 사람이 도움을 줄 수도 있을 것이다. 그러나 최후의 결정을 내리는 그 순간만큼은 자신의 내면의 은밀한 곳에서 기적을 수행한다. 우리는 소리내지 않고 조용히, 드러내지 않고 은밀히 용서한다. 우리는 자유의지로 용서한다. 아무도 우리에게 용서를 강요하지 못한다. 용서는 사회의 엄중한 윤리에 반하는 행위를 하기도 한다. 그리고 용서할 때 우리는 억울하고 부당하게 당한 상처를 치유한다. 이 같은 용서는 소외되었던 두 사람이 연합함으로써 새롭고 공평한 인간관계를 이룰 때에 완성되는 의지의 기적이다. 용서는 상대방을 용서해야 하므로 위험을 감수해야 하고, 감수할 만한 가치를 지닌다. 용서를 가능하게 하는 사랑의 힘은 복수를 시도하는 증오의 힘보다 훨씬 더 강하다. 용서는 그릇된 사람들을 바로잡는 힘이 있다. 그런데 우리 모두가 그릇된 사람이다. 가장 훌륭한 사람이라 할지라도 간음한 여인에게 돌을 던질 자격이 없다. 우리 영혼에는 사악함과 선한 덕성이 섞여 있기 때문에 남을 용서하는 것이 마땅하다(레위스 스메드, 2004).

주는 것은 받는 것이다.

–다음의 문장을 자신에게 조용히 말해 주어라.

나는 모든 이에게 사랑을 드립니다.

나는 모든 이에게 행복을 드립니다.

나는 모든 이에게 평화를 드립니다.

나는 모든 이에게 치유를 드립니다.

나는 모든 이에게 휴식을 드립니다.

(로저 월시, 2007)

(2) 타인용서

우리는 상대방에게 상처받을 때마다 우리의 고결한 덕성이 훼손당했다고 생각한다. 우리는 우리의 마음을 아프게 한 사람을 증오하면서 우리가 순결하다고 느낀다. 그러나 우리에게 결점이 있다는 사실은 곧 우리와 잘못을 저지른 상대방 사이의 틈을 좁힐 수 있다는 의미를 갖는다. 우리가 거룩한 산꼭대기에서 밑에 있는 상대방을 향해 용서의 선물을 던지는 게 아니다. 우리는 상대방과 함께 계곡 아래서 뒹굴고 있다. 그래서 솔제니친은 만일 자기가 잘못된 곳에 있었다면, 그릇된 스승들에게 배웠다면, 그릇된 환경에 처했었다면, 자기 역시 친구와 다를 바 없었을 것이라고 고백했다. 용서는 그릇된 사람들을 바로잡는다. 그런데 우리 모두가 그릇된 사람이다. 그렇기 때문에 남을 용서하는 것이 합당하고 적합하다(레위스 스메드, 2004).

나는 나에게 상처를 주었던 상황과 사람들이 오히려 인간성의 풍부함을 알게 한 변형자임을 깨닫게 된다. 용서야말로 진정한 마음의 평화를 얻게 한다. 그러나 용서란 말은 많은 오해를 불러일으킨다. 어떤 이에게 그것은 한쪽 뺨을 맞은 후 다른 쪽 뺨을 갖다 대거나, 다른 이가 뭔가를 빼앗아가도 내버려 두는 것을 의미한다. 그러나 그런 것은 절대 용서가 아니다. 죄는 나의 스승, 사랑은 나의 교훈(Guilt Is the Teacher, Love Is the Lesson)에 의하면 용서에는 몇 단계가 있다. 아픔, 미움, 치유, 연합의 네 단계로 진행된다. 처음에는 잃어버린 것에 대해 슬퍼하는 기간이고, 두 번째는 그러한 상실에 분노하는 단계며, 마침내 상실을 받아들이는 것이 세 번째다. 이미 지난 것은 할 수 없다. 레몬으로 레모네이드를 만들 듯이 우리를 강하게 해 주는 무엇인가를 새로이 배우는 게 차라리 낫다. 고난 속에서 훌륭하고 의미 있는 어떤 것을 발견할 수 있는 패러다임의 전환이 네 번째 단계이고 이것이 바로 레모네이드인 셈이다. 그리고 1~4단계까지 완성되면 상처를 준 사람에 대한 감정이 자연스럽게 근본적으로 변하게 된다. 용서를 하지만 경찰을 부를지도 모르고, 상처를 준 그들의 행동이 변할 가능성이 희박하기에 절대 다시 보고 싶지 않을 수 있다. 용서는 자기 자신의 책임이며 상대방의 사과나 변화와는 아무런 관계가 없다. 혹 지금 누군가를 미워하고 있는가? 그렇다면 그렇게 해서 당신에게 무슨 도움이 되는지 물어보라. 그것이 당신을 더 강하고, 더 현명하고, 더 평화롭고, 더 권위 있게 하는가? 분노를 생각할 때의 느낌은 어떠한가? 분노가 진정 당신이 원하는 바인가? 그것이 진정 당신이 의도하는 선택인가? 피해자가 되면 때로 분노를 힘으로 착각한다. 이 감정적 오해 때문에 피해자가 자라서 범죄자가 되는 폭력의 악순환을 일으킨다. 오늘날 교도소에 있는 대부분의 사람들은 어린 시절 학대를 받은 이들이다. 그들에게 학대를 한 사람과 자신을 용서하는 법을 배울 때까지 감옥은 치유 장소가 아니라 단순한 구금의 집일 뿐이다. 용서: 마음의 평화를 위한 용감한 선택(Forgiveness: A Bold Choice for a Peaceful Heart)의 저자인 로빈 카사르지안은 수년간 매사추세츠 교도소에서 활동하고 있다. 그녀는 자신이 개발한 치유 프로그램을 거쳐간 이들에게서 관찰한 일차적 변화들을 치유의 집(Houses of Healing)이란 책에 적어 놓았다. 그리고 로빈은 미국에 있는 모든 교도소에 치유의 집을 오디오, 비디오테이프와 함께 무료로 배포하기 위하여 비영리단체를 설립하였다. 로빈이 함께했던 많은 죄수들은 어린 시절의 상처를 치유하고 나서야 자신이 저지른 죄에 대한 책임감을 느낄 수 있었다. 상대방이 우리에게 먼저 자신의 마음을 열어 보이지 않으면 우리는 그에게 마음을 열지 않는다. 어린 시절의 상처를 치유하고 그 감정을 이해하고 자신과 다른 이를 용서하는 것을 연습하는 그 프로그램이야말로 점점 증가하는 폭력의 악순환을 끊을 수 있도록 하는 진정한 힘을 가진 유일한 프로그램이라고 생각한다. 로빈이 함께 한 사람들처럼 우리 모두가 분노는 감옥일 뿐, 힘이 아님을 깨닫게 되면 새로운 삶의 길로 접어든다. 부처님은 분노를 다른 사람에게 집어던지려고 하지만 결국은 자신만 화상을 입고 마는 뜨거운 석탄에 비유하였다. 한가한 시간에 종이를 준비하고 앉아서 당신에게 상처를 주었던 모든 사람들을 생각하고 적어 보라. 아직도 속이 상하고 화가 나는지, 아니면 다 나았는지 자문해 보라. 가장 끔찍했던 상처라도 지혜의 진주를 만들어 낼 수 있다. 그러나 용서할 마음이 생기지 않는 이들이 있을 경우에는 당신이 신뢰하는 누군가에게 그 이야기를 털어놓아라. 그것은 상처를 떠벌리려는 것이 아니라 네 번째 단계의 통찰을 얻기 위한 것이다. 그래도 상처가 남아 있고 화가 나는 경우에는 전문가의 도움이 필요하다. 후회와 분노를 놓아 보내는 것은 마음의 평화를 얻기 위한 주춧돌이다. 한 내담자가 나에게 인생에 대해 가장 많은 것을 가르친 이가 누구냐고 물었다. 나는 마음속으로 내가 아이였을 때 나를 지켜준 많은 이들, 즉 선생님들, 친구들, 영적 스승들, 사랑했던 이들을 그려 보았다. 그러나 놀랍게도 가장 훌륭한 스승들과 치유자들은 나에게 가장 상처를 많이 준 '적'들이었다. 달라이 라마는 1950년대에 티벳에서 대학살을 자행한 중국인들을 어떻게 생각하느냐는 질문을 받으면 항상 용서를 말한다. 한 인터뷰에서 그는 그러한 고통과 무지, 그들로 하여금 무의식적으로 그런 행동을 하게 한 요인들, 그 일을 자행한 사람들에 대한 연민을 이야기하였다. 달라이 라마가 그 이야기를 하는 중간에 비디오에서는 중국인이 티벳의 여승을 강간하고 수도원에 불을 지르고 학살하는 장면을 내보냈다. 달라이 라마는 미소를 지으며 그만의 평화로움으로 빛나고 있었지만 나는 분노가 타올랐다. 그는 중국인의 고통을 가져가는 명상수련을 하고 있으며 자신의 평화와 행복을 그들에게 돌려준다고 하면서 계속 용서에 관해 말하였다. 내가 그와 같은 상황에서도 이타심을 발휘할 수 있을지 잘 모르겠지만 좀 더 사소한 상처는 확실히 치유할 수 있었다. 고대의 티벳 승려들이 했던 이런 용서 명상이 바로 통렌(tonglen)이란 명상법이다(조안 보리셍코, 2005).

(3) 자기용서

사악한 의도로 남에게 상처를 주는 경우보다, 사소한 부주의와 실수로 또는 자신도 모르게 남에게 상처를 주는 경우가 더 많은데, 이 같은 경우에는 자기용서가 필요하다.

자기용서는 자신의 대본을 다시 쓰는 것이다. 자신이 스스로를 용서할 때 자신이 이미 저지른 역할과 현재 자신의 모습은 전혀 무관하게 된다. 제1막에서 자신이 맡았던 악역은 잊혀진다. 자신은 이제 제2막에서 훌륭한 사람의 역할을 맡는다. 우리는 이처럼 간단한 자기용서의 행위로 용감하게 자신을 치유할 수 있다. 자기용서는 당신이 다른 사람에게 부당한 상처를 주었을 때 당신 자신을 용서해야 한다는 것이다. 자기용서는 정직하지 않으면 불가능하다. 진실성이 요청된다. 정직성이 결여된 자기용서는 심리적 속임수이다. 정직하지 않으면 자기만족에 빠지게 된다. 속임수를 포기하고 사실에 직면할 준비가 되어 있는 마음, 솔직 담백한 마음, 과거의 실수를 정직하게 바라보고 그것을 있는 그대로 인정하는 것이 바로 첫 번째로 갖추어야 할 영적인 장비이다. 어떤 사람이 타인의 삶에 부당한 상처를 주었을 때, 그가 예의 바르고 단정한 사람일수록 그로 인한 고통을 더욱 예민하게 느낀다. 그런데 이러한 고통은 자신에 대한 미움으로 발전한다. 우리가 다른 사람에게 끼친 고통이 우리 자신에 대한 미움으로 발전하는 것이다. 다른 사람에게 아픔을 주었다는 이유로 우리가 우리 자신을 미워하게 되는 것이다. 우리는 자신을 판단하고 자신의 죄를 고발한다. 그리고 마침내 자신에게 중형을 선고한다. 이 모든 과정들이 내면에서 은밀하게 진행된다. 어떤 사람들은 수동적으로, 혹은 소극적으로만 자신을 미워한다. 그들은 사랑의 에너지로 자신을 축복하지 못한다. 말끔한 모습으로 거울을 보면서도 "살아 있다는 게 너무 기뻐"라는 탄성이 흘러나오지 않는다. 미움이 자신에 대한 기쁨을 온통 질식시킨다. 반면 어떤 사람들은 자신에 대해 공격적인 증오심을 갖는다. 그들은 자아멸시의 광풍에 휩쓸려 자신을 여러 조각으로 발기발기 찢는다. 어떤 조각으로는 제 코를 틀어막고 다른 조각들은 '멸시'라는 블랙홀 속에 쑤셔 넣는다. 자아가 산산이 조각나서 조각들이 서로 대립한다. 그래서 마침내 비극이 절정에 이르면 자아 파괴행위로 자기 증오가 표출된다. 어쩌면 당신 내면의 이런 감정들이 부당한 도리깨질이며 잘못된 비난이며 불합리한 괴롭힘일 수도 있다. 한편으로는 당신의 그 훌륭한 자아가 지극히 합당한 죄책감을 자아 만족의 돗자리 밑에 감추어버릴지도 모른다. 당신의 그늘진 면과 정면으로 대했을 때의 고통을 모면하기 위해 자신을 속이고 있는지도 모른다. 어떤 경우이든 자기 내면의 판단을 너무 깊이 신뢰하면 안 된다. 그러나 자아는 여전히 당신을 심하게 비난한다. 당신은 그러한 자아와의 관계를 개선해야 한다. "인간의 행동 동기는 미로처럼 복잡하게 얽혀 있다. 선하든 악하든 그 모든 행위는 영혼 안에서 벌어지는 복잡한 논쟁과 긴장의 결과이다." 인간은 너무 복잡한 존재이기 때문에 순결할 수 있다. 그리고 사실 우리에게는 아무 과실도 없고 전적으로 상대방의 잘못으로 부당행위가 저질러지는 경우도 거의 드물다. 상처 받는 데 우리 자신이 일정 몫을 담당한다는 말이며, 우리가 상처를 유발한다는 말이다. 때로는 우리 자신이 고통을 초래한다. 상대방을 너무 사랑하기 때문에서가 아니라 우리가 너무 어리석기 때문이다. 우리가 경솔하게 거래에 동의한 결과, 갈기갈기 찢기는 상처를 당하는 경우도 있을 것이다.

용서받는 혜택과 용서하는 능력은 동전의 양면과 같다. 하나가 존재하려면 다른 하나의 존재가 필요하다. 용서하는 능력을 사용하지 않으면서 용서받는 혜택만 누리려 하는 것은 불합리하다. 그것은 다리를 움직이지 않으면서 걸으려 하는 것, 들이마시지 않고 내뿜으려 하는 것과 마찬가지이다(레위스 스메드, 2004).

6 긍정심리학의 출현과 정신건강 관리를 위한 주체의 변화 ●●●

지금까지는 심리적 문제를 가지고 도움을 청하는 경우 대부분은 질병 패러다임에 의해 환자나 내담자의 취약성과 위험요인에 초점을 맞춰왔다. 이런 과정에서 환자나 내담자의 강점을 묻는 긍정심리학에 의거한 심리치료법이 최근에 나타났다.

세상이 급변하여 가정의 기능, 친구나 이웃과의 관계가 많이 달라지고, 불안장애, 우울증, 스트레스로 정신건강이 편치 않은 사람들이 점점 더 많아지고 있는 이 때, 긍정심리학의 출현은 심리학이 오늘날 이 시대에 희망을 가지고 행복하게 살아보라고 던져준 새로운 시대적 화두라는 생각이 든다.

행복, 사랑, 친밀감, 만족감, 낙관주의, 희망, 열정, 활기, 확신, 웃음, 유머 등과 같은 긍정적 정서를 중시하고, 강점을 중요시하여, 그것을 각자의 삶의 자원으로 활용해, 모두가 행복한 삶을 살도록 해주기 위한 긍정심리학의 출현은 그동안 우리 자신들이 쉬지 않고 해온 것들의 뒤를 잠시 되돌아보게 하고 통찰을 가지도록 해주고 있다.

정신건강에서 가장 중요한 것은 믿음, 소망, 사랑이고, 그 중에서도 가장 중요한 것은 사랑이다. 물론 이를 바탕으로 행복, 감사, 복원력, 용서를 다루어 놓았다. 이 외에도 낙관주의, 희망 등 많은 주제가 있다. 뿐만 아니라 선함, 친절, 자비, 관심과 같은 영적인 측면과 관련된 개념도 있다.

건강의 다섯 가지 종류 중 하나에 해당하는 영적인 측면의 건강에서 영성이란 개념은, 흔히 종교와 관련지어 생각하기 쉬우나, 영성은 두 가지 차원에서 접근이 가능하다고 본다.

첫 번째 차원은 종교적인 믿음과 관련이 있는 영성의 차원이다.

종교라는 용어에는 신성과 삶의 궁극적인 가치에 관련된 의미가 담겨 있고, 영성이란 용어는 신성의 직접적인 경험을 의미한다(로저 월시, 2007).

두 번째 차원은 인간존재로서 우리가 가진 능력을 깨닫고, 내면을 변화시키는 것의 중요성을 깨달아 이를 행하는 것으로, 기본적인 인간의 특성과 관련되는 영성의 차원이다(달라이 라마, 하워드 커틀러, 2002).

본 교재에서 다루는 영성의 개념은 광의의 개념인 두 번째 차원에 보다 가깝다. 선함, 친절, 자비, 관심이 없다면 인간은 건조하기 짝이 없는 삶을 살게 된다.

지구상의 50억 인구 중 10억의 인구가 종교를 가지고 있다(로저 월시, 2007). 종교를 갖지 않은 나머지 40억의 인구들에게는 인간이 가진 고귀한 품성인 선함, 친절, 자비, 관심, 봉사, 용서 등이 중요한 것임을 알리는 교육이 필요하다. 진정한 영성은 인간을 더욱 평온하고 행복하고 평화롭게 만들기 때문이다.

친절은 행복을 배가시키며, 친절은 남을 돕는 것이지만, 결국에는 자신을 돕는 것이다. 행복한 사람은 남을 더 잘 돕는다. 친절이야말로 행복을 키우는 것이다. 그리고 자비는 인간의 기본적인 품성이다. 봉사는 깨어 있음의 표현이고 깨어 있음의 수단이기도 하다(로저 월시, 2007).

이 같은 긍정심리학의 연구는 이제 막 시작하여, 할 일이 많다. 한국문화 그리고 한국의 역사를 반영하며, 한국인을 위한 긍정심리학 연구가 축적되어 정신건강 분야에도 많은 영향을 주길 바란다.

이제까지의 정신건강은 정신적 건강의 예방과 치료라는 소극적인 측면과 정신적 건강의 유지와 증진이란 적극적인 측면을 질병 패러다임에 의거하여 다루어 오면서, 스트레스와 정신병리의 치료에 많은 관심을 기울여왔다. 정신건강분야에 긍정심리학의 출현은 예방적 측면에 관심을 기울이고, 강점과 자원개발을 활성화하여 치료를 활성화할 뿐만 아니라 더욱 건강하고, 보다 행복하게 하며 삶의 질을 높이는 데 많은 관심을 보이므로, 많은 사람들로부터 관심을 받을 것이다.

물론 긍정심리학에서 다루고 있는 긍정적 정서 개념들은, 심리학 연구에서 생소한 새로운 개념이 아니다. 지금까지도 연구가 되어온 개념들이지만 그 곳에 빛을 비추지 않았던 부분이다. 물론 질병 패러다임은 치료부분에서 기여하는 부분이 많다. 이제 정신건강 연구는 기존의 연구 방향성과 긍정심리학을 포함하여 앞으로 어떻게 이끌어나갈지에 관한 연구가 총체적으로 이루어져야 한다.

오늘날의 의료상황은 신체를 기계로 본 제1기의 기계적 의학 시기와 마음이 지닌 치유의 힘에 대한 관심이 다시 일어나는 심신접근의 제2기를 지나, 획기적인 변화의 시대에 맞추어 '기존의 의료적 모형에서의 급격한 이탈', 시공간에 제한받지 않는 세계로 진입하는 제3기에 와 있다. 이에 기도의 치유력,[13] 원거리 진단 등의 가능성에 대하여 잘 알고 있다(조안 보리샌코, 2005). 초개인심리학과 긍정심리학의 출현은 제 3기가 활성화되고, 앞으로 있을 거대한 변화의 작은 한 부분일 수 있다.

1995년 노벨상을 수상한 에델만은 인간의 마음과 의식의 문제를 신경과학으로 풀어낼 수 있을 것이라는 희망을 보여주고 있고(Edelman, 2000), 2000년도 노벨상을 수상한 켄델(2000)도 학습과 기억의 과정을 단백질의 변화과정으로 풀어내려는 노력을 보이고 있다(김창대, 2007). 이제 마음이나 의식과 같은 심리학의 주제는 심리학에서만 다루는 주제가 아닌, 우리 모두가 다룰 주제로 바뀌고 있다.

긍정심리학의 주요 개념 역시 모든 학문들이 다루어, 보다 총체적인 입장에서 접근을 할 수 있도록 많은 연구와 실제가 축적되길 바란다. 그리고 정신건강의 연구와 실제 역시 개방된 자세로 긍정심리학을 보다 많이 수용할 필요가 있다고 본다.

이제까지 정신건강의 관리는 정신건강 전문가에게 의존해 왔을지 모른다. 그러나 이제부터 정신건강의 관리를 위한 주체는 자신이 되어, 스스로에게 긍정적 개념을 심는 것으로부터 시작하는 첫 발자국을 내딛기를 추천해 본다.

---

13) 기도를 통한 치유는 멀리 있는 신체에 전체성 마음이 작용하는 한 예이다. 전체성의 근본은 많은 전통적 영적 스승들이 말한 바로 그것이다. 한 사람이 치유될 때마다 온 세상이 나아진다. 스핀드리프트의 연구자들은 방향이 있는 기도와 그렇지 못한 기도를 분명하게 구분하였다. 방향이 있는 기도란 발아를 증가시키는 것처럼 구체적인 특별한 결과를 낳도록 하는 기도이다. 영적 치유자 아그네스 샌포드는 이것을 '과학적' 기도라 칭하고 어떻게 그런 일이 일어나는지 그녀의 책 '치유의 빛(The Healing Light)'에서 자세히 밝혔다(조안 보리샌코, 2005).

▶▶ 자유롭게 토론해 봅시다

❶ 행복을 위해 개인적으로 어떤 노력을 기울이고 있는지 토론해 봅시다.

❷ 진정한 잠재력을 실현하는 삶인 Eudaimonia(최고의 선)에 관하여 토론해 봅시다.

❸ 교과서에서 다루지 않은 긍정심리학의 다양한 개념들을 찾아 토론해 봅시다.

CHAPTER 14 성장의 마지막 단계: 죽음

14

성장의 마지막 단계: 죽음

죽음을 알기 위해서는 하나의 연속선상에 있는 삶을 알아야 한다.

어떤 사람은…, 버둥거리면서 죽는 반면 어떤 사람들은 조용히 그리고 내적인 평화를 갖고 죽는다. 죽음에 다가가는 데 대한 이러한 반응들은 동일한 과정의 두 가지 측면을 의미한다고 생각한다. 즉 어떤 사람은 반대극과 싸우면서 여전히 고통 속에 있는 반면 또 어떤 사람은 이미 이 싸움의 결과로 평정과 반대극과의 합일을 갖고 있는 것 같다. 죽음이 다가오기 전에 이미 내적인 반대극과 싸웠을수록 그 인간은 평화로운 종결을 더 많이 희망할 것이다.

(폰 프란즈, 1987)

묘지

출처: http://www.flickr.com/photos/
cherishlovespink/399265877)

인간에게 절대적으로 평등한 것은 '인간은 누구나 반드시 죽는다' 라는 명제이다. 죽음은 누구에게나 평등하게 부여된 일이며, 인간에게서 죽음은 삶의 필연적이고 모두가 겪어야 할 사건이다. 그럼에도 불구하고 인간은 죽음에 대해 두려움을 갖는다. 오직 간접 경험만이 가능하고 생명을 잃는다는 것은 시대를 초월하여 인간의 가장 원초적이고 본능적인 두려움이기 때문에 사람들은 죽음 자체에 대해 이야기하고 생각하는 것을 꺼려하고 회피하는 경향이 있다.

죽음이 중요한 것은 그것이 깨달음의 마지막이고 가장 결정적인 기회이기 때문이다. 또한 우리가 삶을 진정으로 즐길 수 있는 것은 그것이 영원하지 않기 때문이다. 즉 죽음은 삶이 존재하는 방식인 것이다. 따라서 책임있는 삶을 살기 위해서는 죽음을 두려움의 대상이 아니라 삶의 일부로 받아들이고 이해하는 것이 필요하다.

1 죽음의 개념

1 죽음의 정의

죽음을 한 마디로 규정짓는 것은 쉬운 일이 아니다. 죽음(death)이나 죽음과정 (dying)의 개념은 죽음의 종류, 죽음이 일어나는 장소, 그리고 종교 · 철학 · 생활 · 경험 · 문화적 배경에 따라 모두 다르고 같은 문화권 내에서도 연령이나 건강상태 또는 개인이 처한 사회적 상황에 따라 다르기 때문이다.

사전적 의미로서의 죽음은 '생명활동이 정지되어 다시 원상태로 돌아오지 않는 생물의 상태로서 생(生)의 종말'을 말한다. 고등동물에 한정하면 그 개체를 구성하는 전조직(全組織) 세포의 생활기능의 정지라고 말할 수 있는데, 죽음의 종말은 심장고 동과 호흡운동의 정지'이다.

WHO 세계보건기구는 죽음을 '소생할 수 없는 삶의 영원한 종말'이라고 정의했 고 한국의 경우 대한의학협회 내 죽음의 정의 위원회에서는 1989년에 죽음을 '심장, 폐, 기능의 불가역적 정지 또는 뇌간을 포함한 전 뇌기능의 불가역적 손실'이라고 정의했다. 최근 대한의학협회는 1993년 3월 4일 공포한 '뇌사에 관한 선언'에서 '사 망은 심폐기능의 정지인 심폐사 또는 전뇌기능의 소실인 뇌사로서 판단한다'고 하 며 뇌사를 죽음으로 인정한다는 입장을 밝힌 바 있다.

의학적 죽음은 심장의 박동과 호흡이 영구적으로 멈추었을 때를 말한다. 최근 의 학의 발달에 따라 뇌의 기능이 회복될 전망이 아주 없는 환자를 기계적으로 유지 · 관리할 수 있는 경우가 늘어나고, 이에 따라 뇌사(腦死)라는 새로운 죽음의 판정기준 도 생겼다. 생물학에서의 죽음이란 생물이 생명을 비가역적으로 잃은 상태이다. 우리 가 보통 죽음이라고 하는 것은 '생물학적인 죽음'이라고 되어 있는 것을 말한다. 그 런데 이 생물학적인 죽음에 대해서도 정의를 어떻게 내리는가에 대해 논란이 많다.

의학이 발달하면서 생명을 연장하는 새로운 기계가 나오게 되었고 그에 따라 죽 음에 대한 정의가 달라졌기 때문이다. 이렇게 의학이 발전하기 전에는 의학적 죽음 을 보통 호흡과 심장이 멈추는 것으로 삼는 경우가 많았다. 기능이 멈춘 심장과 폐를 다시 작동시키는 기술인 심폐소생술이 발달하면서 호흡과 심장이 멈추는 것만으로 는 인간이 완전히 죽었다고 말할 수가 없게 된다. 이후 뇌의 죽음, 즉 뇌사로 인간이 죽었다는 기준이 제시되었고, 현재로서는 충분하지는 않지만 대체적으로 비가역적 인 뇌사 상태에 빠지면 그것을 죽음으로 보자는 견해가 주류를 이루고 있는 듯하다. 비가역적 뇌사 판정법에 대해서 구미 국가들은 거의 다 받아들이고 있고 선진국 가 운데에는 오직 일본만이 이 기준을 승인하지 않고 있다. 한국에서는 죽음의 정의를

'심장기능 정지 사망설'로 채택하고 있고 뇌사에 대해 아직까지도 법적으로 합의를 보지 못하고 있는 상황이다(이이정, 2004).

인간의 죽음이라는 문제는 정의내리기가 쉽지 않은 일이라 죽음을 한 순간에 일어나는 일로 보지 않고 하나의 과정으로 이해하는 추세도 생기게 되었다. 이 때문에 요즘에는 죽음을 판정내릴 수 있는 기준을 다음과 같은 세 방법을 통해서 정하고 있다. 첫째, 뇌파의 활동을 점검하는 뇌파도 검사, 둘째 뇌간의 생존을 측정하기 위해 사용하는 청각 유도 과정 검사, 셋째 더 이상 뇌로 피가 흘러가지 않는다는 것을 보여주는 검사의 문서화이다. 이 세 방법을 써서 모두 죽었다는 결과가 나와야 죽음으로 단정한다는 것이다. 그러나 이런 기준을 가지고도 설명이 안 되는 경우가 드물지 않게 있었기 때문에 인간의 죽음을 완전하게 정의하는 일은 여전히 쉽지 않으며, 이와 관련해 안락사, 장기이식, 인간답게 살 권리 등이 이슈화되고 있다. 이에 대해서는 뒤에서 좀 더 다루기로 하겠다.

2 죽음개념의 발달

(1) 유아, 아동기의 죽음 이해

유아들은 죽음을 인간을 비롯하여 살아있는 유기체의 종말로 생각하거나, 또는 다른 유기체와는 달리, 인간은 죽은 후에도 영혼이 존재한다고 믿는 두 가지 측면으로 이해하고 있다. 유아가 죽음의 개념을 이해하고 죽음의 개념을 발달시켜 나가는 데는 연령과 발달의 정도에 따라 개인차가 있을 뿐 아니라, 죽음에 대한 사회문화적인 이해 양상에 따라서도 달라진다는 입장을 취하고 있다(Kastenbaum & Costa,1977; Smilzansky,1981).

내기(Nagy)는 유아들이 죽음에 대하여 이해하는 발달 과정을 연령에 따라 3단계로 구분하였다. 첫 단계는 5세 이전의 단계로, 이 시기에는 유아들이 죽음이 마지막이라는 것을 깨닫지 못하고 있으며, 죽음을 맞이한 신체는 단순히 꿈을 꾸듯 잠을 잔다거나, 또는 어디론지 멀리 여행을 떠나는 정도로 생각한다. 둘째 단계는 5~9세 사이의 단계로, 이 시기에는 죽음을 구체화함으로써, 죽음은 현실세계와 분리된 세계로 떠나는 것으로 생각한다. 이 시기의 유아들에게 있어 죽음은 인간의 삶의 끝을 의미한다. 세 번째 단계는 9~10세 이후의 단계로, 이 시기에는 죽음을 인간의 삶의 마지막일 뿐 아니라, 어느 누구도 절대적으로 피할 수 없다고 생각하며, 모든 사람은 반드시 죽는다고 생각한다. 아동들은 비로소 죽음에 대한 완전한 이해를 하고 있다. 내기의 단계모형은 피아제의 인지발달단계의 용어를 사용하지는 않았지만 인지발달을 전제조건으로 제시하고 있다(Pennells & Smith, 1995).

(2) 청소년기의 죽음 이해

청소년기는 자아정체성과 자존감에 관심을 가지면서 인지와 정서 면에서 상당한 발달을 이루는 시기이다. 이 시기에 죽음에 대한 하위 개념들, 즉 보편성, 비가역성, 노화성, 인과성 등에 대해서는 충분히 이해하고 있다고 할 수 있다. 청소년들은 죽음의 특징이 무엇이고, 죽음 이후의 존재는 무엇인가와 같이 철학적이고 추상적으로 죽음을 생각하며 어떤 청소년들은 종교적 믿음보다 더 깊고 추상적인 수준으로 종교에 접근하는 경우도 있다(유현진, 2007).

그러나 생애 발달주기의 관점에서 보면 청소년기는 죽음의 개념을 정립해 나가는 데 다양한 생활경험을 하게 되는 시기이지만 청소년들이 죽음을 성인들이 생각하는 것처럼 인식하는 것은 아니다. 왜냐하면 생물학적, 인지적, 사회 · 정서적 요인들에 의한 청소년 특유의 "모호함과 긴장감"이 죽음을 이해하는 데 영향을 미치기 때문이다.

청소년기의 특징 중의 하나인 개인적 우화의 경향은 친구의 죽음을 겪으면서 영원불멸성과 자신의 생명을 정복할 수 없다는 감정을 가지게 되어 특별히 청소년들을 곤경에 처하게 한다(Hetzels, 1991). 또한 청소년들이 자신은 특별하고 독특한 존재이므로 자신의 감정이나 경험세계는 근본적으로 다르다고 믿는 자아중심성 때문에 타인의 시각을 미처 인식하지 못한다. 그러나 한편으로는 이 시기에 진입한 청소년들은 죽음에 대한 명확한 관념을 갖는 시기이므로 죽음에 대한 관심과 불안이 생겨나고 죽음에 직면하여 분리불안과 단절의 공포, 우정의 상실과 새로 획득한 정체성을 상실하는 공포를 갖는다(이영화, 1998). 청소년들은 발달특성상 죽음을 수용하는 태도에서 완전히 성숙했다고 볼 수는 없다. 청소년기의 자아중심성 때문에 그러한 죽음이 자신에게도 일어날 수 있다고는 생각하지 않는다. 청소년들은 죽음은 노인들의 문제이지 나와는 상관없는 일이라고 생각하는 경향이 있다. 이처럼 청소년들의 죽음에 대한 의식이 성인에 비해 부족하지만, 자살의 충동을 제일 많이 느끼는 세대이기도 하다(이재영, 2004).

자아정체감이 형성되는 청소년기에 죽음준비교육을 받는 것은 죽음에 대한 긍정적인 태도를 형성하고 생명의 소중함과 생의 의미를 재고하는 기회를 부여하는 의미 있는 작업이다.

(3) 성인기의 죽음 이해

성년 초기에는 청소년기와 달리 죽음에 대해서는 안정적인 태도를 취하지만, 일상적이지 않은 질병이나 사고에 의해 죽음에 직면할 때는 지극히 감정적이고 일관되지 않은 정서적 반응을 나타낸다. 개인적 정체감 형성과정에서 청년들은 인생의 의미와 필연적인 죽음 그리고 죽음 후의 영생의 가능성을 탐구하게 된다. 자기 자신의 독특함과 중요성에 몰두해 있는 청년들은 죽음에 대해 강한 공포를 갖는 것이 보통이다. 자기를 중요시하고 자기애에 몰두한 사람들은 마지막 순간까지 청년기에 획득한 죽음에 대한 공포를 극복하지 못하기도 한다.

그러나 중년기에 들어서면 주변의 죽음을 경험하는 횟수도 잦아지고 자신의 신체적 변화를 체감하면서 죽음에 대한 간접적인 접촉의 양이 증가하게 된다. 부모의 죽음, 배우자, 동료, 친지 등의 죽음은 자기 자신의 죽음과 삶의 태도를 돌아보게 하는 계기를 준다. 그리고 성인기의 죽음에 대한 잘못된 인식은 인생의 위기를 가져올 수 있다. 죽음의 어떤 특정한 점이 인간에게 불편한 감정으로 작용하므로 죽음의 공포 자체가 위장되어 불면증, 우울증, 과도한 상실불안, 다양한 심신증 그리고 정신병 증상으로 나타날 수 있다(Feifel, 1990).

물론 중년기의 죽음에 대한 이해 양상은 자신이 처한 사회적 지위나 역할에 의해서 상당한 차이를 갖는다. 이 시기에 왕성한 사회활동과 생산성을 보이는 사람들은 죽음에 대한 공포나 불안은 상대적으로 덜한 것으로 볼 수 있다. 반면에 사회적 지위나 사회관계에 있어서 좌절을 경험한 사람들은 보다 더 죽음에 대한 두려움을 체감한다고 여긴다.

(4) 노년기의 죽음 이해

인간의 발달단계 중 죽음에 가장 근접해 있는 노인들이 직면하고 있는 문제는 죽음에 대한 두려움과 죽음불안이다. 대체로 노인들은 죽음에 대한 두려움이나 불안이 젊은 성인이나 중년들보다 덜 하며 죽음을 수용하도록 생각과 느낌을 조절한다는 견해가 지배적이다.

칼리쉬(Kalish, 1985)는 노인들의 죽음불안이 젊은이보다 상대적으로 낮은 이유를 세 가지로 정리한다. 첫째로 충분히 살았기 때문이며, 둘째로 타인들의 죽음을 통해 자신의 죽음도 사회화과정으로 수용하기 때문이며, 셋째로 자신의 생명이 젊은이의 생명보다 가치가 덜하다는 생각 때문이다. 이런 이유에서 노인들은 쇠약, 고립, 의존의 상태보다는 죽음을 선택하는 것이 더 낫다고 생각한다.

노년기의 죽음에 대한 이해가 이전의 생애주기에서 느끼는 죽음과 가장 큰 차이는 실제로 죽음에 직면하거나 임박한다는 점이다. 암과 같은 치명적인 질병에 의해 죽음을 맞이해야 할 경우 죽음에 대한 불안과 두려움이 가장 고조되는 시기이다. 분노, 우울, 저항, 도피 등의 감정적인 동요를 복합적으로 경험하면서 노년기에 접어든 노인은 당연히 죽음과 자신의 붕괴라는 불가피한 현상을 자각하며 죽음에 대하여 강한 부정을 나타낸다(Butler, 1975). 이때에 노인이 인식하는 죽음의 의미는 생명현상의 중지이고 가시적 현상의 사라짐이며 현상 세계의 인연과의 단절이다(조명옥, 1997).

모리와 함께 한 화요일. 죽음을 앞둔 노교수 모리 슈워츠가 20년 만에 만난 제자와의 만남에서 들려주는 이야기를 담은 책

출처: http://www.dangjin.go.kr/gunbo/174/chck.jpg

그러나 많은 노인들이 죽음을 수용하면서, 다음과 같은 죽음을 좋은 죽음으로 꼽는다(한나영, 2002). 첫째, 적절한 수명이다. 많은 노인들이 좋은 죽음의 중요한 조건으로 적절한 나이까지 살다가 죽는 것을 이야기하였는데, 자기의 명대로 오래 살다가 자연사하는 것을 말한다. 둘째, 무병사다. 노인들은 병으로 오래 앓는 것을 두려워하였으며 큰 중병 없이 살다가 죽는 것을 좋은 죽음의 조건으로 꼽았다. 무병사에 대한 노인들의 표현은 병을 앓지 않는 것, 또 오래 앓지 않고 죽는 것, 죽는 날까지 건강하게 살다가 죽는 것, 죽는 날까지 내 힘으로 살다가 죽는 것 등이다. 셋째, 자손이나 배우자보다 먼저 죽는 것이다. 이는 사랑하는 가족의 죽음에 대한 슬픔을 자신이 겪고 싶지 않다는 의미와 함께 생명의 연속선상에서의 순서를 어기지 않고 싶다는 소망을 나타내는 것이다. 넷째, 자손들에게 폐 끼치지 않고 죽는 것이다. 이러한 생각은 매우 동양적인 것으로 개인주의가 만연한 서양적 사고와는 달리 자신의 행복보다는 자신의 혈육인 자손에 대한 배려의 마음을 알 수 있다. 다섯째, 가족들이 다 있는 앞에서 죽는 것이다. 즉 자신의 임종을 온 가족이 지켜주는 것 또한 좋은 죽음의 조건으로 보았다. 마지막으로는 자손들이 다 잘 사는 것을 보고 죽는 것이다. 자신의 정체감을 자손에게 넘긴 노인에게 자손은 곧 자기 자신으로 간주되기 때문에 자손들이 잘 사는 것은 노인의 정체감에 있어서 중요하며 그렇기 때문에 자손들이 다 잘 사는 것을 보고 죽는 것은 노인들에게 의미가 있다.

노인들이 생각하는 좋은 죽음에 알맞은 죽음을 어떻게 계획할 것인가에 대한 구체적인 죽음준비교육이 필요하다. 또한 노화과정에서 경험하는 상실과 죽음에 대해 올바른 태도와 대처 전략을 갖도록 하는 것은 모든 노인들에게 중요한 과제이며 노년기의 삶 전체를 좌우할 수 있는 중요한 요인이므로, 많은 학자들(Klug & Sinha, 1987; 전영기, 2000)은 노년기에 죽음에 대한 올바른 태도와 준비를 갖추는 것을 성공적인 노화의 필수조건으로 꼽고 있다.

지금까지 생애 주기에 따른 죽음 이해의 특성을 아동기, 청소년기, 성인기, 노년기로 나누어 보았다. 죽음에 대한 이해를 인생의 단계별 특징에 의해 살펴본 바에 의하면, 확실하게 정형화할 수 있는 것은 아니지만 일반적인 생애 주기별 죽음에 대한 이해 수준이나 죽음불안의 요인들을 알 수 있다. 이는 죽음준비를 위한 심리교육 과제에 의미있는 자료가 될 것이다.

3 죽음에 대한 이해

(1) 죽음의 심리학적 이해

심리학적 측면에서의 죽음에 대한 이해는 프로이트(Freud), 프롬(Fromm), 융(Jung), 퀴블러 로스(Kübler-Ross) 등 여러 학자에 의해 내면에 존재하는 삶의 본능과 죽음의 본능과의 투쟁, 죽음에 대한 불안과 두려움, 죽음에 직면한 환자들의 심리적 변화에 대한 다양한 심리적 접근으로 이루어지고 있다.

죽음에 대한 관심을 가진 초기심리학자는 프로이트이다. 그는 인간의 본능을 크게 두 가지로 구분할 수 있다고 보았다. 하나는 삶의 본능이고 또 다른 하나는 죽음의 본능이다. 그는 삶의 본능을 에로스(eros)라 하였고, 죽음의 본능을 타나토스(thanatos)라 하였다. 삶의 과정은 두 본능 사이에서 일어나는 일종의 투쟁이다. 즉 인간의 삶에는 원래부터 이미 죽음이라는 것이 어떤 통일된 방식으로 존재하고 있어 무의식적으로 삶을 무생물의 상태로 충동질하여 끌고 가므로 결국 죽음에 이른다는 의미에서 죽음은 삶의 목적이 된다(Hall & Lindzey, 1978).

융은 더 적극적으로 죽음을 자기실현으로 보고 인간의 출생만큼 죽음도 의미가 있다고 보았다. 인생의 궁극적인 것으로서 상승기를 거쳐 정상에 이르면 자기실현이 이루어지는 그 때를 죽음으로 간주한다. 프롬은 죽음의 공포는 죽음에 관한 것이 아니고, 소유한 것을 잃는 데 대한 것이라고 보았다. 내 육체를 잃는 두려움, 내 자아, 내 재산, 내 주체를 잃는 데 대한 두려움이다. 그러므로 죽음에 대한 공포를 없애는 것은 소유욕을 감소하고 존재감을 증대하는 끊임없는 노력으로 시작되는 것으로, 모든 형태의 소유에의 갈망, 특히 자아의 속박에서 벗어나는 것이 죽음에 대한 공포를 경감시킨다고 하였다.

죽음에 대한 심리학적인 연구는 죽음을 인간의 삶에 대한 위협, 위기상황, 스트레스 원으로 간주하여 특정 연령집단이 다양한 상황 하에서 삶의 위협을 어떻게 받아들이고 적응하며, 어떠한 태도와 가치를 가지는지를 연구하고 죽음불안, 공포, 죽음에 대한 태도 등이 관심영역으로 다루어지고 있다.

죽음에 대한 충동, 본능, 욕망은 따지고 보면 삶에 대한 충동, 욕망, 본능의 우회적인 표현이며, 죽음의 유혹은 삶에 대한 애착의 그림자에 지나지 않는다. 삶과 죽음이 논리가 아닌 것처럼 삶과 죽음에 대한 우리의 태도 또한 논리가 아니라 본능의 영역에 속한다. 삶에 대한 우리의 집착, 즉 죽음에 대한 우리의 거부감은 이성이 아니라 감성적 영역에서 제기되는 안건이기 때문에 부조리하고 치사한 집착을 하는 것이다(박이문, 2001).

죽음에 직면한 인간의 반응을 체계화적으로 연구한 학자는 퀴블러 로스(1969)이다. 정신의학자인 그녀는 200명의 불치병 환자를 대상으로 실시한 심층적 인터뷰를 통해서, 죽음에 직면한 사람들의 심리변화과정은 부정, 분노, 타협, 우울, 수용의 5단계로 구분될 수 있다고 하였다. 각각의 단계에는 고유의 문제점과 욕구가 동반되어 있고, 말기 환자와 같은 사람은 이 과정을 인식하여 적절히 대응하는 것이 필요하다. 환자들은 이러한 단계를 지나서 죽음의 순간까지 인격적인 성장을 계속한다. 죽음의 단계는 죽음에 직면한 인간이라면 누구나 겪을 수 있는 감정의 변화를 체계화시켰다는 점에서 가치를 지닌다. 그러나 누구나 이처럼 시한부의 예견된 죽음을 겪지는 않는다. 우리는 일상에서 예기치 않은 죽음을 감지하기도 하고, 자신이 의식할 수 없는 순간에 주변인의 죽음을 맞기도 한다. 그러한 상황에서는 미묘한 감정의 변화를 느낄 여유도 없기 때문에 죽음에 대한 위기나 공포를 보편적인 심리로 규정짓기란 쉽지 않다.

(2) 죽음의 철학적 이해

철학에서는 죽음의 문제를 죽음 그 자체가 무엇인가를 규명하기보다는 죽음을 인식하는 방식, 혹은 죽음이 사유되는 근거에 초점을 두고 있다. 이것은 죽음 자체를 알 수 없는 인간 존재의 한계를 명확히 한 것인 동시에, 죽음은 결국 인간 각자의 내면에서 스스로 체득되어야 할 일생의 과제라는 점을 강조한 것이다.

소크라테스는 철학을 가리켜서 '죽는 연습'이라고 했고, 죽음은 철학에 진정한 영감을 주는 하늘의 선물로 생각했다. 그는 죽음에 대하여 수용적이었고 영혼불멸에 대한 신념으로 오히려 죽음에 대하여 낙관적이었다. 죽음이 영혼과 육체로 분리되는 것으로 보았을 뿐 아니라 존재의 실체를 영혼으로 보았으며, 그리고 육체의 속박으로부터 영혼이 해방되는 것으로 보았다. 이와 비슷하게 플라톤도 죽음을 신체로부터 영혼이 불멸하는 이데아의 세계로 옮겨가는 것으로 보았다.

인간의 삶과 죽음에 대한 문제는 실존주의 철학의 중요한 관심사이다. 실존적 차원에서 보면 죽음에 대한 사유와 삶에 대한 사유는 배타적이 아니라 보완적이다. 그래서 삶만을 생각하는 것은 죽음에게 비극적인 성격을 부여하며, 죽음만을 생각하는 것은 삶을 귀중하고 연약한 것으로 생각하게 된다. 충만하게 살아 있는 삶에는 마땅히 죽음에 대한 위험이 포함되어 있으며, 이러한 삶을 사는 자는 그 같은 위험을 의식하고 수용한다. 그러므로 죽음에 대한 모든 위험을 피하려 하고, 편협하고 유약하고 자폐적인 실존 속에 숨어서 피난을 하려는 사람은 올바로 산다는 것을 망각한 자로 볼 수 있다. 죽음은 삶의 목적도 아니고 삶의 절대적 타자도 아니다. 삶에 대해 안다는 것은 죽음을 통해서만 가능하다.

삶과 죽음의 긴장된 관계 속에서 현재 이 순간의 삶에 충실할 때 인간의 삶은 더욱 풍요로워진다. 이들은 상호 배제하거나 반대의 표현이 아니라 상호 관련되어 있는 전체로서의 개념이다. 그래서인지 철학자들에게서 사유된 죽음의 문제는 죽음 그 자체가 무엇인가를 규명하기보다는 죽음을 인식하는 방식, 혹은 죽음이 사유되는 근거에 대한 것들이다. 이것은 죽음 자체를 알 수 없는 인간존재의 한계를 명확히 한 것인 동시에, 죽음은 결국 인간 각자의 내면에서 스스로 체득되어야 할 일생의 과제라는 점을 강조한 것이다.

죽음에 대한 철학적 관심이 죽음연구나 죽음교육의 관점에서 죽음의 정의에 대한 확실한 해답은 제공할 수 없겠지만 죽음을 이해하는 데 다양한 개념과 전망을 제공한다는 것에 그 의미가 있다.

(3) 죽음의 종교적 이해

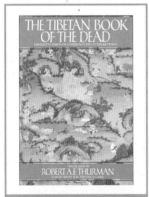

티벳 사자(死者)의 서(書)

출처: http://www.reincarnationist.
org/wordpress/wpcontent/
uploads/ 2007/04/book-of-
the-dead.jpg

종교의 궁극적 목적은 죽음의 극복에 있다. 즉 죽음에 대해 보통사람들이 가지고 있는 두려움과 편견을 극복하여 이 세상에서의 삶을 보다 건강하고 의미있게 살려는 목적을 지닌다. 죽음에 대하여 말하기를 회피하는 종교는 이미 종교가 아니요, 삶에 대하여 진지하게 말하려는 종교는 죽음에 대하여 동시에 진지하게 말하지 않을 수 없다(김승혜 외, 2001).

아, 고귀하게 태어난 자여, 그대의 마음이 흩어지지 않도록 의식을 집중하라. 죽음이라 불리는 것이 이제 그대에게 다가왔다. 그러니 이와 같이 결심해라. '아, 지금은 죽음의 때로구나. 나는 이 죽음을 이용해 허공처럼 많은 생명 가진 모든 것들에게 사랑과 자비의 마음을 가지리라. 그리고 완전한 깨달음을 얻기 위해 노력하리라…, 비록 내가 깨달음을 이루지 못하더라도 사후세계만은 정확하게 지각하리라. 사후세계에서 존재의 근원과 하나가 되리라'

('티벳 사자의 서' 중에서)

① 유교에서의 죽음관

유교에서는 죽음 자체를 문제로 삼기보다는 삶에 대비되는 것으로서 죽음을 바라본다. 죽음은 개별적인 생명의 소멸이 아니라 모든 존재의 근원인 하늘[天]에 의해서 이루어지는 현상이기 때문에 인간은 하늘의 이치를 따른다. 하늘의 이치에 의하면 모든 생명이 나는 곳에 반드시 죽음이 있고 시작이 있으면 끝이 있기 마련이다. 그러므로 죽음을 맞이하는 인간의 운명은 개인의 종말이 아니라 전체 자연 법칙의 일부로서 참여하는 일이다. 자연의 법칙과 순리에 따른 현상으로서의 죽음 인식은 유교로 하여금 죽음을 담담하고 초연하게 받아들이도록 해준다. 죽음을 앞둔 인간은 지나치게 좌절하거나 절망할 필요 없이 그저 하늘의 명을 따르는 절차로서 죽음의 과정을 인식할 수 있다.

유교(儒敎)에서는 천지만물이 음양(陰陽)과 오행(五行)이라는 기(氣)의 집합으로 생겨나고, 또한 그 기의 흩어짐으로 없어진다고 한다. 사람도 예외는 아니어서 기의 모임으로 태어났다가 그 기의 흩어지는 현상이 바로 죽음이라는 것이다.

혼백(魂魄) 역시 음양의 기에 지나지 않기 때문에 죽은 뒤 시일이 지나면 마침내 흩어지는 것이고, 자연으로 돌아간 기는 다시 사람으로 태어난다는 보장이 없기 때문에 유교에서는 내세를 믿지 않는다. 한 번 죽으면 그만이기 때문에 자손을 통하여 대를 이어 감으로써 그 허무함을 달래고 영생의 욕구를 대신하려 한다.

그러나 생(生)과 사(死)를 우주의 섭리에 따른 기(氣)의 집산(集散)으로 볼 때 인간의 죽음 역시 자연의 기로 돌아감이다. 자연은 인간의 모태요, 본래의 고향이다. 따라서 죽음은 본래의 고향으로 돌아감에 지나지 않는다. 그것은 우주 자연과의 영원한 합일이다. 그리고 우주는 영원히 존재하는 것으로, 우주와의 합일인 인간의 죽음은 인간의 변형된 존재의 시작이라 본다.

② 도교에서의 죽음관

유교와 더불어 중국에서 발생한 도교(道敎) 역시 내세보다는 현세에 중점을 둔 종교이다. 유교가 내세를 인정할 수 없기 때문에 인간의 죽음을 천명으로 받아들이고 자자손손 대를 이어 감으로써 영속성을 유지하려 했다면, 도교 역시 내세를 믿을 수 없기 때문에 죽는 것이 너무도 허무하여 영원히 죽지 않는 장생불사(長生不死)와 신선이 되는 길을 택하였다. 즉 불교처럼 삶과 죽음을 같은 차원으로 보는 것이나, 유교처럼 죽고 사는 일을 그대로 받아들이는 것을 거부한다. 그래서 초기에는 불로초나 불사약 같은 것을 추구했지만 끝내 실현하지 못했고, 후에는 방향을 바꾸어 정신적인 수양으로 이를 해결하려 했지만, 인간은 여전히 현실적으로 죽음에 봉착한다.

③ 불교에서의 죽음관

같은 동양권이면서도 인도에서 발생한 불교(佛敎)는 유교나 도교와 달리 내세관이 뚜렷하다. 죽음(열반)은 곧 다른 삶의 시작이요 종말이 아니라고 본다. 전생의 업보에 따라 현생에 태어나서 다시 업을 짓고 죽으면 그 업과에 따라 내세가 열리지만 반드시 사람으로 다시 태어나는 것은 아니다. 사람으로 또는 축생으로 각자 자기가 지은 업에 따라 윤회(輪廻)한다. 그렇기 때문에 좋은 일을 하면서 내세를 준비하는 것이 가장 바람직한 삶의 형태라고 강조한다. 그러나 사람으로 다시 태어난다고 해도 생로병사를 면할 수는 없기 때문에 윤회의 고리를 끊고 그 사슬에서 벗어날 것을 추구한다. 그것이 곧 해탈(解脫)이고 열반에 드는 것이며, 그래야 비로소 극락 세계에 가서 부처가 되는 것이다. 그렇기 때문에 삶과 죽음

붓다의 죽음(열반)

출처: http://www.flickr.com/photos/
emptyness0/6451997160376

은 둘이 아니고 하나라는 생사일여(生死一如)의 관점으로 나타난다.

결국 불교에서 인간의 육체적 죽음은 피할 수 없는 것이며 생사의 문제는 본질적으로 생물학적 문제이기보다는 심리학적 문제라고 본다. 불교의 죽음교육은 내세 중심의 종교교육이나 단순한 죽음의 불안해소를 위한 교육의 차원을 넘어 죽음과의 결연한 대결을 통한 심리적 각성으로 생과 사를 하나로 보는 생명교육을 지향한다. 또한 죽음을 미래의 사건으로 이해하기보다는 현재의 마음속에 명멸하는 생멸심(生滅心)의 소멸을 더 중요시 하며 생사 속에서 생사를 초월한 삶의 실천 교육을 지향한다. 이러한 불교의 죽음해석학은 현대의 교육과정에서 소외되고 있는 죽음교육에 대한 종교 철학적 논리와 실천방법을 제공한다(김용표, 2004).

④ 힌두교에서의 죽음관

힌두교는 기원전 2,500년경에 발생하여 후에 불교를 파생시킨 인도의 토착종교로서 4,000여 년이 지난 오늘에도 인도 10억 인구의 83%가 이를 신봉하는 종교이다.

> "풀벌레가 풀잎 끝에 다다르면 다른 풀잎을 잡고 건너가듯이 이 아트만도 지금 머물고 있는 이 육신을 벗어 버리고 다른 육신으로 건너간다."
>
> *(우파니샤드)*

힌두교에서는 사람의 신분을 '카스트 제도'라고 하는 사성계급으로 나누어 철저하고도 가혹한 영구불변의 차등을 두고 있지만, 하층 천민계급으로 태어났더라도 그것은 전생의 업보라고 믿기에 불만 없이 이를 감수한다. 동시에 현세에서 선업을 쌓아 내세에는 상층계급으로 태어나도록 준비하고, 나아가서 지배계급으로 태어난다 하더라도 그것은 윤회를 거듭하는 영겁 속의 한 찰나에 불과한 것이어서 궁극적으로는 윤회의 사슬에서 완전히 벗어나는 해탈을 추구한다. 그러기에 삶은 삶을 위하여 있는 것이 아니라 삶으로부터 벗어나기 위하여 있는 것이다. 따라서 잘 살아야 한다는 말은 곧 잘 죽어야 한다는 말이며, 잘 죽어야 한다는 것은 다시 태어나지 않는 것이다.

⑤ 기독교에서의 죽음관

기원전 4세기 아테네 법정에서 처형을 스스로 자초하여 독배를 마셨던 소크라테스는 "인생이란 고귀한 영혼이 비천한 육신 안에서 옥살이하는 질곡(桎梏)이요, 죽음은 고귀한 영혼이 비천한 육신 감옥에서 풀려나는 경사"라고 확신했다. 이와 같은 그리스 철학자들이 믿었던 영혼불멸설이 기독교에 들어와 정통교리가 되었다고 한다.

기독교에서의 죽음은 신학적인 이해와 성경에 대한 해석의 차이 등으로 다양하게 이해되어 왔으나 무엇보다 우선되는 것은 성경에 기초한 죽음이해이다. 성경은 죽음이 인간 존재에 생래적인 것이 아니라, 하나님과의 인격적 관계의 파괴인 죄로 인해 초래된 것이며 본질적 죽음은 육체적 죽음이 아니라 창조주 하나님과의 인격적 교

십자가의 예수

출처: http://www.j30ad.org/
Jesus Cross.htm

제의 단절된 영적인 죽음이라고 말한다(류혜옥, 2004).

신·구약성서에 나타난 죽음의 특징은 첫째, 인간의 죽음이 죄의 대가에 의한 결과로 인간에게 주어졌음을 인정하고 있다. 둘째, 이 죽음의 문제에 대하여 인간은 스스로 해결할 수도 없으며 하느님의 은총만이 요구된다고 밝혀주고 있다. 셋째, 인간의 생명이 본질적인 속성의 개념이 아니라 하느님에 의해 부여된 것이므로 사후에 주어지는 존재 양태와 생명조차도 하느님의 선물이라고 보는 것이다. 따라서 기독교의 죽음이해의 핵심은 바로 그리스도의 죽음과 부활이라는 사실이며 이를 통해 죽음이라는 세력은 파멸되고 예수의 죽음과 부활을 믿고 따르는 자는 누구든지 이에 동참할 수 있음을 나타내 주고 있는 것이다. 죽음은 그리스도인에게는 잠과도 같으며 하나님과의 새로운 삶의 과정으로 이해된다.

⑥ 이슬람교에서의 죽음관

기독교와 그 뿌리를 같이하면서도 가장 크게 갈등을 빚고 있는 이슬람교에서는 사람은 신의 뜻에 따라 땅에서 신이 위탁한 임무를 수행하다가 정해진 기간의 자기 임무를 마치면 천국으로 돌아가야 하는데 천국의 환경이 땅과 다르기 때문에 아담과 하와가 천국에서 내려올 때 변태했던 것처럼 그들도 천국의 환경에 적합한 형태로 변태를 해야 한다. 즉 천국에서 영생을 누리기 위한 변태의 과정이 곧 죽음이라는 것이다.

또한 기독교에서는 사람이 나면서부터 죄가 있다고 주장하는 데 반하여 이슬람교에서는 죄란 현세의 일상생활 속에서 가정환경이나 사회환경에 의하여 오염되거나, 인간의 자유의지로 만들어 내는 죄가 있을 뿐, 원죄란 없다고 한다. 하지만 비록 원죄는 없더라도 본의 아니게 오염된 때와 자기 스스로 지은 죄가 씻김을 받지 않고서는 천국에 들어갈 수 없으므로 천국으로 가는 길목에는 천주교에서 말하는 연옥과 유사한 '바르자크' 단계를 거쳐야 하고, 여기에서 씻김을 받는 것이 곧 죄를 사함 받고 변태하는 과정이다. 즉 천국에서 영생을 누리기 위해서는 필연적으로 거쳐야 하는 이 변태의 과정이 이슬람교에서 말하는 죽음인 것이다.

(4) 죽음의 형태

죽음의 형태를 보면, 자연사, 병사, 자살, 사고사, 타살 등으로 구분해볼 수 있다. 자연사는 어떠한 질병이나 사고를 겪지 않고 노화로 인해 자연스럽게 맞이하는 죽음이다. 즉 건강하게 살다가 제 수명을 다하는 죽음으로 현대인들이 원하는 가장 행복한 죽음이라고 말할 수 있다. 병사(病死)는 병에 걸려 죽는 것을 의미하는데, 주로 암이나 에이즈, 심장병, 호흡이나 폐질환 등에 의해 사망하는 것이다. 암은 한국인 사망 원인 가운데 1위로, 식생활과 생활 방식 서구화 등으로 암 발생 증가와 함께 의료기술 발달로 암 조기 발견이 급증하고 있기 때문이다. 하지만 암 발병 이후 관찰 생존율은 높은 것으로 나타나고 있다.

자살은 행위자가 자신의 죽음을 초래할 의도를 가지고 자신의 생명을 끊는 행위로서, 자살을 하는 까닭은 우울증, 약물 중독, 불명예 등 다양하며, 고통에서 벗어나거나 절망에서 벗어나기 위해 시도하기도 한다. 오늘날 다양한 연령대에서의 자살률이 급증하고 있는 상황에서 특히 스스로 목숨을 끊는 노인의 수가 해마다 증가하고 있다. 도시화와 산업화, 핵가족화가 급속히 진행되면서 노인들이 기댈 곳이 없어졌기 때문이다. 정확한 통계는 없지만 대부분 질병과 경제적 문제, 외로움 때문에 극단의 길을 택한 것으로 분석된다. 자살은 법적으로는 문제가 되지 않을 수 있지만, 윤리적, 사회적으로 많은 문제를 야기하고 있기 때문에 이에 대한 거시적 차원에서의 예방이 필수적이라 할 수 있다.

십자가에 못박힘001(부제: 비문 II)
(작가 R. S. Connett)

출처: http://www.flickr.com/photos/
connett/2320018323

사고사는 갑작스러운 사고로 목숨을 잃는 것으로, 교통사고와 화재 등으로 인한 사고사의 비율이 가장 높다. 사고사는 대표적인 예기치 않은 죽음에 해당한다. 그렇기 때문에 사고사를 당한 경우 남은 가족들이나 친지들의 충격은 가장 크다고 할 수 있다.

마지막으로 타살은 타인으로부터 죽임을 당하는 것을 의미하는데, 살인뿐만 아니라 전쟁이나 테러로 인한 죽음도 여기에 해당한다. 또한 현재 전세계적으로 발생하고 있는 쓰나미나 지진 등 여러 자연재해로 인한 죽음도 타살로 보는 시각이 있다.

2 죽음의 수용단계

퀴블러 로스(Kübler-Ross)는 죽음과 임종에 관한 연구 결과 죽음에 대해 '육체는 영원하지 않으며 다만 영혼이 잠시 머무르는 집일 뿐이며, 인간은 죽음을 통해 아름다운 집으로 이동하게 되는 것, 더 이상 고통도 두려움도 없는 다른 곳으로 옮아가는 새로운 탄생의 과정, 성장을 하는 기회'라고 보았다.

죽음에 직면한 사람들은 매우 복잡한 심리적 반응을 보인다. 글래스(Glass)와 스트라우스(Strauss)의 연구에 의하면 첫째 단계는 절대로 나에게 죽음이 올 수 없다는 인

엘리자베스 퀴블러 로스(E. Kübler-Ross; 1926~2004)와 그녀의 묘지

식의 폐쇄 단계, 둘째는 서서히 고통과 죽음이 나에게 가까이 왔다는 인식단계, 셋째 환자는 가족에게 숨기려 하고 가족은 환자에게 숨기려 하여, 서로 모르는 체하는 의례적인 인식단계, 넷째 서로가 자연스럽게 알고 준비하는 개방적 인식단계이다. 이들의 연구는 죽음을 맞이하는 당사자의 내적 상태보다는 객관적인 관찰을 하였다는 느낌이다.

패티슨(Pattison)은 임종의 과정을 급성위기단계, 만성적 삶과 임종의 단계, 말기단계로 구분하였다. 급성위기단계는 말기환자와 가족은 강한 불안을 느끼게 되며, 충격, 부정, 타협, 우울과 같은 반응을 보인다. 만성적 삶과 임종의 단계에서는 죽어가는 것 같다가도 살 것같이 느끼기도 하지만 결국 삶에서 죽음으로 초점이 이동한다. 이 때 환자는 삶과 죽음에 대한 불확실성으로 인해 두려움, 외로움, 슬픔, 자아통제감 상실 등을 겪게 된다. 임종말기 단계에서 환자는 매우 위축되고, 혼돈된 심리적 갈등을 보이는 반면 불안은 감소하며, 무감동한 특성을 보인다.

반면 20여 년간 200여 명의 임종환자를 지켜보며 돌보아온 퀴블러 로스는 환자들이 겪게 되는 죽음의 단계를 다섯 단계로 설명한다. 첫째는 부정과 고립 단계이다. 일단 회복이 불가능한 불치병에 걸렸다는 진단을 받았을 때, 환자는 이를 인정하지 않으려 한다. 진단이 잘못되었거나 의사의 실수라고 생각하고 다른 병원, 다른 의사를 찾아다니게 된다. 즉 부정을 통해 죽음이라는 충격에 대해 자신을 보호하려는 것이다. 이 단계의 마지막에 이르면 사랑하는 사람이나 의사에게 죽음에 대해 조금씩 표현하기 시작한다.

두 번째 단계는 분노이다. 병의 증세가 더 명확히 드러나 이를 받아들이지 않을 수 없게 될 때, 환자들은 분노와 원망의 감정에 휩싸이게 된다. 하필이면 내가 "왜 죽어야 하나?"라고 생각하며 가족이나 의사, 간호사 등에 화를 내고 원망하게 된다. 이런 분노와 원망은 환자 자신이 아직 죽지 않고 살아 있다는 것을 보여주려는 노력으로 볼 수 있기에 환자의 표현을 비난하지 말고 충분히 이해해 주고 분출하도록 도와주어야 한다.

세 번째 단계는 협상(타협)의 단계이다. 죽음에 대한 부정과 분노의 시기를 거치면서 환자는 죽음을 피할 수 없다는 것을 인식하기 시작한다. 환자는 아직 처리할 일이 남아 있기에 그 일이 끝날 때까지만 살 수 있게 해 달라고 협상한다. 그 협상의 대상이 하느님이나 절대자일 수도 있고, 의사나 질병 자체일 수도 있다. 보통, 선행을 전제조건으로 내가 이렇게 착하게 살면 생명이 연장되리라는 소망이 이루어지겠지 하고 믿으려 한다.

네 번째 단계는 우울의 단계이다. 회복의 가능성이 없다는 것을 인식하고 죽음을 받아들여 체념, 절망과 비탄의 감정 상태에 빠져드는 시기이다. 우울증 반응은 두 가지인데, 병으로 인해 상실한 것에 대한 원통함, 수치심 등을 수반하는 반응적 우울증이고, 하나는 예비적 우울증으로 죽음을 의식하고 세상의 모든 애착을 끊어버려야 하는 것에 대한 슬픔을 미리 나타내는 것이다. 죽음을 준비하는 단계로서의 우울증은 죽음을 통한 결별을 받아들이는 데 필요한 점진적이고 자연스러운 과정이다. 그러므로 주변의 사람들이 보다 따뜻한 자세로 환자를 돌보는 것이 중요하다.

다섯 번째 단계는 수용단계다. 위의 네 단계를 거치는 동안 결국 환자는 죽음을 수용하게 된다. 행복의 단계라기보다는 죽음을 받아들임으로써 마음의 평화를 회복한 뒤 임종하게 되는 것이다. 따라서 이 단계를 인생에 있어서 최후의 성장이라 부르기도 한다.

물론 위의 다섯 가지 단계가 반드시 순서대로 일어나는 것은 아니며, 반드시 다섯 단계를 차례로 다 거치는 것도 아니다. 또 문화나 종교적 신념 등에 의해 어떤 것은 나타나지 않는 경우도 있다. 로스의 연구가 중년의 말기 암환자를 대상으로 한 것이기에 노환 등으로 죽음을 맞이하는 노인들에게 적응시키기에는 한계가 있기는 하다.

이러한 한계를 극복하고자 오진탁(2007)은 죽음에 대한 반응으로 절망과 두려움, 부정, 분노, 슬픔, 삶의 마무리, 수용, 희망, 여유와 웃음, 밝은 죽음이라는 9단계를 제시하였다. 특히 수용 이후 죽음을 끝이라고 생각하지 않고 새로운 삶의 시작이라고 믿는 것은 사후 생명이나 궁극적 진실이라는 순수한 정신적 희망을 말하며, 존엄한 죽음의 품위를 유지할 수 있는 정신적 지주가 된다. 그리고 희망을 통해 죽음에 임박해서도 마음의 평정과 여유를 지니고 적극적으로 죽음에 임한다. 죽음을 밝음과 연결시키는 것은 쉬운 일이 아니지만, 죽음 문제를 추적하다 보면, 궁극적으로 접하게 되는 것이 광명 또는 빛의 존재이다. 불교경전이나 성경, 선사들의 게송, 또는 임사체험자들이 말하는 빛의 존재 등이 그 증거라고 할 수 있다.

3 죽음대비 심리교육의 필요성

생사학으로 유명한 부위훈(2001)은 인간이란 죽음을 향해 나아가는 존재이고 죽음은 삶의 마지막 성장이라고 하였다. 죽음은 두려운 것임에는 틀림없지만 우리는 모두 죽을 수밖에 없고, 자신의 삶에 책임을 져야 하는 주체적 존재이다. 죽음은 삶에 영향을 미치고 있고 삶의 여정의 한 부분이라는 점을 인정한다면, 죽음을 좀 더 잘 이해하고 죽음의 공포에서 벗어나 보다 의연한 삶을 준비하기 위해서는 죽음에 대한 교육이 필요하다. 서구사회는 1970년대부터 죽음에 관한 교육이 시작되었으나, 우리나라는 아직 제도권 교육 안으로 진입하지 못하고 있는 실정이다. 자살로 인한 사회 경제적 비용이 무려 3조 838억 원에 달하지만, 자살방지와 관련된 정부예산은 5억 원에 불과하다는 점에서 볼 때 자살예방뿐만 아니라 총체적인 삶의 질 및 정신건강의 증진을 위해서는 죽음대비 심리교육이 매우 중요하다고 할 수 있겠다.

죽음대비 심리교육이 관심을 모으는 이유는 병원에서 죽음을 맞는 데서 비롯된 여러 부작용과 현대의료발전으로 인해 생명연장에만 초점을 맞춤으로써 비롯된 인간 소외화에 대반성하는 차원에서 살펴볼 수 있다. 또한 오늘날에는 죽음의 정의가 애매해졌고, 인구의 고령화나 질병구조의 변화로 인해 고통을 가진 채 죽음을 맞이해야 하는 상황도 평생교육으로서의 죽음대비 심리교육의 필요성에 대한 인식을 증가시키고 있다.

1 죽음대비 심리교육의 목적

'죽음대비 심리교육'의 목적은 죽음에 몰두하는 데에 있는 것이 아니라, 삶에 대한 감수성을 조장하는 데에 있다. 즉 죽음준비교육은 삶을 위한 것이다. '죽음대비 심리교육'의 궁극적인 목적이 인간의 행복증진이라고 하는 것이 다소 역설적인 것 같지만, 죽음에 대한 학습을 통해 우리는 삶을 더 잘 알 수 있게 되고 실제로 보다 더 완전한 삶을 살 수 있다.

죽음에 직면했을 때 인간은 공포를 느낀다. 일반적으로 죽음에 대한 공포는 고통에 대한 공포, 고독에 대한 공포, 가족과 사회에 부담이 되는 것에 대한 두려움, 알지 못하는 것을 눈앞에 대하고 있는 불안, 인생을 불완전한 상태로 마치는 것에 대한 불안, 자기 소멸에 대한 불안, 사후의 심판과 벌에 대한 불안과 같은 다양한 형태로 나타난다(알폰소 데켄, 2002).

죽음대비 심리교육은 극단적인 죽음의 공포를 완화시키는 효과를 준다. 죽음을 자신에게 가까운 문제로 이해하고 삶과 죽음의 의의에 대해 배워나가면서 의식 저 아래 억압되어 있는 죽음의 공포가 어떤 것일까를 분명히 인식하게 되면 그 공포가 완화될 것이다. 또한 죽음에 대한 오해를 풀고 삶을 바르게 영위하도록 함으로써 삶과 죽음의 질을 향상시키고자 하는 노력은 매우 중요한 의의를 가질 것이다. 따라서 죽음은 자연스러운 삶의 일부로 서로 아파해야 하는 것이고, 생명은 존엄을 넘어 신성한 절대가치라는 사실을 강조함으로써 죽음대비 심리교육이 활발하게 다루어져야하며, 죽음대비 심리교육이 정규교과로 전환될 필요가 있다.

2 외국의 죽음대비 심리교육

생사나 죽음의 철학·사상·문화의 차이는 있지만 선진국에서는 이미 죽음준비교육이 제도화되어 교육과정이 개설되어 있고, 삶과 마찬가지로 죽음도 교육의 대상이되어 있다. 여기에서는 미국, 독일, 일본의 죽음준비교육 현황을 살펴보고자 한다.

(1) 미국의 죽음대비교육

미국에서는 1960년대부터 죽음교육이 시작되어 초등학교부터 대학교까지 교과과정에 포함되어 있으며, 평생교육의 차원에서 성인 후기의 개인에게까지 적극적으로 시행하고 있다. 미국의 죽음교육 프로그램은 크게 3단계로 구분된다. 첫째, 죽음이 발생하기 전에 죽음에 대한 교육을 실시하여 미래에 맞이할 노화를 올바르게 이해시키는 교육이다. 둘째, 죽어가는 순간을 이해시키는 교육으로 죽음에 직면하여 준비해야 할 사항에 대한 훈련과 죽음에 이르는 단계에 대한 이해와 과정의 의미를 인식시킨다. 셋째, 유가족을 위한 교육으로 개인이 친밀한 사람과의 사별 이후에도 삶의 의미를 다시 발견하고 사회에 복귀하여 사회적 유대를 계속할 수 있도록 도와준다(서혜경, 1991).

① 초등학교에서의 죽음대비교육

5~6세 이하의 어린이에게는 생명의 태어남, 성장, 죽음 등에 대한 설명을 함에 있어 식물의 씨나 낙엽 등을 관찰하면서 자연의 순환을 가르치며, 무생물과 비교하게 한다. 가정에서 기르는 애완동물의 죽음을 이야기하고 때로는 묘지를 방문하여 비석의 의미, 성묘의 의미, 꽃으로 장식하는 의미 등 아동들의 자유스러운 감상을 서로 나누게 한다. 이렇듯 미국에서는 보육원·유치원 수준이나 초등학생에 맞는 커리큘럼이나 학습목표가 설정되어, 여러 교과 내에서 죽음교육이 전개되고 있는 실정이다.

② 중고등학교에서의 죽음대비교육

중고등학생 나이에 이르면, 학생들은 가치를 문제 삼기 시작한다. 중고등학교 죽음교육은 지성적인 선택을 하도록 하는 데 중점을 둔다. 학생들은 운전 교육, 건강 교육, 그리고 성교육을 중고등학교에서 배우고 그것을 모두 죽음과 죽어감의 관계에서 학습하고 있다. 다수의 미국 중고등학교들은 교과과정에서 하나의 단일하고도 분리된 과목으로서 죽음교육을 하는 것이 아니라 문학, 역사, 사회, 생명 과학, 보건, 체육, 그리고 종교처럼 죽음에 대한 언급을 포함하고 있는 다른 과목들 내에서 소단위로 가르치고 있다. 특히, 문학은 학생들이 독서를 통해 타인의 경험을 배우고, 그런 다음 문학이 제공하는 사례 연구를 기초로 그들 자신이 겪은 기록, 편지, 그리고 에세이를 쓰게 하는 접근법을 사용한다.

③ 대학에서의 죽음대비교육

1978년 이후로는 많은 미국의 단과대학과 종합대학들이 죽음학에 관해 가르치기 시작했다. 대학 교과목들은 죽음과 죽어감에 대한 사회적, 윤리적, 공적인 정책 문제들을 고찰하는데, 각각 다음 주제로 한 학기를 진행하기도 하고, 전체적으로 전 범위를 개관하기도 한다. 대부분의 죽음학 교과목은 죽음의 사회학에 대한 부분을 포함하고 있다. 여기에는 사회의 도시화와 비인격화를 야기하는 예기치 못했던 질병, 사고, 괴롭힘, 자살, 범죄, 그리고 심지어 테러로부터 증가하는 죽음이라는 주제와 환자의 뜻과 달리 죽음을 연장시키는 현대 의학 기술, 노화, 불치병 치료와 같은 주제가 포함된다. 종교와 죽음을 다루는 교과목들은 종교적 신념들과 의식들이 죽어감과 사별한 사람들에게 도움을 줄 수 있다는 것을 인식하게 한다. 또한 죽어감의 과정들과 죽음을 둘러싼 경제적 비용뿐만 아니라 인간적 비용을 고찰하는 것도 그 내용이 된다.

(2) 독일의 죽음대비교육

독일에서는 죽음교육이 20여 년 전부터 국공립학교에 매주 2시간씩 종교 수업의 범위 내에서 실시되어 왔다. 종교수업에서는 죽음의 주제를 종교의 관점에 한정하지 않고, 철학, 심리학, 의학, 문학, 종교학 등 다양하게 학제적으로 가르치고, 항상 특정한 생사관을 강요하거나 주입하는 것이 아니라 학생 자신들이 주체적으로 생각할 수 있도록 학생의 발달단계에 따라 다각적인 죽음의 주제를 다룬다. 14세 이상이면 자신의 판단으로 죽음교육 수업을 수강할지의 여부를 결정하고 있으며, 죽음의 교재나 선택은 담임교사의 재량에 맡겨져 있다(표 14-1 참조).

(3) 일본의 죽음대비교육

일본에서의 죽음대비교육은 1980년대부터 나타나기 시작했다. 2003년부터 학교나 지역에서 죽음교육(Death Education) 수업과 세미나를 개최하는 등의 활동을 하고 있다. 일본에서는 정부가 십대 범죄와 자살의 증가로 인해 초, 중, 고등학교 차원에서 삶과 죽음에 대한 자각을 높이는 일이 매우 시급한 과제로 등장함으로써 정부에 의해 삶과 죽음교육의 교육과정을 개발하고 2005년부터 전국의 학교에서 그러한 교육

표 14-1 ● 독일의 죽음교과 교육내용

단위	주제	내용	
1	인간의 성장 노화 · 죽음	① 영원한 젊음: 청년과 젊음의 이상화 ② 사회 현실 속에 있는 질병과 노화 ③ 죽음과 슬픔에 대한 경험 ④ 슬픔의 과정: 슬픔의 현상, 슬픔의 의미 ⑤ 인간 대 인간의 의사소통: 사회적 죽음과 육체적 죽음 ⑥ 오늘날의 병원 ⑦ 이상적인 병원과 그 현실	
2	죽음	① 죽음의 해석(1) ③ 죽음의 해석(2) ⑤ 영혼불멸설 ⑦ 부활에 대한 기독교적 소망	② 의학과 죽음 ④ 죽음 후의 삶 ⑥ 퀴블러 로스의 죽음의 단계
3	AIDS	① AIDS에 대한 의학적 관점 ③ AIDS 환자와 고독 ⑤ AIDS 환자를 위한 제도적 보살핌	② AIDS와 성의 혁명 ④ AIDS의 윤리적 문제
4	자살과 안락사	① 자살의 문제 ③ 죽음과 임종에 관련된 기타 문제	② 안락사의 문제

출처: 가정호, 1993

과정을 시험 운영하기 시작했다. 그리고 대략 이십여 개의 대학들이 지금 죽음과 죽어감의 과목들을 가르치고 있다. 다수의 출판업자와 대학들도 또한 삶의 중요성과 죽음의 불가피성, 그리고 종교의 역할에 대한 내용을 십대 학생들에게 가르치는 데 적합한 교재를 만들고 있다(Becker, 2004) (표 14-2 참조).

일본 철학과 교수인 데켄(Deeken)에 의해 실시되고 있는 죽음대비교육과정의 목표는 표 14-3에 제시되어 있다.

Deeken은 죽음대비교육의 방법으로 죽음에 대한 토론과 함께 두 가지 연습을 실행하였다. 제1 연습으로 '만일 반년의 생명밖에 없다면 남은 시간을 어떻게 보낼 것인가' 라는 테마를 주어 수업시간에 익명으로 작문을 하게 한다. 이것은 죽음에 대해 보다 깊게 생각하도록 하는 기회를 제공한다. 제2 연습으로 '이별의 편지'를 작성하여 자신이 사랑하는 사람에게 최후의 인사로서 무엇을 말해야 하는지를 곰곰이 생각해 보게 하는데 있다(이영화, 1998).

표 14-2 ● 일본의 죽음대비교육 수업내용

수업단위	수업내용	수업단위	수업내용
1	철학적으로 본 죽음의 의의 : '죽음 준비교육'의 필요성	11	죽음보다 뛰어난 생명
2	죽음의 프로세스 6단계	12	호스피스 운동
3	비탄교육 1	13	죽음과 사랑
4	비탄교육 2	14	죽음의 역사
5	죽음의 공포	15	말기환자의 의사소통
6	죽음과 유머	16	문학에 있어서의 죽음 1
7	자살 1	17	문학에 있어서의 죽음 2
8	자살 2	18	음악 속의 죽음
9	임사체험	19	말기환자의 원조: 음악요법, 독서요법, 예술치료 등의 효용
10	죽음보다 뛰어난 생명 1	20	죽음의 정의, 장기이식

출처: 이영화, 1998

표 14-3 ● 죽음대비교육의 목표

- 임종과정에 대한 이해
- 죽음에 대해 더 많이 생각하기
- 상실과 슬픔에 대한 교육
- 죽음에 대한 두려움 줄이기
- 죽음에 대한 금기 없애기
- 자살 예방하기
- 암 환자에게 사실 그대로 말해주기
- 죽어가는 과정에서 야기되는 윤리문제 다루기
- 법의학적인 문제 파악하기
- 장례방식 미리 생각하기
- 삶의 시간의 소중함 발견하기
- 죽음을 긍정적으로 바라보기
- 죽음에 대한 자기철학 형성하기
- 죽음에 대해 종교적으로 해석하기
- 사후세계의 가능성 생각하기

출처: Alfons Deeken, 2002

(4) 한국의 죽음대비 심리교육의 현황

우리나라는 최근에 들어서면서 종교기관이나 각 대학의 평생교육원에서 죽음에 대한 강좌가 개설되고 죽음대비교육에 관심을 가지기 시작했으나 공교육제도 안에서의 죽음교육은 거의 이루어지지 않고 있다. 최초의 죽음관련교육은, 서강대학교에서 1978년 교양강좌로 '죽음에 관한 강의'가 처음 도입된 이래로, '죽음의 심리학적 이해'라는 명칭으로 변경되어 오늘까지 계속되고 있다. 2005년에 한국죽음학회가 창립되고 여러 대학에서 연구소와 학과가 생겨나면서 죽음준비교육에 관한 관심이 한층 높아지고 있다.

그러나 우리나라의 경우 죽음준비교육이 노인을 대상으로 사회 교육기관이나 복지관, 종교기관에서 이루어지고 있으며, 내용에 있어서는 동양적인 사상과 철학을 다루어 죽음에 대한 가치나 삶의 자세에 대해 접근하는 기회제공의 역할을 하고 있으나 죽음이 가져오는 심리사회적 문제에 대한 접근과 정보제공으로서의 역할은 많지 않다(임진옥, 2008).

따라서 한국에서도 올바른 생사관을 갖도록 지원해 줄 수 있는 정규 및 비정규 교육과정의 필요성이 절실하게 요구된다. 이기숙(2001)은 죽음대비 심리교육 프로그램에 포함되어야 할 세 가지 영역을 들고 있는데, 첫째는 죽음에 대한 준비의 감각을 익히고, 죽음과 관련하여 현재 살아가는 인생의 의미를 파악하는 것이다. 이승과 저승의 의미, 불명, 장례의례, 사별했을 때의 행동 등과 같은 죽음과 관련된 문제에 대해 사람들로 하여금 준비시키는 것을 목적으로 한다. 두 번째는 죽음이나 죽음이 일어날 수 있는 상황 속에서 대처해야 하는 직업인을 교육하는 것이다. 여기에 속하는 직업은 의학, 간호, 법, 상담, 종교적인 목회, 소방업무 등이 있다. 세 번째는 죽음의 슬픔의 의미, 죽음과 슬픔에 대한 태도들, 죽음과 슬픔에 대처하는 방식들에 초점을 둔다.

또한 죽음대비 심리교육 프로그램이 효과적으로 되려면, 죽음이 일어나는 데 대한 지식을 내면화시키는 기회를 개인에게 반드시 제공해주어야 한다. 숙달된 교육가들은 죽음에 관한 경험을 통해 인생의 의미를 짚어보고, 다른 사람의 인생을 존중하는 법을 알게 함으로써 죽음과 직면하도록 도와줄 수 있음을 강조한다(이기숙, 2001).

다음은 현재 한국에서 이루어지고 있는 죽음대비 교육프로그램의 유형들이다(이병찬·이철영·최청자, 2007).

① 입관체험형 죽음대비교육

상장례의 절차 중 삶과 죽음의 공간적 구분이 이루어지는 입관절차를 죽음준비교육 프로그램에 도입한 것으로, 체험자로 하여금 입관의 경험을 통한 죽음을 간접적으로 체험시키고자 하는 프로그램을 말한다. 내용으로는 유서쓰기, 영정사진 촬영, 수의 착용, 유서낭독, 입관, 명상, 재탄생이 있다. 영정사진의 촬영과 유서쓰기의 절차는 참가자로 하여금 죽음을 현실의 문제로 인식하게 하는 도입부적 성격을 가진다. 이어지는

2007년 사(死)축제의 입관체험 프로그램

출처: 연합뉴스 2007년 10월 16일자

절차에서 체험자는 수위를 착용하고 자신의 유서를 읽음으로써 죽음의 상황과 대면하게 되고, 입관의 절차를 진행하면서 실제로 죽음을 체험하게 된다. 이 프로그램은 개인적 체험을 중심으로 실시됨으로써 비교적 연령대의 제한을 갖지 않는다는 장점을 가지고 있다. 각기 다른 연령대를 대상으로 진행되더라도 유서쓰기를 통한 자기 성찰의 과정을 통해 각자가 죽음을 경험하기 때문에 죽음준비교육의 초기 도입과정에서 필요한 프로그램이 될 수 있다.

② 주차별 죽음대비교육 프로그램

죽음에 대한 논의를 자유롭게 할 수 없는 죽음 부정의 문화 속에서 평소에 죽음에 대해 생각해 볼 기회를 갖지 못한 학습자들에게 자기 자신의 죽음에 직면하여 죽음에 대한 생각이나 감정을 토로하고 다른 사람들과 의견을 교환하는 가운데 자신의 죽음과 죽음준비에 대한 의미들을 점검해 보는 시간을 가질 수 있다는 점에서 매우 유익한 프로그램이며, 시간적 공간적으로 다수의 인원을 비교적 오랜 기간 동안 죽음이라는 단일 주제를 가지고 학습을 진행하다는 측면에서 매우 유익한 것으로 평가된다.

③ Day형 죽음준비교육 프로그램

삶과 죽음의 성찰을 통해 지나온 삶과 자신에 대한 만족스러운 느낌을 가질 수 있도록 4단계에 걸쳐 죽음을 준비하고자 하는 프로그램이다.

표 14-4 ● Day형 죽음준비교육 프로그램

단계	내용
1단계	공개강좌 5회로 진행되며, 죽음교육의 의미와 실제를 비롯하여 삶과 죽음의 이해, 죽음과 문화, 죽음준비와 법률, 죽음준비의 필요성에 대한 교육이 진행된다.
2단계	집단활동으로 공개강좌를 통해 죽음준비교육의 필요성을 인식하고 프로그램에 참여하기로 결정한 사람들을 대상으로 종교적 이해와 영화감상, 서울 장묘문화센터 방문, 호스피스시설 견학, 영정사진 촬영 등의 프로그램이 실시된다.
3단계	자조모임은 집단활동을 통해 자신이 관심을 가진 분야를 선정하여 4개월간 진행되는 심화과정 프로그램이다. 자조모임은 자서전 쓰기, 생명나눔 캠페인, 상장례 봉사와 보수교육으로 진행된다.
4단계	이상에서 진행되었던 죽음준비교육 프로그램의 종합적 이해를 축제의 형식을 통해 일반에게 전달하고 활동을 종합하고자 하는 의도에서 진행된다.

4 호스피스 활동

호스피스(Hospice)란 용어는 라틴어 Hospes와 Hospitum에서 유래된 것으로, 미국 National Hospice Organization(NHO, 1978)에서는 호스피스에 대해 다음과 같은 정의를 내리고 있다.

> "임종은 자연스러운 삶의 한 과정으로서 모든 사람은 자신의 임종에 참여할 권리가 있다. 호스피스는 임종환자를 위한 것으로 기존 의료체계의 보다 나은 대안이며, 의료지식을 포함한 모든 필요 전문지식을 동원하여 임종환자의 삶의 질을 높게 하여 환자로 하여금 죽음을 부정하게 하는 것이 아니라 임종 시까지의 삶을 확인시킨다. 호스피스는 독립된 전문기관에서 간호사가 중심이 된 종합의료팀이 임종환자 및 그 가족을 위해 지속적인 가정간호와 입원간호를 제공하는 의료 프로그램이다. 호스피스는 환자와 그 가족이 임종 말기 및 임종 후에 겪는 모든 신체적, 정신적, 사회적, 경제적 어려움을 해결할 수 있도록 지원한다. 이 같은 지원은 환자의 경제적 여건과는 관계없이 하루 24시간 중 어느 때라도 제공되어야 하며 환자의 진료 및 교육을 위해 모든 사랑에 대한 기록을 유지한다".

현대의 호스피스 운동은 과학의 발달로 인한 인간 존엄성에 대한 경시와 노인소외, 임종자에 대한 소홀, 그리고 윤리관 및 가치관의 혼란에 대한 반응으로 생겨났다. 부분으로서의 인간이 아닌 신체적, 사회적, 영적 또는 그 이상의 합으로서의 인간을 이해하는 사상과 철학을 기반으로 호스피스의 이론과 실제가 발전되어 왔으며, 과거의 치료중심에서 돌봄의 개념 및 그 사상을 강조한다. 사랑을 기반으로 한 호스피스의 철학은 다음과 같다(김수지 외, 2001).

- 호스피스 대상자는 완치가 불가능한 말기환자와 그 가족들이다.
- 호스피스는 환자의 여생을 가능한 한 평안하게 하며 충만한 삶을 살도록 돕는다.
- 호스피스 대상자가 삶을 긍정적으로 수용하게 하며, 죽음을 삶의 일부로 자연스럽게 받아들일 수 있도록 돕는다.
- 호스피스는 환자의 여생을 인위적으로 연장시키거나 단축시키지 않으며, 살 수 있을 만큼 잘 살다가 자연스럽게 평안히 생을 마감할 수 있도록 돕는다.
- 호스피스는 환자와 가족의 요구와 필요에 부응하며 가능한 모든 자원을 이용하여 그 요구를 충족시키고 지지하며, 죽음을 잘 준비하도록 돕는다.

호스피스의 대상 환자는 대부분 말기 암환자(임종이 6개월 이내로 예견된 자)이거나 AIDS 환자이며, 이들에 대한 서비스는 직접적 서비스와 간접적 서비스로 나뉜다.

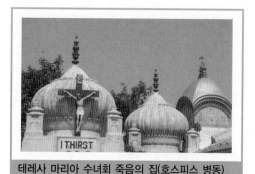

테레사 마리아 수녀회 죽음의 집(호스피스 병동)

출처: http://blog.daum.net/matsumura/11468719

직접적 서비스는 말기환자에 대한 사정, 투약 및 처치, 신체 케어, 정서적 케어, 영적 케어, 상담 및 교육, 가족관리 등이며 간접적 서비스는 환자 주변의 시설 및 환경관리, 환자가 필요로 하는 도구제공, 의뢰 및 사례회의, 사업인력관리 및 교육, 기록 및 보고 등이다.

호스피스 서비스는 여러 분야의 전문가와 비전문가가 참여하는 팀 접근방법을 사용하여 전인적으로 접근한다. 호스피스 팀은 전문가인 호스피스 조정자, 의사, 간호사, 사회복지사, 사목자, 영양사, 물리치료사 등 여러 치료사들과, 비전문가인 환자가족, 자원봉사자로 구성된다.

5 남겨진 사람의 비탄 다루기

죽음은 두 가지 측면이 있는데, 떠나는 자와 떠나 보내는 자이다. 이때 살아남은 사람은 사별이라는 경험을 하게 된다. 노년기에 사별을 하게 되면 슬픔, 죄의식, 후회감, 혼돈감, 목적상실, 동기나 흥미의 상실 등과 같은 정서적 반응을 보이게 되고, 애도 또는 비탄의 과정을 거치게 된다. 보울비(Bowlby)는 이러한 애도의 과정을 4단계로 구분하고 있다. 첫 단계는 무감각의 단계로서 죽음을 목격한 자는 멍하고 어리둥절하게 되며, 예기치 못한 죽음인 경우 이런 상태가 며칠 동안 계속되기도 한다. 둘째 단계는 그리움의 단계인데, 고인을 되찾으려고 고인을 알거나 사랑했던 사람들을 찾아다니고, 좌절감, 분노, 죄의식을 느끼거나 격렬한 슬픔을 경험하거나 통제할 수 없을 정도로 울거나 불면증 등을 경험한다. 셋째 단계는 혼란과 절망의 단계인데 사랑하는 사람의 죽음을 수용하지만 무력감, 절망, 우울감이 동반된다. 이 시기는 절망과 혼란의 단계가 지나면서 극도의 피로를 느끼고 수면시간이 증가한다. 넷째 단계는 재조정의 단계로서 가정이나 직장에서 정상적인 생활을 회복하며, 우울증이 사라지고 수면습관을 회복한다. 또 고인에 대한 생각으로 슬퍼하지만 이 생각에 사로잡히지는 않는다.

이러한 단계를 거쳐 이루어지는 애도의 과정은 죽음의 형태나 살아남은 자의 특성과 환경에 따라 다르지만, 우리나라의 경우 보통 6개월~2년 정도 걸리는 것으로 알려져 있다. 일반적으로 사별한 이후에는 상대적으로 높은 수준의 정서

영화 '학생부군 신위
(學生府君 神位)'의 한 장면

비탄의 천사

적 고통을 경험하며, 질병에 걸릴 위험이 높아지고, 생활만족도가 낮아진다. 특히 배우자와 사별한 경우 남녀 모두 슬픔, 걱정, 불행감, 두려움 등의 부정적 정서경험을 하고 사망률과 자살률이 높아진다. 특히 남성이 여성보다 더 높은 고독감을 경험하고 사기는 더 많이 저하되며, 젊은 나이에 사별할수록 사별에 적응하는 데 더 큰 어려움을 겪는 것으로 나타나고 있다.

사랑하는 이의 죽음으로 빚어진 상실 반응과 병적 슬픔, 그 위기들에서 벗어나기 위해서는 위에서 언급한 정상적인 애도과정을 반드시 거치는 것이 필요하다. 애도는 사랑하는 이를 잃은 뒤 '충격을 받은 사람의 삶에 새로운 질서를 부여하고 새로운 자기와 세계에 대한 체험을 이루게 하는 감정'이며, 죽음이 주는 슬픔과 한계 상황을 벗어나 새롭게 살 용기를 얻는 데 필요한 과정이기 때문이다.

그러나 애도나 비탄과정이 순조롭게 진행되지 못하면, 병적 비탄반응을 보일 수 있는데, 정상적인 애도기간 이상으로 기간이 길어지거나, 슬픔과 같은 비탄감각이 결여되어 있거나, 죽은 사람의 죽음을 인정하지 않고 마치 살아 있는 것처럼 행동하거나 생각하기도 한다. 또한 죽은 사람으로부터 비난받는 내용의 피해망상을 가질 수도 있고, 신체적으로 증상이 나타나기도 한다. 정상적 비탄에서 병적 비탄으로 이행하는 요인으로는 죽은 사람과의 친밀도, 사망한 때의 상황, 죽은 사람의 연령이나 성, 남겨진 사람의 성격이나 생활사 등이 영향을 준다.

따라서 임종 또는 사별 이후 가족들은 죽음을 인정하고 긍정적인 자세로 물리적, 정신적인 준비를 해야 하며, 죽음에 의해 변화된 상황에 적응하기 위한 노력을 기울여야 한다. 가족성원들이 죽음 이후의 변화에 적응하기 위해서 수행해야 할 과제를 보면 다음과 같다.

- 임종을 맞이하는 사람에게 죽음에 대한 공포를 제거하고 삶을 정리할 기회를 주어야 한다.
- 장례식의 계획과 장례비용에 대해 상의한다.
- 가족 전원이 하나가 되어 미망인(홀아비)을 격려하고 위로하는 데 힘써야 한다.
- 미망인(홀아비)과 가족의 재정적 측면에 대한 대비책을 수립해야 한다.
- 사망자로 인해 발생한 역할 부족을 보완하기 위해 가족성원의 역할을 재조정해야 한다.

- 새로운 취미나 역할을 시도하고 즐기도록 한다.
- 친지, 친구, 자녀들과의 유대관계를 강화하여 사회적 소외를 극복해야 한다.
- 재혼도 사별에 적응하는 한 가지 방법이 될 수 있으므로 검토할 필요가 있다.
- 신앙을 통하여 영생에 대한 희망과 심리적 위로를 얻을 수 있다.

6 존엄한 죽음을 위하여

건강을 유지하기 위해 바른 생활습관을 오랫동안 실천하는 것이 중요하듯이, 죽음 준비 역시 일상생활에서 지속적으로 꾸준히 실천하는 태도가 중요하다. 지금 이 순간부터 죽는 마지막 순간까지 평생토록 실천해야 하는 과제이다. 최근 우리 사회에 불고 있는 행복, 웰빙 열풍은 웰다잉을 빼놓고는 결코 완성될 수 없다. 우리가 추구해야 할 것은 삶의 행복이 아니라 삶과 죽음을 관통하는 행복이어야 한다(오진탁, 2007).

경제적 번영과 과학기술의 발전, 생활수준의 향상에 따라 현대인은 점차 '삶의 품위'의 중요성에 관심을 기울이고 있다. 삶의 품위는 정신적인 것과 물질적인 것을 모두 포함하며, 또한 반드시 '죽음의 품위'도 함께 이야기되어야 한다. 그리고 죽음의 품위는 기본적으로 죽음의 존엄을 추구한다(부위훈, 2001).

최근 이러한 존엄한 죽음의 권리를 강조하는 목소리가 높아지면서 호스피스나 안락사(euthanasia)에 대한 이슈가 대두되고 있다. 사회적으로 통용되는 안락사의 의미는 '살아날 가망이 없는 환자가 극단적 고통에 시달릴 때 독물이나 기타의 방법으로 빨리 죽음을 맞도록 도와주거나(자발적, 적극적 안락사), 의식을 잃고 인공호흡 장치로 겨우 목숨을 이어가는 식물 인간과 뇌사로 판명된 사람에게 인공호흡기를 제거함(소극적 안락사)으로써 고통 없이 죽음을 맞이할 수 있도록 해 주는 것'을 말한다. 미국의 오리건 주에서는 안락사가 법적으로 허용되어 있다. 그러나 일반적으로 안락사는

영화 씨인사이드. 안락사를 주제로 다룬 영화(좌)
안락사 논란. 테레사 신들러(1963~2005)(우)
출처: http://www.humanlife.org/euthanasia_terri_schiavo.php

	안락사	존엄사
표 14-5 ● 죽음방식에 있어 안락사와 존엄사의 차이		
행위와 판단의 주체	의료인 또는 가족	본인. 의사는 환자에게 병의 진행상황을 정확하게 알려주는 역할만 한다.
죽음관	죽음준비나 생사관이 명확히 확립되지 않았을 가능성이 높다.	평소 죽음에 관심을 갖고 죽음을 삶의 일부로 수용하고 준비한다.
삶의 태도	제한된 삶의 시간에 대해 깊이 생각하지 않는다.	죽음의 수용과 준비를 통해 삶의 영위방식을 되새기고, 제한된 삶의 시간을 보다 의미있게 사는 방식을 모색한다.
죽음의 방식	어쩔 수 없이 소극적 안락사를 선택하거나 당사자의 의사는 무시되는 상황일 가능성이 높다.	리빙윌 작성을 통해 자신의 죽음방식을 평소 건강할 때 능동적으로 결정해놓는다.

출처: 오진탁, 2007

당사자의 의지가 개입되어 있지 않다는 점에서 윤리적이고 법적인 문제를 야기한다.

이에 비해 죽는 사람의 의지가 충분히 반영되어 있는 존엄사는 최근에 나온 개념으로서 일부 선진국에서는 존엄사법이나 자연사법으로 인정하고 있다. 존엄사는 의학적으로 환자가 회복 불가능한 중증 질환의 말기라는 의사의 진단이 있고, 말기의 불치병 환자에게 연명치료를 유보 혹은 중단함으로써 환자를 죽음에 이르게 하는 것에서는 소극적 안락사와 유사하지만, 리빙윌(living will; 존엄한 죽음을 위한 선언문), 사전 의료지시서로 표현되는 환자 본인의 의사가 기록으로 남아 있고, 죽음을 존엄하게 맞이하려는 환자의 뜻을 존중한다는 점이 다르다.

▶▶ 자유롭게 토론해 봅시다

❶ 문학예술에서 표현되고 있는 인간의 삶과 죽음의 관계에 대해 토론해 봅시다.

❷ 사후세계의 존재유무와 그 개념에 대해 토론해 봅시다.

❸ 안락사, 자살, 낙태와 같은 주제들에 대해 토론해 봅시다.

❹ 존엄한 죽음을 맞는다는 것이 어떤 의미인지 토론해 봅시다.

리빙윌(Living Will, 존엄한 죽음을 위한 선언서)

제가 병에 걸려 치료가 불가능하고 죽음이 임박할 경우를 대비하여 저의 가족, 친척, 그리고 저의 치료를 맡고 있는 분들에게 다음과 같은 저의 희망을 밝혀두고자 합니다. 이 선언서는 저의 정신이 아직 온전한 상태에 있을 때 적어놓은 것입니다. 따라서 저의 정신이 온전할 때에는 이 선언서를 파기할 수도 있지만, 철회하겠다는 문서를 재차 작성하지 않는 한 유효합니다.

(1) 저의 병이 현대의학으로 치료할 수 없고, 곧 죽음이 임박하리라는 진단을 받은 경우, 죽는 시간을 뒤로 미루기 위한 연명조치는 일체 거부합니다.

(2) 다만 그런 경우 저의 고통을 완화하기 위한 조치는 최대한 취해주시기 바랍니다. 이로 인한 부작용으로 죽음을 일찍 맞는다 해도 상관없습니다.

(3) 제가 오랫동안 혼수상태에 빠졌을 때는 생명을 인위적으로 유지하기 위한 연명조치를 중단해 주시기 바랍니다.

이와 같은 저의 선언서를 통해 제가 바라는 사항을 충실하게 실행해 주신 분들에게 깊은 감사를 드립니다. 아울러 저의 요청에 따라 진행된 모든 행위의 책임은 저 자신에게 있음을 분명히 밝히고자 합니다.

200 년 월 일

본인   서명

가족   서명

공증인   서명

참고문헌

강문희 · 장연집 · 정정옥(1998). 아동정신건강. 서울: 정민사.

강은주 · 이정모(2000). 두뇌기능 지도화와 정보처리 과정 이해. 전자공학회지, 27(7), 49-61.

강은호(2007). 긍정심리학과 신경생물학, 유전. 스트레스연구, 15(3), 221-225.

강준민(2003). 리더십의 법칙. 서울: 두란노.(John C. Maxwell(1997). Developing the leader within you. Thomas Nelson, Inc).

골맨 · 대니얼(1997). 마음이란 무엇인가: 현대 신경과학과 동양 불교사상의 만남. Healing Emotions 달라이라마 · 대니얼 골맨 · 카밧진 외 토론. 김선희 역(2006). 서울: 씨앗을 뿌리는 사람.

곽배희(2007). 한국사회의 노년이혼 증가와 그 특성. 스트레스연구, 15(4), 321-324.

구본용 · 김명석 · 임은미(1996). PC통신을 통한 청소년 정서교육 프로그램 개발연구. 서울: 청소년 대화의 광장.

구자영 · 서은국(2006). 행복에 대한 믿음과 행복 수준. 한국심리학회 논문집. 410-411.

권두승 외(2001). 성인학습 및 상담. 서울: 교육과학사.

권석만(2004). 젊은이를 위한 인간관계의 심리학. 서울: 학지사.

김경우 · 장현갑(2007). 한국형 마음챙김 명상에 기반한 스트레스 감소 프로그램 단축형(6주)이 대학생의 불안과 공격성에 미치는 효과. 스트레스연구, 15(1), 43-49.

김광수 역(2006). 서번트 리더십. 서울: 시대의 창.(James C. Hunter(2004). The world's most powerful leadership principle. Random House.)

김광수 · 신명숙 · 이숙영 · 임은미 · 한동숭(2003). 대학생과 리더십. 서울: 학지사.

김광열 · 전경숙 역(2006). World Class 리더를 위한 비전실현 리더십 스킬. 서울: 한국생산성본부.(Rorbert B. Dilts.)

김광웅(2007). 현대인과 정신건강. 서울: 시그마프레스.

김대규 · 이준한 · 정기억(2004). 디지털시대의 리더십. 서울: 삼우사.

김동구 · 박형배 · 안영우(2005). Neurofeedback: 원리와 임상응용. 스트레스연구, 13(2), 93-98.

김붕년(2007). 아동기 스트레스와 외상. 스트레스연구, 15(2), 67-71.

김성관 역(1995). 융 심리학과 동양종교. 서울: 일조각.

김성태(1990). 성숙인격론. 학술연구총서 5.

김수정 · 변광호 · 심인섭(2005). 스트레스와 인지장애. 스트레스연구, 13(4), 283-288.

김수지 · 오송자 · 최화숙(2001). 호스피스: 사랑의 돌봄. 서울: 수문사.

김숙남 · 최순옥 · 이정지 · 신경일(2005). 죽음교육이 대학생의 죽음에 대한 태도와 생의 의미에 미치는 효과. 보건교육 · 건강증진학회지, 22(2), 141-153.

김승혜 · 김홍철 · 이수자 · 정승석 · 김경재 · 이지수 · 유인희 · 최준식 · 김경재(2001). 죽음이란 무엇인가. 한국종교학회 편.

김승희(1990). 죽음이란 무엇인가. 서울: 도서출판 창.

김양희 역(2003). 리더십 잠재력 개발 안내서: 당신 안의 리더를 찾아서. 서울: FKI 미디어.(Robert J.Lee & Sara N. King(2001). *A guide to realizing your personal leadership potential.* Jossey-Bass Inc.)

김영숙 · 이경아(1998). 유아 · 아동을 위한 정신건강: 정서적 건강과 생활지도. 서울: 교육과학사.

김영식(2007). 중노년기 평생건강관리. 스트레스연구, 15(4), 255-262.

김영애(2004). 자기성장을 위한 성격심리학. 서울: 김영애 가족치료연구소.

김용운(1997). 웃음 건강학. 서울: 예영 커뮤니케이션.

김용표(2004). 불교에서 본 죽음과 종교교육. 종교교육학연구, 19, 57-79.

김원(2007). 희망, 낙관주의의 개념과 연구 현황. 스트레스연구, 15(3), 199-204.

김인주(1999). 명상훈련이 아동의 스트레스와 우울 수준 감소에 미치는 효과. 울산대학교 교육대학원 석사학위 청구논문.

김재성(2006). 불교에서의 명상: 집중명상과 통찰명상을 중심으로. 스트레스연구, 14(4), 259-270.

김정호(2006). 마음챙김명상의 교육을 위한 제언. 스트레스연구, 14(4), 281-286.

김정호 · 김선주(2006). 스트레스의 이해와 관리. 서울: 시그마프레스.

김정희(2006). 호스피스 자원봉사자의 영적 안녕과 죽음에 대한 태도의 관계. 고신대학교 대학원 석사학위 논문.

김주현(2007). 노인을 위한 통합적 스트레스관리 프로그램 개발. 스트레스연구, 15(2), 113-120.

김중술(2007). 사랑의 의미. 서울: 서울대출판부.

김진주 · 구자영 · 서은국(2006). 객관적인 신체적 매력과 행복. 한국심리학회지: 사회 및 성격, 20(4), 61-70.

김창대(2007). 왜 행복인가?: 불행의 심리학에서 행복의 심리학으로. 한국상담심리학회 학술대회 논문집, *16-31.*

김철환(2006). 스트레스 설문지 평가. 스트레스연구, 14(2), 63-68.

김철환(2007). 스트레스와 만성피로. 스트레스연구, 15(2), 99-105.

김현택 외 11인(2003). 현대심리학의 이해. 서울: 학지사.

김희정 · 임숙빈 · 송영신(2007). 정신과 간호사의 스트레스 반응과 스트레스 대처. 스트레스연구, 15(1), 35-42.

남은영 · 장연집(1999). 아동의 죽음불안 감소를 위한 죽음대비교육의 효과. 아동학회지, 24(3), 217-230.

노원재 · 양윤 · 박영숙(2007). 청소년의 학업적 자기효능감과 스트레스 대처방식이 학교생활 적응에 미치는 영향. 스트레스연구, 15(1), 59-66.

다비드 세르방-슈레베르(2004). 치유(Guérir). 정미애 역. 서울: 문학세계사.

다카스기 히사타카(2004). 스트레스 심리학(노은주 역, 2005). 서울: 미래의 창.

대니얼 네틀(2006). 행복의 심리학.(Happiness: The Science Behind Your Smile). 김상우 역. 서울: 와이즈 북.

대한신경정신의학회(2005). 신경정신의학. 서울: 중앙문화사.

더글러스 밀러(2007). 최고를 이기는 긍정의 기술. 서울: 비비컴.

로타 자이베르트(2005). 행복. 서울: 랜덤하우스 중앙.

류현주(2007). 간호사의 영적 건강, 정신건강, 죽음인식이 삶의 질에 미치는 영향. 한양대학교 임상간호정보대학원 석사학위 논문.

류혜옥(2004). 죽음의 의미와 기독교 상담. 기독교상담학회지, 7, 124-140.

르벨 · 장-프랑수와 & 리카르, 마티유(2000). 승려와 철학자. 이용철 역. 서울: 창작시대.

리즈 호가드(2006). 영국 BBC 다큐멘터리 행복. 이경아 역(2005). How to be happy. 예담.

린다 브랜든(2002). 건강심리학(제4판). 서울: 시그마프레스.

마이클 아질(2005). 행복심리학. 서울: 학지사.

마틴 셀리그만(2006). 긍정심리학. 안양: 물푸레.

몰스 · 제니스 M. & 필드 · 페기 A.(1997). 질적 간호연구방법. 신경림 역. 서울: 이화여자대학교 출판부.

미로슬라브 · 조안 보리셍코(1994). 마음이 지닌 치유의 힘(The Power of the Mind to Heal). 장현갑 외 역(2005). 서울: 학지사.

미하이 칙센트미하이(2003). 몰입의 기술. 서울: 더불어 책.

미하이 칙센트미하이(2004). 플로우. 서울: 한울림.

박석(2006). 명상의 이해. 스트레스연구, 14(4), 247-257.

박성희(1996). 상담학 연구방법론의 패러다임과 분석방법. 한국심리학회지: 상담과 심리치료, 8(1), 201-235.

박시범(1998). 전문대생의 스트레스 대처방식에 관한 연구. 장안대학 학생생활연구, 7, 126-160.

박연환(2007). 노인을 부양하는 가족의 스트레스. 스트레스연구, 15(4), 331-337.

박영민(2007). 감사의 개념과 긍정심리학의 관계. 스트레스연구, 15(3), 215-219.

박영민(2008). 감사의 효능과 치료적 적용. 한국 스트레스학회 춘계학술대회발표자료.

박이문(2001). 실존적 방황. 철학과 현실, 49, 213-229.

박주언(2007). 행복: 과학적 개요. 스트레스연구, 15(3), 187-197.

박주언(2008). 행복, 긍정심리학. 한국 스트레스학회 춘계학술대회발표자료.

박지아 · 유성경(2003). 적응 유연성과 영적 안녕 및 부모 애착 간의 관계. 한국 심리학회지: 상담 및 심리치료, 15(4), 765-778.

벤슨 · 허버트 & 프록터 · 윌리엄(2003). 과학명상법(Beyond the Relaxation Response). 장현갑 외 역. 서울: 학지사. 1994.

부위훈 · 전병술(2001). 죽음, 그 마지막 성장. 전병술 역. 화성: 청계.

사피로 프란신(2008). 눈운동 민감소실 및 재처리: 불안, 스트레스, 충격적 사건을 극복하기위한 치료법(EMDR; Break through Therapy). 강철민 역. 서울: 하나의학사. 1997.

사피로 D .(2001). 마음으로 병을 고친다. 송순봉 역. 서울: 도솔.

서경현(2006). 점진적 근육이완의 임상적 적용. 스트레스연구, 14(2), 129-137.

서경현(2007). 노년기 한국인의 스트레스. 스트레스연구, 15(4), 271-278.

서경현 · 전겸구(2004). 영적 안녕, 생활 스트레스 및 대처. 한국 심리학회지: 건강, 9(2), 233-530.

서은국 · 성민선(2006). 타인의 행복 예측에서 나타나는 오류: 서울과 춘천의 삶의 만족도 비교. 사회 및 성격심리학회 논문집. 414-415.

설기문(2000). 인간관계와 정신건강. 서울: 학지사.

세계일보(2007. 1. 31.). 행복하게 사는 기술을 가르칩니다.

셀리그만 · M.(2006). 긍정심리학과 긍정적 개입. 2006년 긍정심리학 강연자료집.

손언영(2007). 면접관이 선호하는 0순위 자기소개서, 이력서 쓰기. 서울: 랜덤하우스.

송라윤(2006). 타이치(Tai Chi) 운동의 임상적 적용. 스트레스연구, 14(4), 345-349.

송명자(1995). 발달심리학. 서울: 학지사.

송향주 · 김동구(2006). Enneagram: 성격유형의 이해. 스트레스연구, 14(1), 1-7.

수잔 세거스트롬(2007). 행동하는 낙관주의자. 서울: 비전과 리더십.

슈테판 클라인(2006). 행복의 공식. 서울: 웅진지식하우스.

스머즈 루이스(2004). 용서의 기술. Forgive and Forget. 배응준 역. 서울: 규장. 1996.

스미스 린다 와스머(1999). 몸과 마음의 관계. 박은숙 역. 서울: 김영사.

스티븐 코비(2003). 김경섭 역. 성공하는 사람들의 7가지 습관. 서울: 김영사.

신경림 · 안규남 역(1994). 체험연구: 해석학적 현상학의 인간과학 연구방법론. 서울: 동녘.

신경림 · 장연집 · 박인숙 · 김미영 · 정승은 공역(2004). 현상학과 심리학연구. 서울: 현문사. 1-261.

신용철(2006). 스트레스와 양생법. 스트레스연구, 14(4), 351-356.

안창규 외 역(2004). 홀랜드 직업선택이론. 서울: 한국가이던스.

알렉산더 버라디. 서번트 리더의 조건 시리즈 1. 이덕열 역(2003). 서울: 시아출판사.

앤 엘린슨. 인관관계론. 주삼환 · 명제창 공역(1996). 법문사.

양옥경 · 최명민(2001). 한국인의 한과 탄력성: 정신보건사업에의 적용. 정신보건과 사회사업. 11, 7-29.

오쇼 라즈니쉬(1977). 십우도: 근원을 찾아 떠나는 구도여행. 손민규 역(1999). 서울: 태일출판사.

오진탁(2004). 죽음, 삶이 존재하는 방식. 서울: 청림출판.

오진탁(2007). 마지막 선물. 서울: 세종서적.

용타 스님(2001). 마음 알기 다루기 나누기. 서울: 대원정사.

우종민(2005). MenFi의 달인되기. 서울: 다인 C & M.

우종민 · 최승미(2007). 긍정심리학의 현황과 과제. 스트레스연구, 15(3), 245-254.

월시 로저(2007). 김명권 외 역. 7가지 행복명상법(Essential spirituality).1999. 서울: 김영사.

웰우드 존(1989). 심리치료와 명상. 서울: 범양사.

윌리엄 콤튼(2007). 긍정심리학 입문, 서울: 박학사.

윌버 · 켄(2006). 세상에서 가장 아름다운 용기. Grace and Grit. 김재성 · 조옥경 역. 한언.

유성경(2006). 국내 긍정심리학의 현황과 과제. 한국심리상담연구소 20주년 기념 2006 긍정심리학 강연회 94-109.

유성경(2007). 행복의 재발견: 역경 속에 피어나는 행복의 꽃. 한국상담심리학회 학술대회 논문집. 51-58.

육성필(2007). 청소년의 자살의 이해. 스트레스연구, 15(2), 107-111.

윤명로(2006). 현상학과 유식론. 서울: 시와 진실.

이경희 · 이소우(2005). Resilience(회복력) 개념분석. 스트레스연구, 13(1), 9-18.

이기숙(2001). 중, 노년기 가족대상의 '죽음대비교육 프로그램' 개발을 위한 예비적 고찰(1). 신라대학교 사회과학연구. 5(1), 107-134.

이민규(2004). 현대생활의 적응과 정신건강. 서울: 교육과학사.

이민규(2006). 긍정의 심리학. 서울: 원앤원북스.

이병찬 · 이철영 · 최청자(2007). 죽음준비교육과 삶. 서울: 효사랑.

이상혁(2007). 노년기 우울증과 스트레스. 스트레스연구, 15(4), 295-301.

이수식 · 장미옥 · 진복선(1996). 건강한 정신과 바람직한 인간관계를 위한 생활 속의 적응. 경기: 양서원.

이이정(2004). 노인 학습자를 위한 죽음준비교육 프로그램 개발연구. 연세대학교 석사학위 논문.

이인례(2007). 노인의 죽음에 대한 태도 및 호스피스에 대한 인식. 동국대 불교대학원 석사학위 논문.

이장호 · 정남운 · 조성호(2005). 상담심리학의 기초. 서울: 학지사.

이정모(1997). 심리학 방법론의 개념적 재구성: 서양심리학 방법론의 시사. 한국심리학회 1997년도 추계심포지움. 155-180.

이종목 · 이계윤 · 김광운(2004). 스트레스를 넘어 건강한 삶 가꾸기. 서울: 학지사.

이주희(2006). 스트레스와 이완요법 아우토겐수련. 스트레스연구, 14(2), 139-159.

이준형(2002). 리더와 리더십. 경기: 인간사랑.

이지선 · 김민영 · 서은국(2004). 한국인의 행복과 복: 유사점과 차이점. 한국심리학회지 18, 115-125.

이현수(2001). 성격과 행동. 서울: 학지사.

이현수(2005). 웰빙의 심리학. 서울: 대왕사.

이형득(1982). 인간관계훈련의 실제. 서울: 중앙적성출판사.

이형득(2003). 본성실현상담. 서울: 학지사.

이홍직(2007). 조손가정에 관한 고찰. 스트레스연구 15(4), 315-320.

이훈구(1998). 행복의 심리학–주관적 안녕. 서울: 법문사.

이훈구(1990). 성격심리학. 서울: 법문사.

이희경(2007). 긍정심리학적 상담; 치료요인과 개입 기법. 한국심리학회 연차학술대회논문집. 145-146.

임숙빈(2006). 대인관계 스트레스의 이해와 중재 전략. 스트레스연구, 14(2), 107-114.

장선철(2007). 21세기 현대사회와 정신건강. 서울: 동문사.

장연집(1989). 서양심리학과 동양사상. 서울여대 논문집, 18, 373-390.

장연집(1992). 동양사상적 접근을 통해서 본 자폐증 연구의 현황분석. 서울여대 논문집, 7, 313-337.

장연집 · 박경 · 최순영(1999). 현대인의 정신건강. 서울: 학지사.

장연집(2000). 건강을 위한 심리학과 현상적 질적연구. 질적연구, 제1권 1호, 13-24.

장연집 · 박경 · 최순영(2001). 현대인의 정신건강(2판). 서울: 학지사.

장연집(2001). 명상과 질적건강연구. 제7차 국제 질적연구컨퍼런스. Key Note, CD-Rom.

장연집(2001). 정신공학으로서의 명상과 질적 건강연구. 심리치료, 1(1), 13-24.

장연집(2002). 명상법. 대체보완치료. 서울: 현문사, 85-100.

장연집(2002). 여성건강 돌봄을 위한 여성관(女性觀) 연구와 대안. 2002년도 (사)한국 심리학회연차 학술발표대회 논문집. 사단법인 한국심리학회, 700-705.

장연집(2002). 이완법. 대체 · 보완치료 제19장. 서울: 현문사, 311-325.

장연집(2002). 자율훈련법. 대체 · 보완치료 제20장. 서울: 현문사, 327-333.

장연집(2004). 치료공학과 질적심리학의 연구논리. 심리치료, 4(2), 45-72.

장연집(2005). 죽음에 대한 실존적 불안과 고통완화를 위한 통합적인 심리적 접근 가능성. 심리치료, 5(1), 23-41.

장연집(2006). 신경학적 표상체계와 유식에 의한 마음의 구조. 아동연구, 1(12), 93-113

장연집(2007). *From a Psychological Perspective; The Importance of Implicit Data.* 국제 QHR 세계대회. Key Note발표자료. CD-ROM. 이화여대 김영의 홀.

장현갑(1990). 스트레스는 이렇게 푼다. 서울: 고려원.

장현갑(1998). 명상이란 무엇인가?, 워크샵 자료집. 한국경제신문사.

장현갑(1998). 현대인의 스트레스 관리. 서울: 학지사.

장현갑(2005). 몸의 병을 고치려면 마음을 먼저 다스려라. 서울: 학지사.

장현갑(2005). 삶의 질을 높이는 이완명상법 .서울: 학지사.

장현갑(2005). 스트레스와 심신의학. 서울: 학지사.

장현갑 · 강성군(1996). 스트레스와 정신건강. 서울: 학지사.

장현갑 · 김교현 역(1998). 명상과 자기치유 상 · 하권. 서울: 학지사.

장현갑 · 변광호(2005). 스트레스와 심신의학. 서울: 학지사.

장현갑 · 변광호 · 허동규 등 공저(2005). 삶의 질을 높이는 이완명상법. 서울: 학지사.

장연집 역(2001). 여성건강심리학. 서울: 이대출판부.

장현갑 역(1999). 현대인의 스트레스 관리.서울: 학지사.

장현갑 역(2000). 약 안쓰고 수술 않고 심장병 고치는 법; 클린턴 대통령 주치의 오니쉬 박사의 요가와 명상건강법. 서울: 석필.

장현갑 역(2005). 나를 깨라! 그래야 산다. 서울: 학지사.

장현갑 역(2005). 마음이 지닌 치유의 힘. 서울: 학지사.

장현갑 역(2005). 마음챙김 명상과 자기치유(상 · 하). 서울: 학지사.

장현갑 역(2006). 치매예방과 뇌장수법. 서울: 학지사.

장현갑 외(1996). 스트레스와 정신건강. 서울:학지사.

장휘숙(2007). 성공적 노화. 스트레스연구, 15(4), 325-330.

재니스 A. 스프링. 용서의 기술 (How can I forgive you). 양은모 역(2007). 서울: 문미당.

재컬린 더핀(2006). 의학의 역사. 신좌섭 역. 서울: 사이언스북스.

전겸구 · 김교헌 · 이준석(2000). 개정판 대학생용 생활스트레스 척도개발 연구. 한국심리학회지: 건강, 5(2), 316-335.

전경숙 역(1996). 새 심리치료개론; 신경언어프로그래밍. 서울: 하나의학사.

전경숙 · 박정자 역(2006). NLP 기본법칙을 통한 신념의 기적. 서울: 학지사.

전영자 · 김세진(1999). 대학생 스트레스와 대처방식에 관한 연구. 인하대학교 학생생활연구, 3, 157-178.

정기삼 · 이병채 · 최환석 · 김범택 · 우종민 · 김 민 · 이쾌희(2006). 긍정적 감성경험에 의한 심박변이도의 변화에 대한 연구: 2002 한일 월드컵 행사가 한국의 국민 정서와 건강에 미친 영향을 중심으로. 감성과학, 9, 111-118.

정동신 · 한혜숙(2006). 퀴블러 로스(E. Kübler-Ross)의 삶과 죽음에 대한 이해와 영적 간호중재에 대한 문헌연구. 충주대학교 논문집, 41, 541-551.

정병조 역(1987). 불교의 심층심리. 서울: 현음사.

정옥분(2007). 전생애 인간발달의 이론. 서울: 학지사.

정재걸(2006). 죽음교육에 대한 일 연구: 화엄의 사사무애법계를 중심으로. 동양사회사상, 13, 205-230.

정태혁 역(1996). 명상의 세계. 서울: 정신세계사.

조대경 · 이관용 · 김기중(1994). 정신위생(6판). 서울: 중앙적성출판사.

조명옥(1997). 노인이 인식한 죽음의 의미와 준비에 관한 문화기술적 탐색 사례연구. 한국노년학, 17, 1-34.

조수환(2007). 건전한 삶을 위한 정신건강. 서울: 동문사.

조영민(2005). 웰빙시대의 헬스케어, 서울: 대경북스.

조옥경(2006). 요가에서의 명상. 스트레스연구, 14(4), 271-279.

존 웰우드(1989). 심리치료와 명상. 서울: 범양사.

존 화이트(1991). 깨달음이란 무엇인가. 김정우 역. 서울: 정신세계사.

채경선 · 김주아(2007). 아동정신건강. 서울: 창지사.

채정호(2006). 행복한 선물 옵티미스트. 매일경제신문사.

채정호(2006). 불안장애의 치료. 스트레스연구, 14(4), 287-292.

채정호(2007). 긍정심리학과 행복함의 함입을 통한 정신의학의 새로운 패러다임. 스트레스 연구, 15(3), 177-186.

최경숙(2007). 자기존중감과 긍정심리학. 스트레스연구, 15(3), 205-214.

최삼욱(2008). 스트레스관리와 긍정심리학. 한국 스트레스학회 춘계학술대회발표자료.

최승미 · 우종민(2007). 방어적 비관주의의 기능성. 스트레스연구, 15(3), 235-244.

최영희(1993). 질적간호연구. 서울: 수문사.

최종옥 역(2002). 퓨처리더십: 최고의 리더십 전문가 21명의 파워리더십 가이드. 서울: 생각의 나무. (Bennis,W., Spreitzer, G.M. & cummings, TM(2001). The Future Leadership: Today's Top Leadership Thinkers Speak to Tomorrow's Leaders. John Wiley & Sons, Inc.).

최해림(1985). 한국대학생의 스트레스 현황과 인지행동적 상담의 효과. 이화여대 박사학위 논문.

최혜란(2006). 상담에서 래포형성을 위한 NLP적 원리와 방법에 대한 연구. 진리논단, 13, 1011-1031.

최환석(2006). 스트레스의 정신생리학적 평가: Psychophysiological Stress Profiles. 스트레스연구, 14(2), 57-62.

카랏 제임스 W.(1999). 생물심리학. 서울: 시그마프레스.

크베일 슈타이너(1998). 인터뷰 내면을 보는 눈. 신경림 역. 서울: 하나의학사.

파널 로렐(2008). EMDR 마음의 상처치유하기. EMDR in the treatment of Adults Abused as children. 서울 EMDR 연구소. 메가트랜드. 1999.

퍼버슨 M.(1987). 뉴 에이지혁명. 서울: 정신세계사.

프랑수아 를로르(2004). 꾸빼 씨의 행복 여행. 서울: 오래된 미래.

하루야마 시게오(1997). 뇌내혁명. 서울: 사람과 책.

한국상담심리학회(2007). 행복의 재발견: 2007 학술대회. (사)한국상담심리학회.

한국심리상담연구소(2006). 긍정심리학 강연회. 한국심리상담연구소 20주년 기념 학술강연회.

한국임상심리학회(2004). 임상심리학에서의 행복추구. 한국임상심리학회.

한금선(2007). 중년기 스트레스. 스트레스연구, 15(4), 263-270.

한덕웅(2004). 인간의 동기심리. 서울: 박영사.

한동윤(1994). 호스피스. 서울: 말씀과 만남.

한자경(2000). 유식무경: 유식불교에서의 인식과 존재. 서울: 예문서원.

할 어반(2006). 긍정적인 말의 힘. 서울: 웅진 윙스.

함봉진(1996). 명상에 의한 뇌파의 변화. 서울대 대학원 석사학위 청구논문.

현각(2000). 오직 모를 뿐: 숭산 선사의 선한 가르침. 서울: 물병자리.

호킨스 D.(2000). 의식혁명. Power VS Force. 이종수 역. 한문화.

호킨스 D.(2001). 나의 눈. The Eye of the I. 문진희 역. 한문화.

홍경자(2006). 자기주장과 멋진대화. 서울: 학지사.

홍성묵(1999). 아름다운 성과 사랑. 서울: 학지사.

홍숙기 · 이인혜 · 최윤미 공저(1992). 젊은이의 정신건강. 서울: 박영사.

홍숙기 역(1990). 성격심리학. 서울: 박영사.

히구치 가츠히코(2004). 죽음에의 대비연구. 이원호 역. 서울: 문음사.

Altman, I., & Haythorn, W. W.(1965). Interpersonal exchange in isolation. *Sociometry, 28,* 411-426.

Altman, I., & Taylor, D.A.(1973). *Social penetration: The development of interpersonal relationships.* New York: Holt, Rinehart & Winston.

America Psychiatric Association(2000). *Diagnostic and statistical manual of mental disorders-test revision.* Washington DC: Author.

Anderson, G. & Anderson, D.(1984). Ambient temperature and violent crime: Tests of linear and curvilinear hypotheses. *Journal of Personality and Social Psychology, 46,* 91-97.

André, C., Lelord, F., & Legeron, P.(1998). Le Stress. 스트레스 보이지 않는 그림자. 김용채 역 (2003). 서울: 궁리출판

Argyle, M.(1983). *The psychology of interpersonal behavior(4th Ed.)* Harmondsworth: Penguin Books.

Aspinwall, L. G. & Taylor, S. E.(1992). Modeling cognitive adaptation: A longitudinal investigation of the impact of individual differences and coping on college adjustment and performance. *Journal of Personality and Social Psychology, 63*, 989-1003.

Auerbach, S. M. & Gramling, S. E.(1998). *Stress management: Psychological foundation.* New Jersey: Prentice-Hall, Inc.

Bandura, A.(1997). *Self-efficacy: The exercise of control.* New York: Freeman.

Benson, H.(2000). *The Relaxation response.* Harper Torch.

Berscheid, E. &Walster, E.(1978). *Interpersonal attraction.* Reading, Mass: Addison-Wesley.

Bonanno, G. A, & Keltner, D.(1997). Facial expressions of emotion and the course of conjugal bereavement, *Journal of Abnomal Psychology, 106*, 126-137.

Bonanno, G. A.(2004). Loss, trauma, and human resilience. *American Psychologist, 59*, 20-28.

Bowlby, J.(1982). *Attachment.* New York: Basic Books.

Bowlby, J.(1989). Developmental Psychiatry Comes of Age. *American Journal of Psychiatry.* 145: 1-9.

Bowlby, J.(1989). *The Role of Attachment in Personality Development and Psychopathology.* The Course of Life Volume 1: Infancy. Eds. Stanley I. Greenspan and George H. Pollock. Madison, CT: International Universities Press, 229-270.

Brehm, S. & Brehm, J. W.(1981). *Psychological reactance: A theory of freedom and control.* New York: Academic Press.

Brickman, P. Coates, & Janoff-Bulman, R. J.(1978). Lottery winners and accident victims: Is happiness relative? *Journal of Personality and Social Psychology, 36*, 917-927.

Brickman, P. & Campbell, D. T.(1971). Hedonic relativism and planing the good society. In M. H. Appley(Ed), *Adaptation-level theory(pp.287~305).* New York: Adademic Press.

Buss, D. M.(2000). The evolution of happiness. *American Psychologist, 55*, 15-23.

Cacioppo, J. T., & Berntson, G.G.(1984). Relationship between attitudes and evaluative space: A critical review, with emphasis on the separability of positive and negative substaracts. *Psychological Bulletin, 115*, 401-423.

Cacioppo, J. T., Gradner, W. L., & Berntson, G. G.(1999). The affect system has parallel and integrative processing components: Form follows function. *Journal of Personality and Social Psychology, 76*, 839-855.

Carrier, M. and Mittelstrass, J.(1995). *Mind, Brain, BehaviorThe Mind-body Problem and the Philosophy of Psychology.* New York: de Gruyter.

Carrington, P.(1993). Modern Forms of Meditation. In P.M. Lehrer & L. Woolfolk(Eds.). *Principles and Practice of Stress Management*(2nd Ed.). New York: Guilford Press.

Carver, C. S., Scheier, M. F., & Weintraub, J. K.(1989). Assessing coping strategies: A theoretically-based approach. *Journal of Personality and Social Psychology, 56*, 267-283.

Cassidy, T.(1999). *Stress, Cognition and Health.* 스트레스와 인지, 그리고 건강. 정현희 역(2002). 서울: 시그마프레스.

Chaikin, A. L. & Derlega, V. J.(1976). *Self-disclosure. In J. W. Thibaut,* J. T. Spence, & R. C. Carson(Eds.), Contemporary topics in social psychology. Morristown, NJ: General

Learning Press.

Chamberlain, K. and Murray M.(1999). *Qualitative Health Psychology: Theories and Methods*. London: SAGE.

Chambless, D. L, Baker, M. J, Baucom, D. H, Beutle, L. E, Calhoun, K. S, Crits-Christoph, P, Daiuto, A, DeRubeis, R, Detweile,r J, Haaga, DAF, Johnson S. B, McCurry, S, Mueser, K. T, Pope, K. S, Sanderson, W. C, Shoham, V, Stickle T, Williams, D. A. & Woody, S. R.(1998). Update on empirically validated treatments II. *Clin Psychologist 51*(1): 3-16

Chopra, D.(2007). 죽음 이후의 삶. 정경란 역. 서울: 행복우울.

Contrada, R. J., Leventhal, H., & O'eary, A.(1990). Personality and health. In :L. A. Pervin(ed.), *Handbook of personality: Theory and research*. New York: Guildford Press.

Corsini, R. J. & Wedding, D.(2000). *Current psychotherapies*. 현대 심리치료. 김정희 역(2004). 서울: 학지사.

Cozby, P. C.(1972). Self-disclosure, reciprocity, and liking. *Sociometry, 35*, 151-160.

Cozby, P. C.(1973). Self-disclosure: A literature review. *Psychologycal Bulletin, 79*, 73-91.

Csikszentmihalyi, M.(1990). *Flow: The psychology of optimal experience*. 몰입, 미치도록 행복한 나를 만나다. 한인수 역(2004). 서울: 한울림. New York: Harper & Row.

D'Zurilla & Sheedy(1986). *Problem-Solving Therapy: A Social Competence Approach to Clinical Intervention*. New York: Springer.

Darley, S. A. & Cooper, J.(1972). Cognitive consequences of forced noncompliance. *Journal of Personality and Social Psychology*, 24, 321-326.

Deeken, A.(2002). 죽음을 어떻게 맞이할 것인가. 오진탁 역. 서울: 궁리.

Diener, E. & Diener, C.(1996). Most people are happy. *Psychological Science, 7*, 181-185.

Diener, E. & Seligman, M. E. P.(2002). Very happy people, *Psychological science, 13*, 81-84.

Diener, E. & Suh, E. M.(1997). Measuring quality of life: Economic, social, and subjective indicators. *Social Indicators Research, 40*, 189-216.

Diener, E.(2000). Subjective well-being: The science of happiness and a proposal for a national intex. *American Psychologist, 55*, 34~43.

Diener, E., Suh, E. M., Lucas, R. E., & Smith, H. L.(1999). Subjective well-being: Three decades of progress. *Psychological Bulletin, 125*, 276-302.

DSM IV(1994). APA.

Du Brin, A. J.(1984). *Foundations of organizational behavior*. Englewood Cliffs, NJ: Prentice-hall.

Dutton, D. & Aron, A.(1974). Some evidence for heightened sexual attraction under conditions of high anxiety. *Journal of Personality and Social Psychology, 30*, 510-517.

Edelman, G.(2006). Second nature. New Haven, MA: Yale University Press.

Ellis, A., Gorden, J., Neenan, M., & Palmer, S.(1997). *Stress Counseling*. 스트레스 상담: 인지 · 정서 · 행동적 접근. 김남성 · 조현주 역(2000). 서울: 민지사

Emmon, R. A.(1986). Personal strivings: An approach to personality and subjective. *J. of*

Personality and Social Psychology, 51, 1058-1068.

Festinger, L.(1957). *A theory of cognitive dissonance. Evanston*, III.: Row Paterson.

Folkman, S., & Moskowitz, J. T.(2000). Stress, positive emotion, and coping. *Current Direction in Psychological Science, 9*, 115-118.

Frank, J. D., & Frank, J. B.(1993). *Persuasion and healing.* Baltimore: The Johns Hopkins University Press.

Fredrickson, B. L.(2001). The role of positive emotions in positive psychology. *American Psychologist, 56*, 218-226.

Fredrickson, B. L.(2002). Positive emotions. In C. R. Snyder & S. J. Lopez(Eds.), *The Handbook of positive psychology(pp.120-134).* New York: Oxford University Press.

Friedman, M. & Rosenman, R.(1974). *Type A behaviour and your heart.* New York: Knopf.

Fromm, E.(1956). *The art of loving.* New York: Harper & Row.

George, M.(2004). *1001 ways to relax: an illustrated guide to reducing stress.* 릴랙스: 내가 필요한 완전한 휴식. 이재원 역(2006). 서울: 도서출판 거름.

Ginzberg, E.(1966). *The development of human resources.* New York: McGraw-Hill.

Girdano, D. A. & Everly, G. S.(1985). *Controlling Stress and Tension: A Holistic Approach.* 스트레스:그 원인과 대책. 이민규 외 역(1990). 서울: 중앙적성출판사.

Glesne, C. and Peshkin, A(1992). *Becoming Qualitative Researchers.* Longman

Goffman, E.(1959). *The presentation of self in everday life. Garden City*, NY: Anchor Books.

Goffman, E.(1967). Interaction ritual: *Essays on face-to-face behavior.* Garden City, NY: Doubleday.

Gramling, S. E. & Auerbach, S. M.(1998). *Stress management workbook: Techniques and self-assessment procedures.* New Jersey: Prentice-Hall, Inc.

Greenwald, R.(1999). *EMDR in Child and Adolescent Psychotherapy.* New Jersey: Jason Aronson Press.

Greenwald, Ricky(2005). *Child Trauma Handbook,* The Haworth Maltreatment and Trauma Press.

Harlow, H.(1971). *Learning to love.* New york: Albion.

Harris, A. H. S., Thoresen, C. E., & Lopez, S. J.(2007). Integrating positive psycholgy into counseling: Why and(when appropriate) how. *Journal of Counseling and Development, 85*, 3-13.

Headey, B., & Wearing, A.(1989). Personality, life events, and subjective well-being: Toward a dynamic equilibrium model. *Journal of Personlity and Social Psychology, 57*, 731-739.

Holland, J. L.(1973). *Making vocational choices: A theory of careers. Englewood Cliffs,* NJ: Prentice-Hall.

Holland, J.L.(1985). *Making vocational choices: A theory of vocational personalities and work environment(2nd ed.).* Englewood Cliffs, NJ: Prentice-Hall.

Hull, C. W.(1943). *Principles of behavior.* New york: Appleton- Century-Crofs.

Jacobson, E.(1962). *You must Relax.* New York: McGrow-Hill.

James, W.(1890). *Principles of psychology.* New York: Holt.

Johnson, D.W.(2000). *Reaching out: interpersonal effectiveness and self-a ctualization.* Boston: Allyn and Bacon.

Jourard, S. M. & Freidman, R.(1970). Experimentersubject distance and self-disclosure. *journal of Personality and Social Psychology, 25,* 278-282.

Jourard, S. M.(1971). *Self-disclosure: An experimental analysis of the transparent self.* New York: Wiley.

Kabat-zinn J.(1991). *Full Catastrophe Living.* New York: Dell Publishing.

Kalat, James W.(1999). 생물심리학. 서울: 시그마프레스.

Kalish, R.(1985). *The Social context of death and dying.* In R. H. Binstock & E. Shams(eds.), Handbook of aging and the social sciences(2nd eds.). NY: Van Nostrand Reinhold.

Kandel, E.(2000). *Principles of neuroscience.* New York: McGraw- Hill.

KBS(1999). 일요스페셜: 신의 선물, 웃음과 울음(2월 19일 방영).

Kessler, R., Soukup, J. et al(2001). The use of complementary and alternative therapy to treat anxiety and depression in United States. *American J. of Psychiatry, Vol.158(2).* 289-294.

kiecolt-Glaser, J. k. et al. (1987). Phycho Somatic Modicine, 49, 523.

Kübler-Ross, E. & Kessler, D.(2006). 인생수업. 류시화 역. 서울: 이레.

Kübler-Ross, E.(1969). *On Death and Dying.* NY: MacMillan company.

Kübler-Ross, E.(1996). 사후생(死後生). 최준식 역. 서울: 대화출판사.

Kugelmann, R.(1997). The psychology and management of pain: gate control as theory and symbol. *Theory and Psychology, 7:* 43-65.

Kvale, S.(1994). Ten standard objections to qualitative research interviews. *Journal of Phenomenological, 25*147-173.

Larsen, J. T., Hemenover, S. H., Norris, C. & Cacioppo, J. T.(2003) Turning adversity to advantage: On the virtues of the coactivastion of positive and negative emations. In L. G. Aspinwall & U. M. Staudinger(Eds.), *A psychology of human strengths(211-216).* Washington D. C: American Psychological Association.

Larsen, J. T., McGraw, A. P., & Cacioppo, J. T.(2001). Can people feel happy and sad at the same time? *Journal of Personality and Social Psychology, 25,* 343-354.

Lauer, J. & Laur, R.(1985). Marriages made to last. *Psychology Today, 19, No. 6(June),* 22-26.

Lazarus, R. S.(1966). *Psychological stress and the coping proces*s. New York: McGraw-Hill.

Lazarus, R.S. (1971). *ehavior therapy and beyond.* New York: McGrow-Hill.

Lee, J.A.(1988). *Love-styles.* In R. J. Sternberd & M. L. Barnes(Eds.), Psychology of love(pp:38-67). New Haven, CT: Yale Univ. Press.

Lehrer, P.M. & Woolfolk, R. L.(Eds.)(1993). *Principles and Practice of Stress Management(2nd Ed.).* New York: Guilford Press.

Lenzenweger, M. F.(2004). Book Forum. Authentic Happiness: Using the new positive psychology to realize your potential for lasting fulfillment. *The American Journal of Psychiatry, 161,* 936.

Levin, P, Lazrove S, van der Kolk B(1999): What psychological testing and neuroimaging tell us about the treatment of posttraumatic stress disorder by EMDR. *J. Anxiety Disorder 13*:159-172.

Lin, A. M.(1995). Mental health overview. In R. Edwards(ed.). *Encyclopedia of social work*(pp. 1705-1711). NASW press.

Linden, W.(1993). The Autogenic Training Method of J.H. Schultz. In P.M. Lehrer & R.L. Woolfolk(Eds.), *Principles and Practice of Stress Management*(2nd Ed.). New York: Guilford Press.

Lovett, J.(1999). *Small Wounders: Healing Childhood Trauma with EMDR.* NY: The Free Press.

Luft, J.(1969). *Of human interaction.* Palo Alto, Calif.: National Press Books.

Lyubomirsky, S., & Lepper, H. S.(1999). A measure of subjective happiness: Preliminary reliability and construct validation. *Social Indicators Research, 46,* 137-155.

Mash, E. J. & Wolfe, D. A.(2005). *Abnormal Child Psychology(3rd Eds.).* CA: Thomson Wadsworth.

Maslow, A. H.(1954). *Motivation and personality.* New York: Harper & Row.

Masten, A. S.(2001). Ordinary magic; Resilience processes in development. *American Psychologist, 56,* 227-238.

Matthew, B. M. & Michael Huberman A.(1994). *Qualitative Data Analysis.*

McCormick, E. J. & Ilegen, D. R.(1980). *Industrial psychology(7th ed.).* Englewood Cliffs, N. J.: Prentice-Hall, Inc.

Middleton, W., Burnett, P., Raphael, B., & Martinek, N.(1996). The bereavement response: A cluster analysis. *British Journal of Psychiatry, 169,* 167-171.

Mowrer, O. H.(1971). *Freudianism, behavior therapy and self-disclosure.* In E. Southwell & M. Merbaum(Eds.), Personality: Readings in theory and research(2nd ed.). Monterey, Calif.: Brooks/Cole.

Murray, M. and Chamberlain, K.(eds)(1998). Special issue: Qualitative Research. *J. Health Psychology,* 3(3).

Myers, D. G. & Diener, E.(1995). Who is happy? *Psychological science, 6,* 10-19.

Myers, D. G.(2000). The funds, friends, and faith of happy people. *American Psychologist, 55,* 56-67.

Nesse, R. M. & Williams, G. C.(1994). *Why we get sick: The new science of Darwinian medicine.* 최재연 역(1999). 인간은 왜 병에 걸리는가: 다윈의학의 새로운 세계. 서울: 사이언스북스.

Norman, K. D. & Yvonna S. L.(1994). *Handbook of Qualitative Research..London; SAGE*

Nouwen, H. J. M.(1998). 죽음, 가장 큰 선물. 홍석현 역. 서울: 홍성사.

O'Connell, A., Whitmore, J., & O'Cconnell V.(1989). *Choice & Change: The psychology of holistic growth, adjustment & creativity.* Prentice-Hall Inc.

O'Connell, A., Whitmore, J., & O'Cconnell V.(1989). *Choice & Change: The psychology of holistic growth, adjustment & creativity.* NJ: Prentice-Hall Inc.

O'Conner, J.oseph & McDermott, Ian(1997). The Art of Systems Thinking: Essential Skill for Creativitz and Problem Solving. London: Thorsons.

Padmasambhava. 티벳 사자의 서: 류시화 역(1999). 서울: 정신세계사.

Palmer S.(2000). *Introduction to counseling and psychotherapy.* 상담 및 심리치료의 이해. 김춘경·이수연·최웅용·홍종관 역(2004). 서울: 학지사.

Parnell, Laurel. *EMDR in Treatment of Adults Abused as Children.* New York: Norton.

Pennebaker, J. W.(1993). Putting stress into words: Health, Linguistic, and Therapeutic Implications. *Behavior Research and Therapy, 31,* 539-548.

Pennells, M. & Smith, S.(1995). *The forgotten mourners.* London: Jessica Kingsley Pub.

Plaut, T. F. A.(1976). *Alcohol problems: A report to the nation by the coopera* Worchel, S. & Goethals, G. R.(1989). Adjustment: pathways to personal growth. Prentice-Hall. tive commission on the study of alcoholism. New York: Oxford University Press.

Rahe, R.(1990). Life change, stress responsivity and captivity research. *Psychosomatic Medicine, 52,* 373-396.

Rathus, S. A., & Nevid, J. S.(1995). *Adjustment and Growth: The challenges of life.* Harcourt Brace College Publishers.

Raven, P. H. & Johnson, G. B.(1999). *Biology*(5th. ed.). Boston: McGraw-Hill.

Reichhardt, T.(2006). A measure of happiness. *Nature, 444,* 418-419.

Richardson, F .C. & Fowers, B. J.(1997). *Critical theory, postmodernism, and hermeneutics: insights for critical psychology.* In D. Fox and I. Prilleltensky(eds), Critical Psychology: An Introduction. London: Sage, pp. 265-283.

Roskies, E.(1987). *Stress Management for the Healthy Type A.* New York: Guildford.

Rubin, Z.(1973). *Liking and loving: An invitation to social psychology.* New York: Holt, Rinehart and Winston.

Rutter, M.(1979). Protective factors in children's responses to stress and disadvantage. In M.W.Kent, & J.E.Rolf(Eds.), *Primary prevention of psychopathology: Vol 3: Social competence in children*(pp. 48-74). Hanover, NH: University Press of New England.

Sadeh, B(2007). 소아 EMDR 워크샵 자료. 한국 EMDR협회.

Scheier M. F. & Carver, C. S.(1992). Effects of optimism on psychological and physical well-being: Theoretical overview and empirical update. *Cognitive Therapy and Research, 16,* 201-228.

Scheier, M. F. & Carver, C. S.(1985). Optimism, coping and health: Assessment and implications of generalized outcome expectancies. *Health Psychology, 4,* 219-247.

Scheier, M. F., Weintraub, J. K., & Carver, C. S.(1986). Coping with stress:divergent strategies of optimists and pessimists. *Journal of Personality and Social Psychology, 51,* 1257-1264.

Schultz, D.(2007). 성장심리학: 건강한 성격의 모형. 이혜성 역. 서울: 이화여자대학교 출판부.

Seligman, M. & Csikszentmihalyi, M.(2000), Positive psychology: An introduction. *American Psychologist, 55,* 5-14.

Seligman, M.(2002). *Authentic happiness: Using the new positive psychology to realize your potential for lasting fulfillment.* New York: Free Press.

Seligman, M.(2004). Can happiness be taught? *Daedalus, 133,* 80-87.

Shapiro, Francine(1995). *Eye movement desensitization and reprocessing: Basic principles, protocols and procedures.* New York: Guilford Press

Shapiro, Francine & Forrest, M. S.(2004) EMDR: *The Breakthrough Therapy for Anxiety, Stress and Trauma.* New York: Basic Books.

Skevington, S.(1995). *The Psychology of Pain.* Chichester: Wiley.

Smith, J. A.(1996). Beyond the divide between cognition and discourse: using interpretative phenomenological analysis in health psychology. *Psychology and Health, 11:* 261-271.

Sternberg, R. J.(1986). A trianguler theory of love. *Psychological Review, 93,* 119-135.

Sternberg, R. J.(1990). *A trianguler theory of love scale. Department of Psychology.* Yale University, New Haven. Manus cript.

Terr, L.(1991). Childhood Traumas: an Outline and Overview. *Am J Psychiatry 148:* 1-20.

Thibaut, J. W. & Kelley, H. H.(1959). *The social psychology of groups.* New York: Wiley.

Thompson, C. L. & Rudolph, L. B.(2000). Counseling Children. 아동상담의 이론과 실제. 천성문 · 송재홍 · 윤치연 · 윤호열 · 이영순 · 박천식 · 김경일 · 하영자 · 김상희 · 원요한 역 (2001). 서울: 시그마프레스.

Tinker, Robert H. & Wilson, Sandra(1999). *Through the Eyes of a Child.* New York: WW Norton & Co. Inc .

Walker, Lewis(2002). *Consulting with NLP; Neuro-Linguistic Programming in the Medical Consultation.* United Kindom; Redcliffe Medical Press Ltd.

Walsh, R.(2007). 7가지 행복명상법. 김명권 · 문일경 · 백지연 역. 서울: 김영사.

Walster, E., Walster, G. W.(1978). *A new look at love. Reading,* Mass.: Addison-Wesley.

Walster, E., Walster, G. W., & Berscheid, E.(1978). *Equity: Theory and research.* Boston: Allyn and Bacon.

Wicks-Nelson, R. & Israel, A. C.(2002). *Abnormal child and adolescent psychology*(5th eds.). NJ: Prentice Hall.

Wierzbicka, A.(2004). 'Happiness' in cross-linguistic and across-cultural perspective. *Daedalus, 133,* 34-43.

Wilber, K.(2008). 통합심리학. *Integral Psychology.* 조옥경 역. 서울: 학지사. 2000.

Yontef, G. M.(1993). *Awareness, Dialogue and Process.* New York: The Gestalt Journal Press.

Zimbardo, P.(1977). Shyness. Reading, Mass: Addison-Wesley.

http://adabyron.net/images?N=D

http://blog.daum.net/hwanm15/11786119

http://blog.daum.net/matsumura/11468719

http://cafe.daum.net/angdoomom/3esh/2895

http://club.cyworld.com/ 5223739623/103002793

http://homepages.wmich.edu/~h5burley

http://images.main.uab.edu/mediarelations/siteadmin/releaseimages/unlimited/big

http://johngushue.typepad.com/blog/2007/02

http://kr.blog.yahoo.com/captolong/1019965

http://portrait.kaar.at/Weltanschauung/image24.html

http://psych.wisc.edu/henriques/resources/Images.html

http://vienna-doctor.com/DE/Anti-aging.htm

http://web.syr.edu/~ejmietz/emily/operant%20conditioning.htm

http://www.aafp.org/fpr/990700fr/2.html

http://www.alienazioni.com/credits/credits.html

http://www.answers.com/topic/ivan-pavlov

http://www.apa.org/science/positivepsy.html

http://www.arches.uga.edu/~evces

http://www.authentichappiness.org

http://www.bus.umich.edu/positive/

http://www.businessballs.com/maslow.htm

http://www.csbmb.princeton.edu/CSBMB/html/overview.shtml

http://www.davidsonfilms.com

http://www.dmhmrsas.virginia.gov/OSAS-ATODTutorial.htm

http://www.ecampus.com/bk_detail. asp?isbn=0075573180

http://www.elisabethkublerross.com/pages/eulogy.html

http://www.elysee.fr/elysee/elysee.fr/francais/actualites/popups-attn/photo_visite_d_etat_
en_chine-98.26845.htm

http://www.emdr.com

http://www.emdr.or.kr

http://www.emdr.org.uk-Useful information on training and research.

http://www.emdr-europe.net-The European EMDR association.

http://www.emdria.org

http://www.emdria.org-The EMDR Internation Organization

http://www.emdrportal.com-Information and Internation Organization

http://www.emory.edu/EDUCATION/mfp/bandurabio.html

http://www.enc.daum.net/dic100

http://www.encarta.msn.com

http://www.facade.com/celebrity/B_F_Skinner
http://www.findjob.co.kr
http://www.flickr.com/photos/16090957@N06/1796784140
http://www.flickr.com/photos/23177224@N02/2431061053
http://www.flickr.com/photos/cherishlovespink/399265877
http://www.flickr.com/photos/connett/2320018323
http://www.flickr.com/photos/craft-dabbler/1363870376
http://www.flickr.com/photos/cryfreedom/16619490
http://www.flickr.com/photos/emptyness0/6451997160376
http://www.flickr.com/photos/noturordinaryconsort/1363870340
http://www.flickr.com/photos/roomwithaview/2295350374
http://www.flickr.com/photos/spizzetti/2265965333
http://www.gosai.com/krishna-talk/63-meditation-techniques.htm
http://www.hawcc.hawaii.edu/math/Courses/Math100/Chapter4/Notes/Exercises/Prac431.htm
http://www.humanlife.org/euthanasia_terri_schiavo.php
http://www.incruit.com
http://www.islandnet.com/~rcarr/profile.html
http://www.j30ad.org/JesusCross.htm
http://www.jobkorea.co.kr
http://www.luminist.org/bookstore/jean_piaget. htm
http://www.news.cornell.edu/stories/Sept05/Bronfenbrenner.ssl.html
http://www.openwide.co.kr/
http://www.positivepsychology.org/propsy.htm#PP%20Listserve
http://www.pyroenergen.com/articles/heart-attack.htm
http://www.seelotus.com/gojeon/oe-kuk/novel/images/noin-ba da.gif
http://www.seoulemdr.co.kr
http://www.servantsnews.com/sn9705/s70501.htm
http://www.skewsme.com/behavior.html
http://www.sonofthesouth.net/slavery/abraham-lincoln/abraham-lincoln-speech-debate.htm
http://www.sparxmedia.co.za/schwarz1.htm
http://www.speakwell.com
http://www.spiritualityinthemodernworld.com/teachers.html
http://www.uni-bielefeld.de/paedagogik/Seminare/moeller02/06erikson/frames.html
http://www.vellorewoods.ps.yrdsb.edu.on.ca/grassroots/25
http://www.worldjob.or.kr
http://www.world-net.net/home/sakirk/pregnancy

노컷뉴스(2008. 7.31.)
뉴시스 통신사(2007. 12. 3.)
뉴시스 통신사(2007. 8. 20.)
매일경제(2008. 5. 16.)
연합뉴스(2007. 10. 16.)
조선일보(2008. 4. 25.)
조선일보(2008. 6. 7.)
한겨레(2008. 8. 2.)
한국일보(2006. 3. 13.)

찾아보기

영문 찾아보기

저자약력

장연집(張蓮集)
- 프랑스, 스트라스부르그 루이빠스뙤르 대학원 심리학 박사
- 서울여자대학교 특수치료전문대학원 교수 및 사회과학대학 아동학전공 교수
- 한국심리치료학회 회장
- 심리공학연구소 소장
- 임상심리전문가, 상담심리전문가, 건강심리전문가, 국제공인 NLP Trainer & Consultant, 국제EMDR협회 공인 치료자, 심리치료전문가, 미술심리치료전문가

강차연(姜次姸)
- 서울여자대학교 문학사
- 서울여자대학교 문학석사(아동심리전공)
- 서울여자대학교 문학박사(아동심리전공)
- 한국 NLP 상담학회 이사
- 한국 표현예술치료 · 상담협회 이사
- 상담심리사 1급, 청소년 상담사 1급, 국제공인 NLP Consultant, MBTI 일반강사

손승아(孫承雅)
- 서울여자대학교 문학사
- 서울여자대학교 문학석사(아동심리전공)
- 서울여자대학교 문학박사(아동심리전공)
- 차일즈 마인드 심리상담센터 소장(공동)
- 서울여대, 경기대 등 강사
- 상담심리사 1급, 청소년 상담사 1급, 아동심리치료전문가 1급, MBTI 일반강사

안경숙(安景淑)
- 서울여자대학교 문학사
- 서울여자대학교 문학석사(아동심리전공)
- 서울여자대학교 문학박사(아동심리전공)
- 차일즈 마인드 심리상담센터 소장(공동)
- 서울여대, 광운대 등 강사
- 상담심리사 1급, 청소년 상담사 1급, 아동심리치료전문가 1급

정신건강

정신건강

초판 1쇄 인쇄 2008년 8월 25일
초판 6쇄 발행 2016년 2월 26일

지은이_ 장연집 · 강차연 · 손승아 · 안경숙
펴낸이_ 황호철
펴낸곳_ 파란마음

주소_ 04315 서울시 용산구 백범로90라길 47 | 전화_ (02) 3275-2110~1 | 팩스_ (02) 3275-2199
홈페이지_ http://paranmaum.co.kr/

등 록_ 2006년 4월 24일 · 제302-2006-00024호

ISBN 978-89-92546-29-4 93370

값 20,000원